U0711795

中亚国家法律文本翻译丛书

COMMONLY USED LAWS IN KAZAKHSTAN

哈萨克斯坦常用法律

中 文 版

西北师范大学中亚研究院 / 编译

中国政法大学出版社

2023 · 北京

图书在版编目（CIP）数据

哈萨克斯坦常用法律/西北师范大学中亚研究院编译.—北京：中国政法大学出版社，2023.7
ISBN 978-7-5764-1050-1

Ⅰ.①哈… Ⅱ.①西… Ⅲ.①法律－汇编－哈萨克斯坦 Ⅳ.①D936.1

中国国家版本馆CIP数据核字(2023)第143683号

书　名　哈萨克斯坦常用法律
HASAKESITAN CHANGYONG FALÜ
出版者　中国政法大学出版社
地　址　北京市海淀区西土城路 25 号
邮　箱　fadapress@163.com
网　址　http://www.cuplpress.com (网络实名：中国政法大学出版社)
电　话　010-58908466(第七编辑部) 010-58908334(邮购部)
承　印　北京中科印刷有限公司
开　本　720mm×960mm　1/16
印　张　40.25
字　数　976 千字
版　次　2023 年 7 月第 1 版
印　次　2023 年 7 月第 1 次印刷
定　价　265.00 元

前 言

2013年，中国国家主席习近平先后在哈萨克斯坦和印度尼西亚提出建设“丝绸之路经济带”和“21世纪海上丝绸之路”的重大倡议。“一带一路”建设将大幅提升我国贸易和投资自由化便利化水平，推动我国开放空间从沿海、沿江向内陆、沿边延伸，形成陆海内外联动、东西双向互济的开放新格局。倡议提出十年来，在中国与沿线国家共同努力下，共建“一带一路”实现了从愿景到行动、从“大写意”到“工笔画”的转变，中国共产党二十大报告指出，“共建‘一带一路’成为深受欢迎的国际公共产品和国际合作平台”。

“一带一路”建设以平等互利为原则，以合作共赢为目标，以开放包容为宗旨，以对接发展为途径，以规则法治为基础。我们既要推进“一带一路”基础设施的“硬联通”，也要加强“一带一路”规则、标准的“软联通”，不断完善“一带一路”法治保障体系，深化“一带一路”法治交流与国际合作。

“一带一路”建设作为一项系统工程和全新事业，没有法治的规范、保障、引领和促进是无法取得成功的。因此，“一带一路”建设应着力推动和加强法治互信与政治互信、国内法治与国际法治、经贸合作与法治合作、实体法治与程序法治、法律实务合作与法学交流合作的良性互动，努力将“一带一路”建设成为法治合作之路。法治作为社会治理和全球治理最可靠最有效的方式，既是“一带一路”走向世界的通行证，也是应对风险挑战的安全阀。互学、互通、互鉴、互遵法律是“一带一路”建设中政策沟通、设施联通、贸易畅通、资金融通和民心相通的重要基础和法治保障。

中亚位于亚欧大陆核心地带，主要包括哈萨克斯坦、吉尔吉斯斯坦、塔吉克斯坦、乌兹别克斯坦、土库曼斯坦等国家，是连接亚太经济圈和欧洲经济圈的桥梁和枢纽。中国与中亚地缘相近、人缘相亲，具有悠久的政商贸易与文化交流历史。今天，中亚地区已成为共建“一带一路”的重点合作地区和重要合作伙伴。

新形势下，中国和中亚将加强团结合作，共同构建更加紧密的命运共同体。

中亚各国都有自己独特的民族文化和特有的法治体系。同时，中亚地区对外开放程度、法治状况和市场化水平、贸易保护政策差异较大，我国与中亚国家在进行投资贸易活动和民间交往时可能会遭遇因市场准入、知识产权保护、金融交易、劳工问题、环境保护、争端解决等引发的法律风险。

长期以来，我国法学界对中亚国家的法律关注不够，研究不多。西北师范大学中亚研究院作为高校新型智库，依托学科优势，主要致力于中亚法律、中亚旅游、东干族语言文化、中国与中亚人文交流等方面的研究。其中翻译出版“中亚国家法律文本翻译丛书”就是我们服务“一带一路”建设的自觉行动和重大举措，其目的在于：一是为我国政、商、学各界了解、学习和研究中亚国家法律提供便利，为我国企业前往中亚国家从事投资、合作、发展提供法律支持；二是可使我国企业在充分理解和认识中亚国家法律的基础上严格遵守所在国的法律制度，自觉履行所在国法律规定的义务，合法经营；三是通过依法依规经营和诚信交往，与所在国政府、企业和民众建立友好合作关系，树立良好的中国形象，推动深层而广泛的人文交流与合作。

“中亚国家法律文本翻译丛书”选取中亚五国投资贸易和人文交流相关法律文本进行翻译，并在国内首次出版发行。《哈萨克斯坦常用法律》是“中亚国家法律文本翻译丛书”的第二卷，主要包括：哈萨克斯坦民法典（分则部分）、劳动法典、企业经营法典、土地法典、股份公司法、经济特区和工业园区法、外汇调节和外汇管制法7部常用法律文本，内容涉及投资、贸易、市场准入、公司设立与解散、环境保护、土地政策、知识产权、外汇管理、劳动争议解决等具体法律制度。今后还将陆续翻译出版乌兹别克斯坦、塔吉克斯坦、土库曼斯坦等国家的法律文本。

期待“中亚国家法律文本翻译丛书”的出版对“一带一路”建设能够做出积极的贡献！

西北师范大学中亚研究院

2023年7月

目　录

前　言 …… 001

哈萨克斯坦共和国民法典（分则部分） …… 001

哈萨克斯坦共和国劳动法典 …… 157

哈萨克斯坦共和国企业经营法典 …… 237

哈萨克斯坦共和国土地法典 …… 411

哈萨克斯坦共和国股份公司法 …… 529

哈萨克斯坦共和国经济特区和工业园区法 …… 583

哈萨克斯坦共和国外汇调节和外汇管制法 …… 617

后　记 …… 638

哈萨克斯坦共和国民法典[1]

（分则部分）

发布时间：2008年11月24日

更新时间：2014年12月2日

〔1〕 根据哈萨克斯坦共和国2004年12月20日第13号法律（2005年1月1日生效），在“编”下的文本中，数字“Ⅳ-Ⅶ”由数字“4-7”取代。

第四编　债的类型

第二十五章　买　卖

第一节　关于买卖的总则

第 406 条　买卖合同

1. 买卖合同，是指出卖人将标的物（合同对象）的所有权、管理权或者经营权转让给买受人，买受人接收标的物并向出卖人支付相应价款的合同。

2. 除法律另有规定外，本条规定适用于有价证券和外汇的买卖。

3. 本法或者其他法律另有规定的，专门类型货物买卖的具体内容应当依据本法或者其他法律规定。

4. 除对权利内容或者性质另有规定外，本条规定适用于产权转让。

5. 除本法关于合同另有规定外，本条规定适用于某些类型买卖合同（包括零售采购、产品供应、能源供应、企业销售）。

第 407 条　标的物的条件

1. 买卖合同的标的物可以是受本法第 116 条调整的任何物品。

2. 出卖人可以订立合同，买卖具有所有权的标的物，甚至是在未来创造或者购买的标的物，但是法律另有规定或者标的物属性不符的除外。

3. 合同能够约定标的物名称和数量（基本条款），则该标的物条款视为达成一致。

第 408 条　出卖人交付标的物的义务

1. 出卖人应当履行将合同中约定的标的物交付给买受人的义务。

2. 除合同另有约定外，出卖人应当同时将标的物配件、规范性文件或者合同约定的相关文件（载明标的物的配套性、安全性、质量以及操作程序等的文件），一并交付给买受人。

第 409 条　履行交付标的物义务的期限

1. 出卖人应当按照合同约定期限向买受人交付标的物；合同没有约定交付期限的，则按照本法第 277 条规定处理。

2. 买卖合同明确约定超期时买受人不愿履行合同的，则买卖合同视为是在严格约定截止日期之前附条件订立的。

未经买受人同意，出卖人无权在约定期限之前或者届满之后履行此类合同。

法律文件或者合同，可以设立部分履行买卖合同的情形（合同的临时执行条款）。

第 410 条　出卖人履行交付标的物义务的时间

1. 除买卖合同另有约定外，下列情况视为出卖人已经履行将买卖合同标的物交付给买受人的义务：

1）合同约定出卖人应当交付标的物，则在其将标的物交付给买受人或者其指定人时视为履行完毕；

2）标的物应当在其所在地交付给买受人或者其指定人，则是在其所在地交付标的物。

在合同约定期限和适当地点交付标的物，并且买受人知道标的物将按照合同条款进行交付，则视为标的物已经交付。如果标的物不能为合同目的通过标记或者以其他方式识别，则不视为已经交付。

2. 买卖合同不要求出卖人在其所在地交付或者履行将标的物交付给买受人的义务，则在出卖人将标的物向承运人或者相关组织交付时，视为已履行交付给买受人的义务，但合同另有约定的除外。

第 411 条　标的物意外损毁、灭失的风险

1. 除买卖合同另有约定外，根据法律或者合同将标的物交付给买受人时，视为出卖人已经履行义务，标的物意外损毁或者灭失的风险转移给买受人。

2. 在运输过程中买卖标的物，从订立买卖合同时起，标的物意外损毁或者灭失的风险转移给买受人，但是合同或者商业惯例另有约定的除外。

订立合同时，出卖人知道或者应当知道标的物损毁或者灭失，而且没有将此事通知买受人，则应买受人请求从交付给第一承运人时起，标的物意外损毁或者灭失的风险转移给买受人。

第 412 条　出卖人保存所售标的物的义务

当标的物的所有权、管理权或者经营权在交付前转移时，出卖人应当在转让前妥善保存标的物，防止标的物变质。

除当事人之间的合同另有约定外，买受人应当偿还出卖人的必要费用。

第 413 条　出卖人独立交付标的物（不附加第三人权利）的义务

1. 出卖人就交付的标的物，负有保证第三人对该标的物不享有任何权利的义务，但是买受人同意接受第三人享有权利标的物的除外。

除事实证明买受人知道或者应当知道第三人对该标的物享有权利外，出卖人未履行这项义务的，则买受人有权要求降价或解除合同赔偿损失。

2. 本条第 1 款规定也相应地适用于下列情形：在标的物交付给买受人时，第三人就标的物提出了主张，而出卖人知道这些主张，这些主张随后根据法定程序被认定为合法，则出卖人应当认可这些主张。

第 414 条　出卖人从买受人处取回标的物的责任

1. 第三人基于履行合同之前的事由，从买受人处取回标的物，则出卖人应当赔偿买受人所遭受的损失；但是能够证明买受人知道或者应当知道这些事由的除外。

2. 第三人向买受人主张所购买的标的物，双方关于免除或者限制出卖人责任的合同无效。

第 415 条　买卖双方在要求质押标的物时的义务

1. 第三人基于履行合同之前的事由，对买受人提出质押标的物的主张，则买受人应当让出卖人参与其中，而出卖人应当代表买受人开展此项工作。

2. 出卖人证明通过参与其中，本可以阻止将已售标的物从买受人手中取回，而买受人未让出卖人参与，即免除出卖人对买受人的责任。

3. 出卖人被买受人要求参与其中，但是没有参与其中，则丧失了证明案件错误的权利。

第 416 条　出卖人不履行交付标的物义务的后果

1. 出卖人拒绝将已售标的物交付给买受人的，则买受人有权拒绝履行买卖合同。

2. 出卖人拒绝交付特定物品的，则买受人有权根据本法第 355 条规定要求出卖人交付。

第 417 条　出卖人不履行交付标的物相关配件和单证义务的后果

1. 出卖人应当交付标的物，而不交付或者拒绝向买受人交付有关配件或者单证的(见本法第 408 条第 2 款)，则买受人有权要求其在合理期限内实现交付。

2. 出卖人在规定期限内未交付与标的物有关的配件或者单证，则买受人有权拒收标的物，但是合同另有约定的除外。

第 418 条　标的物数量

交付给买受人的标的物数量，在合同中以适当的计量单位或者货币形式规定。关于标的物数量，可以通过在合同中规定的确定标的物数量的方式达成合意。

第 419 条　违反标的物数量条款的后果

1. 出卖人违反合同条款，向买受人交付标的物的数量少于合同约定数量，买受人有权要求出卖人交付标的物的所缺数量、拒绝交付的标的物及其付款；已付款的则要求返还付款，但是合同另有约定的除外。

2. 出卖人向买受人交付的标的物超出合同约定数量的，买受人应当根据本法第 436 条第 1 款所规定的方式通知出卖人。出卖人在收到买受人通知后，在合理期间未处置相关标的物的，买受人有权接受全部标的物，但是合同另有约定的除外。

3. 买受人接受标的物超过合同约定数量，则相应标的物将按照合同约定价格支付价款，但是当事人另有约定的除外。

第 420 条　标的物种类

根据买卖合同，出卖人应当按双方商定的标的物类型、型号、尺寸、颜色和其他特征(种类)，将标的物交付给买受人。

第 421 条　违反标的物种类合同的后果

1. 当出卖人未按照合同约定种类交付标的物时，买受人有权拒收标的物和拒绝支付价款；已经交付的则可以要求返还价款。

2. 出卖人已经交付标的物，但是违反约定的种类条款，买受人有权选择：

1）接受符合合同约定种类的标的物，并拒绝接受其他标的物；

2）拒绝接受所有交付标的物；

3）要求更换不符合合同约定种类的标的物；

4）接受所有交付的标的物。

3. 拒绝接受或者要求更换不符合合同约定种类的标的物，买受人也有权拒绝支付价款；已经付款的则可以要求返还价款。

4. 买受人在收到标的物 15 日内，没有通知出卖人拒绝接受标的物，则视为买受人已经接受不符合合同约定种类的标的物。

5. 对于不符合合同约定种类的标的物，买受人不拒绝接受的，则应当按照与出卖人商定的价格支付价款。出卖人在 15 日内没有采取必要措施就价格达成一致的，则买受人应当按照在相似情况下订立合同时相似标的物通常价格支付价款。

6. 除买卖合同另有约定外，应当适用本条规定。

第 422 条　标的物质量

1. 出卖人应当向买受人交付符合合同约定质量的标的物。

2. 合同对标的物质量条件没有约定或者约定不明确的，出卖人应当向买受人交付适合通常用途的标的物。

如果买受人在合同订立时告知其购买标的物的具体目的，出卖人应当向买受人交付适合此目的使用的标的物。

3. 当凭样品或者说明买卖标的物时，出卖人应当向买受人交付与样品或者说明相符的标的物。

4. 根据法定程序出台的法律对所售标的物质量有强制性要求的，从事商业活动的出卖人应当向买受人交付符合这些强制性要求的标的物。

根据买受人与出卖人之间的合同，可以交付与根据法定程序出台的强制性要求相比质量更高的标的物。

5. 出卖人交付给买受人的标的物，应当符合本条规定的要求。如果合同未就确定标的物符合要求的时间作出约定，则应当在合理期间适用于标的物通常用途。

第 423 条　标的物保质期

1. 法律、国家标准的强制性规定或其他强制性规定可以规定标的物的保质期以及在标的物上注明保质期的情形。

2. 出卖人应当在规定保质期内向买受人交付标的物，以便其在保质期内按预定用途使用标的物。

第 424 条　标的物保质期的计算

标的物的保质期，由标的物生产之日起计算期间。在此期间或者期限之前，标的物应当适合使用。

第 425 条　标的物质量保证

1. 合同约定出卖人确保标的物质量的，出卖人应当在合同约定期限（保质期）内，向买受人交付符合本法第 422 条规定要求的标的物。

2. 除合同另有约定外，标的物质量保证也适用于其所有零部件（配件）。

第 426 条　保修期的计算

1. 除合同另有约定外，保修期从标的物交付给买受人之时（见本法第 410 条）起算。

2. 因出卖人原因致使买受人无法使用合同约定了保修期的标的物，则直到相关原因被出卖人消除，保修期不届满。

除合同另有约定外，因检测到故障致使标的物无法使用，在此期间延长保修期，但是关于故障应按本法第 436 条规定的方式通知。

3. 除合同另有约定外，标的物配件保修期与主标的物保修期相同，并与主标的物保修期同时起算。

4. 除合同另有约定外，更换标的物（产品组件），保修期开始重新计算。

第 427 条　标的物质量检验

1. 法律规定或者合同约定标的物质量检验的，则应当按照规定要求进行检验。

国家标准或者其他规范性文件对标的物质量检验规定了强制性要求的，则应当按照其规定进行质量检验。

2. 对于本条第 1 款未规定的标的物质量检验，应当按照商业惯例或者检验交付标的物的其他通常适用条件进行。

3. 法律、国家强制性标准、其他规范性文件或者合同，规定了出卖人应当检验（测试、分析、检查等）交付给买受人的标的物质量的，则出卖人应当根据买受人要求提供标的物质量检验的凭证。

第 428 条　交付质量不合格标的物的后果

1. 出卖人没有约定标的物瑕疵的，则收到质量不合格标的物的买受人，有权要求出卖人：

1）按比例降价；

2）在合理期间无偿消除标的物瑕疵；

3）补偿消除标的物瑕疵的费用；

4）将质量不合格标的物，更换为符合合同约定的标的物；

5）拒绝履行合同，并返还为标的物支付的价款。

买受人放弃本条规定权利的合同条款无效。

2. 标的物组件（见本法第 432 条）部分质量不合格，买受人有权就部分标的物行使本条第 1 款所规定的权利。

3. 质量不合格标的物的出卖人不是制造商，可以根据买受人选择，向出卖人或者制造商，提出更换或者无偿消除标的物瑕疵的主张。

4. 除本法或者其他法律另有规定外，应当适用本条规定。

第 429 条　出卖人对标的物瑕疵负责

1. 买受人能够证明在交付之前或者因此前原因产生瑕疵的，则出卖人应当对标的物瑕疵负责。

出卖人对买卖的标的物瑕疵负责，即使其不知道标的物存在瑕疵。任何规定免除或者限制出卖人责任的合同条款无效。

2. 对于出卖人负责质量保证的标的物，出卖人应当对标的物瑕疵负责；除非其证明标的物瑕疵产生是因为交付后买受人违反标的物的使用或者存储规定、第三人行为或者不可抗力。

第 430 条　瑕疵标的物的保修期

1. 除法律另有规定或者当事人另有约定外，买受人有权就瑕疵标的物提出索赔，前提是在本条规定期限内发现标的物瑕疵。

2. 标的物没有保修期或者到期日，买受人可以提出与标的物瑕疵有关的索赔，前提是在合理期间发现瑕疵，但是应在标的物交付给买受人之日起 2 年内，除非法律规定或者合同约定了更长期限。运输或邮寄的标的物瑕疵检测期限，自在目的地收到标的物之日起计算。

3. 标的物有保修期的，在保修期内检测到标的物瑕疵，买受人有权就标的物瑕疵提出索赔。

标的物零部件保修期短于标的物主物保修期的，如果在标的物主物保修期内发现零部件瑕疵，买受人有权对其提出索赔。

标的物组件的保修期长于标的物主物保修期的，如果在保修期内发现标的物组件瑕疵，买受人有权就标的物瑕疵提出索赔，而不论标的物主物保修期是否届满。

4. 对于有保质期的标的物，在标的物保质期内发现标的物瑕疵的，买受人有权就标的物瑕疵提出索赔。

5. 合同保修期不足 2 年，买受人在保修期之后发现瑕疵的，但是自标的物交付给买受人之日起 2 年内，买受人证明瑕疵是在标的物交付自己之前或者因此前原因产生的，则出卖人应当承担责任。

第 431 条　标的物的配套性

1. 合同约定标的物配套性的，出卖人应当向买受人交付符合合同约定条件的标的物。

2. 合同没有约定标的物配套性的，出卖人按照商业惯例或者其他通常必要要求所确定的配套性，向买受人交付标的物。

第 432 条　配套标的物

1. 合同约定出卖人应当向买受人交付包装配套标的物的，自全部配套标的物交付时起视为履行完毕。

2. 除合同和有关义务类型另有约定外，出卖人应当同时向买受人交付全部配套标的物。

第 433 条　交付不配套标的物的后果

1. 交付不配套标的物的（见本法第 431 条），买受人有权要求出卖人：

1）按比例降价；

2）在合理期间完善标的物；

3）用配套标的物替换不配套标的物；

4）拒绝履行合同，并返还为标的物支付的价款。

2. 本条第 1 款规定的后果也适用于出卖人向买受人交付成套产品义务的情况（见本法第 432 条），除非法律或合同另有规定，或根据义务的实质另有约定。

第 434 条　标的物容器和包装

1. 出卖人应当按照约定的容器和包装，将标的物交付给买受人；但是合同、有关义务实质内容另有约定或者违反标的物性质的除外。

2. 合同没有约定容器和包装要求的，应当按照通用方式包装；没有通用方式的，应当采取足以保护标的物存储和运输安全的包装。

3. 容器或者包装的强制性要求是根据法定程序规定的，则从事商业活动的出卖人，应当采取符合强制性要求的容器或者包装来交付标的物。

第 435 条　缺失或者不当使用容器、包装交付标的物的后果

1. 缺失或者不当使用容器、包装而交付标的物时，买受人有权要求出卖人重新包装或者更换不当的容器、包装，但是合同、有关义务实质内容另有规定的情况除外。

2. 买受人不向出卖人提出本条第 1 款所规定的要求，则有权因交付质量不合格标的物而提出其他索赔（见本法第 428 条）。

第 436 条　将不当履行合同通知出卖人

1. 买受人应当在法律法规、其他规范性文件或者合同约定期限内，根据标的物性质和目的地，将违约数量、种类、质量、配套性、容器包装的情况通知出卖人。没有规定期限的，则在发现违约后的合理期间，将情况通知出卖人。

2. 买受人未履行本条第 1 款所规定的义务，出卖人如能证明不及时通知将无法满足买受人要求，或者与及时通知出卖人违约条款情况相比，给出卖人带来的费用不成比例，则出卖人有权全部或者部分拒绝满足买受人的要求。

3. 出卖人知道或者应当知道交付标的物违约的，出卖人无权援引买受人未履行本条第 1 款所规定的义务。

第 437 条　买受人接受标的物的义务

1. 除有权根据本法要求更换标的物或者拒绝履行合同外，买受人应当接受出卖人交付的标的物。

2. 除法律另有规定或者当事人另有约定外，买受人应当采取必要行动，以确保按照通常规定要求交接有关标的物。

3. 买受人违反法律规定或者合同约定，没有接受或者拒绝接受标的物的，出卖人有权要求买受人接受标的物或者拒绝履行合同。

第 438 条　标的物价格

1. 买受人应当根据合同约定价格付款；非因合同约定不能根据其条款来确定的，则根据本法第 385 条确定价格，并自费执行。

2. 除合同另有约定外，当价格根据标的物的重量确定时，则按净重确定。

3. 合同约定根据不同指标导致标的物价格（成本、支出等）变动，但没有确定价格变动方式，则根据订立合同时和标的物交付日期的指标比率来确定价格。当出卖人延迟履行交付义务，则根据订立合同时和标的物交付时的指标比率来确定价格。合同没有约定交付日期的，则根据本法第 277 条确定。

若本法其他法律或义务的实质内容未作其他规定，则适用本款规定。

第 439 条　付款

1. 合同条款和法律条文未规定付款期限的，则买受人应当在收到标的物或者所有权文件后及时付款。

2. 合同未规定分期支付的，买受人应当向出卖人支付交付标的物的全部价款。

3. 买受人不按照合同付款，出卖人有权要求支付价款和违约金（见本法第 353 条）。

4. 买受人违约拒绝接受标的物，出卖人有权要求返还标的物或者拒绝履行合同。

5. 除法律另有规定或者当事人另有约定外，出卖人按照合同应当将其他标的物一并交付但未付款的，出卖人有权中止交付标的物，直到买受人对先前交付的所有标的物全额付款。

第 440 条　预付款

1. 合同约定买受人应当在交付前支付全部或者部分价款（预付款）的，买受人应当在合同约定期限内付款；合同未规定期限的，则应在本法第 277 条规定的期限内付款。

2. 买受人未履行合同所规定预付款的义务，适用本法第 284 条规定。

3. 出卖人收到预付款后，未在规定期限内（见本法第 409 条）交付标的物的，则买受人有权要求交付标的物或者返还出卖人未交付标的物的预付款。

4. 根据合同应当交付标的物的，自合同约定交付标的物之日起，直到将标的物交付给买受人或者返还预付款之日，出卖人不交付预付款标的物或者不履行买卖合同约定的其他义务，则根据本法第 353 条规定支付预付款罚金。

第 441 条　赊销标的物付款

1. 合同约定在标的物交付给买受人后一定时间内支付价款的，买受人应当在合同约定期限内付款，合同未约定期限的，买受人应当在本法第 277 条所规定的期限内付款。

2. 出卖人不履行交付标的物义务的，适用本法第 284 条规定。

3. 买受人收到标的物，而未在合同约定期限内履行付款义务的，则出卖人有权要求付款或者返还未付款标的物。

在合同约定期限内，买受人未履行对交付标的物的付款义务，且本法没有规定或合同没有约定的，则从应当付款到买受人付款之日根据本法第 353 条规定支付违约金。

4. 合同可以约定，从出卖人应当交付标的物之日起，买受人支付与标的物价格相应的违约金。

5. 赊销标的物以买卖当日价格交易。除法律另有规定或者当事人另有约定外，赊销标的物价格变化不涉及重新计算。

第 442 条　赊销标的物的分期付款

1. 赊销标的物合同约定可以分期付款。

在分期付款条件下，其他条款约定了价格、程序、期限和付款金额，赊销合同被认定成立。

2. 在合同期限内买受人未能按期支付分期付款的，除合同另有约定外，出卖人有权拒绝履行合同，并要求返还所售标的物；但是买受人付款金额超过标的物价款的除外。

第 443 条　标的物保险

1. 除法律另有规定外，买卖合同可以约定出卖人或者买受人为标的物投保的义务。

2. 应当为标的物投保的一方未按照合同约定投保的，另一方有权投保，并要求义务方偿付保险费或者拒绝履行合同。

第 444 条　出卖人保留标的物所有权

1. 合同约定直到付款或者发生其他情况之前，出卖人保留标的物所有权，买受人无权转让或处分该标的物，但是法律另有规定、合同另有约定或者与产品用途及性质无关的除外。

2. 在合同约定期限内对交付标的物没有付款，或者发生所有权转让给买受人的其他情形时，出卖人有权要求买受人返还标的物，但是合同另有约定的除外。

第二节　零售买卖

第 445 条　零售合同

根据零售合同，从事商业买卖的出卖人，应当将通常用于自然人、家庭、婚姻或者其他非商业用途的标的物交付给买受人。

零售合同是公开的（见本法第 387 条）。

第 446 条　零售合同的形式

自出卖人向买受人交付价款、标的物收据或者确认付款文件之时起，零售合同被视为以适当形式订立，但是法律法规另有规定或者零售合同（其中包括买受人加入的表格或其他标准表格的条款，见本法第 389 条）另有约定的除外。买受人缺少这些文件，并不妨碍证明订立合同及其条款的权利。

第 447 条　公开要约

1. 在销售场所展示产品、样品或者提供所售商品信息（说明、目录、照片等），无论是否指定价格和买卖合同其他主要条款，均视为公开要约；但是出卖人明确声明相关产品不用于销售的除外。

2. 不在销售地点而在广告、产品目录和其他产品说明中向不特定人员报价，并且不包含买卖合同的主要条款，不视为公开要约。

第 448 条　向买受人提供标的物信息

1. 出卖人应当向买受人提供出卖标的物必要且可靠的信息。这些信息应当符合法定要求、零售业通常对此类信息内容和方法的要求。

2. 买受人有权在订立合同前检验标的物，要求在其在场时检验标的物的性能或者展示标的物的使用情况，除非因标的物性质不允许，并且与零售业规则不矛盾。

3. 没有向买受人提供标的物信息的出卖人，负责其交付给买受人后证明因缺乏信息而产生的标的物瑕疵。

第 449 条　附买受人在确定期限接受标的物条件的合同

1. 当事人可以订立附条件的合同，条件是买受人在合同约定期限内接受标的物，在此期间不能出卖给其他买方。

2. 除合同另有约定外，买受人未在合同约定期限内出现或者采取其他必要行动接受标的物，可视为买受人拒绝履行合同。

3. 除法律另有规定或者当事人另有约定外，出卖人为确保在合同约定期限内交付而支付的额外费用，都包含在标的物价格中。

第 450 条　凭样品出售标的物

1. 零售合同，可以在买受人知悉由出卖人提供标的物样品（说明、目录等）的基础上订立。

2. 除法律另有规定或者合同另有约定外，自标的物交付至合同中约定地点之时起，合同视为成立。标的物交付地点无法确定的，则在公民居住地或者法人所在地向买受人交付标的物之日起，合同视为成立。

3. 在交付标的物之前，买受人有权拒绝履行合同，但是应当向出卖人偿还为履行合同而发生的合理费用。

第 451 条　使用自助机器买卖标的物

1. 使用自助机器买卖标的物，自助机器所有者应当向买受人提供有关标的物的信息(名称、数量、单价等)。出卖人通过将标的物放置在机器上，或者以其他方式为买受人提供出卖人姓名（公司名称)、所在地、经营方式、营业时间，以及接受标的物应当采取的必要行动。

2. 自买受人采取必要行动来接受标的物之时起，合同视为成立。

3. 没有向买受人交付已经付款的标的物，出卖人应当立即进行交付，或者向买受人返还其为该标的物支付的价款。

第 452 条　向买受人附交货条件的合同

1. 订立向买受人附交货条件的合同，出卖人应当在合同约定期限内，将标的物交付至买受人指定的地点。

2. 自出卖人将标的物交付给买受人之时起，合同视为成立；此外，交付给用来证明合同成立、交付登记的单据或者其他文件的任何主体，合同也视为成立；但是法律另有规定、合同另有约定的除外。

第 453 条　标的物价格和付款

1. 买受人应当在合同约定时间内按照出卖人报价进行付款；但是法律另有规定或者

有关义务实质内容另有约定的除外。

2. 合同约定预付款的（见本法第 440 条），买受人未在合同约定期限内付款，视为买受人拒绝履行合同，但是双方当事人另有约定的除外。

3. 对于贷款购买的零售合同，包括分期付款买卖，不适用本法第 441 条第 3 款第 2 项的规定。

4. 在合同约定的分期付款期限内，买受人有权随时全额付款。

第 454 条　更换适当质量的标的物

1. 买受人有权自非食品标的物交付之日起 14 日内（或者出卖人声明的更长期限），在购买地或者出卖人声明的其他地点，将所购买的标的物更换成其他尺寸、形状、大小、样式、颜色、配置等的类似商品；存在价差的应当与出卖人重新计算。

2. 出卖人应当进行更换的，买受人有权将已购标的物返还给出卖人，并获得已付价款。

3. 标的物未被使用且保留消费属性，并且有证据证明其从出卖人处购买的，应当满足买受人关于更换或者返还标的物的要求。

4. 根据本条所规定的事由，关于不得更换或者返还的标的物清单，应当按照法律规定的方式进行确定。

第 455 条　在出卖标的物质量不合格情况下的买受人权利

1. 向买受人出卖质量不合格的标的物，出卖人没有指出其瑕疵，则买受人有权采取本法第 428 条第 1 款中所规定的行动。在此情况下，买受人应当返还所收到的质量不合格的标的物，费用由出卖人承担。

2. 当向买受人返还已付价款时，出卖人无权从中扣除因标的物全部或者部分使用、外观瑕疵所造成的降价损失。

第 456 条　返还价差、降价、更换质量不合格标的物

1. 当以合同约定相应质量的标的物更换质量不合格的标的物时，出卖人无权要求返还价差，即合同约定标的物与实际交付或者法院判决更换标的物之间的价格差额。

2. 当更换的标的物质量相似但尺寸、样式、种类等不同时，更换标的物需要补偿以下价差，即交付标的物当时价格与所更换质量不合格标的物之间的价格差额。

出卖人无法满足买受人的要求的，价格由作出更换标的物判决的法院，在判决时进行确定。

3. 主张按比例降价，则是提交标的物降价主张时的价格。买受人不同意的，则由法院作出降价判决时的价格。

4. 在向出卖人返还质量不合格的标的物时，买受人有权要求返还合同约定价格与买受人自愿满足索赔要求时的价差；不自愿索赔的，则由法院作出判决。

第 457 条　出卖人责任和实物义务履行

出卖人不履行其在零售买卖销售合同的义务，应当赔偿损失或者支付违约金，但并不以此免除出卖人的实物履行义务。

第三节 交 付

第458条 购销合同

根据购销合同，供应商应当在约定期限或者生产、购买标的物时交付给买受人，用于商业活动，或者与自然人、家庭、婚姻及其他相应用途无关的目的。

第459条 购销合同订立期间的纠纷调解

1. 订立购销合同时，当事人对合同某些条款产生分歧的，提议订立合同并收到对方异议的一方，应当自收到异议起30日（除当事人另有约定）内，采取措施就合同有关条款达成一致，或者书面通知对方拒绝订立合同。

2. 一方当事人收到合同条款的异议通知，但未采取措施就合同条款达成一致，并且在本条第1款规定期限内，未及时通知对方拒绝订立合同，应当赔偿因逃避商定合同条款而造成的损失。

第460条 交付合同的有效期

1. 交付合同期限可以为1年、超过1年（长期合同），或者当事人通过合同约定的其他期限。

合同没有约定有效期，并且有关义务实质内容另有约定，则合同视为期限为1年。

2. 在长期合同中将如数交付标的物或者履行合同其他条件，约定为1年或者更长期限的，则合同应当为当事人约定程序，以便在合同结束之前就以后各期条款达成一致。合同不包含约定程序的，则认定为合同为1年或者协商确定期限。

第461条 交货期限

1. 双方当事人约定在合同期限内分批交付，并且没有约定单批交货日期（交货期）的，则标的物应当按月分批交付，但是法律另有规定、商业惯例或者有关义务实质内容另有约定的除外。

2. 除了约定交货期，在合同中可以设置交付时间表（10天、每天、每小时等）。

3. 经买受人同意，可以提前交付标的物。

4. 提前交付并由买受人接受的标的物，将计入下一期交付标的物的数量。

第462条 交付标的物的顺序

1. 交付标的物，是指出卖人通过装运标的物，交付给合同买受人、合同中的指定收货人。

2. 合同约定出卖人有权将标的物交付给指定收货人（附装运单）的，则由装运单中的指定收货人实施装运交付。

3. 装运单的内容和买受人向出卖人发送的期限，由合同约定。装运单合同没有约定发送期限的，应当在交货期届满前30日内发送给出卖人。

4. 除合同另有约定外，买受人未能在约定期限内提交装运单的，出卖人有权拒绝履行合同。

第463条　交付标的物

1. 出卖人按照合同约定的运输方式和具体条件交付标的物。

2. 合同没有约定具体运输方式或者交付条件的，选择运输方式或者确定交付条件的权利属于出卖人，但是法律另有规定、商业惯例或者有关义务类型另有约定的除外。

第464条　补足交付数量

1. 在单独交货期内被允许少交货的出卖人，应当在合同有效期内的下一期间，补足未交货数量，但是合同另有约定的除外。

2. 根据长期合同，出卖人未在单独交货期内足量交付标的物的，应当在未交付期限的下一期间予以补足，但是合同另有约定的除外。

3. 出卖人应当交付给买受人或者合同、装运单指定的多个收货人的，交付给其中一个收货人的超过合同或者装运单约定数量，不计为向其他收货人的交付部分，并由出卖人进行补偿，但是合同另有约定的除外。

4. 买受人有权在通知出卖人后，拒绝接受逾期交付，但是合同另有约定的除外。在出卖人收到通知之前交付的标的物，买受人应当接受标的物并付款。

第465条　补足未交付标的物的种类

1. 需要补足的未交付标的物种类，由当事人通过合同约定。合同没有约定的，出卖人应当在允许交付期间补足未交付标的物的相应品种的短缺数量。

2. 一种名称标的物交付数量超过合同约定数量，则不计入同一种类不同名称未交付标的物的范围；但是买受人事先书面同意如此交付的除外。

第466条　买受人接收标的物

1. 买受人（收货人）应当采取必要行动，以确保按照购销合同接受标的物。

2. 买受人（收货人）接受标的物，应当在法律、购销合同或者商业惯例所确定的期限内进行检查。

买受人（收货人）应当按照法律、合同或者商业惯例规定的程序，在此期间检查接受标的物的数量和质量，并立即将标的物的任何差异或者瑕疵书面通知出卖人。

3. 从物流运输组织接受标的物的，买受人（收货人）应当检验标的物是否符合运输文件及其附件指定信息、是否遵守运输监管法的规定。

第467条　买受人对拒收标的物的储存

1. 当买受人（收货人）拒绝接受出卖人根据法律或者购销合同所交付的标的物时，应当负责标的物安全储存，并立即通知出卖人。

2. 出卖人应当保管买受人（收货人）所拒收的标的物，或者在合理期间进行处置。

出卖人未在此期限内处置标的物的，则买受人有权将其出卖或者返还给出卖人。

3. 买受人保管、实施购买、返还标的物所产生的必要费用，应当由出卖人偿付。

在此情况下，出卖人应当从收到的价款中将欠款还给买受人。

4. 买受人没有法律规定或者合同约定的理由而不接受、拒收标的物，则出卖人有权要求买受人付款。

第 468 条　抽样

1. 通过购销合同可以约定，买受人（收货人）在出卖人所在地（抽样地）接受交付。

2. 合同没有约定抽样期的，在收到出卖人准备通知情况后的合理期间，买受人（收货人）应当进行抽样。

3. 当购销合同约定由买受人（收货人）在出卖人所在地抽样时，买受人应当在交付地检查标的物，但是法律另有规定或者有关义务实质内容另有约定的除外。

4. 在收到出卖人通知标的物准备情况后的合理期间内，买受人（收货人）未进行抽样的，则出卖人有权撤销合同或者要求买受人付款。

第 469 条　付款

1. 买受人应按照合同约定程序和付款方式对标的物进行付款。合同没有约定付款程序和方式的，则依据支付委托书进行付款。

2. 如果合同约定在总和中包含单独交付部分的，则买受人应在最后部分进行装运（抽样）之后付款，否则合同未履行完成。

3. 合同约定由收货人（付款人）付款，但是其无正当理由拒绝付款或者在合同期限内没有付款，则出卖人有权要求买受人对已交付标的物付款。

第 470 条　容器和包装

1. 除合同另有约定外，买受人（收货人）应当按照法定期限和条件，将收到的标的物以相同包装方式返还给出卖人。

2. 只有在合同约定情况下，可以用其他容器和包装返还出卖人。

第 471 条　交付质量不合格标的物的后果

1. 收到质量不合格标的物的买受人（收货人），有权向出卖人提出本法第 428 条所规定的索赔；但是在收到买受人关于标的物瑕疵通知后，出卖人立即用质量合格标的物进行替换的情况除外。

2. 买受人（收货人）将所购标的物进行零售，有权要求出卖人在合理期间内更换消费者退回的质量不合格标的物，但是合同另有约定的除外。

第 472 条　交付不配套标的物的后果

1. 违反购销合同条款、法律要求或通常的配套性要求，买受人（收货人）有权向出卖人提出本法第 433 条所规定的要求，但是在收到买受人关于标的物瑕疵通知后，出卖人立即用质量合格标的物进行替换的情况除外。

2. 除购销合同另有约定外，购买标的物用于零售的买受人（收货人），有权要求出卖人在合理期间内为消费者更换配套标的物。

第 473 条　在出卖人不交付标的物、不履行消除瑕疵或者补足义务的情况下，买受人的权利

1. 出卖人没有按照合同约定数量交付标的物、没有履行更换质量不合格标的物或者在规定期限内补足义务的，则买受人有权向他人购买未交付标的物，其购买所支付的必要合理费用由出卖人承担。

出卖人未履行交付标的物、更换质量不合格标的物或者在规定期限内补足义务的，则买受人向他人购买未交付标的物的费用，根据本法第 477 条第 1 款的规定计算。

2. 对于质量不合格和不配套的标的物，买受人（收货人）有权拒绝付款；已付款的则可以要求返还，直到瑕疵被消除、标的物得到补充或者更换。

第 474 条　未交付或者迟延交付的违约金

法律规定或者合同约定的关于未交付或者迟延交付的违约金，收取期间是自合同约定日期起到实际履行之日止；但是法律另有规定或者合同对收取违约金另有约定的除外。

第 475 条　履行若干购销合同的同质义务

1. 根据若干购销合同，出卖人同时向买受人交付同名标的物，而且交付数量没有超过履约数量，则所交付标的物在交货期间或者交货后，应当立即计入出卖人指定的履约数量。

2. 根据若干购销合同，买受人对所收同名标的物已向出卖人付款，并且付款金额没有超过买受人付款义务的，则所支付价款在付款后应当立即计入买受人指定的履约账户。

3. 出卖人或者买受人未行使本条第 1 款和第 2 款赋予的权利，提前履行合同义务视为完成履行债务。若干合同债务履行期限同时到来，则按比例计入所有合同债务偿还额。

第 476 条　单方面拒绝履行合同

1. 当一方当事人重大违约（见本法第 401 条第 2 款第 2 项），对方当事人可以单方面（全部或者部分）拒绝履行或者单方面修改合同。

2. 在以下情况下，认定出卖人构成重大违约：

1）交付质量不合格标的物，并且在合理期间没有消除瑕疵；

2）多次不遵守交付时间。

3. 在以下情况下，认定买受人构成重大违约：

1）多次违反付款条款；

2）多次不抽样。

4. 合同可以约定单方面拒绝履行或者修改合同的其他事由。

5. 自一方当事人收到对方关于单方面拒绝履行或者变更合同的通知之时起，即视为终止或者修改购销合同，但是通知对终止或者修改合同期限另有约定或者非由双方协商一致约定的除外。

第 477 条　合同终止时的损失计算

1. 在合同终止后的合理期间内，因出卖人违约，买受人以高于合同约定但是合理的价格，向他人购买了标的物，则买受人可以向出卖人要求损失赔偿，赔偿额为合同约定价格与替代交易价格之间的差额。

2. 在合同终止后的合理期间内，因买受人违约，出卖人以低于合同约定但合理的价格，向他人出卖标的物，则出卖人可以向买受人要求损失赔偿，赔偿额为合同约定价格与替代交易价格之间的差额。

3. 因本条第 1 款和第 2 款所规定事由终止合同后，尚未进行任何交易以取代已终止的合同，并且该标的物有现价，则当事人可以要求损失赔偿，赔偿额为合同约定价格与合同终止时现价之间的差额。

现价，是指在标的物交付地、在类似情况下、对类似标的物收取的通常价格。标的物没有现价的，可以适用合理替代品在其他地点的现价，并且考虑到运输成本差异。

4. 本条第 1—3 款所规定的损失赔偿，根据本法第 9 条第 4 款规定，不免除未履行义务方给对方造成的其他损失赔偿。

第四节　定　购

第 478 条　定购合同

1. 根据定购合同，农产品生产者将其种植（生产）的农产品转让给采购人，即购买农产品进行加工或者销售的人。

2. 不受本条调整的定购合同关系，适用本法第 458—477 条关于购销合同的规定。

第 479 条　采购人的责任

1. 除合同另有约定外，采购人应当在农产品所在地接受并确保运出农产品。

2. 约定在采购人住所或者其他指定地点验收农产品的，按照定购合同约定条件和交付期限，采购人无权拒绝验收。

采购人应当确保农产品质量符合标准。

3. 合同可以约定加工农产品的采购人义务，即采购人应生产者要求，将农产品制成加工品，在收到合同约定价款后返还给生产者。

第 480 条　农产品生产者的义务

农产品生产者，应当向采购人交付符合合同约定数量、质量和品种的种植（生产）农产品。

第 481 条　农产品生产者的责任

农产品生产者因过错不履行或者不当履行义务的，应当承担相应的责任。

第五节　能源供应

第 482 条　能源供应合同（电力合同）

1. 根据能源供应合同，能源供应商通过所连接的能源网络向用户提供能源，用户对接受的能源付费，并遵守约定确保所用能源网络的运行安全及其耗能装置设备的可用性。

2. 能源供应合同是公开合同（见本法第 387 条）。

3. 能源供应合同根据本法和其他法律规定，对双方具有法律约束力。

第 483 条　能源供应合同的订立和延期[1]

1. 根据哈萨克斯坦共和国法律规定，能源供应商拥有连接到能源网的必要设备，则可以与用户签订能源供应合同。

2. 根据能源供应合同使用能源用于家庭消费的公民个人用户，自按照规定第一次实际连接网络之时起，该合同视为成立。

除合同另有约定外，合同为无限期合同，并可以根据本法第 490 条的事由修改或者废止。

3. 一方当事人在期满时未提出终止或者更改能源供应合同的，则视为以合同约定的相同条件和期限进行延长。如果合同延长一个新的期限，其条款可以通过双方协议更改。

4. 一方当事人在合同期满前建议订立新合同，双方关系在订立新合同之前受到先前订立合同的约束。

第 484 条　能源量

1. 能源供应商应当通过能源网络向用户提供合同约定的能源，并遵守双方商定的能源供应制度。关于实际消耗的计费数据，根据能源供应商提供的和用户接收的能量进行确定。

2. 合同可以规定，用户有权改变合同约定的收取能源量，前提是偿还能源供应商因确保不按合同约定数量供应能源而产生的费用。

3. 使用能源用于家庭消费的公民用户，有权根据能源供应合同作为用户，使用所需数量的能源。能源供应商供应和用户接收的能源数量，由计量设备确定；没有计量设备的，通过计算确定。

第 485 条　违反能源供应合同的后果

除法律另有规定或者有关义务实质内容另有约定，能源供应商通过连接网络向用户提供的能量少于合同约定的，适用本法第 419 条规定。

第 486 条　能源质量

1. 供应商供应的能源质量，应当符合国家标准、规范性文件所规定的标准以及合同约定要求。

2. 供应商违反能源质量要求的，适用本法第 491 条规定，但是法律另有规定、合同或者有关义务实质内容另有约定的除外。

第 487 条　用户对操作和维护网络、设施设备的责任

1. 用户应当确保运行的能源网络、设施设备的适当技术条件和安全，遵守约定的能源消耗模式，并立即通知供应商有关事故、火灾、能源计量设备故障以及在使用能源过程中发生的违规行为。

2. 当能源供应合同用户是将能源用于家庭消费的公民，则应当确保所分配的能源网

[1] 第 483 条经哈萨克斯坦共和国 2003 年 1 月 8 日第 376 号法律修订。

络、能耗计量设备的适当技术条件和安全，但是法律另有规定的除外。

3. 能源网络、设备装置及其操作技术要求，由法律规定。

4. 用户应当允许能源供应商的员工监测所应用的能源网络、设施设备的技术状况和安全性。由法律规定监测运行情况的方式。

第 488 条　能源付费

1. 除法律另有规定或者合同另有约定外，能源付费依据用户实际收到的能量数量，具体根据能源统计数据来确定。

2. 能源付费的办法，由法律规定或者合同约定。

第 489 条　用户将能源转让他人

1. 只有经能源供应商同意，用户才可以通过连接网络将从能源供应商接收的能源转让给他人。

2. 除法律另有规定或者合同另有约定外，关于用户转让能源依照与次级用户订立的合同条款。

3. 除法律另有规定外，当向次级用户传输能源时，用户仍然对能源供应商负责。

第 490 条　合同的修订和终止

1. 除经国家能源监督管理局认证的能源供应商状况不理想，可能发生事故或者对公民生命安全造成威胁外，经双方协议可以中断、终止或限制能源供应。能源供应商应当在能源供应中断、限制或者终止之前通知用户。

2. 未经用户同意或者没有警告用户而中断、限制或者终止能源的，应当立即通知并采取紧急必要措施，防止或者消除能源供应系统中的事故。

3. 连续循环的能源不得被中断、限制或者终止，并依法受到监管。

4. 能源供应合同是关于公民用户使用能源消费的合同。公民用户有权单方面解除合同，但应当通知能源供应商，并对已用能源付费。

5. 根据能源供应合同使用能源用于家庭消费的公民用户，用户不支付所用能源费用的，能源供应商有权单方面中止履行，前提是在中止之日起提前 1 个月通知用户。

第 491 条　能源供应合同的责任

1. 不履行或者不当履行能源供应合同义务，能源供应商应当向用户赔偿由此造成的实际损失（见本法第 9 条第 4 款）。

2. 依法调节能源消耗制度，能源供应商因过错中断向用户供应能源，为不履行或者不当履行合同义务。

第 492 条　将能源供应合同规则应用于通过网络连接的其他供应关系

1. 除法律另有规定外，本规定适用于调整连接网络供应热能的关系。

2. 除法律另有规定、合同或者有关义务实质内容另有约定外，本规定适用于调整通过连接网络供应天然气、石油和石油产品、水和相关产品的关系。

第六节　企业转让

第 493 条　企业转让合同[1]

1. 企业出让人可以根据企业转让合同，将企业作为综合资产转让给受让人（见本法第 119 条），但出让人不得转让的权利和义务除外。

2. 与企业劳动者有关的权利和义务，按照哈萨克斯坦共和国劳动法规定的方式，由企业出让人转给受让人。

3. 除合同另有约定外，还包括出让人的产品、工程或者服务的标志、商标、服务标志、专有使用权以及专有使用许可权。

4. 专有使用许可权并不转让给企业受让人，法律另有规定的除外。根据合同纳入被转让企业义务的，受让人没有专有许可无法履行这些义务，并不免除出让人对债权人的相应责任。出让人和受让人如无法履行义务，向债权人负有连带责任。

5. 通过私有化程序转让企业的具体情况，由私有化法规定。

第 494 条　企业转让合同的形式和国家登记注册

1. 企业转让合同应当以书面形式订立，由当事人各自签署文件，并应当附上本法第 495 条第 2 款所规定的文件。

2. 企业转让合同应进行国家登记注册的，自登记之时合同成立。

第 495 条　被转让企业的组成和估值[2]

1. 除法律另有规定外，被转让企业的组成和估值，由当事人通过合同约定。

2. 在签订合同之前，当事人应当编制和审查：库存报告、资产负债表、审计组织对企业组成和价值的审计报告，注明债权人、债权性质、规模和期限的企业全部债务列表。

除本法第 493 条另有规定并且合同另有约定外，上述文件中所规定的资产、权利和义务，应当一并由出让人转让给受让人。

第 496 条　债权人在企业转让中的权利

1. 被转让企业的债权人具有知情权，在将企业转让给买受人之前，出让人必须以书面形式将被转让企业的情况通知债权人。

2. 未书面通知出让人同意债务转移的债权人，有权在收到企业转让通知之日起 3 个月内，要求出让人终止买卖或者提前清偿债务，赔偿由此造成的损失，或者确认企业转让合同全部或者相关部分无效。

3. 未按照本条第 1 款规定收到企业出让通知的债权人，可以自知道或者应当知道出让人将企业转让给受让人之日起 1 年内，提出满足本条第 2 款所规定的诉求。

4. 企业转让给受让人后，出让人和受让人对未经债权人同意的、被转让企业内转让给受让人的债务承担连带责任。

---

〔1〕 第 493 条经哈萨克斯坦共和国 2007 年 5 月 15 日第 253 号法律修订。

〔2〕 第 495 条经哈萨克斯坦共和国 2006 年 5 月 5 日第 139 号法律修订（生效程序见第 139 号法律第 2 条）。

第 497 条　企业转让

1. 出让人根据转让文件将企业转让给受让人。转让文件具体规定包括关于企业组成、出让企业通知债权人、转让资产明显瑕疵、因为损失无法转让的资产清单等信息。

2. 为转让企业的准备包括出让人准备和提交订立转让文件，并由出让人承担费用，但是合同另有约定的除外。

3. 自双方签订转让文件之日起，企业被视为转让给受让人。

自此时起，企业资产意外损毁或者灭失的风险，随企业转让给受让人承担。

第 498 条　转让企业所有权

1. 企业的所有权，自国家登记注册之时起转让给受让人。

2. 受让人对企业所有权的国家登记注册，应在企业转让给受让人后立即进行（见本法第 497 条）。

3. 合同约定保留出让人对转让企业的所有权的，直到企业付款或者其他情况发生之前，受让人有权处分属于转让企业资产和权利，以确保企业作为综合资产进行必要的经营。

第 499 条　转让和接收瑕疵企业的后果

1. 转让和接收的企业组成、转让文件（包括转让资产质量）不符合同约定的，应当根据本法第 413—415 条、第 419 条、第 422 条、第 428 条、第 432 条的规定确定，但是合同另有约定并且本条第 2—4 款没有规定的除外。

2. 根据转让文件转让和接收企业的，转让文件载明了企业明显瑕疵和资产损失的信息（见本法第 497 条第 1 款），则受让人有权要求相应降低购买价格，但合同另有约定的除外。

3. 合同或者转让文件没有规定的债务，随企业转移给受让人的，受让人有权要求降低购买价格，但是出让人能够证明受让人在签订合同和转让企业时知道此债务的除外。

4. 受让人将转让资产瑕疵或者专用产品短缺情况通知出让人，出让人应当及时进行更换或者补充。

5. 如果确定企业因出让人过错而不适合于合同约定目的，并且出让人没有根据本法、法律法规或者合同约定的条件、方式和期限来消除瑕疵，或者瑕疵根本无法消除的，则受让人有权起诉要求终止或者变更企业转让合同，并归还当事人依约履行的对价。

第 500 条　企业转让合同无效、终止和变更的后果

本法关于企业转让合同无效、终止和变更的后果，包括一方或者双方返还或者恢复标的物，不严重侵犯出让人、受让人、其他债权人的权益，并且不违背社会公共利益。

第二十六章　交　换

第 501 条　交换

1. 根据交换合同，每一方都有义务将一种标的物转让给另一方占有经营和进行业务管理，以换取对另一种标的物的相应权利。

2. 以不违反本章规定和交换特点为限，交换合同适用于买卖合同的相应规定。在此情况下，当事人是承诺交付标的物的出卖人和承诺接收的买受人。

3. 本章规定适用于权利（劳务、服务）的交换，但是法律另有规定或者有关义务实质内容另有约定的除外。

第 502 条　交换合同的价格和费用

1. 除合同另有约定外，拟交换标的物假定为等值，交付和接收标的物的费用，由承担相应义务的一方承担。

2. 根据合同拟交换标的物被认定为不等值的，转让价格低于交换标的物价格的标的物，当事人应当在履行其转让义务之前或者之后，立即支付价差，但是合同另有约定的除外。

第 503 条　履行转让合同标的物的相互义务

如果按照合同条款交换的标的物移交期限不一致，在一方转移货物后，对方应该交付标的物，即履行相互交付义务（见本法第 284 条）。

第 504 条　交换标的物所有权的转让

在履行将相应标的物交付给各方当事人之后，交换标的物的所有权同时转让给买受人。

第 505 条　取回交换合同标的物的责任

交换合同标的物被第三人取回，依据本法第 414 条所规定的理由，一方有权要求对方返还收到的标的物；标的物无法返还的，则返还其成本。

第二十七章　赠　与

第 506 条　赠与合同

1. 赠与合同，是指赠与人将自己或者第三人的财产所有权或者其他财产权无偿赠给受赠人，或者免除、承诺免除其对自己或者第三人的财产义务。

返还物品、权利或者反向义务的，不是赠与合同。此种合同适用于本法第 160 条第 2 款的规定。

2. 赠与承诺，是指承诺无偿赠与物品、赋予财产权利或者免除他人财产义务。承诺应当以适当形式作出（见本法第 508 条第 2 款），并明确表示向受赠人赠与物品、赋予财产权利或者承诺免除他人财产义务的责任。

承诺赠与全部或者部分财产，而不指定赠品的具体对象，则该赠与或者免除义务的行为，视为无效。

3. 约定赠与人死亡后向受赠人赠与的合同无效。

此类赠与适用于本法关于继承的规定。

第 507 条　受赠人拒绝接受赠品

1. 受赠人有权在赠品交付之前拒绝，视为赠与合同终止。

2. 赠与合同以书面形式订立的，则拒绝赠与也应当以书面形式作出。赠与合同进行国家登记注册（见本法第 508 条第 3 款）的，则拒绝接受赠与也需要进行国家登记注册。

3. 书面订立赠与合同的，赠与人有权要求受赠人赔偿因拒绝接受赠与而造成的实际损失。

第 508 条　赠与合同的形式

1. 除本条第 2 款和第 3 款规定情形外，可以口头形式赠与，并向受赠人交付赠与物。赠品的转让是通过交付、象征性交付（交付钥匙等）或者交付所有权凭证等方式进行的。

2. 动产赠与合同，应当以书面形式订立的情形：

1）赠与者是法人，赠品价值超过法定的 10 个月计算指数；

2）合同包含未来赠品承诺的，口头作出的赠与合同无效。

3. 房地产赠与合同，应当经过国家登记注册。

第 509 条　禁止赠与

除不超过法定 10 个月计算指数的普通赠品，禁止赠与：

1）未成年人和无民事行为能力人的法定代理人；

2）医疗、教育、社会保障和类似机构的劳动者，其配偶和亲属在其所在机构进行治疗、教育或者休养；

3）与公职或者履行公务有关的公务员。

第 510 条　赠品限制

1. 除法律另有规定外，经所有者同意，赠品所属法人有权赠与管理经营权。此限制并不适用于普通赠品，其价值不超过法定 10 个月计算指数。

2. 根据本法第 220 条的规定，经共有者同意可以赠与共有财产。

3. 赠品属于赠与者的第三人权利要求，应当按照本法第 339—343 条、第 345 条、第 346 条规定。

4. 通过向第三人履行义务而进行赠与的，应当遵守本法第 276 条第 1 款规定。

赠与人将受赠人债务转移给第三人的赠与，应当遵守本法第 348 条的规定。

5. 未指定受赠人名称、受赠人代理人的，赠与授权书无效。

第 511 条　拒绝执行赠与合同

1. 在订立合同后，赠与者的财产、家庭、健康状况恶化，在新条件下履行合同将导致其基本生活水平下降的，赠与者有权撤销合同，其中包含承诺将来赠与物品、赋予权利或者免除受赠者财产义务。

2. 赠与者有权撤销合同，其中包含承诺将来赠与物品、赋予权利或者免除受赠者财产义务，事由是其有权撤销赠与（见本法第 512 条第 1 款）。

3. 赠与人基于本条第 1 款、第 1 款所规定的事由，拒绝履行赠与合同的，受赠人无权要求赠与人赔偿损失。

第 512 条　撤销赠与

1. 受赠人企图谋害赠与人、其家庭成员或亲属，或者故意伤害赠与人，赠与人有权撤销赠与。

受赠人故意剥夺赠与人生命的，赠与人的继承人有权起诉要求撤销赠与。

2. 受赠人赠与物品是给予重大非财产价值，并可能会造成无法挽回的损失，赠与人有权起诉要求撤销赠与。

3. 经利害关系人请求，法院可以撤销个人企业主或者法人违反破产法规定进行的赠与，其经营活动相关资金应当作为破产财产。

4. 赠与合同可以约定，赠与人在赠与期满有权撤销赠与。

5. 撤销赠与的，受赠人应当返还赠与物，并保留在撤销赠与时的相关特性。

第 513 条　无法拒绝执行或者撤销赠与的情况

关于拒绝执行（见本法第 511 条）和撤销（见本法第 512 条）赠与合同的规定，不适用于价值不超过 10 个月计算指数的赠品（见本法第 510 条第 1 款）。

第 514 条　因给定项目的缺点造成损害的后果

因赠与物不足而对公民受赠人的生命、健康或者财产造成损害的，如果证明赠与物瑕疵在交付给受赠人之前出现，并且赠与人知道存在不明显瑕疵却不警告受赠人，赠与人应当依照本法第四十七章规定进行赔偿。

第 515 条　承诺赠品继承

1. 除赠与合同另有约定外，受赠人根据赠与合同得到赠与的，其权利不得转让给其继承人（法定继承人）。

2. 除赠与合同另有约定外，承诺赠与人的义务转让给其遗嘱继承人或者法定继承人。

第 516 条　赠与

1. 赠与是为了一般用途而赠与物品或者权利。

受赠人可以向公民、医疗、教育、社会保障和其他类似机构、慈善、科研教育机构、基金会、博物馆和其他文化机构、公共和宗教团体，以及本法第 111 条和第 112 条所规定的国家机关和其他民事主体进行赠与。

2. 接受赠与不需要经过他人的许可或者同意。

3. 向公民和法人赠与财产，应当具备为特定用途使用该财产的条件。不具备这些条件的，赠与公民的财产视为普通赠品；在其他情况下，赠与财产由受赠人按照财产用途使用。

接受有特定用途的受赠法人，应当对赠与财产的一切使用操作另行记录。

4. 赠与财产因情势改变而不可能按照指定用途使用的，经过赠与人同意，可以用于其他用途。受赠公民死亡或者法人受到清算的，由法院进行判决。

5. 赠与人及其继承人、其他法定继承人，有权要求撤销赠与。

6. 赠与不适用于本法第 512 条和第 515 条的规定。

第二十八章　租赁合同及终身护养合同

第一节　一般规定

第 517 条　租赁合同

1. 根据租赁合同，一方（出租人）将财产转让给另一方（承租人），承租人有义务定期以一定金额或其他形式的护养费向出租人支付年金，以换取所收到的财产。

2. 根据租赁合同，可规定无限期（固定年金）或终身年金的义务，终身年金可根据受养护公民终身护养的条件确定。

第 518 条　租赁合同的形式

租赁合同需要公证。年赁合同约定转让房地产以支付租金的，应当进行国家登记注册。

第 519 条　转让租赁物的收费

1. 租赁物被转让的，可以是由出租人收费或者无偿转让给承租人。

2. 除本章另有规定并且不违背合同的本质，约定收费转让租赁物的，适用于买卖合同关于转让和付款各方面的规定（见本法第二十五章）；约定无偿转让租赁物的，适用于赠与合同（见本法第二十七章）的规定。

第 520 条　不动产的租金

1. 抵押土地、企业、建筑、附属物或者其他不动产支付租金。如果承租人转让此类财产，根据租赁合同承担的义务将转让给该财产被转让人。

2. 本条第 1 款所规定的转让财产的担保人，应当对出租人因违反租赁合同而提出的索赔，承担次要责任（见本法第 357 条）；但是本法、其他法律规定或者合同约定该义务连带责任的除外。

第 521 条　租金的支付担保

1. 转让土地或者其他不动产权利支付租金时，出租人取得抵押该财产作为承租人义务的担保权。

2. 依约支付金钱或者其他动产作为租金，设立承租人的担保责任来确保履行义务（见本法第 292 条），或者确保承租人承担不履行或者不当履行义务的风险责任，维护出租人的利益。

3. 承租人未履行本条第 2 款所规定的义务，以及因出租人不承担责任而丧失担保，或者致使担保条件恶化的，出租人有权终止租赁合同，并要求赔偿因合同终止而造成的损失。

第 522 条　逾期支付租金的责任

逾期支付租金的，承租人应当按照本法第 353 条所规定的金额，向出租人支付违约金，但是合同约定其他违约金的除外。

第二节　固定租赁

第 523 条　固定出租人

1. 只有符合活动宗旨的公民和非营利性组织，才能成为固定出租人。

2. 固定租金合同约定的出租人的权利，可以通过转让债权方式转让给本条第 1 款所规定的人，并在法人重组期间按照顺序进行继承和遗赠，但是法律另有规定或合同另有约定的除外。

第 524 条　固定租金的形式和金额

1. 固定租金应以货币形式支付，其金额由合同约定。

2. 合同可以约定，提供与租金金额相当的物品、劳务或者服务的方式支付租金。

3. 除合同另有约定外，已支付租金数额，应当根据法定的月计算指数变化进行比例变更。

第 525 条　固定租金的支付

除合同另有约定外，固定租金在每季度结束时进行支付。

第 526 条　固定承租人的赎回权

1. 固定承租人有权通过赎回方式，拒绝进一步支付租金。

2. 在不迟于终止支付租金 3 个月前或者合同约定的更长期限内，承租人进行书面声明，则拒绝支付为有效。在此情况下，除合同约定了不同的赎回程序，否则在固定出租人收到赎回的全部金额之前，承租人支付租金的义务不会终止。

3. 固定承租人放弃赎回权的合同条款无效。

合同可以约定，购买固定租金的权利，不得在出租人在世期间或者自合同订立之日起不超过 30 年内行使。

第 527 条　根据出租人要求赎回固定租金

在下列情况下，出租人有权要求承租人赎回租金：

1）承租人逾期支付超过 1 年的，但是合同另有约定的除外；

2）承租人违反了确保支付租金义务的（见本法第 521 条）；

3）承租人被宣布破产或者出现其他情况，明确表明将不会支付租金金额和履行合同约定条款的；

4）出租的不动产被共同所有或者多人分割的；

5）合同约定的其他情况。

第 528 条　固定租金的受价

1. 在本法第 526 条和第 527 条规定的情形下，固定租金的赎回应按照合同约定价格。

2. 合同没有约定赎回价格的，根据该合同中的财产被转移为支付租金的费用，按照与年付租金相应的价格赎回。

3. 合同没有约定赎回价格的，无偿转让财产用于支付租金，转让财产价格与年付租金共同包含在赎回价格中。

第 529 条　在支付固定租金情况下，转让财产意外损毁或者灭失的风险

1. 为支付固定租金而无偿交付的财产，其意外损毁或者灭失的风险由承租人承担。

2. 在支付固定租金的财产意外损毁或者灭失情况下，承租人有权要求终止支付租金的义务或改变支付条件。

第三节 终身租赁

第530条 终身出租人

1. 转让财产支付租金的公民，可以在其他指定公民在世时设立终身租金。

2. 可以为多个公民设立一个终身租金，其获得租金权利的份额是平等的，但是合同另有约定的除外。

如果其中一名出租人死亡，其接受租金权利的份额，将转给幸存的出租人；如果所有出租人死亡，将停止支付租金的义务，但是合同另有约定的除外。

3. 设立终身租赁的合同，对于合同订立时死亡的公民无效。

第531条 终身租金的多少

1. 终身租金，是在合同中约定在出租人一生中获得定期支付的金钱。双方当事人订立终身维护合同，则在合同中应当约定此维护的货币价值。

2. 除终身租赁合同另有约定外，每月支付的租金数额不得低于法定最低工资。

第532条 终身租金的支付期限

除合同另有约定外，终身租金在每月底支付。

第533条 出租人要求终止终身租赁合同

1. 承租人严重违约的，出租人有权要求承租人按照本法第528条规定赎回租金或者终止合同。

2. 无偿让渡公寓、房产或者其他财产来支付租金的，出租人有权在承租人严重违约情况下，要求退还该财产，用以抵销与账户成本赎回价格相应的租金。

第534条 转让租赁物意外灭失的风险

转让租赁物意外损毁或者灭失的，不免除合同所约定的承租人支付义务。

第四节 终身护养

第535条 终身护养合同

1. 根据受护养人和护养人之间的终身护养合同，受护养人将其所有的不动产交付给护养人，护养人承诺自己或者指定第三人履行终身护养义务。

2. 终身租赁合同的规定适用于终身护养合同，但是本法另有规定的除外。

第536条 提供护养义务

1. 护养人向受护养人提供包括确保满足衣食住行、护理和必要援助的服务。

合同还可以规定由护养人支付丧葬服务费用。

2. 合同应当约定护养费金额。与此同时，每月护养费总额不得低于法定最低工资的2倍。

3. 在解决当事人之间关于提供或者应当提供护养费金额争议时，法院应遵循诚信和合理性原则。

第 537 条　以定期付款替代终身护养费

合同可以约定定期付款，以替换终身护养费。

第 538 条　转让和使用为终身护养而交付的财产

1. 事先征得受护养人同意，护养人有权抵押、质押或者以其他方式出质交付的不动产，作为终身护养的担保。

2. 护养人应当采取必要措施，以确保在提供终身护养期间使用约定财产，不会导致该财产价值下降超过其自然损耗。

第 539 条　终止生命支持与护养

1. 终身护养的义务，随着受护养人自然死亡而终止。

2. 护养人严重违反义务的，受护养人有权要求返还作为终身护养担保而交付的不动产，或者按照本法第 528 条规定进行赎回。与此同时，护养人无权要求赔偿与护养有关的费用。

第二十九章　财产租赁

第一节　总　则

第 540 条　财产租赁合同

1. 财产租赁合同，是指出租人提供财产归承租人临时占有，承租人支付使用费的合同。

2. 在本法规定的情形下，承租人有权处置所租赁的财产。

3. 财产租赁合同包括实物租赁、动产租赁，以及与有偿临时使用转让财产有关的其他类型合同。

第 541 条　财产租赁的对象

1. 企业及其附属物、地块、建筑物、构筑物、设备、交通运输工具和其他在使用中不会失去自然属性的物品（非消耗性物品），可以归为财产租赁。

2. 财产租赁的对象也可以是土地使用权、地下空间使用权和其他所有权，但是法律另有规定的除外。

3. 法律可以规定禁止出租或者限制出租的财产类型。

4. 法律可以规定租赁住宅、楼宇、地块、地下空间和其他独立的自然对象，包括在特许权合同基础上及其他情况下的具体情况。

第 542 条　财产租赁合同的条件

财产租赁合同应当注明能够识别交付给承租人的财产租赁对象的信息。

合同没有约定这些信息的，交付租赁财产的条件视为是未经双方合意，并且没有订立相应的合同。

第 543 条　所有权人

出租财产的权利，属于其所有权人。

所有权人可以通过法律或者授权租赁物。

第 544 条　财产租赁合同的形式

1. 为期 1 年以上的财产租赁合同，如果至少一方是法人，无论期限如何都应当以书面形式订立。

2. 除法律另有规定外，不动产租赁合同应进行国家登记注册。

3. 公民之间为期 1 年的财产租赁合同，可以口头形式订立。

4. 专有租赁财产合同规定所有权随后转让给承租人的，应当以买卖合同形式约定。

第 545 条　财产租赁合同期限

1. 财产租赁合同期限由合同规定。

2. 财产租赁合同没有约定期限的，则视为无限期合同。

各方有权随时取消无期限合同。当租赁不动产时，应当提前 3 个月通知对方当事人；当租赁其他财产时，应当提前 1 个月通知对方当事人；但是法律另有规定或者合同另有约定的除外。

3. 法律可以规定特别类型财产租赁合同及其最长期限。合同没有约定租赁期限，并且双方在法定期限届满之前都没有放弃合同的，则合同在最后期限届满时终止。

在此情况下，超过法定期限的财产租赁合同，视为在最长期限结束。

第 546 条　财产租赁合同付款

1. 除法律另有规定外，使用所租赁财产的费用，应由承租人按照合同约定的程序、期限和形式进行支付。在合同没有约定的情形下，适用在类似情况下租赁类似财产时通常适用的程序、期限和形式。

2. 其费用是所租赁财产作为整体或者部分的对价应以下列形式确定：

1）约定定期或者一次性支付固定金额；

2）使用所租赁财产获得的产品、成果或者其他收入的约定份额；

3）由承租人提供某些服务；

4）承租人依约向出租人转让财产；

5）由承租人承担的改善所租财产的合同费用。

当事人为使用财产，可以通过合同约定付款组合形式或者其他形式。

3. 除合同另有约定外，可以改变使用财产的付款金额，1 年内不超过 1 次。法律可以规定审查某些类型的财产租赁的最低期限，以及审查某些类型财产租赁的其他最低条件。

4. 中央指导价和税率发生变化的，应当事一方要求可以修改费用金额。

5. 因出租人不承担责任、合同约定使用条件或者财产状况明显恶化的，承租人有权要求相应减少费用，但是法律另有规定的除外。

6. 除合同另有约定外，使用财产在发生严重违反支付期限的情况下，出租人有权要求承租人在规定期限内提前支付。同时，出租人不得连续 2 次以上要求提前付款。

第 547 条　向承租人提供财产

1. 出租人应在符合合同条款和财产用途的条件下，向承租人提供财产。

2. 除合同另有约定外，该财产及所有配件、相关文件（证明财产配套性、安全性、质量、操作程序等的文件）共同出租。

如果配件和文件尚未交付，缺少将使承租人不能按照其用途使用财产，或者严重剥夺了订立合同时期望的，可以要求出租人提供配件、文件，或者解除合同。

3. 出租人在合同期限内没有向承租人提供指定租赁财产的，承租人可以在合理期间，按照本法第 355 条要求收回租金或者要求解除合同。

第 548 条　出租人对租赁财产瑕疵的责任

1. 出租人应当对完全或者部分地妨碍财产使用的租赁物瑕疵承担责任，即使其在订立合同时不知道存在瑕疵。

承租人发现这些瑕疵，有权选择要求出租人：

1）无偿消除瑕疵；

2）按比例减少租金；

3）从支付租金中扣除其为消除瑕疵而产生的费用，并事先通知出租人；

4）提前终止合同。

2. 出租人被承租人通知要求或者打算消除财产瑕疵，经承租人同意，可立即用状况良好的其他同类财产替代，或无偿消除瑕疵。

3. 出租人满足承租人要求或者从租金中扣除消除瑕疵的费用不能弥补承租人的损失的，承租人有权要求赔偿未弥补的损失。

4. 出租人对订立合同时规定的或者承租人事先知道的租赁财产瑕疵不承担责任。

第 549 条　租赁财产的第三人权利

1. 转让租赁财产的，不终止或者改变第三人对该财产的权利。

2. 订立合同时，出租人应当将第三人对租赁财产具有所有权（地役权、质押权）等信息告知承租人。

违反以上规定的，承租人有权要求减少租金或者解除合同。

第 550 条　租赁财产的使用

承租人应当按照合同约定使用该财产；合同没有约定的，则按照财产用途使用该财产。

第 551 条　承租人对租赁财产的处置限制

1. 经出租人同意，承租人可以将租赁财产出租（转租）、将其在租赁合同下的权利和义务转让给他人（重新租赁）、无偿租赁，以及将这些权利作为抵押品，使其作为商业伙伴关系、股份公司法定资本或者对生产合作组织的贡献，但是法律另有规定的除外。在此情况下，除再贷款之外，承租人仍然根据合同对出租人承担责任。

2. 转租合同的期限不得超过租赁合同的期限。

3. 财产租赁合同的规定适用于转租合同，但是法律另有规定的除外。

第 552 条　出租人维护租赁财产的义务

1. 出租人应依约自费修理租赁财产，但是法律另有规定或者当事人另有约定的除外。

2. 除法律另有规定或者当事人另有约定外，出租人应在合理期间内自费对因出租人不负责而引起的紧急情况进行维修。

3. 出租人未能履行维修义务，承租人有权选择：

1）自己进行维修，并向出租人追偿维修费用；

2）从租金中扣除维修费用；

3）要求相应减少租金；

4）解除合同。

第 553 条　承租人维护租赁财产的义务

除法律另有规定或者当事人另有约定外，承租人应当保持财产状况良好，进行日常维修，并承担维修费用。

第 554 条　承租人对使用租赁财产获得的产品、成果和其他收入的所有权

除法律另有规定或者当事人另有约定外，承租人对使用租赁财产获得的产品、成果和其他收入，拥有所有权。

第 555 条　改善财产

1. 承租人对所租赁财产进行可分离的改善，应当视为其财产，但是合同另有约定的除外。

2. 承租人自费进行改善并经出租人同意，改善对于所租赁财产不可分割的，承租人有权在合同终止后要求返还改善费用，但是合同另有约定的除外。

3. 承租人未经出租人同意而进行不可分割的改善，不得要求赔偿费用，但是法律另有规定或者合同另有约定的除外。

第 556 条　根据一方要求修改和终止财产租赁合同

1. 应一方当事人要求，财产租赁合同可以在本法、其他法律规定或合同约定的情况下，通过司法程序修改或者提前终止。

2. 在下列情况下，应出租人要求，可以终止财产租赁合同，并将财产返还给出租人：

1）承租人使用财产出现严重违约或者违反财产用途，出租人书面警告要求停止该行为；

2）承租人故意或者因疏忽而使财产状况严重恶化的；

3）承租人在合同约定付款期限届满后，未支付租金达到 2 次以上的；

4）出租人未在合同期限内对租赁物进行重大维修，并且双方没有达成合意的，根据法律或者合同，维修义务属于出租人。

只有在合理期间向承租人提供履行义务的机会，出租人才有权要求提前解除合同。

3. 在以下情况下，可以根据承租人要求提前终止合同：

1）出租人不提供财产供承租人使用，或者根据合同条款或财产用途，妨碍财产使用的；

2）出租人不履行合同约定期限，或者在约定期限，即履行财产日常维修义务的合理期间没有履行合同的；

3）转让给承租人财产具有妨碍使用的瑕疵，且这种瑕疵是出租人在签订合同时没有规定，承租人事先不知道，并且在检查财产时或者在合同订立检查财产时无法发现的；

4）财产因出租人不负责而无法使用的。

第 557 条　承租人续签合同的优先权利

1. 除法律另有规定或者合同另有约定外，出租人适当履行职责的，在合同期限届满时，在相同条件下有权优先续签财产租赁合同。承租人应当以书面形式通知出租人，以在合同约定期限内续签合同；合同没有约定日期的，则在合同期满前续签。

2. 订立续签财产租赁合同时，经过当事人协商可以变更合同条款。

3. 出租人拒绝与承租人续签合同，但合同期满 1 年内与他人订立合同的，承租人有权选择起诉要求将所订立合同的权利和义务转让给自己并主张赔偿因拒绝续签合同而造成的损失，或者仅要求赔偿损失。

第 558 条　财产租赁合同的续签

承租人在合同期满后继续使用该财产，而出租人没有反对的，则视为是无限期以相同条件续签的合同。与此同时，双方有权随时通过书面通知对方取消合同，租用不动产时至少提前 3 个月，租用其他财产时至少提前 1 个月，但是法律另有规定或者当事人另有约定的除外。

第 559 条　当事人变更有效财产租赁合同的保存

1. 租赁物的所有权、管理经营权转让给他人，不变更或者终止租赁合同。

2. 除法律另有规定或者合同另有约定外，不动产承租人死亡的，其权利和义务将转移给其继承人。

出租人无权拒绝该继承人在合同剩余期限内加入履行合同，但基于承租人个人因素签订的合同除外。

第 560 条　转租合同对主财产租赁合同的依赖

1. 除财产租赁合同另有约定外，提前终止财产租赁合同的，依此订立的转租合同终止。

2. 财产租赁合同无效的，依照本合同订立的转租合同无效。

第 561 条　在合同终止时将财产归还给出租人

1. 财产租赁合同终止后，承租人应当将租赁物归还给出租人，收到财产时应考虑正常磨损或者合同约定条件。

2. 合同终止时归还财产状况不符合本条第 1 款规定的，承租人应当向出租人赔偿造成的损害。在合同约定期限届满之前归还租赁物的，承租人应当向出租人补偿财产剩余价值，但是合同另有约定的除外。

3. 承租人未归还或者不及时归还的，出租人有权要求其支付整个延迟期间的租赁物使用费用。若上述费用不足以弥补对出租人造成的损害，出租人可以要求赔偿。

4. 合同约定不及时归还租赁物的违约金，除违约金外，可以全额追回违约金以外的损失，但是合同另有约定的除外。

第 562 条　向承租人转让租赁财产所有权

1. 在财产租赁合同中可以约定，根据当事人之间的合同，向承租人转让租赁财产的所有权。

2. 合同没有约定购买条件的，则可以订立补充合同，双方有权商定在购买价格中抵销先前支付的使用租金。

3. 法律可以规定禁止购买租赁财产的情形。

第 563 条　保护承租人的权利

在平等的基础上，保护承租人对所租赁财产及其财产权的权利。

对于承租人因其暴力行为对不附带权利第三人的违规行为，出租人不承担责任。

承租人有权以自己的名义提起诉讼，并以其他方式保护自己的权利。

第 564 条　租赁特别类型财产的特征和特别类型财产的租赁[1]

对于特别类型租赁合同和特别类型财产（实物租赁、企业租赁、建筑物租赁、交通运输工具租赁）合同，适用本节规定，但是法律另有规定的除外。

第二节　融资租赁

第 565 条　融资租赁合同[2]

1. 融资租赁合同，是指出租人以收取租金为目的，从出卖人处购买指定租赁物再交付给承租人，供承租人临时占有和使用的合同。

2. 融资租赁合同可以约定，出卖人和购买财产的选择权属于出租人。

3. 哈萨克斯坦共和国法律可以规定特别类型财产融资租赁合同的具体内容。

第 566 条　融资租赁对象

融资租赁对象，可以是建筑物、构筑物、机械、设备、库存、交通运输工具、土地和其他非消耗性物品。

融资租赁对象，不得是证券和自然资源。

第 567 条　实物租赁合同的基本条款

除本法第 542 条规定外，实物租赁合同应当包含以下条款：

1）出卖人的姓名和名称；

---

〔1〕 第 564 条经哈萨克斯坦共和国 2000 年 7 月 5 日第 75-Ⅱ号法律修订。

〔2〕 第 565 条经哈萨克斯坦共和国 2004 年 3 月 10 日第 532 号法律修订。

2）向承租人交付的条件和期限；

3）付款金额和频率；

4）合同期限；

5）合同约定转让的，向承租人转让所有权的条件。

第 568 条　出卖人关于买卖租赁物的通知

出租人在为承租人购买租赁物时，应当通知出卖人该财产用于转移并租赁给特定主体。

第 569 条　财产意外损毁或者灭失的风险

除合同另有约定外，租赁物意外损毁或者灭失的风险，在财产转让时一并归属于承租人。

第 570 条　融资租赁合同付款

根据融资租赁合同的定期付款，根据合同订立时的价格计算，考虑全部或部分财产价值的折旧。

第 571 条　将租赁标的转让给承租人

1. 作为融资租赁合同租赁物的财产，由出卖人直接转让给后者所在地的承租人，但是合同或者有关义务实质内容另有约定的除外。

2. 作为融资租赁合同标的的财产，在本合同约定期限内未转让给承租人的，如果因出租人的情况而造成延迟的，则承租人有权要求终止合同并赔偿损失。

第 572 条　出卖人的责任

1. 承租人有权根据出卖人和出租人之间订立的买卖合同，直接向作为融资租赁合同标的的财产出卖人提出索赔，特别是关于财产的质量和整套性。与此同时，承租人享有本法为买受人规定的权利和义务，但是其作为指定财产买卖人履行了支付义务的除外。

在与出卖人的关系中，承租人和出租人作为共同债权人。

2. 除融资租赁合同另有约定外，出租人不必就出卖人遵守买卖合同约定的要求而向承租人承担责任，但是出租人有权选择出卖人的情况除外。在后一种情况下，承租人有权选择向财产出卖人或承租人，直接提出因买卖合同引起的索赔，承租人负有连带责任。

第三节　企业租赁

第 573 条　企业租赁合同〔1〕

1. 根据企业租赁合同，出租人承诺向承租人收取费用，暂时占有和使用整个企业作为一个财产综合体（见本法第 119 条），包括权利人的品牌名称或者商业名称的权利、受保护的商业信息以及合同约定的其他专有权（商标、服务标志等）；但是出租人不能转让给他人的专有权利和义务除外。

---

〔1〕 第 573 条经哈萨克斯坦共和国 2007 年 5 月 15 日第 253 号法律修订。

2. 出租人根据从事相关活动许可证获得的权利不得转让给承租人，但是法律另有规定的除外。没有专有许可证而承租人不能履行合同义务的，转让企业组织责任内容并不免除出租人对债权人的相应义务。

3. 根据哈萨克斯坦共和国劳动法，企业劳动者的权利和义务，自出租人转移给承租人。

第 574 条　债权人在租赁企业时的权利

1. 出租人应当在订立租赁合同之前，书面通知其债权人将债务转移给承租人。出租人不同意转让的，可以自收到通知之日起 3 个月内要求出租人终止或者提前履行有关义务、赔偿损失。没有在规定期限内提交债权的，视为债权人已经同意将相应债务转移给承租人。

2. 出租人与要求终止或者提前履行义务的债权人达成和解后，才能将企业转让给承租人。

3. 企业作为财产综合体转让出租后，出租人和承租人对未经债权人同意转让的被转让企业所包含的债务负连带责任。

第 575 条　企业租赁合同的形式和国家登记注册

1. 企业租赁合同，应当以书面形式订立，并由当事人签署统一文件。

2. 不遵守企业租赁合同的形式，将导致合同无效。

3. 企业租赁合同应当经国家登记，并从登记之时起成立。

第 576 条　租赁企业的转让

租赁企业的转让应根据合同进行。转让企业的准备，包括准备和提交签署转让证书，由出租人负担责任和费用，但是合同另有约定的除外。

第 577 条　承租人维护企业和支付经营费用的义务

1. 除合同另有约定外，企业承租人应当在合同有效期内，保持企业处于适当的技术状态，包括日常维修和大修。

2. 承租人应当承担与租赁企业经营有关的费用，但是合同另有约定的除外。

第 578 条　企业租赁财产的使用

承租人有权未经出租人同意，出卖、交换、出租或者出借属于租赁企业的部分临时使用财产，将其转租并通过租赁合同将权利和义务转让给他人，前提是既不降低企业价值，也不违反租赁合同的其他规定；但是法律另有规定或者当事人另有约定的除外。

第 579 条　承租人改造和改进租赁企业

1. 承租人有权未经出租人同意，改变租赁财产综合体的构成，进行扩建改造和技术改造、增加成本，但是企业租赁合同另有约定的除外。

2. 企业承租人有权要求获得对租赁财产不可分割部分的改进补偿费用，而不论出租人是否同意改进，但是企业租赁合同另有约定的除外。

3. 若出租人能够证明改进费用增加了租赁企业价值，与经营性财产的改进不相称，或者进行这种改进时违反了诚信和合理性原则的，出租人可以提起诉讼免除向承租人偿还租赁财产不可分割部分的改进费用。

第 580 条　租赁企业的回报

租赁合同终止后，承租人应将整个企业作为一个财产综合体按照本法第 573 条、第 574 和第 576 条规定归还给出租人。企业转让给出租人的准备，包括准备和提交签署转让文件，由承租人负担责任和费用，但是合同另有约定的除外。

第四节　租赁建筑物、构筑物

第 581 条　建筑物、构筑物的租赁合同

1. 租赁建筑物、构筑物，是指出租人承诺将建筑物、构筑物交付给承租人临时占有和使用的合同。

2. 本规定适用于企业租赁，但是本法关于企业租赁另有规定的除外。

第 582 条　建筑物、构筑物租赁合同的形式和国家登记注册

1. 建筑物、构筑物的租赁合同，应当以书面形式订立，并由当事人签署统一文件。

2. 不遵守建筑物、构筑物租赁合同的形式，将导致合同无效。

3. 为期超过 1 年的建筑物、构筑物租赁合同，应当经过国家登记，合同自登记之日起成立。

第 583 条　租金金额

1. 建筑物、构筑物租赁合同，应当约定租金金额。在当事人之间没有以书面形式约定租金金额的，则认为建筑物、构筑物租赁合同没有订立。在此情况下，不适用本法第 385 条第 3 款所规定的价格规则来确定。

2. 建筑物、构筑物的租赁费用，是在合同中依据建筑物、构筑物单位面积或者其他尺寸指标设置的，租金根据转让给承租人的建筑物、构筑物的实际尺寸确定。

第 584 条　建筑物、构筑物的转让

1. 出租人转让和承租人接受建筑物、构筑物，根据当事人签署的转让文件或者其他转让文件进行。

2. 一方逃避签署建筑物、构筑物的转让文件，按照合同约定的条件，视为是转让的出租人和接受的承租人拒绝履行相应义务。

3. 一旦建筑物、构筑物的租赁合同终止，应当按照本条第 1 款和第 2 款规定，将租赁的建筑物、构筑物归还给出租人。

第五节　交通运输工具租赁

第 585 条　带机组人员的交通运输工具租赁合同

1. 根据提供管理和技术操作服务的交通运输工具租赁合同（带机组人员的交通运输工具租赁合同），出租人应当向承租人提供交通运输工具，用于其临时占有和使用，并自行提供管理和技术操作服务。

2. 本章关于承租人延长租赁合同和无限期延长租赁合同的优先购买权规定（见本法第 557 条、第 558 条），不适用于带机组人员的交通运输工具租赁合同。

第 586 条　带机组人员的交通运输工具租赁合同的形式

带机组人员的交通运输工具租赁合同，应当以书面形式签订，而无论其期限如何。

第 587 条　交通运输工具出租人的维护义务

在合同有效期内，出租人应当保持租赁交通运输工具的正常状态，包括进行日常维修、大修以及提供必要的配件。

第 588 条　出租人对交通运输工具的管理和技术操作义务

1. 出租人向承租人提供交通运输工具管理和技术操作服务的规模，应当按照合同约定的租赁目的，确保其正常和安全运行。带机组人员的交通运输工具租赁合同可以规定向承租人提供更广泛的服务。

2. 交通运输工具机组人员的组成及其资格，必须同时符合对双方具有约束力的合同规则和合同条款。没有对双方具有约束力的规则的，则应当符合操作该类型车辆的通常要求和合同条款。

3. 机组人员与出租人保持雇佣关系；同时接受出租人有关交通运输工具管理和维护的指令，以及承租人有关交通运输工具商业运营指令的约束。

4. 除租赁合同另有约定外，出租人承担向机组人员支付的服务费用和维修费用。

第 589 条　承租人支付交通运输工具商业运营费用的义务

除非与机组人员签订的交通工具租赁协议另有规定，承租人应支付燃料和其他耗材的费用，以及与交通工具进行商业运营有关的收费和其他费用。

第 590 条　交通运输工具保险

除带机组人员的交通运输工具租赁合同另有约定外，在强制保险情况下，出租人应为交通运输工具投保，并且为其可能造成的、与其操作有关的损害投保。

第 591 条　与第三人签订关于交通运输工具使用的合同

租赁交通运输工具实施商业运营的承租人，有权未经出租人同意，以自己的名义与第三人签订运输合同和其他合同，但是违反租赁合同约定或者交通运输工具用途的除外。

第 592 条　交通运输工具造成损害的责任

交通运输工具发生损毁或者灭失的，出租人能够证明这是属于承租人按照法律规定或者合同约定应承担责任的情况，承租人应当向出租人承担损失赔偿责任。

第 593 条　交通运输工具造成损害的责任

根据本法第 931 条的规定，承租人应对租用交通运输工具及其机械、装置、设备等对第二人造成的损害承担责任。

第 594 条　交通运输工具个别类型租赁的特点

除本节规定的交通运输工具外，还可以由法律规定租用交通运输工具的类型以及提供管理和技术操作服务的具体情况。

不提供管理和技术操作服务而租用交通运输工具的（不带机组人员租赁交通运输工具），适用本法关于财产租赁合同的一般规定。

第六节　动产租赁

第 595 条　动产租赁合同

1. 根据租赁合同，出租人将用于日常商业活动的动产有偿提供给承租人临时占有和使用。

根据动产租赁合同，提供的财产应用于消费目的，但是合同或者根据义务实质另有约定的除外。

2. 动产租赁合同以书面形式签订。

3. 动产租赁合同是公开的（见本法第 387 条）。

第 596 条　动产租赁合同的期限

1. 动产租赁合同为期 1 年。

2. 本章关于承租人延长租赁合同和无限期延长租赁合同的优先购买权规定（见本法第 557 条、第 558 条），不适用于动产租赁合同。

3. 承租人有权随时取消动产租赁合同，但是合同另有约定的除外。

第 597 条　向承租人交付租赁物

签订租赁合同的出租人，应当在承租人在场时检查租赁物品的适用性，使承租人熟悉其操作规则，或者交付书面使用说明。

第 598 条　消除瑕疵

承租人发现租赁物中存在瑕疵使其全部或者部分无法使用的，出租人应当在承租人告知瑕疵之日起 10 日内（合同未规定较短期限的），无偿当场消除瑕疵，或者以其他状况良好的类似物品进行替换。

承租人违反财产经营管理规则造成租赁物瑕疵的，承租人应向出租人支付修理和运输费用。

第 599 条　支付使用租金[1]

1. 根据动产租赁合同使用租赁物的，以定额、定期或者一次性支付形式进行付款。

2. 承租人提前归还租赁物的，出租人返回收到的相应部分租金，金额从实际归还租赁物的第二天起算。

3. （已删除）

---

〔1〕 第 599 条经哈萨克斯坦共和国 2000 年 3 月 29 日第 42 号法律修订。

第 600 条　租赁物的使用

1. 根据租赁合同，已交付租赁财产的大修和日常维修，属于出租人的责任。

2. 出租人根据租赁合同交付租赁物的，禁止出租人将租赁合同约定的权利和义务转让给他人、提供该租赁物供无偿使用、设立抵押权及其用于对经济合作伙伴关系、股份公司、生产合作社的出资。

第三十章　房屋租赁

第 601 条　房屋租赁合同

1. 房屋租赁合同，是指房屋产权人及其授权人（出租人），承诺向公民（承租人）及其家庭成员提供房屋并收取租金的合同。

2. 房屋租赁合同，应以书面形式订立，在法律规定的情况下应当进行注册登记。

第 602 条　公房租赁合同

1. 国家住宅公积金项下的公房租赁合同，根据地方行政部门关于提供住宅的决定订立。

2. 准许租赁存量公房的条件、当事人的权利和义务，以及合同变更和解除的事由，由住宅法规定。

第 603 条　私人住宅租赁合同

租用存量私人住宅的条件由当事人通过合同约定，但是住宅法另有规定的除外。

第三十一章　无偿使用

第 604 条　无偿使用合同

1. 无偿使用合同（恩惠合同），是指出借人将标的物无偿让渡给无偿使用人临时使用；无偿使用人承诺在考虑正常磨损的情况下，按照其接收状态或合同约定条件返还相同的标的物。

2. 本法第 541 条，第 545 条第 1 款、第 2 款第 1 项，第 550 条，第 555 条，第 556 条第 2 款第 1 项、第 2 项、第 4 项，第 558 条的规定，相应地适用于无偿使用合同。

第 605 条　出借人

1. 让渡标的物无偿使用的权利，属于其所有权人及其授权人，或者法律授权人。

2. 商业组织不得将资产让渡给其创始人、出资人（股东）、董事、管理人员或者监事人员无偿使用。

第 606 条　提供无偿使用的标的物

1. 出借人应当按照无偿使用合同条款和标的物用途来让渡。

2. 应当提供无偿使用标的物的所有配件和相关文件（关于标的物整套性、安全、质量、操作程序等文件证明），但是合同另有约定的除外。

如果没有交付配件和文件，标的物就无法用于预期目的或者对其明显失去使用价值的，无偿使用人有权要求提供这些配件和文件，或者要求终止合同并赔偿其所遭受的实际损失。

第 607 条　无偿使用标的物瑕疵责任

1. 出借人在无偿让渡标的物时，因故意或者重大过失，对无偿使用人造成实际损失的，应当对该标的物的瑕疵承担责任。

2. 出借人应无偿使用人的要求，或者愿意自己出资消除标的物瑕疵的，可以立即用相似条件标的物替换瑕疵标的物。

3. 合同约定了标的物瑕疵、无偿使用人事先知道标的物瑕疵、无偿使用人在签订合同或者让渡检查标的物及其适用性时应当发现标的物瑕疵的，出借人对该标的物的瑕疵不承担责任。

第 608 条　第三人对无偿使用让渡标的物的权利

无偿使用让渡标的物，并不能改变或者终止第三人对该标的物的权利。

当订立无偿使用合同时，出借人应当告知无偿使用人关于第三人对该标的物的所有权利（地役权，质押权等），未履行该义务的，无偿使用人有权要求解除合同和赔偿其所遭受的实际损失。

第 609 条　出借人的维修义务

出借人应当保持无偿使用标的物的状况良好，包括进行日常维修和大修，并承担一切维修费用，但是无偿使用合同另有约定的除外。

第 610 条　标的物意外损毁或者灭失的风险

无偿使用人承担因未按照无偿使用合同、财产用途或者未经出借人同意将其交付给第三方而导致标的物意外损毁或者灭失的风险责任。

无偿使用人本可以通过牺牲自己财产来防止标的物损毁或者灭失，但是选择保留自己财产的，也应当承担标的物意外损毁或者灭失的风险责任。

第 611 条　因使用标的物而对第三者造成损害的责任

出借人对因使用标的物而对第三人造成的损害承担责任；但是能够证明损害是因无偿使用人或者经出借人同意占有的人故意或者重大过失造成的除外。

第 612 条　提前终止合同

1. 出借人有权要求提前终止无偿使用合同：

1）使用不符合合同约定或者标的物用途；

2）不履行保持标的物状况良好或者维护责任的；

3）标的物状况严重恶化的；

4）未经出借人同意，将标的物让渡给第三人的。

2. 无偿使用人有权要求提前终止无偿使用合同：

1）标的物存在瑕疵而不能正常使用，并且其订立合同时不知道、无法预见的；

2）因不归责于无偿使用人的原因，标的物不适合使用的；

3）订立合同时，出借人没有告知其关于第三人对标的物的权利；

4）出借人不履行让渡标的物、其配件或者相关文件的义务的。

第 613 条　撤销合同

1. 除合同约定了不同的通知期限，各方当事人有权提前 1 个月通知对方，随时撤销无期限的无偿使用合同。

2. 除合同另有约定外，出借人有权根据本条第 1 款规定，随时撤销订立的有具体期限的合同。

第 614 条　更改合同当事人

1. 出借人有权让渡标的物，或者将其让渡给第三人付费使用。在此情况下，新的所有者或者使用人承接先前订立的无偿使用合同中的权利，并且其对标的物的权利以出借人权利为限制。

2. 出借公民死亡或者出借法人被重组或者清算的，则出借人权利和义务依照合同无偿转移给继承人（继任者）、新的产权人或者无偿使用人。

除合同另有约定外，出借法人被重组的，其合同权利和义务应当转移给重组后的新法人。

第 615 条　合同的终止

除合同另有约定外，出借公民死亡或者出借法人被清算的，无偿使用合同终止。

第三十二章　承包

第一节　承包合同的一般规定

第 616 条　承包合同

1. 承包合同，是指承包人承诺按照发包人要求履行合同，发包人同意接受工程成果并支付费用。除法律另有规定或者当事人另有约定外，工程风险由承包人承担责任。

2. 除合同另有约定外，承包人应当独立决定执行发包人任务的方式。

3. 除本法另有规定外，本款适用于特别类型的合同（家庭承包合同、施工合同、工程设计或者勘察合同、工程技术研发合同）。

4. 特别类型的合同关系，可以通过特别类型合同法与本法共同加以规定。

第 617 条　承包人

1. 除合同另有约定外，工程材料、能量和设备由承包人出资。

2. 承包人提供材料和设备质量不合格的，以及提供以第三人权利为担保的材料和设备质量不合格的，承包人应当承担责任。

第 618 条　材料意外灭失的风险

除法律另有规定或者当事人另有约定外，在合同约定的交付期限前，材料发生意外损毁或者灭失的风险，由提供材料方承担。

延迟接受工程成果的，风险由违约方承担；但是法律另有规定或者当事人另有约定的除外。

第 619 条　总承包人和分包人

1. 除法律另有规定或者当事人另有约定外，承包人有权让分包人参与履行合同。在此情形下，在发包人面前，承包人作为总承包人；在分包人面前，承包人作为发包人。

2. 在分包人面前，总承包人应当对发包人未履行或者不当履行负责；在发包人面前，总承包人应当对分包人未履行或者不当履行负责。

3. 除法律另有规定或者当事人另有约定外，发包人和分包人无权就违反与总承包人的合同，直接向对方提出索赔。

4. 经总承包人同意，发包人有权与第三人签订施工合同。在此情况下，第三人就不履行或者不当履行，直接向发包人负责。

5. 与两个以上的承包人同时订立合同的情况下：如果标的物不可分割，则承包人被视为债务人，因此也被视为与发包人有关的共同债权人；如果标的物可分割，除法律另有规定或者当事人另有约定外，每个承包人在其份额内对发包人享有权利并承担义务。

第 620 条　工程时限

1. 合同应当约定工程的开始和结束时间。通过合同还可以约定完成某些阶段的最后期限（临时期限）。

除合同另有约定外，承包人对违反最初期限、最后期限以及施工的中间期限承担责任。

2. 合同约定的最初、最终和中间期限，可以根据合同约定的程序更改。

第 621 条　工程造价

1. 由合同来约定工程造价或者确定方式。合同没有约定或者双方没有达到合意的，价格由法院根据通常类似工程的价格，同时考虑双方承担的必要费用来确定。

2. 工程造价可以通过拟定预算来确定。

按照承包人拟定预算施工的，预算自发包人确认之时起生效并构成合同的组成部分。

工程造价（预算价格），可以是估价或者实价。合同对此未作约定的，工程造价（预算价格）视为实价。

3. 有必要进行额外工程，并因此明显超过工程造价（预算价格）的，承包人应当及时通知发包人并中止施工。发包人不同意超过工程预算价格的，有权取消合同；在此情况下，承包人有权要求发包人支付完成部分工程的价格。

4. 承包人没有及时通知发包人需要超过合同约定价格（预算价格）的，应当履行合同，并保留按合同约定价格支付的权利。

5. 承包人无权要求提高实价（固定预算）；而发包人在订立合同时不可能预见全部工程量或者必要费用的，有权进行减少。

合同签订后，承包人提供的材料设备成本以及第三方向其提供的服务显著增加的，承包人有权要求提高实价（固定预算）；发包人拒绝履行的，则合同终止。

第 622 条　承包人节余

1. 承包人实际支出费用低于所考虑的约定价格（预算成本）的，承包人保留按照合同约定价格（预算成本）要求支付费用的权利，但是发包人能够证明承包人节省费用对所完成工程质量造成不利影响的除外。

2. 合同可以约定，在当事人之间分配承包人的节余。

第 623 条　支付顺序

1. 合同没有约定为工程全部或者部分完成支付预付款的，发包人应当在交付最终工作结果后向承包人支付约定的价格；前提是工程在约定期限内如期完成，或者经发包人同意提前完成。

2. 只有在法律规定或者合同约定的情形下，承包人才有权要求向其支付预付款或者定金。

第 624 条　留置权

1. 发包人不按约定支付价款或者与合同有关其他金额的，承包人有权保留工程成果，以及发包人所有的设备、交付加工物品、剩余未使用材料、发包人所有的其他财产，直至发包人按照相应金额支付费用为止。

2. 合同可以约定，发包人保留应由承包人支付的部分报酬，以支付在本法第 630 条规定期限内消除瑕疵的费用。

第 625 条　使用发包人的材料完成工程

1. 承包人应当节约和高效地使用发包人提供的材料，在工程完成后向发包人提供材料消耗报告并将余额返还；或者经发包人同意，根据承包人未使用材料的剩余价值降低工程价格。

2. 对于因发包人提供材料瑕疵而导致的工程瑕疵，承包人应当承担责任；但是能够证明在接收材料时无法发现瑕疵的除外。

第 626 条　承包人未妥善保管发包人提供财产的责任

对于未妥善保管发包人提供的设备、交付加工物品、发包人所有并与履行合同有关的其他财产的，承包人承担责任。

第 627 条　发包人在工程作业期间的权利

1. 发包人有权在不干扰承包人业务的情况下，随时检查工程进度和质量。

2. 承包人没有及时开始履行合同，或者工程进度太慢，显然无法在截止日期之前完成合同的，发包人有权撤销合同并要求赔偿损失。

3. 发包人有权要求承包人在合理期间内消除瑕疵；承包人未能在指定期间满足要求的，则可以退出合同；或者由承包商出资，将工程更正委托给第三方，以及要求赔偿损失。

4. 除合同另有约定外，发包人可以在工程向其交付之前随时退出合同。在收到发包人退出合同的通知之前，发包人向承包人对所完成的工作支付费用，并且发包人应赔偿承包人因解除合同而造成的损失，限度是已完成工程部分价格与整个工程约定价格之间的差额。

第 628 条　承包人通知发包人的义务

1. 发生下列情形时承包人应当立即通知发包人，并在收到发包人答复之前中止施工并进行检测：

1）发包人提供的材料、设备、技术文件或者交付加工物品不合适或者质量不合格的；

2）履行发包人对施工方法的指示，可能产生不利后果的；

3）发生超出承包人控制范围的、威胁所完成工程成果的有效性或持久性，或者使其无法按时完成的其他情况的。

2. 承包人未将本条第 1 款规定情形通知发包人，或者在未等待对警告作出回应的合理期限届满继续工程，或者不执行发包人及时发出中止施工的指示的，则无权在向发包人提出适当索赔时提及这些情况。

3. 尽管承包人及时合理告知发包人有关情况，但是发包人在本条第 1 款所规定的合理期间，没有更换不合适或者有瑕疵材料，没有改变施工方法的指示或者采取其他必要措施，以有效消除威胁或者减轻工程强度的，承包人有权撤销合同并要求赔偿损失。

第 629 条　发包人的协助义务

1. 发包人应按照合同约定的范围和方式协助承包人完成工作。

发包人未履行此项义务的，承包人有权要求赔偿所造成的损失，包括因停机、推迟工程或者工程造价上涨而造成的额外费用。

2. 因发包人的作为或者不作为而无法履行合同的，承包人保留获得约定价格的权利，作为已完成工作的补偿。

第 630 条　发包人验收工程完工

1. 发包人应当按照合同约定的期限和方式，在承包人参与下，检查验收已经完工的工程成果。如果发现任何不符合合同约定而使工程状况恶化或者出现其他缺陷，应立即通知承包人。

2. 发包人在验收期间发现工程缺陷的，只有在验收证明文件或者其他文件明确这些缺陷或者随后要求消除缺陷的可能时，才有权援引这些缺陷。

3. 未经检验而接受工程成果的发包人，丧失援引本可以通过通常验收方式发现的工程缺陷（明显瑕疵）的权利。

4. 在接受工程成果后，发现不符合合同约定或者通常验收方法无法确定的瑕疵（隐藏瑕疵），包括承包人故意隐藏瑕疵的，发包人应在发现后的合理期间通知承包人。

5. 发包人通知承包人发现隐藏瑕疵的最终期限为 1 年；与建筑物、构筑物有关的工程，以及无论哪种类型的工程，只要承包人故意隐藏工程瑕疵的，自工程验收之日起 3 年。

法律或者合同可以规定更长期限（担保日期）。

工程按照合同被客户部分接受的，则本款所规定的期限自接受整个工程成果之日起算。

6. 发包人和承包人就所完成工程的瑕疵或者原因发生争议的，应任何一方要求，应当任命专家进行检查。检查费用由承包人承担，除非专家检查确定承包商违约行为与发现瑕疵之间没有因果关系。在此情况下，检查费用由请求委托方承担；双方委托的，应当进行分摊。

7. 发包人拒绝接受所完成的工程成果，承包人可以在根据合同应当将工程转给发包人之日起 1 个月后，以及向发包人发出两次警告后，将工程成果进行出卖；所得收益减去应当支付给承包人的所有款项后，以发包人名义进行存款公证，但是合同另有约定的除外。

8. 发包人拒绝接受完工工程成果导致交付延迟的，则所有权自制造加工物交付时起转移给发包人。

第 631 条　标的灭失或合同无法完成时，当事人之间的和解

合同标的物在交付前意外灭失，或者非归因于当事人过错而导致工程无法完成的，承包人无权要求取得工程报酬。

合同标的物灭失或者工程无法完成，若是因发包人提供的材料、关于施工的指示出现瑕疵，或者发生在发包人延迟接受完工工程之后，同时承包人已遵守本法第 628 条的规定的，其有权获得工程报酬。

第 632 条　工程质量

1. 承包人施工应当遵守合同条款；合同条款没有规定或者不配套的，适用通常类型工程的要求。

2. 法律规定或者据此根据合同对施工约定了强制性要求，则身份为企业家的承包人应当按照强制性要求施工。

承包人可以承担合同项下的义务，完成与既定强制性要求相比更高质量的工作。

第 633 条　工程质量的保障

1. 法律规定或者合同约定承包人为发包人提供工程质量保障的，承包人应在整个保修期内，向发包人交付应当符合本法第 632 条要求的工程成果。

2. 除合同另有约定外，工程成果质量的保障适用于工程成果的所有组成部分。

第 634 条　保修期的计算

除合同另有约定外，保修期自发包人接收或者应当接收完工工程成果之时起算。

第 635 条　承包人对工程质量不合格的责任

1. 承包人违反合同约定施工、恶化工程条件或者出现其他瑕疵，致使无法达成合同约定目的（合同未作约定则适用通常用途），除法律另有规定或者合同另有约定外，发包人有权要求承包人自行选择：

1）在合理期间无偿消除工程瑕疵；

2）按比例降低工程造价；

3）当发包人在合同中规定消除瑕疵的权利时，承包人偿还消除瑕疵的费用。

2. 承包人有权替代消除不由其负责的工程瑕疵，无偿重新施工，并向发包人赔偿因延迟造成的损失。在此情况下，发包人应当将原先的工程成果返还给承包人，前提是工程性质允许这种返还。

3. 违反合同条款、其他工程瑕疵严重且无法弥补，或者被发现的瑕疵未在发包人确定的合理期间消除的，则发包人有权取消合同并要求赔偿损失。

4. 合同可以约定免除承包人对某些瑕疵的赔偿责任；但是发包人能够证明瑕疵是由于承包人的作为或者不作为造成的，则该条款不适用。

5. 根据本法第 428 条第 1 款第 1 项、第 3 项和第 5 项关于卖方对质量不合格产品责任的规定，提供工程材料的承包人对质量负责。

第 636 条　工程质量不合格索赔的时效

根据合同实施的工程质量不合格索赔的，时效自瑕疵检测之日起算，检测之日即发包人在本法第 630 条所规定的期限内声明的日期。

第 637 条　承包人向发包人传递信息的义务

合同对此进行约定或者信息性质表明，如果缺少此项操作则工程成果将不符合合同约定目的，则承包人应当将之连同工程信息共同传递给发包人。

第 638 条　当事人知悉信息的保密义务

一方因履行合同而知悉对方关于新的解决方案和技术知识（包括不受法律保护的解决方案和技术知识）以及可能成为商业秘密的信息，未经对方同意不得向第三人披露。

使用这些信息的方法和条件，由双方通过合同约定。

第 639 条　将材料和设备返还给发包人

发包人根据本法第 627 条第 4 款或者第 635 条第 3 款拒绝履行合同的，承包人应当归还发包人提供的材料、设备、移交加工物品和其他财产，或者将其转让给发包人指定的人；以上均不可行的，应当向发包人偿还收到的材料、设备和其他财产的成本。

第二节　家庭承包合同的一般规定

第 640 条　家庭承包合同

家庭承包合同，是指从事商业活动的承包人，有义务按照公民客户的要求完成特定工作，以满足客户的日常家庭承包或者其他个人需要，客户承诺接受工作成果并支付费用。

家庭承包合同是公开合同（见本法第 387 条）。

第 641 条　客户权利的保障

1. 承包人无权强制客户在家庭承包合同中包含额外付费劳务或者服务，否则客户可以拒绝支付这些劳务或者服务。

2. 客户有权在承包人向他交付劳务成果之前随时取消家庭承包合同，向承包人支付客户取消合同前已完成的工作的部分约定价格。禁止客户这一权利的合同条款无效。

第 642 条　合同形式

除法律规定或者合同另有约定（包括形式条件或者其他标准形式）（见本法第 389 条）外，自承包人向客户发出确认订立合同的收据或者其他文件之时起，家庭承包合同即视为以适当形式订立。

客户缺少上述文件，并不剥夺其参考证据证明合同事实成立或者相关条件的权利。

第 643 条　为客户提供工作成果信息

向客户提交工作成果时，承包人应告知客户必须满足有效地、安全地使用制成、加工物品或者其他工作成果的要求，以及对不遵守相关要求可能对客户和他人造成的后果。

第 644 条　向客户提供有关工作的信息

1. 承包人应当向客户提供有关拟议工程的必要和可靠的信息，包括拟议工程类型、特点、价格和付费方式，并应客户要求告知与合同相关工作有关的其他信息。工作性质具有重要意义的，承包人还应当向客户指明将要完成工作的具体人员。

2. 客户有权要求撤销家庭承包合同。因从承包人获悉信息不完整、不可靠而签订履行义务的合同的，客户有权要求赔偿损失，而不论客户性质如何。

第 645 条　依靠承包人的材料完工

1. 若家庭承包合同所约定的工作是依靠承包人提供材料实施的，材料由客户在订立合同时全部或者如约部分支付，当客户收到承包人的工作成果时进行最终计算。

根据合同，材料可以由承包人赊购，也包括发包人有条件分期支付材料费用。

2. 合同订立后，承包人提供材料价格变动的，不需要重新计算。

第 646 条　用客户提供的材料完成工作

家庭承包合同的工作是依靠客户提供材料进行的，则承包人在合同订立时，给予客户的收据或者其他文件，应当指定材料的确切名称、数量、说明和价格；以便客户以后可以通过起诉提交书面证据，对评估收据或者其他类似文件中的材料进行质证。

第 647 条　工作价格及其付费

家庭承包合同中的工作价格由合同约定，不能高于承包人公布的价格。客户应在承包人最终交付成果后支付工程费用。经双方协商，客户可以在订立合同时全额或者预付款支付工程费用。

第 648 条　发现完工成果的缺陷

1. 当客户在接受完工成果或者使用合同标的期间（本法第 630 条所规定的期间和保修期内）发现瑕疵的，客户可以行使本法第 635 条所规定的权利。

2. 客户及其法定继承人，可以自接受完工成果之日起 3 年内提出主张，请求无偿消除根据家庭承包合同进行的、可能对客户和他人的生命健康构成威胁的工作瑕疵，无论何时（包括保修期满）发现这些瑕疵都可以提出索赔。

承包人不遵守这一要求的，客户可以在同时要求，返还为工作支付的部分价格；或者赔偿借助自己或者第三人帮助，为消除瑕疵而发生的费用。

第 649 条　客户放弃接受完工成果的后果

1. 客户放弃接受或者以其他方式逃避接受完工成果的，承包人有权在发出通知之日起 2 个月后，以合理价格出卖合同标的物，所得收益减去应当支付给承包人的所有款项，按照本法第 291 条的规定以客户的名义进行公证存款。

2. 在本条第 1 款所规定的情形下，承包人可以替代出卖合同标的物，而行使留置合同标的物的权利（见本法第 624 条），或者向客户索赔。

第 650 条　合同一方当事人死亡的后果

因家庭承包合同当事人死亡导致合同终止的（见本法第 376 条），合同终止的后果由当事人的合法继承人与对方之间通过协议确定；未能达成协议的，则由法院考虑到所完成的工作量、价格、费用和保存材料的成本以及其他重大情况确定。

第三节　建筑承包合同的一般规定

第 651 条　建筑承包合同

1. 建筑承包合同，是指承包人承诺在合同约定期限内代表发包人建造建筑物或者进行其他施工，发包人承诺为承包人完工创造必要的条件、接受其完工成果并且如约付费的合同。

2. 建筑承包合同是为企业建设或者改造建筑物（包括住宅）、构筑物或者其他建设项目，包括为其进行安装、调试和进行其他相关在建工程。除合同另有约定外，本规定也适用于建筑物、构筑物的重大维修。

合同对此约定的，承包人应对在合同约定期限内由发包人验收后的建设项目承担保证正常运营的责任。

3. 交钥匙工程合同的，承包人承担建设和保障的全部责任，并且应当按照合同条款向发包人交付准备好运营的建设项目。

4. 在建工程项目所有者，在将建设项目交付给发包人和工程付费之前是承包人。

5. 根据建筑承包合同满足公民发包人的家庭或者其他个人需要的，发包人根据家庭承包合同享有权利的规定相应地适用于该合同。

第 652 条　建筑承包合同风险的分担

1. 因不可抗力导致在建工程被损毁的，发包人应当在合同约定的工程期限届满之前，支付已完工部分的成本或者修复费用。

2. 除法律另有规定或者当事人另有约定外，工程在交付前因意外无法完工的风险由发包人承担。

3. 因意外风险增加的工程成本，由承包人承担。

4. 合同可以约定，所有可能的施工风险由承包人（交钥匙工程）承担。

5. 合同可以约定承包人的风险保险。在此情况下，保险费用包括在确定完工报酬时考虑到的建筑成本。

第 653 条　在建工程的安全责任

承包人负责在建工程的安全。

第 654 条　设计预算文件

1. 承包人应当按照项目文件（确定工程范围、内容及其他工程要求）和工程价格预算，来进行建设和实施相关工程。

合同没有约定的，承包人应当实施项目文件和预算（设计预算文件）中所规定的所有工程。

2. 除合同另有约定外，以外文编写的设计预算文件及其他技术文件，应当翻译成哈萨克文或者俄文转交给承包人。计量单位应当符合法定公制。

3. 施工合同应确定设计预算文件的组成和内容，还应规定提供相关文件的当事人和时限。

4. 发现在建筑工程中没有考虑到设计预算文件，并且需要进行额外工程和增加预算成本的承包人，应当对发包人进行告知。

在 10 日内没有收到发包人回复的，除法律规定或者合同约定了不同期限外，承包人有权中止施工，并将因停机造成的损失归于发包人。

5. 承包人没有履行第 4 款所规定的义务，如果不能证明有必要维护发包人利益立即采取措施，特别是因中止施工可能导致在建工程损毁的，则丧失要求发包人支付额外工程费用和赔偿所造成损失的权利。

6. 发包人要求进行额外工程并支付费用，只有在不属于承包人专业范围或者超出承包人控制的情况下，承包人有权拒绝实施这些工程。

第 655 条　更改设计预算文件

1. 发包人有权要求更改设计预算文件，无论是否支付承包人额外费用或者延长工程完成时间。

2. 更改设计预算文件需要承包人承担额外费用的，应当根据双方商定的额外预算，由发包人承担费用。

3. 承包人因不可抗力，工程费用至少超过预算数 10% 的，承包人有权要求修改预算金额。

4. 承包人可以要求赔偿为确定和消除设计预算中的瑕疵而发生的合理费用，但按照其要求编制这种文件的情况除外。

第 656 条　工程的物质支持

1. 承包人应当负责提供建筑材料，包括部件和结构以及设备，但是合同约定建筑的全部或者某一部分材料由发包人提供的除外。

2. 承包人应当为施工提供物质支持，承担无法使用承包人提供的材料（部件、结构）或者设备而损害工程质量的风险。

3. 发现无法不损害发包人提供的工程材料（细节、设计）或者设备质量的，承包人应当要求发包人在合理期间更换，而未能满足这一要求，承包人有权撤销合同，并要求发包人支付合同价格，以及这一数额不包括的损害赔偿。

第 657 条　工程支付

1. 已完成工程的费用支付，由发包人按照预算数规定的金额，按照法律规定或者合同约定的条款和方式进行。法律没有规定或者合同没有约定的，承包人所进行的工程应当按照本法第 623 条支付费用。

2. 交钥匙工程合同中，发包人在接受项目之后按照约定全额支付费用，但是合同另有约定的除外。

第 658 条　为建筑提供土地

发包人应按照合同约定的条款及时提供地块区域用于建设。合同中没有约定相关要求的，提供地块的面积和条件，应当确保工程能够及时开工、正常施工和如期完工。

第 659 条　建筑承包合同发包人的额外责任

发包人应当在建筑承包合同约定的情况下，交付给承包人施工必须使用的建筑物和设备，为承包人提供运输工具、临时电力、水和用于其他服务的管道。按照合同约定的条款支付费用。

第 660 条　发包人对合同的监控

1. 建筑承包合同的发包人，有权控制和监督工程进展和质量、遵守时间表、承包人提供材料的质量以及承包人是否正确使用发包人提供的材料。

2. 发包人在监控工程施行情况时，发现违约可能致使工程质量恶化或者出现其他瑕疵的，应当立即通知承包人。发包人未声明的，丧失援引发现瑕疵的权利。

3. 在施工期间，承包人应当遵守收到的发包人指示，前提是这些指示不违反合同条款，并且不干扰承包人的经济运营活动。

4. 不适当施工的承包人，无权对发包人没有对工程进行控制和监督的事实主张抗辩，但是法律规定或者合同约定发包人应当控制和监督的除外。

第 661 条　承包人对建设工程的环保和安全管理

若可能违反环保和安全强制性要求，承包人在工程中不得使用发包人提供的材料（零件、结构）和设备或者按照其指示继续工作。

第 662 条　当事人在建筑养护期间的义务

当事人因不可抗力导致施工合同被中止，施工对象被留置的，发包人应当向承包人对所完成的工程全额支付费用，并支付因需要停工和维护施工而引起的费用。

第 663 条　交接工程成果

1. 发包人收到承包人关于准备交付如约施工工程通知的，或者合同约定了工程阶段的，发包人应当立即着手接受工程成果。

2. 除合同另有约定外，发包人应当自费组织接受交付工程。在法律规定情形下，国家机关和地方自治区域机关的代表应当参与接收工程成果。

3. 非归因于承包人的过错，包括合同约定承包人承担风险的工程，如果发包人接收了工程的某些建设阶段，则承担其损毁灭失的风险。

4. 承包人和发包人交接工程成果，应当由双方签署文件进行；在法律规定情形下，由国家机关和地方自治区域机关的代表签署文件。如果一方当事人拒绝签署该文件，则在该文件中作出说明，由对方当事人签署。

只有在法院认定拒绝签署的事由不成立，才可认定单方面交接工程成果的行为有效。

5. 若法律规定、合同约定或者因施工合同工程性质决定，在接收工程成果之前应当进行初步测试。在此情况下，只有在初步测试是良好时，才能接收工程成果。

6. 检测发现瑕疵不能使用的工程成果，致使合同约定目的无法实现的，则发包人有权拒绝接收工程成果，但是不能免除承包人、发包人或者第三人的责任。

如果在接收期间发现其他瑕疵，则应当在本条第 4 款所规定的文件中注明。

7. 在法律规定情形下，建筑项目应当由国家委员会接收。

哈萨克斯坦共和国政府制定了国家接收建设项目的程序，并确定国家机关可以参与居中接收。

第 664 条　承包人对工程成果质量的责任

承包人应当向发包人对以下情况承担责任：任何偏离合同约定的要求、项目和对当事人各方有约束力的施工规范和规则，以及未能达到设计预算文本所规定的施工项目指标，包括企业的生产能力。

在建筑物、构筑物重建（翻新、重建、修复等）期间，承包人应对建筑物、构筑物或者组成部分的强度、稳定性、可靠性的下降或丧失负责。

第 665 条　建筑承包合同中的质量保证

1. 除建筑承包合同另有约定外，承包人保证施工项目达到设计预算文件中所规定的指标，并且该施工项目可以在保修期内按照合同运营。保修期为自发包人接收项目之日起 10 年，但是法律规定或者合同另有约定保修期的除外。

2. 承包人应对在保修期内发现的瑕疵承担责任，但是证明这些瑕疵是因物体或者其部件的正常磨损、发包人或者第三人操作不当、操作指令不正确、对物体不当维修造成的除外。

3. 由承包人负责的瑕疵（故障或者疏漏）导致项目无法运行的期间内，保修期中止。

4. 发包人在保修期内发现本法第 630 条第 4 款所规定的缺陷，应当在发现后的合理期间通知承包人。

5. 建筑承包合同可以约定，发包人有权保留合同预算所约定的部分工程价款，直至保修期结束。

第 666 条　发包人出资消除缺陷

1. 建筑承包合同可以约定，承包人应当根据发包人的要求，由发包人出资消除承包人不负责的瑕疵（故障和疏漏）。

2. 承包人有权拒绝执行本条第 1 款所规定的工程，前提是这些工程与合同标的没有直接关系，或者承包人因其不可抗力而无法施工。

第四节 勘测设计工程承包合同的特点

第 667 条 勘测设计工程承包合同

1. 勘测设计工程承包合同，是指承包人（工程设计师、勘测者）承诺实施勘测设计工程，发包人承诺接受工程成果并支付费用的合同。

2. 除法律规定或者勘测设计工程承包合同另有约定外，因意外无法执行勘测设计工程的风险，由发包人承担。

第 668 条 勘测设计工程的初始数据

1. 根据勘测设计工程承包合同，发包人应当向承包人转交完成设计任务以及编制设计预算文件所需要的其他初始数据。设计任务可以由承包人代表发包人进行准备。在此情况下，从请求批准之时起，设计任务就成为当事人的强制性任务。

2. 承包人应当遵守任务和其他初始数据包含的要求，用于实施勘测设计工程，并且只有在发包人同意的情况下才有权违反这些要求。

第 669 条 发包人的责任

除合同另有约定外，根据勘测设计工程承包合同，发包人应当：

1）在所有工程完成后向承包人支付约定价款，或者在完成某些工作阶段后向承包人支付部分价款；

2）只能将承包人交来的设计文件用于合同用途，不得转让给第三人；未经承包人同意不得披露其中所包含的数据；

3）按照合同约定的金额和条件，向承包人提供勘测设计工程的服务；

4）与承包人共同参加，以获得国家主管部门和地方当局对于勘测设计预算文件的批准；

5）偿还承包人因不可抗力，致使勘测设计工程初始数据变更，而引起的额外费用；

6）让承包人参与如下事务：因有关编制设计文件或者完成勘测工程的瑕疵，由第三方对发包人提出的索赔。

第 670 条 承包人的责任

根据勘测设计工程承包合同，承包人应当：

1）按照订立合同时传送给其的初始设计数据进行工作；

2）与发包人协调准备好设计预算文件；在必要时与发包人一起，与国家主管部门和地方管理机关进行协调；

3）除合同另有约定外，将完成的设计预算文件和勘测工程成果交付给发包人；

4）未经发包人同意，不得将设计预算文件转让给第三人。

第 671 条 承包人的保证

根据勘测设计工程承包合同，承包人应向发包人保证，第三人无权根据承包人编制的设计预算文件，阻止或者限制工程的执行。

第 672 条　承包人对勘测设计工程文件瑕疵的责任

1. 勘测设计工程承包合同的承包人，对设计预算文件和勘测工程的缺陷承担责任，包括随后在施工期间、根据已完成设计预算文件和测量数据建造的项目运行期间发现的瑕疵。

2. 除法律另有规定或者当事人另有约定外，设计文件或者勘测工程中存在瑕疵的，承包人应发包人要求可自由更改项目文件，据此进行必要的额外勘测工作，并赔偿对发包人造成的损失。

3. 因项目文件存在瑕疵而产生的赔偿要求，可以由使用项目文件的人提出，即使其不是预备的发包人。

第五节　技术研发合同的一般规定

第 673 条　技术研发合同

1. 技术研发合同，是指承包人（技术研发人）承诺进行发包人所指定的科研任务，并根据技术研发合同，研发新产品样品，编制设计文本、研发新技术或者生产样品；发包人承诺向承包人（技术研发人）发出技术任务，接受工作成果并支付费用。

2. 与承包人（技术研发人）的合同，可涵盖整个研究、开发和样品以及其部分要素生产的周期。

第 674 条　开展工作

1. 承包人（技术研发人）应当亲自进行科学研究。除合同另有约定外，只有经过发包人同意，承包人才有权让第三人参与履行技术研发合同。

2. 除合同另有约定外，承包人在履行工程技术研发合同时，有权让第三人作为分包人参与工作。

第 675 条　工作成果的交付、验收和付款

承包人（技术研发人）应当交付全面完成的技术研发成果，发包人应当接受并支付费用。合同可以约定接受和支付某些阶段工作，或者采取其他付款方式。

第 676 条　合同信息的保密

除工程技术研发合同另有约定外，技术研发如下：

1）无论是承包人（技术研发人）和发包人，应当对有关合同项目、其执行进度和所取得成果信息进行保密。应当在合同中约定确认为机密的信息。

2）只有在发包人同意的情况下，承包人才有权根据这些合同对获得的工作成果申请专利。

第 677 条　各方对工作成果的权利

1. 根据技术研发合同、实验设计和技术工程合同，发包人有权在合同约定的限度和条件下使用工程成果。

2. 除合同另有约定外，承包人（技术研发人）有权使用自己完成的工作成果。

3. 合同可以约定承包人（技术研发人）具有将工作成果出卖给第三人的权利。

第 678 条　发包人的责任

根据工程技术研发合同，发包人应当：

1）向承包人（技术研发人）发出技术任务，并同意经济参数方案或者工作对象；

2）向承包人（技术研发人）传递开展工作所需要的信息；

3）接受所完成的工作成果，并支付费用（见本法第 623 条）。

第 679 条　承包人（技术研发人）的责任

1. 科学研究、实验设计和技术服务合同的承包人（技术研发人）应当：

1）按照与发包人商定的方案（技术和经济参数）或者工作对象，并在合同约定期限内将成果交付给发包人；

2）遵守有关知识产权法律保护的要求；

3）通过努力并自费消除技术文档中可能导致偏离发包人职权范围或者合同约定的技术和经济参数的任何瑕疵；

4）立即将发现无法获得预期成果或不适宜继续工作的情况通知发包人；

5）向发包人保证第三人对根据此类合同转让的成果没有专有权。

2. 除技术研发工作合同另有约定外，承包人（技术研发人）应当：

1）未经发包人同意，不得发表作品披露获得的科技成果；

2）采取措施保护在受法律保护的工作期间获得的成果，并告知发包人；

3）许可发包人独家使用受法律保护的科技成果。

第 680 条　研发工作合同无法实现的后果

若在研究过程中发现由于承包人（技术研发人）无法控制的情况而无法取得研究成果的，发包人应支付在发现无法取得合同约定成果之前所进行工作的费用，但不超过合同约定的相应工作价格。

第 681 条　工程技术研发合同不能实现的后果

在工程技术研发过程中，发现承包人无法工作或者不适宜继续工作的，并且不是归因于承包人的过错，发包人应当支付承包人实际发生的费用。

第 682 条　承包人（技术研发人）的违约责任

1. 承包人（技术研发人）应当对发包人不履行和不当履行技术研发合同承担责任，但是证明违约不是承包人（技术研发人）过错的除外。

2. 违反合同的承包人（技术研发人），应当以实际损害的形式赔偿发包人的损失，但是合同另有约定的除外。

第三十三章　有偿服务

第 683 条　有偿服务合同

1. 有偿服务合同，是指承包人承诺按照客户要求提供服务（执行某些操作或者实施某些活动)，并且客户承诺为这些服务付费的合同。

2. 本章规定适用于提供通信服务、医疗、兽医、审计、咨询、信息、培训、旅游服务和其他服务合同，但是本法第 32 章、第 34 章、第 35 章、第 39 章、第 41 章、第 43 章、第 44 章规定合同提供的服务除外。

第 684 条　提供有偿服务合同的执行

除有偿服务合同另有约定外，承包人应当亲自提供服务。

第 685 条　支付服务费用

1. 客户应当按照有偿服务合同约定的条件和方式支付服务费用。

2. 因客户过错导致承包人未履行义务的，应当得到全额付款，但是法律规定或者提供有偿服务合同另有约定的除外。

3. 除法律另有规定或者当事人另有约定外，因不可归责于任何一方的情况而无法履行义务的，客户应当向承包人补偿实际发生的费用。

第 686 条　单方面拒绝履行有偿服务合同

1. 客户有权拒绝履行有偿服务合同，前提是已向承包人支付发生的实际费用。

2. 承包人有权拒绝提供有偿服务合同约定的服务，前提是全额赔偿客户因合同终止所造成的损失，但是因客户过错导致的除外。

第 687 条　有偿服务合同的法律适用

合同总则（见本法第 616—639 条）和关于家庭承包合同的规定（见本法第 640—650 条)，适用于有偿服务合同；前提是与本法第 683—686 条以及有偿服务合同的主体内容不相矛盾。

第三十四章　运输

第 688 条　一般规定

1. 根据运输合同实施标的物、旅客和行李的运输行为。

2. 一般运输条件，由运输法、其他法律和据此发布的规章规定。

除本法、运输法、其他法律另有规定外，以单一运输方式运输标的物、旅客和行李的条件，应当由当事人通过合同约定。

第 689 条　货物运输合同

1. 根据货物运输合同，一方（承运人）承诺将另一方（托运人）向其委托的货物运抵目的地，并交付给授权接收货物的人（收件人)，托运人承诺根据合同或运价支付货物运费。

2. 货物运输合同通过起草提单、运单、货物提单或者货物运输的其他法律规定的文件来拟订。

第 690 条　旅客运输合同

1. 根据乘客的运输合同，承运人承诺运送乘客到达目的地；需要运输乘客行李的，在目的地将行李交付给授权接收行李的人；乘客承诺支付运价，并在交付时对运输行李进行检查。

2. 旅客和行李运输合同，分别以旅行机票和行李收据的形式制定。旅行机票和行李收据的形式，由运输法进行规定。

第 691 条　包租合同（包运合同）

根据包租合同，承运人承诺向托运人提供一辆或者多辆交通运输工具的全部或者部分容量，用于运送一个或者多个旅客、行李和货物，并收取相应费用。

签订包租合同的条件、形式和类型，由运输法规定。

第 692 条　运输组织的合同

承运人和托运人进行多式联运的，可以订立长期运输组织合同。

根据货物运输组织的合同，承运人承诺在规定期限内接收标的物，而托运人承诺在约定期限内交付约定数量的货物。

运输组织合同，应规定运输体积、时间、质量、交通运输工具条件、运输货物介绍和法律未规定的运输组织其他条件。

第 693 条　运输组织之间的合同

不同类型的运输组织可以订立工作安排合同，以确保货物运输（包括协商节点、标的物进出口集中交付合同等）。

签订此类合同的程序，由运输法规定。

第 694 条　直接多式运输

运输组织之间按照单一运输（直接多式运输）文件、通过不同运输方式运输货物、乘客和行李时的关系以及这些组织运输的次序，由选择相应运输方式的运输组织之间，根据直接多式运输法签订合同确定。

第 695 条　公共交通工具

1. 商业组织如果遵循监管法及其他规范性法律文件、颁发给本组织的许可证（专营），应任何公民或法人要求运载乘客、货物或者行李的，被视为公共交通运输。

2. 公共交通运输合同是公开合同（见本法第 387 条）。

第 696 条　交通运输工具运送、装载（卸载）货物

1. 承运人应当在所接受的申请书（订单）约定期限内，根据运输合同使用适用于相应货物运输条件的可维修车辆，装载货物交付给托运人。

货物托运人有权拒绝不适合相应货物的交通运输工具。

2. 装载（卸载）货物，应当符合运输法和相应规章所规定的要求，由运输组织或者托运人（收货人）按照合同约定的方式和条款进行。

3. 除运输法和相应规章另有规定外，货物托运人（收货人）以自己的力量和工具装载（卸载）货物，应当遵循合同约定的期限。

第 697 条　票价

1. 除法律另有规定外，对于货物、旅客和行李的运输，由当事人通过合同约定收取费用。

2. 公共交通工具运输乘客和行李的运价，按照运输法规定的批准比率确定。

3. 应货主要求而不根据运价的劳务和服务，由双方协商付费。

4. 除法律另有规定、运输合同另有约定或者与义务实质内容无关外，承运人有权留置交付运输的货物和行李，用于担保运费和其他应向其支付的运输款项（见本法第 292 条）。

第 698 条　货物、旅客或者行李的交付期限

承运人应当在运输法和相关法规规定期限内，将货物、旅客或者行李交付到目的地。法律没有规定而且双方在合同中也没有约定交付期限的，应当在合理期间完成交付。

第 699 条　货物处置权[1]

1. 托运人或者管理货物文件的人，可以要求承运人终止运输、返还货物或者作出其他要求。在此情况下，承运人有权要求为已经执行的运输支付费用，并赔偿与订单有关的费用。

2. 在货物到达目的地并向收货人交付货物时，托运人丧失前款所规定的权利。

3. 收货人不履行接收货物的义务，而货物需要特殊存储条件（易腐），托运人没有指示如何处置这些货物，不进行存储可能导致损坏的，承运人有权出售货物。

销售货物所得减去应当支付承运人的金额，可以进行提存。

第 700 条　乘客的权利

乘客根据运输法规定，具有以下权利：

1）无偿或者以其他优惠条件携带儿童；

2）无偿携带约定范围内的手提行李；

3）根据收费标准支付手提行李运费。

第 701 条　违反运输义务的赔偿责任

1. 未履行或者不当履行运输义务的，双方应当承担本法、运输法和其他法律所规定的责任以及双方合同约定的责任。

2. 运输组织与旅客和托运人（收货人）订立的关于限制或者免除法定赔偿责任的合同无效，但运输法规定货物运输合同可以约定的情况除外。

第 702 条　承运人不提供交通运输工具，以及托运人不使用提供的交通运输工具的责任

1. 不提供订单或其他合同所规定货物运输工具的承运人，不提交货物或者因其他原因不使用提供的交通运输工具的托运人，根据法律规定以及双方协商来承担责任。

---

〔1〕 第 699 条经哈萨克斯坦共和国 2001 年 12 月 6 日第 260 号法律修订。

2. 对于未提供或者不及时提供交通运输工具、使用交通运输工具，承运人和托运人免责情形如下：

1）发生不可抗力；

2）按照运输法律规定程序，终止或者限制货物运输方向；

3）法律规定的其他情况。

第 703 条　直接多式运输的承运人责任

对于货物损毁、短缺或者灭失的，直接多式运输合同中的承运人对托运人（收货人）承担连带责任。

延误责任由最后一个承运人承担，但是能够证明延误不是因承运人过错的除外。

第 704 条　承运人对乘客滞留的赔偿责任

1. 载有乘客的交通运输工具延迟出发或者到达目的地（城郊运输除外），承运人应当按照运输法规定向乘客支付违约金，但是证明延迟因不可抗力造成的除外。

2. 乘客因交通运输工具延迟出发而拒绝搭乘的，承运人应当向乘客全额返还运费，并赔偿乘客因延误而遭受的损失。

第 705 条　承运人对货物或者行李损毁、短缺或者灭失的赔偿责任

1. 自接受运输之时起，直至将其移交给收货人或者授权接收人，承运人应当确保货物或者行李的安全。

2. 承运人对货物或者行李的损失承担责任，但是承运人能够证明货物或者行李损毁、短缺或者灭失非因自身过错的除外。

3. 承运人应对在货物或者行李运输过程中造成的损害进行赔偿：

1）对于货物或者行李损毁、灭失的，应当赔偿该货物或者行李的成本；

2）对于货物或者行李损坏的，应当赔偿价值下降的金额；货物或者行李损坏而无法恢复的，应当赔偿其价值金额；

3）交付货物或者行李运输申报价值损失的，应当赔偿货物或者行李的申报价值金额。

货物或者行李的成本，根据卖方发票或者合同约定价格确定；没有发票或者合同上没有标明价格的，则根据类似情况下对类似货物通常收取的价格来确定。

4. 对于货物或行李损毁、短缺或者灭失进行损失赔偿的，如果运费不包含在货物价格中，则承运人应当向托运人（收件人）退还为运输该货物或者行李而收取的运费。

5. 由承运人单方面编制关于未能保存货物或者行李原因的文件（商业凭证、一般形式文件等）；发生争议的，由法院进行裁定，其他证明文件可以作为承运人、行李或者货物的托运人或者接收人承担赔偿责任的基础。

第 706 条　货物运输的索赔

1. 在向承运人提出货物运输索赔之前，应当按照法定程序向承运人提出主张。

2. 货物运输的索赔时效为 1 年。

3. 本条规定不适用于因运输旅客和行李而发生的索赔情形。

第 707 条　承运人危害乘客生命健康的损害赔偿责任

法律没有规定或者运输合同没有约定增加承运人责任的，则承运人因对乘客生命健康造成损害而产生的责任，适用本法第四十七章的规定。

第三十五章　远程运输

第 708 条　货运代理合同

1. 货运代理合同，是指货运代理人承担组织履行货运代理合同所约定的远程运输服务，包括代表托运人或者代表其签订货物运输合同，并由对方（货物托运人或者收件人）支付费用。

作为补充服务，远程运输合同可以规定货物运输所需的必要交付过程，如获得所需的进出口文件、清关文件和其他手续，检验货物的数量和状况，支付税费和其他费用，装载和卸载、存储货物，在目的地进行接收，以及执行其他操作和服务。

经发货人同意，货运代理可以根据托运人的利益、税率和交货时间，自行决定运输货物的运输方式。

2. 本章未作规定的，如果货运代理人根据合同代表托运人行事，则本法第四十一章的规定相应适用于远程运输合同关系；如果代表自己行事，则适用本法第四十三章的规定。

第 709 条　合同形式

1. 货运代理合同以书面形式签订。

2. 货物托运人（收货人）应当向货运代理人发出代为履行的委托书。

第 710 条　提供货运代理文件和其他信息

1. 货物托运人（收货人）应向货运代理人提供关于货物属性的文件和相关信息、运输条件，以及货运代理人根据合同履行职责所需的其他信息。

2. 货运代理人应将收到信息的有关瑕疵通知托运人（收货人）；收到信息不完整的，应要求托运人（收货人）提供必要的补充信息。

3. 货物托运人（收货人）没有提供必要信息的，货运代理人在收到信息之前有权拒绝开始履行相关义务。

4. 货物托运人（收货人）违反本条第 1 款关于提供信息义务的规定，应对给货运代理人造成的损失承担责任。

第 711 条　第三人履行货运代理职责

1. 货运代理合同没有约定由货运代理人亲自履行义务的，货运代理人有权让他人参与履行其职责。

2. 将履行义务分配给第三人，并不免除货运代理人对托运人的履约责任。

第 712 条　留置权

收不到应收货运服务报酬的，货运代理人有权对托运人委托的货物采取留置措施。

第 713 条　远程货运代理的责任

1 货运代理人不履行或者不当履行远程货运合同义务，应当根据本法第二十章规定的事由和金额承担责任。

2. 货运代理人能够证明违反义务是因不当履行运输合同造成的，则货运代理人对货物托运人（收货人）的责任，由相应承运人对货运代理人承担的责任予以确定。

第 714 条　单方面拒绝履行货运代理合同

1. 货运代理的托运人（收货人）有权拒绝履行运输代理合同，并在合理期间通知对方。

2. 单方拒绝履行合同的，声明拒绝履行方应当赔偿对方因解除合同而造成的损失。

第三十六章　借　贷

第 715 条　借贷合同[1]

1. 根据借贷合同，出借人将一定数量的货币或者种类物交付给借用人，而在本法规定或者合同约定情形下承诺交付的是管理经营权；而借用人将同等数量的货币或同等数量质量的种类物归还给出借人。

2. 履行交付货币或者种类物的合同的形式，可以是贷款，包括以预付款、报酬、延期和分期付款形式支付商品（劳务、服务）费用。

3. 禁止法人和公民以公民借贷形式吸收商业活动资金，此类合同自订立时起无效。

此禁令既不适用于拥有国家机关授权许可证的借用人接受银行存款的情况，也不适用于按照法定程序登记发行证券以换取货币的情况。

第 716 条　借贷合同的形式

1. 借贷合同的形式，应当符合本法第 151—152 条的规定。

2. 若存在债券、借用收据，或者能够证明出借人向借用人交付一定数量种类物的文件，借贷合同视为以书面形式订立。

第 717 条　签订借贷合同

借贷合同自货币或者种类物交付之时起订立，但是本法另有规定或者合同另有约定的除外。

合同约定货币或者种类物部分转移（分期付款）的，自第一部分交付之时订立，但是合同另有约定的除外。

第 718 条　借贷合同的利息

1. 除法律另有规定或者当事人另有约定外，借用人应当按合同约定金额向出借人支付使用利息。

2. 根据借贷合同交付给借用人的，则按照合同约定的（货币或者种类物）范围和形

---

[1] 第 715 条经哈萨克斯坦共和国 2003 年 7 月 10 日第 483 号法律修订（从 2004 年 1 月生效）。

式来支付利息。

3. 支付利息的条件和期限，由借贷合同约定。

合同没有约定支付利息程序和条件的，则按月支付。

4. 借用人没有按时归还借贷的，则在整个借贷使用期间支付利息。

第 719 条　交付借贷标的

1. 根据合同约定的期限、数额和条件，交付借贷标的。

除合同另有约定外，在将借贷标的交付给借用人或者相应货币汇入其银行账户时，视为已经交付。

2. 借用人有权在合同约定交付期限之前通知出借人全部或者部分放弃借贷标的，但是法律另有规定或者合同另有约定的除外。

3. 交付种类物时，应当按照商品买卖合同（见本法第 406–492 条）所规定的、相应种类物的数量、种类、配套性、质量、容器或者包装等条件履行，但是合同另有约定的除外。

第 720 条　借贷用途

1. 除合同另有约定外，借贷视为非指定用途，由借用人来自行决定如何使用所收到的借贷标的。

2. 合同规定借用人只能将借贷标的用于特定用途（目标贷款）的，出借人有权监督用途，借用人应当确保出借人能够行使监督。

3. 违反本条第 2 款规定，借用人未按照出借人预期用途的，借用人有权拒绝履行合同未交付部分，并要求借用人提前归还贷款本金和利息。

第 721 条　确保借用人履行义务

1. 履行归还贷款本金和利息的义务，可以通过本法规定的方式进行担保。除法律另有规定或者当事人另有约定外，借用人应当向出借人提供确保还贷能力的担保。

2. 借用人违反归还贷款本金和利息的义务、损坏抵押品或者恶化其条件的，出借人有权拒绝继续履行合同未交付部分，并要求借用人提前归还贷款本金及其利息。

第 722 条　归还借贷标的

1. 借用人应当按照合同约定的程序和条件归还借贷标的。

除合同另有约定外，在将借贷标的交付给出借人或者将相应货币汇入出借人银行账户时，视为归还。

合同没有约定归还期限的，自出借人要求归还之日起 30 日内，借用人应当进行归还。

无偿借贷的，可以提前归还。有偿借贷的，经出借人同意可以依约提前归还。

除合同另有约定外，可随时提前支付利息。

2. 经出借人同意，借用人可以：根据借款合同，接受通用特征的种类物；根据种类物借贷合同，接受相应的货币债务。其价值由双方通过合同约定。

3. 合同约定部分归还借贷标的（分期付款）的，如果借用人超出了归还截止日期，出借人有权要求提前归还借贷标的的全部剩余部分以及应付利息。

4. 合同约定支付利息前提是及时归还贷款本金，而借用人违反了所约定支付期限的，出借人有权要求借用人提前归还贷款本金及其利息。

第 723 条　满足提前偿还贷款标的要求的期限

如果出借人根据第 720 条第 3 款、第 721 条第 2 款、第 722 条第 3 款和第 4 款规定提出提前偿还贷款标的的要求，则偿还贷款标的的新期限和根据贷款标的支付的利息应按照本法典第 722 条第 1 款的规则计算。

第 724 条　对借贷合同提出抗辩

1. 借用人有权对借贷合同提出抗辩，来证明借用人实际上并没有从出借人接受货币或者种类物，或者接受金额、数量少于合同约定。

2. 应当以书面形式订立借贷合同（见本法第 716 条），不得以证据对其进行抗辩，但是能够证明合同是在遭受欺诈、暴力、胁迫、恶意代理或者多重影响下（见本法第 159 条第 9 款和第 10 款）订立的除外。

第 725 条　借贷合同的义务变更

1. 经当事方协商一致，买卖交易、租赁财产或者其他事由产生的任何义务，都可以通过借贷合同正式订立。

2. 借贷合同中的义务，按照新要求履行（见本法第 372 条），并以借贷合同约定形式完成（见本法第 716 条）。

第 726 条　国家借贷合同

1. 根据国家借贷合同，借用人是国家，出借人是公民或者法人。

2. 国家借贷是自愿的。

3. 国家借贷合同，是由出借人为购买已发行政府债券及其他国库券（包括有纸化或者无纸化）而订立的，证明出借人有权从借用人收取金钱，或者根据贷款条件收取符合发行条件的其他等值财产、资金或者其他财产权。

4. 借用人应当以国库财产承担国家借贷合同所产生的义务。

5. 哈萨克斯坦共和国参与国家借贷关系的具体情形可以通过法律规定。

第 727 条　银行借贷合同[1]

1. 根据银行借贷合同，出借人承诺根据紧急性和还款条件将货币借贷给借用人。

2. 借贷合同有关规定，适用于本法第 728 条所规定的银行借贷合同。

第 728 条　银行借贷合同的特点[2]

银行借贷合同具有以下特点：

1）出借人是拥有国家机关授权许可证、以货币形式提供贷款的银行或者其他法人。

---

〔1〕 第 727 条经哈萨克斯坦共和国 2005 年 12 月 23 日第 107 号法律修订（生效程序见第 2 条）。

〔2〕 第 728 条经哈萨克斯坦共和国以下法律修订：2003 年 7 月 10 日第 483 号（自 2004 年 1 月 1 日起生效）；2005 年 12 月 23 日第 107 号（生效程序见第 2 条）；2007 年 2 月 19 日第 230 号（生效程序见第 2 条）。

2）合同标的是未付货币。除合同另有约定外，出现后者情况（见本法第 393 条第 1 款），合同视为自订立之日起生效。

3）合同应当以书面形式订立。不遵守书面形式的银行借贷合同无效。

4）根据哈萨克斯坦共和国 2005 年 12 月 23 日第 107 号法律删除（生效程序见第 107 号法律第 2 条）。

5）除银行法规定情形外，本法第 722 条第 2 款的规定不适用于银行借贷合同。

禁止银行发行以本行股份担保的贷款，或者贷款购买这些股份。

第三十七章　应收账款转让融资（保理）

第 729 条　应收账款转让融资合同（保理）

1. 根据应收账款转让融资合同，债权人将其现在或将来的基于其与债务人订立合同所产生的应收账款，转让或者承诺转让给保理人（提供保理服务的金融机构），由保理人向其提供资金融通。

对债务人的应收账款也可以由债权人转让给保理人，以确保债权人履行对保理人的义务。

2. 保理人根据应收账款转让融资合同所承担的义务，包括为客户保留统计记录、提交与应收账款有关文件（应收账款发票），以及向客户提供与该债权有关的其他金融服务。

3. 除本章另有规定外，本法确立的应收账款转让一般规则（见本法第 339—347 条），适用于应收账款转让融资。

第 730 条　应收账款转让融资合同的形式

应收账款转让融资合同，应当按照本法第 346 条所规定的要求，以书面形式订立。

第 731 条　应收账款转让融资目的

1. 受转让的融资标的，可以是现有的应收账款（现有债权），或者未来的应收账款（未来债权）。

受转让的应收账款，应当由债权人与保理人之间的合同中约定，即在订立合同时确定现有的应收账款；在应收账款发生之前确定未来的应收账款。

2. 除本合同另有约定外，现有的应收账款视为自合同订立之时起已转给保理人。

在转让未来的应收账款时，权利自债务人收取账款之后转给保理人，而债务人是合同所约定的债权转让对象。

转让应收账款是基于某一事由的，则在该事由发生后生效，在此情况下不需要对应收账款转让进行额外登记。

第 732 条　保理人的责任

1. 除合同另有约定外，应收账款作为转让标的无效的，债权人向保理人承担责任。

2. 应收账款是特许权对象的，若债权人有权转让应收账款，并且在转让时不知道债务人有权不予执行的，则认定有效。

3. 除债权人和保理人之间的合同另有约定外，由保理人进行履行的，债权人不应对债务人不履行或者不当履行债务承担责任。

第 733 条　禁止转让的无效性

即使债权人与债务人之间存在禁止或者限制转让应收账款的合同，向保理人转让应收账款仍然有效。

第 734 条　应收账款的后续转让

除应收账款转让融资合同另有约定外，禁止保理人对应收账款进行后续转让。

合同约定可以后续转让应收账款的，适用本章相应规定。

第 735 条　应收账款转让融资的执行

1. 债务人应当向保理人支付应收账款，条件是其已收到债权人或者保理人发出的、关于向该保理人转让应收账款的书面通知。

通知应当指明将要执行的应收账款，以及接受付款的保理人。

2. 应债务人请求，保理人应当在合理期间向债务人提供证据，证明向保理人转让的应收账款实际上已经发生。保理人没有履行这一义务的，债务人有权向债权人支付账款以履行其对后者的义务。

3. 债务人按照本条规定向保理人交付应收账款的，免除债务人对债权人的相应义务。

第 736 条　保理人从债务人收款的权利

1. 根据应收账款转让融资合同，债权人通过保理人购买应收账款来融资，保理人最后获得从债务人接收所有款项的权利。若收款金额低于保理人支付给债权人的金额，债权人对保理人不承担责任。

2. 如果向保理人转让应收账款是为确保债权人履行其对保理人的义务，除应收账款转让融资合同另有约定外，则保理人应当向债权人提供报告，并将债权人因转让应收账款而超额担保部分还给债权人。若保理人从债务人的收款少于债权人通过转让应收账款而对保理人承担义务的金额，则债权人应当对其余部分承担责任。

第 737 条　债务人的反诉

保理人要求债务人付款的，债务人可以按照本法第 370 条规定，根据与债权人签订的合同，在债务人收到将应收账款转让给保理人通知时，提出抵销其货币债权。

若债权人没有通知其存在对债务人的义务，保理人有权拒绝抵销。

第 738 条　保理人向债务人退款

1. 债权人违反与债务人约定合同义务的，如果债务人有权直接从债权人获得已支付款项，则无权要求保理人返还这些款项。

2. 债务人有权直接从债权人处获得转让款项，但是若证明债务人没有履行其对债权人为融资付款的义务，或者已经进行了这种融资，但知道债权人违反与应收账款转让融资有关的、对债务人的义务，保理人有权要求返还这些款项。

第 738-1 条　有价债券的转让〔1〕

有价债券转让融资的具体情形，由哈萨克斯坦共和国证券法规定。除《哈萨克斯坦共和国证券法》另有规定外，本章规定适用于有价债券交易。

第三十八章　银行服务

第一节　一般规定

第 739 条　银行服务合同

1. 根据银行服务合同，银行承诺为客户提供银行服务，客户承诺对这些服务付费，但是合同另有约定的除外。

2. 银行服务合同分为：

1）银行账户合同；

2）银行转账汇款合同；

3）银行存款合同；

4）法律或者当事人约定的其他类型合同。

3. 银行可以使用账户上的资金，保障客户自由处置资金的权利。

第 740 条　银行资金管理的限制〔2〕

1. 法人和公民在银行所持有的资金，只能由法院、公安侦查机关和司法侦查机关、民刑事案件执行机关，按照刑事诉讼法、民事诉讼法，遵照法定执行程序和事由进行扣押。

2. 法人和公民在银行冻结资金的期限，不得超过刑事诉讼法和民事诉讼法规定的办案期限。

3. 对公安侦查机关和司法调查机关冻结客户资金的决定，可以按照法律规定的程序向法院提起诉讼。

第 741 条　未经客户同意提取资金〔3〕

法人和公民在银行和从事某些类型银行业务的其他机构中持有的资金，只能根据已经生效的法院判决，哈萨克斯坦共和国税法、哈萨克斯坦共和国海关法和哈萨克斯坦共和国关于提供养恤金和强制性社会保险法的规定，在未经其同意的情况下提取。

第 742 条　提取客户资金的顺序〔4〕

1. 除法律另有规定外，客户在银行的资金足以满足所有要求的，按照收到客户或者

---

〔1〕 第 738-1 条经哈萨克斯坦共和国 2006 年 2 月 20 日第 127 号法律增补（生效程序见第 2 条）。

〔2〕 第 740 条经哈萨克斯坦共和国 2000 年 3 月 29 日第 42 号法律修订。

〔3〕 第 741 条经哈萨克斯坦共和国 2000 年 3 月 29 日第 42 号法律、2001 年 12 月 24 日第 276 号法律、2003 年 3 月 13 日第 394 号法律、2004 年 4 月 8 日第 542 号法律（自 2005 年 1 月 1 日起生效）、2006 年 6 月 22 日第 147 号法律修订。

〔4〕 第 742 条经哈萨克斯坦共和国以下法律修订：2000 年 3 月 29 日第 42 号；2003 年 3 月 13 日第 394 号；2003 年 7 月 9 日第 482 号；2004 年 4 月 8 日第 542 号（自 2005 年 1 月 1 日起生效）；2007 年 5 月 15 日第 253 号。

他人订单（订单日期）顺序进行资金提取。

2. 除哈萨克斯坦共和国法律规定情形外，若客户在银行的资金不足以满足下一次提取主张，则银行积累客户资金直至金额足以满足指定主张。如果对客户提出多项提取主张，银行应按照以下顺序提取客户的资金：

1）第一顺序：根据执行文件提取资金，以满足对生命和健康造成损害的赔偿要求以及支付扶养费；

2）第二顺序：根据执行文件提取资金，用于为根据合同工作的劳动者支付遣散费和工资、根据作者合同支付报酬；

3）第三顺序：根据客户预算支付文件提取资金；

4）第四顺序：根据其他应收账款执行文件；

5）第五顺序：按日期优先顺序满足客户其他提取主张。

对于一系列从银行取款的要求，应按照收到相关文件的时间顺序进行。

3. 客户法人被清算的，应当按照本法第 51 条所规定的顺序，清偿债权人的债权。

第 743 条　由从事某些类型银行业务的机构提供的银行服务〔1〕

从事某些类型银行业务的机构有权提供此类银行服务。

这些组织提供专业型银行服务，按照本法和哈萨克斯坦共和国法律规定的程序进行。

第 744 条　银行服务费用

客户根据银行服务合同条款和合同约定程序，为银行的服务支付费用。

第 745 条　银行保密

银行保证不披露银行秘密。

构成银行秘密的资料清单及其发布事由，由哈萨克斯坦共和国银行和银行业务法规定。

第 746 条　银行客户违反服务条款的责任〔2〕

在哈萨克斯坦共和国银行和银行业务法规定和服务合同约定范围内，专业银行和组织对与客户银行业务有关的违规行为承担责任。

第二节　银行账户

第 747 条　银行账户合同〔3〕

1. 根据银行账户合同，银行承诺接受客户资金、执行客户要求，将相应数额的资金转给客户或者第三人，并提供银行账户合同约定的服务。

根据银行账户合同，为客户或者客户指定的人分配客户个人识别码，以便按照双方约定条款核算客户在银行的资金。关于银行分配和注销客户个人识别码以及保存客户资金记

〔1〕第 743 条经哈萨克斯坦共和国 2005 年 12 月 23 日第 107 号法律修订（生效程序见第 2 条）。

〔2〕第 746 条经哈萨克斯坦共和国 2000 年 3 月 29 日第 42 号法律修订。

〔3〕第 747 条经哈萨克斯坦共和国 1999 年 11 月 29 日第 486 号法律修订。

录，由银行法规定。

2. 法人和公民自主选择银行服务，并有权与一家或几家银行签订银行账户合同。

3. 银行账户合同是公开合同，但是法律另有规定或者合同另有约定的除外。

第 748 条　银行账户合同形式

1. 银行账户合同应当以书面形式订立。

2. 不采取书面形式订立的银行账户合同无效。

第 749 条　客户资金的处置

1. 除法律另有规定或者银行账户合同另有约定外，银行应当根据客户的要求提取客户在银行持有的资金。

除法律另有规定或者银行账户合同另有约定外，否则银行无权自行决定和控制客户使用资金方向，或者对客户处置资金的权利施加其他限制。

2. 若资金是由公民存入的，则公民本人或者其委托人行使处置在银行存放资金的权利。

若资金是由法人存入的，则法人代表或者其授权他人行使处置在银行持有资金的权利。

3. 代表客户处理在银行持有资金人的权利，应当由客户向银行提交法律规定和合同约定的文件予以确认。

4. 银行账户合同应当约定处置银行存款的程序。这一程序要求由哈萨克斯坦共和国银行和银行业务法规定。

第 750 条　银行根据银行账户合同进行的业务

1. 根据银行账户合同，银行应当：

1）确保在客户要求下提示资金的可用性；

2）接受有利于客户收到的资金；

3）执行客户向第三人转账的订单；

4）对银行账户合同中有规定的，执行第三人提取客户资金的要求；

5）按照银行账户合同约定的程序，接受并支付客户的现金；

6）根据要求提交有关客户在银行资金数额和按照合同进行交易的信息；

7）根据银行业务适用的合同、法律和商业惯例，向客户提供其他银行服务。

2. 银行有义务接受为客户提供的款项，并提取或发放这些款项，最迟应在收到相关提示 3 日起第二天按照客户的个人识别码记录这些交易，除非立法文件和哈萨克斯坦共和国国家银行根据这些立法颁布的规范性法律文件另有规定。

第 751 条　使用费用〔1〕

支付银行费用，按照合同约定方式在银行持有资金中扣除。

---

〔1〕 第 751 条经哈萨克斯坦共和国 1999 年 11 月 29 日第 486 号法律修订。

第 752 条　终止银行账户合同

1. 银行账户合同应客户要求随时终止，但是法律另有规定或者当事人另有约定的除外。

2. 终止银行账户合同是取消客户个人识别码的依据。

3. 留存在银行的资金，支付给客户或者其指示的第三人。

第 753 条　银行账户

本章规定适用于银行账户，但是哈萨克斯坦共和国银行和银行业务法或者其他法律另有规定的除外。

第三节　转　账

第 754 条　银行转账汇款合同

1. 根据银行转账汇款合同，银行承诺代表客户将资金转移给第三人，而不向客户分配个人识别码。

2. 银行不向客户分配个人识别码的情况下，转账的程序由哈萨克斯坦共和国银行和银行业务法规定。

第 755 条　签订银行转账汇款合同

银行在客户要求提供此类银行服务时接受客户的，则不开立银行账户的转账合同视为已经订立，但是哈萨克斯坦共和国银行和银行业务法另有规定的除外。

第四节　银行存款

第 756 条　银行存款合同〔1〕

根据银行存款合同，一方（银行）承诺接受来自另一方（存款人）的资金（存款），按照银行存款合同约定的金额、程序支付报酬，并依照法律规定和合同约定的存款条款和程序返还资金（存款）。

对于每个类型的存款银行，为客户资金统计目的分配个人识别码。银行分配、取消个人识别码和保存客户资金记录的程序，由哈萨克斯坦共和国银行和银行业务法规定。

第 757 条　银行存款类型

1. 根据返还存款的条件，分为以下类型：

1）活期存款；

2）定期存款；

3）有条件存款。

2. 在存款人首次要求下，应当将活期存款全部或者部分返还。

定期存款是一定时间段的存款。

按照存款人要求，证明出资的文件可以以存款人名义，也可以指定第三人的名义形成。

〔1〕第 756 条经哈萨克斯坦共和国 2003 年 7 月 9 日第 482 号法律修订。

3. 定期存款是存款人要求在规定期限届满前返还的存款；有条件存款，是在银行存款合同规定情况发生之前，存款报酬按活期存款利息支付，但是银行存款合同另有约定的除外。

第 758 条　银行存款合同形式[1]

1. 签订银行存款合同，应当采取符合法律法规、哈萨克斯坦共和国国家银行监管法规定和银行业务惯例要求的书面形式。

2. 应存款人请求，存款证明文件可以以存款人名义或者第三人的名义形成。

3. 不遵守银行存款合同的书面形式，将导致合同无效。

第 759 条　银行存款合同的期限

1. 银行存款合同视为自银行收到存款本金之日起订立。

2. 活期银行存款合同是开放式的。

3. 对于定期存款，存款人没有要求返还到期后的存款的；对于有条件存款，银行存款合同所规定的返还存款有关情况发生后，存款人没有要求返还存款的银行存款合同视为以活期存款合同延展。

第 760 条　银行合同的利息[2]

1. 银行应按照银行存款合同约定支付存款利息。

2. 除银行存款合同另有约定外，银行无权单方面更改存款利息金额。

第 761 条　银行存款合同支付利息的规定

1. 银行应按照银行存款合同约定方式和金额支付银行存款利息。

2. 除银行存款合同另有约定外，银行存款利息应存款人要求，在每个季度末与存款本金分开支付利息，并且将在此期间无人认领的利息金额增为存款本金。

在返还存款时，应向存款人支付所有的利息。

3. 对于活期存款，存款人有权基于存款本金分别获得利息。

除存款合同另有约定外，对于定期存款，存款人有权在存款期满前基于其存款本金分别获得利息，之后存款额按银行活期存款利息重新计算；存款期满后，无论存款人是否要求取款，都有权全额领取其应得利息（见本法第 759 条第 3 款）。

对于有条件存款，存款人按照银行存款合同约定的程序，从存款金额中分别收取应得利息。

4. 应按存款返还规定的时间和形式支付利息（见本法第 765 条）。

5. 全额返还存款时，向存款人支付所有利息。

第 762 条　进行存款

1. 除银行存款合同另有约定外，存款人以现金和电汇进行存款。

---

〔1〕 第 758 条经哈萨克斯坦共和国 2007 年 1 月 12 日第 225 号法律修订（自正式公布之日起生效）。

〔2〕 第 760 条经哈萨克斯坦共和国 1999 年 11 月 29 日第 486 号法律修订。

2. 在进行活期存款时，存款人可以任何金额和任何频率分期付款。在此情况下，新收金额的利息根据银行在收款当日应得利息计算。

除银行存款合同另有约定外，对于定期存款和有条件存款，存款人以一次性付款形式存入资金。

第 763 条　第三人存款

存款还包括银行以存款人名义，存入源于第三人的资金，并提供有关个人识别码的必要信息。

第 764 条　为第三人利益的存款

1. 允许以第三人名义向银行进行存款。

为其利益进行存款的公民姓名（见本法第 15 条）或者法人名称（见本法第 38 条），是银行存款合同的基本要件。

未签订合同时已经死亡的公民或者当时不存在的法人存款的，则银行存款合同无效。

2. 第三人书面放弃存款人权利的，订立银行存款合同的人可以行使存款人对其存款的权利。

3. 当有条件存款是为第三人利益，只有在满足银行存款合同约定条件时，第三人才有权处置存款。在这些条件满足之前，第三人只能在存款人书面许可时才能处置存款。

存款条件应当以书面形式记录在银行存款合同中，并且不违反法律规定，不存在妨碍存款支付的任何歧义。

为了获得有条件存款，第三人应当向银行提交证明满足既定条件的文件。

如果第三人没有提供证明满足条件的文件，则为第三人利益进行有条件存款的人有权更改其设置的条件；如果第三人不履行在存款时既定条件或者在满足银行存款合同约定条件之前死亡的，则为第三人利益进行有条件存款的人可以处置存款。

4. 在与本条规定不矛盾的情况下，为第三人利益的合同规定（见本法第 391 条），适用于为第三人利益的银行存款合同。

第 765 条　返还银行存款[1]

1. 银行应在存款人首次要求返还存款时全部或者部分存款：

1）活期存款：收到存款人要求后；

2）定期存款：在银行存款合同约定期限届满时；

3）有条件存款：银行存款合同所规定的与返还存款有关情形发生时。

2. 存款人有权要求提前偿还定期存款。

在此情况下，银行应在不迟于收到存款人要求之日起 5 日内返还全部或者部分存款。

3. 对于有条件存款，存款人有权要求在银行存款合同所规定的与返还存款有关情形发生时返还存款。在此情况下，银行应当在本条第 2 款规定期限内返还全部或者部分存款。

4. 如果银行存款合同条款约定“禁止存款人在满足规定条件之前接收定期存款或者

[1] 第 765 条经哈萨克斯坦共和国 2000 年 3 月 29 日第 42 号法律修订。

有条件存款的权利”，则该条款无效。

5. 除法律规定、银行存款合同或者当事人之间的附加合同另有约定外，用外币存款应当以同种货币返还。

6. 如果银行不履行本条第 2 款和第 3 款所规定的、关于存款人提出返还全部或者部分存款的要求，应当继续按照银行存款合同约定条件支付利息。

本条规定不适用于担保存款人义务存入银行的、作为抵押物的存款。

第 766 条　确保返还银行存款

银行确保返还其收到存款所使用的手段和方法，由法律文件、哈萨克斯坦共和国国家银行监管法和银行存款合同进行规定。

第 767 条　实现银行存款业务操作的服务报酬

存款人按照合同约定条款，为实现银行存款业务操作的服务进行付费。

第三十九章　保　管

第一节　保管的一般规定

第 768 条　保管合同

1. 根据保管合同，保管人承诺存储托管人交付的保管物，并安全地归还该保管物。

2. 自交付保管物之时起，视为保管合同成立。

3. 本章规定不适用于对不动产的保管。

第 769 条　保管合同的订立

1. 保管人作为商业活动进行保管的，依照本章规定接收托管人交付的保管物并对其进行存储，可以根据合同承担义务。

2. 保管人按照合同承担接收保管义务的，无权要求交付保管。但是，未在合同约定期限内交付保管的，托管人应当承担赔偿因保管不善而造成的损失，但是法律另有规定或者合同另有约定的除外。

3. 在合理期间托管人宣布拒绝保管服务的，应当免除其不交付保管物的责任。

4. 除合同另有约定外，在合同约定期限内未交付保管物的，则免除保管人接收保管物的义务；未指定期限的，为自合同订立之日起满 30 日。

第 770 条　接收保管物的义务

除法律另有规定外，保管人作为商业活动进行保管的，在技术能力范围内无权拒绝接收保管物。在此情形下，保管合同视为公开合同（见本法第 387 条）。

第 771 条　识别保管物

1. 当保管物非专人使用的，保管物可以与其他托管人的同类和质量的保管物混合，并将相同种类和质量的保管物返还当事人。

2. 如果通过法律规定或者当事人之间的合同约定，当保管非专人使用的保管物，应当与相同种类和质量的保管物分开。

第 772 条　保管合同的形式

1. 保管合同应当以书面形式订立，除了将短期保管物放在车站、机场、机关、企业、剧院、博物馆、体育场馆、食堂等的储藏室和衣柜中，并由保管人发出存储号码、号牌和其他合法标志。

2. 如果保管人通过向托管人发出保管收据、收条、证明或其他文件来证明接收保管物，则视为遵守合同的书面形式。

3. 可以口头订立家庭服务形式的保管合同。

4. 对接收和归还保管物的托管人身份存在争议的，允许证人作证。

5. 在（火灾、洪水等）紧急情况下交付保管物的，在没有书面合同情况下，可以通过证人证言来证明，无论保管物价值如何。

第 773 条　保管期

1. 如果保管物是按需要或者未指定期限的，托管人有权在存储物存放期届满后（在此情况下通常如此），要求保管人返还保管物，但应给保管人提供足以接受保管物的合理期限。

2. 托管人有权随时要求保管人返还保管物，即使合同约定了不同的保管期限。除合同另有约定外，在此情况下，托管人应当赔偿保管人因提前终止义务而造成的损失。

第 774 条　向保管人支付报酬及偿还开支

1. 根据保管合同向保管人支付报酬，由双方合同进行约定。在法律规定情形下，报酬可以由定价、费率和价表决定。

2. 根据法律规定或者当事人之间的合同，可以进行无偿保管。无偿保管时，托管人应当偿还保管人为保存保管物而实际发生的费用。

3. 除法律规定或者合同另有约定外，保管报酬应当在保管结束时支付给保管人。如果按期限支付，则在每个期满时支付。合同约定保管期限届满之前终止保管的，则应当向保管人按比例支付部分报酬。

4. 在合同约定期限届满后，托管人没有收回保管物，应当向保管人支付相同数量保管物继续保管的费用。

5. 除合同另有约定外，保管费用包括在报酬中。特别费用不包括在报酬或者合同约定的费用中。

第 775 条　保管人确保保管物安全的责任

1. 保管人应当采取一切必要措施，以确保安全保管所交付的保管物。

2. 无偿保管的，保管人应当像对待自己的物品一样照管所接收的保管物。

3. 考虑保管物自然变质或者损失，应当在接收保管的条件下退还。

4. 保管人不得使用的保管物，但是合同约定为确保安全使用保管物是必要的除外。

5. 除合同另有约定外，保管人在返还保管物时，应当交付保管期间收到的成果和收入。

第 776 条　改变保管条件

1. 有必要改变保管合同约定保管条件的，保管人应当立即通知托管人并等待其答复。

2. 保管物存在损毁或者灭失危险的，保管人应当更改合同约定的保管方法和地点，而无须等待托管人的答复（见本条第 1 款）。

3. 如果保管物在保管过程中发生损坏或其他无法保证物品完整性的情况，且无法期望托管人会采取措施，则保管人有权处置该物品或其中一部分，以补偿其在保管和处置中发生的费用。

第 777 条　将保管物交付给第三人保管

1. 除法律规定或者合同另有约定外，未经托管人同意，保管人无权将保管物交付给第三人保管，但是为了托管人利益确有必要而且无法取得托管人同意的除外。保管人应当立即通知托管人。

2. 保管人应对其将保管物交付第三人保管的行为负责。

第 778 条　保管人未履行保管义务的责任

接收保管物损毁、短缺或者灭失的，保管人承担责任。如果能够证明保管物损毁、短缺或者灭失不是因其过错，则免除保管人责任。

第 779 条　商业保管人的责任

1. 只有因不可抗力或者保管物本身原因，或者托管人故意或者重大疏忽，造成保管物损毁、短缺或者灭失的，才能免除商业保管人责任。

2. 在合同约定到期日或者保管人根据本法第 773 条规定方式进行约定的期限届满时，托管人未取回保管物的，保管人只有在存在故意或者重大过失的情况下，才对保管物的损毁、短缺或者灭失承担责任。

第 780 条　保管人的责任范围

1. 保管人依照本法第 350 条规定，赔偿因保管物损毁、短缺或者灭失给托管人造成的损失，但是法律另有规定或者合同另有约定的除外。

2. 在交存时，保管人对合同或者其他书面文件中指定的物品进行评估的，保管人责任以评估金额为准。

3. 无偿保管的，应当赔偿因保管物的损毁、短缺或者灭失而给托管人造成的损失：

1）保管物灭失或者短缺的：保管物灭失或者短缺部分的价值；

2）保管物损坏的：价值下降部分金额。

4. 对于可以归因于保管人造成的损害，保管物质量发生很大变化，不能发挥原来用途的，则托管人有权拒绝接受保管物，并要求保管人赔偿保管费用和其他损失，但是法律另有规定或者当事人另有约定的除外。

第 781 条　违反取回保管物期限的后果

1. 在本法第 773 条所规定的期限届满后，托管人应当取回保管物。

2. 托管人拒绝取回其保管物的，保管人有权在通知满 1 个月后，以哈萨克斯坦共和国民事诉讼法规定的方式提出主张，但是法律另有规定或者合同另有约定的除外。

3. 从保管物卖价中减去应当支付给保管人的金额，所得余额应当转给托管人。

第 782 条　托管人造成的损害赔偿

在接收保管物时，保管人不知道也不应当知道保管物特性的，则托管人应当向保管人赔偿因此而造成的损失。

第 783 条　特别类型保管适用的总则

保管的一般规定适用于特别类型的保管，但是本法第 784—802 条或者其他法定类型保管规则另有规定的除外。

第二节　特别类型的保管

第 784 条　在典当行保管

1. 在典当行存放保管物，通过典当行发出个人保管收据来订立合同。

2. 对存放在典当行的保管物进行估价，应当按照当事人之间的合同，并参照相同种类和质量的保管物价格，而该价格通常根据收存交易的时间和地点进行调整。

3. 典当行应当为出典人的利益保管保管物，并以本条第 2 款评估金额为限。

第 785 条　无人认领的典当物品

1. 出典人拒绝取回典当物品的，典当行应当保留 3 个月。期限届满时，典当行可以按照本法第 781 条第 2 项规定的程序，将无人认领的典当物品出卖。

2. 从典当物品销售金额中，首先偿还典当行的保管费和其他款项，剩余金额由典当行在收到所有人出示保险柜收据后进行返还。

第 786 条　在银行保管贵重物品

1. 银行可以存放有价证券、贵金属、宝石、其他贵重物品和文件。

2. 在银行存放贵重物品的合同，由银行以保管人名义向托管人发出保管文件，保管文件是银行向托管人或者其代表返还所存放贵重物品的基础。

3. 使用银行私人保险箱（保险箱或单独储藏室）存放贵重物品的合同，可以通过银行采取措施接收所存放的贵重物品，并向托管人发放保险箱钥匙、托管人身份识别卡、能够证明持有人打开保险箱和接收贵重物品权利的其他标志或者文件来订立。

4. 除合同另有约定外，托管人有权随时从保险箱中收回贵重物品，返还处理存放的文件。银行有权记录托管人收回贵重物品的情况。

5. 当托管人从保险箱（包括暂时）收回部分贵重物品，银行负责贵重物品剩余部分的安全保管。

6. 本条关于在银行保险箱存放贵重物品的规定，不适用于银行按照财产租赁条款将私人保险箱（保险箱或单独储藏室）提供给他人使用的情况。

第 787 条　在运输组织的储藏室中保管

1. 运输组织管理的储藏室，应当接收旅客和其他公民的保管物进行保管，而无论其是否具有旅行证件。在运输组织存储室中保管的合同视为公开合同（见本法第387条）。

2. 为确认在存储室中的保管物已被接收（自动存储器除外），托管人将获得收据或者号牌。收据或者号牌丢失的，保管物将在出示保管物所有权证明后交付托管人。

3. 因存放在储藏室中的保管物损毁、短缺或者灭失，而使托管人遭受损失的，如果在存放时作过评估或者当事人约定赔偿数额，则应当在1日内向托管人支付赔偿金。

4. 保管物可以在特别规定或者当事人合同约定期限内存放。对于未在约定期限内收回保管物的，寄存处需要另行保存3个月。期限届满时，对无人认领的保管物可以出卖，并根据本法第781条分配销售所得。

第788条　在运输组织的衣柜中保管

1. 存放保管物时没有约定保管报酬的，则默认在运输组织的衣柜中保管是无偿的。

2. 接收保管物保管在衣柜中后，将发给托管人号牌或者其他标识，以确认收存保管物。

3. 存放在衣柜中并将号牌交付给持有人，并且保管人无须检查号牌持有人接收保管物的权限。然而，保管人对标识持有人的所有权有疑问的，有权延迟将保管物归还给标识持有人。

4. 即使托管人丢失了号牌，如果保管人不怀疑托管事实或者托管人能够证明，托管人也有权从衣柜中取出保管物。

第789条　在酒店保管

1. 除合同特别约定外，保管物损毁的，酒店作为保管人应当承担责任。但是由酒店住宿人存放的金钱、其他货币和有价证券发生损毁或者灭失，是因不可抗力、保管物本身、因本人或者陪同人员、访客过错造成的除外。

2. 酒店仅在接受保管的情况下，对现金、其他货币和有价证券的损失承担责任。

3. 酒店入住人员如果发现其财物损毁或者灭失的，应当立即通知酒店管理部门，否则免除酒店未尽到保管保管物的责任。

4. 不得免除酒店对于不保管入住人员财物的责任，即使酒店表明不承担这一责任。

5. 本条规定也适用保管于汽车旅馆、养老院、疗养院、宿舍和类似组织，以及用于保管客户的外衣、帽子和其他类似物品的专门地点。

第790条　对保管物（封存物）的争议

1. 根据抵押合同，两人以上对保管物权利有争议的，应当将争议物品交付第三人保管；第三人在解决争议后，应当将争议物品，退还给法院判决的或者所有争议人员的合意管制人。

2. 可以根据法院（司法扣押）判决，将争议保管物按扣押顺序交付存储。

司法扣押的保管人，可以是法院指定的人，也可以是争议各方一致同意确定的人。除法律另有规定外，这两种情况都应当征得保管人同意。

3. 动产和不动产均可按顺序保管。

第三节　仓储商品仓

第 791 条　商品仓

商品仓被视为以从事经营活动身份，实施物品仓储，提供与仓储有关服务的商业组织。

第 792 条　一般用途的商品仓

1. 如果根据法律规定，不属于可以从限定范围人处接收仓储物的仓库，则被视为一般用途的商品仓。

2. 一般用途的商品仓签订仓储合同，视为公开合同（见本法第 387 条）。

第 793 条　商品仓义务

1. 商品仓应当遵守仓储条件（制度）、仓储标准、技术条件、技术说明、仓储说明、特别类型仓储物的仓储规则，以及仓库特别规范文件的其他义务。

2. 在接受仓储时，商品仓应当自费检验仓储物。

3. 如果仓储物具有个性专属特征，商品仓应当为货主提供检验仓储物或者其样品的机会，采集样品并采取保证仓储物安全的必要措施。

4. 为保证仓储物安全而需要紧急改变仓储条件的，商品仓可以自行采取必要的紧急措施，并应当将所采取的措施通知货主。

5. 如果发现仓储物损坏，商品仓应当立即编制报告，并将商品仓地址通知货主。

第 794 条　货主对商品仓的义务

除合同另有约定外，在商品仓收存时，货主应当通知商品仓关于因仓储不当造成仓储物损毁、短缺或者故障的信息；而对于隐性损失，则应当在发现损失的通常必要期限内通知。货主没有在相应期限内通知仓储物损毁或者短缺的，商品仓对此不承担损失赔偿责任，但是损失是因其故意或者重大过失造成的除外。

第 795 条　商品仓报销费用

商品仓有权根据合同约定或者法律文件规定的费率，在为托管人利益进行额外操作（为仓储物投保、装卸仓储物、支付税费等）后，获得相应赔偿。此项权利由商品仓对仓储物的留置权进行保障。

第 796 条　商品仓拒绝仓储

托管人隐瞒仓储物危险性并可能造成重大损害的，仓库有权拒绝履行仓储合同。

第 797 条　仓库单据[1]

1. 商品仓可出具以下仓库单据，确认验收仓储物：

1）简仓单；

2）双仓单。

---

〔1〕 第 797 条经哈萨克斯坦共和国 2007 年 1 月 12 日第 225 号条法律修订（自正式公布之日起生效）。

1-1. 在哈萨克斯坦共和国法律规定情形下，食品仓应当签发简仓单或者双仓单，确认仓储物并非个性专属。

2. 简仓单和双仓单每一部分，都属于证券。

3. 简仓单和双仓单，都可以成为质押品。

第 798 条　简仓单

1. 简仓单应当向持有人签发。

2. 简仓单应当包含本法第 799 条第 2 款第 2 项、第 3 项、第 5 项、第 10 项所规定的信息，以及发给持有人的注意事项。

第 799 条　双仓单[1]

1. 双仓单由仓储证书和质押证书组成，其内容相同，必要时可彼此分离。

2. 双仓单每部分，应当包含以下信息：

1）双仓单对应部分的名称；

2）收存仓储物的仓库名称和地址；

3）当前仓库登记册中的仓单编号；

4）被接收仓储的公民姓名或者组织名称，以及仓储物所有者的住址（居住地）；

5）仓储物的名称和数量、仓储位置数量；

6）被接收仓储物的金额，但是法律另有规定的除外；

7）如果可以确定，写明仓储期限；

8）费用和支付程序；

9）仓单签发日期；

10）授权人签名和仓库印章。

哈萨克斯坦共和国法律可以对双仓单的形式和内容规定额外要求。

第 800 条　双仓单持有人的权利[2]

1. 双仓单持有人有权处置仓库中存放的全部仓储物。

2. 与质押证书分离的仓单持有人，有权处置仓储物；但在偿还根据质押证书发放的贷款之前，不得将仓储物从仓库取出。仓单持有人可以通过交付背书和移交文件本身，来交付仓储物的所有权，而无须移动仓储物。

3. 收到仓单及其附属质押证书的买受人，在背书下未与其分开，即成为未受质押仓储物的所有人。在购买没有担保证书的仓单时，假定仓储物所有权人以担保权作保。可以在仓库登记册中获得关于质押条款的信息（设定仓储物质押权的金额和期限），该登记册应当开放供有关各方审查。

4. 担保证书持有人，对根据本证书发放贷款金额范围内的仓储物及其报酬享有担保权。在为仓储物设立质押权时，应当在仓单上注明。

5. 买卖双方可以通过向受质人（债权人）或者仓库，支付质权担保的相应金额，将

---

〔1〕 第 799 条经哈萨克斯坦共和国 2007 年 1 月 12 日第 225 号法律修订（自正式公布之日起生效）。

〔2〕 第 800 条经哈萨克斯坦共和国 2007 年 1 月 12 日第 225 号法律修订（生效日期见官方公报）。

仓储物从质押权中解除，后者应当将仓储物交付给质押证书的合法持有人。

6. 质押证书持有人对质押担保的债权不同意的，有权按照法律规定，在债权担保期限内，出售根据质押证书质押给他的货物，并且优先于其他债权人主张自己的债权。收到金额不足的，质押证书持有人对未支付部分，可以向质押担保债权承担连带责任的所有背书人追回损失。

第 801 条　转移和质押仓单

可以凭背书一并或分开交付仓储证书与质押证书。

第 802 条　通过双仓单交付仓储物

1. 商品仓向仓储物持有人签发仓储证书和质押证书（双仓单），共同交换两种证书。

商品仓向没有质押证书但是已付款的仓单持有人发出仓储物，不得以其他方式换取仓储证书，并支付质押证书上的全部债务。

2. 仓储证书和质押证书的持有人，有权要求交付部分仓储物。与此同时，为了换取最初的证书，对仓库中剩余的货物，向持有人颁发新仓单。

3. 商品仓违反本条规定，向没有质押证书的仓库持有人发放仓储物，而尚未支付其债务金额的，则应当向质押证书持有人负责支付其全部到期债务。

第四十章　保　险

第 803 条　保险合同[1]

1. 根据保险合同，一方（投保人）承诺支付保险费，而另一方（保险人）承诺在保险事项发生时，在合同所约定保险金额范围内，向保险标的或者其他受益人支付一定数额的保险金。

2. 保险以保险合同为基础实施。

第 804 条　本法调整的保险关系

本法调整保险人与投保人、被保险人、受益人之间的关系。这些关系在订立和执行保险合同的过程中产生。

第 805 条　保险形式[2]

1. 保险形式如下：

1）根据义务的程度，分为强制保险和自愿保险；

2）根据保险的对象，分为人身保险和财产保险；

3）根据支付保险金，分为累计保险金额保险和非累计保险金额保险。

2. 为了许可保险活动，法律可以规定不同分类。

---

〔1〕第 803 条经哈萨克斯坦共和国 2000 年 12 月 18 日第 128 号法律、2006 年 7 月 5 日第 164 号法律修订（生效程序见第 2 条）。

〔2〕第 805 条经哈萨克斯坦共和国 2000 年 12 月 18 日第 128 号法律修订。

第 806 条　强制保险和自愿保险〔1〕

1. 强制保险，是根据法律要求进行的保险；除法律对强制保险另有规定的，其条款由当事人通过合同约定。

2. （根据 2007 年 5 月 7 日第 244 号法律删除）

3. 不得通过法律或者合同，强制公民承担人身健康保险。

强制保险费用应由投保人承担。

4. 强制保险的投保人，应当根据双方合同约定的条款，与保险人签订合同，但是法律对于规范此类型保险另有规定的除外。

5. 应当与获得许可证的保险人签订强制保险合同。签订强制保险合同的程序和条件，由规范强制性类型保险的法律规定，对上述保险人具有约束力，但是法律另有规定的除外。

6. 自愿保险，是按照当事人意志进行的保险。

自愿保险的类型、条件和程序，由当事人通过合同约定。

第 807 条　保险标的〔2〕

1. 保险标的亦称保险对象，即财产保险和人身保险的对象，可以是公民和法人的任何财产利益，其中包括：

1）公民生存到一定年龄或保险合同规定的时期、死亡、公民生活中发生某些事件；

2）因事故、疾病或者其他事件，对公民的生命和健康造成伤害；

3）占有、使用和处置财产；

4）补偿给他人造成的损失，其中包括承担违约责任。

强制保险的对象，由法律进行规定。

2. 不得对投保人的非法财产权益进行保险。

3. 保险标的为本条第 2 款所规定财产利益的，保险合同无效。

第 808 条　违反强制保险规定的后果〔3〕

1. 根据法律规定，强制保险利益相关人知道尚未投保的，有权起诉要求责任人投保。

2. 受保险人不履行保险义务，或者签订保险合同的条件与法定条件相比，使被保险人处境恶化的，在发生保险事故应当向被保险人支付保险金时，应以适当条件进行支付。

3. 根据法律应当担任投保人的主体，有权起诉要求按照本法第 806 条第 5 款依照法律规定签订保险合同负有保险义务但逃避的保险人。

4. 无论应当以被保险人身份进行保险的人，还是作为保险人的保险组织，逃避保险就应当承担法律所规定的责任。

---

〔1〕 第 806 条经哈萨克斯坦共和国 2007 年 5 月 7 日第 244 号法律修订。

〔2〕 第 807 条经哈萨克斯坦共和国以下法律修订：2006 年 2 月 20 日第 128 号（生效程序见第 2 条）；2007 年 5 月 7 日第 244 号。

〔3〕 第 808 条经哈萨克斯坦共和国 2000 年 12 月 18 日第 128 号法律修订。

第 809 条　人身保险和财产保险

1. 人身保险，包括人寿保险、健康保险、伤残保险、其他与公民人身有关的财产利益。

根据人身保险合同，投保人自己和合同中指定的被保险人，都可以进行保险。

2. 财产保险，包括财产和相关财产权益保险。

3. 为财产保险时，是对财产损毁、短缺或者灭失风险和本法第 115 条所规定的其他财产权益进行保险。

4. 投保人或者受益人对被保险财产没有保险利益的，财产保险合同无效。

5. 为民事责任保险时，是对因损害第三方的生命、健康或财产而产生的义务风险以及因合同而产生的义务进行保险。

第 809-1 条　累计保险〔1〕

1. 累计保险，是指在保险事故发生时（包括在保险合同规定期间或者保险合同所规定的其他事件期满后），应当根据保险事件进行先行赔付。

2. 非累计保险，是指只有发生具有概率性和随机性的保险事件时，才支付保险金的保险。

3. 年金保险合同，是指根据该保险合同，保险人应当在合同所约定期间，以有利于受益人的定期付款形式来支付保险金。

4. 累计保险合同，只能以个体保险形式订立。

5. 年金保险合同属于累计保险合同。

第 810 条　商业保险〔2〕

第 811 条〔3〕

第 812 条　民法保险合同约定的责任〔4〕

第 813 条　投保人〔5〕

1. 投保人，是指与保险人签订保险合同的人。

2. 投保人可以是法人和公民。

3. 无论自愿保险还是强制保险，投保人都可以自由选择保险人。

第 814 条　保险人〔6〕

保险人是进行保险的人，即负有在保险事故发生时，在合同所约定保险金额范围内，

〔1〕 第 809-1 条经哈萨克斯坦共和国 2006 年 2 月 20 日和 2000 年 12 月 18 日第 128 号法律补充和修订（生效程序见第 2 条）。

〔2〕 第 810 条经哈萨克斯坦共和国 2006 年 2 月 20 日第 128 号法律失效（生效程序见第 2 条）。

〔3〕 第 811 条经哈萨克斯坦共和国 2006 年 2 月 20 日第 128 号法律失效（生效程序见第 2 条）。

〔4〕 第 812 条经哈萨克斯坦共和国 2006 年 2 月 20 日第 128 号法律失效（生效程序见第 2 条）。

〔5〕 第 813 条经哈萨克斯坦共和国 2000 年 12 月 18 日第 128 号法律修订。

〔6〕 第 814 条经哈萨克斯坦共和国以下法律修订：2000 年 12 月 18 日第 128 号；2006 年 7 月 5 日第 164 号（生效程序见第 2 条）。

向投保人或合同指定的受益人支付保险金的责任。

保险人只能是注册为保险公司的，并根据哈萨克斯坦共和国互助保险法，拥有许可证并开展保险活动的法人或者互助保险公司。

第 815 条　被保险人〔1〕

1. 被保险人，是指对其进行保险的人。

除合同另有约定外，投保人是被保险人。

2. 法律可以为投保人施加为第三方投保的义务。自愿保险的投保人，可以在保险合同中指定第三方作为被保险人。在此情况下，保险标的或者是被保险人的人身或者相关利益（被保险人的人身保险），或者是被保险人的财产或者财产利益（被保险人的财产保险）。

当投保财产时，被保险人不是投保人的，应当是此财产的利益相关人。

3. 被保险人不是投保人，根据合同条款对其施加某些义务的，投保人应当获得被保险人同意才能订立合同。

对于强制保险以及团体非个人保险，无须经过第三人同意就可以签订将其作为被保险人的合同。

对于自愿保险，被保险人反对针对本人或者财产投保的，将导致无法签订合同；已经签订合同的，则进行解除。

4. 投保人应当为第三人投保的，第三人有权要求投保人就履行该义务情况进行报告，并在法定情形下获得其为被保险人的证明。

投保人未履行或者不当履行保障第三人利益的义务，第三人有权采取本法第 808 条第 1 款和第 2 款所规定的措施。

5. 被保险人是未成年人的，应当按照本法第 22-24 条规定行使自己的权利。

6. 订立有利于被保险人的合同，并不能免除投保人履行本合同的义务。

为第三人利益进行投保，费用由投保人承担。

7. 被保险人拒绝按照合同约定领取保险金的，投保人有权领取。

8. 被保险人不是投保人的，若被保险人死亡，而已签订的个人保险合同对此并未作出规定，则保险合同应当终止，但是法律规定或者合同约定更换被保险人的除外。

若被保险人死亡是保险合同约定的保险事故，则按照合同约定的条款执行。

被保险人不是投保人的，如果已订立财产保险合同，而被保险人死亡的，则经投保人同意，被保险人的权利义务和作为保险标的的被保险人财产权利，转移给该财产的继承人，但是法律另有规定或者当事人另有约定的除外。

被保险人死亡而投保人不同意变更被保险人，或者被保险人的继承人不同意接受保险合同所产生的权利和义务的，保险合同终止。

9. 在不与本条规定抵触的情况下，本法第 391 条的规定适用于有利于第三人（被保险人）的保险合同。

---

〔1〕 第 815 条经哈萨克斯坦共和国以下法律修订：2000 年 12 月 18 日第 128 号；2007 年 5 月 7 日第 244 号。

第 816 条　受益人[1]

1. 受益人，是指根据保险合同或者强制保险法，收取保险金的人。

受益人可以是法人或者自然人。

人身保险或者财产保险都可以指定受益人。

对于强制保险，受益人由规范此种类型的保险法规定；对于自愿保险，受益人由投保人指定。

2. 除强制保险法另有规定或者自愿保险合同另有约定外，受益人是投保人。

投保人不是被保险人的，则受益人应当是被保险人，或者经被保险人书面同意的人。

保险合同没有注明受益人的，推定受益人是被保险人。

3. （根据 2006 年 2 月 20 日第 128 号法律删除）。

4. （根据 2000 年 12 月 18 日第 128 号法律删除）。

5. 被保险人同时是受益人的，则受益人应当遵守本法第 815 条的规定。

6. 受益人不是被保险人的，如果受益人死亡或者放弃权利，则权利转移给投保人。

被保险人死亡的，产生本法第 815 条第 8 款所规定的后果。

7. 被保险人死亡是保险合同所约定保险事故的，无论被保险人是不是投保人，只要合同没有注明受益人，则受益人是被保险人的继承人。

8. 当保险事故发生时，受益人有权直接向保险人请求支付保险合同所约定的保险金。

9. 签订有利于受益人的合同，不能免除投保人履行本合同所规定的义务。

第 817 条　保险事故[2]

1. 保险事故，是指保险合同所约定的支付保险金的事件。

2. 对于强制保险，保险事故类型由强制保险法规定；对于自愿保险，保险事故类型经双方合意约定。

3. 被视为保险事故的事件，应当具有发生概率和随机性；但是累计保险金额合同可以约定的事件除外。

4. 投保人负责证明发生保险事故以及由此造成的损失。

第 818 条　保险费[3]

1. 保险费，是指投保人应当向保险人支付的金额。保险人接受了按照保险合同所约定金额向投保人（受益人）支付保险金的义务。

保险人向投保人所收取的保险费，归保险人所有。

2. 保险费金额由合同约定。强制保险的保险费金额，由法律规定。

支付保险费的条件和期限，由合同约定。对于强制保险则由法律规定。

3. 各方当事人在确定保险合同应支付保险费金额时，可以适用保险费率；根据每单

---

[1] 第 816 条经哈萨克斯坦共和国 2000 年 12 月 18 日第 128 号法律修订。

[2] 第 817 条经哈萨克斯坦共和国 2000 年 12 月 18 日第 128 号法律修订。

[3] 第 818 条经哈萨克斯坦共和国以下法律修订：2000 年 12 月 18 日第 128 号；2006 年 2 月 20 日第 128 号（生效程序见第 2 条）；2007 年 5 月 7 日第 244 号。

位保险金额确定所收取的保险费率时，同时考虑保险标的和保险风险的性质。

4. 合同可以约定以定期形式分期支付保险费。

5. 保险合同约定分期支付保险费的，可以约定在所规定期限内不支付定期保险费的后果，包括提前解除合同。

6. 保险事件发生在支付保险费之前的，如果逾期支付，保险人有权在确定保险金支付额时抵销逾期的保险费。

第 819 条　保险金额〔1〕

1. 保险金额，是指保险标的的被保险金额，其是保险人在保险事故发生时的最高责任金额。

2. 保险金额由合同约定。对于强制保险，保险金额不能低于法定金额。

3. 进行财产保险时，保险金额不得超过合同订立时的实际价值（保险价值）。

4. 当事人不得对保险合同所约定的财产价值提出异议，但保险人证明被投保人故意误导的除外。保险合同所约定的保险金额超过保险价值的，超过部分无效。

5. （根据 2006 年 2 月 20 日第 128 号法律删除）（生效程序见第 2 条）。

第 820 条　保险金〔2〕

1. 保险金是指保险人在保险事故发生时，或者累计保险合同约定期限届满时，在保险金额范围内向投保人（受益人）支付的价款。

除年金保险合同的保险金外，应一次性支付保险金。

2. 确定保险金数额的程序，由合同约定。对于强制保险，确定保险金数额的程序，由哈萨克斯坦共和国法律规定。

3. 支付保险金的条件和期限，由合同约定。

对于强制保险，可以由法律规定。

4. 对于财产和民事责任保险，保险金不得超过投保人（被保险人）因保险事故而发生的实际损害金额。

5. 应当向投保人（被保险人）支付人身保险的保险金，而不考虑向其应付的社保金额、根据其他保险合同规定以及损害赔偿的金额。

6. 财产保险合同条款可以规定以保险金限度内的实际损害赔偿代替保险金。

7. 保险人支付保险金时，有权抵销投保人应付的保险费。

8. 除强制保险法没有规定或者合同没有约定更高的赔偿金额外，保险人应当按照本法第 353 条的规定，承担逾期支付保险金的责任。

第 821 条　双重保险〔3〕

1. 双重（多重）保险，是指对于同一保险标的，由几个保险公司根据不同的独立合

---

〔1〕 第 819 条经哈萨克斯坦共和国以下法律修订：2000 年 12 月 18 日第 128 号；2006 年 2 月 20 日第 128 号（生效程序见第 2 条）。

〔2〕 第 820 条经哈萨克斯坦共和国以下法律修订：2000 年 12 月 18 日第 128 号；2006 年 2 月 20 日第 128 号（生效程序见第 2 条）。

〔3〕 第 821 条经哈萨克斯坦共和国 2000 年 12 月 18 日第 128 号法律修订。

同进行保险。

2. 对于双重财产保险，每个保险人在与其订立的合同范围内对投保人承担责任，但是投保人从所有保险公司收取的保险金总额不能超过实际损害金额。

在此情况下，投保人有权从任何一个保险公司获得保险金，其数额为与其签订合同所约定的保险金额。如果收取的保险金无法囊括实际损害，则投保人有权从另一家保险公司获得所受损失金额。

因所造成的损害由其他保险公司赔偿，全部或者部分免除保险金支付义务的保险公司，应当扣除所发生费用，向投保人返还相应部分的保险费。

3. 对于双重（多重）保险，每个保险公司独立履行其对投保人的保险义务，而不考虑其他保险人的义务。

第 822 条　团体保险〔1〕

1. 团体保险，是指一个保险合同同时为几个受益被保险人提供保障的保险。

2. 团体保险可以是人身保险或者财产保险，可以是个人保险或者涵盖某一类别的非个人保险。

对于非个人保险的，应当在保险合同中指定被保险人的范围，具体规定保险事件、对每个被保险人的后果以及应付保险金。

3. 用人单位对劳动者的集体保险，只能是人身保险。

第 823 条　共同保险〔2〕

1. 共同保险，是指多个保险人可以根据一个合同对保险标的联合承保。在此情况下，合同应当包含每个保险人对于权利和义务的约定份额。

合同没有界定每个保险公司的权利和义务，则其对投保人（受益人）支付保险金负有连带责任。

2. 对于大型或者特大型风险进行共同保险，共同保险公司可以基于共同保险合同，创设简单的合伙关系（保险池）。

3. 共同保险公司之间具有相应合同的，其中之一可以代表与投保人有关的所有共同保险人，仅在其份额内对投保人负责。

第 824 条　再保险〔3〕

1. 再保险，是指保险公司有权对保险人再投保，消除其向投保人履行全部或部分义务的风险。

2. 与再保险人签订再保险合同的保险人，仍然按照其签订的保险合同对投保人承担全部责任。

3. 再保险条件，根据哈萨克斯坦共和国法律规定，以及与再保险人之间的再保险合

〔1〕 第 822 条经哈萨克斯坦共和国 2000 年 12 月 18 日第 128 号法律修订。

〔2〕 第 823 条经哈萨克斯坦共和国 2000 年 12 月 18 日第 128 号法律修订。

〔3〕 第 824 条经哈萨克斯坦共和国以下法律修订：2003 年 7 月 10 日第 483 号（自 2004 年 1 月 1 日起生效）；2006 年 2 月 20 日第 128 号（生效程序见第 2 条）。

同进行约定。

再保险合同应当符合本法对保险合同的规定要求。在此情况下，主保险合同中的保险人，视为再保险合同中的投保人。

4. 为了组织再保险，再保险人可以在联合保险协议的基础上联合起来，形成简单的合伙关系（再保险池）。

5. 可以连续签订两个或者两个以上的再保险合同。

第 825 条　保险合同形式[1]

1. 保险合同应通过以下方式以书面形式订立：

1）由当事人签订保险合同；

2）投保人加入保险人单方面制定的标准条款和条件（保险规则），由保险人向投保人签发保险单；

3）（根据哈萨克斯坦共和国 2003 年 7 月 10 日第 483 号法律删除）（自 2004 年 1 月 1 日起生效）；

4）（根据 2006 年 2 月 20 日第 128 号法律删除）（生效程序见第 2 条）。

2. 强制保险合同的书面形式，由哈萨克斯坦共和国强制保险法律规定；自愿保险的，则由保险人制定或者双方合意约定。

3. 不采取书面形式的保险合同无效。

第 825-1 条　保险规则[2]

1. 保险规则由保险公司制定，并在哈萨克斯坦共和国法律规定情形下经授权的国家机关批准。特定类型保险的规则，应当符合本章要求。

2. 保险规则应包含：

1）保险标的列表；

2）确定保险金额的程序；

3）保险事故清单；

4）保险事故的排除和保险限制；

5）保险合同有效的期限和地点；

6）签订保险合同的程序；

7）当事人的权利和义务；

8）投保人在发生保险事故时的行动；

9）确认发生保险事故和损失金额的文件清单；

10）支付保险金的程序和条件；

11）作出支付或者拒绝支付保险金决定的期限；

12）保险合同终止的条件；

---

〔1〕第 825 条经哈萨克斯坦共和国以下法律修订：2000 年 12 月 18 日第 128 号；2003 年 7 月 1 日第 445 号；2003 年 7 月 10 日第 483 号（自 2004 年 1 月 1 日起生效）；2006 年 2 月 20 日第 128 号（生效程序见第 2 条）。

〔2〕第 825-1 条经哈萨克斯坦共和国以下法律修订：2000 年 12 月 18 日第 128 号；2003 年 7 月 10 日第 483 号（自 2004 年 1 月 1 日起生效）；2006 年 2 月 20 日第 128 号（生效程序见第 2 条）。

13）争议解决程序；

14）（根据 2006 年 2 月 20 日第 128 号法律删除）（生效程序见第 2 条）；

15）附加条款。

3. （根据 2003 年 7 月 10 日第 483 号法律删除）（自 2004 年 1 月 1 日起生效）。

4. 投保人和保险人之间的合同，以保险规则为基础，可以订立保险合同，规定保险合同订立时确定的附加条件。如果相同的附加条件重复三次以上，保险人应当根据法律规定的程序更改保险规则。

5. 如果更改了保险规则，保险人应当将这些更改提交授权的国家机关批准。

第 826 条　保险合同的内容[1]

1. 保险合同应当包含：

1）保险公司的名称、地点和银行信息；

2）被保险人（个人）的姓、名、父名（如有）和居住地；或者被保险人（法人）的名称、住所和银行信息；

3）保险标的的须知；

4）保险事故的说明；

5）支付保险金的数额、条件和期限；

6）支付保险费的数额、条件和期限；

7）签订合同的日期和有效期；

8）被保险人和受益人的信息，若其是保险关系的参与者；

9）合同（保险单）的号码和系列；

10）变更合同条款的事件和程序；

11）付款条件及赎回金额（累计保险）；

12）投保人的纳税号码（如有）、居住证明和产业；

13）若被保险人不是保险合同的投保人，则注明被保险人（受益人）的纳税号码（如有）、居住证明和产业；

14）保险金额、保险金和保险费的类型。

2. 经双方协议，可以在合同中列入其他条款。

2-1. 免赔额，是指保险人通过保险条款所规定的一定数额的损害免予赔偿。

免赔额，分为有条件的（非免赔额）和无条件的（免赔额）。

有条件免赔的，保险人对不超过免赔额的损害免予赔偿；但如果损害金额大于此金额，则应当全额赔偿。

无条件免赔的，在扣除既定金额后补偿所有的损害。

免赔额可以设定为保险金额的百分比，或者绝对金额。

3. 与法律所规定的条件相比，若保险合同包含使投保人状况恶化的条件，则适用法律所规定的规则。

---

[1] 第 826 条经哈萨克斯坦共和国以下法律修订：2000 年 12 月 18 日第 128 号；2006 年 2 月 20 日第 128 号（生效程序见第 2 条）；2007 年 1 月 12 日第 225 号（自正式公布之日起生效）。

4. 再保险人在再保险合同项下的责任期，必须与保险人在保险合同项下的责任期相对应，保险人义务转移给再保险人，但是再保险合同另有约定的除外。

5. 保险人对保险合同所规定条款的不完整负责。因保险合同个别条款不完整而引起争议的，应以有利于投保人利益的方式解决争议。本条款的条件不适用于再保险合同。

第 826-1 条　延期支付累计保险合同的保险费〔1〕

1. 投保人连续两次不遵守累计保险合同约定未按时支付保险费的，保险人应当在合同保险期限内通知投保人需要支付保险费。

2. 通知应当包含：

1）应当支付保险费的期限（保险费迟延日期）；

2）逾期支付保险费的违约金；

3）投保人在保险费迟延期内未缴纳保险费的，保险人有权单方面解除合同。

3. 保险费宽限期不少于 30 日。

4. 在累计保险合同的保险费延期内发生保险事故的，保险人应当在保留欠款的同时支付保险金。

5. 应以确保送达的方式通知投保人需要支付保险费的方式，可以确定发送通知。

第 826-2 条　恢复累计保险合同的效力〔2〕

1. 因投保人拖欠保险费，保险合同效力被中止或者终止的，保险人应在投保人支付保险费时恢复合同的效力：

1）（根据 2006 年 2 月 20 日第 128 号法律删除）（生效程序见第 2 条）；

2）逾期保险费；

3）本法第 353 条所规定逾期支付保险费的违约金。

2. 投保人有权在合同义务终止或中止履行之日起 1 年内，恢复累计保险合同的效力。

3. 恢复累计保险合同效力时，保险人有权对被保险人的健康状况进行体检。

被保险人健康状况恶化的，保险人有权重新计算保险金数额或者保险费。投保人拒绝根据新条件恢复合同效力的，则合同不能恢复。

4. 如果合同效力提前终止并且保险人支付了赎回金额，保险人有权拒绝恢复累计保险合同的效力。

第 826-3 条　通过签发一般保单合同的保险〔3〕

1. 根据投保人与保险人的合同，对不同批次的同质财产（商品、货物等）进行系统保险。在一定期限内，可以在一份保险合同的基础上，通过向投保人签发一般保单来进行保险。

2. 投保人应当就本条第 1 款合同所约定的每批财产，在合同约定期限内将信息通知保

---

〔1〕 第 826-1 条经哈萨克斯坦共和国以下法律修订：2000 年 12 月 18 日第 128 号；2006 年 2 月 20 日第 128 号（生效程序见第 2 条）。

〔2〕 第 826-2 条经哈萨克斯坦共和国以下法律修订：2000 年 12 月 18 日第 128 号；2006 年 2 月 20 日第 128 号（生效程序见第 2 条）。

〔3〕 第 826-3 条经哈萨克斯坦共和国 2000 年 12 月 18 日第 128 号法律增补。

险人；如果没有通知，应当在收到后立即通知。即使在收到此类信息时，保险人失去赔偿损失的可能性，投保人的这一义务也不能免除。

3. 根据投保人要求，保险人应当根据本条第 1 款所规定的合同，为单批财产发放保险单。

保险单的内容与一般保险单不一致的，以保险单为准。

第 827 条　保险合同的效力[1]

1. 自投保人支付保险费之时起，保险合同生效并对当事人具有约束力；分期付款的，为支付第一次保险费之时，但是强制保险法另有规定或者合同另有约定的除外。

2. 自第一次保险事故支付保险金之时起，保险合同终止，但强制保险法另有规定或者合同另有约定的除外。

3. 保险范围的有效期与合同期限一致，但是合同另有约定或者强制保险法另有规定的除外。

第 828 条　保险人的义务[2]

1. 保险人应当：

1）在保险事故发生时，按照保险合同或者法律规定的金额、程序和条件支付保险金；

1-1）向投保人介绍保险规则；

2）报销投保人（被保险人）为减少保险事故损失而产生的费用；

3）遵守保险秘密。

2. 关于保险活动的法律以及保险合同可以规定保险人的其他义务。

第 829 条　偿还旨在减少保险事故损失的费用[3]

1. 一旦发生财产保险合同所约定的保险事故，投保人（被保险人）应当在采取合理和可行措施的情况下，以避免或者减少可能的损失，包括采取保险财产的救助和保全措施。

在采取这些措施时，若保险人的指示已通知投保人（被保险人），投保人（被保险人）应当遵循保险人的指示。

2. 投保人（被保险人）为避免或者减少损失而发生费用的，且这些费用是必要的或者为遵守保险人的指示而发生，即使相应措施未能成功，保险人也应予以补偿。

这些费用按照实际金额报销，使支付保险金和赔偿费用总额不超过保险合同所规定的保险金额。因投保人（被保险人）履行保险人的指示而产生的费用，无论保险金额如何，保险人都应全额报销。

3. 如果投保人（被保险人）故意没有采取合理和可行措施来减少可能的损失，则免除保险人支付保险金的义务。

---

[1] 第 827 条经哈萨克斯坦共和国 2000 年 12 月 18 日第 128 号法律修订。

[2] 第 828 条经哈萨克斯坦共和国 2000 年 12 月 18 日第 128 号法律修订。

[3] 第 829 条经哈萨克斯坦共和国以下法律修订：2000 年 12 月 18 第 128 号；2003 年 7 月 1 日第 445 号。

第 830 条　保险秘密〔1〕

1. 保险秘密包括保险金额，赎金金额和已付保险费的金额，保险合同（再保险）中与投保人、被保险人或受益人身份有关的其他条款的信息。在清算过程中由保险（再保险）机构签订的保险（再保险）合同信息不属于保险秘密。

1-1. 强制保险法可以规定，构成披露保险秘密信息的其他条件和方法。

2. 保险市场的职业从业者、保险代理人，不得透露其因专业活动而获得的构成保险秘密的信息，但是给保险市场其他从业者或保险代理人提供与签订再保险合同或保险关系有关信息的除外。

3. 保险（再保险）组织的高管、劳动者、保险经纪人、保险代理人、其他因履行公务而能够获得构成保险秘密信息的人员，负责根据哈萨克斯坦共和国法律披露这些信息。

4. 在投保人（被保险人、受益人）书面同意的基础上，可以向第三人披露保险秘密。

5. 包含保险秘密的信息应提供给：

1）在经过公证授权基础上，提供给投保人代表（受益人）；

2）在刑事案件诉讼程序中，提供给侦查机关（公安机关等）和预审机关；

3）在法院审判程序中，提供给法院；

4）根据职权范围对检察材料进行检察的决议，提供给检察官；

5）与保险活动监管有关的问题，提供给授权国家机关；

6）根据哈萨克斯坦共和国强制保险法，提供给其他人。

6. 投保人、被保险人、受益人死亡的，应当向以下人员提供包含保险秘密的信息：

1）提供给继承人。

2）根据法院判决、法令、公证员盖章公证的书面申请，在继承案件诉讼程序的基础上，提供给法院和公证员。公证员盖章公证的书面申请应附上投保人的死亡证明副本。

3）提供给外国领事机构：关于正在审理的继承案件。

7. 保险活动的一般条款和条件、保险服务清单、保险费率、保险期限，以及保险（再保险）合同的其他基本条款，均是公开信息，不受保险秘密和商业秘密的约束。

8. 保险公司披露保险秘密信息的，投保人（被保险人、受益人）有权要求赔偿所造成的损失；而在适当情况下，有权要求赔偿精神损失。

第 831 条　投保人的义务〔2〕

1. 投保人应当：

1）按照保险合同所规定的金额、程序和期限支付保险费；

2）通知保险人有关保险风险的情况；

3）通知保险人发生保险事故的情况；

4）采取措施减少保险事件造成的损失（见本法第 829 条第 1 款）；

---

〔1〕 第 830 条经哈萨克斯坦共和国以下法律修订：2000 年 12 月 18 日第 128 号；2003 年 7 月 10 日第 483 号（自 2004 年 1 月 1 日起生效）；2004 年 2 月 27 日第 527 号（自 2004 年 4 月 1 日起生效）；2006 年 2 月 20 日第 128 号（生效程序见第 2 条）。

〔2〕 第 831 条经哈萨克斯坦共和国 2000 年 12 月 18 日第 128 号法律修订。

5）确保向保险人转让索赔权，向保险事故责任人索赔（见本法第 840 条）。

2. 保险合同也可以规定投保人的其他义务。

第 832 条　投保人在订立合同时提供如下资料[1]

1. 订立合同时，投保人应当将所知的对于确定发生保险事件的可能性以及可能损失金额（保险风险）至关重要的情况告知保险人，但是被保险人不知道并且不应当知道的除外。

在任何情况下，保险人制定的保险规则，或者保险人在订立合同期间给投保人的书面要求中的指定情况，视为是至关重要。

2. 投保人在未报告保险人问题的情况下签订保险合同的，保险人不得以投保人未报告有关情况为由，要求解除合同或者宣告合同无效。

3. 订立合同后，投保人发现保险人关于本条第 1 款所规定的明知虚假信息情况，保险人有权要求认定合同无效，并产生本法第 844 条第 1 款第 2 项和第 3 项所规定的后果。

投保人未提及情况消失的，保险人不得要求宣告合同无效。

第 833 条　保险风险和损害评估[2]

1. 保险人签订财产保险合同时，有权对被保险财产进行检查和评估，必要时有权委托专家进行检查，以确定实际价值。

保险人对受保财产和损害的评估是保险的组成部分，不需要额外的许可。

2. 在签订人身保险合同时，保险人有权对被保险人进行检查，以评估其实际健康状况。

3. 投保人根据本条对保险风险的评估，对有权证明不同情况的被保险人不具有约束力。

4. 因保险事故所造成的损害金额，由保险人根据投保人或者其代表的要求确定。如有必要，由评估人员（独立专家）评估所造成的损害金额。当事人不同意损害评估结果的，有权另行证明。

5. 对于强制保险，评估因保险事故造成损害金额的程序和条件，可以由哈萨克斯坦共和国法律规定。

第 834 条　在合同期限内增加保险风险的后果[3]

1. 在财产保险合同有效期内，保险合同签订时的情况发生重大变更，以至于显著增加保险风险的，投保人（被保险人）应当立即通知保险人。

在任何情况下，保险合同约定的变更，视为重大变更。

2. 保险人在被通知增加保险风险的情况下，有权要求更改合同条款或者支付与增加风险相称的额外保险费。

投保人或者被保险人反对变更保险合同条款或者增加保险费的，保险人有权按照本法

---

〔1〕 第 832 条经哈萨克斯坦共和国 2000 年 12 月 18 日第 128 号法律修订。

〔2〕 第 833 条经哈萨克斯坦共和国以下法律修订：2003 年 7 月 1 日第 445 号；2007 年 5 月 7 日第 244 号。

〔3〕 第 834 条经哈萨克斯坦共和国 2000 年 12 月 18 日第 128 号法律修订。

第24章的规定而解除合同。

3. 投保人或者被保险人未履行本条第1款所规定义务的，保险人有权要求解除合同，并赔偿因解除合同而造成的损失。

4. 导致保险风险增加情形消失的，保险人无权要求解除合同。

5. 对于人身保险，如果在合同中有明确规定在本条第2款和第3款所规定的合同有效期内保险风险发生变化的后果的，则发生保险风险变化的后果。

第835条　通知保险人发生保险事故[1]

1. 投保人意识到发生保险事故后，应当立即通知保险人或者其代表。如果合同约定或者哈萨克斯坦共和国强制保险法规定了通知期限或者方法，则应当在规定期限内，按照合同约定方式或者哈萨克斯坦共和国法律规定的方式进行通知。

投保人不是被保险人的，由被保险人承担此项通知义务。

对于人身保险，保险事故内容是被保险人死亡的，应当向保险人通知保险事故；而投保人同时是被保险人的，则也是受益人。在此情况下，合同约定的通知期限，不得少于30日。

2. 受益人在任何情况下有权通知保险人发生了保险事件，无论投保人或者被保险人是否已经通知。

3. 未将发生保险事件通知给保险人，致使其有权拒绝支付保险金的，除非能够证明保险人及时了解发生保险事件，或者保险人即使不了解保险事件也不影响其支付保险金的义务。

第836条　更换被保险人

1. 财产保险合同的投保人死亡，投保人的权利和义务按照继承顺序转让给接受财产的人。在所有权（或其他权利）转让的其他情况下，除非法律另有规定或合同另有约定，否则在保险人同意的情况下，投保人的权利和义务转让给新的所有人。

2. 投保人签订有利于被保险人的人身保险合同，则在被保险人同意的情况下，合同所约定的权利和义务应当转让给被保险人。被保险人无法履行保险合同所约定义务的，其权利和义务可以依照法律转让给履行保护其合法权益的人。

3. 投保人为法人而被重组的，在保险人同意的情况下，在保险合同有效期内，投保人在保险合同项下的权利和义务按照本法规定方式转让给相应的权利继受者。

第837条　变更被保险人[2]

1. 除合同另有约定外，根据保险合同的损害责任（见本法第811条），非投保人为被保险人的，则投保人有权在保险事故发生前的任何时间书面通知保险人，变更原被保险人。

2. 在人身保险或者财产保险合同中注明的被保险人不是投保人的，只有经被保险人本人（团体人身保险除外）和保险人同意，才能变更被保险人。

---

〔1〕 第835条经哈萨克斯坦共和国以下法律修订：2000年12月18日第128号；2003年7月1日第445号。

〔2〕 第837条经哈萨克斯坦共和国2000年12月18日第128号法律修订。

3. 第三方保险根据强制保险法要求而产生的，变更被保险人应按照法律规定的程序和根据此法签订的合同约定。

第 838 条　变更受益人〔1〕

1. 投保人有权在保险事件发生前以书面方式通知保险人，变更保险合同中指定的受益人（非被保险人）。

2. 在受益人履行了与投保人所约定保险合同项下的义务后，或者向保险人提出保险金索赔后，不得变更受益人。

3. 变更受益人（为被保险人）的，按照本法第 837 条规定的程序进行。

第 839 条　免除保险人支付保险金的理由〔2〕

1. 在下列情形下发生保险事件，保险人有权完全或部分拒绝向投保人支付保险金：

1）投保人、被保险人或者受益人存在故意造成或促使发生保险事故的行为，但是在防御和紧急情况下必须采取措施的除外；

2）投保人、被保险人或受益人的行为，根据法律规定的程序被认定为是与保险事件有因果关系的故意犯罪或行政违法行为。

若因保险人的过错而发生保险事故，不得免除保险人根据保险合同支付保险金的民事责任。

如果被保险人因自杀而死亡，并且此时保险合同已经生效至少 2 年，则不能免除保险人根据人身保险合同支付保险金的责任。

2. 自愿保险合同没有约定和强制保险法没有规定，因下列原因发生保险事故的，可以免除保险人支付保险金的责任：

1）核爆炸、核辐射或者放射性污染；

2）军事行动；

3）内战、任何形式的民众骚乱、大规模骚乱或者罢工。

3. 除财产保险合同另行规定外，因国家机关命令而扣押、没收、征用、毁坏保险财产而造成损失的，保险人免予支付保险金。

4. 可能构成保险人拒付保险费的事由如下：

1）投保人故意向保险人发出关于保险对象、保险风险、保险事件及其后果的虚假信息通知。

2）投保人故意不采取减少保险事件损失的措施（见本法第 829 条）。

3）投保人向造成损失的责任人收取财产保险损失的相应赔偿。

4）投保人阻止保险人调查保险事件情况并确定由此造成的损失金额。

5）未将发生保险事件通知给保险人（见本法第 835 条）。

6）被保险人放弃对发生保险事故的责任人提出索赔的权利，并且拒绝向保险人提供转移索赔权所需的文件（见本法第 840 条）。如果保险赔偿已经支付，保险人有权要求全

〔1〕 第 838 条经哈萨克斯坦共和国 2000 年 12 月 18 日第 128 号法律修订。

〔2〕 第 839 条经哈萨克斯坦共和国以下法律修订：2000 年 12 月 18 日第 128 号；2006 年 2 月 20 日第 128 号（生效程序见第 2 条）。

部或者部分返还。

7）法律规定的其他情形。

5. 以本条所规定的投保人不当行为为由，免除保险人对投保人的保险责任，同时免除保险人对被保险人或者受益人的保险赔付。

6. 保险合同的条款可以在不违反法律规定的前提下约定拒绝支付保险金的其他事由。

7. 保险人作出拒绝支付保险金的决定，应以书面形式通知投保人，并说明拒绝支付的理由。

8. 保险人拒绝支付保险金的，投保人可以向法院提起诉讼。

第 840 条　向保险人转让投保人的损失赔偿追索权（代位权）〔1〕

1. 除财产保险合同另有约定外，已支付保险金的保险人在已支付保险金数额内，获得投保人（被保险人）对保险损失责任人的索赔权。但是，排除向保险人转让对故意造成损失责任人的索赔权的合同无效。

2. 向保险人转让索赔权，由其按照投保人（被保险人）与保险损失责任人之间关系的规定行使。

3. 投保人（被保险人）在收到保险金后，应当将所有文件和证明转交给保险人，并向保险人提供索赔所需的信息。

4. 投保人（被保险人）放弃对保险损失责任人的索赔权，或者因投保人（被保险人）过错而不可能行使该权利，则免除保险人全部或部分支付保险金的责任，保险人有权要求返还多支付的保险金。

第 841 条　保险合同提前终止〔2〕

1. 除本法规定终止的一般事由外，在下列情况下，应当提前终止保险合同：

1）保险标的不复存在。

2）非投保人的被保险人，尚未变更时被保险人死亡的（见本法第 815 条第 8 款）。

3）若保险人反对变更投保人，而强制保险合同没有约定或法律没有另外规定（见本法第 836 条第 1 款），投保人出让财产保险对象的。

4）受保人在既定程序中，终止为自己的商业风险或者与此业务有关的民事义务进行保险业务活动。

5）发生保险事件的可能性消失，以及非因保险事件导致保险风险停止。在此情况下，自导致合同终止的事由发生时起，该合同视为解除，利害关系人应当将此情况立即通知对方。

6）关于保险人被强制清算的法院判决生效。与此同时，担保强制性保险支付的组织，按照哈萨克斯坦共和国法律规定方式和期限，履行保险合同所规定的义务。

7）授权机构允许保险人自愿清算的决定生效。

1-1. 自合同订立之日起第 14 日至第 30 日，投保人单方面终止累计保险合同的，保

---

〔1〕 第 840 条经哈萨克斯坦共和国 2000 年 12 月 18 日第 128 号法律修订。

〔2〕 第 841 条经哈萨克斯坦共和国以下法律修订：2003 年 7 月 10 日第 483 号（自 2004 年 1 月 1 日起生效）；2006 年 2 月 20 日第 128 号（生效程序见第 2 条）。

险人在扣除不超过累计保险合同20%的保险费后，应当将收到的保险费返还给投保人。

2. 投保人有权随时取消保险合同。

第 842 条　保险合同提前终止的后果〔1〕

1. 因本法第 841 条第 1 款所规定的情形，提前终止非累计保险合同的，保险人有权按照保险生效的时间比例获得一定比例的保险费。

因本法第 841 条第 1 款第 6 项、第 7 项所规定的情形，而提前终止累计保险合同的，应当按合同约定的金额返还保险费。

根据哈萨克斯坦共和国关于保险活动的法律，债权人在保险公司清算时按照债权人清偿顺序返还保险费（缴费）。

2. 除合同另有约定，投保人取消合同的（见本法第 841 条第 2 款），除发生本法第 841 条第 1 款、第 1-1 款所规定的情形外，向保险人支付的保险费不予返还。

3. 因保险人过错未履行保险金条款，而导致保险合同提前终止的，保险人应当将其支付的保险费全额返还给投保人。

第 843 条　保险合同无效〔2〕

1. 除本法所规定交易无效的一般事由外，发生下列情形，保险合同视为无效：

1）签订合同时，不存在保险标的；

2）保险标的是非法财产权益的（见本法第 807 条第 2 款）；

3）保险标的是根据已生效法院判决没收的财产，或者通过犯罪手段获得的财产，或者犯罪主体的财产；

4）当事人或至少投保人明知，没有可能发生的事件，在合同范围内必然发生的事件，被约定为保险事件的（见本法第 817 条第 3 款）；

5）在订立合同时（包括在保险事件发生后订立合同），投保人故意谋求非法利益的；

6）（根据 2006 年 2 月 20 日第 128 号法律删除）（生效程序见第 2 条）；

7）（根据 2006 年 2 月 20 日第 128 号法律删除）（生效程序见第 2 条）；

8）应当征得被保险人同意，而未征得被保险人同意的；

9）未遵守合同的书面形式的（见本法第 825 条第 3 款）。

2. 强制保险法可以规定某类保险合同无效的其他事由。

第 844 条　认定保险合同无效的后果〔3〕

1. 若保险合同无效，保险人应当将收到的保险费返还给投保人，投保人（受益人）应当将收到的保险金返还给保险人。

因投保人不法行为而导致合同无效的，保险人在合同订立时和执行过程中不知道也不应该知道，保险人应向投保人退还合同未到期的保险费，并扣除所产生的费用，若已支付

---

〔1〕 第 842 条经哈萨克斯坦共和国以下法律修订：2000 年 12 月 18 日第 128 号；2003 年 7 月 10 日第 483 号（自 2004 年 1 月 1 日起实施）；2006 年 2 月 20 日第 128 号（生效程序见第 2 条）。

〔2〕 第 843 条经哈萨克斯坦共和国 2006 年 2 月 20 日第 128 号法律修订（生效程序见第 2 条）。

〔3〕 第 844 条经哈萨克斯坦共和国 2000 年 12 月 18 日第 128 号法律修订。

保险金，则有权要求退还保险金。

保险合同因保险人拒付保险金而被宣布无效的，也会发生同样的后果（见本法第839条）。

2. 保险合同以实施犯罪为目的，则发生本法第157条第4—6款规定的后果。

第845条　相互保险〔1〕

1. 公民和法人可以通过在相互保险公司中合并必要的资金，在互助基础上为本法第807条第1款所规定的财产利益投保。

2. 相互保险公司为其成员的其他财产利益进行投保，并且是非营利组织。

相互保险的具体情况、相互保险公司的法律地位及其活动条件，根据本法和互助保险法确定。

3. 相互保险公司对其成员财产利益的保险，是在会员资格和保险合同的基础上进行的。

4. 在相互保险法规定的情况下，可以通过相互保险实施强制保险。

5. （根据2006年2月20日第128号法律删除）（生效程序见第2条）。

第四十一章　委　托

第846条　委托合同

1. 根据委托合同，一方（受托人）承诺代表另一方（委托人）实施某些法律行为。受托人实施行为的权利和义务，直接来自委托人。

2. 委托合同应当以书面形式订立。

第847条　按照委托人的指示实施代理

1. 受托人应当按照委托人的指示实施代理。委托人的指示应当具体、合法和可行。

2. 因案件情况，为委托人利益需要，而受托人以前没有要求或者没有收到委托人对其要求的及时答复时，受托人有权偏离委托人的指示。在此情况下，受托人应当尽快通知委托人行为的偏差。

3. 经当事人约定，商务代表可以免除本条第2款所规定的义务。

第848条　受托人的义务

受托人应当：

1）亲自执行委托；

2）通知委托人有关要求执行代理进度的所有信息；

3）及时将所有已完成任务交付委托人；

4）委托事项完成后，立即将尚未过期的委托书返还给委托人；委托性质需要的，及时提交附有证明文件的报告。

---

〔1〕 第845条经哈萨克斯坦共和国以下法律修订：2006年2月20日第128号（生效程序见第2条）；2006年7月5日第164号（生效程序见第2条）。

第 849 条　委托人的义务

1. 除合同另有约定外，委托人应当：

1）向受托人支付执行委托所需的报酬；

2）偿还受托人为执行委托所必需的费用。

2. 委托人应当及时接受受托人根据合同执行委托所做的一切。

3. 委托人应当根据本法第 850 条的规定，在执行委托时向受托人支付报酬。

第 850 条　委托合同的报酬

1. 根据法律规定或者合同约定，委托人应当向受托人支付报酬。

委托合同涉及双方或者一方当事人实施商业活动，委托人应当向受托人支付报酬，但是合同另有约定的除外。

2. 如果合同或者法律文件包含对履行合同报酬的指示，但是没有指定报酬金额，则根据这种服务的通常接受价格来确定。

3. 如果受托人证明其已经执行了所有相应的必要行动，但是并非因其过错而没有完成任务时，也应支付报酬。

第 851 条　转委托

1. 如果合同规定或者受托人因情势需要，为保护委托人利益，受托人有权将委托转让给他人（再受托人）。

2. 委托他人执行的受托人，应当立即通知委托人。委托人有权撤回受托人选择的再受托人，但是在合同中规定此类再受托人的除外。

3. 如果再受托人在合同中被规定，受托人对再受托人的业务行为不负责。

4. 如果合同中规定由副手处理案件，但又未指出副手姓名，则代理人对其副手的不当行为不负责任。

5. 如果合同没有规定再受托人的业务行为，则受托人对再受托人的行为负责。

第 852 条　委托合同的终止

1. 委托合同终止的一般事由如下：

1）委托人取消委托；

2）受托人明确拒绝；

3）主要受托人死亡或者成为无行为能力人、限制行为能力人。

2. 受托人不知道或者不应当知道委托合同终止，而根据委托人的指示采取行动，则委托人（其合法继承人）对第三方和受托人行为产生责任。

3. 合同没有约定更长期限的，作为企业的受托人终止合同的，应当提前 1 个月将合同终止情况通知对方。

第 853 条　合同终止的后果

1. 合同在受托人完全执行指令之前终止的，则委托人应当偿还在执行委托时所发生的受托费用；并且委托人获得盈利的，还应当按完成工作比例向受托人支付报酬。这条规定不适用于受托人在知道或者应当知道委托终止而继续执行委托的情况。

2. 除与作为企业的受托人终止合同外，委托人取消委托不构成赔偿因终止合同而给受托人造成损失的理由。

3. 受托人拒绝执行委托人的指令不构成赔偿因终止合同而给委托人造成损失的理由；但是委托人以其他方式丧失保障其利益的机会，以及作为企业的受托人终止合同的情况除外。

第 854 条　委托合同中的权利继受

1. 在受托人、继承人或者遗产管理人死亡时，应当将委托合同终止的情况通知委托人，并采取必要措施保护委托人的财产，特别是保存委托人的物品和文件，然后将其转移给委托人。

法人清算人是受托人的，也具有同样的义务。

2. 在法人重组时，应当根据本法第 48 条立即通知委托人。在此情况下，如果委托人没有在合理期间通知其撤销合同，则法人的权利和义务将转移给其法定继承人。

第四十二章　无因管理

第 855 条　无因管理的条件

1. 未受他人委托或者未经利害关系人同意，为防止他人的人身或者财产受损，为其履行义务或者维护其他相关利益，构成无因管理。无因管理人应当从委托人或者利害关系人（实际或者可能）的利益出发，根据必要情况，小心谨慎地行动。

2. 本章规定不适用于国家机关为他人利益而采取的行为，而这些行动是其活动目的之一。

第 856 条　将利他行为通知利害关系人

1. 无因管理行为人应当尽可能通知利害关系人，并在合理期限内等待关于允许或不允许采取行动的决定，但是等待对利害关系人不会造成严重损害的除外。

2. 如果在利害关系人在场情况下为其利益采取行动，则无须特别告知。

第 857 条　利害关系人同意无因管理的后果

如果无因管理行为人同意行动的委托，则委托合同或者与所采取行为性质相应的其他合同将适用于未来双方之间的关系，即使同意是口头的。

第 858 条　不赞成无因管理的后果

1. 无因管理行为人知道利害关系人不同意之后，无论是对实施行为人还是对第三人而言，都不要求承担最新义务。

2. 旨在防止危及人身安全的行为也可以违背当事人意愿，履行义务也可以违背责任人的意愿。

第 859 条　无因管理的损害赔偿

1. 根据本章规定，对于无因管理行为人产生的必要费用和其他实际损害，利害关系人应当进行补偿，但是本法第 858 条第 1 款规定行为引起费用的除外。

即使无因管理没有产生预期结果，也仍然有权获得必要费用补偿和其他实际损害赔偿。但是，防止他人财产损失的，赔偿金额不得超过财产价值。

2. 无因管理行为人在获得利害关系人同意后，对于采取行为所发生的费用和其他损失（见本法第 857 条），应当按照有关合同类型的规定予以赔偿。

第 860 条　无因管理的报酬

如果权利是由法律规定、与利害关系人的合同或者商业习惯约定，无因管理行为人为利害关系人产生积极的结果，有权获得报酬。

第 861 条　为他人利益进行交易的后果

为他人利益进行交易的义务转移给受益人，但是须经对方同意，或者在交易结束时知道或应该知道交易是为他人利益而订立的。

当交易下的义务转移给达成交易的人，该交易下的权利也应当转给后者。

第 862 条　无因管理产生的不当得利

不直接为他人利益的行为，包括犯错人认为此行为符合自己的利益，导致他人不当得利，则适用本法第 48 章的规定。

第 863 条　无因管理对造成损害的赔偿

无因管理对利害关系人或第三方造成损害的赔偿，按照本法第 47 章的规定处理。

第 864 条　无因管理行为人的报告

无因管理行为人应当向受益人提交报告、收入说明、所发生费用和其他损失。

第四十三章　代　理

第 865 条　代理合同

1. 根据代理合同，一方（代理人）承诺代表另一方（委托代理人）执行一项或者多项交易，费用由被代理人承担。

2. 代理合同应当以书面形式订立。

第 866 条　代理费用

委托代理人应当向代理人支付费用；而在本章第 868 条第 2 款所规定的情形下，还应当按合同约定金额支付额外费用。合同没有约定金额并且根据条款也不能确定的，则应当根据本法第 385 条第 3 款规定确定费用。

因不可抗力未能执行代理合同的，代理人保留取得代理费用，以及取得补偿所发生费用的权利。

第 867 条　代理人在与第三方交易中的权利和义务

1. 在与第三人进行代理交易中，即使委托代理人在交易中被指定或者与第三人建立直接业务关系，代理人仍然获得权利和义务。

2. 经委托代理人指示，代理人应当将交易项目下的权利转让给委托代理人，并将转让情况通知与其进行交易的第三人。第三人无权根据非源于本次交易的代理人要求提出反对意见。

第 868 条　执行代理

1. 代理人应当履行所有义务，并行使其与第三人为达成交易所产生的所有权利。

2. 代理人应当根据委托代理人的指示履行自己承担的任务；合同中没有此类指示的，根据商业惯例或者以对委托代理人最有利条件的其他要求。除合同另有约定外，如果代理人以优于委托代理人规定条件进行交易，则利益由双方均分。

3. 代理人不能因为第三方不履行与其的交易，而不承担对已付费的委托代理人的责任；除委托代理人在选择该人时未尽到必要的注意义务或承担了执行交易的责任（保信）。

4. 第三人不履行与代理人订立的交易，代理人应当立即通知委托代理人，同时收集并提供必要的证据。

5. 被通知关于第三人不履行与代理人订立的交易后，委托代理人有权要求将代理人的索赔转让给自己，以便进行交易。

第 869 条　共同代理

除合同另有约定外，代理人有权与他人订立共同代理合同，同时对共同代理人的行为负责。

根据共同代理合同，代理人根据与共同代理人的关系，取得对委托代理人的权利和义务，但是本法第 867 条第 2 款所规定的权利除外。

当法律规定只允许由特别授权人进行交易的，则只能与此人订立共同代理合同。

除委托代理人与代理人之间的合同另有约定外，在代理合同终止之前，委托代理人无权与共同代理人直接建立关系。

第 870 条　偏离被代理人的指示

1. 在本法第 847 条第 2 款规定的情形下，代理人有权偏离委托代理人的指示。

2. 以低于代理商定价格出售财产的代理人，应当补偿这笔差额。前提是其无法证明：没有机会以商定价格出售财产，已经警告以较低价格出售的损失很大，以及没有机会事先征得委托代理人同意其偏离的指示。

3. 代理人以高于商定价格购买资产，而委托代理人不同意购买的，则应当在收到与第三人交易的通知后，立即向代理人宣布。否则，视为委托代理人接受该购买。

代理人通知自己付费弥补价差的，委托代理人无权拒绝为其完成交易。

第 871 条　受托代理财产的权利

1. 受托代理财产，是指代理人从被代理人处取得的财产，或者委托代理人给代理人的费用。

2. 代理人有权在收到代理合同约定的费用之前扣留根据其达成交易转让给委托代理人或者第三方的财产。

第 872 条　代理人保留应付金额

代理人有权根据代理合同保留应付金额，由委托代理人账户支付。

第 873 条　代理人对代理财产损毁、短缺或灭失的责任

1. 代理人对任何遗漏导致其持有代理财产的损毁、短缺或灭失，对委托代理人负责。

2. 当代理人收到委托代理人寄来的财产或者代理人为委托代理人发送的财产时，此财产在外部检查时发现损坏或其他缺陷，或者如有人对代理财产造成损害，代理人应当采取措施保护委托代理人的权利，并收集必要的证据，及时将所有情况通知委托代理人。

3. 只有在委托代理人指令其为该财产投保，或者法律规定强制为该财产投保的，代理人才负责投保。

第 874 条　利己代理

1. 除委托代理人另有约定，代理人作为卖方交付必买货物，或者代理人作为买方接受必售货物，可以由代理人以此方式执行代理合同。

2. 作为卖方独立交付货物或者作为买方接受货物的代理人，有权定期获得代理费用，并可以开具发票以报销代理交易产生的费用。

第 875 条　委托代理人根据合同接受代理执行

委托代理人应当：

1）接受代理人按照合同所作的执行；

2）检查代理人为其购买的财产，并将发现的瑕疵立即通知后者；

3）免除代理人为执行代理而向第三人承担的义务。

第 876 条　偿还执行佣金的费用

1. 除支付代理费用外，委托代理人应当在相应情况下，偿还代理人执行佣金的费用。

2. 除法律另有规定或者当事人另有约定外，代理人无权就其持有委托代理人的财产要求委托代理人偿还保管费用。

第 877 条　委托代理人取消代理委托

委托代理人有权随时取消代理委托。在此情况下，应偿还代理人因取消代理而造成的损失。

除合同约定不同期限外，取消代理的委托代理人应当在取消之日起 1 个月内处置代理人持有的财产。如果委托代理人不履行义务，代理人有权返还保管财产，或者以最优惠的价格进行出售。

第 878 条　代理人拒绝执行代理

1. 除合同另有约定外，代理人无权拒绝执行已接受的代理，但是委托代理人违反义务，导致代理人无法按照委托代理人的指示执行代理，或者因委托代理人不负责的其他情况而导致无法执行代理。

代理人应当将拒绝情况书面通知委托代理人，并采取措施保护其所持有的代理财产。

除合同另有约定外，委托代理人被告知代理人拒绝执行指示的，应当在得知拒绝之日起1个月内处置代理人持有的财产。如果其不履行义务，代理人有权将财产留置，或者尽可能以最优惠的价格出售。

2. 代理人因委托代理人违反义务而拒绝执行指示的，有权要求获得代理酬金和返还所发生的费用。

第879条　终止代理合同

1. 委托代理人取消代理合同所约定的所有任务，代理合同将被终止。

2. 除一般事由外，代理合同基于以下原因终止：

1）代理人拒绝履行合同的；

2）代理人死亡、被认定为无行为能力人、限制行为能力人、失踪或者资不抵债（破产）的。

第880条　委托代理人有权取消未指定期限的合同

合同没有约定更长通知期限的，委托代理人有权在任何时候取消订立的代理合同，并且不迟于1个月前将拒绝通知代理人。

在此情况下，委托代理人应当向代理人支付合同终止前已进行交易的报酬，以及向代理人补偿合同终止前所发生的费用。

第881条　代理人有权取消未指定期限的合同

1. 合同没有约定更长通知期限的，代理人有权随时取消订立的代理合同，并在不迟于1个月前将拒绝通知委托代理人。

在此情况下，代理人应当采取措施保护代理财产。委托代理人应当有权处置代理人持有的财产，直到合同终止。如果其不履行此义务，代理人有权留置财产或者尽可能以最优惠的价格出售。

2. 取消合同的代理人，有权在合同终止时收取报酬和应付费用。

第882条　代理合同的权利继受

1. 法人重组的，代理人的权利和义务转给权利继受者，但是委托代理人在收到重组通知起1个月内终止合同的除外。

2. 委托代理的公民死亡、被认定为无行为能力人、限制行为能力人、失踪，以及委托代理的法人被清算的，代理人应当继续执行委托代理人给其的任务，直至收到委托代理人权利继受者或者代表的相应指示为止。

第四十四章　财产信托管理

第883条　财产信托管理的概念和事由[1]

1. 当设立信托财产管理时，受托人应以自己的名义管理对转移财产进行占有、使用

〔1〕 第883条经哈萨克斯坦共和国2007年1月12日第225号法律修订（自正式公布之日起生效）。

和处置，但是法律另有规定或者合同为受益人的利益另有约定的除外。

2. 财产信托管理设立的基础：

1）交易，特别是依据合同、指定遗嘱执行人（受托人）的遗嘱；

2）法律文件（在破产程序中任命破产或者重组经理，为被认定为无行为能力人、限制行为能力人、失踪或者已宣布死亡的公民保管财产，以及其他法定情况）；

3）行政文件（为未成年人、已死亡公民设立财产监护权；接纳企业家进行公共服务，以及法律文件规定的其他情况）。

第 884 条　财产信托管理的主体

1. 创始人可以是所有者和其他物权主体，或者授权将财产转给信托管理的主管机关。

2. 除法律另有规定外，受托人可以是任何主体。

只有在征得受托人的同意下，才能委派信托人。

3. 受益人（信托财产管理的利益相关人），可以是受托人以外的任何主体，以及国家或者行政区域单位。

4. 除法律另有规定或者信托管理财产合同另有约定外，受益人是信托管理财产的创始人。

第 885 条　财产信托管理的对象

1. 除法律另有规定外，信托管理的对象可以是任何财产，包括金钱、有价证券和财产权。

2. 受托人应将受托财产与其具有所有权（管理权、经营权）的财产分开统计。

3. 受托人在履职过程中获取或者收到的财产，应当列入信托财产。

4. 除本法第 1081 条所规定的情形以及资不抵债（破产）外，创始人不得对已交付信托管理财产的债务取消追索权。创始人不可以收集其转移到信托管理的财产的债务。创始人破产的，该财产的信托管理被终止，并且纳入破产财产中。

5. 将质押财产转给信托管理的，并不剥夺质押权人取消追索权的权利。

第 886 条　财产信托管理合同[1]

1. 根据财产信托管理合同，信托管理创始人将财产转给受托人进行信托管理，受托人承诺为创始人（受益人）的利益管理此财产。

在信托管理合同有效期内，财产信托管理创始人无权对信托财产采取任何行动，但是法律另有规定或者合同另有约定的除外。

2. 财产信托管理合同应当约定：

1）信托管理合同的标的和期限；

2）信托管理的财产组成；

3）受益人的说明；

4）受托人报告的期限和形式；

5）注明在信托管理合同终止时接受受托财产的主体。

---

〔1〕第 886 条经哈萨克斯坦共和国 2003 年 5 月 16 日第 416 号法律修订。

对于专门类型的合同，法律还可以规定其他重要条款。

合同也可规定其他条件，包括经理人的薪酬金额及形式。

合同应当约定，第三人对信托管理财产的权利。

3. 除法律另有规定或者合同另有约定外，财产信托管理合同的规则适用于因建立财产信托管理其他事由而产生的关系。

第 887 条　信托管理合同的形式

1. 信托管理合同应当采用书面形式订立。

2. 不动产信托管理合同按照不动产转让合同的约定形式和程序签订。

不遵守合同形式，或者没有进行不动产登记的合同无效。

第 888 条　受托人的权利和义务

1. 受托人有权对信托财产采取为妥善管理应做的任何行动。

受托人对信托财产的权利，受到财产信托管理法、合同或者其他财产信托管理法律的限制。

受托管理人只有在信托管理机构法令有直接规定的情况下，才有权转让和抵押不动产。

2. 受托人有权报销其在财产信托管理期间发生的必要费用，费用由创始人（受益人）出资，或者以信托财产支付，或者以使用信托财产收入支付。

如果财产信托管理机构法令有此规定，受托管理人有权获得报酬。

3. 受托人有权要求返还其他被非法占有的财产，并消除对其管理权的侵犯，即使这些侵犯行为与非法占有无关。

4. 受托人应当按照信托管理合同约定的期限和程序，向创始人和受益人提交业务报告。应创始人或者受益人的要求，受托人应当及时提交在其他情况下的业务报告。

5. 若参与交易的第三人知道或者应当知道限制，则受托人违反限制从事的交易有效。在此情况下，受托人根据合同和法律对创始人负责。

受托人超越授权或者违反限制进行交易的，则由受托人以自己的财产承担责任。

第 889 条　受托人提议转让信托

1. 受托人应当亲自履行财产信托管理。

2. 如果法律授权设立信托财产管理，或者为确保受益人的利益而必须采取措施，并且无法征得创始人同意的，受托人可以指定他人执行财产信托管理所需的行动。在此情况下，受托人对所选代理人的行为负责。

受托人应当尽快将转让信托通知给创始人。除法律另有规定外，在此情况下，创始人有权宣布终止财产信托管理，向受托人支付发生的必要费用；如果信托管理是商业活动的，则赔偿造成的损失。

第 890 条　受托经理人的责任

1. 财产管理不当的，创始人或者受益人可以起诉要求终止信托管理并赔偿损失。在此情况下，如果受托人不能证明其已采取一切相应履职措施，则推定受托人犯有不当管理的错误。

2. 受托人对财产管理不当造成损失的，应以自己的财产对第三人承担连带责任。

第 891 条　财产信托管理合同的终止

1. 终止财产信托管理合同以及义务的一般事由：

1）受托人死亡、被宣告死亡、被认定为无行为能力人或者限制行为能力人、失踪；受托法人受到清算。

2）因受托人无法亲自管理信托财产，而遭到受托人或者创始人拒绝。

3）如果合同约定，创始人拒绝履行合同，但是向受托人支付损失和报酬。

4）如果合同约定，未通知受托人将质押财产转移占有，并向其支付报酬的情况下，遭到受托人拒绝的。

2. 信托财产所有权的转让，并不终止财产信托管理。

3. 财产信托管理合同终止后，信托财产转移给合同中指定的人。

4. 创始人破产的，信托财产管理应当终止，并将信托财产纳入破产资产。

作为自然人的创始人死亡，则信托财产纳入遗产。

5. 合同由一方当事人主动终止的，除本条第 1 款、第 2 款和第 4 款规定情形外，应当至少提前 3 个月通知对方当事人，但是法律另有规定或者当事人另有约定的除外。

第 892 条　股份及其他有价证券的信托管理[1]

1. 受托人有权操作股票、其他证券、交付的信托管理财产，或者以取得受托财产为代价或者使用受托财产的收入。

2. 有关股权证券受托人的信息，应当反映在信托管理创始人的账户上。该账户由证券市场从业者，根据哈萨克斯坦共和国法律规定的程序开设。

3. 除财产信托管理法另有规定外，受托人管理委托其的股份：

1）参与股份公司的管理；

2）收取股票到期的股息，并将其转给受益人；

3）在股份公司清算时，收到股份到期财产，并根据合同将其转给受益人或者创始人；

4）执行股份转让和其他操作（包括抵押）。

4. 证券信托管理的具体规则，由哈萨克斯坦共和国法律规定。

第 893 条　投资基金的信托管理[2]

投资基金信托管理的具体规则根据哈萨克斯坦共和国投资基金法规定的条件和程序确定。

第 894 条　作为财产综合体的企业信托管理

除法律另有规定外，企业作为财产综合体的信托管理，按照财产信托管理法规定的方式进行。

第 895 条　公务财产的信托管理

公务财产用于商业活动的，按照法律规定的情形和方式转给信托管理部门。

---

〔1〕 第 892 条经哈萨克斯坦共和国 2003 年 5 月 16 日第 416 号法律修订。

〔2〕 第 893 条经哈萨克斯坦共和国 2004 年 7 月 7 日第 577 号法律修订。

第四十五章　特许经营

第 896 条　特许经营的概念

1. 根据特许经营合同，一方（许可人）承诺向另一方（被许可人）支付报酬，被授予专利权（特许经营权），其中特别包括使用许可人的品牌名称、受保护的经营信息，以及在被许可人业务活动中使用的其他专利权（商标、服务标志、专利等）。

2. 综合商业许可合同规定许可人在一定程度上（特别是设定最低或者最大使用量）使用特许经营、许可人的商业信誉和商业经验，在某业务领域销售从许可人处获得的商品或者实施其他商业活动的用户生产的货物、完成作品、提供服务。

3. 在商业活动某些领域适用特许经营的限制，由法律进行规定。

第 897 条　特许经营合同的形式

特许经营合同应当以书面形式订立。

第 898 条　许可人的义务

许可人应当将技术和商业文件转让给被许可人，并在合同规定的范围内，向被许可人提供行使权利所需的其他信息。根据合同向其授予，以及就与行使权利有关的问题为被许可人提供培训和咨询。

合同还可以规定许可人的其他义务。

第 899 条　被许可人的义务

除合同另有约定外，被许可人应当：

1）在实施合同约定的业务时，以合同约定方式使用特许经营；

2）允许许可人进入其生产区域，向其提供必要文件，并协助获得必要信息，以确保正确使用许可人所授予的专利权；

3）遵守许可人关于转让专利权的性质、方法和使用条件的所有指示和说明；

4）不得泄露许可的生产秘密、从许可人处获取的其他商业机密信息；

5）以明显方式告知买受人（客户），根据特许经营使用品牌名称、商标、服务标志或者其他特殊信息。

第 900 条　限制条件

1. 特许经营合同，可以规定限制性条件（独家专用），特别是：

1）许可人应在被许可人指定区域内，不发放其他类似特许经营；

2）被许可人就许可人使用专利权进行经营活动，在使用特许经营的区域内不与被许可人竞争；

3）被许可人拒绝从许可人的潜在竞争对手处获得其他特许经营；

4）被许可人应当与所在区域的许可人协调，用于行使合同授予的专利权。

2. 无效特许经营的限制条件：

1）许可人有权确定被许可人销售商品的价格，或者被许可人完成作品（服务）的价格，或者设定最高或者最低价格；

2）被许可人有权出卖商品、完成工作，或者专门给某类买受人（客户）提供服务，或者专门给合同确定所在区域（居住地）的买受人（客户）。

第 901 条　许可人对被许可人施加要求的义务

许可人根据特许经营合同，对被许可人销售（执行、提供）商品（工程、服务）的质量不合格，承担次要责任。

第 902 条　特许经营的分许可

1. 特许经营合同可以约定被许可人的权利，根据其与许可人商定条款或合同约定条款，允许全部或者部分授予他人专利权。

2. 在特许经营合同中，被许可人可以在一定时间内发布一定数量的分许可证，无论是否具体说明其使用范围。

3. 许可人和被许可人之间合同的主要规则适用于特许经营分许可证，但是特许经营分许可证具体内容另有规定的除外。

第 903 条　基于许可人和被许可人之间主合同的特许经营分许可

1. 特许经营分许可证的最长期限，不得超过许可人与被许可人之间主合同约定的期限。

2. 按照签订的所有特许经营许可证，终止特许经营合同。

3. 如果许可人与被许可人的主合同基于法定事由无效，则根据其订立的特许经营分许可证也无效。

第 904 条　许可人、被许可人和分许可人之间的关系

1. 除特许经营合同另有约定外，在其提前终止时，被许可人在特许经营分许可证下的权利和义务，应当转移给许可人。

2. 除特许经营合同另有约定外，分许可人的行为对许可人造成的损害，被许可人承担连带责任。

第 905 条　更改品牌名称时保持合同有效

如果许可人更改品牌名称，则特许经营许可证仍然有效，并适用于许可人的新品牌名称，但是被许可人要求终止合同并赔偿损害的除外。如果合同仍然有效，被许可人有权要求按比例减少向许可人支付报酬。

第 906 条　在转让一项或者多项专利权时，保留合同效力

在许可人转让一项或者多项专利权时，如果被许可人不要求终止合同和损害赔偿，特许经营合同仍然有效，并适用于许可人的新专利权，被许可人有权要求许可人按比例减少支付报酬。

第 907 条　终止转让使用专利权的后果

如果在特许经营许可证的有效期内，有的专利权已经过期，包括在根据特许经营合同中，或者这种权利因其他原因而停止，则合同继续有效，有关终止权利的规定除外。除合同另有约定外，被许可人有权要求按比例减少应付报酬。

第908条　解除特许经营合同

1. 约定有具体期限的特许经营合同可以根据本法的规定终止。

2. 合同一方当事人有权提前6个月通知对方解除特许经营的无具体期限合同，但是合同约定更长通知期的除外。

第909条　特许经营合同中的权利继受

1. 将特许经营中包含的任何单独的排他性权利转让给他人，不构成更改或终止合同的理由。新的权利人订立合同，内容包含与转让专利权有关的权利和义务。

2. 公民许可人死亡的，其权利和义务根据特许经营许可证转给继承人，前提是后者在开始继承之日起6个月内注册为企业。否则，合同终止。

在继承人继承相关权利和义务之前，或者在继承人注册为企业之前，由公证员根据既定程序指示受托人进行特许经营。

第四十六章　竞　标

第910条　竞标的内容[1]

1. 本章规定公开承诺奖金而引起的竞赛，以及哈萨克斯坦共和国法律规定的投标、拍卖和其他形式引起的竞标。

竞标也可由哈萨克斯坦共和国其他法律调整。

2. 在竞标中，根据确定的标的物和竞标初始条件提出要约，向非特定人提出参加竞标的要约，并承诺向竞标获胜者支付约定报酬或者签订与竞标内容有关的合同。

3. 关于参加竞标的要约，可以由竞标发起人直接或者通过中间人（竞标组织者）提出。

中间人的权利和义务通过其与竞标发起人的合同进行约定。

4. 竞标可以是开放的，当竞标发起人建议参加竞标，通过新闻和其他大众媒体公布，或者竞标发起人选择在特定人范围内通过闭环报价投标。

5. 当竞标发起人对投标人进行初步甄选时，可以投标人初步资格为条件公开选拔。

第911条　公开承诺奖金

1. 对于公开承诺以货币或者其他形式支付奖金的，任何获得最佳工作表现或者取得其他成果的人，都应当根据竞赛条款享受被认定为获胜者的权利。

2. 公众承诺的奖金，应当包含有关条件、任务实质、提交成果的标准和程序、奖金数额和形式、公布结果的条件和期限等。

3. 应当在承诺期限内，作出履行支付奖金的决定。

4. 科学、文学、艺术作品竞赛的组织者，除支付公开承诺的奖金外，还取得与创作

〔1〕 第910条经哈萨克斯坦共和国2002年5月21日第323号法律修订。

者订立使用合同的优先权。

5. 除竞赛条款另有约定外，公开承诺支付奖金的人应当将未获得奖金的作品返还给其创作者。

第 912 条　取消公开承诺的奖金

1. 公开承诺支付奖金的人，有权以同样的形式取消这一承诺；但是公告本身规定或者暗示不可以取消，或者执行行动已经持续一段时间，或者至少一名被取消奖金者已执行公告中所规定行动的除外。

2. 取消对奖金的公开承诺，并不免除承诺人偿还已执行人因履行公告所规定的行动而产生的费用。在任何情况下，补偿金额不得超过公告中所规定的奖金。

第 913 条　彩票、抽奖和其他游戏的规定

1. 国家、当地行政单位或者获得国家机构授权许可的人，与游戏参与者之间在彩票、抽奖和其他风险游戏的关系，以合同为基础。通过签发彩票、收据或者其他证明来履行合同，并且从参与者支付彩票或者其他游戏的费用时起，合同视为已经订立。

2. 根据彩票、抽奖或者其他游戏条款，获奖者应当由游戏发起者（组织者），按游戏条款所规定的金额、形式（货币或者实物）、条款进行支付。

3. 游戏发起者（组织者）未履行本条第 2 款所规定义务的，则中奖者、参与抽奖或者其他游戏的人有权要求支付奖金，以及赔偿给其造成的损失。

第 914 条　有关进行游戏、抽奖及参与游戏的规定

公民和法人组织或者参与赌博（赌博和博彩）或者其他具有赌博性质的风险游戏，其索赔不受法律保护；但是基于本法第 913 条规定产生索赔的除外。

第 915 条　招标

1. 以招标形式进行竞标的情况下，发起人（组织者）承诺（作为出卖人、买受人、客户、承包人、出租人、承租人等）订立合同，与招标人共同为投标人提供最佳合同条款。

2. 投标人应当在招标条款规定期限内，将投标书连同其规定的全部文件，以书面形式送交招标发起人或者招标组织者。招标条款可以通过密封信封随时发送建议书来规定。

如果发起人或者组织者没有以书面形式通知此人参加招标，超过提交建议书的截止日期，则需要将超期的人从投标人名单排除。

3. 中标者由招标发起人或其设立的招标委员会以非公开方式或者根据招标条款以公开方式从投标者中选出。

4. 如果参加投标的人不足两人，或者投标人建议书不符合投标条件的，发起人可以宣布投标无效。

5. 发起者与投标获胜者签订相应的合同。如果招标发起人拒绝与中标者签订相应的合同，招标获胜者有权追回给他造成的损失。

6. 投标条款可以规定由每个投标人支付担保费，担保费在总结投标结果后退还给参与者。投标人在投标期限届满前拒绝要约或更改要约的，则担保费不予返还。

若中标者拒绝以符合中标人报价的条件与招标人签订相应的合同，则不将担保费返还给中标人。

第 916 条　拍卖

1. 在以拍卖形式的竞标中，出卖人承诺将拍卖标的出卖给出价最高的拍卖参与者。

2. 拍卖可以在出卖人宣布价格上进行增减。

3. 以较低价格进行的拍卖，可以规定物品出售的最低价格。

4. 拍卖标的，可以是未退出民事流通的任何动产或不动产，包括知识产权、合同、包括进出口配额和许可证在内的财产权。

5. 参加拍卖的邀请书，应当包含有关拍卖标的、进行地点和时间的信息。

6. 除拍卖条款另有规定外，参加拍卖的人应当在拍卖前提出参加拍卖的申请，并缴纳规定的担保费。

7. 拍卖需要在两名及其两名以上的参与者（买家）参与拍卖的情况下进行。

8. 如果没有任何参与者愿意购买拍卖品，则可以降价或者将拍卖品从本次拍卖中删除。

9. 除拍卖条款另有规定外，应与对拍卖标的出价最高的拍卖参与者订立合同。

10. 当买受人拒绝订立本条第 9 款所规定的合同，则将其排除在拍卖之外，并且不返还担保费，买受人拒买的拍卖物可以再次拍卖。

11. 参加拍卖但是没有购买任何拍卖品的人，其担保费将予以返还。

购买拍卖品的人，其担保费将用于支付购买价款。

第四十七章　损害赔偿责任

第一节　一般规定

第 917 条　损害赔偿责任的一般事由

1. 违法作为（或者不作为）对公民和法人的财产、非财产权益造成损害的，应当由致损人全额赔偿。

法律可以规定与损害结果没有直接因果关系的行为人承担损害赔偿责任，并且可以规定更高的赔偿数额。

2. 除本法规定情形外，致损人能够证明损害不是因其过错造成的，应当免于赔偿。

3. 在本法和其他法定情形下，因合法行为造成损害的，仍然应予以赔偿。

第 918 条　致损预防

1. 可能存在未来致损的风险可以构成禁止可能致损行为的理由。

2. 如果致损企业、建筑或者其他工业经营活动，可能继续致损或者造成新损害，法院除判决赔偿损害外，还可以责令被告终止有关活动。

如果终止有关活动违反公共利益，法院可以拒绝终止请求。不终止此种活动，并不剥夺受害人就活动致损获得赔偿的权利。

第 919 条　正当防卫致损

在正当防卫状态下致损，没有超过必要限度的，无须赔偿。

第 920 条　在紧急状态下的致损

在特别必要情况下所造成的损害，即为了消除威胁致损人本人或他人的危险，如果在这种情况下无法以其他方式消除这种危险，则必须由致损人赔偿所造成的损害。

鉴于受损情形，法院可以要求造成损害的人或为其利益行事的第三人或该第三人和造成损害的人按比例承担赔偿义务，以及免除第三人和致损人对损害的全部或部分赔偿。

第 921 条　法人或者自然人对其劳动者致损的赔偿责任[1]

1. 法人或者自然人应当补偿劳动者在履行劳动职责（工作职责、公务职责）时所受到的伤害。

2. 根据劳动合同和民事合同从事劳动的劳动者，如果按照或者应当按照用人单位指示，并在负责劳动生产安全的相关法人或者自然人的控制下从事劳动，则适用本法关于损害赔偿责任的规定。

合伙企业、股份制公司和生产合作社，对其劳动者在从事本单位业务、生产或者其他活动时所受到的损害进行赔偿。

第 922 条　国家机关、地方自治机构及其工作人员致损的赔偿责任

1. 因国家机关发布不符合法律的行为而造成损害，应当根据法院判决予以赔偿，而不论发布机关和工作人员是否存在过错。损害赔偿费用由国库支付，由财政部、金融机构、其他授权机构、公民代表进行赔偿。

2. 地方自治机构应当对其自身及其工作人员的致损行为承担责任。

3. 从事行政管理的国家机关和工作人员，其非法作为或者不作为致损的，应当在一般规定（见本法第 917 条）基础上，由这些机关出资进行补偿。补偿金额不足的，则由国库代为补偿。

第 923 条　侦查机关、预审机关、检察机关和法院的非法行为致损的赔偿责任

1. 非法实施训诫、刑事起诉、拘留、监禁、扣押、逮捕等强制措施或者劳动教养等行政处罚、非法关押在精神病院或者其他医疗机构而造成损害的，不论侦查、预审、检察、审判机关工作人员是否存在过错，国家都应当按照法律规定方式，对给公民造成的损害进行全额赔偿。

2. 因侦查、预审、检察、审判机关公务员的其他非法活动，对公民或者法人造成损害的，应当根据本法第 922 条所规定的事由和方式予以赔偿。

3. 法官和法院其他工作人员非法作为或者不作为，在司法中行使公权力造成损害的，除本条第 1 款规定情形，应当根据一般事由并按照本法第 922 条第 3 款规定程序予以赔偿。

---

〔1〕 第 921 条经哈萨克斯坦共和国 2007 年 5 月 15 日第 253 号法律修订。

第 924 条　对被保险人损害的赔偿责任

对进行了自愿保险或者按照强制保险责任投保的法人或者自然人，若其保险金额不足以全额赔偿所造成损害的，还应当赔偿保险金额与实际损害之间的差额。

第 925 条　14 周岁以下未成年人致损的赔偿责任

1. 父母（养父母）和监护人对未满 14 周岁未成年人造成的损害进行赔偿，但是能证明伤害不是由其过错造成的除外。

2. 在有关教育、医疗、社保或者其他类似机构的需要监护的未成年人，机构依法成为其监护人的，机构应当对未成年人造成的损害进行赔偿，但是能证明损害不是由其过错造成的除外。

3. 未成年人在应当对其监护的教育、医疗、社保或者其他机构，以及在合同约定监护人的监护之下造成伤害的，这些机构和监护人应当对造成的伤害进行赔偿，但是能证明损害不是由其监督过错造成的除外。

4. 父母（养父母）、监护人、教育、医疗、社保和其他机构进行监护，在未成年人达到成年年龄或者收到足以补偿损害的财产时，损害赔偿义务并不终止。

父母（养父母）、监护人死亡，或者本条第 3 款列举的其他自然人没有足够资金赔偿对受害人生命健康所造成的损害，而行为人本人已经有完全行为能力的，法院应当考虑受害人和行为人具有因果关系的财产状况以及其他情况，决定全部或部分损害赔偿。

第 926 条　14—18 周岁未成年人致损的责任〔1〕

1. 14—18 周岁未成年人对基于一般理由所造成的损害，独立承担赔偿责任。

2. 14—18 周岁未成年人没有足够财产或者其他收入来源赔偿损害，则应当由其父母（养父母）或者监护人对全部或者不足部分进行赔偿，但是能证明损害不是由其过错造成的除外。

14—18 周岁并且在有关教育、医疗、社保或者其他类似机构接受监护，机构依法成为其监护人的，机构应当对未成年人造成的全部或者部分损害进行赔偿，但是能证明损害不是由其过错造成的除外。

3. 父母（养父母）、监护人和有关机构的损害赔偿义务，在致损人成年时，或者在成年之前拥有足以赔偿损害的财产或其他收入来源时，或者在成年之前达到具有法律行为能力时终止（见本法第 17 条第 2 款、第 22-1 条）。

第 927 条　被剥夺监护权的父母对未成年人致损的责任

被剥夺监护权的父母任何一方，在被剥夺权利后 3 年内，若被确认致损子女行为是父母不当履行抚养子女的义务所致，则法院可追究其对未成年子女致损的责任。

第 928 条　无民事行为能力人致损的责任

1. 无民事行为能力人致损的（见本法第 26 条），应当由其监护人或者应当监管的组

〔1〕 第 926 条经哈萨克斯坦共和国 2007 年 1 月 12 日第 225 号法律修订（自正式公布之日起生效）。

织进行赔偿，但是其能证明损害不是因其过错造成的除外。

2. 无行为能力人致损的，其监护人或者应当监管的组织承担赔偿责任，不因当事人恢复民事行为能力而终止。

3. 监护人已经死亡或者没有足够的补救手段，而且因果关系人处理了相关资源，则法院应当考虑到受害人和因果关系人的财产状况及其他情况，特别是侵权者的恢复能力，有权就因果关系人的全部或者部分财产，针对受害人生命和健康造成的损害，作出责令赔偿的判决。

第 929 条　限制行为能力人致损的责任

因滥用酒精饮料或者麻醉药品而被认定为限制行为能力人（见本法第 27 条），其造成的损害应当由因果关系人基于一般事由进行赔偿。

第 930 条　无法理解行为意义人致损的责任

1. 完全行为能力人或者 14—18 周岁未成年人，无法理解其行为意义或者无法控制其行为的，对造成的损害免责。

对受害人生命健康造成损害的，法院可以考虑受害人和因果关系人的财产状况及其他情况，规定因果关系人应当对全部或者部分损害进行赔偿。

2. 因果关系人滥用酒精饮料、麻醉药品或者以其他方式将自己陷入此境地的，则不能免责。

3. 因精神疾病、痴呆症而无法理解其行为意义，或者无法控制行为而造成损害的，法院可以要求与其共同生活的健全人承担损害赔偿责任。共同生活的健全人，是指知道伤害人精神状态，但没有提出行为能力认定并进行相应监护的配偶、父母、成年子女。

第 931 条　增危致损赔偿责任

1. 法人和公民（运输组织、工业企业、建筑工地、车主等）的活动可能给他人增加危险的，应当承担增危致损赔偿责任，但是能证明损害是因不可抗力或者受害人故意造成的除外。

因所有权、经营管理权或者其他法律依据（租赁合同、控制交通运输工具的授权书、主管当局对增加危险的指令等）而持有危险源的法人或者自然人应承担赔偿义务。

2. 增危来源的所有者根据本条第 1 款规定的事由对因来源相互作用而给第三人造成的损害承担连带责任（交通运输工具碰撞等）。

增危来源相互作用造成的损害，根据一般原则进行赔偿。同时：

1）因一方过错造成损害的，由该方全额赔偿；

2）双方或者多方过错造成损害的，应当按照双方过错程度按比例赔偿。

无法确定每一方过错程度的，则平均分配。

当事人没有被造成损害的，无权要求赔偿损害。在此情况下，每一方都承担由此产生的损失风险。

3. 若增危来源的所有者能够证明该来源因他人非法行为转移占有的，则不对该来源造成的损害承担责任。在此情况下，由非法占有人承担增危致损的责任。所有人违反法律将增危来源转移占有的，则所有人和非法占有人共同承担责任。

第 932 条　共同致损的赔偿责任

共同致损人对受害人负有连带责任。

应受害人请求，为了保护受害人利益，法院有权要求共同致损人分担责任。

第 933 条　对致损人的追索权

1. 若法律未规定其他赔偿，对他人致损的赔偿人（履行劳务、工作、公务职责的劳动者，车辆驾驶人等）有权在支付赔偿金过程中对受害人进行反诉（偿还请求权）。

2. 赔偿共同致损的因果关系人，有权要求每一个因果关系人分摊赔偿，其数额与过错程度相当。若无法确定过错程度，则承担数额均等。

3. 国家赔偿侦查、预审、检察和审判机关（见本法第 923 条第 1 项）工作人员造成损害的，这些机关有权基于法院关于工作人员过错的生效判决进行追索。

4. 根据本法第 925—928 条所规定的事由，损害赔偿人无权向致损人进行追索。

第 934 条　财产损失的赔偿方法

在满足损失赔偿要求时，法院根据案件情况，责成损害责任人对造成的损失进行充分赔偿或者实物补偿（提供同样种类和质量的物品、修复受损物品等）。

第 935 条　统计受害人过错和致损人财产状况

1. 因受害人过错造成的损害不受赔偿。

2. 受害人的重大过失促使发生或者增加损害的，应当根据受害人和致损人的过失程度减少致损人的赔偿金额。

3. 受害人具有重大过错，而且致损人没有过错，除法律另有规定外，应当减少致损人赔偿金额或者不予赔偿；但是对公民生命健康造成伤害的，不能完全不予赔偿。

4. 赔偿因公民死亡支付额外费用（见本法第 937 条），对受害人的致损（见本法第 940 条）以及丧葬费用（见本法第 946 条）时，不考虑受害人的过错（见本法第 937 条）。

5. 法院可以根据公民财产状况，调整对公民致损的赔偿金额，但损害是故意造成的除外。

第二节　生命和健康损害赔偿

第 936 条　在履行合同和其他义务时，对公民生命和健康致损的赔偿

除法律规定或者合同约定增加责任外，在履行合同、劳动（服务）、兵役义务时，对公民生命和健康致损的，应当根据本章规定进行赔偿。

第 937 条　对健康致损的赔偿范围和性质

1. 当公民受伤或者因其他方式损害健康时，侵害人应当赔偿受害人的收入或者可能损失；如果受害人需要并且无法无偿获取援助和照料，则还应当赔偿因健康受损而引起的费用（治疗、额外食品、购买药品、假肢、外部护理、疗养院治疗、购买特殊交通运输工具、其他培训职业等）。

2. 在确定收入损失时，以下不计入赔偿：因受伤或者其他健康损害而给受害人的残疾补助、受伤前后的其他类型补助以及抚恤金，以及受害人在健康受损后获得的收入。

3. 法律或者合同可以增加受害人依据本条主张的赔偿金额。

第 938 条　确定因健康受损的收入损失[1]

1. 收入（收益）损失的应赔额，以受伤、其他健康损害或者残疾之前的平均月收入为基础，对比受害人是否残疾的专业受损程度，按照比例进行确定。

2. 收入损失的构成，包括劳动合同约定和民法规定的所有类型的报酬，无论其是在主要工作地点还是兼职都应缴纳个人所得税。一次性付款（没有考虑未休假补偿、遣散费）不计算在内。在暂时丧失劳动能力和产假期间，还要考虑带薪补贴。收入损失还包括商业活动收入、特许权使用费。商业活动收入，根据税务机关的规定确定。

所有类型收入，都以预扣税款之前的应计金额计入。

3. 平均月收入的计算方法，是将健康受损或者发生残疾之前 12 个月的劳动总收入除以 12 个月。如果受害人在受伤时工作不到 12 个月，平均月收入的计算方法是将受伤前实际工作月数的收入（收入）总额除以这些月数。

未完全计算的月份，应受害人要求，由以前完全计算的月份取代。如果不能取代，则这些月份不予计算。

4. 受害人在受伤时没有工作的，则应当根据受害人要求，考虑解雇前的收入或者在特定地区的通常报酬，但不少于法定月度计算指数的 10 倍。

5. 受害人收入在所受伤害或者其他健康受损发生之前已经稳定变化，财产状况有所改善（工资增加、转岗到更高薪职位、毕业）的，在确定其月平均收入（收入）时，只考虑其在相应变化后获得或应获得的收入。

第 939 条　对未成年人健康受损的赔偿

1. 未满 14 周岁且没有收入的未成年人，受伤或者其他健康受损的，则损害责任人应当赔偿与健康受损相关的费用。

2. 对于已满 14 周岁的受害人，若其在 14—18 周岁受伤并且没有收入，损害责任人除赔偿健康受损的费用以外，还应当赔偿受害人法定月度计算指数的 10 倍，来赔偿其能力受损的伤害。

健康受损的未成年人有收入的，在损害赔偿的基础上还应该确定收入金额，但不低于法定月度计算指数的 10 倍。

在开始工作后，受害人有权要求根据其所获收入增加损害赔偿，但不得少于其任职报酬额或者在其工作地点具有相同资格的劳动者收入。

第 940 条　因公民死亡对受损人进行损害赔偿

1. 在公民死亡的情况下，其继承人和其他有扶养关系的亲属，包括依赖死者生存或者有权在其死亡时获得抚养费的残疾人、遗腹子女、父母、配偶或者其他家庭成员，有权获得损害赔偿。这里所指的其他家庭成员，是指不论工作能力如何，没有从事工作，并照顾死者未满 14 周岁的受抚养子女、孙子女、兄弟姐妹，或者那些虽满指定年龄但是医疗

[1] 第 938 条经哈萨克斯坦共和国 2001 年 12 月 24 日第 276 号法律修订。

鉴定结论认为出于健康原因需要外部照料的子女。

2. 依靠死者生存而在其死亡后5年内丧失劳动能力的人，也有权获得损害赔偿。

没有就业而从事本条第1款所规定的照顾死者子女、孙子女、兄弟姐妹的父母、配偶或者其他家庭成员，在照顾期间丧失行为能力的，在照顾结束后有权获得赔偿。

3. 损害赔偿：未成年人是指18周岁之前；18周岁以上的学生，是指直到完成全日制教育机构的学习，但不超过23周岁；58周岁以上的妇女和63周岁以上直至终生的男子。

第941条　公民死亡的损害赔偿额

1. 有权因公民死亡而获得损害赔偿的人，应当按照本法第938条规定计算死者收入份额获得损害赔偿，其有权终生获得扶养费。在确定损害赔偿时，死者收入包括抚恤金、终身生活费和其他类似款项。

2. 在确定赔偿补助金额时，不考虑养家糊口者死亡前后被分配的其他类型补助金，为遗嘱指定人支付工资、补助、抚恤金。

3. 对有权获得遗属赔偿的人的赔偿金额不得重新计算，但之后出生的遗腹子女除外；向照料已故养家糊口者的子女、孙子女、兄弟姐妹的人，终止赔偿分配，并按照法律规定或者合同约定可以增加赔偿金额。

第942条　更改损害赔偿金额

1. 受害人被认定为限制民事行为能力人的，有权随时根据其因健康受损而工作能力下降状况，要求损害赔偿责任人相应增加赔偿金额。

2. 受害人劳动能力相比判处损害赔偿时有所增加的，则对其健康受损负有赔偿责任的人有权要求相应减少赔偿金额。

3. 负有赔偿责任的自然人财产状况改善的，如果其损害赔偿金额相比赔偿责任较少，受害人有权根据本法第935条第5款，要求增加损害赔偿金额。

4. 因残疾、退休导致财产状况相比判处损害赔偿时有所恶化的，法院可以根据致损人的要求，判决减少损害赔偿金额（见本法第935条第5款）。

第943条　因生活费和每月计算指数提高而增加损害赔偿

在生活费提高时，对公民因健康受损，或者因受害人死亡而支付的损害赔偿金额，按照法律规定程序进行指数化。

健康受损人法定最低工资收入提高或者受害人死亡的，损害赔偿金额和其他款项，根据每月计算指数（见本法第283条）按比例增加。

第944条　损害赔偿金

1. 对于因丧失工作能力或者死亡而造成损害的，应当按月支付赔偿金。

如有正当理由，法院考虑到致损人的能力，可以根据有权获得赔偿公民的要求，判决一次性支付其应当支付的款项，但不得超过3年。

2. 可以在医疗检查报告确定的期限内，并在必要时，预先支付额外的违约金、财产和服务费（获取证明文件、旅费、购买特殊交通运输工具等）。

3. 受害人有权根据法律规定要求终止或者提前履行义务，通过分期付款来满足要求。

第 945 条　法人终止时的损害赔偿

1. 依约定程序被认定为对生命健康致损负有责任的法人受到重组的，重组后的法人应当承担付款义务并要求赔偿损失。

2. 依约定程序被认定为对生命健康致损负有责任的法人受到清算的，应当将相应付款资本化，以便按照本法或者其他法律规定向受害人付款。

3. 被清算法人没有或者缺少财产而无法实现付款资本化的，应当根据法律规定程序向受害人支付裁定的款项。

第 946 条　赔偿丧葬费

对受害人死亡造成损害的责任人，应当向费用承担人偿还必要的丧葬费。

费用承担人领取的丧葬补助，不计入损害赔偿。

第三节　因商品、工作、服务缺陷致损的赔偿

第 947 条　因商品、工作、服务缺陷致损的事由

因商品（工作、服务）的在建性、时效或者其他缺陷，以及因商品（工作、服务）信息不准确或者不充分，对公民生命、健康、财产或者法人财产造成损害的，应当由出卖人或者制造商（执行人）赔偿，而无论其是否具有过错、受害人是否与其存在合同关系。此规则仅适用于为消费目的购买商品（工作、服务）的情况。

第 948 条　对商品、工作、服务缺陷致损负责

1. 因商品瑕疵遭受损害的，受害人可以选择商品出卖人或者制造商主张赔偿。

2. 因劳务或者服务不足造成损害的，应当由承包人予以赔偿。

3. 因未能提供商品（工作、服务）有关属性和完整可靠的使用信息而造成损害的，按照本条第 1 款和第 2 款规定进行赔偿。

第 949 条　因商品、工作、服务缺陷致损的赔偿

1. 在约定保质期（服务期）内，因商品、工作、服务缺陷造成损害的，应当进行赔偿；保质期（服务期）无法确定的，则为商品（工作、服务）生产之日起 10 年内。

2. 超过本条第 1 款所规定期限，以下情况仍然应当赔偿损害：

1）违反法律要求，未设置保质期（服务期）；

2）没有提示买受人（消费者）过期日（服务期）、到期后采取的必要行动、不采取必要行为的可能后果。

第 950 条　因商品、工作、服务缺陷致损的免责事由

只有证明损害是因不可抗力、商品（工作、服务）或者其存储违反消费者使用规则，出卖人或者制造商才可以对商品、工作或者服务缺陷致损免责。

第四节　精神损害赔偿

第 951 条　精神损害赔偿

1. 精神损害，是指侵犯、减少或者剥夺个人和法人的非财产权益，包括受害人因违

法行为而经历精神痛苦（情绪羞辱、愤怒、抑郁、生气、羞耻、绝望）或者身体痛苦（肉体痛苦、损害、不适等）。

2. 除本条第 3 款所规定的情形外，若因果关系人具有过错，则应当由因果关系人赔偿精神损害。

3. 无论因果关系人是否具有过错，在下列情形下，都应该赔偿精神损害：

1）因危险增加对公民的生命和健康造成损害的；

2）公民因非法定罪、非法刑事起诉、非法使用作为预防措施的拘留、监禁或者扣押、以逮捕形式非法实施行政处罚、非法安置在精神病医院或者其他医疗机构而造成损害的；

3）因传播有损于荣誉、尊严和商业信誉的信息而造成损害的；

4）法律规定的其他情形。

4. 除法律另有规定外，侵犯公民财产权利的行为（包括不作为）造成的精神损害不受赔偿。

第 952 条　精神损害赔偿金额

1. 精神损害以货币形式得到补偿。

2. 在确定精神损害赔偿金额时，应考虑对受害人主观情况评估造成的精神损害以及表明受害人精神和身体痛苦程度的客观数据：性侵情节的严重程度、犯罪的严重程度（谋杀亲属、因伤致残、监禁、失去工作或者家庭等）、虚假诽谤信息的性质和范围、受害人的生活条件（官方、家庭、材料、健康状况、年龄等），以及值得注意的其他情况。

3. 精神损害赔偿与应赔偿的财产损害无关。

第四十八章　因不当得利而产生的义务

第 953 条　返还不当得利的义务

1. 没有法律或者交易基础的个体买受人，为另一人（受害人）的利益取得或者保存财产（不公正、不丰富），应当归还不当取得、保存的财产，但是本法第 960 条另有规定的除外。

2. 取得或者保存财产的依据随后消失的，也产生本条第 1 款所规定的义务。

3. 无论财产买受人、受害人本人、第三人的行为或者事件结果如何，都适用本章规定。

第 954 条　返还不当得利要求与其他民事权利要求的关系

除本法、其他法律或者相关规定另有规定外，本章规定也应适用于如下情况：

1）无效交易下已经履行的返还；

2）所有人从他人非法占有中追回财产；

3）一方当事人向对方履行与本义务有关的追偿；

4）对包括富人失信行为造成损失的赔偿。

第 955 条　返还不当得利

1. 构成行为人不当得利的财产，应当以实物返还给受害人。

2. 行为人应当对受害人的任何财产，其中包括意外短缺、损毁或者不合理保存的财产，在知道或者应当知道不当得利后进行返还，并且在此之前只对故意和重大过失负责。

第 956 条　补偿不当得利的费用

1. 无法以实物返还不当得利财产的，若不当得利人知道不当得利而未补偿的，则应当赔偿受害人购买财产的实际价格和财产增值所造成损失部分。

2. 无正当理由而临时使用（包括意外获得）他人财产或者服务的人，应当按照该财产在使用结束时或者当地价格，向受害人偿还因使用而节省的费用。

第 957 条　向他人不当转让权利的救济

基于不存在或者无效的义务，通过转让方式将其债权或者权利转让给对方，权利人有权要求恢复原状，包括归还被转让权利的证明文件。

第 958 条　偿还受害人收入损失

1. 不当得利人自其知道或者应当知道之时起，应当向受害人偿还财产及其全部财产所得收入。

2. 不当使用他人财产的人，自知道或者应当知道不当用款之时起，计算并偿还不当得利的利息数额。

第 959 条　报销返还费用

返还不当取得或者保存的财产（见本法第 955 条）或者偿还其价格（见本法第 956 条）的，自其应当返还时起（见本法第 958 条），买受人有权要求受害人赔偿必要的维护和保存财产的必要费用，以抵销其收益。不当得利人故意保留应当归还财产的，则丧失获得补偿费用的权利。

第 960 条　无须返还不当得利

以下事项无须返还不当得利：

1）除义务另有规定外，为履行义务而交付财产未到期的；

2）期限届满后为履行义务而交付财产的；

3）善意给予公民金钱和其他财产，作为其生存手段（工资、特许权使用费、对生命或者健康的损害赔偿、养老金、扶养费等）；

4）为履行不存在的义务而提供金钱和其他财产的，不当得利人能够证明要求归还者知道义务不存在或者是为慈善目的的。

第五编　知识产权

第四十九章　总　则

第 961 条　知识产权的客体[1]

1. 知识产权的对象包括：

[1] 第 961 条经哈萨克斯坦共和国 2005 年 11 月 22 日第 90 号法律修订（生效程序见第 2 条）。

1）智力成果；

2）民事活动、商品、劳务、服务参与者的个别化手段。

2. 智力成果包括：

1）科技、文化和艺术作品；

2）广播、有线广播电视组织的表演、制作、录制和广播；

3）发明专利、实用新型专利、工业品外观设计专利（以下简称外观设计）；

4）育种成果；

5）集成电路布图设计；

6）未公开信息，包括生产秘密（专有技术）；

7）本法或其他法律规定的其他智力成果。

3. 民事活动、商品、劳务、服务参与者的个别化手段包括：

1）品牌名称；

2）商标（服务标志）；

3）原产地名称（原产地说明）；

4）本法和其他法律所规定的其他情况。

第 962 条　知识产权产生的事由

对知识产权对象的权利因其创造事实而产生，或者因国家授权机关在本法和其他法律规定的情形和程序下提供法律保护而产生。

第 963 条　知识产权客体的个人财产权和非财产权

1. 智力成果的作者，对这些成果享有人身财产权和非财产权。

无论智力成果的财产权是否转让给他人，人身非财产权都属于作者。

2. 对于民事活动、商品、劳务、服务参与者的个别化手段（以下简称个别化手段），其权利持有人对这些个别化手段享有财产权。

3. 智力成果作者权（作者身份权）是人身非财产权，只能属于从事创造性劳动、创作智力成果的人。

著作权不可剥夺和转让。

两人以上联合创作的，视为合作作者。对于个别知识产权对象，法律可能会限制视为整个作品合作作者的人数。

第 964 条　专利知识产权

1. 对知识产权智力成果或个别化手段的专有权，是权利人以任何方式酌情使用知识产权对象的财产权。

只有经过专利权人同意，他人才可以使用专利权对象。

2. 在不违反本法和其他法律规定的前提下，专利所有人可以将权利全部或者部分转让给他人，可以使用知识产权并以其他方式处置。

3. 对专利权的限制，以本法和其他法律规定方式进行。法律可以规定认定专利权终止（取消）和无效的情况。

第 965 条　转让专利权

1. 除本法或者其他法律另有规定外，权利人可以根据合同将专利权全部或者部分转让给他人，也可以通过一般继承或者法人重组转让。

转让专利权不得限制行使著作权和其他非财产权。转让或者限制此类权利的合同条款无效。

2. 关于特许经营许可证的规定（见本法第 966 条），适用于在有效期内向他人授予专利权的合同。

第 966 条　许可证

1. 智力成果或者个别化手段的专利许可证持有人（许可人），有权授予对方（被许可人）暂时以某种方式使用相应知识产权对象的权利。

使用许可证应当付费。

2. 可以约定向被许可人提供许可证：

1）在保留许可人使用知识产权对象权利的同时，赋予被许可人使用权利以及向他人颁发许可证的权利（简单非排他性许可）；

2）在许可人保留使用可能性的同时，赋予被许可人使用知识产权对象的权利，但无权再向他人颁发许可证（专有许可）；

3）使用知识产权对象的其他条款，不得违反法律规定。

除非许可证中另有规定，否则许可视为简单许可（非排他性的）。

3. 将被许可人使用知识产权对象的权利授予他人的合同，视为分许可证。被许可人只能在许可证约定情况下签发分许可证。

除许可证另有约定外，被许可人就分许可人的行为，向许可人负责。

第 967 条　关于创作和使用智力成果的合同

1. 作者可以根据合同承担创作作品、发明或者其他智力成果的义务，并授予非其雇主的客户专有使用权。

2. 本条第 1 款所规定的合同，应当约定要创作智力成果的性质、使用目的或者方法。

3. 限制作者创造（某种或者某一领域）智力成果权利的合同条款无效。

第 968 条　专利权和所有权

对智力成果或者个别化手段的专利权，独立于表达这种成果或者个别化手段的物质对象所有权。

第 969 条　专利权有效期

1. 专利权作为知识产权的对象，在本法或者其他法律规定期限内有效。

法律规定可以延长专利权有效期。

2. 对智力成果的私人非财产权，无限期有效。

3. 在法定情形下，专利权可因在一定期限内不使用而终止。

第 970 条　专利权的保护方法

1. 专利权以本法第 9 条所规定方式受到保护。对专利权的保护通过以下方式：

1）没收侵犯专利权的物品以及据此制造的物品；

2）强制公布违法行为，包括侵权人信息；

3）法律规定的其他方式。

2. 违反关于使用智力成果和个别化手段的合同，适用违反责任的一般规则（见本法第二十章）。

第五十章　著作权

第 971 条　著作权的对象〔1〕

1. 著作权适用于创作的科技、文学和艺术作品，既不论其目的、内容和优点如何，也不论其表现方式和形式如何。

2. 著作权适用于以任何客观形式存在的、已发表（公布、面世、出版、公开表演、公开展示）和未发表作品：

1）书面形式（手稿、打字、乐谱等）；

2）口头形式（公开发言、公开表演等）；

3）录制音频或者视频形式（机械、数字、磁性、光学等）；

4）图像形式（绘图、素描、图片、计划、绘图、电影、电视、视频或者相框等）；

5）立体形式（雕塑、模型、布局、施工等）；

6）其他形式。

3. 作品中具有本条第 1 款所规定特征，并且可以独立使用的部分（包括其标题、字符名称），也是著作权对象。

4. 著作权不适用于仅有的想法、概念、原则、方法、系统、过程、发现、事实。

第 972 条　著作权对象类型〔2〕

1. 著作权对象：

1）文学作品；

2）戏剧和音乐剧作品；

3）脚本作品；

4）舞蹈和哑剧作品；

5）有歌词或无歌词的音乐作品；

6）音像作品；

7）绘画、雕塑、图形等美术作品；

8）应用艺术作品；

9）建筑、城市规划、景观艺术作品；

---

〔1〕第 971 条经哈萨克斯坦共和国 2005 年 11 月 22 日第 90 号法律修订（生效程序见第 2 条）。

〔2〕第 972 条经哈萨克斯坦共和国 2005 年 11 月 22 日第 90 号法律修订（生效程序见第 2 条）。

10）摄影作品和以类似摄影的方式获得的作品；

11）与地理学、地形学和其他科学有关的绘图、平面图、草图、插图和三维作品；

12）计算机程序；

13）其他作品。

2. 计算机程序的保护，适用于所有类型的计算机程序（包括操作系统），可以以任何语言和形式表现，包括源代码和目标代码。

3. 著作权对象还包括：

1）衍生作品（科学、文学和艺术作品的翻译、加工、注释、专题报告、摘要、评论，进行戏剧化、音乐化和其他处理）；

2）收藏品（百科全书、文集、数据库）、选择代表作或者智力成果形成的其他综合作品。

衍生作品和综合作品受著作权保护，无论其所依据或者包含的作品是否受到著作权保护。

第 973 条　著作权关系的法律调整

著作权关系由本法和对著作权及相关权利有所规定的其他法律进行调整。

第 974 条　不属于著作权对象的作品

1）官方文件（法律、法院判决、其他规范性文件、行政文件、司法文书和外交文书）及其官方翻译；

2）国家符号和标志（旗帜、国徽、勋章、货币标志、其他国家符号和标志）；

3）民间艺术作品；

4）具有信息性质的事件和事实消息。

第 975 条　国家符号和标志、官方文件草案的著作权〔1〕

1. 国家符号和标志、官方文件草案的著作权，属于作者。

除委托创作机构禁止外，国家符号和标志、官方文件草案的作者，有权公布草案。在公布时，作者有权注明自己的姓名。

2. 如果作者公布草案或者发给有关部门，主管部门可以在未经作者同意的情况下，使用该草案编制正式文件。

根据草案编制国家符号和标志、官方文件时，可由编制机构酌情对其进行增补和更改。

3. 草案被主管部门接受后，可以在不注明作者姓名和不支付特许权使用费的情况下进行使用。

第 976 条　著作权保护的标志

1. 著作权所有人，可以在作品副本上使用著作权保护标志，由三个要素组成，以表示其权利：

1）加圈的拉丁字母“C”，即©；

〔1〕 第 975 条经哈萨克斯坦共和国 2005 年 11 月 22 日第 90 号法律修订（生效程序见第 2 条）。

2）著作权所有人的姓名；

3）作品首次发表的年份。

2. 除另有证明外，著作权所有人是保护标志中注明的人。

第 977 条　作者的人身非财产权

1. 作者享有以下人身非财产权：

1）被认定为作者的权利，并在使用作品时要求承认该权利，但是不包括承认其他人对同一作品的作者身份权。

2）以自己的名义、化名或者匿名方式，使用作品的权利（作者的姓名权）。

3）保护对其作品进行更改和补充的权利，包括保护其名称，以及在出版、公开表演或者以其他方式使用作品时，未经作者同意，任何人不得对作品进行更改和补充（作品不可侵犯的权利）。

未经作者同意发表作品时，禁止对作品加入插图、前言、后言、评论或者进行任何形式的解释。

作者死亡后，作品的不可侵犯性由遗嘱继承人进行保护。没有遗嘱继承人的，则由作者的继承人以及根据法律受到著作权保护的人员进行保护。

4）向不特定人公开作品的权利。

2. 作者有权撤回以前作出的关于发表作品的决定（撤回权），但是必须赔偿作出这种决定给作品使用权人所造成的损失，包括利润损失。如果作品已经发表，作者应当公开通知将其撤回。同时，也有权自费从流通中撤回先前制作的作品副本。

本款规定不适用于公务作品。

作者与他人之间的合同，或者作者本人，否定行使私人非财产权的无效。

第 978 条　作者的财产权[1]

1. 作者享有以任何形式和方式使用作品的专有权。

2. 在使用作品时，作者有权允许或者禁止第三人执行以下操作：

1）复制作品（复制权）；

2）以任何方式分发作品的原件或者副本：出卖、变更、出租、出借以及进行其他操作（分发权）；

3）公开展示作品（公开展示权）；

4）公开表演作品（公开表演的权利）；

5）向公众公开传播作品，包括广播或光缆通信（公共传播权）；

6）对空传输作品（电视广播），包括通过有线或者卫星传输（广播权）；

7）翻译作品（翻译权）；

8）改编、整理或者以其他方式改造作品（改编权）；

9）切实实施城市规划、建筑、设计项目；

10）执行不违背法律的其他行动。

---

〔1〕 第 978 条经哈萨克斯坦共和国 2005 年 11 月 22 日第 90 号法律修订（生效程序见第 2 条）。

3. 复制，是指依照原件重新制作成同样的客观形式（多指通过复印出版作品、录音、录像等）。

4. 销售合法出版作品的副本进入民间流通的，可以未经作者同意和不支付版税而进一步分发，但是哈萨克斯坦共和国法律规定的情形除外。

5. 一个作品视为已经被使用，无论其实施是否创收或者是否为此目的。

6. 构成作品内容（发明、其他技术、经济、组织等规定、解决方案）的实际应用，不构成版权意义上的作品使用。

第 979 条　作品的保存

1. 将作品手稿和其他作品存放在物质媒介上，包括存放在计算机里，如果存放在对所有人开放的数据库（储存库）中，并允许任何人根据与数据库的协议收到作品副本，则视为对作品的使用。

2. 作品保存根据著作权人和保存人之间的协议进行，该合同规定了使用作品的条件。此种协议、保存人与用户之间的协议是公开的（见本法第 387 条）。

第 980 条　著作权在哈萨克斯坦共和国境内的效力

1. 原始作品以客观形式位于哈萨克斯坦共和国境内，无论初次发表还是未发表作品的著作权，都在哈萨克斯坦共和国境内有效。在此情况下，作者、其遗嘱继承人、其他法定继承人，无论其国籍如何，均可以被认定为享有著作权。

2. 哈萨克斯坦共和国公民的作品，首次在外国领土出版或以任何客观形式发表的，其著作权也应被承认；并且其权利延伸至其法定继承人。

3. 根据著作权保护的国际条约，在外国领土上发表作品的事实，按照有关国际条约的规定确定。

4. 为保护哈萨克斯坦共和国境内的作品，作者由作品首次受到保护的国家法律进行规定。

第 981 条　著作权的开始

著作权自作品被赋予可供第三人访问的客观形式之时起开始生效，不论是否发表。口头作品的著作权，自传达给第三人之时起开始生效。

作品不属于本法第 980 条规定范围的，如果著作权是在哈萨克斯坦共和国进行保护，则自该作品首次发表之时起开始。

第 982 条　著作权保护期限[1]

1. 作者为自然人的著作权保护期限，为作者有生之年和死亡后 70 年，自作者去世后首年 1 月 1 日起开始计算。

2. 合作作品的著作权，为合作作者有生之年和最后一个死亡的作者死后的 70 年。

3. 作品首先以匿名或者化名方式发表的，著作权有效期为 70 年，自作品发表后下一年的 1 月 1 日起计算。

---

〔1〕 第 982 条经哈萨克斯坦共和国 2005 年 11 月 22 日第 90 号法律修订（生效程序见第 2 条）。

在规定期限内披露匿名或者化名的，适用本条第 1 款的规定。

4. 在本条第 1 款规定期限内，著作权属于作者并可以被继承，即归属于遗嘱继承人、法定继承人，以及根据与作者的遗嘱继承人、法定继承人的协议获得权利的人。

5. 自作者死亡后 30 年内首次发表的作品，著作权有效期为发表后 70 年，自作品发表后下一年的 1 月 1 日起计算。

6. 作者享有人身权、署名权和保护作品完整权，其保护期不受限制。

第 983 条　作品进入公共领域〔1〕

1. 著作权期限届满后，该作品进入公共领域。

2. 进入公共领域的作品，可以由任何人自由使用，无须支付著作权使用费。同时，应当尊重作者人身权、署名权和保护作品完整权。

第 984 条　行使著作权

1. 权利人有权自行行使自己的著作权。除本法第 977 条所规定的权利外，他人只能经过权利人同意并在其授权范围内行使。

2. 根据法律规定的程序，著作权及相关权利的持有人可以设立受托管理著作权及相关权利的组织。

第五十一章　邻接权

第 985 条　邻接权的对象

邻接权，是指“与著作权有关的权利”，适用于广播和有线电视组织对其制作、表演、录制和广播作品的专有权利，而不论其目的、内容、价值、表现方式和形式如何。

第 986 条　邻接权的主体〔2〕

1. 邻接权的主体是表演者、录音录像制作者、广播组织和有线广播电视组织。

2. 录音录像制作者、广播组织和有线广播电视组织，应当在录音制品、广播、电缆传播作品的表演者和作者之间合意赋权范围内，行使本章所规定的权利。

3. 表演者可以行使本章所规定的权利，但以作品作者权利为限。

4. 邻接权的创设和行使，不需要对作品进行注册或者遵守其他形式的要求。

5. 录音录像制作者或者表演者，有权使用邻接权保护标志声明其权利，即标志在表演录音、录音录像的每个副本上，包括以下三方面：

1）加圈的拉丁字母“P”，即Ⓟ；

2）邻接权所有人的名称；

3）表演录音、录音录像首次发表的年份。

6. 除另有证明外，录音录像制作者是自然人或者法人的，应当在录音录像或者内含其中的物品上标明制作者的姓名或者名称。

---

〔1〕 第 983 条经哈萨克斯坦共和国 2005 年 11 月 22 日第 90 号法律修订（生效程序见第 2 条）。

〔2〕 第 986 条经哈萨克斯坦共和国 2005 年 11 月 22 日第 90 号法律修订（生效程序见第 2 条）。

第 987 条　邻接权的效力〔1〕

1. 表演者在哈萨克斯坦共和国境内的首次表演权，在哈萨克斯坦共和国境内有效。在此情况下，无论表演者身份如何，表演者本人、其遗嘱继承人、其他法定继承人都可以被认定拥有此权利。

表演者首次在外国领土进行表演的，其本人及其法定继承人都可以被认定拥有表演者权。

2. 如果首次公开播放并在哈萨克斯坦共和国境内公开发行，录音录像制作者权在哈萨克斯坦共和国境内有效。

哈萨克斯坦共和国公民，或者在哈萨克斯坦共和国境内有住所地或者固定地址的法人，也可以被认定为拥有录音录像制作者权。

3. 如果某个组织在哈萨克斯坦共和国境内设有正式地址，并使用位于哈萨克斯坦共和国境内的发射机进行传输，则可以被认定为拥有广播电视组织的权利。

4. 根据哈萨克斯坦共和国批准的国际条约，其他外国表演者、录音录像制作者、广播或者有线电视组织的权利，在哈萨克斯坦共和国境内受到保护。

第 988 条　邻接权主体行使权利调节〔2〕

对于表演者、录音录像制作人、广播和有线电视组织，其专利权和其他权利的范围、内容、专利权限制情况和责任，均由法律规定调节。

第 989 条　邻接权保护期限〔3〕

1. 表演者的邻接权保护期，为首次表演或者制作后 70 年。表演者署名权、保护表演或者制作免受歪曲的权利，其保护期不受限制。

2. 录音录像制作者的邻接权保护期，为录音录像首次公布后 70 年；如果在此期间未公布，则是首次录制后 70 年。

3. 广播组织权保护期，为该组织首次广播后 70 年。

4. 有线广播电视组织权保护期，为该组织进行首次有线广播后 70 年。

5. 本条第 1—4 款所规定期限，应当自作为期限开始依据的法律事实发生后下一年的 1 月 1 日开始计算。

第 990 条　表演者、录音录像制作者、广播组织、有线广播电视组织是外国公民或者法人〔4〕

表演者、录音录像制作者、广播组织、有线广播电视组织是外国公民或者外国法人的，在哈萨克斯坦共和国境外进行首次制作、表演、录音或者广播的权利，应当根据哈萨克斯坦共和国批准的国际条约在其境内生效。

〔1〕 第 987 条经哈萨克斯坦共和国 2005 年 11 月 22 日第 90 号法律修订（生效程序见第 2 条）。
〔2〕 第 988 条经哈萨克斯坦共和国于 2005 年 11 月 22 日第 90 号法律修订（生效程序见第 2 条）。
〔3〕 第 989 条经哈萨克斯坦共和国 2005 年 11 月 22 日第 90 号法律修订（生效程序见第 2 条）。
〔4〕 第 990 条经哈萨克斯坦共和国 2005 年 11 月 22 日第 90 号法律修订（生效程序见第 2 条）。

第五十二章　发明、实用新型、工业品外观设计专利

第 991 条　发明、实用新型、工业品外观设计专利的法律保护条件〔1〕

1. 发明受到创新专利或者专利保护，实用新型或者外观设计受到专利保护。

2. 受法律保护的发明，是指具有创造性和工业适用性的新技术方案。

3. 受法律保护的实用新型，是指对生产资料和消费品具有创造性和工业适用性的新技术方案。

4. 受法律保护的外观设计，是指具有新颖性、原创性和工业适用性的产品外部具有艺术性或者装饰性的设计解决方案。

5. 关于提交认定专利（发明）、实用新型、外观设计的要求并据此产生创新专利权和专利权，国家授权机构（以下简称专利行政部门）颁发专利的程序，由法律进行规定。

6. 非专利技术解决方案、生产资料和消费品设计成果、产品艺术设计解决方案，均由法律进行规定。

第 992 条　发明、实用新型、外观设计的使用权〔2〕

1. 专利权人有权自行决定使用：受专利或者创新专利保护的发明、实用新型或者外观设计专利的使用权，包括使用安全解决方案生产产品、在生产中应用受创新专利或专利保护的技术工艺、销售或出售含有受保护解决方案的产品，进口相应的产品。

2. 他人未经专利权人许可，不得使用发明、实用新型、外观设计，但依照本法或者其他法律使用而不侵犯专利权人权利的除外。

3. 下列行为视为侵犯专利权人的专利权：未经授权制造、使用、进口、要约邀请、销售、使用其他方法引入民间流通或者进行存储；使用发明、实用新型、外观设计专利制造产品；使用受创新专利或者发明专利保护的工艺；或者为此目的，将使用创新专利或者外观设计专利保护方法直接生产的产品引入民间流通或者进行存储。

该产品被认为是通过专利方法制造，直到另有证明的除外。

第 993 条　创新专利权和专利权的处理方法〔3〕

创新专利权和专利权的取得、申请登记、所有权、产生的权利，可以全部或者部分转让给他人。

第 994 条　著作权（版权）〔4〕

1. 发明、实用新型或者外观设计的作者拥有著作权，有权为发明、实用新型或者外观设计赋予特殊名称。

2. 发明、实用新型、外观设计的著作权和人身权，自基于专利保护文件的权利产生之时起产生。

---

〔1〕 第 991 条经哈萨克斯坦共和国 2007 年 3 月 2 日第 237 号法律修订（自正式公布之日起生效）。

〔2〕 第 992 条经哈萨克斯坦共和国 2007 年 3 月 2 日第 237 号法律修订（自正式公布之日起生效）。

〔3〕 第 993 条经哈萨克斯坦共和国 2007 年 3 月 2 日第 237 号法律修订（自正式公布之日起生效）。

〔4〕 第 994 条经哈萨克斯坦共和国 2007 年 3 月 2 日第 237 号法律修订（自正式公布之日起生效）。

3. 发明、实用新型或者外观设计的作者，可以通过法律获得特殊权利、特殊优惠和社会利益。

4. 申请书中指明的提交人，被视为著作权提交人，但是能够进行其他证明的除外。只有在权利产生之前存在的事实和情况，才能作为证据。

第 995 条　发明、实用新型或者外观设计专利的共同作者

1. 发明、实用新型或者外观设计的共同作者之间的关系，应当由他们之间的合同进行约定。

2. 对于发明、实用新型、外观设计的非创造性协助（技术、组织、权利登记或者其他协助等），不视为共同作者。

第 996 条　职务发明、实用新型、外观设计专利[1]

劳动者在履行职务或者用人单位特定任务（职务发明）时，所创造的创新专利和发明、实用新型、外观设计专利权属于单位，但是合同另有约定的除外。

第 997 条　作者对职务发明、实用新型、外观设计专利的报酬权

职务发明、实用新型或者外观设计专利，向作者支付报酬的数额、条件和程序，由作者与用人单位通过合同约定。如果未达成合意，则由法院作出判决。如果无法平衡作者和用人单位之间对创造职务专利（发明）、实用新型或者外观设计的贡献，作者有权获得用人单位已获得或应获得利益的一半。

第 998 条　创新专利和发明在哈萨克斯坦共和国境内的效力[2]

1. 由国家授权机构颁发的创新专利和发明、实用新型、外观设计专利，在哈萨克斯坦共和国境内有效。

2. 在外国或国际组织颁发的专利，在哈萨克斯坦共和国国际条约规定的情况下，在哈萨克斯坦共和国境内有效。

3. 若按照既定程序申报方案，分别符合哈萨克斯坦共和国立法法对专利（发明）、实用新型或外观设计的要求，则外国公民、外国法人或者其权利继受人，有权在哈萨克斯坦共和国获得创新专利和发明、实用新型或者外观设计专利。

第 999 条　创新专利及发明的保护期[3]

1. 创新专利和发明，自向专利行政部门提交申请之日起有效，并依据法定要求继续有效：

1）创新专利：3 年，应专利权人（组织）请求，专利行政部门可以延长期限，但不得超过 2 年；

2）发明专利：20 年；

3）实用新型专利：5 年，应专利权人请求，专利行政部门可以延长期限，但不得超

---

〔1〕 第 996 条经哈萨克斯坦共和国 2007 年 3 月 2 日第 237 号法律修订（自正式公布之日起生效）。

〔2〕 第 998 条经哈萨克斯坦共和国 2007 年 3 月 2 日第 237 号法律修订（自正式公布之日起生效）。

〔3〕 第 999 条经哈萨克斯坦共和国 2007 年 3 月 2 日第 237 号法律修订（自正式公布之日起生效）。

过3年；

4）（根据2007年3月2日第237号法律删除）；

5）外观设计专利：10年，应专利权人请求，专利行政部门可以延长期限，但不得超过5年。

2. 发明、实用新型或者外观设计的保护，自向专利行政部门（组织）提交申请之日起生效。权利可以在授予创新专利或者专利后得到保护。在拒绝授予专利或者创新专利的情况下，应视为未予以保护。

3. 发明、实用新型或者外观设计专利的优先权，按照法律规定顺序进行确定。

第1000条　专利权转让合同〔1〕

关于获得创新专利和专利权的转让合同，应当以书面形式签订，并且在专利行政部门注册。不遵守书面形式或者登记要求，将导致合同无效。

第1001条　使用实用新型或者外观设计的许可

1. 发明、实用新型或者外观设计的使用许可和分许可，应当以书面形式订立，并向专利行政部门登记。不遵守书面形式或者登记要求，将导致合同无效。

2. 许可的内容，应当符合本法第966条所规定的要求。

第1002条　公开许可

1. 专利权人可以向专利行政部门提交申请，要求授予任何人获得使用发明、实用新型或者外观设计许可证（公开许可）的权利。

2. 表示希望使用许可权的人，应当与专利权人签订付款合同。关于这种合同条款的争议，由法院判决。

专利权人授予公开许可的申请，不得撤销。

第1003条　侵犯创新专利和专利的责任〔2〕

应专利权人的请求，侵权人应停止对创新专利和专利的侵权行为，赔偿专利权人遭受的损失（见本法第9条）。专利权人有权向侵权人追索因非法使用发明、实用新型、外观设计而获得的收入以弥补其损失。

第1004条　优先权〔3〕

1. 在发明、实用新型、外观设计的优先权日之前，在哈萨克斯坦共和国境内，善意使用独立于作者创作的相同解决方案或者为此做了必要准备的任何人，保留在不扩大使用范围的情况下继续无偿使用相同解决方案的权利。

2. 在发明、实用新型、外观设计优先权日之后，但在创新专利和发明、实用新型或者外观设计专利的数据正式公布之前开始善意使用的，应专利权人要求停止继续使用，但是善意使用人无须赔偿专利权人因使用而受到的损失。

---

〔1〕第1000条经哈萨克斯坦共和国2007年3月2日第237号法律修订（自正式公布之日起生效）。

〔2〕第1003条经哈萨克斯坦共和国2007年3月2日第237号法律修订（自正式公布之日起生效）。

〔3〕第1004条经哈萨克斯坦共和国2007年3月2日第237号法律修订（自正式公布之日起生效）。

第 1005 条　专利权人的权利限制

专利人权利的限制事由、终止（撤销）专利、宣告无效、终止效力、颁发专利强制许可和转让的条件，由法律规定。

第五十三章　育种成果权（选育动植物新品种的专利）

第 1006 条　选育动植物新品种的专利保护条件〔1〕

1. 选育动植物新品种（育种成果）的方法，受专利权保护。该专利证明了品种权人（专利权人）对选育动植物新品种的专有权、优先权和育种者的著作权。

通过人工栽培或者选择繁育获得的，具有区别于现有植物品种一个或者多个经济特征的植物品种，视为植物新品种。

人工饲养的、主要遗传性状比较一致的（具有共同遗传谱系结构和特征）、区别于现有同一物种其他品种的、数量足以作为单一品种繁殖的畜牧业品种，视为动物新品种。

2. 动植物新品种的法律保护条件、专利登记和颁发程序，由法律规定。

3. 本法第 992—998 条、第 1000—1004 条的规定，分别适用于与选育新品种的权利及其专利保护有关的关系。

第 1007 条　育种者有权对动植物新品种命名

1. 育种者对动植物新品种命名，应当符合法律规定。

2. 在生产、繁育、供销、销售或者其他类型转让受保护新品种的过程中，必须使用为其注册的名称。不得给生产或者销售的此类种子和繁育材料，命名为非注册名称。

3. 将已注册新品种命名给非相关生产和销售的种子、育种材料的，侵犯了专利权人和育种者的权利。

第 1008 条　育种者获得报酬的权利

1. 育种者虽然不是专利权人，但是有权在专利权保护期内，获得专利权人对使用选育新品种的报酬。

2. 向育种者支付报酬的数额和条件，由其与专利权人订立的合同约定。在此情况下，育种者所获得的报酬，应当不低于专利权人因使用新品种而获得年收入的 5%，包括销售许可的收益。

除育种者与专利权人之间的合同另有约定外，应当在使用新品种每一年之后的 6 个月内向育种者支付报酬。

第 1009 条　专利权人对新品种的权利

新品种的专利权人（品种权人），有权在保护选育新品种的法律规定范围内，使用该新品种的专利权。

〔1〕 第 1006 条经哈萨克斯坦共和国 2005 年 11 月 22 日第 90 号法律修订（生效程序见第 2 条）。

第 1010 条　专利权人的义务

新品种的专利权人应当：

1）将新品种投入流通、准许使用新品种进行生产；

2）在专利保护期内保存相应的动植物新品种，以保存专业机构所确定的品种或者其正式说明书中所阐明的特征。

第 1011 条　选育新品种专利的保护期

选育新品种专利的保护期，自向专利局（机构）提交申请之日起 25 年。

选育新品种的法律可以为特别类型的选育新品种规定更长的专利保护期，专利行政部门（机构）有权延长此专利保护期。

第 1012 条　新品种的使用

1. 已被授予法律保护的育种成果（具有专利）以及被列入国家批准生产登记册的育种成果，允许进行使用。

2. 负责审查和测试选育新品种的国家机关，根据国家的经济效用测试结果，将动植物新品种列入用于批准生产的新品种选育国家登记册。

第五十四章　集成电路布图设计的权利

第 1013 条　集成电路布图设计的权利保护

1. 本章和其他法律仅适用于集成电路的原始布图设计结构。

集成电路的原始布图设计，是指集成电路一组元件的空间、几何排列以及它们之间的连接，也是作者固定在材料载体上的创造性成果。

2. 本章条款提供的法律保护，不适用于布图设计中可能体现的思想、方法、系统、技术或者编码信息。

3. 本法第 994—997 条的规定，相应地适用于与集成电路布图设计权及其权利保护有关的关系。

第 1014 条　集成电路布图设计专利权

1. 集成电路布图设计的作者或者其他权利人，有权自行决定使用此布图设计，特别是制造具有此布图设计的集成电路，包括禁止他人未经相应许可使用此布图设计的权利。

2. 多个作者或者其他权利人使用属于布图设计结构权利的程序，由合同约定。

3. 未经作者许可采取以下行动，侵犯了此专利权：

1）将布图设计结构整体或者部分，复制到集成电路布图或者其他方式中，但是非原始布图设计结构的部分除外；

2）应用、进口、要约邀请、销售或者以其他方式将布图设计结构或者布图设计结构集成电路引入流通。

4. 不违反布图设计专利权的行为清单由法律规定。

第 1015 条　布图设计注册

1. 集成电路布图设计的作者或者其他权利人，有权通过向国家授权机关提交注册申请，对布图设计进行注册。

2. 可以在从首次使用布图设计结构之日起 2 年内，提交注册申请。

3. 登记布图设计的程序，以及向其全部或者部分转让权利的合同，由法律规定。

第 1016 条　布图设计专利权的有效期

1. 自布图设计注册之日起，布图设计专利权有效期为 10 年。

布图设计结构尚未注册的，则自在任何国家首次使用此布图设计结构或者布图设计结构集成电路的记录之日起计算 10 年。

2. 其他作者独立创作原始布图设计的相同外观，不会引起本条第 1 款所规定专利权期限的中断或者终止。

第五十五章　保护未披露信息免于被非法利用的权利

第 1017 条　未披露信息的法律保护条款

1. 合法拥有第三人不知悉的技术、组织或者商业信息（包括商业秘密、生产秘密等），符合本法第 126 条第 1 款规定，则有权保护这些信息不被非法利用。

2. 保护未披露信息免受非法利用的权利，无论是否履行有关这些信息的任何手续（进行注册、获得证书等）。

3. 关于保护未披露信息的规定，不适用于根据法律无法构成正式或者商业秘密的信息（关于法人财产权、与法人进行交易的信息、为国家统计报告提交的信息等）。

4. 只要本法第 126 条第 1 款所规定条件存在，保护未披露信息的权利仍然有效。

第 1018 条　非法利用未披露信息的责任

1. 获取、散布未披露信息或者无合法理由使用未披露信息者，应当向信息合法拥有者赔偿因非法利用信息而造成的损失。

2. 未披露信息非法利用者，是从无权散布者处获取信息，并且（真正买受人）对此不知悉并且不可能知悉的，则未披露信息的合法拥有者，有权在善意获取者得知自己利用未披露信息属于非法后，要求其赔偿因利用未披露信息而造成的损失。

3. 未披露信息的合法拥有者，有权要求非法利用者立即停止使用；然而，考虑到未披露信息的真正买受人所花费的资金，法院可以根据独家许可付费条款准许其可以继续使用。

4. 独立且合法地接收未披露信息者，有权使用该信息，而无论未披露信息相应所有者的权利如何，并且不对此类使用承担责任。

第 1019 条　转让保护未披露信息免受非法利用的权利

1. 未披露信息的合法持有者，可以根据许可证将构成该信息的全部或者部分内容转让给他人（见本法第 966 条）。

2. 被许可人应当采取相应措施，保护根据合同获得的信息机密性，并且与许可人拥有同样的保护信息免受第三人非法利用的权利。除合同另有约定外，即使在许可证到期后，如果相关信息仍然未披露，被许可人也应当保持信息的机密性。

第五十六章　民事交易、货物和服务提供者的个别化手段

第一节　企业名称

第 1020 条　企业名称

1. 法人享有在官方报纸、印刷出版物、广告、标牌、招股说明书、发票、商品及其包装以及在法人专有必需的其他地方，使用其企业名称（见本法第 38 条）的权利。

2. 企业法人名称在章程批准时确定。企业法人名称应当进行国家法人注册登记。

3. 不得使用与已注册企业法人名称近似的，可能导致他人在相关法人、生产商品或者服务方面产生识别误导的企业法人名称。

第 1021 条　在商标中使用法人企业名称

企业法人名称可以在其所属商标中使用。

第 1022 条　企业名称权的效力

1. 在哈萨克斯坦共和国注册的企业名称，作为法人专用权适用于哈萨克斯坦共和国境内。

在法定情形下，在外国注册或者公认的企业名称权，在哈萨克斯坦共和国境内有效。

2. 企业名称权随着法人清算和企业名称变更而终止。

第 1023 条　企业名称权的转让

1. 企业法人名称权不得征用和转让，但是法人重组和企业整体转让的除外。

2. 企业名称权所有人，可以以合同约定方式授权许可他人使用其名称。与此同时，许可证应当约定防止误导消费者的措施。

第二节　商　标

第 1024 条　商标的法律保护条件

1. 商标的法律保护，基于商标注册或者根据哈萨克斯坦共和国加入的国际协议无须注册的情况下产生。

商标（服务商标）是根据国际协议进行注册或保护的语言的、图案的、立体的或其他形式的名称，用来区分一个主体的商品或服务与其他主体的类似商品或服务。

2. 不准注册为商标名称的情形、商标注册程序、终止有效期、宣告注册无效，以及可以对未注册商标进行法律保护的情形，由商标法规定。

3. 商标权通过商标证书进行认证。

第 1025 条　商标使用权[1]

1. 商标权人享有使用和处理该商标的专用权。

[1] 第 1025 条经哈萨克斯坦共和国 2007 年 6 月 19 日第 264 号法律增补（生效程序见第 2 条）。

2. 任何将商标引入流通领域的行为视为使用商标：制造、应用、进口、存储、要约邀请、销售商标或者由此标定的商品；在标牌、广告、印刷商品或者其他商业文件中使用。

3. 商标和商品广告的具体情形由哈萨克斯坦共和国法律规定。

第 1026 条　哈萨克斯坦共和国境内商标的法律保护

在哈萨克斯坦共和国境内，哈萨克斯坦共和国专利局（机构）或者国际组织根据哈萨克斯坦共和国批准的国际条约的规定，对注册商标给予法律保护。

第 1027 条　商标权的有效期

1. 除商标法另有规定外，商标权自收到专利行政部门申请之日起确定。

2. 商标权的有效期，从申请注册之日起 10 年。

商标权有效期可以根据商标权人在该有效期的最后一年向专利行政部门提交申请再续展 10 年，续展商标权有效期的次数不限。

第 1028 条　不使用商标的后果

无正当理由连续 5 年不使用商标的，经利害关系人申请，可以撤销该商标注册。

订立商标使用许可，视为使用商标。

第 1029 条　商标权的转让

1. 所有类别商品和服务的商标权证书及其部分，可由商标权人根据合同转让给他人。

2. 可能导致对商品或者其制造商产生误导的，则不可以转让商标权。

3. 商标权的转让，包括合同转让和继承转让，应当在专利行政部门进行注册。

第 1030 条　商标使用许可

1. 商标使用权，可以由商标权所有人，就证书中指定的所有类别商品、服务或者其中部分，根据许可（见本法第 966 条）授予他人。

2. 授权被许可人使用商标的许可，应当包含一个条件，即被许可人的商品或者服务质量不低于许可人的商品或者服务质量，并且许可人有权对此进行监督。

3. 商标权终止后，许可到期。

4. 将商标权转让给他人，并不导致许可的终止。

第 1031 条　商标权利转让合同、许可的形式和登记

商标权转让合同或者许可，应当以书面形式签订，并在专利行政部门注册。

不遵守书面形式和登记要求，将导致合同无效。

第 1032 条　商标侵权责任

非法使用近似的商标或者名称的人，应当停止违法行为并赔偿商标所有人所遭受的损失（见本法第 9 条）。

非法使用商标的人，应当销毁商标的制造图像，从商品或者其包装中删除非法使用商标或者与其近似的名称。

无法满足本条第 2 款规定要求的，应当销毁相关商品。

第三节　原产地名称

第 1033 条　原产地名称的法律保护条件

1. 原产地名称的法律保护，根据注册进行授予，但是法律另有规定的除外。

原产地名称是用于指定产品的国家、区域、地点或者其他地理对象的名称，其特殊性质完全或主要由该地理对象的自然条件、其他因素或者各因素组合决定。

产品的原产地名称，可以是地理对象的历史名称。

2. 名称虽然代表或者载有地理对象，但是在哈萨克斯坦共和国为指定某种产品普遍使用，而与制造地无关，则不被认定为产品的原产地名称，也不能根据本款规定为法律保护目的进行登记。然而，这并不剥夺因不合理使用名称而受到侵犯的人，通过其他法律规定手段保护其权利的可能性，包括不公平竞争规则。

3. 原产地名称的注册，由专利行政部门进行。

在注册的基础上，颁发原产地名称使用证书。

登记和签发证书、证书无效、终止的程序和条件，由关于商标、服务商标和原产地名称的法律规定。

第 1034 条　使用原产地名称的权利

1. 原产地名称使用权人有权将此名称用于商品、包装、广告、说明书、发票上，并以其他方式使商品进入民事流转。

2. 原产地名称可以由几人共同或者彼此独立登记，以符合本法第 1033 条第 1 款所规定要求的商品。使用原产地名称的权利属于这些人。

3. 在首次注册之日至少 6 个月前善意使用与已注册原产地名称相同或者类似地理名称的人，应当保留其在专利局（机构）规定期限内继续使用该名称的权利，但自该注册之日起不少于 7 年。

4. 使用原产地名称的权利不可转让，并根据许可授予其他交易使用权。

第 1035 条　原产地名称的法律保护范围

1. 哈萨克斯坦共和国为境内原产地名称提供法律保护。

2. 如果在其他国家的原产地名称在产品原产地国家以及哈萨克斯坦共和国注册，则根据本法哈萨克斯坦共和国为其提供法律保护。

第 1036 条　原产地名称使用权证书的效力

原产地名称使用权证书的有效期为 10 年，自收到专利局（机构）申请之日起计算。

证书有效期可以根据权利人要求延长，在证书有效期最后 1 年内提交申请，延长 10 年有效期，同时保持使用名称权的条件，延长原产地名称使用权有效期的次数不限。

第 1037 条　滥用原产地名称的责任

1. 原产地名称使用权人以及消费者权益保护组织，可以要求非法使用人停止使用，从产品、包装、说明书和其他文件中删除非法使用的相似名称、令人困惑的相似之处、易混淆名称图像。若无法删除，则扣押和销毁产品或者包装。

2. 原产地名称使用权人有权要求侵犯此项权利的人赔偿所遭受的损失（见本法第9条）。

第六编　继承法

第五十七章　继承总则

第1038条　继承

1. 继承，是指被继承人的遗产（按照法律或遵照遗嘱）转给继承人。

2. 除本条另有规定外，被继承人死亡的，在法定继承条件下，由全体继承人同时进行继承。

3. 本法规定调整继承关系。法律另有规定的，依照其规定。

第1039条　继承的基础

1. 继承遵照遗嘱人的意志或者按照法律进行。

2. 被继承人未立遗嘱或所立遗嘱无效时，根据法律推定进行法定继承。

第1040条　遗产构成[1]

1. 遗产包括属于被继承人的财产、权利和义务，其存在并不随着被继承人死亡而停止。

2. 与被继承人的人身密不可分的人身权利和义务，不构成遗产：

1）除法律另有规定或者当事人另有约定外，作为法人组织成员的权利；

2）对生命或者健康的损害赔偿权；

3）因给付扶养费产生的权利和义务；

4）根据哈萨克斯坦共和国劳动法和哈萨克斯坦共和国社会保障法，领取养老金、补助和其他款项的权利；

5）与遗产无关的人身非财产权。

3. 被继承人的人身非财产权和其他非物质利益，可以由继承人行使和保护。

第1041条　共有财产的继承

1. 共有人死亡的，根据本法第218条规定的程序，是确定共有人在共有财产中的份额、分割共有财产和分配死亡共有人份额的基础。在此情况下，继承按照死亡共有人的份额进行分配；如果是不能分割的实物财产，则应补偿相应份额的成本。

2. 共有人可以将其在共有财产中的份额留给其继承人，其份额将在共有人死亡后根据本条第1款确定。

第1042条　继承公开

1. 继承公开是被继承人死亡或者宣告死亡的结果。

---

[1] 第1040条经哈萨克斯坦共和国2007年5月15日第253号法律修订。

2. 继承的开始时间，是被继承人死亡的当日；被继承人宣告死亡的，是法院宣告判决生效的当天，但是法院判定其他时间的除外。

3. 如果有继承权的人同一天连续死亡，则被认定为同时死亡，不相互继承，在这种情况下每个死亡人的继承人均参加继承。

第 1043 条　继承开始的地点

继承开始的地点，是遗嘱人的最后住所地；最后住所地不明的，则是遗产或者其主要部分的所在地。

第 1044 条　继承人

1. 依照遗嘱和法律进行遗产继承的人，可以是设立遗嘱时的在世公民、继承开始后出生的遗腹子女。

2. 在继承公开之前创建并在继承公开之时存在的法人，可以成为遗嘱继承人。

第 1045 条　不合格继承人丧失继承权[1]

1. 故意杀害被继承人或者其他继承人的，无权进行遗嘱继承或者法定继承；但是遗嘱人在被实施谋杀行为后仍然立下遗嘱的除外。

2. 故意阻止被继承人执行遗嘱，从而促成本人或者其亲属继承或者增加其继承份额的人，无权依照遗嘱或者法律进行继承。

3. 被剥夺权利而在继承开始时尚未恢复对子女亲权的父母，以及逃避履行对遗嘱人法定扶养义务的父母（养父母）、成年子女（养子女），不享有法定继承权。

4. 取消不合格继承人继承权的情况，应当由法院判决。

4-1. 没有继承权或者根据本条被排除在继承权之外的人（不合格继承人），应当返还不合理获取的所有遗产。

遗产无法返还的，不合格继承人应当偿还其市场价格。

5. 本条规定也适用于拒绝继承（见本法第 1057 条）。

如果拒绝继承的对象是为不合格继承人完成某项工作或者向其提供某项服务，后者应偿还执行拒绝继承人为所完成工作或者向其提供服务的费用。

6. 本条规定适用于所有继承人，包括必须接受强制继承的人。

第五十八章　遗嘱继承

第 1046 条　一般规定[2]

1. 遗嘱应是公民在死亡时处置其所属财产的意愿表达。

1-1. 遗嘱应当由在订立时具有完全行为能力的公民订立。

2. 公民可将其全部或者部分财产遗赠给一人或者多人，而不论其是否属于继承人，也可遗赠给法人和国家。

---

〔1〕 第 1045 条经哈萨克斯坦共和国 2007 年 1 月 12 日第 225 号法律修订（自正式公布之日起生效）。

〔2〕 第 1046 条经哈萨克斯坦共和国 2007 年 1 月 12 日第 225 号法律修订（自正式公布之日起生效）。

3. 遗嘱必须亲自制定，不得通过代理人订立遗嘱。

4. 遗嘱人有权依法剥夺一个、多个或者全部继承人的继承权，无须说明理由。依法剥夺继承人的继承权，不适用于代位继承的后代，但是遗嘱另有约定的除外。

5. 遗嘱人有权订立涉及其任何相关财产的遗嘱，包括其将来可能获得的财产。

遗嘱人可以任何方式确定继承人的份额，通过订立一个或者多个与不同财产有关的遗嘱来处置其所属全部或者部分财产。

6. 遗嘱人可以在订立完成后随时撤销或者更改遗嘱，并且无须说明原因。

7. 遗嘱人无权要求遗嘱中的指定继承人在其死亡时必须以某种方式处置遗产。

第 1047 条　继承条件

1. 遗嘱人有权将继承人的某些行为作为继承遗产的条件。

2. 指定继承人或者剥夺继承权的非法条件无效。

3. 遗嘱中包含的条件，对于继承人来说因其健康或其他客观原因是不可能的，则遗嘱人的要求无效。

第 1048 条　继承分配

1. 遗嘱指定继承人在继承开始前死亡的，可以根据本法第 1045 条的规定，通过不予接受、拒绝接受或者作为不合格继承人而被取消继承。继承人不能满足遗嘱人合法条件的，则可以指定其他继承人（再指定继承人）。

2. 再指定继承人，是根据本法第 1044 条规定可能成为继承人的任何人。

3. 拒绝遗嘱继承对指定继承人不利的无效。

第 1049 条　遗产未分配部分[1]

1. 对于遗产未分配部分，根据本法第 1061—1064 条规定的程序进入法定继承。

2. 上述继承人，包括遗产未分配部分的法定继承人。

第 1050 条　遗嘱形式的一般规则

1. 遗嘱应当以书面形式订立并经过公证，注明订立地点和时间。

2. 以下形式应当被认定为正式订立：

1）经过公证的遗嘱；

2）相当于公证的遗嘱。

3. 遗嘱应当由遗嘱人亲自签署。

遗嘱人因身体残疾、疾病或者文盲不能亲手签署遗嘱的，可以由其他公民在公证人或者其他证明人在场的情况下签署遗嘱，并注明遗嘱人不能亲手签署的原因。

4. 根据本法，应当在证人在场的情况下起草、签署或者证明遗嘱的，下列人员不能作为证人也不能代替遗嘱人签署遗嘱：

1）公证人或者其他证明遗嘱的人；

2）与订立遗嘱或拒绝遗嘱利益相关的人，其配偶、子女、父母、孙子女、曾孙子女，

---

〔1〕 第 1049 条经哈萨克斯坦共和国 2007 年 1 月 12 日第 225 号法律修订（自正式公布之日起生效）。

以及法定继承人；

3）无民事行为能力人或者限制民事行为能力人；

4）文盲和其他无法阅读遗嘱的人；

5）有作出虚假陈述犯罪记录的人。

第 1051 条　公证遗嘱

1. 公证遗嘱，应当由遗嘱人亲自书写，或者由公证人在证人面前记录遗嘱人的陈述。在遗嘱人书写遗嘱时，公证人可以使用普遍接受的技术手段（打字机、个人电脑等）。

2. 在签署遗嘱之前，应当在公证人和证人在场的情况下，完整阅读由遗嘱人书写的遗嘱。

遗嘱人因身体缺陷、疾病或者文盲不能亲自阅读遗嘱的，遗嘱由证人在公证人在场的情况下代为阅读，并在遗嘱中注明遗嘱人不能亲自阅读的原因。

3. 公证遗嘱在证人面前订立的，则应当在遗嘱中注明证人的姓氏、名字和永久居住地。对于遗嘱签署人而不是遗嘱人，遗嘱中必须包含相同的信息。

4. 经遗嘱人要求，由公证人进行公证的遗嘱，其内容可以保密（秘密遗嘱）。

秘密遗嘱必须由遗嘱人亲自书写并签名，并在两名证人和一名公证员在场的情况下，将遗嘱密封在信封中，证人在信封上签名，否则视为无效。由证人签名的信封，在证人和公证员在场情况下密封在另一个信封中，公证员在信封上签名。

5. 遗嘱人居住地没有公证人的，遗嘱由法律授权的工作人员进行公证。

第 1052 条　与公证遗嘱相当的遗嘱

1. 与公证遗嘱相当的遗嘱：

1）在医院、疗养院和其他医疗机构治疗，或者在养老院或者残疾人之家生活的公民，由前述单位的主任医生和值班医生证明遗嘱；

2）在医院、疗养院和其他军事医疗机构接受治疗的军事人员和其他人员，由前述单位的院长、副院长、高级医生和值班医生证明遗嘱；

3）在海上或者内陆悬挂哈萨克斯坦共和国国旗的船只上航行的公民，由这些船只的船长证明遗嘱；

4）勘探人和其他探险人，由探险负责人证明遗嘱；

5）在没有公证人和授权工作人员进行公证的军事单位、编队、机关、教育机构的军事人员及其家属，以及在这些单位工作的平民及其家属，由前述单位的指挥官（首长）证明遗嘱；

6）剥夺自由场所的人员，由剥夺自由场所负责人证明遗嘱。

2. 本条第 1 款所规定的遗嘱，应当在证人在场情况下由遗嘱人在签署遗嘱的同时签字。

本条第 1 款所列工作人员，应根据公证法规定将经公证的遗嘱副本交给公证处保管。

此外，本法第 1051 条的规定相应地适用于此类遗嘱，但对遗嘱的公证要求除外。

第 1053 条　遗嘱的撤销和变更

1. 遗嘱人有权随时撤销或者变更遗嘱。

2. 可以通过以下方式撤销遗嘱：

1）向公证处提交申请，要求撤销之前提出的全部遗嘱；

2）起草新遗嘱。

3. 可以通过以下方式变更遗嘱：

1）向公证处提交申请，要求变更之前提出的部分遗嘱；

2）起草新遗嘱，变更原遗嘱的部分内容。

4. 原遗嘱内容因产生后续遗嘱而全部或者部分失效。如果后者又被遗嘱人撤销或者变更，则不得恢复。

第 1054 条　遗嘱的保密

公证人、遗嘱证明人、证人以及代替遗嘱人签署遗嘱的公民，在继承开始前，不得透露遗嘱内容及其起草、撤销或者变更的信息。

第 1055 条　遗嘱的解释

当公证人、遗嘱执行人或者法院解释遗嘱时，应考虑其中包含的单词和表达的字面含义。遗嘱中任何条款的字面含义不明确的，则通过将该条款与其他条款以及整个遗嘱的含义进行比较来确定。

第 1056 条　遗嘱无效[1]

1. 以不正当形式订立的遗嘱无效。遗嘱无效也是基于本法第 4 章关于交易无效的规则。

2. 因违反了本法所规定的起草、签署和公证遗嘱的程序，认定遗嘱无效的利益相关人可以起诉要求宣布遗嘱无效。

若法院认为不影响遗嘱人对遗嘱的理解，那么遗嘱起草、签署或者公证过程中的印刷错误或者其他轻微技术违规行为，不能使遗嘱无效。

3. 遗嘱中某些部分无效，不影响遗嘱其余部分的效力。

4. 遗嘱被宣布无效，则根据该遗嘱被剥夺继承权的人有权依照本法第 1060 条所规定的程序进入法定继承。

第 1057 条　拒绝继承（遗赠）

1. 遗嘱人有权以遗嘱方式，将个人财产赠给一个或者多个受益人，受益人有权拒绝继承（遗赠）。

受益人可以包括或者不包括法定继承人。

2. 拒绝继承的对象，可以是意图转给受益人的遗产部分的所有权、使用权或者其他权利，获得或者转让不属于继承的部分财产、履行某些工作任务、提供某些服务等。

3. 受遗嘱人委托而拒绝继承的受益人，必须在转让给他的遗产实际价值内履行，并减去遗嘱人欠其的债务。

拒绝继承的受益人有权获得继承中的强制性份额，拒绝仅限于转给他的遗产价值中超

[1] 第 1056 条经哈萨克斯坦共和国 2007 年 1 月 12 日第 225 号法律修订（自正式公布之日起生效）。

过强制性份额的部分。

除遗嘱另有规定外，不得将继承强加给所有或者几个继承人，每个继承人按照继承份额比例继承。

4. 遗嘱人有权对住宅楼宇的继承人施加义务，向他人提供终身使用住宅楼宇或其中部分的权利。在随后的住宅楼宇所有权转让中，终身使用权仍然有效。

终身使用权不可剥夺、不可转让，并且不能转移给受益人的继承人。

除遗嘱另有规定外，赋予受益人的终身使用权不作为其家庭成员居住的依据。

5. 拒绝继承的受益人死亡的，被拒绝接受的遗产将转给接受其份额的其他继承人；财产无人继承的将遗赠给国家。

受益人在继承开始前死亡，则不执行拒绝继承，直到遗嘱继承人接受。

6. 拒绝接受遗产的受益人，不对遗嘱人的债务负责。

第 1058 条　委托遗嘱负担

1. 遗嘱人可以根据委托遗嘱要求继承人采取或不采取任何行为，而不赋予任何人权利以要求受益人履行义务。为了实现公益目的，在遗嘱人分配部分财产用于执行遗嘱时，则可以对遗嘱执行人施加同样的义务。

2. 本法第 1074 条的规定，相应地适用于继承具有财产性质的行为。

3. 在本法规定的情形下，继承执行人将应得份额或者属于继承人的份额转给其他继承人的，则继承执行即告终止。

第 1059 条　遗嘱的执行

1. 遗嘱人可以委托指定继承人以外的人（遗嘱执行人）执行遗嘱。此人同意作为遗嘱执行人的，必须由其本人在遗嘱上亲自书写或者在遗嘱附件中注明。

遗嘱中没有指定遗嘱执行人的，继承人有权通过他们之间的合同将遗嘱执行委托给其中一个继承人或者他人。如果没有达成合意，可以由法院指定一个或者多个继承人担任遗嘱执行人。

遗嘱执行人有权在任何时候拒绝履行遗嘱人分配给他的职责，并提前通知承受人。法院也可以通过对继承人的判决，免除遗嘱执行人的职责。

2. 遗嘱执行人应当：

1）保护和管理遗产；

2）采取一切可能的措施，将公开遗产通知所有适宜继承人和遗赠继承人，以保证其利益；

3）收取遗嘱人的债权；

4）根据遗嘱人的意愿和法律，向继承人发放应当继承的遗产；

5）确保继承人接受遗赠（见本法第 1057 条）；

6）执行遗嘱或者要求继承人执行遗嘱（见本法第 1058 条）；

7）结清继承债务。

3. 遗嘱执行人有权以自己的名义，参与与继承管理和遗嘱执行有关的司法案件和其他案件，也可以被要求参加到此类案件中。

4. 遗嘱执行人应在合理必要期间履行职责，以结清继承债务、收回遗嘱人的债权以及使所有继承人顺利接收遗产。

5. 遗嘱执行人有权要求补偿继承的必要费用和遗嘱执行管理费用。遗嘱可以规定在继承中支付给遗嘱执行人的报酬。

6. 在执行遗嘱时，遗嘱执行人应当根据继承人的要求，向继承人提供报告。

第五十九章　法定继承

第 1060 条　一般规定[1]

1. 法定继承人按照本法第 1061—1064 条所规定的先后顺序继承。

2. 在法定继承时，“被收养人及其后代”与“收养人及其亲属”之间的关系，等同于血亲。

被收养人及其后代在被收养人的亲生父母和其他亲属死后不享有法定继承权。

被收养人的亲生父母和其他近亲属在被收养人及其后代死后不享有法定继承权。

3. 根据法律，每个后顺位继承人在没有前顺位继承人的情况下，获得继承权；其不接受继承或拒绝继承的，则从继承中移除；但是本法第 1074 条第 5 款所规定不接受或者拒绝继承的情形除外。

4. 本法关于法定继承人的顺序和其在继承中的份额，可以通过在继承公开后签订有关继承人的公证协议来变更。该协议不应当影响未参与协议继承人以及有权获得强制性份额继承人的权利。

第 1061 条　第一顺位法定继承人[2]

1. 被继承人的父母、配偶、子女（包括出生时是活体的遗腹子女），均享有法定继承的权利。

2. 被继承人的孙辈及其后代，可以代位继承。

第 1062 条　第二顺位法定继承人[3]

1. 没有第一顺位继承人的，则第二顺位的法定继承人是被继承人的祖父母、外祖父母、同胞（同父同母）和半同胞（同父异母或同母异父）兄弟姐妹。

2. 被继承人的同胞（同父同母）和半同胞（同父异母或同母异父）兄弟姐妹的子女（被继承人的侄子、侄女），可以代位继承。

第 1063 条　第三顺位法定继承人[4]

1. 没有第一和第二顺位继承人的，则第三顺位的法定继承人是被继承人的叔伯舅姑姨。

2. 遗嘱人的堂表兄弟姐妹，可以代位继承。

---

〔1〕 第 1060 条经哈萨克斯坦共和国 2007 年 1 月 12 日第 225 号法律修订（自正式公布之日起生效）。

〔2〕 第 1061 条经哈萨克斯坦共和国 2007 年 1 月 12 日第 225 号法律修订（自正式公布之日起生效）。

〔3〕 第 1062 条经哈萨克斯坦共和国 2007 年 1 月 12 日第 225 号法律修订（自正式公布之日起生效）。

〔4〕 第 1063 条经哈萨克斯坦共和国 2007 年 1 月 12 日第 225 号法律修订（自正式公布之日起生效）。

第 1064 条　后续顺位的继承人[1]

1. 如果没有第一、第二和第三顺序继承人，根据法律，继承权由继承人的第三、第四和第五代亲属获得。

亲等（亲属等级）由隔代亲属的出生人数确定，被继承人本人的出生不包括在内。

2. 以下亲属根据本条第 1 款继承：

被继承人的曾祖父和曾祖母，即第三代亲属，为第四顺序继承人；

被继承人的侄子和侄子的子女（表亲孙子和孙女）和祖父母（表亲祖父母）的兄弟姐妹，即第四代亲属，为第五顺序继承人。

第六顺位继承人，是第五亲等的亲属，即被继承人的曾孙子女的孩子（曾曾孙子女）、堂表兄弟的孩子（曾侄子女）、曾祖父母的孩子（曾叔舅姑姨）。

3. 前续顺位没有继承人的，如果其与被继承人在同一个家庭，则遗嘱人的同父异母的兄弟姐妹、继子女、继父母，在法律上被称为第七顺位继承人。

第 1065 条[2]

第 1066 条[3]

第 1067 条　代位继承[4]

1. 在继承开始前或者与被继承人同时死亡的法定继承人的份额，在本法第 1061 条第 2 款、第 1062 条第 2 款和第 1063 条第 2 款规定的情况下，其各自的后代进行代位继承，并由其均分。

2. 继承人在继承开始前或者与被继承人同时死亡的，根据本法第 1045 条，没有继承权的继承人的后代不得代位继承。

第 1068 条　遗嘱人的残疾家属[5]

1. 根据本法第 1062 条、第 1063 条、第 1064 条规定，公民不包括在被要求继承的继承人顺位中，在继承开始之日无劳动能力，若其在被继承人死亡前至少依赖其生活 1 年，无论其是否与遗嘱人共同生活，属于法定继承人。

2. 本法第 1062 条、第 1063 条、第 1064 条所规定的继承人，不包括在继承人顺位中，但在继承开始之日无劳动能力，若其在被继承人死亡前至少依赖其生活 1 年，并与之共同生活，则与继承顺列的继承人在平等基础上共同继承。

依法没有其他继承人的，本条第 2 款所规定被继承人的残疾家属，应作为第八顺位继承人独立继承。

---

〔1〕 第 1064 条经哈萨克斯坦共和国 2007 年 1 月 12 日第 225 号法律修订（自正式公布之日起生效）。

〔2〕 第 1065 条经哈萨克斯坦共和国 2007 年 1 月 12 日第 225 号法律删除（自正式公布之日起生效）。

〔3〕 第 1066 条经哈萨克斯坦共和国 2007 年 1 月 12 日第 225 号法律删除（自正式公布之日起生效）。

〔4〕 第 1067 条经哈萨克斯坦共和国 2007 年 1 月 12 日第 225 号法律修订（自正式公布之日起生效）。

〔5〕 第 1068 条经哈萨克斯坦共和国 2007 年 1 月 12 日第 225 号法律修订（自正式公布之日起生效）。

第 1069 条　继承强制性份额的权利

1. 被继承人的未成年子女、残疾子女、残疾配偶和父母，无论遗嘱的内容如何，在进行法定继承时，应当继承至少一半的份额（强制性份额）。

2. 强制性份额，包括有权按份继承人通过遗嘱继承或者法定继承获得的一切，包括由普通家具和家用物品构成财产价值，以及为该继承人拒绝继承的价值。

3. 在遗嘱中，为有权在继承中获得强制性份额的继承人，所确立的任何限制和负担，仅对转给他的遗产中超过强制性份额的部分有效。

第 1070 条　配偶的继承权

1. 根据遗嘱或者法律，属于配偶的继承权，不影响其与遗嘱人结婚有关的其他财产权，包括婚姻关系存续期间获得财产的所有权。

2. 根据法院判决，若证明配偶与被继承人的婚姻在继承开始之前已经结束，并且在继承开始之前分居至少 5 年，则可以从继承中将其移除。

第 1071 条　继承的法律保护及管理〔1〕

1. 如果部分财产由遗嘱继承，遗嘱执行人由被继承人指定，负责保护并管理按照顺序（包括按法定继承）进行继承。

遗嘱执行人根据本法第 1059 条，由遗嘱指定或者法院判定继承人，应当履行保护和管理整个继承的职能，但是法律要求继承人指定受托人履行的除外。

2. 遗产受托人由公证人在公开继承的地点根据一个或者多个法定继承人的要求任命。不同意遗产受托人任命或其选择的法定继承人，有权选择起诉质疑继承受托人的任命。

3. 如果没有或者未知法定继承人，则在城市、区级城市、村、乡郊的区，必须向公证人申请，要求任命遗产受托人。如果法定继承人出现，遗产受托人可以根据他们的要求被撤销，并以遗产偿还必要费用和支付合理报酬。

4. 遗产受托人行使本法第 1059 条规定的遗产执行人权利，因为法定继承的具体规定，不受其他限制。

5. 遗产受托人有权以遗产出资，偿还保护和管理继承所需的费用；除与继承人合同另有约定外，应当包括报酬。

第六十章　接受继承

第 1072 条　接受继承〔2〕

1. 继承人可以接受继承。

对于遗产（见本法第 1083 条），接受继承不是必须的。

2. 继承人接受部分继承，意味着接受全部继承。

---

〔1〕 第 1071 条经哈萨克斯坦共和国 2004 年 12 月 20 日第 13 号法律修订（自 2005 年 1 月 1 日起生效）。

〔2〕 第 1072 条经哈萨克斯坦共和国 2007 年 1 月 12 日第 225 号法律修订（自正式公布之日起生效）。

当一个继承人同时有几个继承理由时，继承人可以基于其中一个、多个或者所有理由接受继承。

不允许在有条件或有保留的情况下接受继承。

3. 一个或者多个继承人接受继承，并不意味着其他继承人接受继承。

4. 接受继承的人，不管其实际接受的时间，自继承开始之日起被视为继承人；当该权利受国家登记的，则不管继承人进行遗产继承权的国家登记时间。

第 1072-1 条　接受继承的方式[1]

1. 接受继承，是指继承人签发接受继承的申请证明、在继承公开地点向公证员或者依法授权出具证书的官员备案来进行。

继承人申请通过他人转送或者通过邮件发送公证员，则继承人在申请上的签名，必须由公证员或者授权执行公证的公务员（见本法第 1051 条第 5 款），根据本法第 167 条第 3 款获得授权证明。

如果授权委托书具体规定了遗产继承权，则可以通过代表进行继承。代表接受继承不需要遗嘱。

2. 继承人表示接受继承，特别是继承人已实际接受继承，如果没有相反证明，则视为继承人已经接受继承：

占有或者管理遗产；

采取措施保护遗产，保护其免受第三人侵犯或者索赔；

自费维护遗产；

自费支付被继承人的债务或者向第三人收取应得款项。

第 1072-2 条　继承接受期限[2]

1. 自继承开始之日起 6 个月内，可以接受继承。

在遗嘱人死亡、被推定或者被宣告死亡（见本法第 1042 条第 2 款）之日起 6 个月内，可以接受继承。如果被宣告死亡，则自法院宣告公民死亡的决定生效之日起计算，但是法院判决另有规定的除外。

2. 因其他继承人拒绝继承或者本法第 1045 条规定的理由丧失继承权而产生继承权的继承人，可以在继承权产生之日起 6 个月内接受继承。

第 1072-3 条　在期满后接受继承[3]

若继承人因正当理由错过继承接受期限（见本法第 1072-2 条），法院可以恢复该期限，并视为继承人接受了继承。若继承人因正当理由错过期限，在错过接受继承期限后 6 个月内可以向法院提出申请。

当认定继承人接受继承时，法院判决所有继承人在遗产中的份额，并在必要时采取措施保护新继承人获得应得的遗产，法院宣布之前签发的继承证书无效。

---

〔1〕 第 1072-1 条经哈萨克斯坦共和国 2007 年 1 月 12 日第 225 号法律补充（自正式公布之日起生效）。

〔2〕 第 1072-2 条经哈萨克斯坦共和国 2007 年 1 月 12 日第 225 号法律补充（自正式公布之日起生效）。

〔3〕 第 1072-3 条经哈萨克斯坦共和国 2007 年 1 月 12 日第 225 号法律补充（自正式公布之日起生效）。

第 1072-4 条　转继承[1]

在继承开始后、本法第 1072-2 条规定期限内，继承人死亡或者法定继承人死亡而尚未接受继承的，其所应继承的遗产份额转由其继承人继承。

死亡继承人的权利，可以由其继承人在接受继承剩余期限内行使。

若剩余期限不足 3 个月，则延长至 3 个月。

在接受继承期限届满后，法院认为有正当理由跳过这一期限的，可以认定死亡继承人的继承人根据本法第 1072-3 条规定接受了继承。

继承人根据本法第 1069 条接受部分遗产的，继承强制性份额的权利不得转让给其继承人。

第 1073 条　签发继承证书

1. 在继承人要求下启动继承的公证人，应当向继承人发出继承证书。

2. 继承证书从继承开始之日起 6 个月后发出。

当通过遗嘱继承和法定继承时，除申请继承证书的人之外，若公证员有可靠数据表明没有其他继承人与相关财产或者整个继承有关，可以在上述期限届满之前颁发证书。

第 1074 条　放弃继承的权利[2]

1. 继承人有权在得知或者应当得知继承公告之日起 6 个月内放弃继承。在有充分理由的情况下，法院可以延长这一期限，但不得超过 2 个月。

2. 放弃继承，由继承人在开始继承之地向公证员提交申请。

如果授权委托书明确规定有权拒绝，则可以通过代表放弃继承。

3. 放弃继承不得随后取消或者收回。

4. 继承人在期限届满时丧失放弃继承的权利。若其实际占有或者处置了遗产，或者要求获得证明其对该财产权利的文件，其将在规定期限届满之前丧失这一权利。

5. 放弃继承时，继承人有权表明，将其放弃继承的继承权转让给其他继承人，无论是遗嘱继承人还是法定继承人，包括通过代理继承的继承人。

不得将放弃的继承权转让给被剥夺继承权的人。

6. 若继承人根据遗嘱和法律被要求继承的，其有权以上述一种或者两种理由，放弃继承其应得遗产。

7. 继承人有权以增加继承份额权（见本法第 1079 条）放弃应得遗产，而不以其余遗产的继承为转移。

8. 除本条规定情况外，不得放弃部分继承、有所保留或有条件地继承。

第 1075 条　放弃接受遗赠的权利

1. 遗赠受益人可以放弃遗产。不得部分放弃，不得有所保留或有条件地继承。

2. 本条所规定的权利，并不取决于遗赠受益人是否放弃继承权。

3. 受益人行使了本条所规定权利的，则放弃遗产继承人免除履行相应义务。

---

〔1〕 第 1072-4 条经哈萨克斯坦共和国 2007 年 1 月 12 日第 225 号法律补充（自正式公布之日起生效）。

〔2〕 第 1074 条经哈萨克斯坦共和国 2007 年 1 月 12 日第 225 号法律修订（自正式公布之日起生效）。

第 1076 条　遗产分割

1. 接受继承的法定继承人，有权要求分割继承。

根据继承人的合同按照其份额分割继承，没有达成合意的可以提起诉讼。

2. 如果全部或部分遗产以所得份额形式被继承人继承，而未指定特定财产，则本条规定适用于继承人之间的遗产分割。

第 1077 条　缺席继承人的权利

1. 如果继承人中有位置不明的，则其他继承人、遗嘱执行人和公证人，应当采取合理措施确定其位置并要求其继承。

2. 如果缺席继承人要求继承并且其位置已确定，在本法第 1074 条规定期限内没有放弃继承，其余继承人应当通知其分割遗产的计划。

若自上述规定通知之日起 3 个月内，缺席继承人没有通知其他继承人其希望参加继承分割，其他继承人有权通过合同进行分割。

3. 自开始继承之日起 1 年内，没有确定缺席继承人的位置，也没有关于其拒绝继承的信息，其他继承人有权根据本条第 2 款第 2 项的规定进行分割。

4. 若存在有继承权的遗腹子女，只能在其出生后分割遗产。

若有继承权的遗腹子女是活着出生的，其他继承人只有分配给其继承份额时才有权进行继承分配。为了保护新生儿的利益，可以邀请监护机构代表其参与分割。

第 1078 条　个人继承人对遗产的优先继承权

1. 继承人在继承开始前 1 年与遗嘱人共同生活的，对住宅、家庭用具和家庭用品享有优先继承权。

2. 继承人与遗嘱人共有财产的，对共有财产享有优先继承权。

3. 在行使本条第 1 款和第 2 款所规定的优先继承权时，应当尊重参与分割的其他继承人的财产权益。遗产不足以提供应得份额的，行使优先继承权的继承人应当向其补偿相应的金钱或者财产。

第 1079 条　增加继承份额

1. 若继承人放弃继承或者因本法规定情形而丧失继承权，则应当将该继承人的继承份额转给其他继承人，并按照继承份额比例分配。

如果被继承人将所有财产遗赠给他指定的继承人，被列入拒绝继承或继承人失联的部分遗产，应根据遗嘱分配给其他继承人，因遗嘱中没有其他规定，应按其继承份额的比例在其他继承人中进行分配。

2. 本条第 1 款的规定不适用于：

1）放弃或者丧失继承权的继承人；

2）为特定人利益放弃继承的继承人；

3）在法定继承时，继承人拒绝或丧失继承权的，下一顺位继承人继承。

第 1080 条　继承费用

遗嘱人临终疾病引起的必要赔偿费用，丧葬费用，与保护和管理继承、执行遗嘱有关费用，以及向遗嘱执行人、遗产受托人请求支付报酬的，则在遗产分配给继承人之前，以继承价值为限度，继承费用优先于所有其他债权，包括有质押担保的债权。

第 1081 条　债权人收集遗嘱人的债务

遗嘱人的债权人，有权以遗嘱执行人（继承受托人）或者继承人作为共同债务人在由每个继承人继承财产价值范围内，提出其因履行遗嘱义务而产生的索赔。

第 1082 条　农民或者农场继承[1]

农民或者农场成员死亡的，根据一般规则行使继承权。继承人有权获得与其财产共有权中所占份额相称的货币补偿。

第 1083 条　无人认领财产的继承[2]

1. 根据遗嘱或者法律规定没有继承人的、没有任何继承人有权继承（见本法第 1045 条）的，或者所有继承人都放弃继承权（见本法第 1074 条）的，继承视为终止。

2. 无人继承的财产在继承开始地点收归国有。

收归国有财产的统计、储存、评估、使用和销售管理工作，由授权管理公共财产的机构进行。

哈萨克斯坦共和国政府决定对已收归国有的无人继承的财产进行统计、存储、评估、使用和销售的程序。

3. 法院应根据城市、地区级城市、居民点、村庄、郊区的地区、城市办公室申请，自继承开始之日起 1 年后，确认无人继承的财产，若保护和管理继承相关成本超过其价值，则可以在上述期限届满前将继承视为无人继承。

4. 无人继承的遗产的保护与管理参照本法第 1071 条的规定。

第七编　国际私法

第六十一章　总　则

第 1084 条　涉外民事法律关系准据法的确定

1. 适用于涉及外国公民、外国法人或者具有涉外因素的民事法律关系的法律，应当根据本法、其他法律文件、哈萨克斯坦共和国批准的国际条约或者认可的国际惯例确定。

2. 依照本条第 1 款规定无法确定准据法的，则适用与涉外民事法律关系有最密切联系的法律。

3. 其他有权决定法律适用的机关，也可以相应适用本编有关法院适用法律的规定。

第 1085 条　法律概念的识别

1. 除法律另有规定外，法院对法律概念的识别，根据法院所在国法律对其进行解释。

---

〔1〕 第 1082 条经哈萨克斯坦共和国 2007 年 1 月 12 日第 225 号法律修订（自正式公布之日起生效）。

〔2〕 第 1083 条经哈萨克斯坦共和国以下法律修订：2001 年 12 月 24 日第 276 号；2004 年 12 月 20 日第 13 号（自 2005 年 1 月 1 日起生效）；2006 年 6 月 22 日第 147 号。

2. 如果法律概念不为法院所在国法律所知悉、与其他名称或者内容更接近，并且不能按照法院所在国解释来确定，则在识别该法律概念时也可以适用外国法。

第 1086 条　外国法规范内容的查明

1. 适用外国法时，法院应当根据该外国的官方解释、适用惯例和学说，查明其相关规范的内容。

2. 为查明外国法规范的内容，法院可以依照法律规定程序请求哈萨克斯坦共和国司法部和其他主管机关、有关机构（包括国外机构）和专家予以协助或者解释澄清。

3. 当事人有权提交证实外国法规范内容的文件，据以进行支持或者抗辩；或者以其他方式协助法院确定该规范内容。

4. 尽管依照本条规定采取了措施，在合理期间仍不能查明外国法内容的，则适用哈萨克斯坦共和国法律。

第 1087 条　反致以及对第三国法律的转致

1. 除本条所规定情形外，本编规定关于对外国法的指引，均指引相关国家的实体法，而非冲突法。

2. 在本法第 1094 条、第 1095 条第 2 款、第 3 款、第 5 款和第 1097 条所规定情况下，反致哈萨克斯坦共和国法律和转致第三国法律的，适用该外国法的规定。

第 1088 条　规避法律的后果

受本法调整法律关系的当事人，其旨在规避本编有关法律适用规定而使相应法律关系受其他法律支配的协议和其他行为无效，应当适用依照本编规定所援引的法律。

第 1089 条　互惠

1. 法院适用外国法，并不取决于哈萨克斯坦共和国法律在同类案件中依照该外国法是否得以适用；但是哈萨克斯坦共和国法律规定对适用外国法保留互惠的情况除外。

2. 除另有相反证明外，如果适用外国法取决于互惠关系，则推定存在互惠。

第 1090 条　公共秩序保留

1. 违背哈萨克斯坦共和国法律基本原则和社会公共秩序的外国法不得适用，在此情况下应当适用哈萨克斯坦共和国法律。

2. 不得仅根据某外国的政治经济制度与哈萨克斯坦共和国存在差异，而拒绝适用该外国法。

第 1091 条　强制性规范的适用

1. 本编规定不影响哈萨克斯坦共和国强制性规范的效力，即依照规范本身或者鉴于对国家社保对象的合法权益具有特定意义，从而直接调整相应法律关系而不必考虑准据法。

2. 依照本编规定适用任何国家的法律时，如果情况表明，他国法律与受调整的法律关系具有密切联系，而且依照该国法律的强制性规范应调整相应法律关系而不必考虑准据法的规定，法院可适用该国法律的强制性规范。此时，法院必须考虑此类规范的目的、性质及其适用后果。

第 1092 条　多法制国家法律的适用

如果应适用某国法律，而该国存在不同的法制区域或者存在其他法律制度，则依据该国相应法律规定予以适用。

第 1093 条　反措施（报复）

某国对哈萨克斯坦共和国公民和法人的权利进行特别限制，则哈萨克斯坦共和国可以对该国公民和法人的权利实施对应的限制。

第六十二章　冲突规范

第一节　自然人和法人

第 1094 条　自然人的本国法

1. 自然人的本国法指其国籍所在国的法。出现双重或多重国籍时，与该自然人具有最密切联系的国家法为其本国法。

2. 无国籍人以其定居地国法为其本国法。

3. 难民以庇护国法为其本国法。

第 1095 条　自然人的民事权利能力和民事行为能力[1]

1. 自然人的民事行为能力，依其本国法确定。与此同时，外国人和无国籍人在哈萨克斯坦共和国境内享有与哈萨克斯坦公民同等的民事权利能力，但是哈萨克斯坦共和国法律或者批准的国际条约另有规定的除外。

2. 自然人的民事行为能力，依其本国法确定。

3. 自然人与合同或者因致损产生义务有关的，依行为完成所在国法或因损害产生义务所在国法。

4. 自然人成为私人业主并因此具有权利能力和行为能力的，依该私人业主注册地国法。没有相应注册的，则适用私人业主活动实施地所在国法。

5. 宣告自然人为无行为能力人或限制行为能力人，依法院所在国法。

第 1096 条　宣告自然人失踪或死亡

宣布个人失踪或者死亡，依法院所在国法。

第 1097 条　自然人的姓名权

自然人的姓名权及其行使和保护，依其本国法；但是本法第 15 条第 5 款和第 7 款、第 1103 条、第 1120 条另有规定的除外。

第 1098 条　侨民的身份登记

侨居境外的哈萨克斯坦共和国公民，在哈萨克斯坦共和国驻外领馆进行身份登记。在

---

〔1〕 第 1095 条经哈萨克斯坦共和国 2007 年 1 月 12 日第 225 号法律修订（自正式公布之日起生效）。

此情况下，适用哈萨克斯坦共和国法律。

第 1099 条　承认外国当局签发的民事地位文书

外国主管机关依照本国法在哈萨克斯坦共和国境外出具的，用以证明哈萨克斯坦公民、外国人和无国籍人的民事地位文书，在哈萨克斯坦共和国依其法律承认合法性。

第 1100 条　公司本国法

法人设立所在国法为公司本国法。

第 1101 条　法人的民事权利能力

1. 法人的民事权利能力，依公司本国法。

2. 外国法人不得对其机构或者代表的代理权施加限制，但该外国法人的机构或者代表实施交易所在国法律不熟悉限制代理权的除外。

3. 依照外国法不属于法人的外国组织，其民事权利能力依该组织所在国法。

如果该组织活动适用哈萨克斯坦共和国法律，则适用本法有关调整作为商业组织法人活动的规定，但是哈萨克斯坦法律另有规定或者有关义务实质内容另有约定的除外。

第 1102 条　国家参与涉外民事法律关系

有国家参与的涉外民事法律关系，一般适用本编规定；但是哈萨克斯坦法律另有规定的除外。

第二节　个人的精神权利

第 1103 条　保护私人个人的精神权利

个人的精神权利（私人非财产权），适用据以提起保护此类权利请求的实施所在国法或者其他事件发生地法。

第三节　法律行为、代理、诉讼时效

第 1104 条　法律行为的形式

1. 法律行为的形式，依行为实施地法。在国外实施的法律行为，只要满足哈萨克斯坦共和国法律的要求，则不视为形式无效。

2. 哈萨克斯坦共和国公民或者法人参与的对外经济行为，无论行为地点，均须采用书面协议形式。

3. 有关不动产的法律行为形式，依该不动产所在国法。不动产在哈萨克斯坦共和国官方注册机构登记的，根据哈萨克斯坦共和国法律确定。

第 1105 条　代理权

代理权的形式和有效期，由代理权授予国法规定。若某代理权满足哈萨克斯坦共和国法律的要求，则不得因形式缺陷而视为无效。

第 1106 条　诉讼时效

1. 诉讼时效，由国家法律规定，适用于规范相应法律关系。

2. 请求权不受诉讼时效支配的，若哈萨克斯坦共和国公民或法人参与该法律关系，依哈萨克斯坦共和国法律。

第四节　物　权

第 1107 条　物权关系准据法的总则

1. 除哈萨克斯坦共和国法律另有规定外，不动产和动产的所有权和其他物权，根据该财产所在国法确定。

2. 不动产和动产的所有权归属、其他有关财产的法律识别，根据该财产所在国法进行。

第 1108 条　物权的产生和消灭

1. 除哈萨克斯坦共和国法律另有规定外，物权的产生和消灭，依该财产所在国法，此地为构成物权产生和消灭的行为或其他事件发生地。

2. 除当事人另有约定外，物权的产生和消灭根据某项法律行为的，应根据该交易所在国的法律确定。

3. 因时效而产生物权的，依时效届满时该财产所在国法。

第 1109 条　运输工具和其他经国家注册登记的物权

运输工具和其他经国家注册登记的物权，根据该运输工具或者财产注册登记国法确定。

第 1110 条　运输在途动产的物权

因法律行为而运输在途动产的物权和其他财产权，行为当事人未合意选择时，根据发运所在地法。

第 1111 条　物权保护

1. 所有权和其他物权保护，由财产所有人选择适用财产所在国法或者解决争议法院所在国法。

2. 不动产的所有权和其他物权保护，适用该财产所在国法。若涉及已在哈萨克斯坦共和国经国家注册的财产，适用哈萨克斯坦共和国法律。

第五节　合同债务

第 1112 条　根据当事人之间的合同选择法律

1. 除哈萨克斯坦共和国法律另有规定外，合同适用于当事人签订合同一致选择的国家法律。

2. 合同当事人对准据法的合意选择，必须明示作出、直接遵循合同条款总体情况或者从所依据事件中能够明确推断。

3. 合同当事人可以选择，将准据法适用于整个合同或者部分条款。

4. 合同当事人可在任何时候选择准据法，可在合同缔结时或者其后作出选择。合同当事人可随时就变更合同准据法达成书面协议。

第 1113 条　未协议选择时的准据法

1. 合同当事人没有签订有关适用法律的协议，则适用下列当事人的设立地、住所地或者主要行为发生（主要营业地）国法：

1）买卖合同中的出卖人；

2）赠与合同中的捐赠人；

3）财产租赁合同中的出租人；

4）财产无偿使用合同中的出借人；

5）承包合同中的承包人；

6）旅客运输合同中的承运人；

7）货运合同中的货运代理人；

8）借款或其他借贷合同中的债权人；

9）委托合同中的受委托方；

10）经纪合同中的经纪人；

11）保管合同中的保管人；

12）保险合同中的保险人；

13）担保合同中的担保人；

14）质押合同中的出质人；

15）特权使用许可证合同中的许可人。

2. 涉及房地产合同以及财产信托管理合同中的权利和义务，适用该财产所在国法。如果涉及已在哈萨克斯坦共和国经国家注册的财产，适用哈萨克斯坦共和国法律。

3. 合同当事人未就选择准据法达成合意的，无论本条第 1 款规定的情况如何，适用下列规定：

1）联合建筑施工合同中，适用相应行为地或通过合同确定的结果发生国法；

2）举行竞标（投标、拍卖）或者在交易所订立的合同，适用竞标行为发生地或交易所所在地的国家法。

4. 本条第 1 款至第 3 款未提及的合同，合同当事人未选择准据法时，适用合同内容主要履行方的设立地、住所地或者主要活动场所所在国法。若不能确定对合同内容起主要作用的履行行为，适用与合同关系最密切的国家法律。

5. 除合同当事人另有约定外，依照合同接受给付的，适用给付接受法。

6. 国际货物买卖合同中使用了商业术语，在合同无其他说明时，则推定合同当事人一致同意将与相应商业术语有关的现行商业惯例适用于其合同关系。

第 1114 条　设立涉外法人的合同准据法

1. 设立涉外法人的合同，适用于该法人目前或者曾经的设立国法。

2. 本条所调整的法律关系，包括法人的设立和解散、转让业务份额、法人股东之间相互关系（包括后续合同约定的关系），但是这些法律关系应当与它们之间的权利和义务有关。

3. 本条规定，在通过其他设立文件，确定涉外法人的股东之间的权利和义务时，也予以适用。

第 1115 条　准据法的适用范围

1. 依照本节规定适用于合同的准据法，特别适用于：

1）合同解释；

2）合同当事人的权利和义务；

3）合同履行；

4）不履行或者不当履行合同的后果；

5）合同终止；

6）合同无效的事由和后果；

7）与合同有关的债权转让和债务转移。

2. 有关合同履行的种类和方式，以及不当履行合同时采取的措施，除合同准据法外还应当注意合同履行国法。

第六节　非合同债务

第 1116 条　单方法律行为引起的责任

因单方法律行为（悬赏、无因管理等）引起的责任，适用该法律行为实施国法。单方法律行为的实施地，依哈萨克斯坦共和国法律的规定。

第 1117 条　损害赔偿责任

1. 因损害赔偿责任产生的权利和义务，损害赔偿请求权依据行为或者其他事件发生国法。

2. 在国外因损害赔偿责任产生权利和义务，如果当事人为同一国家的公民或法人，则适用该相应国家的法律。

3. 损害赔偿请求权依据的行为或者其他事件，如果依照哈萨克斯坦共和国法律规定不构成违法，则不适用外国法。

第 1118 条　消费者损害赔偿责任

因消费者购买商品或享受服务而产生的损害赔偿请求权，依消费者的自行选择适用：

1）消费者住所国法；

2）生产者或服务提供者的住所地或居所国法；

3）消费者取得货物地或享受服务地的国法。

第 1119 条　不当得利

1. 因不当得利引起的债务，适用不当得利发生国法。

2. 因取得或者保存财产的法律根据被废除而发生不当得利，则适用该法律根据隶属国法。

3. 不当得利的认定，由哈萨克斯坦共和国法律规定。

第七节　知识产权

第 1120 条　知识产权

1. 知识产权依被申请保护该权利的国家法。

2. 以知识产权为标的物的合同，由依照本章规定适用于合同债务的法律管辖。

第八节　继承法

第 1121 条　继承关系

除本法第 1122 条和第 1123 条另有规定外，遗嘱人在最后遗嘱中没有选择其本国法的，继承的顺位依遗嘱人最后住所国法。

第 1122 条　自然人订立和变更遗嘱的能力、遗嘱形式及其撤销行为

自然人订立和变更遗嘱的能力、遗嘱形式及其撤销遗嘱的行为，遗嘱人在最后遗嘱中未选择其本国法，则依照遗嘱人最后长期住所国法。然而，遗嘱形式及其撤销行为满足订立法或哈萨克斯坦共和国法律要求的，则不得因形式缺陷而视为无效。

第 1123 条　不动产继承顺位和国家登记注册

不动产的继承顺位，依该财产所在本国法律；在哈萨克斯坦共和国经国家注册的财产继承顺位，依哈萨克斯坦共和国法律。最后遗嘱指定该类财产的，则个人订立、变更遗嘱及其形式也适用同样的法律。

第九节　监护和托管

第 1124 条　托管和监护

1. 对无行为能力或限制行为能力的未成年人的托管和监护，应根据确立或解除监护权的属人法确立和解除。

2. 受托人（监护人）接受托管（监护）的义务由指定受托人（监护人）的属人法确定。

3. 受托人（监护人）和被托管人（被监护人）之间的法律关系应根据指定受托人（监护人）的国家法律确定。但是，如果被托管人和被监护人居住在哈萨克斯坦共和国境内，如果哈萨克斯坦共和国法律对该人更有利，则适用哈萨克斯坦共和国法律。

4. 对居住在哈萨克斯坦共和国境外的哈萨克斯坦共和国公民的监护权，如果哈萨克斯坦共和国有关领事机构没有基于法律反对确立或承认监护权，则承认其在哈萨克斯坦共和国有效。

哈萨克斯坦共和国总统

哈萨克斯坦共和国劳动法典〔1〕

2015年11月23日哈萨克斯坦共和国第414号法律

〔1〕 经哈萨克斯坦共和国2015年11月23日第414-Ⅴ号法律（《劳动法》204条）（自2017年1月1日起生效）、2018年5月24日第156-Ⅵ号法律修订（自首次正式公布之日起10日后生效）。

通用条款

第一编　总　则

第一章　基本规定

第 1 条　本法使用的主要概念

1. 本法使用了以下概念：

1）公务：公务员为履行国有单位、国家机关的任务和职能，提供技术服务和保障国家机关正常运行的专业活动。

2）公务员：为了履行国有单位、国家机关的任务和职能，提供技术服务和保障国家机关正常运行，依照哈萨克斯坦共和国法律规定的方式，担任编制内的带薪职务并行使职权的人员。

3）最低工资标准：依照本法规定，每月向从事简单非熟练（最低难度）劳动的劳动者所支付的，不低于在正常劳动强度和标准工作时间内履行正常劳动义务的报酬。

4）工服：保护劳动者免受有害或者危险生产因素影响的衣服、鞋子、帽子、手套及其他个人防护品。

5）重体力劳动：长期徒手抬高或者移动重物（10 公斤以上），或者是其他需要消耗大量体力（能量消耗超过 250 千卡/小时）的劳动类型。

6）轮班工作：在一个昼夜进行二、三或者四次轮班的工作。

7）社会伙伴关系：劳动者（劳动者代表）、用人单位（用人单位代表）、国家机关之间形成的，用以协调劳动利益关系或者其他与劳动关系有关的关系体系。

8）总协议、行业协议、区域协定（以下简称协议）：社会伙伴关系各方之间以书面形式签订的法律文本，用于规定国家、行业及区域范围内的劳动条件、工种、社会保障及其各方权利和义务。

9）竞业禁止条款：规定不得从事相竞争业务的合同条款，用以限制劳动者可能做出损害用人单位利益的行为。

10）停工：由于经济、工艺技术、管理及其他生产或者自然原因，而暂时中止工作。

11）职业技能等级：反映所从事工作复杂程度的劳动者技术水平。

12）中间人：劳动关系各方聘请的、为解决劳动争议提供服务的自然人或者法人。

13）休假：在本法所规定的平均工资条件下，劳动者暂时脱离工作并带薪休息，在此期间用人单位为其保留工作岗位。

14）劳动：为满足人类社会生活需要，创造物质、精神和其他价值的人类活动。

15）劳动卫生：为保障劳动者健康、预防工作环境和劳动过程不良影响的综合卫生防疫措施。

16）劳动争议：发生在劳动者与用人单位之间的，因履行哈萨克斯坦共和国劳动法，履行或者改变劳动条件、劳动集体合同、用人单位规章所产生的矛盾分歧。

17）劳动条件：包括付款条件、劳动定额、履行劳动义务、工作和休息时间、职务规则、扩宽服务范围、暂时履行缺勤劳动者的职责、劳动安全保护、技术和生产生活条件，以及双方约定的其他劳动条件。

18）国家劳动行政部门：根据哈萨克斯坦共和国法律，在劳动关系领域进行管理和跨部门协调的中央执行机关。

19）地方劳动监察机关：在地区、共和国级城市、首都的劳动关系领域细分的执行机关，在相关行政领域内依据哈萨克斯坦共和国法律处理劳动关系。

20）劳动报酬：根据本法、哈萨克斯坦共和国其他法律、劳动合同、集体合同和用人单位规章，用人单位向劳动者支付的与劳动有关的酬金。

21）劳动关系：在履行哈萨克斯坦共和国劳动法、劳动合同、集体合同和用人单位规章所规定的权利和义务时，劳动者与用人单位之间所产生的关系。

22）直接劳动关系：由于组织和管理劳动就业、专业培训、劳动进修和高级培训、社会伙伴关系，以及在本法规定情形下签订劳动合同和集体合同、劳动者（劳动者代表）参与制定劳动条件、解决劳动争议、监督哈萨克斯坦共和国劳动法遵守情况等事由，所涉及的劳动关系。

23）劳动安全：劳动者的安全状态，即通过一系列措施来保护劳动者，在劳动过程中免受有害或者危险生产因素的影响。

24）安全劳动条件：劳动者在履行劳动义务时，其劳动过程和工作环境符合劳动安全保护标准。

25）劳动保护监督：对生产过程中劳动安全保护状态进行监督，以及对劳动安全保护状态进行评估和预测。

26）劳动安全保护标准：为保障正常安全的劳动条件，在人体工程学、卫生防疫学、心理学和生理学及其他方面的要求。

27）劳动安全事故：劳动者在履行劳动（服务）职责或者完成用人单位任务时，受到有害或者危险生产因素的影响，导致工伤、劳动者健康突然恶化或者中毒，从而导致暂时、永久丧失劳动能力或者死亡。

28）劳动义务：哈萨克斯坦共和国法律、用人单位规章、劳动合同、集体合同所规定的，劳动者和用人单位的义务。

29）工龄：劳动者在履行劳动职责时所耗费的日历时间，以及其他符合本法规定的时间。

30）劳动纪律：哈萨克斯坦共和国法律、劳动合同、集体合同、用人单位规章所规定的，用人单位和劳动者需要适当履行的义务。

31）劳动规章：调整劳动者和用人单位的劳动组织关系的制度。

32）劳动保护：保障劳动者在劳动过程中生命和健康安全的系统措施和手段，包括法律、社会经济、管理、技术、卫生防疫学、医疗预防、康复及其他方面的措施和手段。

33）劳动安全监察员：进行劳动安全保护内部管理的劳动者代表。

34）标准劳动：确定劳动者在具体技术条件下从事劳动（生产一个单位产品）所需的时间成本，并在此基础上制定劳动定额。

35）安全劳动条件：生产因素对劳动者的影响不超过规定标准的劳动条件。

36）劳动合同：劳动者与用人单位之间的书面合同，根据该合同，劳动者必须完成特定工作（承担劳动职能）并遵守劳动纪律，而用人单位必须根据规定的劳动条件向劳动者提供工作，以确保本法、哈萨克斯坦共和国法律和其他规范性法律文件、集体合同、用人单位规章所规定的劳动条件，按时向劳动者支付足额工资。

37）工资：根据劳动难度、劳动者的技术水平、工作数量、工作质量和所从事工作的条件，向劳动者支付劳动报酬和带有补助、奖励性质的酬金。

38）个人防护用品：旨在保护劳动者免受有害或者危险生产因素影响的装备手段，包括工服。

39）用人单位：与劳动者发生劳动关系的自然人或者法人。

40）用人单位代表：根据创立文件或者授权书，全权代表用人单位或者其团体利益的自然人或者法人。

41）用人单位规章：用人单位发布的命令、指示、指令、规定、轮班时间表、值班计划表、休假时间表。

42）用人单位活动申报：确认用人单位活动的一种手续，即在用人单位提交申请的基础上，认可其活动符合哈萨克斯坦共和国劳动法的要求。

43）劳动者：与用人单位发生劳动关系，并根据劳动合同直接从事劳动的自然人。

44）劳动者代表：工会组织及其协会，以及在没有前述情形下由占总数至少 2/3 的劳动者（代表）出席全体会议，并由与会人员以多数票选举或者授权而当选的代表。

45）工作地点：在劳动过程中劳动者履行劳动义务时固定性或暂时性停留的地点。

46）评定技术等级：依照统一的工作技能指南和职业资格目录，以及经理、专家和其他组织劳动者的职务特征鉴定指南，来认定劳动者工作难度及其所达到的级别。

47）工作时间：劳动者根据用人单位规章和劳动合同条款来履行劳动义务的时间，以及根据本法、哈萨克斯坦共和国其他法律法规、集体合同以及用人单位规章所计算的其他时间段。

48）核算工作时间：通过用人单位汇总统计核算期，对工作时间进行核算。

49）有害劳动条件：存在有害生产因素的劳动条件。

50）有害生产因素：可能导致劳动者生病或者劳动能力下降，或者对后代健康产生负面影响的生产因素。

51）职业病：劳动者在履行劳动义务时，由于接触有害或者危险的生产因素，而引起的慢性或者急性疾病。

52）保障：在社会劳动关系领域，有助于劳动者享有权利的措施、方法和条件。

53）安全标准：按照管理、技术、卫生保健、生物及其他标准、规则、程序和准则，能够维护劳动者在劳动过程中的生命和健康权的、有关劳动生产条件、生产数量和质量的指标。

54）危险劳动条件：由于特定生产或者不可控制的自然因素影响导致的劳动条件，劳动者若不遵守劳动保护规则，将导致出现工伤、健康突然恶化或者中毒、暂时或者永久丧失劳动能力、患上职业病或者死亡。

55）危险生产因素：可能导致劳动者暂时或者永久丧失劳动能力（工伤或者职业病）甚至死亡的生产因素。

56）兼职：劳动者在业余时间根据劳务合同规定，在基本工作之外进行的其他定期有偿工作。

57）国家机关的外籍员工：签订劳动合同并进入国家机关工作的外国人。

58）节日：哈萨克斯坦共和国的国家和民族节日。

59）基本工资：工资中相对固定的工资部分，包括根据哈萨克斯坦共和国劳动法、行业协议、集体合同或者无固定期限劳动合同所规定的工资税率、岗位薪金、计件工资而计算出来的具有稳定特点的部分。

60）生产设备：为开展生产工作所需的机器、装置、仪器、设备和其他技术装置。

61）工伤：劳动者在履行劳动职责时的健康受损，导致劳动能力下降。

62）生产必要性：为了预防或消除自然灾害、事故或者尽快消除其后果，为防止事故、停工、其他特殊情形下生命和财产损失的后果，以及代替临时缺勤劳动者等，所从事的各种工作。

63）生产活动：劳动者利用必要的劳动工具，将资源转化为制成品，包括生产加工各种原材料、提供各种服务和操作，而采取的一系列行为的总称。

64）生产设施专业认证组织：根据劳动条件对生产设施从事鉴定认证的组织，其拥有高水平专业人员、根据哈萨克斯坦共和国法律认可成立的测试实验室或者同这些实验室机构签订协议。

65）根据劳动条件对生产设施进行认证：为了确定待做工作的安全状态、危险程度、工作强度、劳动卫生和工作环境是否符合劳动安全保护标准，对生产设施（车间、参与者、劳动地点，以及用人单位其他独立制造部门等）进行评估的活动。

66）劳动卫生：为防止或者减少有害生产因素对劳动者影响的卫生保健、管理措施和技术手段系统。

67）生产因素：根据哈萨克斯坦共和国法律和其他规范性法律文件，对劳动者产生影响的技术、医疗、卫生、生产和其他条件。

68）重大疏忽：劳动者违反劳动保护、技术安全和健康安全规则的行为。

69）补偿金：补偿劳动者在特殊劳动时间、劳动条件、失业的费用或哈萨克斯坦共和国法律规定的劳动者费用补偿，劳动者的专业培训、进修和高级培训和非劳动关系中其他人员（以下简称实习生）的有关费用。

70）工资等级系数：又称工资级差系数，是指相近技能等级工资之间的比率关系。

71）工资等级制度：是一种工资支付制度，在这种支付制度中，劳动者工资以基本工资和工资等级表为基础来确定。

72）工资等级表：根据劳动者劳动难度及所达到的技能等级进行区分的工资类别和等级指数。

73）基本工资：劳动者在特定单位时间内，完成一定难度（等级）的劳动，向其计付的工资标准。

74）工资类别：反映劳动复杂程度和完成该项劳动所需技能水平的指标。

75）纪律处分：在符合哈萨克斯坦共和国法律规定的前提下，用人单位或者国有控股公司高级管理人员对劳动者违纪行为采取的处分措施。

76）违纪行为：劳动者违反劳动纪律并且不当履行劳动义务的行为。

77）休息时间：劳动者免于履行劳动义务，并自由支配的时间。

78）集体保护手段：用于同时保护两名或者两名以上劳动者免受有害或者危险生产因素影响的技术手段。

79）集体合同：是一种书面形式的法律文件，即劳动者代表以劳动者名义，与用人单位签订书面合同，用来调整其内部的社会劳动关系。

80）加班：用人单位要求劳动者在规定劳动时间外（按周期计算超出标准劳动时长）完成的劳动。

81）通知：劳动者或者用人单位提交的书面声明，或者通过快递、邮政、传真、电子邮件以及其他信息沟通手段提交的声明。

82）出差：根据用人单位的决定，在固定期限内派遣劳动者在固定劳动地点之外的地方履行劳动义务，或者赴另一地区学习、进修、接受培训。

2. 哈萨克斯坦共和国劳动法的其他概念及专业术语，以本法相关条款所规定的含义为准。

第 2 条　哈萨克斯坦共和国劳动法

1、哈萨克斯坦共和国劳动法，以哈萨克斯坦共和国宪法为依据，并由本法、哈萨克斯坦共和国法律和其他规范性法律文件构成。

2、除本法规定情形外，哈萨克斯坦共和国其他法律不得调整有关劳动关系、社会伙伴关系及劳动保护关系。

3. 哈萨克斯坦共和国批准的国际条约所确立的其他规则，在本法和其他劳动法规面前具有优先权（如果哈萨克斯坦共和国批准的国际条约确立了本法以外的规则，则应适用该国际条约）。

除应用国际条约需要另行颁布法律外，哈萨克斯坦共和国批准的国际条约直接适用于劳动关系。

第 3 条　哈萨克斯坦共和国劳动法的目标及任务

1. 哈萨克斯坦共和国劳动法的目标，是调整劳动关系和与之有关的其他关系，旨在保护劳动关系各方的权益，保障劳动领域最基本的权利和自由。

2. 哈萨克斯坦共和国劳动法的任务，是创造必要法律条件，平衡劳动关系各方的利益，维护社会稳定和谐。

第 4 条　哈萨克斯坦共和国劳动法的原则

哈萨克斯坦共和国劳动法的原则是：

1）不得限制公民在劳动领域的权利；

2）保障劳动自由；

3）禁止劳动歧视、强迫劳动、雇佣童工；

4）保障符合安全卫生标准的劳动条件；

5）优先考虑劳动者的生命和健康权；

6）保障劳动者获得不低于最低工资标准的工资报酬的权利；

7）保障劳动者的休息权；

8）保障劳动者享有平等的权利和机会；

9）保障劳动者和用人单位的结社权利，以保护自身合法权益；

10）国家促进加强和发展社会伙伴关系；

11）国家管理劳动安全保护问题。

第5条　劳动自由

每人都有权自由选择和参与劳动，并免受任何歧视和强迫，有权发挥自己的劳动能力、选择职业和工作种类。

第6条　禁止劳动歧视

1. 每人都有平等机会在劳动领域实现其权利和自由。除本法和哈萨克斯坦共和国其他法律另有规定外，任何人的劳动权利都不受限制。

2. 在行使劳动权利时，任何人均不得因出身、社会地位、职业、财产状况、性别、种族、国籍、语言、宗教信仰、居住地点、年龄、身体残障以及从属社会组织而受到任何歧视。

3. 国家依法为加强社会和法律保护人员进行特别关照时，根据哈萨克斯坦共和国法律为相应劳动类别所确立的差异、例外、偏重和限制，不构成歧视。

4. 认为自己受到劳动歧视的人，有权依照哈萨克斯坦共和国法律规定的方式，向法院或者其他机关提起诉讼。

第7条　禁止强迫劳动

禁止强迫劳动。

强迫劳动，是指迫使劳动者完成非自愿从事的工作或者提供服务。

强迫劳动只能在以下情况下进行：

由法院判决生效，以国家机关监管为前提进行强制执行，并且劳动者不受自然人或者法人指令的限制；

处于紧急或者军事管制状态。

第8条　本法适用范围

1. 本法调整以下关系；

1）劳动关系；

2）与劳动直接相关的关系；

3）社会伙伴关系；

4）与劳动安全保护相关的关系。

2. 除哈萨克斯坦共和国批准的法律和国际条约另有规定外，本法适用于哈萨克斯坦共和国境内的劳动者和用人单位，包括已注册外国法人的分支机构或者代表处。

3. 个别类别劳动者的劳动法规特性，由本法和哈萨克斯坦共和国的其他法律规定。

4. 哈萨克斯坦共和国的其他法律，不得减少本法规定的权利、自由和保障水平。

第9条　劳动领域的最低社会标准

哈萨克斯坦共和国法律关于最低社会保障标准及其条件的规定、最低工资、标准工时、基本带薪年假，是劳动领域的最低社会标准。

第 10 条　在劳动领域的劳动合同、集体合同、社会伙伴关系协议、用人单位规章

1. 劳动关系以及与劳动直接相关的其他关系，由劳动合同、集体合同、社会伙伴关系协议和用人单位规章进行调整。

2. 对照哈萨克斯坦共和国的劳动法，劳动合同、集体合同、社会伙伴关系协议、用人单位规章中使劳动者处境恶化的规定被视为无效，不得予以适用。

3. 不得单方面变更劳动合同、集体合同、协议中的条款。

第 11 条　用人单位规章（用人单位规范）

用人单位应当依照本法和哈萨克斯坦共和国其他规范性法律文件、劳动合同、集体合同、协议，在其规定权限范围内制定规章。

第 12 条　用人单位发布指令时考虑劳动者代表意见

1. 在协议和集体合同规定情形下，用人单位发布指令需要考虑劳动者代表意见。

2. 用人单位应向劳动者代表提交用人单位规章草案及其依据。如果有多个劳动者代表则应创建一个代表机构，以斟酌对用人单位规章草案的意见，其成员数量应与其代表的劳动者人数成正比。

3. 劳动者代表应自用人单位规章草案提交之日起 5 个工作日内，对其进行讨论。如果劳动者代表在本法规定期限内未作出决定，则用人单位有权采取行动而不考虑其意见。

4. 劳动者代表的决定以书面形式作出，表明劳动者代表是否同意用人单位规章草案，若有建议则在其中写明。

5. 如果劳动者代表不同意用人单位规章草案或者修改意见，则用人单位可采取以下行动：

1）考虑劳动者代表的意见，同意被修改的文本；

2）如不同意，有权与劳动者代表进一步协商。

6. 若未就规章草案达成合意，应根据协议、集体合同并考虑劳动者代表的意见，就列出的分歧由至少一名用人单位代表和劳动者代表签订书面协议，此后用人单位才有权实施。

7. 若用人单位规章中包含违背本法、劳动合同、集体合同、社会伙伴关系协议中关于劳动者权益保障的规定，劳动者可以向当地劳动监察机关或者法院提起诉讼。

第 13 条　本法规定期限的计算

1. 本法、劳动合同、集体合同或者协议所规定的日期，按日历日期确定，以年、月、周、日为单位来计算，还可以通过约定事件发生为起点来计算。

2. 在本法典有特别规定的情况下，期限以工作日为单位计算。

3. 时间段期间，从某个日历日期或者事件发生的次日起计算。

4. 以年、月、周为单位计算的期间，在相应年、月、周的最后一日到期。如果是以月计算的期间届满，属于没有对应日期的月份，则该月最后一天为期满。以周或者日为单位计算的期限包括非工作日。

5. 除本法另有规定外，若到期日非工作日，则顺延到下一个工作日。

第 14 条　违反哈萨克斯坦共和国劳动法的责任

违反哈萨克斯坦共和国劳动法的人员，应根据哈萨克斯坦共和国法律规定承担责任。

第二章　国家调整劳动关系

第 15 条　哈萨克斯坦共和国政府调整劳动关系的权限

哈萨克斯坦共和国政府：

1）制定主要方针并保障实施劳动安全和保护领域的国家政策；

2）规定暂时失去劳动能力人员的社会补助金额；

3）批准国有企业、股份制公司（主要为国家控股公司）的高级管理人员的劳动报酬和奖金的标准；

4）规定依靠国家财政资金的公务员、事业单位、国有企业职工的劳动报酬制度；

5）与用人单位联合会以及工会签订总合同；

6）制定相应主管部门在劳动安全保护领域规范性法律文件的实施程序；

7）执行哈萨克斯坦共和国宪法、法律、总统令赋予的其他职能。

第 16 条　国家劳动行政部门在调整劳动关系时的权限〔1〕

国家劳动行政部门：

1）实施在劳动、劳动安全保护领域的国家政策；

2）对哈萨克斯坦共和国劳动法遵守情况进行国家监察，包括劳动安全保护方面的要求、哈萨克斯坦共和国就业法规、协调和检查当地劳动监察机关的活动；

3）对当地调整劳动关系的执行部门进行系统管理和协调；

4）从当地劳动监察机关获取有关劳动关系的必要信息；

5）经哈萨克斯坦共和国 2019 年 11 月 26 日第 273-Ⅵ号法律删除（自首次正式公布之日起 10 日后生效）；

6）协调国家机关制定劳动安全保护领域技术操作规程的工作；

7）与其他国家机关、劳动者代表、用人单位代表在劳动安全保护领域进行协作和互动；

8）规定用人单位制定、批准、变更和修订劳动定额、示范标准和规范，适用于所有活动领域的统一和（或）跨部门的劳动示范标准和规范的程序；

9）制定和批准行政人员的职位目录；

10）确立提交、审核、协调单位内部劳动定额的程序，国家对该单位提供的服务（商品、劳务）费用进行税率（价格、税额）调整；

11）确立提交、审核、协调单位内部劳动者工资支付的程序，国家对该单位提供服务（商品、劳务）的费用进行税率（价格、税额）调整；

---

〔1〕 第 16 条经哈萨克斯坦共和国 2016 年 6 月 4 日第 483-Ⅴ号法律（自首次正式公布之日起 10 日后生效）、2019 年 11 月 26 日第 273-Ⅵ号法律修订（自首次正式公布之日起 10 日后生效）。

12）对行业协议、地区协议（共和国级城市、首都）进行登记；

13）培训和认证国家劳动监察员；

14）依照本法和哈萨克斯坦共和国其他规范性法律文件规定，对发生的劳动事故进行及时、客观的调查并监督；

15）在调整劳动关系领域开展国际合作；

16）确立制定、修订、核准、使用统一的劳动技术等级和职业资格目录、专业鉴定标准，以及各经济单位管理人员、专家、其他劳动者的劳动技术等级和职业资格目录、专业鉴定标准的程序；

16-1）制定和批准统一的劳动技术等级和职业资格目录，劳动者、管理人员、专家和其他劳动者的职业资格目录；

16-2）制定和批准在各劳动领域通用的国家机关和国有企业专家职位的资格特征；

17）审查并协调各类经济活动组织关于管理人员、专家和其他劳动者的职业资格目录和资格特征，其由相关领域国家授权部门制定和批准；

18）制定生产行业、工种、职业和职位目录，确定重体力劳动、对身体有害（特别有害）或者危险工作条件的工作，对之赋权缩短工作时间、增加带薪年假、提高工资额度的清单（以下简称：生产行业、工种、职业和职位目录，重体力劳动、对身体有害或者危险工作条件的工作清单）以及提交程序步骤；

19）依照本法和哈萨克斯坦共和国其他规范性法律文件，设立事故调查专家委员会；

20）组织劳动安全保护领域的监测和风险评估；

21）确立劳动仲裁方面的规章制度；

22）确立统一的平均工资计算制度；

23）确立入职公务员和公务员职位空缺的招聘和竞聘；

24）确立组织中人员职业培训、进修和高级培训的一般要求；

25）确立维护和保存雇佣记录的形式和程序；

26）制定工种清单，并注明禁止未满 18 周岁劳动者从事的工种清单、搬运重物的极限标准；

27）制定工种清单，并注明禁止使用女性劳动者从事的工种清单、搬运重物等体力劳动的极限标准；

28）制定有关劳动安全保护的部门规章；

29）制定根据劳动条件进行强制性定期鉴定生产设施的制度；

30）制定培训、指导和测试劳动者关于劳动安全保护知识的程序和日期；

31）确立用人单位制定、批准和修订劳动安全保护条例的程序；

32）确立对暂时丧失劳动能力人员给予社会补助的认定和发放程序；

33）确立向劳动者分发牛奶或者等效食品、医疗保健品、工服和其他个人防护用品的规定，以及由用人单位承担相关费用，向劳动者提供集体防护设备、日常卫生室和设施设备的程序；

34）经中央预算主管部门同意，确定向劳动者发放牛奶或者等效食品、医疗保健品的标准；

35）经中央预算主管部门同意，确定向各种经济活动组织的劳动者发放工服和其他个人防护用品的标准；

36）制定和批准用人单位活动申报程序；

37）确定劳动安全保护及调整劳动关系领域科技研发的优先重点；

38）组织制定和促进实施国家预算资助的科技项目；

39）制定和批准集体劳动争议的登记形式；

40）制定和确立统一的行业标准，确定维护和保障国家机关运作的工作人员人数；

41）协调相关领域国家授权部门制定和批准的公务员职位清单；

42）行使本法、哈萨克斯坦共和国法律、哈萨克斯坦共和国总统令和政府规章所规定的其他权力。

第 17 条　地方劳动监察机关的权限〔1〕

地方劳动监察机关：

1）监督哈萨克斯坦共和国劳动法的遵守情况，其中包括劳动安全保护方面的要求；

2）审查用人单位提交的集体合同；

3）分析工伤、职业病、职业中毒的原因，并提出预防措施；

4）依照本法和哈萨克斯坦共和国其他规范性法律文件规定的程序，调查劳动安全事故；

5）检测用人单位雇佣的、负责劳动安全保护人员的专业知识；

6）经 2018 年 5 月 24 日哈萨克斯坦共和国第 156-Ⅵ号法律删除（自首次正式公布之日起 10 日后生效）；

7）与劳动者和用人单位代表沟通，完善劳动安全保护标准；

8）审查劳动者、用人单位及其代表提出的关于劳动安全保护问题的申诉；

9）监督鉴定在劳动条件下的生产对象；

10）经 2018 年 5 月 24 日哈萨克斯坦共和国第 156-Ⅵ号法律删除（自首次正式公布之日起 10 日后生效）；

11）定期向国家权力机关提交报告，并以国家劳动安全保护信息系统为基础，提交关于劳动安全保护状况的监测结果；

12）以国家劳动行政部门规定的程序，对集体劳动争议进行监管；

13）向国家劳动行政部门提交必要的劳动关系信息；

14）申报用人单位的活动。

第 18 条　地方执行部门在调整劳动关系领域的权限〔2〕

地方执行部门：

1）在劳动和劳动安全保护领域执行国家政策；

2）与当地代表机关协作，规定在农村地区担任公职的医疗、社会保障、教育、文化、体育、家畜疾病防治、林业和自然保护地区的专家职位目录；

---

〔1〕第 17 条经哈萨克斯坦共和国 2018 年 5 月 24 日第 156-Ⅵ号法律修订（自首次正式公布之日起 10 日后生效）。

〔2〕第 18 条经哈萨克斯坦共和国 2017 年 6 月 15 日第 73-Ⅵ号法律修订（自 2019 年 1 月 1 日起实施）。

3）签订部门协议，在市、区层级签订地区协议；

4）协调处理在保障居民生活（提供水、电、热、公共交通）的组织中举行罢工的问题；

5）与用人单位地方协会和地方工会签订地区（州、市、区）协议；

6）审核及协调关于服务（商品、工作）的劳动定额及薪酬体系，根据国家劳动行政部门的规定，对其规定国家调整税率（价格、税额等）；

7）依照哈萨克斯坦共和国法律规定，设置人口就业配额；

8）为地方政府利益，行使哈萨克斯坦共和国法律赋予地方执行部门的其他权力。

第三章　劳动关系的主体和劳动关系产生的基础

第 19 条　劳动关系的主体

劳动关系的主体是劳动者和用人单位。

外国法人的分支机构或者代表处管理人员，以法人名义开展活动，行使权利和履行义务。

第 20 条　劳动者代表及其权利

1. 工会组织在哈萨克斯坦共和国工会法的授权范围内，代表劳动者的利益；在没有工会组织情形下，应当选举代表。

2. 未参加劳动者代表选举的非工会成员劳动者，有权将代表其利益的权利委托给工会组织。根据劳动者的书面声明，由工会和当选的劳动者代表来确保代表其利益。

3. 当选的劳动者代表有下列权利：

1）代表并保护劳动者权益；

2）与用人单位就方案制定和签订集体合同进行集体谈判；

3）根据集体合同，考察工作场所，研究并制定确保正常劳动条件的措施；

4）根据本法规定，参与调解劳动者和用人单位之间的劳动争议。

第 21 条　劳动关系产生的基础

1. 除哈萨克斯坦共和国法律另有规定外，劳动关系产生于用人单位和劳动者之间根据本法签订的劳动合同。

2. 根据哈萨克斯坦共和国法律、组织文件、用人单位规章，签订劳动合同之前应当完成以下程序：

1）职位选拔；

2）竞聘替换相应职位；

3）职位任命或者批准上岗；

4）由哈萨克斯坦共和国法律授权的机构根据既定配额指派工作；

5）法院判决签订劳动合同。

3. 与法人执行机构高级管理人员形成的劳动关系，依据本法、哈萨克斯坦共和国法律、组织文件和劳动合同进行。

第 22 条　劳动者的基本权利和义务

1. 劳动者的权利：

1）以本法规定的方式和条件，签订、修改、补充、中止和解除劳动合同；

2）要求用人单位遵守劳动合同和集体合同约定的条款；

3）获得劳动安全和保护；

4）获得有关劳动条件和劳动保护状况的全面且可靠的信息；

5）按照劳动合同和集体合同规定，按时足额获得工资；

6）依据本法获得停工时的报酬；

7）拥有休息的权利，包括带薪年假；

8）除哈萨克斯坦共和国法律另有规定外，自愿参加工会和其中的团体，以维护和保障自己的劳动权利；

9）通过其代表参加集体谈判和制定集体合同，了解已签订集体合同的内容；

10）获得因履行劳动职责而健康受损的赔偿；

11）强制性社会保险；

12）履行劳动职责时的意外保险；

13）保障金和赔偿金；

14）采取一切合法方式保护自己的合法权益；

15）同工同酬，不受任何歧视；

16）依照本法规定，向调解委员会、法院申请解决个人劳动争议；

17）获得符合劳动安全保护要求的工作场所；

18）依据哈萨克斯坦共和国法律、劳动合同、集体合同的规定，享有提供个人和集体防护用品、工服的权利；

19）在威胁其健康或者生命情形下，拒绝工作并通知用人单位的直接主管或者代表；

20）有权向国家劳动行政部门或者地方劳动监察机关提出请求，对工作场所的劳动安全保护条件进行检查，并要求代表参加改善劳动安全保护条件的检查和审议；

21）对与劳动关系直接相关的用人单位的作为（不作为）提起诉讼；

22）有权按照技能等级、劳动难度、数量、质量和劳动条件，获得相应劳动报酬；

23）依据本法和哈萨克斯坦共和国其他法律的规定，解决所涉及的个人和集体劳动争议，包括罢工权；

24）用人单位存储的个人数据获得保护。

2. 劳动者的义务：

1）按照劳动合同、集体合同和用人单位规章，履行劳动职责；

2）遵守劳动纪律；

3）遵守工作场所的劳动安全保护、消防安全、工业安全和生产卫生保健要求；

4）保管用人单位和劳动者的财产；

5）对可能威胁生命健康、用人单位和劳动者财产安全、可能造成停工的情形进行通知；

6）不得披露在履行劳动职责中获知的可能构成国家秘密、工作秘密、商业秘密或者其他受法律保护的秘密信息；

7）在本法和哈萨克斯坦共和国其他法律规定范围内，对给用人单位所造成的损失进行赔偿。

3. 劳动者享有本法规定的其他权利并履行其他义务。

第 23 条　用人单位的基本权利和义务[1]

1. 用人单位的权利：

1）自由选聘劳动者；

2）以本法规定的方式和理由，修改、补充、中止、解除与劳动者之间的劳动合同；

3）在自己的权限范围内发布用人单位规章；

4）建立和加入代表和维护自身权益的协会；

5）要求劳动者履行劳动职责，以及集体合同、劳动规章制度和用人单位规章的其他义务；

6）在本法规定情形下，对劳动者给予奖励或者纪律处分，并使之承担经济责任；

7）要求劳动者赔偿在履行劳动职责中所造成的损失；

8）向法院提起诉讼，以保护其合法劳动权益；

9）规定劳动者的试用期；

10）根据本法规定，为劳动者提供职业培训、进修和高级培训；

11）对与劳动者培训有关的费用，根据本法要求获得偿付；

12）根据本法规定，向调解委员会、法院申请解决个人劳动争议。

2. 用人单位的义务：

1）遵守哈萨克斯坦共和国劳动法、协议、集体合同、劳动合同、用人单位规章的要求；

2）依照本法规定的方式和程序，与劳动者签订劳动合同；

3）根据本法第 32 条，提供签订劳动合同所必需的文件；

4）为劳动者提供劳动合同约定的工作；

5）及时、足额支付哈萨克斯坦共和国劳动法、劳动合同、集体合同、用人单位规章所规定的工资和其他报酬；

6）使劳动者了解劳动规章制度、其他与工作（劳动职责）直接相关的用人单位规章以及集体合同的规定；

7）考虑劳动者代表的建议，并为劳动者代表提供全面可靠的信息，用于集体谈判，签订集体劳动合同并监督其执行；

8）依照本法规定的方式，进行集体谈判，签订集体合同；

9）依照哈萨克斯坦共和国劳动法、劳动合同和集体合同规定，为劳动者提供劳动条件；

10）自费为劳动者提供其履行劳动职责所必需的设备、工具、技术文件和其他装备；

11）依据哈萨克斯坦共和国就业法，向权力机关提供就业信息；

---

[1] 第 23 条经哈萨克斯坦共和国 2018 年 7 月 2 日第 165-Ⅵ号法律修订（自首次正式公布之日起 10 日后生效）。

12）遵守国家劳动监察员的指令；

13）如果继续履行劳动职责对劳动者或者他人的生命健康构成威胁，应中止劳动；

14）为劳动者提供强制性社会保险；

15）为劳动者提供生产意外险；

16）为劳动者提供带薪年假；

17）将证明劳动合同、劳动者退休金和强制性社会保险扣除额的文件，交付国家档案馆保存；

18）将有害、危险的劳动条件和可能导致职业病的情形，预先警示劳动者；

19）采取措施预防工作场所和工艺程序中的风险，在考虑生产和科学技术进步的情况下开展危险预防工作；

20）记录每位劳动者的工作时间，包括加班、从事有害或者危险、重体力劳动的时间；

21）根据本法和哈萨克斯坦共和国其他法律，对劳动者在工作中所受的生命健康损害进行补偿；

22）不得阻碍国家劳动行政部门和地方劳动监察机关的工作人员、劳动者代表、劳动安全监察员，检查组织中的安全状态、劳动保护条件、用人单位对哈萨克斯坦共和国法律的遵守情况，并调查生产过程中的意外事故及职业病情形；

23）用人单位维护登记簿或者其他文件，其中包括劳动者的姓、名、父名（如果在身份证明文件中注明）和不满18周岁劳动者的出生日期；

24）依据哈萨克斯坦共和国个人信息保护法，收集、处理和保护劳动者的个人信息；

25）进行劳动安全保护的内部检查。

3. 用人单位依照本法享有的其他权利及义务。

特别部分

第二编　劳动关系

第四章　劳动合同

第24条　劳动合同对象

根据劳动合同，劳动者保证履行劳动义务、遵守劳动规章制度；用人单位应当为劳动者提供哈萨克斯坦共和国劳动法、劳动合同、集体合同所规定的劳动条件，按时足额支付劳动报酬。

第25条　签订劳动合同时权利和机会均等

1. 签订劳动合同的平等权利和机会不应受侵害。

2. 除本法另有规定外，对于怀孕、抚养不满3周岁儿童、未成年和残障的劳动者，不得限制其签订劳动合同的权利。

第 26 条　关于签订劳动合同与劳动的禁止和限制[1]

1. 以下情形不得签订劳动合同：

1）根据医疗诊断，劳动者健康状况不适宜从事该工作；

2）未满 18 周岁未成年人不得从事重体力劳动、在有害或者危险条件下的工作，对用人单位财产安全承担全部物质责任的工作，损害其健康和道德培养的工作（如赌博，夜间娱乐场所工作，生产、搬运和交易酒类产品、烟草制品、麻醉药品、精神药物、制毒原料）；

3）依照法院生效判决，不得从事某项工作或者担任某个职位；

4）临时居住在哈萨克斯坦共和国境内的外国人和无国籍人，未取得当地招收外国劳动力行政部门的许可，未获得哈萨克斯坦共和国政府的就业许可，未获得内政部根据规定程序向外籍员工签发的劳动移民许可，或者未遵守哈萨克斯坦共和国法律的限制性或者禁止性规定；

5）未提交教育机构或接收机构关于说明专业培训和（或）实习和教育目的居留许可的在哈萨克斯坦共和国境内临时逗留的外国学生和实习生；

6）未提交为家庭团聚目的而入境和停留的许可，及哈萨克斯坦共和国法律承认的处于与哈萨克斯坦共和国公民结婚状态的文件的，在哈萨克斯坦共和国境内临时逗留的外国人和无国籍人；

7）为完成家务劳动同时雇佣 5 人以上劳动移民的个人。

2. 劳动禁止性规定：

1）国家机构工作人员在履行公职终止一年内，不得进入与国家机构利益相关的商业机构任职，不得凭借其行使公务的权威，以监督此商业机构活动的形式直接进行管理。与国家机构利益相关的商业机构，即国家占有表决权股份超过 50%，其中包括国有管理公司、国有控股公司、国有企业、国家发展部门。这些商业机构及其子公司 50%以上有表决权的股份属于国家。

2）在具有经济管理权的国有企业、国家管理部门、国家发展部门、国家机关、国有控股集团及其子公司中，具有贪污受贿犯罪前科的人员，不得担任与履行管理职能有关的职位。

3）具有犯罪记录和遭到刑事起诉的人员，不得在为未成年人提供教育、培训、休闲娱乐、体育运动、医疗支持、社会服务、文化和艺术培训的组织中任职；但是依照哈萨克斯坦共和国刑事诉讼法第一编第 35 条第 1 款和第 2 款被终止刑事起诉的人员除外。有关刑事犯罪行为包括故意杀人、故意伤害、危害公共道德和他人健康、性侵、极端主义或恐怖主义犯罪、人口贩运。

4）女性劳动者不得从事禁止女性从事的工种清单所规定的重体力劳动、在有害或者危险条件下的工作。

5）未满 18 周岁劳动者和从事重体力劳动、在有害或者危险条件下劳动的劳动者，不得从事兼职；但是医务工作者除外。

---

[1] 第 26 条经哈萨克斯坦共和国 2015 年 11 月 23 日第 414-Ⅴ号法律（自 2017 年 1 月 1 日起生效）、2018 年 4 月 16 日第 147-Ⅵ号法律修订（自首次正式公布之日起 10 日后生效）。

第 27 条　劳动合同与其他类型合同的区别

劳动合同与其他类型合同的区别在于：

1）劳动者按照职业技术等级、专业、职业或者职位从事工作（劳动职责）；

2）按照劳动规章制度亲自履行劳动义务；

3）劳动者获得劳动报酬。

第 28 条　劳动合同的内容

1. 劳动合同应当包括：

1）当事人的详细信息：

自然人用人单位的姓、名、父名（如果在身份证明文件中注明），常住地址、居住地址登记信息，身份证明文件的名称、号码和签发日期；

自然身份证号（企业识别号）；

用人单位的法人注册名称及其地址、国家注册编号和日期、企业识别号；

劳动者的姓、名、父名（如果在身份证明文件中有注明），常住地址、居住地址登记信息，个人身份证明文件的名称、号码和签发日期，个人社会代码编号，税务登记号。

2）按照特定专业、职业、技能等级和职位（劳动功能）从事工作；

3）工作地点；

4）劳动合同的期限；

5）工作开始日期；

6）工作时间和休息时间；

7）薪酬数额和其他劳动条件；

8）如果从事重体力劳动、在有害或者危险条件下的劳动，应当注明劳动条件、权益保障和福利待遇的相关描述；

9）劳动者的权利和义务；

10）用人单位的权利和义务；

11）修改和解除劳动合同的规定；

12）双方责任；

13）合同的签订日期及编号。

2. 与残障人士签订劳动合同应考虑他们的个人能力，其中应当包含在工作地点配备设备的条款。

3. 经双方协商同意，劳动合同可以约定不违反哈萨克斯坦共和国法律的其他条款。

第 29 条　竞业限制条款

1. 经双方同意，用人单位与劳动者之间可以协商签订竞业限制条款，规定劳动者不得作出可能损害用人单位的行为。

2. 除哈萨克斯坦共和国法律规定竞业限制特别条款外，协商签订的竞业限制条款，可以约定竞业限制的条件和范围，以及在规定条件有效期内的赔偿标准。

3. 通过用人单位与劳动者签订竞业限制条款，确认竞业限制的职位和工作清单。

第 30 条　劳动合同期限[1]

1. 劳动合同可以如下方式签订：

1）无固定期限的劳动合同；

2）期限至少为 1 年，但是本款第 3 项、第 4 项、第 5 项和第 6 项规定情形除外。

劳动合同期限届满后，双方有权将其延长为无固定期限或者至少 1 年。

除本法第 51 条第 2 款规定情形外，如果劳动合同期满的最后 1 个工作日（班次），任何一方没有书面通知解除劳动关系，应视为将期限延长至先前缔结的相同期限。

为期 1 年的固定期限劳动合同续签不得超过两次。

如果劳动关系继续存在，则视为签订无固定期限劳动合同；

3）完成一定工作任务的期限；

4）临时顶替缺勤员工的期限；

5）季节性工作期限；

6）哈萨克斯坦共和国法律规定的地方执行部门向外国劳动力颁发许可证的期限，或者由内务部颁发劳动移民许可证的期限。

2. 小型企业可以与劳动者签订固定期限的劳动合同，而不受本条第 1 款第 2 项规定的限制。

3. 与国家机构的外籍员工签订劳动合同的期限，由政府部门负责人确定。

4. 与法人执行部门管理人员签订劳动合同，由法人财产所有人、法定代表人（机构）、法人权力机构及其授权人（机构），以哈萨克斯坦共和国法律、组织文件或者双方合同规定的期限和方式签订。

与法人执行部门管理人员签订的劳动合同到期，如果任何一方在劳动合同到期前的最后 1 个工作日没有通知解除劳动关系，劳动合同期限延长至选举（任命、批准）出新管理人。选举（任命、批准）的行为，由法人财产所有人、法定代表人（机构）、法人权力机构及其授权人（机构）实施。但是对延长期另有规定的除外。

5. 根据哈萨克斯坦共和国退休保障法第 11 条第 1 款规定，达到退休年龄并具有较高专业资格水平的劳动者，考虑到其工作能力，可以每年续签无固定期限的劳动合同，而不受本条第 1 款第 2 项的限制。

第 31 条　可以签订劳动合同的年龄

1. 年满 16 周岁的公民可以签订劳动合同。

2. 下列特殊情况，可以签订劳动合同：

1）年满 15 周岁的公民，已在中等教育机构中接受了基础中等、普通中等教育；

2）年满 14 周岁的学生，在课余时间从事既不损害健康也不影响学习的工作；

3）未满 14 周岁的学生，符合本款第 2 项的规定，在不损害健康和道德培养的前提下，在电影行业、剧院、音乐机构和马戏团参加创作或者表演。

---

[1] 第 30 条经哈萨克斯坦共和国 2016 年 4 月 6 日第 483-Ⅴ号法律（自首次正式公布之日起 10 日后生效）、2015 年 11 月 23 日第 414-Ⅴ号法律修订（自 2017 年 1 月 1 日起生效）。

3. 在本条第 2 款规定情形下，应由未成年人和其至少一名父母、监护人、保护人或者养父母陪同签订劳动合同。

第 32 条　签订劳动合同所需的文件

1. 签订劳动合同需要以下文件：

1）个人身份证明或者护照（不满 16 周岁人员的出生证明）；

归国哈侨出示由地方执行部门提供的哈侨证明。

2）居住证、无国籍人证明（针对永久居住在哈萨克斯坦共和国境内的外国人和无国籍人），或者难民证明。

3）在签订需要相关知识、技能的劳动合同时，提供有关教育、资格、技术水平的证书或者能够证明专业培训的文件。

4）证明劳动经历的文件（针对具有工龄的劳动者）。

5）通过初步体检证明书（适用于根据本法和哈萨克斯坦共和国其他法律规定，应进行体检的人员）。

2. 在签订给未成年人提供教育、培训、休闲娱乐、体育运动、医疗支持、社会服务、培训文化和艺术的劳动合同时，提交是否存在刑事犯罪信息的证明书。有关刑事犯罪行为包括故意杀人、故意伤害、危害公共道德和他人健康、性侵、极端主义或恐怖主义犯罪、人口贩运。

3. 进入公务员系统，或者在经济管理、国家管理部门、国家发展部门、国家机关、国有企业及其子公司中担任管理职务，应提交是否存在贪污受贿犯罪的信息证明。

4. 在与其他用人单位签订兼职劳动合同时，劳动者应提交一份关于主要工作性质和条件（工作地点、职位、劳动条件）的证明。

5. 国家机关招聘外籍员工时，根据哈萨克斯坦共和国政府关于招聘外籍员工的程序，确定在签订劳动合同所需的文件清单。

6. 除哈萨克斯坦共和国法律和其他法规另有规定外，用人单位不得要求劳动者提供本条第 1 款中未规定的文件。

7. 为执行哈萨克斯坦共和国法律规定，如果劳动者同意将原始文件保存在用人单位手中或者暂时让其保管，则用人单位应当出具“应劳动者要求返还文件的书面证明”。

第 33 条　签订、修改和补充劳动合同的规定

1. 签订劳动合同，应以书面形式，至少一式两份，并由各方当事人签名。劳动者和用人单位各保存一份劳动合同。

2. 修改和补充劳动合同（包括转换其他工作）时，由当事人根据本条第 1 款规定的方式，以书面形式签订补充协议。

劳动合同一方提交变更劳动合同条款的通告书后，另一方自提交之日起 5 个工作日内予以考虑。收到通知的一方（包括转换其他工作）时，应在本条规定期限内将决定通知对方。

3. 只有在签订劳动合同后，方可入职开始工作。

如果因用人单位过错而未恰当签订或者不执行劳动合同，应依照哈萨克斯坦共和国法律规定的方式承担责任。在此情形下，劳动关系被认为是自劳动者开始工作之日起产生。

4. 因用人单位过错而使劳动合同被确认为无效且未造成其他损失的，劳动者有权获得劳动报酬、未休带薪年假的补偿和其他福利待遇。

劳动合同中某些条款无效，并不导致劳动合同整体无效。

第 34 条　录用登记

录用以签订劳动合同为基础，经用人单位文件登记注册。

第 35 条　确认劳动者劳动活动的文件

以下任何文件均可确认劳动者的劳动活动：

1）工作簿；

2）用人单位解除劳动合同的日期和理由的记录；

3）根据用人单位签订和解除劳动合同的摘录，证实劳动关系的产生和解除；

4）劳动者工资单摘要；

5）由用人单位签字、盖章证明的履历表（有关劳动者的工作、劳动活动的信息清单）；

6）从基本养老基金中提取强制性养老金的记录；

7）国家社会保险基金提供的有关社保扣除的信息；

8）包含劳动者劳动信息的档案证明。

第 36 条　劳动合同试用期条件

1. 签订劳动合同时可以规定试用期，以核实劳动者资格是否与所委托工作相符。试用期自劳动合同生效时起计算。

2. 试用期列入工龄，并且不得超过 3 个月。组织负责人及其助理、总会计师及其助理、分支机构负责人、组织代表的试用期，可延长至 6 个月。

3. 劳动者缺勤时，试用期被暂停。

第 37 条　录用考核结果

1. 如果试用期内对劳动者表现不满意，则用人单位有权与其解除劳动合同，书面通知本人并说明解除劳动合同的理由。

2. 如果试用期届满并且没有任何一方通知解除劳动合同，则该劳动者被视为已通过试用期。

第 38 条　劳动者转岗

1. 劳动者变更到其他工作岗位：

1）劳动者更换工作岗位（劳动职业），即从事其他职位、专业、技术等级或者职业资格的工作；

2）从事其他工作，其劳动合同所约定的劳动条件（工资数额、工作时间、休息时间、福利和其他条件）发生变化；

3）调动到用人单位独立的分支机构；

4）与用人单位一起迁往异地。

2. 将劳动者调任至其他工作岗位，应当经劳动者同意，并通过对劳动合同进行相关修改而履行正式手续，但是本法另有规定的除外。

3. 不得将劳动者转岗到医疗报告所确认的危害其健康状况的其他工作岗位。

第 39 条　劳动者随用人单位一起迁往异地

1. 除劳动合同、集体合同约定更长的通知期外，用人单位应提前 1 个月，以书面形式将迁往异地的信息通知劳动者。

2. 如果劳动者书面拒绝随用人单位一起迁往异地，则根据本法第 58 条第 1 款的规定，劳动合同终止。

第 40 条　劳动者暂时借调到其他法人

1. 暂时借调：将劳动者借调到在劳动合同所规定的特定专业、技术水平或者职位(工作岗位)，或者从事其他法人的其他职务、专业或者职位，但是哈萨克斯坦共和国法律规定进行限制的除外。

为了确保完成某些任务，可以暂时借调劳动者：

1）劳动者即将调往的法人股份，直接或间接归属于被借调法人拥有；

2）劳动者即将调往的法人股份，直接或者间接由被借调法人控股。

2. 法人之间根据借调目的，通过书面合同，规定被借调劳动者的职位目录和人数。

3. 被借调劳动者的条件、程序和期限，由法人和被借调劳动者之间签订的合同确定。

如果被借调劳动者超过即将调往法人在册劳动者人数的 10%，则需要与即将调往法人的劳动者代表进行协商。

协商程序由法人与劳动者代表之间签订合同确定。

4. 在执行借调的用人单位中，保留被借调劳动者的工作岗位（职位）。

5. 只有经劳动合同双方书面同意，才可以进行借调，即在劳动合同上签订补充协议，指明借调期间的工作岗位。在借调期结束时，用人单位承诺为劳动者提供借调之前的工作岗位（职位）。

6. 除提供带薪年假的期限和程序外，在借调期间，劳动者应遵守调往法人的工作和休息时间制度。

7. 如果被借调劳动者违反劳动纪律，调往法人应在 3 个工作日内通知被借调劳动者的用人单位，并提交证明文件，根据哈萨克斯坦共和国劳动法作出决定对其进行纪律处分。

8. 如果发生与被借调劳动者有关的事故，则劳动安全事故调查组织应调查调往法人，用人单位代表也应参加事故调查。

第 41 条　因生产需要的临时调动

如果有生产需要，包括临时替换缺勤劳动者，则用人单位有权无须征得劳动者同意将其调动到劳动合同中没有规定的、没有健康禁忌的用人单位其他工作岗位、同一地区或者其他地区的用人单位分支机构，但是在一年内将劳动者临时调动最多 3 个月，其工作报酬不低于先前工作的平均工资。

临时调动到异地的用人单位分支机构后，用人单位应当根据本法第 127 条向劳动者支付补偿金。

第 42 条　停工时的临时调动

1. 用人单位有权在停工期间，无须征得劳动者同意将其调动到没有健康禁忌的其他工作岗位。

2. 因停工而临时调动到其他工作岗位，则应为劳动者支付已完成工作的报酬。

第 43 条　因健康原因的临时调动

1. 因履职而遭受工伤、职业病或者其他健康损害，用人单位应根据医学诊断，在劳动者恢复劳动能力或者确认其残疾、丧失劳动能力之前，调动其从事较为轻松的工作，或者依照劳动合同、集体合同规定条款免除其工作义务。

2. 如果劳动者以书面形式，拒绝因工伤、职业病或者其他健康损害临时调派其从事较为轻松的工作，则可根据本法第 58 条第 1 款第 3 项的规定解除劳动合同。

第 44 条　怀孕女性劳动者的临时调动

根据医学诊断，用人单位应将怀孕女性劳动者调动到没有有害或者危险生产因素影响的其他工作岗位，同时为其维持平均工资水平。

在为怀孕女性劳动者提供其他工作岗位之前，应在维持平均工资水平的同时免除其工作义务。

如果怀孕女性劳动者拒绝从事用人单位提议的岗位调动，且在孕期和产假之前离开工作岗位，则可以不向其支付工资。

第 45 条　将劳动者调动到其他岗位；更改职位名称

1. 无须经过怀孕女性劳动者同意，可以将其调动到同一地区其他分支机构，或者从事与劳动合同中所规定的专业、技术水平、职务范围相适应的工作。

2. 用人单位无须征得劳动者同意，在不影响劳动条件情况下，可以更改劳动者职位、分支机构或管理组织的名称。

第 46 条　改变劳动条件

1. 由于与重组有关的用人单位生产调整，或者经济技术条件变化、缩减工作量，用人单位可以在维持劳动者的原职业（专业）、原技术等级、原职务的同时，改变劳动条件，并对劳动合同作出相应修改和补充。

2. 如果劳动合同、集体合同没有规定更长通知期，则用人单位应当自劳动条件变更 15 日内，以书面形式通知劳动者。

3. 如果由于改变劳动条件，劳动者以书面形式拒绝继续履行劳动职责时，则应当根据第 58 条第 1 款第 2 项与劳动者解除劳动合同。

因本条第 1 款规定情形导致劳动者人数减少的，则用人单位有权采用非全时工作制度，以保留工作岗位。

第47条　变更用人单位名称、部门隶属关系、变更法人实体股份（参股比例）的所有者及用人单位法人实体重组时的劳动关系

变更用人单位名称、部门隶属关系、变更法人实体股份（参股比例）的所有者及用人单位法人实体重组时，与劳动者的劳动关系保持不变。

第48条　停职辞退

1. 在哈萨克斯坦共和国法定情形下，用人单位有权根据国家权力机关的有关规定将劳动者停职辞退。

2. 除本条第1款所规定情形外，在以下情形下应将劳动者停职辞退：

1）在工作期间醉酒、吸毒或者使用产生醉意的物品；

2）没有通过劳动安全保护或者工业安全问题的考试；

3）不采取用人单位提供的个人或者集体安全防护必要措施；

4）没有通过体检或者法定必须提供的鉴定证明；

5）丧失驾驶车辆的权利或者执行劳动合同所规定的其他必要许可证；

6）因劳动者的作为或者不作为，违反了劳动保护、消防或者交通安全规则，导致或者可能导致紧急事故发生。

3. 根据书面合同约定，劳动者对所保管的财物或者其他贵重物品承担全部财产责任的，但因劳动者过错致使物品损毁的，用人单位有权辞退劳动者。

4. 在停职期间，用人单位无须向劳动者支付工资，也不支付临时失业的补助金。

5. 根据用人单位规章具体列明的可以辞退劳动者的情形，将劳动者停职一段时期，直到查清问题或者消除停职的情形。

6. 如果用人单位非法辞退劳动者，则应为劳动者照常发放工资。

第49条　解除劳动合同的理由

解除劳动合同的理由如下：

1）经双方协商一致合意；

2）劳动合同到期；

3）用人单位主动提议解除劳动合同；

4）劳动者调动到其他用人单位；

5）劳动者主动提议解除劳动合同；

6）发生不以双方意志为转移的状况；

7）劳动者拒绝继续劳动关系；

8）将劳动者调动至选任工作岗位或者任命其他职位，不能继续劳动关系的情况，但是哈萨克斯坦共和国法律另有规定的除外；

9）违反劳动合同约定的条件。

第50条　经双方协商一致解除劳动合同的程序

1. 劳动合同可经双方协商一致解除。

2. 劳动合同一方当事人希望通过当事人协议解除劳动合同，应向另一方发送通知。

收到通知的一方，应在3个工作日内以书面形式，将决定通知对方。

劳动合同的解除日期，由劳动者与用人单位之间协商确定。

3. 经与劳动者协商，用人单位可以事先规定自己有权在不遵守本条第2款规定情况下解除劳动合同，并支付劳动合同约定数额的补偿金。

第51条　期限届满时解除劳动合同的程序

1. 签订固定期限的劳动合同，因其期限届满而解除。

2. 签订至少1年固定期限劳动合同到期的，如果怀孕女性劳动者提供怀孕体检报告可以享有为期12周或者更长时间的休假；抚养（领养）不满3周岁儿童的劳动者，可以享受无薪育儿假，应提交延长劳动合同期限的书面申请，除暂时顶替缺勤劳动者外，用人单位应把劳动合同的期限延长至育儿假结束之日。

3. 以完成一定工作为期限的劳动合同，工作完成之日为劳动合同到期日。

4. 为临时顶替缺勤劳动者而签订的劳动合同，到期日为被保留工作岗位的劳动者重新开始工作的日期。

第52条　用人单位主动解除劳动合同的理由[1]

1. 有下列情形之一，用人单位可主动解除劳动合同：

1）用人单位注销，法人或者自然人用人单位业务终止的；

2）裁减编制与人员的；

3）因劳动者完成工作和提供服务数量减少，导致用人单位经济状况恶化的；

4）经鉴定，劳动者的专业技能无法胜任职位或者所担负工作的；

5）负责确保从事生产活动单位劳动安全保护的劳动者，多次未能通过有关劳动安全保护或者工业安全的知识测试的；

5-1）丧失“鉴定人”资格证书的；

6）劳动者由于健康状况而不能胜任职位或者所担负工作，无法从事此项工作，并排除继续从事此项工作的可能性；

7）劳动者在试用期间表现不佳的；

8）劳动者没有任何正当理由，1个工作日连续旷工3小时以上的；

9）劳动者在上班时处于醉酒、吸毒、酒精中毒状态，包括在工作期间使用导致醉酒、吸毒、酒精中毒状态的物质（其类似物）；

10）劳动者拒绝接受确认是否滥用导致醉酒、吸毒、酒精中毒状态的物质（其类似物）医学检查的；

11）劳动者违反劳动保护、消防安全或者交通安全的规章制度，导致或者可能导致包括工伤和事故等严重后果的；

12）劳动者在工作场所偷窃（包括小件）、故意破坏或者损毁他人财物，经法院最终判决或裁决确认的；

---

〔1〕 第52条经哈萨克斯坦共和国2016年6月4日第483-Ⅴ号法律（自首次正式公布之日起10日后生效）、2018年1月10日第134-Ⅵ号法律修订（自首次正式公布之日起6个月后生效）。

13）直接看管钱财物或者贵重物品的劳动者，犯有作为或者不作为的过错，导致用人单位对其失去信任的；

14）教育行业的执教人员，因违反职业道德而不适合继续从事该工作的；

15）劳动者泄露在履行劳动职责过程中知悉的可能构成国家秘密和其他受法律保护的秘密的；

16）受到纪律处罚的劳动者，无正当理由再次不履行或者不当履行劳动职责的；

17）劳动者在签订劳动合同或者调动到其他工作岗位时，故意向用人单位提交虚假文件或者信息，而按照真实原始文件和信息不应该签订劳动合同或者调往其他工作岗位的；

18）用人单位执行部门管理人员及其助理、分支机构（由用人单位规章确定的分支机构、代表处和其他分部）负责人，违反劳动职责，给用人单位造成重大损失的；

19）在哈萨克斯坦共和国法律规定的情形下，劳动者不应该接触国家秘密而接触的；

20）劳动者因暂时丧失劳动能力而连续缺勤2个月以上的，但是劳动者休孕产假、所患疾病经国家医疗保健主管部门确认包括在长时间丧失工作能力清单的除外；

对于因工伤或者职业病而丧失劳动能力的劳动者，其工作岗位（职位）应保留至其恢复劳动能力或者确定丧失劳动能力为止；

21）除哈萨克斯坦共和国法律另有规定外，根据生效的法院判决，劳动者犯有贪污受贿罪，不能继续从事工作的；

22）法院判决确认劳动者参与非法罢工或者在暂停罢工时继续参加的；

23）根据哈萨克斯坦共和国股份公司法，法人执行部门管理人员、集体执行机构成员、内部审计人员和公司秘书，被法人财产所有人、法定代表人（机构）、法人权力机构及其授权人（机构）通过决定解除职务的；

24）劳动者已达到哈萨克斯坦共和国退休保障法第11条第1款设定的退休年龄，有权经当事双方协商一致，每年延长劳动合同的期限的；

25）不告知用人单位原因而旷工1个月以上的。

2. 如果与主要从事兼职的劳动者签订了雇佣合同，则用人单位可以提议解除兼职合同。

第53条　用人单位主动解除劳动合同的规定〔1〕

1. 根据本法第52条第1款和第2款的规定，用人单位解除劳动合同的，应至少提前1个月以书面形式通知劳动者，但是劳动合同和集体合同规定了更长通知期限的除外。经劳动者书面同意，可以在通知期限届满前解除劳动合同。

根据本法第52条第1款、第2款和第4款规定的理由，在达到哈萨克斯坦共和国退休保障法第52条规定退休年龄时，剩余劳动期限少于2年的，未经由相同数量用人单位代表和劳动者代表组成的委员会作出决定，不得与劳动者解除劳动合同。

2. 根据本法第52条第1款第3项规定的理由解除劳动合同的，用人单位应提前15个

〔1〕 第33条经哈萨克斯坦共和国2016年6月4日第483-Ⅴ号法律（自首次正式公布之日起10日后生效）、2018年4月16日第147-Ⅵ号法律（自首次正式公布之日起10日后生效）、2018年7月2日第165-Ⅵ号法律修订（自首次正式公布之日起10日后生效）。

工作日以书面形式通知劳动者，但是劳动合同和集体合同规定了更长通知期限的除外。经双方协商一致，通知期内可发放与未工作期限成比例的工资。在通知中，用人单位应说明解除合同的理由。

在满足下列条件的基础上可以解除劳动合同：

1）关闭分支机构（车间、作业区）；

2）无法将劳动者调动到其他工作岗位；

3）至少提前 1 个月向劳动者代表发出书面通知，说明解除劳动合同的原因（用人单位经济变化与解除劳动合同的必要性之间存在直接关系）。

3. 根据本法第 52 条第 1 款第 4 项规定的理由解除劳动合同的，应经过有劳动者代表参加的审查委员会的协商，但是哈萨克斯坦共和国法律另有规定的除外。

劳动者鉴定的程序、条件和频率，由集体合同或者用人单位规章规定。

4. 根据本法第 52 条第 1 款第 5 项规定的理由解除劳动合同的，应经过依照哈萨克斯坦共和国法定程序设立的审查委员会决定。

5. 根据本法第 52 条第 1 款第 6 项规定的理由解除劳动合同的，应根据哈萨克斯坦共和国法律规定的医疗诊断，确认劳动者因健康状况而不能胜任工作岗位。

6. 根据本法第 52 条第 1 款第 8–18 项规定的理由解除劳动合同的，适用本法第 65 条和第 66 条关于纪律处分的规定。

7. 根据本法第 52 条第 1 款第 9 项规定的理由解除劳动合同的，应由医学诊断证实。

用人单位授权人员作出派遣劳动者进行医学诊断的决定。如果劳动者拒绝接受医学检查，将按照相应法律规定处理。

8. 根据本法第 52 条第 1 款第 20 项规定的理由解除劳动合同的，劳动者应提交暂时丧失劳动能力的证明。

9. 根据本法第 52 条第 1 款第 24 项规定的理由解除劳动合同的，可以依照哈萨克斯坦共和国退休保障法第 11 条规定，在劳动者达到退休年龄后可以解除劳动合同的，至少提前 1 个月通知劳动者，并按劳动合同、集体合同或者用人单位规章规定的金额支付补偿金。

10. 根据本法第 52 条第 1 款第 25 项规定的理由解除劳动合同的，如果在用人单位让劳动者提供缺勤说明的书面通知之日起 10 日内，劳动者未能提供缺勤原因的信息，用人单位可以解除劳动合同。

第 54 条　用人单位不得主动解除劳动合同的情形

1. 除本法第 52 条第 1 款第 1 项、第 18 项、第 20 项和第 23 项规定情形外，用人单位不得在劳动者暂时丧失劳动能力或者休假期间主动提出解除劳动合同。

2. 根据本法第 52 条第 1 款第 2 项、第 3 项规定，用人单位主动解除劳动合同，不适用于向用人单位提供怀孕证明的怀孕女性劳动者、抚养不满 3 周岁儿童的妇女，抚养不满 14 周岁子女（不满 18 周岁残障子女）的单身母亲，以及缺少母亲照料儿童的其他指定抚养人。

第 55 条　劳动者调动到其他单位而解除劳动合同的理由和程序

1. 因劳动者调动到其他法人而解除劳动合同：

1）调往的其他单位50%以上股份直接或者间接地属于用人单位；

2）用人单位50%以上股份，直接或者间接地属于调往的其他单位；

3）用人单位与调往的其他单位50%以上股份，属于同一个法人。

2. 解除劳动合同的理由，应经劳动者的书面申请和其他法人书面确认同意。劳动合同的解除日期，由双方协商确定。

第56条　劳动者主动提出解除劳动合同

1. 劳动者有权提前至少1个月书面通知用人单位解除劳动合同，但是本条第3款规定的特别情形除外。劳动合同中可以规定解除劳动合同的更长通知期限。

2. 经用人单位书面同意，劳动者可以在本条第1款规定的通知期限届满前提议解除劳动合同。

3. 劳动者有权以书面形式通知用人单位履行劳动合同约定条件。如果自书面通知之日起7天内，用人单位仍未履行劳动合同的条款，则劳动者有权提前3个工作日，以书面形式通知用人单位后解除劳动合同。

4. 在本条规定的通知期限内，经双方协商一致，可以撤回通知。

5. 在本条规定的通知期限届满后，劳动者有权停止工作，但是因劳动者负有经济责任过错而未完成交接用人单位物品（文件）的情形除外。同管理物料的劳动者解除劳动合同之日，即是完成物品（文件）交接之日。

第57条　因发生不以双方意志为转移的状况解除劳动合同〔1〕

1. 由于发生下列不以双方意志为转移的状况，劳动合同将被解除：

1）地方执行部门吊销外国劳务人员的许可证，或者其居留许可证到期的；

2）依据法院生效判决，个人或者自然人用人单位被判处刑罚，无法继续劳动关系的；

3）劳动者或者自然人用人单位死亡、被法院宣告死亡或者失踪的；

4）如果法院判定劳动者为无行为能力或限制行为能力，无法继续劳动关系的；

5）以前从事此项工作的劳动者复职的；

6）如果劳动者根据合同服兵役，到执法机构和特别国家机构服役，自劳动者提交相关文件之日起，不迟于3天（解除劳动合同）。

2. 根据本条第1款第2项、第3项和第4项规定的理由，法院判决书生效的日期、劳动者或者自然人用人单位死亡日期，为解除劳动合同的日期。

第58条　劳动者拒绝继续劳动关系而解除劳动合同

1. 在下列情形下，劳动者可以拒绝继续劳动关系而解除劳动合同：

1）劳动者拒绝随用人单位一起调往异地；

2）劳动者因劳动条件变化而拒绝继续从事工作；

3）劳动者因履行劳动义务过程中造成工伤、职业病或者其他与生产无关的健康损害，而拒绝临时调动到其他工作岗位。

---

〔1〕 第57条经哈萨克斯坦共和国2015年11月23日第414-Ⅴ号法律（《劳动法》第204条）（自2017年1月1日起生效）、2017年6月13日第69-Ⅵ号法律修订（自首次正式公布之日起10日后生效）。

2. 劳动者以书面形式拒绝继续劳动关系，或者缺少书面拒绝但存在具体行为的情形下，可以解除劳动合同。

3. 在劳动者暂时丧失劳动能力（包括孕产期）和休假时，禁止根据本条第 1 款规定解除劳动合同。

第 59 条　因劳动者调任或者委任新职位而解除劳动合同

如果哈萨克斯坦共和国法律禁止此职位人员担任其他带薪职位，则因其调任或者任命其他带薪职位，原劳动合同将被解除。

由劳动者通知用人单位、劳动者的选拔和任职文件均为解除劳动合同的依据。

第 60 条　因违反劳动合同的签订条件而解除劳动合同[1]

违反劳动合同的签订条件，在下列情形下无法继续合同关系，应解除劳动合同：

1）依据医疗诊断，劳动合同所约定工作与劳动者健康状况不符的；

2）签订劳动合同违反了法院生效判决或者命令，禁止个人担任特定职务或者从事某些活动的；

3）未获得招收外国劳动力的许可证的，与未获得就业许可的外国人和无国籍人签订劳动合同的，未遵守哈萨克斯坦共和国法律规定的限制性或者破格性要求的；

4）违反哈萨克斯坦共和国法律规定，与国家机关和外籍员工签订劳动合同的；

5）与本法第 26 条第 2 款所指人员签订劳动合同的；

6）本法、哈萨克斯坦共和国法律和其他规范性法律文件规定的其他情形。

第 61 条　解除劳动合同的备案登记

1. 解除劳动合同，应由用人单位按用人单位规章办理；但是自然人用人单位死亡（被法院宣布死亡或者失踪），以及与家务佣工解除劳动合同的除外。

2. 在用人单位规章中，应根据本法说明解除劳动合同的理由。

3. 在发布解除劳动合同通知书之日起 3 个工作日内，用人单位应将通知书副本交给劳动者，或者以信件形式发送。

第 62 条　出具证实劳动活动的文件以及其他有关文件

1. 在劳动合同解除之日，用人单位应为劳动者签发证实劳动活动的文件。

2. 应劳动者（包括前雇员）要求，用人单位应在申请之日起 5 个工作日内，签发证明其专业（资格、职位）、工作期限和工资数额的证明书，包含劳动者技术等级、工作态度信息的推荐书，以及本法规定的其他文件。

3. 在用人单位（法人）破产清算、自然人用人单位业务终止情形下，如果存在拖欠劳动者工资和其他款项的情况，应按时出具关于说明拖欠工资和其他款项的证明书。

---

〔1〕 第 60 条经哈萨克斯坦共和国 2015 年 11 月 23 日第 414-V 号法律（《劳动法》第 204 条）修订（自 2017 年 1 月 1 日起生效）。

第五章　劳动规章、劳动纪律

第 63 条　劳动规章

1. 用人单位制定劳动规章。

2. 劳动规章规定劳动者的工作时间、休息时间、劳动纪律保障条件，以及调整劳动关系的其他问题。

第 64 条　纪律处分[1]

1. 对于违反纪律的劳动者，用人单位或者国有企业负责人有权在不违反哈萨克斯坦共和国法律规定的情况下实施以下纪律处分：

1）批评；

2）警告；

3）严重警告；

4）根据本法第 52 条第 1 款第 8-18 项的规定，用人单位有权主动解除劳动合同。

2. 不得实施本法和哈萨克斯坦共和国其他法律未规定的纪律处分措施。

第 65 条　纪律处分的实施[2]

1. 除哈萨克斯坦共和国法律规定的情形外，用人单位根据劳动规章实施纪律处分。在哈萨克斯坦共和国法律规定的情形下，由国有企业负责人实施纪律处分时，适用本法第 65 条和第 66 条的规定。

2. 在实施纪律处分之前，用人单位应要求劳动者提供书面解释。劳动者在 2 个工作日后仍未提交书面解释，则可以实施纪律处分。

劳动者拒绝提供书面解释，并不妨碍实施纪律处分。

3. 因一次违纪行为只能对劳动者实施一次纪律处分。

4. 有下列情形之一的，用人单位不得对劳动者实施纪律处分：

1）劳动者暂时丧失劳动能力的；

2）因履行国家或者社会公职离职的；

3）劳动者正在休假或者轮班休息期间的；

4）劳动者在出差期间的。

5. 实施纪律处分的文书，应自公布之日起 3 个工作日内，告知受到纪律处分的劳动者，并由其在纪律处分文书上签字。如果劳动者拒绝签字确认，则应在实施纪律处分中对该行为作出记录。

如果劳动者无法亲自了解用人单位纪律处分文件，用人单位应在公布之日起 3 个工作日内，向其发送纪律处分文书副本或者书信告知。

---

〔1〕 第 64 条经哈萨克斯坦共和国 2018 年 5 月 24 日第 156-Ⅵ号法律修订（自首次正式公布之日起 10 日后生效）。

〔2〕 第 65 条经哈萨克斯坦共和国 2018 年 5 月 24 日第 156-Ⅵ号法律修订（自首次正式公布之日起 10 日后生效）。

第66条　纪律处分执行期限和具体措施[1]

1. 在发现违纪行为后应当立即对劳动者进行纪律处分，期限不迟于发现违纪行为起1个月，但是本法第65条第4款和哈萨克斯坦共和国其他法律另有规定的除外。

在本法第176条规定的情形下，应在法院确认非法罢工的判决生效之日起1个月内，实施纪律处分。

2. 纪律处分原则上应在违纪行为发生之日起6个月内实施；而在哈萨克斯坦共和国法律另有规定的情形下，或者根据对用人单位经济金融活动的监察结果发现违纪的，应在发现劳动者违纪行为之日起1年内实施。

3. 在以下情形，应暂停对纪律处分的审查和中止期限：

1）由于劳动者暂时丧失劳动能力而导致旷工；

2）因履行国家或者社会公职而离职；

3）正在休假、出差或者轮班休息；

4）刑事判决、行政诉讼裁定，以及涉及影响劳动者纪律责任的法院判决或者主管部门裁定意见书等相关文件生效之前；

5）处于任职培训、进修、高级培训和实习中的劳动者；

6）劳动者就用人单位因违反纪律行为而起诉。

4. 纪律处分的有效期，自其执行之日起不得超过6个月，但是以本法规定理由解除劳动合同的除外。

5. 对劳动者实施纪律处分的用人单位，有权通过签发用人单位文件提前撤销处分。

第六章　工作时间

第67条　工作时间及其类型

1. 从准备至完成工作的时间段（接收工作清单、资料、材料和工具，熟悉设备和文件，整理和清洁工作场所，交付成品等）；技术和工艺标准规范规定的工间休息；劳动安全保护规则要求的休息时间；劳动者在工作场所停留或等待工作的时间；节假日和周末的值班、加班、居家工作时间；劳动合同、集体合同、用人单位规章或者哈萨克斯坦共和国法律所规定的与工作有关的其他时间。

2. 工作时间，包括标准工作时间、缩短工作时间、非全日制工作时间。

第68条　标准工作时间

1. 标准工作时间为每周不超过40小时。

2. 劳动合同可以规定缩短工作时间，其工资标准可以按照标准工作时间计算。

3. 与本法第71条第4款规定的标准工作时间相比，从事本职和兼职工作的总工作时间，延长时间不得超过4小时。

---

[1] 第66条经哈萨克斯坦共和国2019年11月26日第273-Ⅵ号法律修订（自首次正式公布之日起10日后生效）。

第 69 条　特殊类别劳动者的缩短工作时间

1. 不满 18 周岁的劳动者，应采用缩短工时：

1）对于 14 周岁至 16 周岁的劳动者：每周不超过 24 小时；

2）对于 16 周岁至 18 周岁的劳动者：每周不超过 36 小时。

2. 对于从事重体力劳动、有害或者危险条件下工作的劳动者，根据生产行业、工种、专业和职位，以及从事重体力劳动、有害或者危险条件下工作的清单，应采用缩短工时，即每周工时不超过 36 小时。

本款规定的缩短工时，适用于从事重体力劳动、有害或者危险条件下工作的劳动者，这些劳动条件通过对客观劳动条件的鉴定结果进行证实。

如果用人单位未能对客观劳动条件以及工作场所生产设施进行鉴定，则根据生产行业、工种、专业和职位目录，以及从事重体力劳动、有害或者危险条件下工作的清单，应采用缩短工时。

3. 针对一级残疾劳动者和二级残疾劳动者，每周工作时间不超过 36 小时。

一级残疾劳动者和二级残疾劳动者的日工作时间不得超过 7 小时。

4. 缩短工作时间劳动者的薪酬，根据本法规定确定。

第 70 条　非全日制工作时间

1. 根据劳动者与用人单位签订的书面合同，在签订劳动合同和履行劳动关系的过程中，可以采用非全日制工作时间。

非全日制工作时间短于本法规定的标准工作时间，包括：

1）非全日制工作，即缩短每日标准工作时间；

2）非全周制工作，即减少工作周的工作天数；

3）同时减少每日标准工作时间和工作周的工作天数。

2. 从事非全日制工作，并不影响劳动者带薪年假、服务年限的计算，以及本法、劳动合同、集体合同或者协议所规定的劳动领域其他权利期限的计算。

3. 用人单位应怀孕女性劳动者、抚养不满 3 周岁儿童的父母（领养人、收养人）的书面要求，可以允许其从事非全日制工作。

第 71 条　工作时间制度

1. 5 天工作制，是对劳动者规定每周工作 5 天、休息 2 天。在这种工作制下，标准工作时间由用人单位规章确定，同时要考虑工作性质，并遵守法定的周工作时间要求。

2. 因生产性质和劳动条件特殊，不适合实行 5 天工作制的单位，可以规定每周工作 6 天、休息 1 天。

3. 用人单位根据劳动合同、集体合同或者用人单位规章，合理确定采取 5 天或者 6 天工作制。

4. 每日工作时间不得超过 8 小时，但是本法和哈萨克斯坦共和国其他法律另有规定的除外。

5. 日常工作的开始、结束、持续和工休时间，根据劳动法、劳动合同和集体合同所规定的条件确定。

6. 对于文艺工作者、传媒从业者、运动员和教练员，可根据哈萨克斯坦共和国劳动法、用人单位规章、集体合同或者劳动合同，规定不同的标准工时。

第 72 条　日常工作轮换（轮班）

1. 日常工作可以分为几类：

1）按照不同的工作强度；

2）经劳动者提议，按照是否与其社会、家庭和其他个人需求有关。

2. 工作总工时不得超过标准工时。

3. 日常工作分类、工间休息次数和时长，以及在此条件下劳动者的报酬类型和数额，由劳动合同和集体合同进行约定。

将日常工作分类，应为劳动者提供与工作无关的休息时间。

第 73 条　轮班工作

1. 如果生产时长超过允许的标准工作时间，则可以安排轮班工作。

2. 轮班时，根据轮班时间表，确定从一个轮班过渡到另一个轮班的时长。

3. 用人单位应在实施轮班表前至少 10 日通知劳动者。

4. 禁止劳动者连续两班工作。

第 74 条　弹性工作时间制

1. 为了将劳动者社会需求、其他个人需求与生产利益结合起来，可以为劳动者实行弹性工作时间制。

2. 弹性工作时间制包括：

1）固定工作时间；

2）弹性（可变）工作时间：在此期间，劳动者有权自行决定是否履行劳动职责；

3）核算期。

3. 弹性工作的核算期，应遵守为此类劳动者规定的平均工作时间。

4. 弹性工作的核算期，不得超过 6 个月。

5. 弹性工作的日工作时间和周工作时间，可能多于或者少于每日或者每周的标准工作时间。

6. 固定工作时间、弹性工作时间、弹性工资的核算期，由劳动合同、集体合同或用人单位规章确定。

第 75 条　综合工作时间制

1. 综合工作时间制，是根据生产条件，用于连续生产运行的生产部门、车间、区段和某些类型的工作，在此情形下劳动者无法遵守该时段既定的日工作时间和周工作时间。

2. 在综合工作时间制的核算期，应遵守为此类劳动者规定的平均日工作时间和周工作时间。

3. 综合工作时间制，可以选在任何时段，但是不得超过 1 年或者某项工作的完工期。

4. 设立综合工作时间制时，应包括劳动者在某一项工作结束到下一项工作开始之间的休息时间。

5. 综合工作时间制的次序，实行综合工作时间制的劳动者类别，由集体合同或者用人单位规章确定。

6. 不满 18 周岁的劳动者不得采用综合工作时间制。

7. 如果日工作时间超过 8 小时，则禁止怀孕女性劳动者采用综合工作时间制。

8. 一级残疾人士不得采用综合工作时间制。

如果职业病鉴定委员会专家得出禁止结论，则应据此禁止二级残疾人士和三级残疾人士采用综合工作时间制。

第 76 条　夜班工作

1. 夜班工作时段，是指 22 时到早 6 时。

2. 以下劳动者禁止在夜间工作：

不满 18 周岁的劳动者；

已向用人单位提交怀孕证明的怀孕女性劳动者。

3. 只有征得书面同意，残疾劳动者才可以参加夜班工作；但是根据健康医学报告禁止残疾人士从事的工作除外。

4. 未征得书面同意，用人单位无权安排以下劳动者从事夜班工作：

1）抚养不满 7 周岁儿童的妇女，以及缺少母亲照料不满 7 周岁儿童的抚养人；

2）抚养不满 16 周岁残疾未成年人的劳动者。

第 77 条　加班

1. 除本条第 2 款规定外，只有征得劳动者书面同意，方可安排加班。

2. 在以下情形下，无须征得劳动者同意就可以安排加班：

1）履行国防、预防紧急情况、自然灾害、工业事故，或者从事直接消除前述事件后果所必需的工作；

2）消除妨碍供水、供气、供热、供电和其他民生维持系统正常运行的情形；

3）接班人员未及时接替，而工作不允许中断，应立即采取措施由其他劳动者顶替；

4）为遭受健康或者死亡威胁的公民提供紧急救助。

3. 以下劳动者不得加班：

1）已向用人单位提供怀孕证明的怀孕女性劳动者；

2）未满 18 周岁的劳动者；

3）残疾劳动者。

第 78 条　加班的时限

1. 一名劳动者每日加班时长不得超过 2 小时；如果从事重体力劳动、有害或者危险劳动条件下的工作，则不得超过 1 小时。

2. 加班总时长每月不得超过 12 小时，每年不超过 120 小时。

3. 加班时限，不适用于本法第 77 条第 2 款第 1 项和第 4 项规定情形下的工作。

第 79 条　工作时长的核算

1. 用人单位应如实核算劳动者的实际工作时长。

2. 劳动者的工作时间和非工作时间，应进行统计核算。加班时间、夜班工作、周末加班、节假日加班和出差时间应单独核算。

3. 核算工作时间的形式和程序，由用人单位确定。

4. 如果劳动者执行工作岗位以外的任务，或者执行工作情况无法被记录时，则在统计核算文件中记录为劳动合同所规定的工作时长。

第七章　休息时间

第 80 条　休息时间的类别

休息时间的类别包括：

1）工作日期间的休息：休息和进餐时间，轮班期间和特殊休息时间；

2）每日休息；

3）周末休息；

4）节假日休息；

5）休假。

第 81 条　休息和用餐时间

1. 在每日工作中，应给劳动者提供至少半小时休息和用餐时间。

2. 休息和用餐时间，应由劳动合同和集体合同规定。

3. 休息和用餐时间，不计入工作时间。某些工作因生产条件不能中断，用人单位应为劳动者提供专门休息区保障休息和用餐。具体工作清单、休息和用餐方式以及地点，由集体合同或者用人单位规章确定。

第 82 条　内部和特殊休息时间

1. 在某类工作中，由于生产劳动技术和组织规定，为劳动者提供的班内休息时间，应计算在工作时间中。此类工作提供休息的时长和方式，由集体合同或者用人单位规章确定。

2. 在寒冷或者炎热季节，应为在露天室外、没有取暖设施的封闭室内工作的劳动者，以及从事装卸工作的劳动者，提供专门的取暖或者降温和休息时间，应计算在工作时间中。用人单位应为休息的劳动者提供取暖或者降温设备。

3. 抚养不满 18 个月儿童的职业妇女和缺少母亲照料又不满 18 个月儿童的单亲父亲（养父母）、抚养人，有权在以下期间至少每 3 小时获得额外休息时间，喂养自己的孩子：

1）抚养 1 个儿童：每次休息至少 30 分钟；

2）抚养 2 个或 2 个以上的儿童：每次休息至少 1 小时。

4. 本条第 3 款所指的劳动者，喂养儿童的休息时间应计入休息和用餐时间，或者在工作日开始或结束时提供累积休息时间。

5. 喂养儿童的休息时间应计入工作时间。在此休息期间，应为相关妇女、单亲父亲（养父母）以行业标准维持平均工资。

第 83 条　日休息时长

劳动者日休息时长，为每日从工作结束到第二天工作开始之间的时长，不得少于 12

小时。

第 84 条　周末

1. 劳动者享有周末假期。

2. 5 天工作制是劳动者每周工作 5 天、休息 2 天；6 天工作制是每周工作 6 天、休息 1 天。

3. 对于 6 天工作制，通常周日是休息日。对于 5 天工作制，第二个休息日由集体合同或者劳动规章制度确定。

4. 从事连续生产的劳动者（员工组），限于生产技术条件不允许周末停止工作，或者因提供连续不断的服务以及轮班工作而无法在周末休息的，则可以根据轮班时间表，在每周的其他日期放假。

5. 穆斯林古尔邦节的第一天，1 月 7 日东正教圣诞节，均是休息日，不适用工作和轮班表（值班表）。

6. 出差劳动者，根据受雇单位的劳动规章制度，享受周末假期。

第 85 条　周末和节假日工作

1. 按照轮班时间表或者轮班工作制的劳动者，在周末和本法第 84 条第 5 款规定的节假日工作，无须征得劳动者的书面同意和依照用人单位规章的相应要求。

除本法第 86 条规定的情形和按轮班时间表工作的劳动者外，在周末和节假日加班，应征得劳动者书面同意或者依照用人单位规章规定的相应要求。

2. 对于周末和节假日加班，应劳动者要求可以补休，或者依照本法第 109 条规定的标准支付工资。

3. 为了在节假日以及本法第 84 条第 5 款规定的休息日合理使用工作时间，哈萨克斯坦共和国政府有权将放假时间推迟到其他工作日。

4. 不得让已向用人单位提供怀孕证明的妇女在周末和节假日加班。

第 86 条　无须征得劳动者同意，安排其在周末和节假日工作的特殊情况

只有在以下情形下，无须征得劳动者同意，安排其在周末和节假日工作：

1）预防紧急状况、自然灾害或者生产事故，或者及时消除其后果；

2）预防和调查与生产有关的伤亡事故或者财产损失；

3）执行紧急的、难以预见的工作，这些紧要工作决定着整个组织或者其各个部门的正常运行。

第 87 条　休假类别

1. 劳动者享有以下类别的假期：

1）带薪年假；

2）社会假期。

2. 带薪年假，旨在使劳动者得到休息，恢复工作能力，改善劳动者健康和满足其他个人需求，劳动者不但享有一定的假期天数，同时还要为其保留工作岗位并维持与正常工作期间相同的工资收入。

3. 劳动者带薪年假的类别：

1）基本带薪年假；

2）额外带薪年假。

4. 社会假期，是指劳动者在一定时期内不从事工作，以便为母亲育儿、在职教育和实现其他社会目的创造有利条件。

5. 劳动者社会假期的类别：

1）无薪休假；

2）学习假；

3）孕产假，收养新生儿（儿童）休假；

4）无薪休假应持续到被抚养儿童满3周岁。

除哈萨克斯坦共和国法律另有规定外，休假期间应计入工龄年限。

6. 由用人单位规章对休假作出规定。

第88条　基本带薪年假的期限

劳动者享有为期24天的基本带薪年假，但是本法、哈萨克斯坦共和国的其他法律、劳动合同、集体合同和用人单位规章规定了更多天数的除外。

第89条　额外带薪年假

1. 应给予以下劳动者额外带薪年假：

1）根据生产行业、工种、专业、职位目录和重体力劳动、有害或者危险劳动条件下工作的清单，为从事重体力劳动、有害或者危险劳动条件下工作的劳动者，提供至少6天的附加带薪年假。

根据在劳动条件下生产设施鉴定结果，对于从事重体力劳动、有害或者危险条件下工作的劳动者，给予额外带薪年假。

用人单位不能根据劳动条件以及工作场所对生产设施进行鉴定的，则根据生产行业、工种、专业、职位目录和从事重体力劳动、有害或者危险劳动条件下工作的清单，给予劳动者额外带薪年假。

2）一级残疾劳动者和二级残疾劳动者的额外带薪年假，不得少于6天。

2. 其他类别的劳动者可以获得额外带薪年假，其期限由哈萨克斯坦共和国法律规定。

3. 对于长期连续工作，执行重要、复杂、紧急以及特殊性质工作任务的劳动者，可以通过劳动合同、集体合同协商，为劳动者奖励额外带薪年假。

第90条　带薪年假期限的计算

1. 无论用人单位运营方式和轮班工作制度，带薪年假期限均按日历天计算，每逢节假日顺延。

2. 计算带薪年假的总时长，应将额外带薪年假与基本带薪年假相加。

第91条　适用带薪年假的工龄计算

适用带薪年假的工龄包括：

1）实际工作时间；

2）劳动者没有实际从事工作，但是保留工作岗位和全部或者部分工资的时间；

3）劳动者因暂时丧失劳动能力而没有实际工作的时间，包括产假时间；

4）劳动者在复职之前没有实际工作的时间。

第 92 条　适用带薪年假的期限和程序

1. 经双方协商一致，在一个工作年度的任何时候，都可以为劳动者提供第一年及其随后年度的带薪年假。

2. 工作年度，是从劳动者工作第一天开始计算的 12 个月。

3. 根据劳动者与用人单位之间的合同，带薪年假可以分为几部分。同时，带薪年假应包括劳动合同所约定的为期至少 2 周的年假。

4. 应在年假开始前 3 个工作日内发放工资；如果在休假时间表之外给予休假，则应在休假后 3 个工作日内发放。

5. 对于根据非全日制劳动合同工作的劳动者，应在提供主要劳动休假的同时给予带薪年假。

如果兼职劳动合同所规定的带薪年假期限，少于同行业正常劳动者的假期，则用人单位应兼职劳动者的要求，准予其无薪休假，其天数应等于休假期间的差额。

6. 批准、更改或者撤回带薪年假，应由用人单位规章进行规定。

第 93 条　提供带薪年假的程序

1. 向劳动者提供带薪年假的程序，根据用人单位批准的休假时间表确定，同时考虑劳动者的意见，或者根据双方合同在休假时间表之外进行设定。

2. 因生产需要改变休假时间表的，则用人单位应在原休假开始前至少 2 周通知劳动者。

第 94 条　带薪年假改期的情形和程序

1. 在下列情形下，应全部或部分推迟带薪年假：劳动者暂时丧失劳动能力的；处于产假期间的。

2. 符合本条第 1 款规定情形的劳动者，可以申请推迟带薪年假。经双方协商一致，假期可以合并到下年度假期中，也可以在本年度另行安排。

3. 不得连续 2 年不给劳动者提供全部或者部分带薪年假。

第 95 条　在带薪年假中召回劳动者

1. 只有因生产需要，征得劳动者书面同意，用人单位才能中断其带薪年假。

2. 经劳动合同各方协商一致，撤回的未休年假可以在本年度续补，或者转到下年度带薪年假或者其他任何时间中补休。

3. 将劳动者从带薪年假中召回，应根据劳动者与用人单位之间的合同，对未休年假天数向该劳动者补偿。

4. 对于不满 18 周岁的劳动者，怀孕女性劳动者，从事重体力劳动、有害或者危险劳动条件下工作的劳动者，不得撤回其带薪年假。

第 96 条　解除劳动合同时，行使享有带薪年假和补偿金的权利

1. 劳动合同在休假期间届满，在休假时间全部或者部分超出劳动合同期限的情形下，劳动合同解除日期随年假期间顺延。年假的最后一天，为劳动合同的解除日期。

2. 解除劳动合同时，应对劳动者未使用的带薪年假支付补偿金。

第 97 条　无薪休假

1. 经劳动合同各方协商一致，劳动者可申请无薪休假。

2. 无薪休假的期限，由劳动者与用人单位之间的合同规定。

3. 在以下情形下，根据劳动者申请，用人单位应在 5 日内提供无薪休假：

1）婚假；

2）产假；

3）丧假；

4）劳动合同、集体合同规定的其他情形。

第 98 条　进修假

1. 在教育机构学习、进修的劳动者，为准备参加考试、进行实验、筹备和参加论文答辩、接受军事储备学习的劳动者，可享受进修假。

2. 进修期间的工资，由劳动合同、集体合同、进修合同和培训协议规定。

3. 用人单位为接受国际奖学金而留学的劳动者提供培训和出国实习的进修假，并保留其工作岗位。

第 99 条　孕产假、收养哺育假〔1〕

1. 怀孕女性劳动者、生育妇女、收养新生儿的妇女（男子），可以享有以下与儿童出生有关的假期：

1）怀孕及产假；

2）收养 1 个或者多个新生儿的哺育假；

3）养育儿童直至满 3 周岁的无薪休假。

2. 怀孕女性劳动者应出示暂时丧失劳动能力的证明，以确认享有此类休假的权利。自证明标注的日期起，怀孕女性劳动者享有孕产假。

休产假的期限为：

1）正常分娩的：产前 70 天和产后 56 天；

难产或者生产 2 个以上胎儿的：产前 70 天和产后 70 天；

2）对于生活在受到核试验影响领土上的妇女，正常分娩的：产前 91 天和产后 79 天（难产或者生产 2 个以上胎儿的，则为 93 天）；

如果分娩了孕期为 22 周至 29 周、出生体重超过 500 克并且存活超过 7 天的胎儿：产后 70 天；

如果分娩了孕期为 22 周至 29 周、出生体重超过 500 克并且产后 7 天内死亡的胎儿：

---

〔1〕 第 99 条经哈萨克斯坦共和国 2018 年 7 月 2 日第 165-Ⅵ号法律修订（自首次正式公布之日起 10 日后生效）。

胎儿分娩死亡后56天；

对于生活在受到核试验影响领土上的妇女，如果分娩了孕期为22周至29周、出生体重超过500克并且存活超过7天的胎儿：产后93天；

对于生活在受到核试验影响领土上的妇女，如果分娩了孕期为22周至29周、出生体重超过500克并且产后7天内死亡的胎儿：胎儿分娩死亡后79天。

如果妇女在怀孕期间暂时丧失劳动能力，将提供完全休假并计算休假总数，而无论其在产前实际使用假期天数和在用人单位工作时间的长短。

当妇女在产后申请登记暂时性丧失劳动能力时，只有在产后才可以在本款第2项规定的期限内休假。

3. 应当准许收养新生儿的劳动者（父母其中一人），自收养之日起至儿童满56天期间休假。

4. 按照劳动合同、集体合同、用人单位规章规定，用人单位为收养新生儿的劳动者提供休假，并保留平均工资。根据哈萨克斯坦共和国强制性社会保险法，因怀孕和分娩造成收入损失，应支付相应的社会补贴。

第100条　照顾未满3周岁儿童的无薪育儿假

1. 用人单位应向育儿劳动者提供无薪假期，直到儿童满3周岁：

1）儿童的母亲或者父亲一方选择；

2）养育儿童的父母一方休假；

3）缺少父母监护之儿童的实际抚养亲属或者监护人；

4）收养一名新生儿的劳动者。

2. 在子女不满3周岁之前，劳动者书面说明子女年龄，并提供出生证明或者其他证明文件，可以享受无薪假期照料子女。

劳动者因照顾不满3周岁子女，可以完全或者部分使用无薪假期。

3. 劳动者在无薪休假期间抚养不满3周岁子女，保留工作岗位。

4. 劳动者意图在子女未满3周岁前无薪休假结束前上班的，应在复工前1个月内告知用人单位。

第八章　定额和报酬

第101条　劳动定额

1. 劳动定额（时间、产量、劳动强度、服务、人数），是在一定生产技术、组织条件、劳动水平下，为具有相应资格的劳动者所规定的劳动消耗标准。

2. 用人单位在编制、实施、修订和重审劳动定额时，依照国家劳动行政部门规定的方式进行。

3. 当鉴定工作场所合理化，引进新设备、新技术、组织技术措施时，劳动定额应当随之修改，以确保劳动生产率的增长。

因劳动者个人采用新的劳动方法、更改工作地点、提高产品生产量（劳动服务）的，不能作为修改原劳动定额的理由。

4. 在新劳动定额出台前1个月内，用人单位应通知劳动者。

5. 制定劳动定额时应保证：

1）劳动定额的质量，其最大程度接近必要劳动消耗量；

2）在类似组织技术条件下从事相同工作，应执行相同的劳动定额；

3）在科技进步的基础上保证劳动定额的先进性；

4）劳动定额的范围，可能并建议制定劳动定额的类型；

5）劳动定额的技术（科学）论证。

6. 用人单位按照国家劳动行政部门和有关部门协调批准的程序，依照税率（价格、征收率）来调节服务（货物、工程）组织的劳动定额。

7. 劳动定额由用人单位行业协会研究制定；各领域通用标准或者行业劳动定额，由哈萨克斯坦共和国企业家联合会，在遵守国家劳动法规情况下，与劳动者代表进行协商，由国家劳动行政部门进行公布。

8. 劳动者业务水平要求和工作难度标准，以专业标准为基础编制；如果没有专业标准，则根据领导职务、专家和其他劳动者的统一技术等级手册、职务目录、劳动职业技术等级和专业类型评定。

第102条　国家对劳动报酬的保障

国家对劳动报酬的保障包括：

1）最低月工资；

2）最低小时工资；

3）加班费；

4）在节假日和周末工作的报酬；

5）夜班费；

6）从劳动者工资中扣除金额的限制；

7）支付工资的方式和时间。

第103条　工资限额

1. 劳动者工资，根据劳动者技术资格，完成工作的复杂性、数量、质量以及劳动条件来确定。月薪不设置最高限额。

工资按劳动者在用人单位的工时登记中记录的实际工时支付。

2. 劳动者在规定时间完成工作时间标准和工作量，并履行了劳动职责，其工资不低于哈萨克斯坦共和国法律对当前财政年度预算中所规定的最低工资。

第104条　最低工资限额的规定

1. 在当前财政年度中，哈萨克斯坦共和国法律所规定的最低工资限额，不得低于最低生活费；附加费、津贴、补偿金和社会福利、奖金及其他奖励金不包括在内，而是根据工作时间按比例支付。

2. 完成履职劳动者的每小时最低工资，不得低于每月最低工资除以每月平均工作小时数所得数额。每月平均工作时数，根据相应年度工作时间余额计算得出。

3. 根据劳动合同、集体合同或者用人单位规章所规定的条款，一级劳动者的最低月工资不得低于哈萨克斯坦共和国预算法为当前财政年度所规定的最低月工资。

第105条　从事重体力劳动、有害或者危险劳动条件下工作的劳动者的报酬

1. 与从事正常劳动条件下工作的劳动者报酬相比，从事重体力劳动、有害或者危险劳动条件下工作的劳动者报酬应有所提高，增加正式报酬薪金或者附加费，其金额由集体合同或者用人单位规章规定，并通过行业协议对劳动条件根据危险和风险程度进行分类确定。

2. 根据生产行业、工种、专业和职位目录，从事重体力劳动、有害或者危险劳动条件下工作的清单，为从事重体力劳动、有害或者危险劳动条件下工作的劳动者加薪。

3. 本条所规定的劳动报酬，应提供给从事重体力劳动、有害或者危险劳动条件下工作的劳动者，其劳动条件的生产设施应得到认证结果确认。

如果用人单位未进行劳动条件生产设施认证，以及不需要在工作地点中对生产设施进行认证，则根据生产行业、工种、专业和职位目录，从事重体力劳动、有害或者危险劳动条件下工作的清单，对从事重体力劳动、有害或者危险劳动条件下工作的劳动者确定报酬。

第106条　时薪

1. 可以为从事兼职、临时工作、轻负荷工作、临时工作或者一次性工作的劳动者，按照小时支付劳动报酬。时薪由劳动合同条款或者用人单位规章规定。本法所规定的某类劳动者，当工作时间减少时，按照小时支付劳动报酬。

2. 根据轮班时间表，在累计核算工作时间的情况下，按照实际工作时间支付报酬。在此情况下，劳动报酬需要根据劳动报酬等级支付。劳动报酬等级根据相应年度职务报酬等级和每月工作时间定额计算。

第107条　劳动报酬支付制度

1. 支付劳动者报酬，应根据用人单位的劳动报酬制度，并通过劳动合同进行约定。

2. 劳动报酬支付制度由劳动合同、集体合同或者用人单位规章确定。

3. 为激发劳动者对提高生产效率和工作质量的积极性，可以采用奖金制度，以及集体合同条款或者用人单位规章所规定的其他劳动激励措施。

4. 劳动报酬支付制度，应保证基本劳动报酬的比例不低于月平均劳动报酬的75%，不包括一次性奖金。

5. 由协议、劳动合同、集体合同和用人单位规章所规定的劳动报酬条件，不低于本法、哈萨克斯坦共和国其他法律所规定的劳动报酬支付条件。

第108条　加班费

按时间计算劳动报酬的加班费应根据劳动合同、集体合同或者用人单位规章的规定有所增加，但是其不得少于劳动者每日（小时）平均劳动报酬的1.5倍。计件加班费，不得少于劳动者每日（小时）劳动报酬的50%。

经双方约定，可以规定加班休息时间，加班休息时间至少为1小时。

第109条　节假日和周末劳动报酬

节假日和周末劳动报酬应根据劳动合同、集体合同或者用人单位规章的规定有所增加，不得少于劳动者每日（小时）平时劳动报酬的1.5倍。

第110条　夜间劳动报酬

夜间劳动报酬应根据劳动合同、集体合同或者用人单位规章的规定有所增加，不得少于劳动者每日（小时）平时劳动报酬的1.5倍。

第111条　兼职、扩大服务范围和代替临时缺勤劳动者完成工作的报酬[1]

1. 在同一单位内，劳动者在完成劳动合同所规定的本职工作的同时，兼职完成额外工作，或者代替临时缺勤劳动者完成工作，应获得额外劳动报酬。

2. 劳动者完成额外工作，可以通过以下方式进行：

1）兼职：劳动者完成劳动合同（职位描述）所规定的基本工作职责之外在其他空缺职位上工作；

2）扩大服务范围：劳动者在规定工作日内，完成劳动合同（职位描述）所规定的本职工作，在规定的工作时间（轮班）内增加工作量；

3）代替临时缺勤劳动者完成工作：劳动者在完成劳动合同（职位描述）所规定的本职工作的同时，代为完成其他缺勤劳动者的工作以及同一职位的额外工作。

当临时缺勤劳动者的工作正式成为代替履职劳动者的本职工作时，则无须向该劳动者支付代替履职的费用。

3. 劳动者兼职、扩大服务范围或者代替临时缺勤劳动者完成工作的额外劳动报酬，由用人单位根据完成工作量与劳动者协商规定。

第112条　停工付薪

1. 由于非因劳动者和用人单位原因而停工，停工期登记和停工付薪条件，由劳动合同和集体合同规定，其金额不低于最低劳动报酬标准；由于用人单位过错造成停工，则劳动报酬不低于劳动者平均劳动报酬的50%。

2. 由于劳动者过错而导致停工时，停发劳动报酬。

第113条　劳动报酬的支付期限和程序

1. 劳动报酬应每月至少1次以哈萨克斯坦共和国本国货币支付，最迟不超过下月第10日。工资支付日期，由劳动合同规定；如果工资支付日与周末或者节假日重合，则在其前夕支付。

2. 支付工资时，用人单位每月应以书面或者电子方式通知每个劳动者，说明本阶段应支付工资的组成部分、工资金额、扣除金额和理由，包括有关强制性养老金缴款信息以及支付总额。

3. 用人单位不按劳动合同及时支付全额报酬的，则应根据哈萨克斯坦共和国法律承

---

〔1〕 第111条经哈萨克斯坦共和国2016年6月4日第483-Ⅴ号法律修订（自首次正式公布之日起10日后生效）。

担责任，向劳动者支付欠款和逾期支付期间的利息。利息数额，根据履行工资支付义务当日的哈萨克斯坦共和国国家银行官方再融资利率计算。逾期日期，自应发放报酬次日起到实际发放报酬日止计算。

4. 劳动合同解除后，劳动报酬应在解除后 3 个工作日内全额发放。

第 114 条　劳动者平均工资的计算

1. 每周 5 天和 6 天工作制的平均工资，应根据劳动者实际工作时间和相应时期每日（小时）平均工资计算得出，同时应考虑补偿费、附加费、津贴、奖金和其他激励性奖金。

2. 根据本法，平均工资按照 12 个月实际发放工资平均计算。对于工作时间少于 12 个月的劳动者，平均工资根据实际工作时间确定。

集体合同还可以约定计算平均工资的其他时间，前提是不损害劳动者的相关权益。

3. 根据本法，在任何情形下计算平均工资，使用国家劳动行政部门建立的统一计算程序。

第 115 条　工资扣除

1. 对劳动者工资进行扣除，应根据法院判决、哈萨克斯坦共和国法律和本法规定的情况。

2. 可以依据用人单位规章，在书面通知劳动者的情形下，对劳动者工资进行扣除，用以抵减其对工作所在单位的借款。

1）用于抵减剩余未用和未及时归还的差旅费，以及不符合差旅报销规定的其他花销；

2）在劳动者提前解除劳动合同时，用人单位可以根据培训协议，按未完成的服务期比例抵减劳动者接受培训的相关费用；

3）抵减发放给劳动者的预付工资；

4）除本法第 95 条第 3 款规定情形外，将劳动者从带薪休假中调动或者召回的；

5）劳动者书面同意的其他情形。

3. 在哈萨克斯坦共和国法律和本法规定情形下，按照执行令扣发工资时，每月扣除额不得超过应付给劳动者工资的 50%。

第九章　职业培训、进修和高级培训

第 116 条　本章使用的概念〔1〕

本章使用以下概念：

1）高级培训：为保持、扩展、加深和改善专业知识技能的一种职业培训形式；

2）双重培训：将教育机构培训与义务教育学习相结合，将企业强制性行业培训和专业实践相结合，企业、教育机构和培训生承担同等责任，为培训生提供工作和报酬的一种培训形式；

3）双重培训协议：企业向培训生提供行业培训和专业实践场所，其与教育机构签订书面协议，规范行业培训和专业实践的条件和程序；

〔1〕第 116 条经哈萨克斯坦共和国 2018 年 4 月 7 日第 172－V 号法律修订（自首次正式公布之日起 10 日后生效）。

4）职业培训：旨在培养个人获取从事某类工作所必需的新专业技能的一种学习形式；

5）进修：让劳动者掌握其他职业或者专业技能的一种职业培训；

6）培训协议：用人单位与培训生之间签订的，关于职业培训、进修和高级培训的书面合同；

6-1）行业培训：以教育机构或者企业为基础，旨在获得理论知识和实践技能的培训；

经哈萨克斯坦共和国 2018 年 7 月 4 日第 171-Ⅵ号法律，第 116 条增补第 7 项（自 2021 年 1 月 1 日起生效）。

8）导师：在企业中拥有生产或者服务技术，负责管理行业培训和专业实践的熟练技能劳动者。

第 117 条　职业标准和资格制度[1]

1. 国家资格体系，包括对各级别专业技术水平所具有的职业特点的描述。

行业资格体系，根据所执行工作的复杂性、所使用知识、技能和能力的性质，对该行业的专业资格要求进行级别分类。

职业标准：在特定专业领域，对具体职业资格技能水平所要求的内容、质量和劳动条件进行定义。

2. 职业标准的制定、完善、变更和修订，由用人单位协会根据行业资格体系实施；并由哈萨克斯坦共和国企业家联合会以国家劳动行政部门规定的方式进行批准。

2-1. 制定、批准、更换和修订国有法人的服务职业标准，由相关领域国家授权部门与国家劳动行政部门协调进行。

3. 制定和修订国家资格体系，由国家劳动行政部门与教育领域授权部门共同进行，并得到共和国调节社会劳动关系委员会的批准。

4. 制定和修订行业资格体系，由相关领域国家授权部门和用人单位协会进行，并得到共和国调节社会劳动关系委员会的批准。

经哈萨克斯坦共和国 2018 年 7 月 4 日第 171-Ⅵ号法律修订，第 117 条增补第 5 款和第 6 款（自 2021 年 1 月 1 日开始生效）。

第 118 条　职业培训、进修和高级培训[2]

1. 组织发展职业培训、进修和高级培训的需要和范围，由用人单位确定。

1-1. 关于技术和职业教育、专科以上、高等教育和研究生教育，进修和高级培训等教育计划，应着重于学习成果，并考虑是否有适当职业标准来全面实施，确认和授予对应资格。

2. 用人单位可以为劳动者以及没有劳动关系的其他人士，实施职业培训、进修和高级培训。

1）直接在用人单位中；

---

〔1〕 第 117 条经哈萨克斯坦共和国 2016 年 6 月 4 日第 483-Ⅴ号法律（自首次正式公布之日起 10 日后生效）、2018 年 7 月 4 日第 171-Ⅵ号法律修订（自首次正式公布之日起 10 日后生效）。

〔2〕 第 118 条经哈萨克斯坦共和国 2018 年 4 月 7 日第 171-Ⅵ号法律（自首次正式公布之日起 10 日后生效）、2018 年 7 月 4 日第 172-Ⅴ号法律修订（自首次正式公布之日起 10 日后生效）。

2）在实施职业技术教育、专科以上、高等教育和大学毕业后进修的教育机构中；

3）在其他组织中提供职业培训、进修和高级培训。

3. 用人单位按照培训协议，在教育机构以其名义进行职业培训、进修和高级培训，或者采取哈萨克斯坦共和国法律未禁止的其他方式培训，费用由用人单位承担。

4. 培训协议应包括：

1）关于具体专业、培训生获得的技术等级、课程名称的说明；

2）用人单位和培训生的权利和义务；

3）培训期限和完成培训后在用人单位的工作期限；

4）按未完成的服务期比例向用人单位偿还培训费的规定和情形；

5）与培训有关的保证金和补偿金；

6）各方责任。

培训协议可以包含双方协商一致确定的其他条件。

5. 接受过职业培训、进修和高级培训的劳动者，根据与用人单位的合同，可以免除从事工作或者非全日制工作。

6. 协议、集体合同或者劳动合同可以规定与培训有关的福利和优惠政策。

7. 用人单位应协助教育机构实施职业技术培训、进修和高级人才培养的教育项目。

8. 用人单位应根据哈萨克斯坦共和国教育法，提供行业培训和专业实践基地，创造安全条件并履行合同所规定的义务。

第 119 条　双重培训[1]

双重培训是根据双重教育协议进行的培训。该协议根据教育领域授权机构批准的双重培训标准合同形式订立。

在接受行业培训和专业实践期间，培训生应遵守工作时间制度的规定。

在接受行业培训和专业实践期间，培训生履行特定职责，计入培训生工龄，并且在此期间可以获得补偿金。

接受行业培训和专业实践的人员，应遵守劳动安全卫生要求。

企业根据双重培训协议，向培训生指定一名导师，以管理行业培训和专业实践。

第十章　劳动合同双方的经济责任

第 120 条　劳动合同当事方负有损害（损失）赔偿义务

1. 劳动合同一方对另一方造成损害（损失）的经济责任，是基于过错产生的具有因果关系的违法行为（包括作为或者不作为），但是本法和哈萨克斯坦共和国其他法律另有规定的除外。

2. 劳动合同一方对另一方造成损害（损失）的，应根据本法和哈萨克斯坦共和国其他法律予以赔偿。

---

〔1〕 第 119 条经哈萨克斯坦共和国 2018 年 7 月 4 日第 171-Ⅵ号法律（自首次正式公布之日起 10 日后生效）、2018 年 7 月 4 日第 172-Ⅴ号法律修订（自首次正式公布之日起 10 日后生效）。

3. 劳动合同和集体合同，可规定劳动者和用人单位的经济责任。

4. 造成损害（损失）后解除劳动合同的，并不解除劳动合同一方对另一方的损害（损失）赔偿责任。

第121条 用人单位因非法剥夺劳动者工作机会造成损害的经济责任

1. 劳动者被非法调任其他岗位、不能进入工作场所、被单方面更改劳动合同条款、被解雇或者解除劳动合同的，用人单位应偿还劳动者未领取的工资和其他应付款项。

2. 劳动合同和集体合同，可以规定用人单位因非法剥夺劳动者工作机会进行损害赔偿的其他情况。

第122条 用人单位对劳动者生命健康造成损害的经济责任[1]

1. 劳动者生命健康因履行劳动职责而遭受损害的，用人单位应以哈萨克斯坦共和国法律规定的数额和方式进行赔偿。

2. 除本条第3款规定的情形外，如果劳动者没有购买保险，用人单位应对本条第1款所规定的损害进行全额赔偿；如果劳动者购买保险，则用人单位应向劳动者赔偿保险额和实际损害额之间的差额。

3. 劳动者因受伤丧失5%到29%工作能力的，用人单位应赔偿劳动者的收入损失以及健康受损赔偿金。

在规定的残障程度期间，用人单位报销健康受损赔偿金时，不得超过付款时哈萨克斯坦共和国预算法为相应财政年度制定指标的2.5倍。

根据劳动者或者承担费用人员提交的确认费用文件，报销健康受损赔偿金。根据哈萨克斯坦共和国医疗保健法所规定的免费医疗保障范围以及强制性社会健康保险体系，健康受损赔偿金不列入免费医疗保健费用之中。

第123条 劳动者对用人单位造成损害的经济责任

1. 在本法、哈萨克斯坦共和国其他法律和用人单位规章规定的情况下，劳动者应承担对用人单位造成损害的经济责任。

2. 劳动者因不可抗力或者紧急情况、正当防卫，以及用人单位没有确保交付给劳动者财产的相关安全条件而造成损害的，不对用人单位承担损害赔偿责任。

3. 劳动者应赔偿对用人单位造成的直接实际损失。

4. 直接实际损失，是指用人单位的现金资产实际减少、财产（包括由用人单位持有并对其负责的第三方财产）状况恶化、该用人单位因此或者为恢复财产支付费用或超额付款。

5. 对归因于正常经济生产和商业风险的损害，劳动者不承担赔偿责任。

6. 用人单位应为劳动者正常工作创造必要条件，并确保所交付财产的充分安全。

7. 劳动者履行职责或者工作清单，以及为确保劳动者保管财产和其他贵重物品安全的个人劳动合同或者集体合同及其经济责任协议，均由用人单位规章进行规定。

8. 在以下情形下，劳动者给用人单位造成损失的，应承担全部赔偿责任：

---

〔1〕 第122条经哈萨克斯坦共和国2017年6月30日第80-Ⅵ号法律修订（自2020年1月1日起生效）。

1）劳动者和用人单位签订关于劳动者对所保管财产及其他贵重物品承担全部经济赔偿责任的合同的；

2）劳动者未能确保按照一次性委托书或其他文件，接收财产和其他贵重物品的；

3）劳动者在醉酒、麻醉或者药物滥用（其类似物）状态下造成损害的；

4）因短缺原料、故意损毁材料、半成品、成品（成品部件）、工具、测量仪器、工服和用人单位发给劳动者使用的其他物品而造成损害的；

5）劳动者违反竞业限制条款，对用人单位造成损害的；

6）劳动合同、集体合同所规定的其他情形。

第十一章　保障和赔偿

第 124 条　劳动者履行国家或者公共职责的保障

1. 在哈萨克斯坦共和国法定情形下，劳动者在履行国家或者公共职责时，用人单位可免除其履行劳动职责的义务，同时为其保留工作职位。

2. 对于履行国家或者公共职责的劳动者，应在指定履职地向其支付工资，标准不得低于当地平均工资。

3. 应征服兵役人员，在服兵役 2 个月后，享有在原就业单位的就业优先权。

第 125 条　劳动者体检保障

依照本法、劳动合同或者集体合同，由用人单位付费为劳动者定期体检，并保留工作职位和平均工资。

第 126 条　对献血劳动者的保障

对于献血的劳动者，在检查、捐献血液及其成分时，应为其保留工作职位和平均工资，以及根据哈萨克斯坦共和国卫生保健法提供的其他保障。

第 127 条　为出差劳动者的保障和补偿[1]

1. 劳动者出差时，应为其保留工作职位，支付当天工资和差旅费。

2. 出差劳动者的工资：

1）按照昼夜计算的出差补助，包括出差在途时间；

2）往返差旅费；

3）出差住宿费。

3. 劳动者出差的条件和时间，由劳动合同、集体合同或者用人单位规章规定。

4. 在医疗证明允许的情况下，可以派遣未满 18 周岁劳动者、怀孕女性劳动者以及残疾劳动者出差；但他们有权拒绝出差。

5. 对于抚养不满 3 周岁儿童、照料患病家属或者抚养残疾儿童的劳动者，医疗鉴定结论认为残疾儿童或者患病家属需要经常护理的，有权拒绝出差。

---

〔1〕 第 127 条经哈萨克斯坦共和国 2017 年 11 月 30 日第 112－Ⅵ号法律修订（自首次正式公布之日起 10 日后生效）。

6. 以预算资金报销差旅费，其中包括外国政府根据哈萨克斯坦共和国政府规定方式实行的预算资金。

中央授权预算机构制定以预算资金报销差旅费的规定，其中包括向外国政府报销预算资金。

第 127-1 条　为在灾难环境和辐射风险领域的劳动者提供保障[1]

哈萨克斯坦共和国法律为在灾难环境和辐射风险领域的劳动者提供保障。

第 127-2 条　对参加维和行动劳动者的保障[2]

哈萨克斯坦共和国法律为参加维持和平行动的劳动者提供保障。

第 128 条　劳动者随用人单位调动到异地的补偿金

1. 劳动者随用人单位调到异地时，用人单位应补偿劳动者以下费用：

1）劳动者及其家庭成员的搬迁费用；

2）劳动者及其家庭成员的财产转移费用。

2. 本条第 1 款所规定的补偿程序和数额，由劳动合同、集体合同或者用人单位规章规定。

第 129 条　劳动者为用人单位利益使用私人财产的补偿金

劳动者为用人单位利益，同意使用私人财产的，用人单位应就工具、个人交通运输、其他技术设备的使用、折旧（磨损）及其运营成本，向劳动者支付补偿金。

第 130 条　劳动者从事在途、具有出差性质或者与服务区边界商务旅行有关的工作时，享有补偿金

1. 如果劳动者从事在途、具有出差性质或者与服务区边界商务旅行有关的工作，则用人单位应当按照协议、集体合同、劳动合同或者用人单位规章所规定的方式，按天对工作在永久居住地以外的劳动者进行补偿。

2. 经常从事在途、具有出差性质或者与服务区边界商务旅行有关工作的劳动者，包括从事铁路、内河、海上、公路运输、民航、汽车道路、干线管道、主要通信线路和设施、无线电中继线路和设施、架空电力线和设施、通信工程，以及为哈萨克斯坦共和国国家边界线区域服务的劳动者。

3. 如果劳动者不是每月所有工作日都在途工作，则按出差往返工作地点的实际天数支付。

第 131 条　失业补偿金

1. 在下列情形下，用人单位以平均月薪支付失业补偿金：

1）法人用人单位被清算、自然人业务终止、用人单位主动解除劳动合同的；

---

〔1〕 第 127-1 条经哈萨克斯坦共和国 2016 年 4 月 6 日第 483-Ⅴ号法律，第十一章增补（自首次正式公布之日起 10 日后生效）。

〔2〕 第 127-2 条经哈萨克斯坦共和国 2016 年 6 月 4 日第 483-Ⅴ号法律，第十一章增补（自首次正式公布之日起 10 日后生效）。

2）用人单位因裁员主动解除劳动合同的；

3）用人单位未履行劳动合同情况下，劳动者主动解除劳动合同的。

2. 因生产量、完工量和提供服务数量减少而导致用人单位经济状况恶化，用人单位主动解除劳动合同时，应当支付失业补偿金，数额为 2 个月平均工资。

3. 劳动合同、集体合同或者用人单位规章，可以规定更高数额的失业补偿金。

第 132 条　野外津贴的支付程序和条件

1. 地质勘探、地形勘测、大地测量组织应向从事野外作业的劳动者发放野外津贴：

1）离开常驻地，而且不能每日返回的；

2）离开常驻地，但是每日返回驻扎地（非常驻地）的；

3）离开常驻地，进行轮班工作的。

2. 野外津贴的数额、支付程序和条件、野外工作日的核算，根据协议、劳动合同、集体合同中的规定，并由用人单位规章确认。

第 133 条　用人单位出资为暂时性丧失劳动能力的劳动者发放社会补助[1]

1. 用人单位有自费向暂时丧失劳动能力的劳动者发放社会补助的义务。

2. 向暂时丧失劳动能力的劳动者发放社会补助的依据，是卫生保健授权机构按规定程序颁发的暂时丧失劳动能力证书。

3. 向暂时失去劳动能力的劳动者发放社会补助的时间，自暂时丧失劳动能力之日起，至法定的劳动能力恢复或者被确认残疾之日止。

4. 有下列情形之一的，不向暂时性丧失劳动能力人员发放社会补助：

1）法院已生效判决认定其有罪，在刑事犯罪实施过程中遭受工伤而暂时丧失劳动能力的；

2）在法院裁定的强制性治疗期间的（精神病患者除外）；

3）在被拘留、因法院已生效有罪判决或者裁定进行医学鉴定期间的；

4）因醉酒、使用麻醉品、毒品引起疾病或者工伤而暂时丧失劳动能力的；

5）带薪年假期间暂时丧失劳动能力的。

5. 暂时丧失劳动能力取得社会补助的数额，由哈萨克斯坦共和国政府规定；发放程序由国家授权劳动部门确定。

用人单位有权在哈萨克斯坦共和国法定的暂时丧失劳动能力社会补助之外，向劳动者支付额外补助。

第十二章　某些类别劳动法规的特点

第 134 条　季节性工作

1. 季节性工作，是指由于气候或者其他自然条件在一定时期（季节）进行的工作，为期不超过 1 年。

---

〔1〕 第 133 条经哈萨克斯坦共和国 2018 年 2 月 7 日第 165－Ⅵ号法律修订（自首次正式公布之日起 10 日后生效）。

2. 劳动合同应说明签订季节性工作合同的条件和完成工作的具体期限。

3. 签订季节性工作合同时，不得设立试用期来验证劳动者是否适合被分配的工作。

4. 除本法第 52 条规定的理由外，若发生以下情形，用人单位可以主动解除与季节性工作劳动者签订的劳动合同：

1）因生产原因，用人单位停工达 2 周以上的；

2）因暂时丧失劳动能力，劳动者连续缺勤 1 个月的。

5. 从事季节性工作的劳动者，有权主动解除劳动合同，但应提前 7 日书面通知用人单位。

6. 根据本法第 52 条第 1 款第 1 项和第 2 项规定的理由，用人单位应提前 7 日书面通知从事季节性工作的劳动者解除劳动合同。

7. 与从事季节性工作劳动者解除劳动合同后，用人单位应按工作时间的比例，支付未休假期的补偿金。

8. 根据本法第 52 条第 1 款第 1 项和第 2 项规定的理由，用人单位解除与从事季节性工作劳动者的合同后，应支付 2 周平均工资作为补偿。

第 135 条　轮班工作

1. 轮班工作，是在无法确保劳动者每天返回其常住地的情况下，在外地工作的一种特殊形式。

2. 用人单位应为轮班工作劳动者在工作场所工作期间提供住房、生活膳食支持、上班接送、完成工作条件和轮班休息的条件。

用人单位应为劳动者提供施工地居住条件，维持符合劳动合同、集体合同、用人单位制定的轮班工作条例所规定的轮班秩序。

3. 不满 18 周岁的劳动者，怀孕 12 周或 12 周以上的女性劳动者，以及一级残疾人士，自提供医疗报告之日起，不得从事轮班工作。如果该工作不是医疗报告所禁忌的，则其他劳动者可以参与轮班工作。

4. 轮班时间，包括在施工地完成工作时间和轮班休息时间。轮班时间不得超过 15 日。

根据集体合同，经劳动者书面同意，轮班时间可以增加到 30 日。

经用人单位同意，海员的轮班时间可延长至 120 日。

5. 使用轮班工作方法，可以规定一个季度或者更长工时，但是为期不得超过 1 年。

6. 核算期内的工作时间和休息时间，由轮班工作时间表确定。核算期包括工作时间、休息时间、从用人单位所在地或者集合点到工作地点的往返时间，以及其他设定时段。同时，每个核算期的总工作时间不得超过本法规定的标准。用人单位应记录每个轮班工作劳动者的工作时间和休息时间。

工作时间，不包括从用人单位所在地或者集合点到工作地点的往返在途时间。如果轮班工作超过 8 小时，休息和用餐时间不得少于 1 小时。

7. 在夜间、周末和节假日从事轮班工作劳动者的工资，应不迟于劳动合同、集体合同所指定日期支付当月工资。

第136条　家政服务人员

1. 家政服务人员，是指为雇主从事劳务（提供服务）的人员，即为一个或者多个家庭成员从事家务的自然人，从事劳务（提供服务）目的不是为雇主创造利润。

2. 雇主不签发就业证明或者与家政服务人员雇佣关系的终止证明，也不在就业记录簿中记录劳动者工作信息。

3. 关于解除与家政服务人员之间劳动合同的书面通知、失业补偿金情形及其金额，由劳动合同进行规定。

4. 家政服务人员和雇主之间的个人劳动争议，通过双方协商或者法院判决解决。

第137条　居家劳动者

1. 居家劳动者，是与雇主签订劳动合同，使用自己的材料或者使用由雇主分配或者付费购置的设备、工具和仪器，在家从事劳动的自然人。

2. 劳动者既可以签订劳动合同，也可以在劳动合同有效期内变更劳动合同来确定居家工作。

3. 居家劳动合同条款如下：

1）使用劳动者拥有的、雇主分配或者出资购置的设备、材料、工具和仪器进行工作；

2）为劳动者提供完成工作所需的原材料、材料、半成品的条件和期限；

3）支付给劳动者的补偿费和其他款项。

第138条　远程工作

1. 远程工作，是在用人单位所在地以外，使用通信技术完成工作的一种特殊形式。

2. 用人单位应为劳动者提供通信设备，并承担其安装和维护费用。如果劳动者持续使用私人通信工具，则由用人单位支付补偿金；支付该补偿金的数额和程序，通过与劳动者商定。

经双方协商，可以向用人单位报销远程劳动与履行工作有关的其他费用（水电费等）。

3. 对于远程工作者，适用固定的工作时间核算，在劳动合同中确定工作时间监管细节。

第139条　公务员[1]

1. 以任命或者遴选方式录取公务员。

2. 由有空缺职位的国家机关、国企组织进行遴选。

3. 通过签订劳动合同并签发用工证明对公务员进行录用。

4. 不得录用有贪污受贿犯罪前科的人员进入公职部门担任与履行管理职能有关的职位。

5. 相关领域国家授权部门与国家劳动行政部门协调，编制和批准公务员登记册。

6. 公务员不得从事以下事务：

1）为非公务目的，使用物质、技术、财务和信息支持、其他国家财产和公务信息；

2）参与妨碍公务正常运作和履职的行动；

---

[1] 第139条经哈萨克斯坦共和国2017年6月15日第73-Ⅵ号法律修订（自2019年1月1日起生效）。

3）滥用公职；

4）泄露在履行劳动职责过程中知悉的可能构成国家秘密和其他受法律保护的秘密信息。

7. 公务员资格认证的程序和条件，由相关领域国家授权部门确定。

8. 公务员书面申请，经有关组织负责人同意，可以被调任到其他国有机构或者国有企业工作。

9. 国家预算支付的公务员薪酬，由哈萨克斯坦共和国政府规定。

在农村地区的医疗卫生、社会保障、教育、文化、体育、兽医学、林业领域和自然保护区的专家公务员，根据地方代表机构的决定，以预算资金进行支付，职务工资和工资率与在城市工作相比至少提高25%，但是哈萨克斯坦共和国法律另有规定的除外。

在农村地区的医疗卫生、社会保障、教育、文化、体育、兽医学、林业领域和自然保护区的专家公务员职位目录，由地方执行机构与地方代表机构协商确定。

10. 在国家预算支持下，公务员将获得至少30天的基本带薪年假，并支付相当于职务工资的休养津贴。

在每年提供公务员带薪年假时，支付一次公务员休养津贴。

第140条　法人执行机构负责人和其他成员的劳动法规

1. 签订劳动合同、薪酬制度和支付条件、劳动纪律责任、执行机构负责人的解职，由本法、哈萨克斯坦共和国关于创始人、法人财产所有人、法定代表人及其授权人、法人分支机构的其他法律法规和劳动合同规定。

2. 如果创始人（入股人、股东）是独资法人的经理，则无须签订劳动合同。劳动关系由用人单位规章规定，其中包含劳动职能、劳动期限、开工日期、工作地点，以及报酬金额和支付条件。

如果创始人与执行机构负责人（入股人、股东）发生变更，则根据创始人、法人财产所有人、法人代表、法人权力机构及其授权人的决定，签订或者解除劳动关系。

3. 在任命（选举、批准）执行机构负责人的新任期时，则对劳动合同进行相应修改和补充。

4. 用人单位接受和解除劳动合同的文件，由创始人或者授权人员决定，创始人、法人财产所有人或者授权人签订，经法定代表人或者授权人认可。

5. 发现违纪行为后，应立即对法人执行机构负责人和其他成员处以纪律处分，时间不迟于发现违纪行为之日起2个月。

对法人执行机构负责人处以纪律处分的程序，由用人单位规章规定。该规章由创始人决定、法人财产所有人或者创始人授权批准实施，并考虑到哈萨克斯坦共和国法律和规范性法律文件的具体情形。

6. 本法关于法人执行机构负责人的劳动法规，适用于独资法人执行机构以及分支机构的其他成员。

第141条　民航工作人员的劳动法规

与飞行安全直接相关的民用和航空实验人员的工作，由本法、关于利用哈萨克斯坦共和国领空进行航空活动的法律，以及关于国际民用航空的标准和哈萨克斯坦共和国的其他规范性法律文件的规定，规定工作时间和休息时间。

第 142 条　与海上船员（航行船员）有关的劳动法规

海上船员（航行船员）的工作，由本法、哈萨克斯坦共和国关于商船的规定、关于海上船员（航行船员）的劳动、报酬、工作时间和休息时间的其他管理细则规定。

第 143 条　哈萨克斯坦共和国公务员、国会议员和议会代表、法官的劳动法规

哈萨克斯坦共和国公务员、国会议员和议会代表、法官的工作，由本法、哈萨克斯坦共和国国有银行法，以及其他关于入职特殊条件和程序、上任、就职、卸任、特殊劳动条件、薪酬制度和支付条件、其他补助、优待和限制的法律法规规定。

第 143-1 条　受哈萨克斯坦共和国反腐败法约束的劳动者的劳动法规[1]

受哈萨克斯坦共和国反腐败法约束的劳动者的工作，由本法、哈萨克斯坦共和国反腐败法规定。

第 144 条　服兵役人员、国家特殊雇员、执法机构和国家机要机构工作人员的劳动法规

服兵役人员、国家特殊雇员、执法机构和国家机要机构工作人员的工作，由本法、哈萨克斯坦共和国特别法，以及其他关于人事任命、就职、卸任、特殊劳动条件、薪酬制度和支付条件、其他补助、优待和限制的法律法规规定。

第 145 条　哈萨克斯坦共和国国家银行及其部门工作人员的劳动法规

哈萨克斯坦共和国国家银行及其部门工作人员的工作，由本法、哈萨克斯坦共和国国家银行法，以及其他关于人事任命、就职、卸任、特殊劳动条件、薪酬制度和支付条件、其他补助、优待和限制的法律法规规定。

第 145-1 条　负责调整、监督和监管金融市场和金融组织的授权机构劳动者的劳动法规[2]

负责调整、监督和监管金融市场和金融组织的授权机构劳动者的工作，由本法、哈萨克斯坦共和国关于调整、监督和监管金融市场和金融组织的法律，以及其他关于人事任命、就职、卸任、特殊劳动条件、薪酬制度和支付条件、其他补助、优待和限制的法律法规规定。

第 146 条　工会组织劳动者的劳动法规

工会组织劳动者的工作，由本法、哈萨克斯坦共和国工会法规定。

---

〔1〕 第 143-1 条经哈萨克斯坦共和国 2019 年 11 月 26 日第 273-Ⅵ号法律，第十二章增补（自首次正式公布之日起 10 日后生效）。

〔2〕 第 145-1 条经哈萨克斯坦共和国 2019 年 7 月 3 日第 262-Ⅵ号法律，第十二章增补（自 2020 年 1 月 1 日起生效）。

第三编　劳动领域的社会伙伴关系和集体关系

第十三章　劳动领域的社会伙伴关系

第 147 条　社会伙伴关系的机构、原则和任务

1. 社会伙伴关系的双方，是由国家相关执行机构根据既定程序授权的劳动者和用人单位的全权代表。

2. 社会伙伴关系机构确保相互协作的社会伙伴关系：

1）共和国级别：共和国监管社会伙伴关系和社会劳动关系的三方委员会（以下简称共和国委员会）；

2）部门级别：负责建立社会伙伴关系并管理社会劳动关系的部门委员会（以下简称部门委员会）；

3）地区（州、市、区）级别：州、市、区的社会伙伴关系委员会和社会劳动关系监管委员会（以下简称地区委员会）；

4）组织级别：根据哈萨克斯坦共和国的法律，以集体合同的形式，在劳动者代表和用人单位之间确立相互具体劳动义务。

3. 共和国、部门、地区常设委员会，遵循以下原则组成：

1）行政部门、用人单位和劳动者代表，必须参加委员会活动；

2）当事人的全权代表性；

3）双方表意平等；

4）双方权利平等；

5）双方共同责任。

4. 委员会成员由社会伙伴关系各方独立组建。

5. 哈萨克斯坦共和国的社会伙伴关系，旨在实现以下任务：

1）建立调整社会、劳动和有关经济关系的有效机制；

2）在客观考虑社会各阶层利益的基础上，促进社会稳定和谐；

3）促进保障劳动者权利，在劳动领域实现社会保障；

4）促进各个级别社会伙伴关系各方的协商和谈判；

5）协助解决集体劳动争议；

6）提出在社会劳动关系领域实施国家政策的建议。

第 148 条　社会伙伴组织

1. 国家、行业和地区委员会是确保利益协调的常设机构。社会伙伴关系各方通过协商和谈判，正式确定对各方具有法律约束力的相关决定。

2. 社会伙伴组织由以下机构组成：

1）国家级别：国家劳动行政部门；

2）行业级别：相关领域国家授权部门；

3）地区级别：相应行政区域的地方执行部门。

就本法而言，行业目录由联合委员会确定。

3. 委员会成员：

1）国家级别：哈萨克斯坦共和国政府的全权代表、劳动者和用人单位联合会；

2）行业级别：相关领域授权国家部门的全权代表、用人单位和劳动者的代表；

3）地区级别：地方执行部门的授权代表、用人单位和劳动者的代表。

4. 劳动者全权代表：

1）国家级别：劳动者行业联合会；

2）行业级别：行业工会；

3）地区级别：工会的地区协会。

5. 用人单位的全权代表：

1）国家级别：哈萨克斯坦共和国企业家联合会、民营商业联合会、小型企业联合会、民营工业企业家联合会的代表；

上述联合会（协会）根据共和国联合会成员数目按照比例确定；

2）行业级别：哈萨克斯坦共和国有企业家协会或者行业组织的代表；

3）地区级别：地区商会的代表；

地区级别：地区民营企业家协会、地区小型企业协会；

市、区级别：市、区的小型企业协会。

第 149 条　就拟订协定进行谈判的权利

1. 社会伙伴关系任何一方，均有权就协议的制定、内容、签订、修改、补充发起谈判。

2. 在国家、行业和地区各级有若干名劳动者和用人单位全权代表的，则每位代表均有权根据所代表的劳动者和用人单位人数，按照比例代表原则进行谈判。

第 150 条　谈判、拟定和签订协议的规定

1. 一方收到对方关于开始谈判的书面建议后，应在 10 日之内考虑并准备开始谈判。

当事方之间在合同某些内容上存在分歧的，应在谈判开始之日起 3 个月内，按商定条件签订协议，并同时准备一份分歧议定书。

如果双方无法达成一致，则应草拟一份协议，将各方关于解决分歧的提议和恢复谈判的期限记入其中。

2. 谈判程序和对协议的拟定、签订、修改和补充，应获得委员会批准。

3. 协议自各方签字后或者协议规定日期起生效。协议的所有附件都是其组成部分，具有同等法律效力。

4. 协议有效期应由各方协商一致确定或者直至新协议签订之时，但是不得超过 3 年。

5. 多个协议同时适用于劳动者的，经劳动者书面申请，适用对劳动者最有利的协议条款。

6. 经谈判各方协商一致通过的委员会决定，通过相关协议正式生效。决策和工作组织规则应由委员会制定或批准。

7. 总协议、行业协议和地区协议，由社会伙伴关系各方代表签字确认。

第 151 条　协议的登记

1. 各方签订行业协议、地区协议及其附件，应在 10 日之内提请登记注册。

2. 在地区级别签订行业协议、地区协议的，由国家劳动行政部门登记注册。

3. 在市、区级别签订行业协议、地区协议的，由地方执行部门进行登记注册。

第 152 条　社会伙伴关系各方和协议类型

1. 国家级别：哈萨克斯坦共和国政府、用人单位联合会和工会联盟之间签订的总协议。

2. 行业级别：相关领域国家授权部门、用人单位全权代表和特定行业工会之间签订的行业协议。

3. 地区级别：地方执行部门、用人单位全权代表、地区工会联盟之间签订的地区（州、市、区）协议。

第 153 条　社会伙伴关系协议的内容

1. 协议包括以下内容：

1）有效期；

2）执行管理办法；

3）修改和补充协议的规则；

4）各方未履行义务的责任。

2. 总协议的内容，由共和国委员会根据社会伙伴关系各方或者一方提出的总协议草案规定。

3. 行业和地区协议的内容，由行业和地区委员会根据社会伙伴关系双方或者一方提交的协议草案确定。

4. 总协议应规定以下内容：

1）关于审议社会劳动关系领域的法律草案的规定；

2）关于预防和避免社会冲突和劳动者罢工的措施；

3）关于发展劳动市场，促进人口有效就业的规定；

4）关于制定和批准国家资格体系的规定；

5）关于劳动保护和条件、工业和环境安全的规定；

6）关于发展社会伙伴关系和对话的规定；

7）在行业和地区两个层级组建观察组，以参与拟订和签订协议。

5. 行业协议应规定以下内容：

1）有关行业规划和战略文件的审议程序；

2）在行业中发展社会伙伴关系和对话的规定；

3）预防和避免社会冲突和劳动者罢工的措施；

4）行业工资制度的基本原则，包括：

行业最低工资；

行业位间系数的极限值；

为从事重体力劳动、有害或者危险劳动条件下工作的劳动者，规定支付额外补助的统一标准；

5）确立行业技术标准规则；

6）组建劳动安全保护委员会和活动规则；

7）成立预防和解决集体劳动争议理事会和活动规则；

8）成立观察组及其参加拟定、签订协议和集体合同、职权和活动规则；

9）成立人力资源和技术发展协调中心和活动规则。

6. 地区协议应规定以下内容：

1）在该地区发展社会伙伴关系和对话；

2）审议地区规划和战略文件的规则；

3）预防和避免社会冲突和劳动者罢工的措施；

4）协调用人单位和劳动者代表解决劳动争议；

5）采取旨在确保就业和减少失业的措施；

6）成立预防和解决集体劳动争议理事会，制定其活动规则。

7. 若协议规定与哈萨克斯坦共和国劳动法相比使劳动者处境恶化，应被视为无效，并且不予适用。

第 154 条　社会伙伴关系协议的效力、监督执行和各方责任

1. 总协议适用于国家机关、用人单位以及以规定方式全权代表的劳动者。

2. 行业协议适用于相关领域国家授权部门、相关行业用人单位、劳动者及其代表。

3. 地方协议适用于地方执行部门、相应地区的用人单位、劳动者及其代表。

4. 该协议也适用于在哈萨克斯坦共和国境内注册的，创始人（入股人）、财产所有人或者股东是外国公民、外国法人、外资入股法人的企业和组织，外国法人的分支机构和代表处。

5. 国家劳动行政管理部门、相关领域国家授权部门以及地方执行部门，应该自协议签订之日起 30 日内正式对外公布。

6. 由社会伙伴关系各方共同监督协议的执行。

7. 若各方谈判代表逃避关于签订、修改、补充协议的谈判，无理拒绝签订协议，违反谈判期限条款，拒不提供委员会的工作保障，拒不提供必要的谈判信息，违反协议进行谈判和监督，不履行协议条件，将构成哈萨克斯坦共和国法律所规定的责任追究。

第 155 条　对哈萨克斯坦共和国劳动法的社会监督

国家和行业劳动者联合会，按照协议和集体合同所规定的条件和规则，对哈萨克斯坦共和国劳动法的遵守情况实施社会监督。

第十四章　集体合同

第 156 条　集体合同的缔约方；谈判、协商和签订集体合同的规定

1. 集体合同的缔约方，是用人单位和由劳动者按规定程序授权代表的劳动者。

2. 任何一方均可提议开始谈判和签订集体合同。

一方提议就集体合同开始谈判的，对方应自收到之日起 10 日内进行考虑，并按照本

条第4款所规定的程序进行谈判。

3. 集体合同可以在企业、分支机构和外国法人代表处签订。用人单位可以留存一份集体合同。

4. 为谈判和签订集体合同草案，各方在同等基础上设立一个委员会。委员会成员人数、人员、协商和签订集体合同的期限，均由各方协议规定。

非工会成员的劳动者，有权委托工会组织在与用人单位协商中代表自己的利益。

若组织内有多个劳动者代表的，应建立一个代表机构，以便参加协商和签订集体合同。

5. 委员会编写的集体合同草案，应组织全体劳动者进行讨论。委员会应考虑收到的意见和建议，完成对草案的修订。

6. 各方达成协议后，签订集体合同至少一式两份，并由各方代表签字。

7. 各方对集体合同某些条款存在分歧的，则自分歧产生之日起1个月内，应就商定部分签订集体合同，并同时制定分歧议定书。集体谈判过程中产生的分歧，可以成为进一步集体谈判的议题，以便在修改和补充时予以解决。

8. 修改和补充集体合同，应当经当事各方协商一致，以本条所规定的程序进行。

9. 集体谈判各方获知涉及国家机密、工作秘密、商业秘密或者其他受法律保护的秘密的，均无权透露所知悉的信息。

10. 集体谈判各方在获得工资的同时，可免于履职期间的劳动职责。

11. 自签订集体合同之日起1个月内，用人单位应将各方签字的集体合同，提交当地劳动监察机关备案。

第157条　集体合同的内容和结构[1]

1. 集体合同的内容和结构，由各方根据签订的总协议、行业协议和地区协议进行规定。

集体合同应包含以下条款：

1）劳动者的标准劳动定额、劳动报酬制度、税率、工资等级、津贴、奖金；劳动者包括从事重体力劳动、有害或者危险劳动条件下工作的劳动者在内；

2）间位系数的设定；

3）工作、休息和休假的时长；

4）创造健康安全的工作和生活条件、劳动安保措施的资金支持、预防保健等；

5）为工会活动创造条件；

6）修改和补充集体合同的规定；

7）劳动者和用人单位对集体合同的监督执行和责任；

8）用人单位规章考虑劳动者代表意见时应履行的程序；

9）从事重体力劳动、有害或者危险工作条件下的劳动者的退休年龄，根据哈萨克斯坦共和国退休保障法第11条第1款确定。

---

[1] 第157条经哈萨克斯坦共和国2016年6月4日第483-Ⅴ号法律修订（自首次正式公布之日起10日后生效）。

2. 集体合同可以包括劳动者和用人单位下列共同义务：

1）改善劳动管理，提高生产效率；

2）工资指数化编制的办法（在通货膨胀时期按物价指数自动调整工资）；

3）为被解雇劳动者提供就业培训、岗前培训、提高技能培训、转岗培训和安置培训；

4）对接受岗前培训、提高技能培训、转岗培训以及兼职学习劳动者的保障和优待；

5）改善劳动者的居住和生活条件；

6）劳动者的康复、疗养和休息；

7）为当选工会成员的劳动者提供保障当选代表和开展活动的条件；

8）在解除与工会成员的劳动合同时，工会组织说明意见理由的规定；

9）劳动者达到退休年龄后，用人单位解除劳动合同时支付补偿金；

10）劳动者从用人单位所在地或者集合点到达工作地点，往返途中的补偿金；

11）在劳动者休产假或者收养新生儿的育儿假期间，按照哈萨克斯坦共和国强制性社会保险法，应向劳动者提供社会补助金并为其保留平均工资，防止因怀孕和分娩导致收入损失；

12）劳动者和用人单位对造成损害的责任划分；

13）自愿缴纳养老保险；

14）劳动者及其家庭成员的医疗保险、环境保护；

15）若劳动者因资金不足无法与保险公司签订养老年金合同，用人单位出资完成养老保险的自愿缴纳；

16）组织劳动者进行关于哈萨克斯坦共和国劳动法基本知识的培训；

17）抚恤金和赔偿金，其中包括劳动安全事故赔偿；

18）由双方明确和本法规定的其他问题。

3. 与哈萨克斯坦共和国劳动法、总协议、部门协议、地区协议相比，集体合同的规定不得使劳动者状况恶化，否则相关条款视为无效并且不得适用。

第 158 条　集体合同的期限、范围和各方责任[1]

1. 集体合同的期限，由双方进行确定。

2. 除条款另有规定外，集体合同自签字之时起生效，对各方均具有法律约束力。

集体合同有效期届满前，如果至少其中一方提出了订立新集体合同的提议，则将期限延长至新订立集体合同之日，但是最长不超过 1 年。

集体合同可以规定将有效期延长至新订立集体合同之日，而不受本款第 2 项规定的期限限制。

3. 集体合同的效力适用于签订集体合同的用人单位和劳动者，以及之后加入该合同的劳动者。加入的程序和条件应在集体合同中规定。

4. 企业组织被清算后宣布破产的，自与所有劳动者解除劳动合同之日起，集体合同失效。

---

[1] 第 158 条经哈萨克斯坦共和国 2018 年 4 月 16 日第 147－Ⅵ号法律修订（自首次正式公布之日起 10 日后生效）。

5. 任何一方代表，如果逃避参加关于签订、修改或补充集体合同的谈判，无理拒绝签订集体合同，违反谈判期限，不配合相关委员会的工作，拒不提供谈判所需信息，不监管集体合同遵守情况，违反或者不执行相应条款，则应按照哈萨克斯坦共和国法律规定承担责任。

第十五章　调解个人劳动争议

第 159 条　调解个人劳动争议的规定

1. 个人劳动争议由调解委员会审议；若问题未解决或不履行调解委员会的调解书，则由法院进行审理；但是小型企业和法人执行机构负责人除外。

2. 调解委员会，是在单位内部、分支机构或者代表处设立的一个常设机构，由用人单位和劳动者同等人数的代表组成。

3. 调解委员会的成员人数、工作程序、决议内容和程序、任期、调解员的参与等问题，均在用人单位与劳动者代表之间签订的书面合同或者集体合同中规定。

4. 对于争议申请，应在提交调解委员会之日，由指定委员会进行登记。

在劳动争议申请人或者其授权代表在场的情况下，根据哈萨克斯坦共和国法律授权范围进行调解。

5. 调解委员会应在申请登记之日起 15 个工作日内审理争议，并在调解书通过之日起 3 日内，向争议各方发出调解书副本。

6. 调解委员会的调解书应在其规定期限内执行，但是有关恢复工作的争议除外。

7. 如果未在规定期限内执行调解委员会的调解书，则劳动者或者用人单位均有权向法院申请强制执行。

8. 调解委员会各方，每年度应对调解委员会成员进行关于哈萨克斯坦共和国劳动法基础知识、提升调解技巧以及成功化解劳动争议等方面的培训。

第 160 条　申请审议个人劳动争议的期限

申请调解委员会或法院审议个人劳动争议，适用于以下期限：

1）有关恢复工作的争议：自用人单位向调解委员会提交关于解除劳动合同的法律文本副本之日起 1 个月内；若争议未解决或者劳动合同一方不履行调解书，自向法院提交调解书副本之日起 2 个月内。

2）其他劳动争议：自劳动者或者用人单位知道或者应该知道自身权利受到侵犯之日起 1 年内。

在审理劳动争议调解书的有效期内，以及在调解委员会成立之前，申请审理个人劳动争议的期限暂停。

第 161 条　劳动者恢复原职

1. 向恢复原职的劳动者，支付在非自愿停职期间的平均工资，或者被非法调任其他工作期间从事低薪工作的工资差额，但是支付时间不超过 6 个月。

2. 调解委员会或者法院关于恢复原职的劳动争议调解书，应立即执行。如果用人单位延迟执行，则调解委员会或者法院应判定，用人单位在延迟执行期间向劳动者支付平均工资或者工资差额。

第十六章　集体劳动争议的审理

第 162 条　本章中使用的概念

1）劳动仲裁：由集体劳动争议各方组建临时机构，在调解委员会无法达成协议时，由授权人员参与解决劳动争议；

2）罢工：在与用人单位的集体劳动争议中，劳动者为了满足社会经济和职业要求，完全或部分地中止工作；

3）调解委员会：由用人单位与劳动者及其代表达成协议，建立一个通过和解方式来调解集体劳动争议的组织；

4）调解程序：在调解委员会中对集体劳动争议先行调解；调解不成的，进行劳动争议仲裁，并经当事方同意后采用调解程序。

第 163 条　集体劳动争议的产生

1. 集体劳动争议产生的时间，是自用人单位就下列情况书面通知劳动者之日起：适用哈萨克斯坦共和国劳动法，履行或者修改协议、劳动合同或者集体合同与根据本法第 164 条形成的用人单位规章。

2. 用人单位应在收到劳动者要求之日起 3 个工作日内进行审查；用人单位联合会应在收到劳动者要求之日起 5 个工作日进行审查，并采取解决措施。在指定期限无法解决的，应向劳动者及其代表提出书面决定和建议，以供分歧的后续审理。

第 164 条　审理集体劳动争议的机构，形成和审理劳动者要求的规定

1. 集体劳动争议按以下程序解决：由用人单位（用人单位联合会）协商解决；协商不成的，则在调解委员会中进行调解；调解不成的，申请劳动争议仲裁庭进行仲裁；仲裁不成的，则由法院进行审理。

2. 劳动者提出的关于适用哈萨克斯坦共和国劳动法、履行或修改劳动协议、集体合同、劳动合同、劳动者与用人单位之间的规章的要求，应在劳动者大会（会议）上形成和确认。

若出席劳动者大会的人数不少于该单位全体劳动者的 2/3，则劳动者大会视为有效。

若出席劳动者大会的人数不少于劳动者根据议定书选出代表的 2/3，则劳动者大会视为有效。

若不少于 2/3 的参与者投票支持提出的要求，则劳动者大会的决议视为通过。无法召开劳动者大会的，则劳动者代表机构有权通过收集至少 2/3 的劳动者支持要求的签名，来批准通过决议。

劳动者代表应与用人单位协商，就举行劳动者大会的规则、地点、时间、会议参加人数达成一致。

3. 劳动者的要求应以书面形式表达，并在劳动者大会召开之日起 3 日内，提交至用人单位、用人单位联合会。

4. 如果上述要求是由不同用人单位的劳动者提出的，则这些要求可以由行业或者地区的工会、劳动者授权的其他自然人、法人提出。

5. 用人单位、用人单位联合会，应避免出现任何可能干涉或者妨碍举行劳动者大会的主张。

6. 若无法协商解决劳动者的要求，则应进入调解程序。

7. 在审议集体劳动争议的任何阶段，双方均可求助于调解员。该调解程序与调解委员会、劳动仲裁中的调解程序是独立的，可以与之并行。

第 165 条　调解委员会

1. 调解委员会，是由用人单位和劳动者协商一致，在双方代表人数均等情况下共同设立的组织。

设立调解委员会的决定，应在下列情况发生之日起 3 个工作日内作出：用人单位、用人单位联合会及其代表提请劳动者及其代表注意，或者在集体谈判期间起草分歧议定书。如果组织内有多个劳动者代表，则创建一个代表机构来参与委员会工作。

2. 用人单位、用人单位联合会，应为调解委员会开展工作创造必要条件。

3. 调解委员会应在收到劳动者及其代表要求之日起 7 个工作日内进行审议。关于调解委员会审议要求的程序、审议期延长，应由当事各方协商一致，并应记录在议定书中。

4. 在调解程序中，调解委员会应向劳动者及其代表、用人单位、用人单位联合会及其代表、政府部门和其他利害关系人征求意见。

5. 调解意见书，是在当事各方协商一致基础上作出的，由当事各方代表签字确认，对当事各方均具有法律约束力，并根据调解意见书所规定的方式和期限执行。如果其中一方拒绝在调解意见书上签名，则另一方在意见书中作出相应记录。

6. 调解委员会调解不成的，则其工作终止，转而进入劳动仲裁解决争议。

第 166 条　劳动仲裁

1. 集体劳动争议的当事方，应在调解委员会工作终止之日起 5 个工作日内，组成劳动争议仲裁委员会。

2. 劳动仲裁委员会成员的人数、人员组成、劳动争议的处理程序，应在平等基础上由当事各方协商确定。劳动仲裁委员会至少应由 5 人组成。劳动仲裁委员会的组成，应包括国家劳动监察人员、预防和解决集体劳动争议的劳动仲裁委员会代表，必要时还应加入其他方面的代表。

已经审议过劳动者要求的调解委员会成员，不得成为劳动仲裁委员会成员。

3. 劳动仲裁庭庭长在仲裁员内部中选出。

4. 集体劳动争议，应通过劳动仲裁委员会进行审议，集体劳动争议当事方代表均应参加，必要时其他利害关系人也应参加。

5. 裁决争议的程序由劳动仲裁委员会确定，并向集体劳动争议各方告知。

6. 劳动仲裁决定书，应在劳动仲裁委员会组成之日起 7 个工作日内，由劳动仲裁员以简单多数作出。当劳动仲裁员的票数相等时，以主席投票决定。裁决书应说明理由，以书面形式作出，并由参加仲裁的所有成员签字。

7. 在哈萨克斯坦共和国法律禁止或者限制罢工的组织中，如果集体劳动争议当事方未能在调解委员会中协商一致，则应在其内部进行劳动仲裁。

8. 劳动仲裁决定书，对集体劳动争议的当事各方具有法律约束力。

9. 劳动仲裁决定书未在规定期限内执行的，当事人有权将争议提请法院解决。

第 167 条　在调解员参与下审议集体劳动争议

1. 在调解员参与下审议集体劳动争议的办法，由集体劳动争议的当事方协议决定。

2. 调解员，是独立于当事各方并由其确定的组织和个人。国家、行业、地区管理社会劳动关系委员会，可以经集体劳动争议各方同意，可以让中央和地方执行机构、协会、其他社会团体的负责人、用人单位的管理人员、劳动者、解决集体劳动争议的独立评审专家等，参与解决集体劳动争议。

在任何情形下，引入调解员都应征得其书面同意才能参与调解。

第 168 条　双方就集体劳动争议达成协议的结果

1. 在集体劳动争议当事方之间就解决方案达成协议的情况下，无论是否有调解员参与，均应终止未完成的调解程序，当事方之间达成的协议条款视为解决争议的条件。

集体劳动争议各方达成的协议，应采用书面形式。

2. 各方达成解决争议的协议后，应宣布停止罢工。

第 169 条　关于解决集体劳动争议的保障

调解委员会的成员在参加解决集体劳动争议的谈判时，应在保留工资的同时免于承担工作。

参加解决集体劳动争议的劳动者及其联合会代表，在解决集体劳动争议期间，未经授权其代表的机构事先同意，不得受到纪律处分，不得调任其他工作，用人单位不得主动解除其劳动合同。

第 170 条　争议各方和调解机构解决集体劳动争议的义务

1. 各方均无权逃避参加调解程序。

2. 关于集体劳动争议中未解决的分歧，应书面通知当事各方。

3. 因用人单位代表权限不足而无法解决集体劳动争议各方之间的分歧，则将劳动者的要求提交给企业的财产所有人、创始人（入股人）或者股东。企业包括位于哈萨克斯坦共和国境内的、所有者为外国自然人、外国法人、外资入股的企业。

4. 如果不接受本条第 2 款和第 3 款所述程序的结果，劳动者有权依照法律规定的其他途径，来维护自己的利益。

5. 用人单位的义务：

1）自收到根据本法第 164 条第 3 款发出的劳动者要求之日起 5 个工作日内，将发生集体劳动争议的情形，告知当地劳动监察机关，然后每周报告进展，直至争议最终解决。

2）对于在上述期间不遵守本法要求进行的罢工，应将其开始日期告知哈萨克斯坦共和国检察机关和当地劳动监察机关。

第 171 条　罢工权

1. 若无法通过调解程序解决集体劳动争议、用人单位回避调解程序或者不履行在解决集体劳动争议期间达成的协议，劳动者可以决定罢工。

2. 关于举行罢工的决定，在劳动者会议及其代表大会上作出。

若企业中超过半数劳动者出席，该会议视为有效。

若2/3以上出席会议的劳动者代表投票支持，则该决定视为通过。

在劳动者会议上，获得与会者多数票的决定视为通过。若无法召开劳动者会议（及其代表大会），劳动者代表机构有权通过收集超过半数劳动者支持罢工的签名，来通过罢工决定。

3. 罢工由劳动者及其代表授权机构（罢工委员会）领导。若来自数个用人单位的劳动者及其代表因相同要求提出罢工，则罢工可以由一个联合组织领导，该联合组织由这些劳动者代表以人数相等原则组成。

4. 自愿参加罢工。任何人不得被强迫参加或者拒绝参加罢工。

5. 强迫劳动者参加或者拒绝参加罢工的人员，应按照哈萨克斯坦共和国法律规定承担责任。

第172条　宣布开始罢工

1. 本法第171条第3款中指定的劳动者授权机构，在不迟于罢工宣布前5个工作日内，就罢工开始及其可能的持续时间，以进行书面形式通知用人单位、用人单位协会及其代表。

2. 宣布罢工的决定应指明下列事项：

1）作为罢工理由的当事方分歧清单；

2）罢工开始的日期、地点和时间，预计参加人数；

3）领导罢工的机构名称，有权参加调解程序的劳动者代表组成；

4）建议罢工期间需要完成的必要工作（服务）。

第173条　罢工领导组织的权限

1. 领导罢工的组织，应以劳动者及其代表授权为基础，在本法赋权范围内行事。

2. 领导罢工的组织有下列权利：

1）在与用人单位、用人单位联合会及其代表、国家、工会、其他法人、负责人之间代表劳动者利益解决提出的要求；

2）从用人单位、用人单位联合会及其代表处获得有关影响劳动者利益的信息；

3）通过媒体报道对审理劳动者要求的过程进行说明；

4）吸收专家就争议问题发表的意见；

5）在劳动者及其代表的同意下暂停罢工。

3. 恢复先前暂停的罢工，无须调解委员会、调解员或者劳动仲裁委员会再次审理争议。应在不迟于3个工作日内，提前通知用人单位、用人单位联合会及其代表和劳动争议解决机构有关恢复罢工的信息。

4. 如果集体劳动争议当事方已签订和解协议或者罢工被认定为非法，应终止罢工领导组织的相关权限。

第 174 条　罢工期间集体劳动争议当事人的义务

在罢工期间，集体劳动争议当事方应继续通过谈判解决争议。

用人单位、国家机关和领导罢工的组织，都必须采取相关措施，以确保罢工期间的公共秩序、企业财产安全、劳动者人身安全以及机器设备正常运行，防止机器设备停产对人们的生命健康构成直接威胁。

第 175 条　与罢工相关的劳动者保障

1. 除本法第 176 条第 1 款另有规定外，不得将组织或者参与罢工的行为视为违反劳动纪律。

2. 罢工期间，为劳动者保留工作岗位（职位）、暂时丧失劳动能力享有的社会福利权、连续计算工龄以及因劳动关系产生的其他权利。

罢工期间不为参与罢工劳动者保留工资，但由于未付或延迟支付工资而进行罢工的情况除外。

第 176 条　非法罢工

1. 以下罢工视为非法罢工：

1）根据哈萨克斯坦共和国关于紧急状态的法律，在实施军事戒严、紧急状态或者采取特殊措施期间；在哈萨克斯坦共和国武装力量机构和组织中，其他负责保障国防、国家安全、紧急救援、搜救、消防、预防或者消除紧急状态的军事编队和组织中；在国家特别机构和执法机构中；在从事危险生产设施机构中；在紧急医疗救援单位中。

2）在铁路运输、民航、医疗保健组织、确保民生重要活动（公共交通、供水、供电、供热、通信）的组织和必须连续运行的行业中，如果没有遵守本条第 2 款规定的条件，暂停运营将会带来严重危险后果。

3）未按照本法规定的期限、程序和要求进行公告的情形下。

4）对人民生命和健康构成现实威胁情形下。

5）在哈萨克斯坦共和国法律所规定的其他情形下。

若存在本款所述理由之一，则检察官有权中止罢工，直到法院作出相应判决为止。

2. 在铁路运输、民航、医疗保健组织、确保民生重要活动（公共交通、供水、供电、供热、通信）的组织中，如果维护了民生所需的相关服务，事先征得地方执行部门的同意，可以进行罢工。

在必须连续运行的行业中，只有确保主要设备和机构不间断运行，才能进行罢工。

3. 宣布非法罢工的判决，由法院根据哈萨克斯坦共和国法律作出。

4. 根据用人单位申请或者检察官要求，法院决定是否宣布罢工为非法罢工。

法院判决需要通过罢工领导组织通知劳动者的，该机构应立即将法院判决详细告知罢工参与者；没有罢工领导组织的，用人单位应直接告知罢工参与者。

用人单位应将法院判决书文本放置在可供公众取阅之处。

关于法院宣布罢工为非法罢工的判决立即执行，罢工应该终止。

如果对人民的生命和健康构成直接威胁，则检察官或者法院有权中止罢工，直到作出判决为止。

5. 罢工领导组织有权按照哈萨克斯坦共和国法律规定的程序，对法院判决提起申诉。

6. 法院认定罢工为非法罢工的，继续教唆参加的人员应按照哈萨克斯坦共和国法律规定方式承担责任。

第 177 条　认定罢工非法的后果

如果法院认定罢工非法，则用人单位可以对进行组织或者参与罢工的劳动者采取纪律处分。

第 178 条　禁止停业

在解决集体劳动争议（包括举行罢工）的过程中，禁止由与集体劳动争议或罢工相关的用人单位主动提议，解除与劳动者的劳动合同，但是本法第 52 条第 1 款第 22 项规定的情形除外。

第四编　劳动安全保护

第十七章　劳动安全保护的国家管理

第 179 条　劳动安全保护的国家管理

劳动安全保护的国家管理包括：

1）在劳动安全保护领域，对哈萨克斯坦共和国法律遵守情况进行国家监督、管理和监测；

2）制定和实施哈萨克斯坦共和国规范性法律文件、劳动安全保护领域规范性技术文件；

3）建立和实施经济激励机制，以改善环境、劳动安全保护条件、开发和使用安全设备和技术、对劳动者进行个体和集体保护；

4）在劳动安全保护领域，提高对遵守哈萨克斯坦共和国法律内部监管的效率；

5）结合国内外在改善劳动条件和劳动安全保护方面的最佳经验，对劳动安全保护问题进行科学研究；

6）保障受工伤、职业病影响的劳动者及其家庭成员的合法权益；

7）在现代生产劳动技术水平无法消除危险的情况下，为从事重体力劳动、有害或者危险条件下工作的劳动者，提供保障和补偿；

8）对提高劳动安全保护技能进行训练和高级培训；

9）对与工伤和职业病有关的事故制定统一规定；

10）确保劳动安全保护领域统一信息系统的运行；

11）开展劳动安全保护的国际合作。

第 180 条　关于劳动安全保护的标准以及活动资金

1. 对劳动安全保护的标准，由哈萨克斯坦共和国法律规定，应包含旨在维护劳动者在劳动活动中生命健康的规则、程序和标准。

2. 在哈萨克斯坦共和国境内开展活动时，用人单位和劳动者应当执行劳动安全保护的标准。

3. 采取劳动安全保护措施的拨款，由用人单位和哈萨克斯坦共和国法律未禁止的其他来源出资承担。

劳动者无须承担这笔费用。资金数额由用人单位规章或者集体合同确定。

第十八章　劳动者和用人单位在劳动安全保护方面的权利和义务

第 181 条　劳动者在劳动安全保护方面的权利和义务[1]

1. 劳动者有如下权利：

1）要求符合劳动安全保护标准的工作场所；

2）根据劳动安全保护标准、劳动合同、集体合同的规定，要求用人单位提供卫生设施、个人和集体保护用具设备；

3）向当地劳动监察机关提出申请，考察工作场所的劳动环境和劳动保护情况；

4）亲自或者通过其代表，参加对改善劳动环境、劳动安全保护有关问题的检查和审议；

5）如果用人单位没有为劳动者提供个人或者集体保护用具，或者威胁到其生命健康的情况下，则劳动者可以书面通知其直属用人单位，拒绝执行该项工作；

6）根据哈萨克斯坦共和国法律规定，参加安全履行劳动职责所需的教育和培训；

7）从用人单位获得有关工作场所和地点的特征、劳动安全保护状况、存在的健康损害风险，以及免受有害或者危险生产因素影响的保护措施等可靠信息；

8）因用人单位不遵守劳动安全保护标准而停职期间，保留平均工资。

2. 劳动者有如下义务：

1）遵守有关劳动安全保护的标准、规程和说明的要求；

2）立即向用人单位或者组织者报告每一例工伤、其他有损劳动者健康、职业病（中毒）的迹象，以及对生命健康构成威胁的情形；

3）根据医疗保健领域授权机构制定的办法，进行强制性的预防性体检、定期体检、上岗前后体检和其他体检；

4）在用人单位规章规定情况下或者更换工作时，应用人单位要求接受预防性体检；

5）通知用人单位有关丧失劳动能力、健康状况恶化、妨碍继续履行劳动职责的情况；

6）无条件接受和使用由用人单位提供的个人和集体劳动保护用具；

7）执行国家劳动监察员、劳动保护技术监察员、内部监管专家和医疗机构规定的医疗卫生措施要求；

8）按照用人单位规定和哈萨克斯坦共和国法律规定的程序，接受有关劳动安全保护知识的培训、指导和测验。

---

〔1〕第 181 条经哈萨克斯坦共和国 2018 年 4 月 16 日第 147-Ⅵ号法律修订（自首次正式公布之日起 10 日后生效）。

第 182 条　用人单位在劳动安全保护方面的权利和义务[1]

1. 用人单位有如下权利：

1）鼓励劳动者促进在工作场所创建良好劳动环境、提出创造安全劳动条件的合理化建议；

2）以本法规定方式，要求违反劳动安全保护要求的劳动者下岗，并进行纪律处分；

3）要求劳动者严格遵守工作场所安全生产的各项要求；

4）在哈萨克斯坦共和国法律和用人单位规章规定的情形下，出资派遣劳动者接受预防性体检。

2. 用人单位有如下义务：

1）采取一切风险预防措施，检修和更换更安全的生产设备，使用更先进的工艺流程，以预防工作场所和工艺流程中的任何风险；

2）就劳动安全保护问题和知识，对劳动者进行培训、指导和测验，出资提供有关安全生产过程和工作的相关资料；

3）针对高级劳动者和负责确保劳动安全防护的人员，按照劳动部门授权规定方式，根据用人单位规章批准的清单，每 3 年至少组织 1 次高级培训，进行劳动防护和安全知识的培训和测验；

4）根据国家劳动行政部门制定的标准，为劳动者创造必要的卫生保健条件，确保发放和修理劳动者的工服和鞋子，向其提供预防性处理用具、洗涤剂、消毒剂、医疗工具包、牛奶或者等效营养品、治疗保健专用营养品、个人和集体防护用品；

5）经 2016 年 6 月 6 日哈萨克斯坦共和国第 483-Ⅴ号法律删除（自首次正式公布之日起 10 日后生效）；

6）不满 18 周岁的劳动者不得移动或者搬运超过规定限重的重物；

7）妇女不得徒手提举和搬运超过规定限重的重物；

8）登记、统计和分析由于劳动造成的职业病和事故；

9）应劳动者代表书面质询，每季度 1 次向国家劳动行政部门和地方劳动监察部门提供关于监管劳动安全保护状况所需的必要信息；

10）确保以哈萨克斯坦共和国法律规定的程序，调查劳动安全事故；

11）遵守国家劳动监察员的指令和决定；

12）至少每 5 年 1 次，根据国家劳动行政部门批准的规程，在劳动者代表的参与下，定期对生产设施的劳动条件进行鉴定；

13）在 1 个月内通过纸质和电子媒体，向地方有关劳动监察机关提交对生产设施的劳动条件的认证结果；

14）为劳动者投保履职期间的人身意外险；

15）采取紧急措施，防止发生紧急情形以及致伤因素对其他人的影响；

16）根据国家劳动行政部门规定的方式，制定、批准和修改劳动安全保护说明；

---

[1] 第 182 条经哈萨克斯坦共和国 2016 年 6 月 4 日第 483-Ⅴ号法律（自首次正式公布之日起 10 日后生效）、2018 年 4 月 16 日第 147-Ⅵ号法律修订（自首次正式公布之日起 10 日后生效）。

17）在劳动协议、集体合同、哈萨克斯坦共和国法律明文规定的情况下，在劳动条件发生变化或者出现职业病迹象时，出资对劳动者进行必要的定期（就业期间）和上岗前后体检。

第十九章　劳动安全保护的制度

第 183 条　鉴定生产设备运行条件

1. 应当对生产设备运行条件进行必要的周期性鉴定。

2. 至少每 5 年 1 次，由生产设备专业鉴定机构，定期对生产设备运行条件进行鉴定。

3. 生产设备运行条件定期鉴定的程序，由国家劳动行政部门规定。

4. 生产设备运行条件的特殊鉴定，在发现违反生产设备运行条件鉴定程序的情况下，应国家劳动安全保护管理和监督机构的要求进行。

生产设备运行条件的鉴定结果，以附件形式，附于生产设备运行条件鉴定报告之后。

5. 为了组织生产设备运行条件鉴定，用人单位应发布关于建立鉴定委员会的相关命令。鉴定委员会由主席、成员和秘书组成，秘书负责起草、保护和存储有关生产设备运行条件的鉴定文件。

6. 鉴定委员会的人员组成，包括劳动安全保护服务协议所规定的其他部门负责人或者其副手、专家、劳动者代表。

劳动者代表拒绝参加鉴定委员会，并不是不进行生产设备运行条件鉴定的依据。

7. 生产设备专业鉴定机构，在完成生产设备运行条件鉴定后 10 日内，以规定方式将鉴定结果呈报给国家劳动行政部门。

8. 生产设备运行条件的鉴定结果，自生产设备鉴定证书发布之日起生效。

9. 国家劳动监察员监测生产设备运行条件鉴定实施办法的遵守情况。

第 184 条　工作场所的安全标准

1. 工作场所的建筑物（构筑物），应当符合其功能用途以及劳动安全保护要求。

2. 工作设备应当符合专门为此类设备制定的安全标准，具有相关的技术说明书（证书）、警告标志，并配备隔离防护围栏或保护装置，以确保劳动者在工作场所的安全。

3. 应明确标示劳动者离开的紧急通道和出口，通向户外或者安全区域，并随时保持畅通。

4. 应明确标示危险区域。如果工作场所位于危险区域，则该工作场所应该配备阻止外人入内的装置。危险区域，是指该区域因工作性质可能会对劳动者造成危险或者存在物体坠落风险。

在用人单位用地范围内，应当保障行人和生产运输工具的安全通行。

5. 在工作期间，工作场所室内温度、照明和通风，应当符合卫生防疫标准。

第 185 条　劳动者的强制体检[1]

1. 用人单位应按照哈萨克斯坦共和国法律规定的程序，出资对从事重体力劳动、有害或者危险条件下工作的劳动者，定期组织体检以及检查。

2. 用人单位应对使用高危机器设备工作的劳动者进行上岗前后的体检。卫生保健主

---

〔1〕 第 185 条经哈萨克斯坦共和国 2018 年 4 月 16 日第 147-Ⅵ号法律修订（自首次正式公布之日起 10 日后生效）。

管部门制定相关职业名单。

第二十章　劳动安全事故的调查和统计

第 186 条　劳动安全事故调查和统计的一般规定

1. 根据本法规定，对因公损害劳动者健康、导致残疾或者死亡的事件及其以下情况进行调查：

1）在教育机构学习的实习人员；

2）军人，从事非兵役工作的国家特别部门人员、国家特别部门服役人员；

3）根据法院判决，在监狱等剥夺自由的地方从事劳动的人员；

4）保护公民、准军事安全领域和其他抢险救助机构的全体人员，消除事故、自然灾害后果、挽救人民生命财产的救援志愿者。

2. 如果被记录为劳动安全事故、因公损害劳动者健康、劳动者为用人单位利益主动采取行动而发生不幸事故，导致致残或者死亡，除了统计上述事件外，还应当统计如下事件：

1）在工作时间开始前或者结束后，准备和整理工作场所、生产工具、个人防护装备和进行其他准备行动时；

2）在工作场所和工作期间，沿着劳动路线，通行于劳动与服务设施之间，包括根据用人单位指示以及在出差期间履行劳动职责；

3）往返工作地点或者乘坐用人单位提供车辆上下班时；

4）乘坐经用人单位书面同意用于公务的私人交通工具时；

5）为用人单位利益主动采取行动时；

6）轮班劳动者乘坐用人单位提供的车辆，从集合地点（在轮班期间的住所）到工作地点的往返途中。

3. 在调查过程中通过客观判断确定发生了以下事故，不属于劳动安全事故、损害劳动者健康的事故：

1）受害人出于个人意图，主动执行劳动职责以外的并且与用人单位利益无关的工作或其他行动时，包括在轮班交接期间、劳动休息和用餐期间；

2）主要原因是受害人醉酒、使用毒性或者麻醉物质（其类似物）时；

3）受害人自残或者进行刑事犯罪；

4）经医疗报告确认，受害人健康状况突然恶化未受到生产因素影响。

4. 用人单位与人口卫生防疫部门共同进行职业病例的调查。

5. 卫生保健组织负责人，应在 2 个工作日内，将与劳动活动有关的工伤、对劳动者健康损害以及急性职业病（中毒）情形，告知用人单位、地方劳动监察机关、人口卫生防疫部门。

6. 调查登记与劳动活动有关职业病和事故的责任，由用人单位承担。

第 187 条　用人单位在调查劳动安全事故中的义务

1. 用人单位有下列义务：

1）用人单位为受害人提供医疗急救，必要时将其送至医疗机构；

2）在调查开始之前，在不威胁他人生命健康、违反生产连续性不会导致事故的前提下，保护劳动事故发生现场，使现场（设备、机器、劳动工具状况）保持事故发生时的状态，并为事故现场拍照；

3）立即将事故告知受害人亲属，并向本法和其他法律规定的国家机关和组织发送信息；

4）特别调查委员会成员可以到事故现场调查劳动安全事故。

2. 用人单位应在 24 小时内，立即以国家劳动行政部门规定的程序，向下列主体报告劳动安全事故：

1）地方劳动监察机关；

2）在危险生产设备发生事故的情况下，向工业安全领域主管机构授权分支部门报告；

3）向人口卫生防疫部门授权的分支机构，报告有关职业病或者中毒的事件；

4）劳动者代表；

5）签订保险合同提供劳动意外险的保险公司；

6）事故发生地的执法机构、专案调查的工商管理部门和监督授权机构。

3. 在调查劳动安全事故时，根据委员会要求，用人单位应自费提供：

1）进行技术估算、实验研究、测试、其他鉴定工作，以及为此目的聘用专家学者；

2）对事故发生地和受损对象进行拍照，绘制平面图、示意图、图表；

3）提供调查所需的运输、办公场所、通信设备、工服和其他个人防护用具；

4）提供如下文件：

描述工作现场状况，存在有害或者危险生产因素的文件（平面图、示意图、图表，以及必要时提供事故现场和其他要素的照片和录像资料）；

培训受害者劳动安全保护知识的日志摘要，与劳动安全事故目击者和公务员的谈话记录、受害者的解释、专家意见；

实验室研究和试验结果；

关于是否存在醉酒、麻醉或者中毒迹象，受害人健康受损情况、严重程度、死亡原因的医学报告；

证明向受害人发放工服和其他个人防护用具的文件副本；

劳动监察员和国家监管部门分支机构负责人，先前在项目上所作的指令摘要（如果劳动安全事故发生在由该机构监管的企业或者设施中）；

委员会事关事故调查的其他裁定文书。

第 188 条　劳动安全事故调查委员会的组建办法和成员

1. 除需要特殊调查情形外，由按照用人单位规章成立的委员会，在收到关于工伤严重性的鉴定后 24 小时内，对劳动安全事故进行调查。其人员构成如下：

1）主席：用人单位（生产服务）负责人或者其副手，两人缺席时为用人单位授权代表；

2）成员：企业劳动安全保护方面的负责人、劳动者代表。

2. 委员会成员不包括：在调查期间，劳动安全事故发生地区直接负责劳动安全的人员。

3. 以下情况需要进行特别调查：

1）劳动安全事故导致严重或者致命的后果的；

2）2名以上劳动者同时发生群体性劳动安全事故的，无论受害者伤害程度如何；

3）发生群体性急性中毒事件的。

4. 地方劳动监察机关应在收到工伤严重程度鉴定报告之日起24小时内成立委员会，对劳动安全事故进行特别调查，其人员构成如下：

1）主席：国家劳动监察员；

2）成员：用人单位和劳动者代表。

造成2人以上死亡的群体性劳动安全事故，由国家、城市、首都级别的高级国家劳动监察员领导的调查委员会进行调查。

如果群体性劳动安全事故造成死亡人数为3人至5人，由国家劳动主管部门设立的委员会对其进行调查。如果死亡人数超过5人以上的，由哈萨克斯坦共和国政府设立的委员会进行调查。

5. 调查由于危险生产设备发生的事故、在技术紧急情况下发生的劳动安全事故时，则任命工业安全领域授权机构或者其地区分支机构的代表为委员会主席。在此情况下，国家劳动监察员是委员会成员。

6. 委员会人员构成还应包括：

1）在危险生产设备以及电力企业中发生劳动安全事故：工业安全领域的国家监察员、执行国家能源监督和检查的公务员；

2）发生急性中毒事件：国家机关在人口卫生防疫方面的代表；

3）某一企业劳动者在其他企业内部工作，或者劳动者被派往其他企业完成生产任务（履行公务或者合同职责）而发生劳动安全事故：事故发生地区的企业授权负责人。

7. 与用人单位或者受害人存在相应合同关系的保险机构代表，有权参加委员会的工作。

8. 自然人雇主或者授权代表、法人用人单位授权代表、劳动者代表，根据合同参与劳动安全事故调查委员会。

9. 为解决鉴定专家问题，特别调查委员会主席有权成立鉴定委员会专家小组，费用由用人单位出资，人员为科研机构或者监测鉴定机构的专家。

第189条　劳动安全事故调查程序

1. 劳动安全事故的调查期限，自委员会成立之日起不超过10个工作日。

如果存在客观上妨碍在规定时间内完全调查的情形，调查期限可以根据委员会决议延长10个工作日，但是最多不超过2次。

2. 未及时向地方劳动监察机构报告劳动安全事故的，应受害者或其授权代表的要求，自申请登记之日起10个工作日内进行调查。

3. 在每起事故调查中，委员会都应寻找并询问事件目击者、违反劳动安全保护要求的人，从用人单位处获得必要信息，并在可能情况下从受害者处获得说明解释。

4. 在正式任命的委员会工作期间，未经特别调查委员会主席同意，严格禁止其他人员、其他委员会对证人或者目击者进行劳动安全事故平行调查。

5. 委员会根据收集的文件和材料，查明劳动安全事故情况和隐患，确定事故与用人单位生产活动的联系，探明受害者是否因履行劳动职责在现场逗留，定性事故是否与工作关联，认定违反劳动安全保护要求的人员，确定预警和杜绝劳动安全事故的措施。

6. 对具有严重或者致命后果的、不论伤害程度的2人以上群体性劳动安全事故、集体急性中毒事件，由国家劳动行政部门通过的特别调查程序进行调查。

7. 发生道路交通安全事故的，由道路交通安全主管部门根据调查材料进行调查。

8. 道路交通安全主管部门，应在交通事故发生之日起5日内，应劳动安全事故调查委员会主席要求，提交调查材料副本。

9. 对于发生在保密设施中的劳动安全事故，劳动安全事故调查委员会应考虑进入这些设施中的具体情形。

10. 发生爆炸、失事、坍塌、火灾和企业生产设施内的其他事故时，特别调查委员根据紧急救助负责人、专家的结论，组织受伤和失踪人员的搜寻工作。

第190条　劳动安全事故调查材料的记录及登记程序

1. 根据医学鉴定，每起导致一个或者多个劳动者丧失劳动能力的劳动安全事故，都应受到调查。

严重的、致命的和群体性劳动安全事故，都应受到特别调查。

劳动主管部门规定记录调查和特别调查事故文件的形式、调查职业病和劳动安全事故的程序。

2. 文件应根据调查材料形成。

在劳动安全事故调查期间，委员会发现因重大过错造成或者加剧了伤害，则判定各方共同承担责任，并以劳动者和用人单位的过错程度按比例确定。

一名劳动安全事故调查委员会成员不同意委员会结论（多数意见）的，则有权以书面形式提出自己的理由和意见，并作为调查材料附件。该成员应在特别调查文件上签字，并附上“见异议”。

3. 不同意调查结果或者未及时形成劳动安全事故报告的，则受害者或者其代理人、劳动者代表，有权以书面形式向用人单位提出申请，用人单位应在10日内进行审查并就事实作出判断。

4. 在危险生产设备中发生事故的，用人单位、劳动者与国家劳动监察员之间对调查、处理和登记工业领域劳动安全事故存在分歧的，由相应上级劳动监察员决定或者提交法院判决。

上级劳动监察员对劳动安全事故调查进行决定的，依照国家劳动行政部门所规定的程序制定调查意见书。

5. 劳动安全事故调查报告和调查意见书应包括：

1）为受害人提供劳动保护知识培训和指导记录、预防性和定期体检的信息；

2）国家劳动行政部门规定形式的访谈记录、事件目击者的说明、执行劳动安全保护要求负责人的解释；

3）事故现场平面图、示意图、照片；

4）规范劳动安全和健康要求、保障劳动健康和安全条件的负责人职责的工作须知、章程、命令和其他文件摘录等；

5）有关受害人健康受损性质、严重程度（死亡原因）的医学鉴定；

6）实验结论和其他调查、试验、鉴定、分析结果等；

7）国家高级劳动监察员的意见（如有）；

8）对用人单位造成经济损失的信息；

9）用人单位对受害者及其家庭成员进行健康损害赔偿，对事故负责人的责任追究；

10）附件清单。

6. 在完成每起劳动安全事故调查后，用人单位应在3个工作日内根据调查材料形成事故说明。

7. 用人单位根据职业病理委员会专家的结论，按规定格式填写职业病报告书。

8. 劳动安全保护部门和企业部门负责人填写事故报告。当发生中毒事件时，还需要企业劳动者代表、人口卫生防疫部门代表签字。

事故报告应由用人单位发布，并加盖用人单位公章（如有）。

用人单位是自然人的，则由其填写事故报告、签名并经过公证。

9. 应在调查完成后3个工作日内，将事故报告副本发送给受害者或者其代理人，此外还应发送给下列主体：

1）签订保险合同提供劳动意外险的保险组织；

2）以纸质和电子形式，呈报当地劳动监察机关；

3）发生中毒事件时，呈报人口卫生防疫部门。

10. 用人单位将劳动安全事故特别调查材料的副本，送交至地方劳动监察机关。在完成对劳动安全事故调查后7日内，国家劳动监察员将特别调查材料副本送至地方政府部门。地方政府部门根据哈萨克斯坦共和国法律作出相应决议，并在不迟于20个工作日内通知。

11. 受害者或者劳动者代表有权知悉劳动安全事故调查的全部材料，并进行必要的摘录。

12. 用人单位将每起事故的认定材料登记在劳动安全事故登记簿中。该登记簿按照国家劳动主管机构制定的办法进行维护。关于暂时丧失劳动能力和生产性职业伤害的主要统计数据，根据国家统计授权部门制定的办法进行统计。

13. 企业（用人单位）应将劳动安全事故调查材料保存5年；企业被清算的，则应将事故调查材料送交给事故发生地国家档案馆。

14. 对于经过一段时间后变成严重或者致命的劳动安全事故，用人单位及其代表应将情况通知地方劳动监察机关和保险公司。

第五编　哈萨克斯坦共和国劳动法的监督执行

第二十一章　国家对哈萨克斯坦共和国劳动法的监督执行

第191条　对哈萨克斯坦共和国劳动法遵守情况的国家监察〔1〕

1. 对哈萨克斯坦共和国劳动法遵守情况的国家监察，由国家劳动监察员进行。

〔1〕 第191条经哈萨克斯坦共和国2018年5月24日第156-Ⅵ号法律修订（自首次正式公布之日起10日后生效）。

2. 国家劳动监察员包括：

1）共和国高级劳动监察员：国家劳动行政部门负责人；

2）高级劳动监察员：国家劳动行政部门负责人；

3）州、市、首都的高级劳动监察员：该地方劳动监察机关负责人；

4）劳动监察员：在州、市、首都进行劳动监察的地方官员。

3. 国家劳动监察员在履行职责时受法律保护，并遵守哈萨克斯坦共和国宪法、法律和其他规范性法律文件的规定。

4. 妨碍国家劳动监察员执行公务的人员，应根据哈萨克斯坦共和国法律承担相应责任。

5. 除哈萨克斯坦共和国批准的国际条约另有规定外，对哈萨克斯坦共和国劳动法遵守情况的国家监察，以检测和预防性检查形式进行，并根据哈萨克斯坦共和国企业法访谈监察对象。

6. 经 2018 年 5 月 24 日哈萨克斯坦共和国第 156-Ⅵ号法律删除（自首次正式公布之日起 10 日后生效）。

第 192 条　国家劳动监察员的工作原则和主要任务

国家劳动监察员的工作，在尊重、维持和保护劳动者权利和自由的基础上，根据合法、客观、独立和公开原则进行。

国家劳动监察员的主要任务：

1）确保对哈萨克斯坦共和国劳动法遵守情况进行国家监察；

2）保障和维护劳动者权利和自由，包括享有安全劳动条件的权利；

3）审议劳动者和用人单位之间就哈萨克斯坦共和国劳动法的问询、申请和申诉。

第 193 条　国家劳动监察员的权利[1]

在对哈萨克斯坦共和国劳动法遵守情况进行国家监察过程中，国家劳动监察员具有以下权利：

1）在劳动监察过程中，自由访查组织和企业；

2）经 2018 年 5 月 24 日哈萨克斯坦共和国第 156-Ⅵ号法律删除（自首次正式公布之日起 10 日后生效）；

3）征询用人单位、劳动者及其代表意见，获得监察所需的资料说明和信息；

4）发放有法律约束力的用人单位说明和鉴定，形成行政违法行为备忘录，决定行政处罚；

5）就权限内的问题进行解释说明；

6）发现不符合劳动安全保护法的行为，暂停企业生产部门、车间、区段、工作场所的活动以及设备设施的运行，并在暂停之日起 3 日内向法院提交诉讼申请；

7）在工作场所不得发放和使用不合规的工服、其他个人和集体防护用具；

8）经哈萨克斯坦共和国 2018 年 5 月 24 日第 156-Ⅵ法律号删除（自首次正式公布之日起 10 日后生效）；

---

[1] 第 193 条经哈萨克斯坦共和国 2018 年 5 月 24 日第 156-Ⅵ号法律修订（自首次正式公布之日起 10 日后生效）。

9）按照规定程序调查劳动安全事故；

10）向用人单位发出强制性指令，要求将未接受劳动安全保护知识培训和未通过测验的劳动者停职，并对肇事者追究责任；

11）向相关执法部门和法院，提交有关违反哈萨克斯坦共和国劳动法、用人单位未执行国家劳动监察员指令的信息、诉讼请求和其他事实材料；

12）参加劳动安全保护知识的测试；

13）检查用人单位是否遵守哈萨克斯坦共和国居民就业法、哈萨克斯坦共和国居民迁移法所规定的吸引外国劳工的程序和条件；

14）经哈萨克斯坦共和国 2018 年 5 月 24 日第 156-Ⅵ号法律删除（自首次正式公布之日起 10 日后生效）；

15）在劳动监察过程中，与公民和劳动者代表协作；

16）行使哈萨克斯坦共和国法律所规定的其他权利。

第 194 条　国家劳动监察员的义务

国家劳动监察员具有下列义务：

1）对哈萨克斯坦共和国劳动法遵守情况进行监察；

2）及时高质量地对哈萨克斯坦共和国劳动法遵守情况进行监察；

3）将所发现的违反哈萨克斯坦共和国劳动法的行为，通知用人单位及其代表，以便采取措施消除这些行为；

4）及时审查劳动者和用人单位对哈萨克斯坦共和国劳动法应用问题的诉求；

5）公布导致违反哈萨克斯坦共和国劳动法的原因和情形，提出消除妨碍和恢复劳动者权利的建议；

6）参加劳动安全事故调查；

7）收集、分析和归纳劳动违法原因，参与制定并采取旨在预防劳动违法行为的措施；

8）不得泄露因工作需要知悉的可能构成国家秘密、工作秘密、商业秘密或其他受法律保护的秘密信息；

9）对适用哈萨克斯坦共和国劳动法进行解释。

第 195 条　国家劳动监察员的决定

1. 根据已确认的违反哈萨克斯坦共和国劳动法的行为，国家劳动监察员应采取以下行动：

1）命令：

消除违反哈萨克斯坦共和国劳动法的行为；

在生产设备以及生产过程中，开展劳动安全保护预防工作，以防止发生受伤和紧急情况；

终止（暂停）部分生产部门、车间、区段、工作场所和设备设施的运营以及整个企业的活动；

在此情况下，禁止（暂停）企业活动的命令，在法院作出判决之前一直有效；

2）行政违法议定书；

3）行政违法案件终止诉讼的决议；

4）行政违法的判决；

5）国家劳动监察员的鉴定结论。

2. 用人单位及其负责人违反哈萨克斯坦共和国劳动法时，国家劳动监察员的决定是对其产生影响的法律措施。该文件一式两份，其中一份交由用人单位签名。

3. 国家劳动监察员的决定，对负责人、自然人和法人具有法律约束力。

4. 国家劳动监察员的决定形式，由国家劳动行政部门制定。

第 196 条　国家劳动监察员与其他国家机关组织的协作

1. 国家劳动监察员与其他国家监管机构、劳动者代表、社会团体和其他组织代表协作开展活动。

2. 国家机关应协助国家劳动监察员履行对哈萨克斯坦共和国劳动法遵守情况进行监察的任务。

第 197 条　采用其他形式监察被监察对象〔1〕

第 198 条　对国家劳动监察员行使国家监察权的决定、作为（包括不作为）的申诉办法

1. 对哈萨克斯坦共和国劳动法遵守情况实施国家监察过程中，如果侵犯了用人单位的合法权益，则用人单位有权根据哈萨克斯坦共和国法律规定的程序，将国家劳动监察员的作为或者不作为，向上级国家监察员或者法院提出申诉。

2. 在对自然人或者法人申诉的作为或者不作为作出决定前，哈萨克斯坦共和国或者州、市、首都的高级国家劳动监察员，有权暂停执行、取消或者撤销下级国家劳动监察员的决定。

第 199 条　部门统计〔2〕

第 200 条　用人单位的工作申报〔3〕

用人单位的工作申报，由地方劳动监察机关、用人单位地区联合会和地方工会共同完成。

用人单位参加申报的条件，是其工作参数符合哈萨克斯坦共和国劳动法的要求。

被认定工作符合哈萨克斯坦共和国劳动法标准的用人单位，将获得为期 3 年的信任证明。根据哈萨克斯坦共和国企业法制定预防性监察清单时，对此将予以考虑。

第二十二章　内部检查

第 201 条　劳动安全保护的内部检查

1. 劳动安全保护的内部检查包括：组织建立和实施劳动保护管理系统，监测劳动环

〔1〕第 197 条经哈萨克斯坦共和国 2018 年 5 月 24 日第 156-Ⅵ号法律删除（自首次正式公布之日起 10 日后生效）。

〔2〕第 199 条经哈萨克斯坦共和国 2018 年 5 月 24 日第 156-Ⅵ号法律删除（自首次正式公布之日起 10 日后生效）。

〔3〕第 200 条经哈萨克斯坦共和国 2018 年 5 月 24 日第 156-Ⅵ号法律修订（自首次正式公布之日起 10 日后生效）。

境，对生产管理数据进行运营分析，评估风险，采取措施消除不符合劳动安全保护要求的问题。

2. 用人单位对劳动安全保护进行内部检查，以遵守工作场所劳动安全保护的标准，并立即采取措施消除发现的违规行为。

第 202 条　执行劳动安全保护内部检查的机制

1. 劳动者人数超过 50 人的生产企业，对遵守劳动安全保护要求实施内部检查，用人单位应成立劳动安全保护机构，由企业最高负责人及其授权人员直接管理。

2. 国家劳动行政部门制定企业劳动安全保护部门规章。

3. 劳动者人数少于或者等于 50 人的用人单位，应结合工作特点，聘用劳动安全保护专家，或者指派其他专家来确保劳动安全健康服务。

4. 劳动安全保护部门或者本条第 3 款的专家，具有下列权利：

1）自由访问和检查生产、家庭和其他场所；

2）在企业部门中，监督创造安全健康的劳动条件，制定和采取工伤和职业病的预防性措施；

3）向企业部门的劳动者发出具有法律约束力的指令，以采取措施消除已发现的违反劳动安全保护规定的行为。

5. 劳动安全保护部门或者本条第 3 款的专家，具有下列义务：

1）每月对企业中生产性伤害和职业病的情况和原因进行分析，制定预防措施，并记录在企业电子数据库，以便长期保存；

2）组织劳动者进行劳动安全保护知识的培训和测验；

3）确保遵守劳动安全事故调查程序。

6. 小型企业的劳动安全保护组织，可以与自然人或者法人签订合同。

第 203 条　组织劳动安全保护委员会

1. 在用人单位、劳动者或其代表的倡议下，成立劳动安全保护委员会。用人单位代表、劳动者代表、生产技术监督员，应以人数对等原则构成。

2. 用人单位和劳动者代表共同商议，确定劳动安全保护委员会的组成。

3. 劳动安全保护委员会的主席，由委员会成员从用人单位代表和劳动者代表中选举产生，每 2 年轮换一次。

劳动安全保护委员会的决定，对用人单位和劳动者均具有法律约束力。

4. 劳动安全保护委员会组织用人单位和劳动者共同采取行动，遵守劳动保护要求，预防生产性伤害和职业病，并组织技术劳动监察员检查工作场所的劳动条件和劳动保护情况。

劳动保护技术监督员由工会提名候选人。没有工会的，则由劳动者大会以多数票从劳动者中选举产生，至少 2/3 的劳动者出席会议的表决有效。

5. 劳动保护技术监督员，由劳动安全保护委员会决议确定。

劳动保护技术监督员的地位、权利、义务以及监督办法，由劳动安全保护委员会决议确定。

第二十三章　最终条款

第 204 条　本法生效规则

1. 本法自 2016 年 1 月 1 日生效。

2. 自 2017 年 1 月 1 日起实施：

1）第 1 条第 1 款第 64 项修改如下：

“64）生产设备专门鉴定组织：开展生产设备运行条件鉴定工作的组织，应当拥有合格人员以及根据哈萨克斯坦共和国法律认可的检测实验室；”

2）第 26 条第 1 款第 4 项修改如下：

“4）临时居住在哈萨克斯坦共和国境内的外国人和无国籍人，在获得由移民主管部门根据哈萨克斯坦共和国内政部规定程序签发的劳动移民许可证、自营资格证书之前，或者不遵守哈萨克斯坦共和国法律的限制性或例外性规定；”

3）第 30 条第 1 款第 6 项修改如下：

“6）根据哈萨克斯坦共和国法律规定，从事自营活动外国劳动者的范围，由地方行政部门发放的外国劳工许可证或者内政部发放的劳动移民许可证确定。”

4）第 57 条第 1 款第 1 项修改如下：

“1）在地方行政部门撤回外国劳工许可证或者居留证届满时；”

5）第 60 条第 3 款修改如下：

“3）与外国人和无国籍人签订劳动合同，但是其未以规定方式获得自营资格证书、外国劳工许可，或者未遵守哈萨克斯坦共和国法律关于限制性或者例外性的规定。”

3. 自本法生效之日起，以下法条失效：

1）哈萨克斯坦共和国 2007 年 5 月 15 日劳动法：（哈萨克斯坦共和国议会公报，2007 年，第 9 号第 65 条；第 19 号第 147 条；第 20 号第 152 条；第 24 号第 178 条。2008 年，第 21 号第 97 条；第 23 条第 114 条。2009 年，第 8 号第 44 条；第 9-10 号第 50 条；第 17 号第 82 条；第 18 号第 84 条；第 24 号第 122 条、第 134 条。2010 年，第 5 号第 23 条；第 10 号第 48 条；第 24 号第 146 条、第 148 条。2011 年，第 1 号第 2 条、第 3 条；第 11 号第 102 条；第 16 号第 128 条。2012 年，第 3 号第 26 条；第 4 号第 32 条；第 5 号第 41 条；第 6 号第 45 条；第 13 号第 91 条；第 14 号第 92 条，第 15 号第 97 条；第 21-22 号第 123 条。2013 年，第 2 号第 13 条；第 3 号第 15 条；第 7 号第 36 条；第 9 号第 51 条；第 10-11 号第 56 条；第 14 号第 72 条、第 75 条；第 15 号第 78 条、第 81 条；第 16 号第 83 条；第 23-24 号第 116 条。2014 年，第 2 号第 10 条；第 7 号第 37 条；第 8 号第 44 条、第 49 条；第 11 号第 67 条；第 14 号第 84 条；第 16 号第 90 条；第 19-1 号、第 19-2 号第 96 条；第 21 号第 122 条；第 23 号第 143 条。2015 年，第 1 号第 2 条；第 3 号第 13 条；第 7 号第 33 条；第 8 号第 45 条；第 10 号第 50 条；第 11 号第 56 条；第 14 号第 72 条；第 15 号第 78 条）。

2）哈萨克斯坦共和国 2007 年 5 月 15 日哈萨克斯坦共和国劳动法实施细则（哈萨克斯坦共和国议会公报，2007 年，第 9 号第 66 条）。

哈萨克斯坦共和国总统　努尔苏丹·阿比舍维奇·纳扎尔巴耶夫

哈萨克斯坦共和国企业经营法典〔1〕

2015 年 10 月 29 日哈萨克斯坦共和国第 375－Ⅴ 3 Р К号法典

〔1〕 经哈萨克斯坦共和国 2020 年 5 月 13 日第 327－Ⅵ号法律（在哈萨克斯坦共和国税法典的相关修订和补充生效之日后生效），在整篇法律文本中“оралманов”、“оралманы”、“оралман”和“Оралманы”分别替换为“кандасов”、“кандасы”、“кандас”和“Кандасы”。

本法生效程序见第324条。

该目录经哈萨克斯坦共和国2021年6月8日第48-Ⅶ号法律（自2022年1月1日起生效）删除。

内　容

本法典规定了确保在哈萨克斯坦共和国经营自由的法律、经济、社会条件和保障，规范由于经营实体和国家互动而产生的社会关系，包括国家对经营的调节和支持。

第一编　总　则

第一章　企业经营主体及其与国家间关系的法律基础

第1条　哈萨克斯坦共和国在企业经营领域的立法

1. 哈萨克斯坦共和国在企业经营领域的立法以哈萨克斯坦共和国宪法为基础，由本法典和哈萨克斯坦共和国的其他法律法规组成。

2. 参与者以平等的商品货币和其他财产关系为基础，以及与财产有关的人身非财产关系，受哈萨克斯坦共和国民事法律调整。

3. 若哈萨克斯坦共和国批准的国际条约规定了本法典规定以外的规则，则适用国际条约的规则。

4. 若发现哈萨克斯坦共和国法律法规所包含的企业经营领域立法有漏洞，或与本法典的规定有矛盾时，则适用于本法典规定。

5. 哈萨克斯坦共和国法律规定了某些经营类型的实施特点。

第2条　企业经营的概念及其法律调节的限度

1. 企业经营是公民、同胞和法人实体基于私有财产权（私人经营）或国有企业的经济管理或经营管理权（国有企业经营）的一项旨在通过使用资产、生产、销售商品、完成工作、提供服务获得净收入的独立、主动的活动。经营活动是指由经营者进行并承担财产责任的活动。

2. 企业经营活动可能仅受哈萨克斯坦共和国法律的限制。

3. 禁止国家机关通过法律法规为某些经营主体确定特权地位。

第3条　企业经营主体与国家互动的目标和原则[1]

1. 企业经营主体与国家的互动旨在为企业经营和社会的发展创造有利条件，激发哈萨克斯坦共和国的经营积极性。

---

〔1〕 第3条经哈萨克斯坦共和国2021年3月12日法律第15-Ⅶ号修订（自首次正式公布之日起10日后生效）。

2. 企业经营主体与国家互动的原则是：
1）合法性；
2）经营自由；
3）经营主体的平等；
4）产权不受侵犯；
5）公平竞争；
6）消费者、经营主体和国家的利益平衡；
7）国家机构活动的透明度和信息的可得性；
8）国家对经营调节的有效性；
9）提高经营主体自主维护自身权益的能力；
10）预防违法的优先方向；
11）经营主体的诚信推定和国家与经营主体的相互责任；
12）免于腐败；
13）鼓励经营活动并确保其得到保护和支持；
14）支持国内的商品、工程、服务的生产商；
15）不允许国家非法干涉经营主体的事务；
16）私人经营主体参与规则制定；
17）激发企业家的社会责任感；
18）限制国家对经营活动的参与；
根据哈萨克斯坦共和国 2015 年 10 月 29 日第 375-Ⅴ号法典，第 19 款在自律立法生效后再生效。
19）自我调节。

第 4 条　合法性〔1〕

1. 从事经营活动的经营主体、国家机关、从事国家经营调节的国家机关工作人员应遵守哈萨克斯坦共和国宪法、本法典和哈萨克斯坦其他法律法规的要求。

2. 与哈萨克斯坦共和国宪法相抵触的国家机关的文件和决定，自法典通过之日起即被视为非法和无效，并应撤销。

在内容、制定和（或）通过程序方面不符合哈萨克斯坦共和国法律文件的国家机关的文件和决定被认定为非法和无效，并应按照哈萨克斯坦法律规定的方式予以撤销，委托权受哈萨克斯坦共和国法律保护的情况除外。

第 5 条　经营自由

1. 每个人都有自由从事经营活动的权利，可自由使用其财产进行任何合法的经营活动。

2. 经营主体有权从事哈萨克斯坦共和国法律未禁止的任何类型的经营活动。

〔1〕第 4 条经哈萨克斯坦共和国 2020 年 6 月 29 日第 351-Ⅵ号法律修订（自 2021 年 7 月 1 日起生效）。

第 6 条　经营主体的平等

1. 经营主体在法律和法庭面前一律平等，无论其所有权形式和任何其他情况如何。

2. 经营主体在从事经营活动中享有平等的机会。

第 7 条　产权不受侵犯

1. 经营主体产权不可侵犯，受法律保护。

2. 经营主体可以拥有任何合法获得的财产。

3. 经营主体的财产不得被剥夺，除非法院判决。在法律规定的特殊情况下，为国家需要而强制转让财产的，可以在给予相应补偿的情况下进行。

第 8 条　公平竞争

1. 禁止以限制、排除竞争、侵害消费者合法权益、不正当竞争为目的的活动。垄断活动受法律调节和限制。

2. 实施反垄断调节是为了保护竞争，为商品市场的有效运作创造条件，确保哈萨克斯坦共和国经济空间的统一、货物的自由流动和经济活动的自由。

第 9 条　消费者、经营主体和国家利益的平衡

1. 引入国家经营调节的形式和手段，以确保活动或行为（运营）的安全性，最有效地保护消费者权益，同时将经营主体的客观必要负担降至最低。

2. 实行国家调节的国家机构无权要求经营主体提交哈萨克斯坦共和国法律法规未规定的文件和（或）附加信息。

3. 资格和许可要求必须保证为经营主体提供所需的最低资源、标准和指标，以确保所进行的活动、行动（业务）或设施安全达到所需的安全水平。

第 10 条　国家机构活动的透明度和信息的可得性[1]

1. 国家机构的活动必须在哈萨克斯坦共和国法律规定的范围内公开进行。

2. 国家机构在作出涉及经营主体利益的决定时，有义务保证其活动的透明度。

3. 国家机构掌握经营主体所必需的信息，若哈萨克斯坦共和国法律不限制其使用，则应得到这些信息。除哈萨克斯坦共和国法律规定的情况外，这些信息均无偿提供。

3-1. 私营企业主体可以拥有刻有其名称的印章。

禁止国家机关和金融组织要求法人实体在关系到私营企业的文件上加盖印章。

4. 所有与对经营进行国家调节有关的程序和要求应当是明确的、清晰的。

5. 本条规定国家机关的义务，适用于民航领域的授权组织。

第 11 条　对企业经营进行国家调节的有效性

对企业经营进行国家调节的有效性是通过引入对其论证、批准和监控的强制性程序来实现的。

---

〔1〕 第 10 条经哈萨克斯坦共和国 2018 年 5 月 24 日第 156-Ⅵ号法律（自首次正式公布之日起 10 日后生效）；2019 年 4 月 19 日第 249-Ⅵ号法律修订（自 2019 年 8 月 1 日起生效）。

第 12 条　提高经营主体自主维护合法权益的能力

1. 当国家工作人员不遵守本法典规定的要求进行检查时，经营主体有权不遵守进行检查的国家监管和稽查机构的要求。

2. 为维护自身合法权益，在实施国家监管和稽查过程中，经营主体有权引入第三方参与检查。

第 13 条　预防违法的优先方向

1. 在开展经营活动过程中防止违法行为和经营主体遵守哈萨克斯坦共和国法律规定要求的动机，优先于采用国家强制措施。

2. 国家对经营主体违法行为采取的强制措施必须与其性质和严重程度相适应。

第 14 条　经营主体的诚信推定以及国家与经营主体的相互责任[1]

1. 国家通过颁发许可证确认第二类许可证的持有人已根据国家调节的目标确保了最低安全水平。

2. 在国家进行经营调节过程中，不得对国家机关及其工作人员依法开展经营活动设置障碍。

3. 在国家进行经营调节过程中，推定经营主体在履行职责或行使法律赋予的权利时是善意的。

如果经营主体在行使权利、合法利益和（或）履行职责时，遵循国家机构在其职权范围内给出的官方解释，并根据哈萨克斯坦共和国的立法，包括如果这种解释随后被撤回，被认为是错误的，或者就同一规范性法律行为给出了不同含义的新解释，其内容没有改变，该经营主体被认为是善意的。

由于国家机关发布不符合哈萨克斯坦共和国法律的文件，以及这些机关工作人员的作为（包括不作为）而给经营主体造成的损失，应按照哈萨克斯坦共和国民事法律规定的方式予以赔偿。

4. 应在检查过程中说明经营主体违反哈萨克斯坦共和国法律的行为。国家机关应对违反哈萨克斯坦共和国法律的事实进行论证并告知相关情况。

在法院或国家机关根据哈萨克斯坦共和国的法律未确定相反的情况之前，经营主体所提供的关于国家机关审查情况的事实数据被认为是可靠的。

哈萨克斯坦共和国法律中的所有不确定性均以有利于经营主体的方式解释。

5. 与其任命相违背，以侵犯其他经营主体的权利和合法利益为目的，或者逃避履行有悖对经营主体的任命，现有义务或逃避对实际违法行为承担法律责任，禁止利用本法及其他法律提供的权利。

6. 本条所规定国家机关的义务，适用于民航领域的授权组织。

---

[1] 第 14 条标题已列入哈萨克斯坦共和国 2021 年 3 月 12 日第 15-Ⅶ号法律（自首次正式公布之日起 10 日后生效）。第 14 条经哈萨克斯坦共和国 2019 年 19 月 4 日第 249-Ⅵ号法律（自 2019 年 8 月 1 日起生效）、2021 年 3 月 12 日第 15-Ⅶ号法律修订（自首次正式公布之日起 10 日后生效）。

第 15 条　免于腐败

1. 在出台和实施国家经营调节时，应排除利益冲突和选择性适用法律的事实。

2. 在国家实行经营调节过程中，为限制经营主体与国家机关的接触，法律应规定采用“一个窗口”原则，在该原则下，获得国家机关的所有必要批准应由国家机关按照部门间互动的程序获得。

3. 被授权执行国家职能的工作人员和与其相当的进行经营调节的人员不得滥用职权，以获取财产利益和好处。

第 16 条　鼓励经营活动并确保对其的保护和支持

1. 为刺激经营主体发展，国家应采取配套措施，旨在为实施经营倡议创造有利的法律、经济、社会条件和保障。

2. 鼓励经营活动，尤其是通过确保对经营活动的保护和支持。

第 17 条　对国内商品、工作、服务生产商的支持

1. 国家机构和其他组织采取措施，为刺激发展国内商品生产、工程和服务创造有利条件。

2. 为提高国内商品、工作、服务的竞争力，在制定和审核哈萨克斯坦共和国的法律法规草案、缔结哈萨克斯坦共和国的国际条约、参与国际组织的决策时，应考虑哈萨克斯坦共和国的国家利益。

第 18 条　不允许国家非法干预经营主体事务

不允许国家非法干预商业实体及其协会的事务，以及这些协会对国家事务的干预；不允许将国家机构的职能强加给它们。

第 19 条　私营企业主体参与规则制定[1]

私营企业主体通过哈萨克斯坦共和国国家企业家商会和私营企业问题专家委员会（以下简称专家委员会）参与法律法规草案、哈萨克斯坦共和国国际条约草案以及哈萨克斯坦共和国打算加入的涉及经营主体利益的国际条约的制定和审核。

第 20 条　激发企业家的社会责任和发展社会性经营[2]

国家应保障和鼓励经营主体在自身活动中承担社会责任。

国家机关、国家控股公司、国家发展机构和其他组织按照哈萨克斯坦共和国政府规定的方式支持社会性经营发展倡议。

第 21 条　国家对经营活动的有限参与

1. 国家在本法典和哈萨克斯坦共和国法律规定的范围内参与经营活动。

2. 为开展私人经营和竞争，国家应采取措施，通过限制在经营活动领域创建国家法

〔1〕 第 19 条列入哈萨克斯坦共和国 2018 年 5 月 24 日第 156-Ⅵ号法律（自首次正式公布之日起 10 日后生效）。

〔2〕 第 20 条经哈萨克斯坦共和国 2021 年 6 月 24 日第 52-Ⅶ号法律修订（自首次正式公布之日起 10 日后生效）。

人实体、有国家参与的法人实体参与注册资本，以减少国家在经营活动中的参与份额。

根据哈萨克斯坦共和国 2015 年 10 月 29 日第 375-Ⅴ号法律，第 22 条在自动调节规定生效后再生效。

第 22 条　自动调节

国家通过在最低需要限度的基础上缩小国家调节的范围，为在经营和专业活动中发展自动调节创造条件。

第二章　经营主体及其运作条件

第一节　关于经营主体的一般规定

第 23 条　经营主体

1. 经营主体可以是公民、同胞和从事经营活动的非国有商业法人实体（私营主体）、国有企业（国有经营主体）。

2. 自然人经营主体按照本法典规定的程序注册为个体经营者。

3. 法人经营主体可以按照哈萨克斯坦共和国民法典规定的法律形式创立。

第 24 条　经营主体的类别[1]

1. 根据年均从业人数和年均收入，经营主体分为以下几类：

小型经营主体，包括微型经营主体；

中型经营主体；

大型经营主体。

2. 本条第 1 款规定的经营主体的分类，用于以下目的：

国家统计；

提供国家支持；

适用哈萨克斯坦共和国其他法律规范。

为国家统计的目的，仅使用年均雇员人数作为标准。

为了提供国家支持和采用哈萨克斯坦共和国其他法律规范，使用两个标准：经营主体的年均雇员人数和年均收入。

为提供国家支持和采用哈萨克斯坦共和国其他法律规范，根据提供人员服务合同，参考派遣方雇员情况确定劳动的经营主体的年均雇员人数。

第 24 条第 6 段列入哈萨克斯坦共和国 2021 年 6 月 24 日第 52-Ⅶ号法律（自 2022 年 1 月 1 日起生效）。

经营主体年均雇员人数参考该主体的所有雇员，包括其分支机构、代表处和其他独立部门的雇员，以及个体经营者本人的情况确定。

平均年收入指经营主体根据哈萨克斯坦共和国税法、基于专利申请或简化申报的专门税收制度，将最近三年的总收入或收入除以 3 后的结果。

---

〔1〕 第 24 条经哈萨克斯坦共和国 2020 年 12 月 19 日第 386-Ⅵ号法律修订（自首次正式公布之日起 10 日后生效）。

对私营经营主体的国家支持计划可以规定其他标准。

3. 小型经营主体指未设立法人单位的个体经营者，和从事经营活动、年均雇员人员不超过100人、年均收入不超过由哈萨克斯坦共和国预算法规定并在相应财政年度1月1日生效的月核算指标30万倍的法人实体。

微型经营主体指从事私人经营的小型经营主体，其年均雇员人数不超过15人，或年均收入不超过由哈萨克斯坦共和国预算法规定并在相应财政年度1月1日生效的月核算指标3万倍的法人实体。

4. 从事以下活动的个体经营者和法人实体不能被视为是能够得到国家支持和哈萨克斯坦共和国其他法律规范适用的包括微型经营主体在内的小型经营主体：

1）与毒品、精神药物及其前体流通有关的活动；

2）从事应税产品的生产和（或）批发；

3）在粮食接收点的从事粮食储存活动；

4）发行彩票；

5）博彩业领域的活动；

6）与放射性物质流通有关的活动；

7）银行活动（或某些类型的银行业务）和保险市场活动（保险代理人的活动除外）；

8）审计活动；

9）有价证券市场的专业活动；

10）信贷机构的活动；

11）保安活动；

12）与民用和军用武器及其弹药流通有关的活动。

从事本款规定的活动的个体经营者和法人实体属于中型经营主体，如果符合本条第6款规定的标准，则属于大型经营主体。

对于根据哈萨克斯坦共和国税法，作为缴纳博彩税、单一税和单一土地税的纳税人的私营企业主体，适用雇员人数标准。

5. 从事经营活动、但不属于本条第3款、第6款规定的小型和大型经营主体的个体经营者和法人实体为中型经营主体。

6. 从事经营活动、符合下列标准中1条或2条的个体经营者和法人实体为大型经营主体：年均雇员人员超过250人和（或）年均收入超过由哈萨克斯坦共和国预算法规定并在相应财政年度1月1日生效的月核算指标300万倍。

第25条　经营主体登记

1. 为使用经营主体分类数据，负责经营活动的授权机构须进行经营主体登记。

2. 经营主体登记簿是一个包含经营主体分类信息的电子数据库。

3. 经营主体分类信息以电子证明的形式提供给相关方，包括政府机构在工作中使用。

4. 经营主体进行登记和数据使用规则由哈萨克斯坦共和国政府批准。

第 25-1 条　商业伙伴登记[1]

1. 为了向经营主体和其他人提供商业伙伴可靠性和诚信信息，由哈萨克斯坦共和国国家企业家协会建立并进行商业伙伴登记。

2. 商业伙伴登记簿是与国家机关和组织的信息化对象相结合的信息系统，包含不构成受法律保护的秘密的经营主体的信息。

商业伙伴登记簿中包含的商业实体的个人数据的收集、处理和保护根据哈萨克斯坦共和国关于个人数据及其保护的立法进行。

3. 国家机关和组织确保信息化对象与商业伙伴登记簿的一体化。

与商业伙伴登记簿一体化的国家机关和组织的信息化对象清单由哈萨克斯坦共和国政府确定，而其一体化程序由哈萨克斯坦共和国信息化法规定。

4. 商业伙伴登记簿的创建、实行和使用程序由哈萨克斯坦共和国政府规定。

第 26 条　经营主体的权利

1. 私营主体有权：

1）从事任何类型的经营活动，有进入商品、工作和服务市场的自由，但是哈萨克斯坦共和国法律另有规定的除外；

2）根据哈萨克斯坦共和国法律使用雇佣劳动开展经营活动；

3）按照哈萨克斯坦共和国法律规定的程序设立分支机构和代表处；

4）自主制定商品、工作、服务的价格，但本法典和哈萨克斯坦共和国法律规定的情况除外；

5）自主监控商品、工程和服务的质量；

6）在其法律行为能力范围内开展对外经济活动；

7）批准建立经营主体协会并参与其中；

8）通过经认可的私人经营主体协会、哈萨克斯坦共和国国家企业家协会参与专家委员会的工作；

9）向执法部门和其他国家机构提出申请，将侵权和（或）阻碍经营实体实现合法利益的人绳之以法；

10）向法院、仲裁机构、哈萨克斯坦企业家权利保护专员和其他机构申请保护他们的权利和合法利益；

11）通过调解程序解决争议；

12）向主管经营的授权机构提交建议，以消除导致不执行或不正确执行支持和保护经营活动的监管法律的原因和条件；

13）作为落实企业家社会责任的措施，参与社会、经济和环境领域项目的实施；

14）行使哈萨克斯坦共和国法律未限制的其他权利。

2. 国有企业根据哈萨克斯坦共和国法律规定的具体情形行使本法典规定的权利。

---

[1] 第 25-1 条经哈萨克斯坦共和国 2021 年 1 月 2 日第 399-Ⅵ号法律补充（自 2021 年 7 月 1 日起生效）。

第 27 条　经营主体的义务

经营主体有以下义务：

1）遵守哈萨克斯坦共和国的法律，自然人和法人的权利和合法利益；

2）根据哈萨克斯坦共和国法律的要求确保货物、工作、服务的安全和质量；

3）向商品、工程、服务的消费者提供有关商品、工作、服务的完整和可靠信息；

4）根据哈萨克斯坦共和国许可和通知法获得许可证或发送通知以开始开展活动或行为（操作）；

5）在哈萨克斯坦共和国法律规定的情况下实行民事法律责任强制保险；

6）保护自然，爱护自然资源；

7）在活动过程中提高自然资源和能源资源的使用和管理效率；

8）履行本法典和哈萨克斯坦共和国其他法律规定的其他义务。

第 28 条　保护构成商业秘密的信息[1]

1. 根据本法典和哈萨克斯坦共和国法律，保护商业秘密为禁止非法接收、传播或使用构成商业秘密的信息。

2. 经营单位确定可以自由获取构成商业秘密的信息的人员范围，并采取保密措施。

3. 分配构成商业秘密的信息的访问类别、保存和使用条件的方式由经营主体决定。

4. 经营主体为保护构成商业秘密的信息采取的措施可包括：

1）确定构成商业秘密的信息清单；

2）通过规定处理该信息的程序并监控该程序的遵守情况来限制对商业秘密的访问；

3）对获准接触商业秘密的人员和（或）可向其提供或转让此信息的人员进行登记。

5. 按照哈萨克斯坦共和国民事法律，以非法方式获取、披露和（或）使用构成商业秘密的信息的人，必须赔偿由此造成的损失。

6. 经营主体或者其授权的人有权要求其员工在不泄露构成商业秘密的信息上签字，而对其进行核查的人员依照哈萨克斯坦共和国法律提出责任警告。

7. 对股份公司股东、商业合伙人、生产合作社成员或其他特定人员强制性公布或强制性通知的信息清单由哈萨克斯坦共和国法律和经营主体的注册文件规定。

8. 构成商业秘密的信息，未经经营主体同意，不得公开，但法院判决已生效的信息或本法典规定的其他情况除外。

9. 国家机关及其官员，未经经营主体同意，无权传播和（或）使用因执行公务而知悉的构成商业秘密的信息，但哈萨克斯坦共和国法律规定的情况除外。

10. 经营主体有权不向国家机关和在履行注册、控制和监督职能以及完成其他行为的工作人员提供构成商业秘密的信息，但为实现其所承担的职能所必需的信息除外。

10-1. 以所有权或者其他法律依据为基础掌握特别重要的信息通信基础设施的经营主体，将电子信息资源的备份副本按照哈萨克斯坦共和国法律，并根据哈萨克斯坦共和国国

---

〔1〕 第 28 条经哈萨克斯坦共和国 2017 年 12 月 28 日第 128-Ⅵ号法律（自首次正式公布之日起 10 日后生效）、2020 年 6 月 25 日第 347-Ⅵ号法律修订（自首次正式公布之日起 10 日后生效）。

家安全法的要求所规定的程序转移到统一的电子信息资源备份存储平台。

10-2. 准公共部门主体将实施数据分析所必需的匿名信息转移给“电子政府”的信息和通信基础设施的运营商，为履行信息化领域授权机构批准的国家机构的职能，根据电子信息资源收集、处理、存储、传输规则进行数据分析。

11. 国家机关及其官员对非法传播和（或）使用构成商业秘密的信息承担哈萨克斯坦共和国法律规定的责任，而因这种传播和（或）使用对经营主体造成的损害，根据哈萨克斯坦共和国的民事法律予以赔偿。

12. 未披露具体经营主体活动信息的综合性信息属于公开信息。

13. 经营主体的公开信息包括：

1）姓氏、名字、父名（如果在身份证件中注明）或个体经营者的名称；

2）法人名称和注册日期；

3）识别号；

4）法定地址（所在位置）；

5）活动类型；

6）负责人的姓氏、名字、父名（如果在身份证件中注明）。

第 29 条　原始统计数据和行政数据

1. 原始统计数据由经营主体根据哈萨克斯坦共和国国家统计领域的法律提供。

不允许国家机构和哈萨克斯坦共和国国家银行使用与经营主体有关的原始统计数据，包括在行使管控和监督职能时。

2. 收集行政数据的形式以及计算指标的方法须按照哈萨克斯坦共和国法律规定的程序与国家统计领域的授权机构达成一致。

第二节　个体经营主体

第 30 条　个体经营的概念和类型

1. 个体经营是哈萨克斯坦共和国公民、同胞独立倡议的活动，旨在获得基于个人财产并以个人名义进行的净收入，承担风险和财产责任。

禁止其他自然人从事个体经营。

2. 个体经营采取个人或联合经营的形式。

第 31 条　个体经营

1. 个体经营由个人基于属于其所有的财产，以及允许使用和（或）处置财产的其他权利独立进行。

2. 已婚个人开展个体经营，无需配偶同意。

3. 自然人利用夫妻共同财产从事个体经营的，除法律、婚约或者夫妻其他约定另有规定的外，应当征得配偶另一方的公证同意。

4. 个体经营可以以农场经济的形式进行。

第 32 条　共同经营

1. 共同经营是由一组自然人（个体经营者）在共同所有权的基础上，以属于他们的财产为基础，以及另一项允许共同使用和（或）支配财产的权利进行的活动。

2. 在共同经营中，完成所有与私人经营有关的交易，以共同经营所有参与者的名义获得并实施权利和义务。

3. 合作经营形式包括：

1）以夫妻共同财产为基础的夫妻经营活动；

2）家庭经营，在农民经济共有产权或私有化住宅共有的基础上进行；

3）在共同份额所有权的基础上进行私人创业的简单合伙制；

4）哈萨克斯坦共和国法律规定的其他形式。

4. 夫妻双方从事经营业务时，配偶一方在另一方同意的情况下代表配偶行事，这可在个体工商户登记时予以确认，或个体经营者在未经国家注册的情况下开展活动，需出示经公证的书面确认。

在配偶一方未经另一方同意即代表其经营业务的情况下，经营业务的配偶方可以个人经营的形式从事个体经营。

5. 采用简单合伙形式从事个体经营应按照哈萨克斯坦共和国民事法律进行。

第 33 条　个体经营者以个人名义从事活动

1. 个体经营者从事经营活动，以自己的名义享有权利和履行义务。

2. 公民、同胞在进行与其经营活动相关的交易时，必须指明其以个体经营者的身份行事。

3. 没有这种指明并不能免除个体经营者对其义务所承担的风险和责任。

4. 个体经营者在开展活动时有权使用个人专属的商业文件用纸、印章，其文字必须能明确证明本人是个体经营者。

第 34 条　个体经营者的社会保护

根据哈萨克斯坦共和国的法律，个体经营者有权享受社会和养老保障及社会保险。

第 35 条　个体经营者的国家登记〔1〕

1. 未成立法人实体而从事私人经营的自然人的国家登记，包括在国家税务机关按在个体经营者申报地点的登记的身份进行登记。

2. 符合以下条件之一的自然人应作为个体经营者进行强制性国家登记：

1）长期使用雇工劳动；

2）根据哈萨克斯坦共和国税法计算，私人经营的年收入超过自相应财政年 1 月 1 日起生效的哈萨克斯坦共和国预算法规定的最低工资的 12 倍。

根据哈萨克斯坦共和国 2018 年 12 月 26 日第 203-Ⅵ号法律，第 2 款的第 2 项的效力截至 2024 年 1 月 1 日。

除本条第 3 款、第 4 款规定的人员以及哈萨克斯坦共和国税法规定的情况外，禁止未经国家注册登记的个体经营者开展活动。

---

〔1〕 第 35 条列入哈萨克斯坦共和国 2017 年 12 月 25 日第 122-Ⅵ号法律（自 2018 年 1 月 1 日起生效）、经哈萨克斯坦共和国 2018 年 12 月 26 日第 203-Ⅵ号法律修订（自 2019 年 1 月 1 日起生效）。

3. 未长期使用工人劳动的自然人，在获得哈萨克斯坦共和国税法典规定的以下收入时，有权不注册为个体经营者：

1）收入中应纳税部分；

2）财产收入；

3）来自哈萨克斯坦共和国以外来源的收入；

4）根据哈萨克斯坦共和国劳动法，从非税务机构处获得的家政工人的收入；

5）哈萨克斯坦共和国公民根据与国外外交和同等的代表机构、外国驻哈萨克斯坦共和国领事机构和所认可的非税务代理人签订劳动协议（合同）和（或）民事法律协议的收入；

6）根据哈萨克斯坦共和国批准的国际条约，哈萨克斯坦共和国公民根据与国际和国家组织、外国和哈萨克斯坦非政府公共组织和基金会签订的劳动协议（合同）和（或）民事协议获得的收入免除计算义务，在支付源头扣缴和转移个人所得税；

7）根据哈萨克斯坦共和国劳动法签订劳动合同，在劳动移民许可的基础上获得的（应获得）收入；

8）调解员从非税务机构获得的收入，但根据哈萨克斯坦共和国调解法规定的专业调解员除外；

9）根据哈萨克斯坦共和国法律，在家庭会计账簿中记录的个人附属地块本应纳税、但由于从事个人副业的人向税务代理人提交虚假信息、在支付源头未扣缴的收入。

就本条款的适用而言，税务代理人是指由哈萨克斯坦共和国税法规定的人员。

根据哈萨克斯坦共和国 2018 年 12 月 26 日第 203-Ⅵ号法律，第 4 款的效力至 2024 年 1 月 1 日。

4. 根据哈萨克斯坦共和国税法典第 774 条，被确认为统一总付款支付者的个人有权不作为个体经营者注册。

第 36 条　个体经营者国家注册程序[1]

1. 作为个体经营者（联合个体经营）进行国家注册，自然人（联合个体经营的授权人）直接向国家税收机关或通过国家许可和信息系统、以国家批准的形式提交通知。

在联合个体经营注册的情况下，联合个体经营的授权人提供代表联合经营所有参与者签署的授权书。

如果申请人未到成年年龄，则在通知中应附上法定代理人的同意书，如果没有同意书，则应提交结婚（婚姻）证明复印件或监护人和监护机构的决定或法院宣布未成年人完全有能力的判决。

禁止要求提交其他文件。

2. 根据哈萨克斯坦共和国法律，列入与资助大规模杀伤性武器扩散有关的组织和个人清单，和（或）列入与资助恐怖主义和极端主义有关的组织和人员名单的人员无权提交

[1] 第 36 条列入哈萨克斯坦共和国 2016 年 3 月 29 日第 479-Ⅴ号法律（自 2017 年 1 月 1 日起生效）、经 2017 年 12 月 25 日第 122-Ⅵ号法律（自 2018 年 1 月 1 日起生效）、2020 年 5 月 13 日第 325-Ⅵ号法律修订（自首次正式公布之日起 6 个月后生效）。

通知。

3. 国家税务机关自自然人提交本条第 1 款规定的文件之日起 1 个工作日内，对个体经营者（联合个体经营）进行国家注册，本条第 2 款规定的人员提交通知的情况除外。

4. 当变更通知中规定的数据时，个体经营者（联合个体经营的授权人）应以该机构规定的形式向国家税收机构报告此类变化。

5. 通知以电子形式通过“电子政府”门户网站提交或亲自提交。

第 37 条　个体经营者国家注册证书〔1〕

第 38 条　个体经营者活动的终止〔2〕

1. 个体经营者的活动可以以自愿或强制的方式终止，也可以在发生本法典规定的情况时终止。

如果是个人经营者，个体经营者的活动可以自愿的方式、在任何时间、由个体经营者独立决定终止，如果是共同经营者，则由全部参与者共同决定。在这种情况下，个体经营者要向国家税务机关提交终止经营活动的申请。

对于自愿终止活动，个体经营者向国家税务机关提交终止经营活动的申请。

若一半以上的参与者投票赞成，则终止合作经营的决定被视为通过，除非他们之间的协议另有规定。

2. 在下列情况下，法院判决强制终止个体企业家的活动：

1）经哈萨克斯坦共和国 2019 年 12 月 27 日第 290-Ⅵ号法律删除（自首次正式公布之日起 10 日后生效）；

2）因个体经营者在注册过程中违反哈萨克斯坦共和国法律而导致其注册无效，且无法弥补；

3）存在在 1 年内多次或严重违反哈萨克斯坦共和国法律的活动；

4）宣布其死亡；

5）根据哈萨克斯坦共和国法律，将其列入资助与大规模杀伤性武器扩散有关的组织和个人名单，和（或）列入与资助恐怖主义和极端主义有关的组织和个人名单；

6）宣告其失踪；

7）哈萨克斯坦共和国税法典规定，通过强制程序终止活动。

3. 除本条规定的理由外，个体经营者的活动在下列情况下也应终止：

1）个体经营者被认定为无能力、限制能力或已死亡情况下的个体经营；

2）家族经营和简单合伙，因发生本款第 1 项列出的情况，合作经营参与者中只剩 1 人或无人，以及由于离婚导致财产分割；

3）根据哈萨克斯坦共和国税法典规定，以简化程序终止活动；

4）由法院判决宣告破产的个体经营者，完成破产程序的法院裁决具有法律效力。

---

〔1〕 第 37 条经哈萨克斯坦共和国 2016 年 3 月 29 日第 479-Ⅴ号法律删除（自 2017 年 1 月 1 日起生效）。

〔2〕 第 38 条经哈萨克斯坦共和国 2017 年 12 月 25 日第 122-Ⅵ号法律（自 2018 年 1 月 1 日起生效）、2019 年 12 月 27 日第 290-Ⅵ号法律（自首次正式公布之日起 10 日后生效）、2020 年 5 月 13 日第 325-Ⅵ号法律（自首次正式公布之日起 6 个月后生效）修订。

4. 根据个体经营者的申请或已生效的法院判决，以及在本条第 3 款规定的下列情况下，个体经营者的活动从在国家税务机关取消个体经营者注册的那一刻起视为终止。

个体经营者自在负责管理税收和其他预算义务付款的授权机构的互联网上发布此信息之日起，即视为取消了在机构的注册资格。

5. 在未进行规定登记的情况下开展的个体经营，自其实际终止之日起视为自愿终止，或自法院判决生效之日起视为强制终止。

6. 对于没有未清偿义务并被国家机构列为具有低风险和中等风险的小型经营主体，哈萨克斯坦共和国法律规定了其重组和自愿清算的简化程序。

第 39 条　个体经营者的破产

个体经营者的破产程序按照哈萨克斯坦共和国关于恢复和破产的立法规定的方式进行。

第 40 条　对个体经营者以其财产追偿债务

1. 个体经营者以其所有财产对其债务承担责任，但根据哈萨克斯坦共和国法律不能征收的财产除外。

2. 在从事个体经营时，个人对其所有财产，包括配偶共同财产的份额承担责任，但根据哈萨克斯坦共和国法律不能征收的财产除外。

第 41 条　农民或农场经济的概念和形式

1. 农民或农场经济是个人组成的劳动协会，与利用农地生产农产品、加工销售农产品密不可分的人在其中从事个体经营。

2. 农民或农场经济可以是以下形式：

1）以共同所有制为基础以家庭经营形式开展经营活动的农民经济；

2）以开展个人经营为基础的农场经济；

3）在共同活动协议和共同所有权基础上，以简单合伙形式组织的农场经济。

第 42 条　农民或农场经济的负责人和成员

1. 农民或农场经济的负责人可以是年满 18 岁的哈萨克斯坦共和国有行为能力的公民和同胞。

2. 农民或农场经济的成员可以是配偶、直系亲属（父母；父亲或母亲）、子女、养子女、同父异母的兄弟姐妹、祖父母、孙子女和共同经营的其他人。

第 43 条　农民或农场经济负责人和成员的权利和义务

1. 农民或农场经济负责人有权：

1）在处理与个人和法人实体的关系中代表农民或农场经济的利益；

2）进行哈萨克斯坦共和国法律未禁止的民事法律交易；

3）在自身长期缺席的情况下，授权经济体的任何成员代为履行职能；

4）确定农民或农场经济的主要活动方向；

5）批准内部规则、采用流程和调节农民或农场经济内部活动的其他文件；

6）将农民或农场经济参与法人创建和活动的问题提交农民或农场经济成员大会审议；

7）行使本法典和哈萨克斯坦共和国法律规定的其他权利。

2. 农民或农场经济的负责人有义务：

1）组织农民或农场经济进行核算和报告；

2）在其职权范围内，执行不违反哈萨克斯坦共和国法律的农民或农场经济成员大会的决定；

3）为农民或农场经济成员创造劳动条件；

4）在聘用员工时签订劳动合同，出具符合哈萨克斯坦共和国劳动法规定的雇主文件；

5）履行本法典和哈萨克斯坦共和国法律规定的其他义务。

3. 农民或农场经济成员有权：

1）按照农民或农场经济成员大会确定的程序自愿退出农民或农场经济；

2）接收有关农民或农场经济活动的信息，包括熟悉该经济体的会计数据、财务报告和其他文件；

3）向农民或农场经济成员大会和（或）向国家机关提出对负责人和其他成员的违法行为（不作为）的投诉；

4）当农民或农场经济负责人、成员大会的决定侵犯其合法权益的，向法院提起诉讼；

5）行使本法典和哈萨克斯坦共和国法律规定的其他权利。

4. 农民或农场经济的成员有义务：

1）执行农民或农场经济会员大会的决定；

2）遵守农民或农场经济内部文件的要求；

3）如果农民或农场经济的负责人变更时，以一般声明通知进行农场注册的机关；

4）履行本法典和哈萨克斯坦共和国法律规定的其他义务。

第 44 条　农民或农场经济的创建特点[1]

1. 农民或农场企业是在自愿基础上创建的，自进行土地权国家登记之时起，在哈萨克斯坦共和国法律规定的情况下，作为个体经营者注册后，均视为已创建。

2. 经哈萨克斯坦共和国 2017 年 12 月 25 日第 122-Ⅵ号法律删除（自 2018 年 1 月 1 日起生效）。

第 45 条　作为一种经营形式的农民或农场经济

1. 农民或农场经济是哈萨克斯坦共和国平等的农业生产单位。

2. 农民或农场经济独立确定其活动方向、生产结构和数量，种植、加工和销售产品，并解决与从事经营有关的其他问题。

3. 在进行自身活动时，农民或农场经济有权：

1）开设银行账户并安排自己的资金；

2）按照哈萨克斯坦共和国法律规定的程序和条件，以财产、土地和土地使用权为抵押获得贷款；

---

[1] 第 44 条经哈萨克斯坦共和国 2017 年 12 月 25 日第 122-Ⅵ号法律修订（自 2018 年 1 月 1 日起生效）。

3）根据哈萨克斯坦共和国保险和保险活动法，为租赁和自有的生产资料以及农作物、多年生植物、制成品、原材料、材料的死亡或损坏进行保险；

4）自愿加入合作社、社团和其他协会，参加合作社、经济合作社和其他组织的活动，自行决定退出任何组织。

第 46 条　农民或农场经济的产权

1. 若协议未作其他规定，农民经济的财产按共有权归其成员所有。

在共同活动协议的基础上以简单合伙的形式组织起来的农场经济，财产属于其成员。

以个人经营为基础的农场经济的财产，按私有产权属于农户本人。

2. 属于农民和农场经济产权的有土地地块及其上的种植物，包括私人森林基金的种植物、饲养、圈养和（或）半自由条件的野生动物、经营用和其他建筑物、填海和其他设施、食用和工作用牲畜、禽类、农用和其他机械设备、运输工具、库存和农民及农场经济成员转让和（或）用其成员的共同基金购得的其他财产。

3. 农民或农场经济通过活动所获得的果类、产品和收入，是农民或农场企业成员的共同共有或共同份额财产，经各方协议使用。

4. 农民或农场经济成员的财产关系由哈萨克斯坦共和国民事和土地法律的相关规范调节。

5. 农民或农场经济的财产和土地权按哈萨克斯坦共和国法律规定的程序继承。

第 47 条　提供土地用于从事农民或农场经济

为从事农民或农场经济提供和使用土地的条件、程序由哈萨克斯坦共和国土地法典规定。

第 48 条　农民或农场经济的活动条件[1]

1. 农民或农场经济以所得收入满足其开支。

2. 农民或农场经济的生产、商业和其他关系按合同基础实行。

3. 可吸引按劳动合同和（或）按提供人员的服务合同工作的公民，参加农民或农场经济的工作。

4. 签订农民或农场经济雇工合同以及提供人员服务合同的程序由哈萨克斯坦共和国劳动和民事法律确定。

5. 农民或农场经济的成员和根据雇佣合同以及提供人员服务合同在农场工作的公民，享有哈萨克斯坦共和国法律规定的所有权利。

6. 按照哈萨克斯坦共和国的法律，农民和农场经济有权享受社会和养老保障、社会保险制度。

第 49 条　农民或农场经济活动的终止

1. 如果农民或农场经济中已无成员、继承人或其他希望继续经营活动的人，以及在破产和土地私有产权及土地使用权终止的情况下，农民或农场经济的活动将被终止。

---

[1] 第 48 条经哈萨克斯坦共和国 2020 年 12 月 19 日第 386-Ⅵ号法律修订（自首次正式公布之日起 10 日后生效）。

2. 在农民或农场经济活动终止情况下，共同所有权参与者之间的共同财产分割，以及其中一方的份额分配，可在预先确定每位参加者在总财产权中的份额条件下进行。

3. 处于份额产权中的财产可以在参与者之间通过协议进行分割。

4. 农民或农场经济活动终止时，财产、土地和土地使用权的分割条件和程序，由哈萨克斯坦共和国民事法律调节。

第三节　法人实体的经营活动

第 50 条　非国有法人的经营活动

1. 非国有法人的经营活动可以通过创立以追求收入为基本目标的商业性法人实体进行。

2. 非国有商业法人的组织形式和法律形式只能是合伙企业、股份制公司和生产合作社。

3. 非商业性组织只能在符合其注册目标的情况下从事经营活动。

第 51 条　国有企业的经营活动

1. 国家为了解决由社会和国家需求所决定的社会经济问题，依法创建以下国有企业：

1）经营管理；

2）运营管理（国营企业）。

2. 国有企业是国家赋予其财产经营权、对所隶属财产承担义务的商业组织。

3. 国营企业是国家赋予其财产和运营管理权的商业组织。

第 52 条　与经营主体有关的法人的国家注册及其分支机构、代表处的备案登记〔1〕

1. 在哈萨克斯坦共和国境内创建的与经营主体相关的法人实体，无论其创建目的、活动类型和性质、参与者（成员）的构成如何，均须进行国家注册。

2. 位于哈萨克斯坦共和国境内的经营主体法人的分支机构和代表处没有获得法人权利也应进行备案登记。

3. 与经营主体有关的法人的国家登记，其分支机构和代表处的备案登记，由国家公司—公民政府（登记机构）进行，但哈萨克斯坦共和国法律另有规定的情况除外。

4. 法人经营主体的国家注册（重新注册）应符合哈萨克斯坦共和国法人实体国家注册和分支机构和代表处备案登记的规定。

第 53 条　作为经营主体的法人实体的重组和清算

1. 作为经营主体的法人实体的重组或清算应根据哈萨克斯坦共和国民法典、本法典和哈萨克斯坦共和国法律规定的具体情况进行。

2. 根据债务人或债权人向法院提出的申请，以及在哈萨克斯坦共和国和其他人的法律规定的情况下，法院决定宣布经营主体破产。

3. 法人实体的重组和破产流程应按照哈萨克斯坦共和国有关重组和破产法律规定的程序进行。

---

〔1〕 第 52 条经哈萨克斯坦共和国 2019 年 4 月 2 日第 241-Ⅵ号法律修订（自 2019 年 7 月 1 日起生效）。

第三章　经营主体协会及其运作条件

第 54 条　经营主体协会

1. 经营主体协会是经营主体为协调其经营活动，代表和保护经营主体的共同利益而创建的协会（联盟）。

2. 经营主体协会的资金来自于经营主体成员自愿缴纳的会费和哈萨克斯坦共和国法律未禁止的其他来源。

第 55 条　经营主体协会活动的基本原则

经营主体协会的活动基于以下原则：

1）所有经营主体一律平等；

2）不得通过不符合国家内外政策主要方向的决定；

3）独立性，不允许限制经营主体协会合法开展的活动；

4）活动的透明度、问责制、对其成员的责任制；

5）决策及其执行的高效性、系统性和可操作性。

第 56 条　哈萨克斯坦共和国全国企业商会及其目的和任务

1. 哈萨克斯坦共和国全国企业商会（以下简称全国商会）是一个非营利组织，代表一个经营实体联盟，其创立目的是确保为实施经营倡议，发展哈萨克斯坦共和国工商界和当局之间互利伙伴关系创造有利的法律、经济和社会条件，以及以协会（联盟）的形式刺激和支持个体经营者和（或）法人实体协会的活动（以下简称协会）。

2. 成立国家商会的目的是为哈萨克斯坦共和国经营的成长和进一步发展构建制度基础。

3. 国家商会的任务是：

1）整合商界；

2）代表、保障和维护经营主体的权利和合法利益；

3）组织经营主体及其协会（联盟）与政府机构的有效互动；

4）协助为在哈萨克斯坦共和国实施经营倡议创造有利的法律、经济和社会条件；

5）参与完善哈萨克斯坦共和国涉及经营者利益的立法进程；

6）哈萨克斯坦共和国法律规定的其他任务。

第 57 条　全国商会系统

1. 协会（联盟）必须通过认证才能被全国商会认可，以确认其符合在全国商会的管理机构和工作机构中代表经营主体利益的既定标准。

2. 全国商会系统包括：

1）共和国一级：

国家商会；

获得国家商会认可的共和国跨部门行业协会（联盟），以及共和国小型、中型和（或）大型企业协会；

2）区域一级：

州、共和国级城市和首都的企业商会（以下简称地区商会）；

获得地区商会认可的地区跨部门、地区行业协会（联盟），以及小型、中型和（或）大型企业的地区协会（联盟）；

获得地区商会认可的州、州级市和共和国级城市及首都的地区商会；

获得地区商会认可的区、区级市的协会；

3）市、区两级：

相应州、州级和共和国级的城市、首都，以及州级市、区级市中的地区社会分部；

4）由国家商会作为注册人参与的法人实体，其创建是为实现哈萨克斯坦共和国全国商会法的目标；

5）国家商会在外国的分支机构和代表处；

6）哈萨克斯坦企业家权利保护专员。

第58条　全国商会的活动原则

1. 全国商会的活动基于以下原则：

1）独立性；

2）所有经营主体一律平等；

3）通过不违背国家内外政策主要方向的决定；

4）活动的透明度、问责制、对其成员的责任；

5）决策及其执行的高效性、系统性和可操作性；

6）发展跨部门、部门和区域协会（联盟）；

7）企业的社会责任；

8）促进保证商品、工作和服务制造商生产的商品、工作和服务对于人类生命、健康和环境的安全性；

9）确保社会利益和企业利益的平衡。

根据哈萨克斯坦共和国2015年10月29日第375-V号法律，第2款在自律立法生效之后再生效。

2. 国家商会根据哈萨克斯坦共和国法律注册（通过备案登记）的经营主体按照强制加入的原则成立，但哈萨克斯坦共和国法律规定的其他非商业组织和国有企业的成员除外，但是本款另有规定的除外。

经营主体作为基于强制加入的经营活动领域自律组织的成员（参与者），应遵守国家商会经营主体的强制会员资格原则。

第59条　全国商会成员

1. 全国商会成员是经营主体，但是本法典和哈萨克斯坦共和国全国商会法另有规定的除外。

2. 全国商会会员有权：

1）享受全国商会的专业支持和保护，以及其章程规定的服务；

2）选举和被选举为管理机构；

3）以书面形式向全国商会提出申请，并在授予全国商会的权力范围内得到合理答复，提出完善其活动组织的建议；

4）按照哈萨克斯坦共和国全国商会法和全国商会章程规定的程序参与全国商会的管理；

5）接受全国商会组织的培训、再培训和进修；

6）获得高水平的信息与分析支持，包括各领域独立专家的服务；

7）按照章程规定的方式听取全国商会活动的报告；

8）享有哈萨克斯坦共和国法律规定的其他权利。

3. 全国商会会员应缴纳强制性会费。

4. 全国商会的成员权利平等。

5. 全国商会无权干涉经营主体的活动，侵犯其权利和合法利益。

6. 争端的解决按照哈萨克斯坦共和国法律规定的程序进行。

第 60 条　全国商会的权限

全国商会履行本法典、哈萨克斯坦共和国全国商会法和哈萨克斯坦共和国其他法律规定的职能。

第 61 条　与哈萨克斯坦共和国政府、国家机关的互动

1. 哈萨克斯坦共和国政府应：

1）批准强制性会费的最高限额；

2）履行宪法、本法典、哈萨克斯坦共和国其他法律和哈萨克斯坦共和国总统法令赋予的其他职能。

2. 哈萨克斯坦共和国政府与全国商会之间的互动旨在实现其创建的目标和任务。

3. 全国商会与哈萨克斯坦共和国政府及国家机构的互动按照本法典和其他监管法律规定的方式进行，形式如下：

1）全国商会参与制定和审查涉及私人经营主体利益的监管法律草案；

2）全国商会参与制定和审查哈萨克斯坦共和国有意加入的国际条约，以及哈萨克斯坦共和国涉及私人经营主体利益的国际条约草案；

3）在中央和地方国家机构的参与下，由全国商会创建咨询协商机构；

4）全国商会参与中央和地方国家机构下属的咨询协商机构的工作，这些机构就涉及经营主体的权利和义务的问题而设立；

5）旨在实现全国商会设立目的、任务和职能的其他形式。

4. 国家机关应按照哈萨克斯坦共和国法律规定的方式，应全国商会的要求，提供涉及哈萨克斯坦共和国企业家权利和义务的信息，但构成受法律保护的商业、银行和其他秘密的信息除外。

根据哈萨克斯坦共和国 2015 年 10 月 29 日第 375-Ⅴ号法律，第 62 条在自律立法生效之后再生效。

第 62 条　自律管理及其类型〔1〕

为了在经营和专业活动领域创造有利的法律和经济条件，可以根据哈萨克斯坦共和国

〔1〕第 62 条经哈萨克斯坦共和国 2018 年 5 月 24 日第 156-Ⅵ号法律修订（自首次正式公布之日起 10 日后生效）。

法律在自愿和强制参与自律组织的基础上引入自律管理。

为了在自律组织中引入基于强制参与的自律管理，在具体领域进行调整的国家机构和利益相关者应预先根据本法典第 83 条进行监管影响分析。

第二编　经营主体与国家的互动

第四章　经营主体参与规则制定

第 63 条　私人经营主体协会的认定〔1〕

第 64 条　专家委员会〔2〕

1. 专家委员会是在中央国家和地方执行机构下设立的咨询协商机构，负责组织以下工作：

制定完善国家机构活动的建议，以支持和保护经营，包括消除行政障碍；

制定完善哈萨克斯坦共和国涉及企业家利益的立法的建议；

从专家委员会成员处获得关于监管法律草案、哈萨克斯坦共和国国际条约草案以及哈萨克斯坦共和国打算加入的涉及企业家利益的国际条约的专家意见。

2. 专家委员会构成包括全国商会、基于强制会员（参与）的自律组织、私人经营者协会和其他非商业组织、政府机构的代表。

根据需要召开专家委员会会议。

3. 私人主体协会和其他非商业组织只有在获得中央国家或地方执行机构的认可后才能加入专家委员会成员。

4. 进行认证的程序，包括认证证书的形式、取消私人经营主体协会和其他非商业组织认证的理由和程序，由哈萨克斯坦共和国政府确定。

认证证书有效期为 3 年。

在中央国家和（或）地方执行机构连续 2 次以上获得认证的私营主体协会将获得无限期认证证书。

5. 经委托确认其职权的专家委员会成员代表参加专家委员会会议。

中央国家和地方执行机构专家委员会的组成由这些机构负责人决定批准。

6. 涉及国家秘密的规范性法律文件草案，不经专家委员会审议。

7. 对规范性法律草案、哈萨克斯坦共和国国际条约草案以及哈萨克斯坦共和国打算加入的国际条约的审议由专家委员会成员进行，无须召开专家委员会会议，立即向专家委员会成员发出通知，告知将在互联网平台发布公开的规范性法律文件的相应草案。

专家委员会会议由专家委员会成员提议召开。在不少于三分之二的成员出席时，则该议程应接受审议。

同时，专家委员会会议也可通过直接召集专家委员会成员进行，或者通过视频会议、

---

〔1〕 第 63 条经哈萨克斯坦共和国 2018 年 5 月 24 日第 156-Ⅵ号法律删除（自首次正式公布之日起 10 日后生效）。

〔2〕 第 64 条列入哈萨克斯坦共和国 2018 年 5 月 24 日第 156-Ⅵ号法律（自首次正式公布之日起 10 日后生效）、经 2021 年 3 月 12 日哈萨克斯坦共和国第 15-Ⅶ号法律修订（自首次正式公布之日起 10 日后生效）。

网络会议等方式实时召开。

8. 任何影响私营主体利益的问题，若该问题属于相关中央国家或地方执行机构的职权范围，可提交专家委员会审议。

9. 专家委员会示范条例由哈萨克斯坦共和国政府批准。

第 65 条　涉及经营主体利益的监管性法律文件的制定和通过特点〔1〕

涉及经营主体利益的监管性法律文件的制定和通过，应根据本法典和哈萨克斯坦共和国立法法进行。

第 66 条　对涉及经营主体利益的法律草案、监管性法律文件草案构想的专家意见〔2〕

第 67 条　在媒体上公布（传播）涉及经营主体利益的监管法律草案〔3〕

第 68 条　涉及经营主体利益的监管法律文件的生效程序〔4〕

第 69 条　缔结涉及私营主体利益的国际条约的具体规定〔5〕

在制定哈萨克斯坦共和国国际条约草案以及哈萨克斯坦共和国打算加入的涉及私营主体利益的国际条约时，应按照本法典和哈萨克斯坦共和国立法法第 19 条规定的程序进行。

第五章　公私合作伙伴关系

第 70 条　公私合作伙伴关系的概念〔6〕

公私合作伙伴关系是国家伙伴和私人伙伴之间合作的一种形式，具有以下特征：

1）通过缔结公私合作伙伴协议，在国家合作伙伴和私人伙伴之间建立关系；

2）实施公私合作伙伴项目的中期限或长期限（取决于公私合作项目的具体情况，5—30 年不等）；

3）国家合作伙伴和私人合作伙伴共同参与公私合作伙伴关系项目的实施；

4）汇集公私合作伙伴的资源，实施公私合作伙伴项目；

5）由私有合作伙伴投资实施公私合作伙伴关系项目。

第 71 条　公私合作伙伴关系的主体

公私合作伙伴关系的主体是国有合作伙伴和私有合作伙伴，以及参与实施由哈萨克斯坦共和国公私合作伙伴关系法规定的公私合作伙伴关系项目的其他主体。

第 72 条　公私合作伙伴关系的客体

公私合作伙伴关系的客体是在公私合作伙伴关系项目实施框架内进行的财产、财产综

---

〔1〕 第 65 条列入哈萨克斯坦共和国 2021 年 3 月 12 日第 15-Ⅶ号法律（自首次正式公布之日起 10 日后生效）。

〔2〕 第 66 条经哈萨克斯坦共和国 2021 年 3 月 12 日第 15-Ⅶ号法律删除（自首次正式公布之日起 10 日后生效）。

〔3〕 第 67 条经哈萨克斯坦共和国 2021 年 3 月 12 日第 15-Ⅶ号法律删除（自首次正式公布之日起 10 日后生效）。

〔4〕 第 68 条经哈萨克斯坦共和国 2021 年 3 月 12 日第 15-Ⅶ号法律删除（自首次正式公布之日起 10 日后生效）。

〔5〕 第 69 条列入哈萨克斯坦共和国 2021 年 3 月 12 日第 15-Ⅶ号法律（自首次正式公布之日起 10 日后生效）。

〔6〕 第 70 条经 2021 年 1 月 2 日哈萨克斯坦共和国第 399-Ⅵ号法律修订（自首次正式公布之日起 10 日后生效）。

合体、设计、建设、创立、改造、现代化和开发。公私合作伙伴关系的对象还包括应在公私合作伙伴关系项目实施过程中推广的工程（服务）和创新。

第73条　公私合作伙伴关系的主要任务和原则[1]

1. 公私合作伙伴关系的主要任务是：

1）为国有合作伙伴和私有合作伙伴之间的有效互动创造条件，以确保哈萨克斯坦共和国社会经济的稳定发展；

2）通过结合国有合作伙伴和私有合作伙伴的资源来发展基础设施和居民的生活保障系统；

3）提高商品、工作和服务的可得性和质量，同时考虑到居民以及其他相关方的利益和需求；

4）提高哈萨克斯坦共和国的整体创新积极性，包括促进高技术和科学密集型产业的发展。

2. 公私合作伙伴关系的原则是：

1）渐进原则——逐步构建公私合作伙伴关系主体之间的关系；

2）竞争原则——在竞争基础上确定私有合作伙伴，但是哈萨克斯坦共和国公私合作伙伴关系法规定的情况除外；

3）平衡原则——在实施公私合作伙伴项目的过程中，国有合作伙伴和私有合作伙伴之间的义务、担保、风险和收入的互利分配；

4）有效性原则——建立评估公私合作伙伴关系实现成果的标准和指标；

5）为居民创造价值的原则——确保社会基础设施居民生命保障体系的发展，提高商品、工程和服务的可得性和质量，以及在公私合作伙伴关系项目实施框架下创造就业岗位。

第74条　公私合作伙伴关系的适用范围和实施办法[2]

1. 所有的经济部门（领域）都可实行公私合作伙伴关系。同时，由哈萨克斯坦共和国政府确定的项目清单中的项目不得为实施公私合作伙伴关系而转让。

2. 公私合作伙伴关系按实施方式分为制度性和合同性。

3. 制度性公私合作伙伴关系，由公私合营公司根据公私合作伙伴关系协议实施。

4. 其他条件下，公私合营公司按合同性公私合作伙伴关系方式进行。

合同性公私伙伴关系通过缔结公私伙伴关系协议来实施，包括以下形式：

1）租让；

2）国有财产的委托管理；

3）国有财产的财产租让（租赁）；

4）租赁；

5）签署技术开发、样机生产、工业试验和小规模生产合同；

6）生命周期合同；

7）服务合同；

---

[1] 第73条经哈萨克斯坦共和国2021年1月2日第399-Ⅵ号法律修订（自首次正式公布之日起10日后生效）。

[2] 第74条经哈萨克斯坦共和国2017年7月3日第86-Ⅵ号法律修订（自首次正式公布之日起10日后生效）。

8）其他符合公私合作伙伴关系特点的协议。

第六章　企业的社会责任

第 75 条　企业的社会责任总则

1. 企业的社会责任是经营主体对社会、环境和其他领域发展所做出的自愿贡献。

2. 国家为哈萨克斯坦共和国企业履行社会责任创造条件。

3. 任何人都无权强迫经营主体从事社会责任活动。

企业从事慈善事业时，不允许国家非法干预其事务。

4. 经营主体在其活动中可在就业和劳动关系、环境保护等领域履行企业社会责任。

企业可以通过慈善事业和哈萨克斯坦共和国法律不禁止的其他形式来履行企业社会责任。

第 76 条　企业在就业和劳动关系领域的社会责任

1. 企业的社会责任是基于哈萨克斯坦共和国法律规定，保护经营主体雇员的权利，旨在在解决社会问题和规范劳动条件时，发展经营主体与其雇员之间的伙伴关系。

2. 企业在就业和劳动关系领域的主要方向是保住工作岗位，改善工作条件，确保工作条件安全，遵守劳动者社会保护规范，以及批准内部政策。

3. 企业依据哈萨克斯坦共和国劳动法参与劳动领域社会伙伴关系和集体关系政策的实施。

第 77 条　企业在环保领域的社会责任

1. 企业必须确保对环境采取保护和理性的态度。

2. 企业在环保领域的社会责任通过自愿完成以下任务实现：

1）为环境保护和改善街道、公园和其他公共场所的项目和活动提供资金；

2）审批环保领域内部政策；

3）解决旨在改善环境状况的其他问题。

第 78 条　企业从事慈善事业的国家担保[1]

1. 保护企业的合法权益——慈善事业的参与者得到国家的担保和支持。

2. 国家通过设立和奖励对慈善事业的发展作出重大贡献的经营主体来鼓励企业从事慈善事业，并以哈萨克斯坦共和国总统批准的程序给予国家奖励，以及以哈萨克斯坦共和国政府批准的方式授予荣誉称号。

3. 根据哈萨克斯坦共和国税法典，从事慈善事业的企业有权享受税收优惠。

4. 国家机关工作人员妨碍企业进行慈善活动和接受个人和法人慈善援助的权利，依照哈萨克斯坦共和国法律承担责任。

第 79 条　国家与从事慈善事业的企业的互动

1. 国家保障企业及其开展慈善事业的协会的合法权益得到遵守。

---

[1] 第 78 条经哈萨克斯坦共和国 2017 年 7 月 3 日第 86-Ⅵ号法律修订（自首次正式公布之日起 10 日后生效）。

2. 企业及其从事慈善事业的协会，可以与国家机关、地方执行机关合作互动，与他们签订协议，并根据合同履行哈萨克斯坦共和国法律规定的工作。

3. 本法典的规定不适用于不能用于慈善活动的相关和不相关赠款的吸引、评估、监测和使用机制。

第六-1 章　社会性经营[1]

第 79-1 条　社会性经营

社会性经营是社会经营主体依照本法典第 79-3 条规定的条件开展的、有助于解决公民和社会的社会问题的经营活动。

社会经营的主体是个体经营者和列入社会经营主体登记簿的法人实体（大型经营主体除外）。

第 79-2 条　社会性经营的主要任务

社会性经营的主要任务是：

1）确保企业参与解决社会问题，包括通过推广社会创新和协助提供本法典第 79-3 条规定的社会服务。

就本法典而言，社会创新是指有助于解决引发社会变革的重大社会问题的新思想、战略和技术；

2）促进确保本法典第 79-3 条规定的社会弱势群体的就业，并为他们创造与其他公民平等的机会，参与有益于社会的活动；

3）向市场推广社会性经营主体生产的商品、完成的工作、提供的服务，包括通过本法典第 79-3 条规定的社会弱势群体的个人劳动参与。

第 79-3 条　社会性经营主体的类别

社会性经营主体根据其符合本条所列条件中的一项或多项，分为以下几类：

1）第一类——社会性经营主体促进以下类别公民的就业，但条件是，根据上一年的结果，社会性经营主体的员工中属于这些类别（一个或多个）的年平均人数至少为 50%（属于此类别的人数不少于两个），属于这些类别中的任何一个（一个或多个）的人员的劳动报酬支出份额至少为 25%（雇员的社会地位在签订雇佣合同时确定）：

残障人士；

抚养残疾儿童的父母和其他法定代理人；

养老金领取者和退休前年龄的公民（在有权享受退休福利的年龄开始前 5 年内）；

儿童村的学生和孤儿院的毕业生，孤儿寄宿学校和没有父母照顾的儿童——未满 29 岁；

刑罚（监狱）系统机构刑满释放的人——释放后 12 个月内；

无固定住所的人；

来自低收入、多子女或单亲家庭的父母和其他法定代表人，以及多子女、被授予“金

[1] 第二篇第六-1 章经哈萨克斯坦共和国 2021 年 6 月 24 日第 52-Ⅶ号法律增补（自首次正式公布之日起 10 日后生效）。

质”、“银质”奖章或之前曾获得“英雄母亲”称号，并被授予一级和二级“母亲荣耀”奖章的母亲；

接受过麻醉患者治疗和社会康复的人员或进行康复或治疗后 12 个月内，接受过对精神活性物质依赖治疗的人员；

邻国迁入的血亲同胞；

2）第二类——社会性经营主体促进销售属于本条第 1 款规定的公民类别所生产的商品、完成的工作及提供的服务。同时，基于上一年的结果，从事此活动（此类活动）的收入份额应不少于社会性经营主体总收入的 50%，并且社会经营主体在上一年收到的、用于在当前日历年实施此活动（此类活动）的净收入不少于指定收入额的 50%（如果上一年有净收入）；

3）第三类——社会性经营主体从事为残疾人提供商品生产、工作和服务活动，为他们创造条件，使他们能够克服或补偿他们生活的限制，以及本条第 1 款规定的其他人，为其创造平等的机会参与对社会有益的活动，条件是从事此类活动获得的收入份额不少于社会性经营主体上一年末总收入的 50%，以及社会性经营主体上一年获得的净收入的份额，用于在当年开展下列活动（此类活动的类型）时，不少于指定收入金额的 50%（如果上一年有净收入）：

提供旨在维持日常生活的社会服务；

通过组织护理、协助开展健康改善活动、系统监测以识别公民健康状况的变化，提供旨在支持和保护健康的社会医疗服务；

提供社会心理服务，协助矫正心理状态以适应社会环境；

提供旨在防止行为偏差的社会教育服务；

提供旨在帮助就业和解决与劳动适应有关的其他问题的社会劳动服务；

提供旨在提高沟通能力、康复和社会适应性服务及社会陪伴服务；

生产和（或）销售医疗设备、假肢和矫形设备、数字医疗领域的软件，以及专门用于疾病预防、残疾人康复，包括残疾儿童的医疗康复的技术手段；

组织残疾人和养老金领取者的休息和健康改善；

实施补充教育的教育计划；

为残疾人和行动不便的人群创造条件，以保障其对社会、交通和娱乐基础设施使用、使用车辆、提供普遍的通信服务的可得性；

4）第四类——社会性经营主体在以下条件下开展活动：上一年从事此活动（此类活动）的收入在总收入中占比不低于 50%，社会性经营主体上一年获得的净收入中用于本年度开展以下活动的占比不少于上述收入额的 50%（如果上一年有净收入）：

提供心理教育和其他服务，旨在巩固家庭、确保儿童的家庭教育和支持母婴；

组织儿童的休息和健康改善；

实施学前教育和培训、小学、基础中学、普通中等教育、技术和职业教育的教育课程；

为残疾儿童提供心理教育支持，为在掌握基础中等和普通中等教育、发展和社会适应课程方面遇到困难的学生提供医疗和社会援助；

培训面向社会的非商业组织的员工和志愿者，旨在提高此类组织提供的服务质量；

开展文化教育（包括私人博物馆、剧院、图书馆、档案馆、工作室学校、创意工作室、植物园和动物园、文化馆、民间艺术馆的活动）；

保护环境；

为本法典第 79-3 条规定的社会弱势群体提供老年病护理和老年护理，对健康和长寿中心的组织提供保持健康生活方式的措施。

第 79-4 条　社会性经营主体登记簿

1. 为使用社会性经营主体的分类数据，负责经营的授权机构管理社会性经营主体登记簿。

社会性经营主体登记簿是一个电子数据库，内容包含作为社会性经营主体的个体经营者和法人实体的信息，即：

1）个体经营者的名称或法人实体的名称和注册日期；

2）识别号；

3）法定地址（所在位置）；

4）社会性经营主体登记注册日期；

5）社会性经营主体的类别。

经营主管授权机构根据上一年 12 月 31 日的情况，不晚于当年 2 月 1 日批准社会性经营实体登记。

依照本法典第 79-3 条规定的条件，同时根据到州、共和国级城市和首都的地方执行机构提供的由专门委员会审议的结果信息，由经营主管授权机构将指定信息每年更新至上一年的 12 月 31 日。

如果个体经营者或法人实体符合本法第 79-3 条规定的条件，则经营授权机构根据州、共和国级城市和首都的地方执行机构提交的由专门委员会审议的结果信息，有权在季度的第一天在登记簿中添加新的社会性经营主体。

特别委员会构成包括政府机构、全国企业商会、公共协会和行业协会的代表。成立特别委员会的程序及其章程由哈萨克斯坦共和国政府批准。

2. 经营授权机构在其互联网上公布社会性经营主体登记簿。

3. 社会性经营主体进行登记的规则由哈萨克斯坦共和国政府批准。

第七章　国家对经营活动的监管

第 80 条　对经营进行国家监管的目的和边界[1]

1. 对经营进行国家监管的目的是确保经营主体生产和销售的商品、工程、服务的安全，以保障人们的生命和健康，保护他们的合法利益，保障环境安全，维护哈萨克斯坦共和国的国家安全，保护国家财产利益。

2. 对经营进行国家监管是通过国家制定对经营主体具有约束力的要求来实施的，包

[1] 第 80 条经哈萨克斯坦共和国 2018 年 5 月 24 日第 156-Ⅵ号法律（生效程序见第 2 条）、2019 年 7 月 3 日第 262-Ⅵ号法律修订（自 2020 年 1 月 1 日起生效）。

括在以下层面使用调节工具：

1）哈萨克斯坦共和国法律；

2）哈萨克斯坦共和国总统令；

3）哈萨克斯坦共和国政府的监管决定；

4）哈萨克斯坦共和国部长和其他中央国家机关及其部门负责人的监管法令；

5）哈萨克斯坦共和国国家银行和金融市场及对金融组织进行调节、管控和监督的授权机构的规范性法律文件；

6）哈萨克斯坦共和国地方代表机构议会的规范性法律决定、地方政府的规范性法律决定、地区执行机构的规范性法律决定。

监管手段是对经营主体施加影响的手段，包括本法典第 81 条规定的对经营进行国家监管的形式和手段。

3. 经哈萨克斯坦共和国 2018 年 5 月 24 日第 156-Ⅵ号法律删除（自首次正式公布之日起 6 个月届满时生效）。

第 81 条　对经营进行国家监管的形式和手段[1]

对经营进行国家监管通过以下方式实施：

1）哈萨克斯坦共和国法律规定对主体、产品、经营流程的要求；

2）经营主体的国家注册；

3）为经营主体实施某些类型的活动或行动（操作）引入许可或通知程序；

4）技术监管；

5）国家对价格和关税的监管；

6）依照哈萨克斯坦共和国法律规定的经营主体的民事法律责任强制保险；

7）国家控制和监督；

8）保护竞争和限制垄断活动；

9）国家订货；

10）根据哈萨克斯坦共和国法律规定的企业、国家机关工作人员的责任；

10-1）信息工具的介绍；

10-2）引入基于强制参与自律组织的自律；

11）哈萨克斯坦共和国法律规定的对经营进行国家监管的其他形式和手段。

第 82 条　制定和通过规范性法律文件旨在引入监管手段或收紧对经营主体的监管[2]

1. 如果国家机关计划引入新的调节工具或加强对经营主体的监管，国家机关应按照授权商业机构所确定的程序，预先进行监管影响分析。

---

〔1〕 第 81 条经哈萨克斯坦共和国 2018 年 5 月 24 日第 156-Ⅵ号法律修订（自首次正式公布之日起 10 日后生效）。

〔2〕 第 82 条列入哈萨克斯坦共和国 2018 年 5 月 24 日第 156-Ⅵ号法律（自首次正式公布之日起 10 日后生效）、经 2019 年 3 月 18 日第 237-Ⅵ号法律（自首次正式公布之日起 21 日后生效）、2019 年 7 月 3 日第 262-Ⅵ号法律（自 2020 年 1 月 1 日起生效）、2021 年 1 月 2 日第 399-Ⅵ号法律（自 2020 年 12 月 16 日起生效）、2021 年 3 月 12 日第 15-Ⅶ号法律修订（自首次正式公布之日起 10 日后生效）。

严格监管指在引入或使用监管手段时，规定补充要求、义务或增加经营主体的其他负担。

2. 规定进行监管的手段和与此有关的要求或强化监管的国家计划体系的文件草案、哈萨克斯坦共和国法律草案构想、哈萨克斯坦共和国监管性法律草案、欧亚经济联盟技术法规草案均应对监管影响进行分析。

在这一情况下，引入监管手段或强化针对经营主体的监管之前和之后，对调节影响进行分析的要求不适用于：

1）对克服事故、自然灾害和其他突发事件后果问题的监管；

2）对武器和军事技术的流通，民用和军用武器及其弹药的流通，麻醉药品、精神药物及其类似物和前体的流通的监管；

3）对金融机构、哈萨克斯坦共和国非常住人口——银行分支机构、哈萨克斯坦共和国非常住人口——保险（再保险）组织的分支机构、哈萨克斯坦共和国非常住人口——保险经纪人分支机构、属于保险集团和银行集团的人员的监管，以及哈萨克斯坦共和国国家银行和对金融市场和金融组织进行调节和监管的法律文件的监管；

4）在哈萨克斯坦共和国的经济安全和金融体系的稳定性受到威胁的情况下引入的特殊的货币制度；

5）含有构成国家秘密信息的监管性法律文件草案；

6）决定在有关领土内设立实行检疫制度的检疫区，以及规定对发生动物传染病采取检疫或限制措施；

7）确定法律责任；

8）规范打击极端主义和恐怖主义问题。

引入新的监管手段或强化对经营主体监管的影响进行分析的要求，也不适用于根据哈萨克斯坦共和国总统和议员的立法倡议制定的法律草案，以及哈萨克斯坦共和国议会审议法律草案的过程。

根据本条规定，在哈萨克斯坦共和国政府缔结的框架内，可以对由议会议员立法倡议提出的法律草案以及议员对哈萨克斯坦议会正在审议中的法律草案的修正案进行监管影响的分析。

3. 引入新的监管手段或强化监管，须经跨部门经营活动监管委员会会议批准后方可实施。

跨部门调节经营活动问题委员会是哈萨克斯坦共和国政府下属的一个咨询协商机构，旨在就完善哈萨克斯坦共和国在经营领域的立法提出建议，其主要职能是：

1）审议对监管影响进行分析的结果；

2）审议批准哈萨克斯坦共和国经营活动监管状况的年度报告；

3）审议专家组的建议并就此作出决定；

4）履行哈萨克斯坦共和国法律规定的其他职能。

跨部门经营活动监管委员会有权：

1）与中央执行机构和其他国家机构和组织互动；

2）向哈萨克斯坦共和国政府提交关于完善哈萨克斯坦共和国经营领域立法的提案和建议。

第 83 条　对监管影响的分析〔1〕

1. 对监管影响的分析是对比引入监管手段和相关要求的收益和成本的分析流程，可以评估未来国家监管目标的实现情况。

对监管影响的分析目标是通过评估替代监管方法以实现特定目标或解决明确定义的问题，提高在使用具体监管手段方面国家政策的有效性和效率。

2. 对监管影响的分析在引入监管手段之前和之后进行，包括针对之前尚未对其进行监管影响分析的现有监管手段。

对引入的监管手段以及现行监管手段的监管影响的分析是根据国家监管机构每年批准的修订计划进行的，包括经营授权机构、全国商会有根据的建议。

对于本法第 80 条第 2 款第 6 项指定的文件，修订计划每年由州、共和国级城市、首都的地方执行机构批准，包括地区企业商会有根据的建议。

国家机构未履行修订现有工具计划的信息将提交跨部门经营活动监管委员会审议。

3. 根据由监管手段应用有效性决定的监管影响分析的结果，监管手段可能被取消或以其他方式修改。

未能实现在引入时宣布的国家对经营活动进行监管的目标时，监管手段可能会被取消。

4. 对监管影响的分析由与由本法典第 80 条第 2 款规定的文件草案相关的国家机构及经营授权机构、全国商会和其他利益相关方按经营授权机构确定的程序进行。

由此，对监管影响的分析由负责经营的国家机构进行，但地区级的文件除外，对其监管影响分析由开发商进行。

5. 进行监管影响分析是引入新监管手段或强化监管的必要条件。

6. 经营授权机构：

1）审议监管影响的分析结果，并对进行监管的国家机构、国家商会和其他相关方遵守既定程序的情况提出意见，但地区级文件草案除外；

2）如对监管影响的分析结论有异议，应进行监管影响的替代分析。

7. 进行经营领域领导的州、地区级城市和首都的地方执行机构：

1）审议监管影响的分析结果，并就地区级文件草案制定者、地区商会和其他相关方遵守既定程序的情况提出意见；

2）如对监管影响的分析结论有异议，应进行监管影响替代分析。

监管影响的分析结果提交给根据哈萨克斯坦共和国地方国家治理和自治法成立的州、地区级城市、首都的地方执行机构下辖的咨询协商机构审议，批准该结论是引入新的监管手段或强化监管的强制性条件。

8. 监管影响分析和监管影响替代分析的结果发布在公共互联网上。

---

〔1〕 第 83 条列入哈萨克斯坦共和国 2018 年 5 月 24 日第 156-Ⅵ号法律（自首次正式公布之日起 10 日后生效）。

第84条 哈萨克斯坦共和国政府在国家经营监管领域的权限[1]

1. 哈萨克斯坦共和国政府的权限包括：

1）批准企业单位名册的管理和使用规则；

1-1）制定国家经营监管领域国家政策的主要方向；

2）批准平均年雇员人数和平均年收入的核算规则；

3）批准制定和批准哈萨克斯坦共和国经营活动监管状况年度报告的规则；

4）在保护竞争和限制垄断活动的框架内，批准由自然垄断主体和准国有部门提供的强制性服务清单。

在技术监管领域：

1）制定技术监管领域国家政策主要方向 ；

2）形成国家技术监管体系；

3）确保技术监管领域的法律改革；

4）经2018年5月24日哈萨克斯坦共和国第156-Ⅵ号法律删除（自首次正式公布之日起10日后生效）。

在合格评定领域的认可范围：

1）在认证领域制定国家政策的主要方向；

2）经哈萨克斯坦共和国2020年12月30日第397-Ⅵ号法律删除（自首次正式公布之日起6个月后生效）；

3）经哈萨克斯坦共和国2020年12月30日第397-Ⅵ号法律删除（自首次正式公布之日起6个月后生效）。

2. 哈萨克斯坦共和国政府履行宪法、本法典、哈萨克斯坦共和国法律和哈萨克斯坦共和国总统令赋予的其他职能。

第85条 经营授权机构及其在国家经营监管领域的权限[2]

1. 经营授权机构是在发展和支持私人经营领域实施领导和跨部门协调的国家机构。

2. 经营授权机构：

1）向哈萨克斯坦共和国总统和哈萨克斯坦共和国政府通报关于国家机关及其官员违反哈萨克斯坦共和国规范经营主体活动的立法情况；

2）通过联合批准风险评估标准、由授权的国家机构制定的检查表来实现协调国家机构的风险评估体系；

3）制定和批准检查表的格式；

3-1）与法律统计和特殊会计领域的授权机构互动，以交换有关检查和预防控制及对控制和监督机构进行监管的核算信息；

---

[1] 第84条经哈萨克斯坦共和国2018年5月24日第156-Ⅵ号法律（生效程序见第2页）、2020年12月30日第397-Ⅵ号法律修订（自首次正式公布之日起6个月后生效）。

[2] 第85条经哈萨克斯坦共和国2018年5月24日第156-Ⅵ号法律（自首次正式公布之日起10日后生效）、2021年2月1日第399-Ⅵ号法律（自首次正式公布之日起10日后生效）、2021年6月24日第52-Ⅶ号法律修订（自首次正式公布之日起10日后生效）。

4）管理经营主体登记簿；

4-1）管理社会性经营主体的登记簿；

5）制定管理和使用经营主体登记簿的规则；

6）制定年均职工人数和年均收入的计算规则；

7）制定和批准进行和使用调节工具进行监管影响分析的规则；

8）制定哈萨克斯坦共和国经营活动监管状况年度报告的制定和批准规则；

9）提供方法上的协助并协调国家机构在实施监管影响分析方面的活动；

10）审议在经营领域发挥领导作用的州、共和国级城市、首都的地方执行机构关于监管影响分析工作状况的报告；

10-1）确保跨部门监管经营活动问题委员会的活动；

11）组织公务员和其他人员推行和实施监管影响分析的培训；

12）对监管影响进行替代分析；

13）制定哈萨克斯坦共和国经营活动监管状况年度报告草案；

13-1）制定和批准信息工具清单；

13-2）经哈萨克斯坦共和国2021年1月2日第399-Ⅵ号法律删除（自首次正式公布之日起10日后生效）；

13-3）经哈萨克斯坦共和国2021年1月2日第399-Ⅵ号法律删除（自首次正式公布之日起10日后生效）；

13-4）依照与哈萨克斯坦共和国全国企业家商会达成的协议，制定应与商业伙伴登记册整合的国家机构和组织的信息化对象清单；

14）在支持和保护私人经营主体领域实现监控。

3. 经营授权机构行使本法典、哈萨克斯坦共和国其他法律、哈萨克斯坦共和国总统和哈萨克斯坦共和国政府法令规定的其他权限。

第86条　国家监管机构及其在国家经营监管领域的权限〔1〕

1. 国家监管机构系指：

1）在特定行业或国家治理领域发挥领导作用的国家机构，在该行业或领域行使国家控制和监督；

2）在特定行业或国家治理领域发挥领导作用的国家机构，在这些领域已引入或计划引入监管手段。

2. 在特定行业或国家治理领域中发挥领导作用，并在其中实行国家控制和监督的国家监管机构的权限包括：

1）在实行国家控制和监督的相关行业（领域）实施国家监管的国家政策；

2）在其权限范围内，批准本法典第141条第2款、第3款，第143条第1款规定的标准法律文件，以及进行检查的半年时间表；

3）依照哈萨克斯坦共和国法律组织国家控制和监督；

4）对国家控制和监督的有效性进行跟进；

〔1〕第86条经哈萨克斯坦共和国2018年5月24日第156-Ⅵ号法律修订（自首次正式公布之日起10日后生效）。

4-1）审议法律统计和特殊核算领域授权机构的建议，以完善国家控制监督和决策的行为，包括对哈萨克斯坦共和国的规范性法律文件进行修改和补充；

5）履行本法典、哈萨克斯坦共和国法律、哈萨克斯坦共和国总统和哈萨克斯坦共和国政府法令规定的其他职能。

3. 在已引入或计划引入监管手段的特定行业或国家治理领域中发挥领导作用的国家监管机构的权限包括：

1）向经营授权机构提交经营活动监管状况报告；

2）行使本法典、哈萨克斯坦共和国其他法律、哈萨克斯坦共和国总统和哈萨克斯坦共和国政府法令规定的其他权限。

第 87 条　控制和监督机构及其在国家经营监管领域的权限

1. 根据本法典第 132 条第 2 款的规定，控制和监督机构属于国家机构，其部门和地区部门以及地方执行机构，对被检查的实体的活动是否符合哈萨克斯坦共和国立法规定的要求进行监督和检查。

2. 控制和监督机构的权限包括：

1）在相关领域实行国家控制和监督领域的国家政策；

2）在其权限范围内，制定本法典第 141 条第 2 款、第 3 款、第 143 条第 1 款规定的标准法律文件，以及进行检查的半年时间表；

3）根据哈萨克斯坦共和国法律进行国家控制和监督；

4）对国家控制和监督的有效性进行跟进；

5）提出完善国家控制和监督行为的建议；

6）执行本法典和哈萨克斯坦共和国其他法律、哈萨克斯坦共和国总统和哈萨克斯坦共和国政府法令规定的其他职能。

第 88 条　反垄断机构在国家经营监管领域的权限[1]

第 89 条　其他国家机构在国家经营监管领域的权限

在国家经营监管领域的权限内的国家机构：

1）参与国家经营监管领域国家政策的制定和实施；

2）行使本法典、哈萨克斯坦共和国其他法律、哈萨克斯坦共和国总统和哈萨克斯坦共和国政府法令规定的其他权力。

第 90 条　地方执行机构在国家经营监管领域的权限[2]

哈萨克斯坦共和国地方执行机构行使以下权力：

1）在其职权范围内，批准具有社会意义的食品的最高允许零售价格，并由国家控制符合具有社会意义的食品的最高允许零售价格的规模；

---

〔1〕 第 88 条经哈萨克斯坦共和国 2016 年 12 月 28 日第 34-Ⅵ号法律删除（自 2017 年 1 月 1 日起生效）。

〔2〕 第 90 条经哈萨克斯坦共和国 2018 年 5 月 24 日第 156-Ⅵ号法律（自首次正式公布之日起 10 日后生效）、2020 年 12 月 30 日第 397-Ⅵ号法律修订（自首次正式公布之日起 6 个月后生效）。

2）许可程序，根据哈萨克斯坦共和国许可和通知法接收通知；

2-1）对监管影响进行替代分析；

2-2）向经营授权机构提交监管影响分析工作现状报告；

2-3）组织和举行统一报告日；

2-4）国家对具有社会意义的食品贸易补贴规模的遵守情况进行控制；

2-5）国家对遵守哈萨克斯坦共和国商业活动监管法规定的报酬数额的控制；

3）为了地方国家治理的利益，哈萨克斯坦共和国法律赋予地方执行机构的其他权力。

第七-1章　反垄断机构及其权力〔1〕

第90-1条　反垄断机构体系

1. 反垄断机构的统一体系由中央执行机构、其部门和下属的区域机构组成。

2. 区域分部在哈萨克斯坦共和国立法和中央执行机构批准的规定权范围内开展活动。

第90-2条　反垄断机构的任务〔2〕

反垄断机构的任务是：

1）促进发展公平竞争；

2）预防、发现和调查、制止违反哈萨克斯坦共和国竞争保护领域立法的行为；

3）调节经济集中度；

4）对限制竞争的市场主体实行非垄断化。

第90-3条　对反垄断机构部门的管理

反垄断机构部门的管理由部门第一负责人履行。

第90-4条　反垄断机构与其他国家反垄断机构的互动

1. 根据国际条约，在欧亚经济联盟框架内，反垄断机构与欧亚经济联盟成员国的反垄断机构进行互动，包括按照哈萨克斯坦共和国法律规定的程序，发送通知、索取信息、进行咨询、通报调查情况。

2. 反垄断机构在所参加国际组织的框架内，有权向其他国家的反垄断机构提出要求，并根据他们的要求提供信息。

第90-5条　反垄断机构和执法机构之间的互动

1. 反垄断机构在其职权范围内以下列形式与哈萨克斯坦共和国执法机构进行互动：

1）向执法机构通报竞争保护领域的违法违规事实；

2）应执法机构的要求，提供有关商品市场竞争状况的分析信息；

3）在其权限范围内，应执法机构的要求，对哈萨克斯坦共和国竞争保护领域的立法进行专业审查并提出意见；

---

〔1〕本法典第七-1章经哈萨克斯坦共和国2016年12月28日第34-Ⅵ号法律增补（生效程序见第2页）。

〔2〕第90-2条经哈萨克斯坦共和国2018年5月24日第156-Ⅵ号法律修订（自首次正式公布之日起10日后生效）。

4）根据执法机构的决定和要求，由其区域分部派遣雇员作为专家参与调查在竞争保护领域违反哈萨克斯坦共和国法律的程序性行为和活动。

2. 哈萨克斯坦共和国执法机构在其职权范围内通过以下形式与反垄断机构互动：

1）向反垄断机构通报在竞争保护领域违反哈萨克斯坦共和国法律的行为；

2）回应反垄断机构的要求和申诉：

派遣员工开展联合活动，调查哈萨克斯坦共和国在竞争保护领域的违法行为，并制止妨碍反垄断机构员工履行公务的违法行为；

采取措施确定哈萨克斯坦共和国竞争保护领域违法者的所在地，并按反垄断机构的书面要求，将其以哈萨克斯坦共和国行政违法法典规定的程序提交反垄断机构追究行政责任；

根据哈萨克斯坦共和国刑事诉讼法典规定的程序，决定对反垄断机构提交的具有刑事处罚反竞争行为迹象的材料进行预审调查，并通知反垄断机构；

向反垄断机构提供实际协助，以发现和获取违反哈萨克斯坦共和国竞争保护领域立法的证据。

第 90-6 条　反垄断机构的权限[1]

反垄断机构：

1）执行国家在保护竞争和限制垄断活动方面的政策；

2）在保护竞争和限制垄断活动领域开展国家机构和其他组织的跨部门协调；

3）开展保护竞争和限制垄断活动的国际合作；

4）对哈萨克斯坦共和国在竞争保护领域的立法的遵守情况进行国家监督；

5）制止国家、地方执行机构、国家赋予的对旨在限制和（或）消除竞争的市场主体活动行使监管职能的组织的作为（包括不作为）；

6）经哈萨克斯坦共和国 2018 年 5 月 24 日第 156-Ⅵ号法律删除（自首次正式公布之日起 10 日后生效）；

6-1）审议获得同意经济集中的申请；

7）警告并消除在相关商品市场上滥用支配地位或垄断地位的行为，但哈萨克斯坦共和国自然垄断法规定的违规行为除外；

7-1）在保护竞争和限制垄断活动的框架内，制定和批准自然垄断主体和准公共部门提供义务服务的规则；

8）防止和抑制市场主体的反竞争协议和协同行为及不正当竞争；

9）协调保护竞争、限制垄断活动和商品市场运作领域的规范性法律文件；

10）传播有关在竞争保护领域应用哈萨克斯坦共和国法律规范的信息，宣传公平竞争；

11）分析商品市场的竞争状况；

12）分析和通报在相关商品市场上占支配地位或垄断地位的市场主体的活动；

---

[1] 第 90-6 条经哈萨克斯坦共和国 2018 年 5 月 24 日第 156-Ⅵ号法律（生效程序见第 2 条）、2019 年 7 月 3 日第 262-Ⅵ号法律（自 2020 年 1 月 1 日起生效）、2019 年 10 月 28 日第 268-Ⅵ号法律（自首次正式公布之日起 10 日后生效）、2020 年 6 月 29 日第 352-Ⅵ号法律修订（自首次正式公布之日起 10 日后生效）。

13）批准分析商品市场竞争状态的方法，定义商品互换性、购买可得性，以及商品市场边界的标准，对金融组织，则需与调节、控制和监督金融市场和金融组织的授权机构协调；

14）制定和批准对具有社会意义的市场的分析方法；

15）制定和批准对将设立国有企业和法人实体的商品市场进行调查的方法，这些国有企业和法人实体的股份（法定资本中的股份）50%以上为国家以及与其有关联的和（或）从事补充的活动的法人实体所有，根据与哈萨克斯坦共和国国家银行达成的协议，对于国有企业和法人实体，其股份（法定资本中的股份）的 50% 以上为哈萨克斯坦共和国国家银行及其附属法人实体所有；

16）制定并批准评估商品市场经济集中度的方法；

17）与授权机构就金融市场和金融组织的调节、控制和监督达成一致，制定和批准评估金融市场经济集中度的方法；

18）揭示具有主导或垄断地位的市场主体设定的垄断性高（低）价格、垄断低价格；

19）批准揭示垄断性高（低）价格和垄断低价的方法；

20）按本法典规定的程序，对市场主体、国家、地方执行机构、国家赋予对市场主体活动调节职能的组织违反哈萨克斯坦共和国竞争保护法律的事实进行调查；

21）按哈萨克斯坦共和国法律规定的程序请求和接收来自国家机构，包括国家统计、国家收入机构领域的授权机构、市场主体，以及官员、其他个人和法人实体的信息，这些信息包括构成商业秘密的信息和其他受法律保护的秘密，为行使本法典规定的权力所必需，但银行、保险和证券市场的商业秘密除外；

22）向市场主体发出具有约束力的指令：

停止违反本法典规范行为和（或）消除其后果；

恢复初始条款；

终止或修改与本法典相抵触的合同；

在调节经济集中度时需要通过终止或承认其无效来取消交易；

无理拒绝或者逃避与特定卖方（供应商）或买方达成协议，与其他市场主体签署协议；

23）向国家、地方执行机构、国家赋予调节市场主体活动功能的组织提交强制执行有关废除和修改已通过文件的指令，消除违法行为以及终止、取消或修改他们达成的与本法典相抵触的协议和交易，并采取行动保护竞争；

24）审理行政违法案件并按照哈萨克斯坦共和国行政违法法典规定的程序进行行政处罚，参加法庭审理违反哈萨克斯坦共和国保护竞争法律的案件；

25）向护法机构发送材料，以对违反哈萨克斯坦共和国保护竞争法律的刑事犯罪进行庭前预审；

26）每年不迟于 6 月 1 日，向哈萨克斯坦共和国总统和哈萨克斯坦共和国总理提交关于某些商品市场竞争状况和限制垄断活动措施的年度报告，并将其发布在互联网上；

27）每年不迟于下一报告年度 1 月 5 日，向哈萨克斯坦共和国政府提交将国有企业、50% 的股份（法定资本中的股份）属于国家及其相关法人的法人实体转移到竞争环境的提案，以及更新超过 50%的股份（法定资本中的股份）属干国家及其所附属的法人实体开展的活动类型清单的建议；

28）确保在保护竞争和限制垄断活动领域执行的国家政策的信息透明度，包括每季度不迟于报告月份的下个月的15日，在媒体上、包括互联网上发布有关活动信息；

29）对国家垄断主体生产和（或）销售的商品价格进行审查；

30）依照哈萨克斯坦共和国法律规定的程序，向执法机构提出开展业务搜查的措施；

31）向市场主体、国家、地方执行机构、国家赋予调节市场主体活动职能的组织的官员发出书面警告，不得采取（包括不作为）可能导致违反哈萨克斯坦共和国在竞争保护领域的立法的行动；

32）在互联网上发布商品市场竞争状况分析报告，但是包含国家秘密和其他受法律保护的秘密的信息除外；

33）向市场主体、国家、地方执行机构、国家赋予监管市场主体活动职能的组织发送有关市场主体、国家、地方执行机构的行为（包括不作为）中存在违反哈萨克斯坦共和国在保护竞争法律情况的通知；

34）对反垄断机构通过的竞争保护领域的规范性法律文件作出正式解释；

35）制定和批准审查市场主体协议草案是否符合哈萨克斯坦共和国在竞争保护法律的规则；

36）制定和批准市场主体反垄断合规的标准外部文件；

37）确定市场主体（多个市场主体）发出的外部反垄断合规文件是否符合哈萨克斯坦共和国竞争保护法律；

38）在互联网上发布关于违反哈萨克斯坦共和国竞争保护法律的调查结果、反垄断机构决定的信息；

39）向法院提出终止、修改合同和（或）与本法典相抵触的交易无效的请求；

39-1）形成和进行国家垄断主体的国家登记；

39-2）制定和批准商品市场价格监测程序，以确定违反哈萨克斯坦共和国竞争保护法律的情况和采取反垄断应对措施；

39-3）监测商品市场价格，以发现违反哈萨克斯坦共和国竞争保护法律的情况，并采取反垄断应对措施；

40）行使本法典、哈萨克斯坦共和国其他法律、哈萨克斯坦共和国总统令和哈萨克斯坦共和国政府法令规定的其他职能。

第90-7条　反垄断机构工作人员的权力[1]

反垄断机构的工作人员在执行公务中，包括审议在竞争保护领域违反哈萨克斯坦共和国法律的声明，调查在竞争保护领域违反哈萨克斯坦共和国法律的案件、调节经济集中度和确定竞争水平状态，所出示的公务证明或身份证应与他们被赋予的权力，以及反垄断机构调查违反哈萨克斯坦共和国在竞争保护法律的权力相符合：

1）遵守哈萨克斯坦共和国法律的要求，不受阻碍地进入国家机构和市场主体的场所和属地；

2）在反垄断机构规定的时限内（不少于5个工作日）向国家、地方执行机构、市场

〔1〕 第90-7条经哈萨克斯坦共和国2018年5月24日第156-Ⅵ号法律（自首次正式公布之日起10日后生效）、2019年11月26日第273-Ⅵ号法律修订（自首次正式公布之日起6个月后生效）。

主体、官员和其他个人和法人请求和接收书面信息，以及对违反哈萨克斯坦共和国竞争保护法律事实进行书面和（或）口头说明；

3）行使哈萨克斯坦共和国法律规定的其他权力。

第 90-8 条　确保遵守受法律保护的商业、官方和其他秘密

1. 反垄断机构在行使职权时收到的构成受法律保护的商业秘密、官方秘密和其他秘密的信息不得公开，但哈萨克斯坦共和国法律规定的情况除外。

2. 公开构成受法律保护的商业、官方和其他秘密的信息，反垄断机构的工作人员应承担哈萨克斯坦共和国法律规定的责任。

3. 反垄断机构或其官员公开构成受法律保护的商业、官方和其他秘密的信息对个人或法人造成的损害，应按照哈萨克斯坦共和国民事法律予以赔偿。

第八章　国家对私营企业的支持

第 91 条　国家支持私营企业的概念

国家对私营企业的支持是指一系列国家刺激私营企业发展的措施，为在哈萨克斯坦共和国实现经营者的倡议创造有利的法律和经济条件。

第 92 条　国家扶持私营企业的主要方向〔1〕

1. 国家对私营企业的支持主要在以下几个方面进行：

1）中小企业，包括社会性经营；

2）农村地区的农工综合体和非农业类型的经营活动；

3）工业创新活动；

4）经济特区；

4-1）工业区；

5）投资活动；

6）国内商品生产者的经营活动；

7）住房建设；

8）废品管理。

第 1 款第 9 项经哈萨克斯坦共和国 2021 年 4 月 30 日第 34-Ⅶ号法律增补（自 2022 年 1 月 1 日起生效）。

2. 在哈萨克斯坦共和国法律规定的情况下，国家也可以在其他领域对私营企业提供支持。

第 93 条　国家扶持私营企业的主要类型〔2〕

1. 国家对私营企业的扶持包括以下主要形式：

1）资金和财产支持；

---

〔1〕 第 92 条经哈萨克斯坦共和国 2016 年 12 月 28 日第 34-Ⅵ号法律（自 2017 年 1 月 1 日起生效）、2019 年 4 月 3 日第 243-Ⅵ号法律（自首次正式公布之日起 10 日后生效）、2021 年 6 月 24 日第 52-Ⅶ号法律（自首次正式公布之日起 10 日后生效）、2021 年 1 月 2 日第 401-Ⅵ号法律修订（自 2021 年 7 月 1 日起生效）。

〔2〕 第 93 条经哈萨克斯坦共和国 2018 年 7 月 4 日第 174-Ⅵ号法律修订（自首次正式公布之日起 10 日后生效）。

2）基础设施支持；

3）制度支持，包括创建和发展金融机构以支持和发展私营企业，国家机构下属的科学研究机构研究私营企业发展的问题并提出建议；

4）信息支持，包括从信息分析、教学方法论、科学方法论上支持私人企业。

2. 国家对私营企业的支持包括本法典和哈萨克斯坦共和国法律规定的对私营企业提供其他类型的国家支持。

第94条　对私营企业的资金和财产支持[1]

1. 对私营企业的资金和财产支持通过以下方式进行：

1）采购一定数量的商品（工程、服务）；

2）以预算资金提供贷款；

3）根据哈萨克斯坦共和国法律，通过二级银行、国家开发机构和其他法人实体提供贷款；

4）为组织和实施经济部门的社会重大项目提供国家担保；

5）对二级银行、哈萨克斯坦开发银行和其他开展租赁活动的法人实体向私营企业发放的贷款和所完成的租赁交易给予利率补贴；

5-1）按照建筑、城市规划和建设主管部门规定的程序，对二级银行向私营企业发放的住房建设贷款进行利率补贴；

5-2）对二级银行对私营企业实施“绿色”项目贷款给予利率补贴；

6）对小额信贷机构向私营企业发放小额信贷给予利率补贴；

6-1）对私营企业依照哈萨克斯坦共和国法律发行并列入哈萨克斯坦共和国境内证券交易所清单的债券给予票面利率补贴；

6-2）对按照阿斯塔纳国际金融中心文件发行并列入阿斯塔纳国际金融中心证券交易所清单的“绿色”债券给予票面利率补贴；

7）支出和（或）成本的报销和（或）补贴；

8）对私营企业贷款的部分担保；

9）租赁；

10）依照本法典和哈萨克斯坦共和国法律规定的对私营企业提供其他财政和财产支持措施。

2. 国家财政支持的程序、形式、受国家财政支持的私营企业经营的经济部门、参与（吸引）提供国家财政支持的法人实体，提供国家财政支持所需的财政支持数额和其他所需条件由哈萨克斯坦共和国政府批准。

第95条　私人经营发展专项资金[2]

1. 国家对私人经营主体的倡议提供财政支持，由哈萨克斯坦共和国政府决定设立的经营发展专项基金提供，其控股权属于国家管理控股公司（以下简称专项基金）。

---

〔1〕第94条经哈萨克斯坦共和国2016年12月28日第34-Ⅵ号法律（自2017年1月1日起生效）、2018年5月24日第156-Ⅵ号法律（自首次正式公布之日起10日后生效）、2021年1月2日第401-Ⅵ号法律修订（自2021年7月1日起生效）。

〔2〕第95条经哈萨克斯坦共和国2018年5月24日第156-Ⅵ号法律修订（自首次正式公布之日起10日后生效）。

该专项基金的主要目的是通过为私营经营提供金融和非金融支持，促进哈萨克斯坦共和国私营经营的高质量发展。

专项基金的主要任务是：

1）发展小额金融组织活动；

2）建立私营经营主体从二级银行和其他法人实体获得贷款时的担保系统；

3）发展融资租赁；

4）就私人经营问题进行培训和咨询，包括对私人经营的资金和财产支持；

5）就私人经营问题提供信息分析支持；

6）通过有条件地将资金存入二级银行和其他法人实体，以及以哈萨克斯坦共和国法律直接规定的其他方式为私人经营主体融资；

7）对二级银行、哈萨克斯坦开发银行和其他开展租赁活动的法人实体向私营企业家发放的贷款和租赁交易给予利率补贴；

7-1）对私营企业根据哈萨克斯坦共和国法律发行并列入哈萨克斯坦共和国境内证券交易所名单的债券给予票面利率补贴；

8）推广私营企业理念；

9）对支持私营企业的计划实施情况进行跟进；

10）专项基金章程规定的其他事项。

2. 实现专项基金的任务程序和条件由国家控股公司确定。

第 96 条　对私营企业的信息支持

1. 对私营企业提供信息化支持，按照提高私营企业及其从业人员的专业水平，生产有竞争力的商品（工程、服务）来进行。

2. 信息支持通过以下方式进行：

1）就私营发展组织培训研讨会和科学与实践会议；

2）组织国外实习；

3）分发方法手册、关于私人经营实践、新技术市场的信息手册；

4）建立地区信息和咨询中心网络；

5）提供咨询、信息、法律和营销及其他服务；

6）促进国外先进技术的转让；

7）在推进国内商品（工程、服务）出口中提供配套信息支持；

8）培训管理人员，为区域内的小型经营主体组织培训。

3. 对私营企业的信息支持由预算拨款和哈萨克斯坦共和国法律未禁止的其他来源的资金支持。

4. 经营授权机构为私营企业提供信息支持，通过在互联网上发布以下信息实现：

1）旨在支持私人经营企业的国家计划和其他计划；

2）按经济活动类型分类的私营企业数量；

3）形成支持私营企业基础设施的组织，及该组织支持私营企业的条件和程序；

4）对私营企业的资金支持措施；

5）对私营企业发展的营商环境、投资环境和基础设施进行分析的结果；

6）旨在保证支持发展私营的法律草案和标准法律草案构想；

7）本法典、哈萨克斯坦共和国法律、哈萨克斯坦共和国总统令和哈萨克斯坦共和国政府法令规定的发展私营企业所必需的其他信息。

第97条　对私人经营的基础设施支持〔1〕

对私人经营的基础设施支持通过创建和发展支持私人经营的基础设施来保证，这种支持可理解为一个创建或现行组织的综合体，为私人经营的运作和发展提供总体条件，包括协助组织自己的经营业务，提供法律、营销、工程和管理领域的信息，保证在商业基础上提供物质技术、财务和其他资源。

支持私人经营的基础设施包括经营支持中心、企业孵化器以及工业创新基础设施的组成部分。

第98条　哈萨克斯坦共和国政府在国家支持和发展私人经营领域的权限〔2〕

1. 哈萨克斯坦共和国政府：

在国家支持和发展私人经营领域：

1）制定国家在支持和发展私人经营领域的主要政策方向；

2）形成支持私人经营的国家体系；

3）确定为私营企业提供国家支持的程序；

4）组建和撤销政府下属的关于私人经营问题的咨询协商机构；

5）专家委员会组织审议由中央国家、地方代表机构和执行机构制定的哈萨克斯坦共和国的标准法律草案、国际条约草案以及哈萨克斯坦共和国打算加入的影响私营企业利益的国际条约；

6）经哈萨克斯坦共和国2018年12月26日第202-Ⅵ号法律删除（自2019年1月1日起生效）；

7）批准向中小企业提供闲置国有产权标的物及其占用的土地地块用于财产出租（租赁）或委托管理，以及用于组织生产活动和发展居民服务业，之后将无偿转让产权的规则；

8）确定并实施国家鼓励建立和完善优势产业、发展私营企业和提高其生产的产品质量的政策；

9）制定促进竞争发展并刺激对创新、物质资产投资和长期投资的规范性法律文件；

10）刺激创立某些经济部门集群；

11）分析经济部门的运作，以消除私营企业发展的障碍；

12）建立国家发展机构，以增加投资并加速在哈萨克斯坦共和国经济中推广创新；

13）通过关税和非关税方式对某些部门实施临时保护，为发展这些部门的私营企业之间的竞争创造条件；

14）采取措施消除另一国对本国出口商设置的壁垒；

---

〔1〕第97条列入哈萨克斯坦共和国2018年7月4日第174-Ⅵ号法律（自首次正式公布之日起10日后生效）。

〔2〕第98条经哈萨克斯坦共和国2017年7月3日第86-Ⅵ号法律（自首次正式公布之日起10日后生效）、2018年5月24日第156-Ⅵ号法律（自首次正式公布之日起10日后生效）、2018年12月26日第202-Ⅵ号法律（自2019年1月1日起生效）、2020年6月25日第347-Ⅵ号法律修订（自首次正式公布之日起10日后生效）。

15）鼓励私营企业执行商定的联合出口政策；

16）组织向私营企业提供有关国内和国外市场状况的经济信息；

17）通过促进质量管理体系的实施，为提高国家产品的竞争力创造条件；

18）为本国出口商的利益在其他国家进行游说，为外部需求创造条件；

19）与全国商会以及私营企业和雇主协会互动；

20）创建科研机构，资助基础科学和应用科学研究以解决产业或集群的问题；

21）制定措施让社会弱势群体参与私人经营；

22）批准私营企业协会的认定规则；

23）批准关于经营专家委员会的标准规定。

在支持工业创新活动领域：

1）制定国家支持工业创新活动领域的国家政策的主要方向并组织实施；

2）确定经济的优先部门；

3）批准国家发展机构和其他50%或50%以上有表决权的股份（注册资本中的占比）直接或间接属于国家的法人实体、被授权实施国家对工业创新活动的支持措施的名单；

4）经哈萨克斯坦共和国2018年5月24日第156-Ⅵ号法律删除（自首次正式公布之日起10日后生效）；

5）经哈萨克斯坦共和国2018年5月24日第156-Ⅵ号法律删除（自首次正式公布之日起10日后生效）；

6）组建隶属于哈萨克斯坦共和国政府的强制工业发展协调委员会并批准其章程和构成；

7）确定将项目纳入地区产业化地图和支持地图的程序。

2. 哈萨克斯坦共和国政府履行宪法、本法典、哈萨克斯坦共和国法律和哈萨克斯坦共和国总统令规定的其他职能。

第99条　经营授权机构在国家支持和发展私人经营领域的权限

经营授权机构：

1）落实国家发展和支持私人经营的政策；

2）组织协调实施国家扶持和发展中小经营者的措施；

3）研究改进对私营企业的融资和贷款措施的建议；

4）分析发展私人经营的营商环境、投资环境和基础设施；

5）制定保证支持和发展私人经营的标准法律文件；

6）促进共和国各地区中小企业基础设施的形成和发展；

7）为中小企业在创新、投资和工业发展领域参与哈萨克斯坦共和国国家计划体系文件的实施创造条件；

8）在支持和发展私人经营方面为投资者、国际捐助组织创造条件；

9）组织对私营企业的方法援助；

10）为私营企业进入国际货物、工程、服务市场创造条件；

11）开展发展私人经营领域的国际合作；

12）宣传国家发展和支持私人经营的政策；

13）行使本法典、哈萨克斯坦共和国法律、哈萨克斯坦共和国总统令和哈萨克斯坦共和国政府法令规定的其他权力。

第100条　国家支持工业活动领域的授权机构及其在国家支持私人经营领域的权限[1]

1. 国家支持工业活动领域的授权机构是在产业发展领域以及在哈萨克斯坦共和国法律规定的范围内发挥领导作用、开展跨部门协调和参与实施国家支持工业活动的中央执行机构。

2. 国家支持工业活动领域的授权机构：

1）参与国家支持工业活动领域的国家政策的制定和实施；

2）制定在工业活动领域发展本地内容的政策；

3）对工业创新体系进行规划、监测、激励、发展；

4）每年向哈萨克斯坦共和国政府提供有关国家支持工业创新活动措施的效率信息；

5）制定和批准本地内容审查规则；

6）制定优先商品和服务的统一地图；

7）制定工业化地图；

8）向国家支持创新活动领域的授权机构提交关于确定提供创新资助的优先领域的建议；

9）制定哈萨克斯坦共和国政府强制工业发展协调委员会的规定，并向哈萨克斯坦共和国政府提交关于其组成的建议；

10）经哈萨克斯坦共和国2020年6月25日第347-Ⅵ号法律删除（自首次正式公布之日起10日后生效）；

11）经哈萨克斯坦共和国2020年6月25日第347-Ⅵ号法律删除（自首次正式公布之日起10日后生效）；

12）经哈萨克斯坦共和国2020年6月25日第347-Ⅵ号法律删除（自首次正式公布之日起10日后生效）；

13）经哈萨克斯坦共和国2020年6月25日第347-Ⅵ号法律删除（自首次正式公布之日起10日后生效）；

14）经哈萨克斯坦共和国2020年6月25日第347-Ⅵ号法律删除（自首次正式公布之日起10日后生效）；

15）制定将项目纳入产业化地图和地区经营支持地图的程序；

16）经哈萨克斯坦共和国2020年6月25日第347-Ⅵ号法律删除（自首次正式公布之日起10日后生效）；

17）经哈萨克斯坦共和国2020年6月25日第347-Ⅵ号法律删除（自首次正式公布

[1] 第100条经哈萨克斯坦共和国2020年6月25日第347-Ⅵ号法律（自首次正式公布之日起10日后生效）、2017年12月25日第122-Ⅵ号法律（自2018年1月1日起生效）、2018年5月24日第156-Ⅵ号法律（自首次正式公布之日起10日后生效）、2018年10月5日第184-Ⅵ号法律（自首次正式公布之日起10日后生效）、2019年4月3日第243-Ⅵ号法律（自首次正式公布之日起10日后生效）、2020年6月25日第347-Ⅵ号法律（自首次正式公布之日起10日后生效）、2020年6月29日第352-Ⅵ号修订（自首次正式公布之日起10日后生效）。

之日起10日后生效）；

18）经哈萨克斯坦共和国2020年6月25日第347-Ⅵ号法律删除（自首次正式公布之日起10日后生效）；

19）经哈萨克斯坦共和国2020年6月25日第347-Ⅵ号法律删除（自首次正式公布之日起10日后生效）；

20）制定建立和管理商品、工程、服务及其供应商数据库的程序；

21）制定用于补偿在国内市场推广商品、工作和服务的工业创新活动主体的部分成本的规则；

22）确定为工业创新活动提供国家支持的经营者；

22-1）制定和批准为工业创新活动提供国家支持的经营者的权限；

23）制定和批准地区集群的竞争性筛选程序；

24）制定和批准为旨在提高劳动生产率和发展地域集群的工业创新活动主体提供国家支持的规则；

24-1）制定和批准缔结规则和条件，以及变更和终止与哈萨克斯坦共和国法人实体的农业机械工业组装协议及其标准格式的理由；

24-2）经哈萨克斯坦共和国2020年6月25日第347-Ⅵ号法律删除（自首次正式公布之日起10日后生效）；

24-3）经哈萨克斯坦共和国2020年6月25日第347-Ⅵ号法律删除（自首次正式公布之日起10日后生效）；

24-4）经哈萨克斯坦共和国2020年6月25日第347-Ⅵ号法律删除（自首次正式公布之日起10日后生效）；

24-5）经哈萨克斯坦共和国2020年6月25日第347-Ⅵ号法律删除（自首次正式公布之日起10日后生效）；

24-6）经哈萨克斯坦共和国2020年6月25日第347-Ⅵ号法律删除（自首次正式公布之日起10日后生效）；

24-7）经哈萨克斯坦共和国2020年6月25日第347-Ⅵ号法律删除（自首次正式公布之日起10日后生效）；

24-8）确保并负责在其职权范围内实施和执行国家计划；

24-9）制定和批准缔结规则和条件，以及变更和终止与哈萨克斯坦共和国法人实体签订的车辆工业装配协议及其标准格式的理由；

24-10）制定和批准缔结规则和条件，以及改变和终止与哈萨克斯坦共和国及其法人实体签订的车辆和（或）农业机械部件工业组装协议和标准格式的理由。

24-11）按照批准的标准格式，与哈萨克斯坦共和国法人实体签订车辆工业组装协议；

24-12）按照批准的标准格式，与哈萨克斯坦共和国法人实体签订农业机械工业组装协议；

24-13）按照批准的标准格式，与哈萨克斯坦共和国法人实体签订车辆和（或）农业机械部件的工业组装协议；

25）行使本法典、哈萨克斯坦共和国法律、哈萨克斯坦共和国总统令和哈萨克斯坦共和国政府法令规定的其他权力。

第 100-1 条　国家支持创新活动领域的授权机构及其在国家支持私人经营领域的权限[1]

1. 国家支持创新活动领域的授权机构是在创新发展领域发挥领导作用的中央执行机构，在哈萨克斯坦共和国法律规定的范围内进行跨部门协调并参与实施国家对创新活动的支持。

2. 国家支持创新活动领域的授权机构：

1）参与形成和实施国家支持创新活动领域的国家政策；

2）确定提供创新资助的优先领域；

3）协调国家拥有 50% 或以上的有表决权的股份（注册资本中的股份）法人实体，相关联法人实体、国家控股管理公司（国家福利基金除外）、国家控股公司、国家公司（加入国家福利基金集团的国家公司除外）及其所属法人实体在技术和创新发展的战略和发展计划；

4）组建技术政策委员会并批准其条例及其组成；

5）制定和批准为技术商业化提供创新资助的规则；

6）制定和批准为部门技术发展提供创新资助的规则；

7）制定和批准现行企业技术开发创新提供资助的提供规则；

8）制定和批准设计局的运作规则；

9）制定和批准国家发展研究所在提供创新补助金时，在技术开发领域提供服务的支付程序；

10）确保和承担权限范围内国家计划的实施和执行；

11）行使本法典、哈萨克斯坦共和国法律、哈萨克斯坦共和国总统令和哈萨克斯坦共和国政府法令规定的其他权力。

第 101 条　负责国家计划的中央授权机构及其在国家支持私人经营领域的权限[2]

1. 负责国家计划的中央授权机构是在战略和经济规划、预算政策制定以及在地区发展领域制定和实施国家政策中提供领导和部门间协调的中央执行机构。

2. 负责国家计划的中央授权机构：

1）参与国家支持工业创新活动领域的国家政策的制定和实施；

2）向哈萨克斯坦共和国政府提交关于确定优先经济部门的建议；

3）在工业创新活动领域协调合格的人力资源保障和就业监管；

4）评估工业创新体系的有效性；

5）协调国家拥有 50% 或以上的有表决权的股份（注册资本中的股份）法人实体，附属法人实体、国家控股管理公司（国家福利基金除外）、国家控股公司、国家公司（加入国家福利基金集团的国家公司除外）及其所属法人实体在技术和创新发展的战略和发展计

---

〔1〕 第八章第 100-1 条经哈萨克斯坦共和国 2020 年 6 月 25 日第 347-Ⅵ号法律增补（自首次正式公布之日起 10 日后生效）。

〔2〕 第 101 条经哈萨克斯坦共和国 2018 年 5 月 24 日第 156-Ⅵ号法律修订（自首次正式公布之日起 10 日后生效）。

划，以符合工业创新发展目标；

6）行使本法典、哈萨克斯坦共和国法律、哈萨克斯坦共和国总统令和哈萨克斯坦共和国政府法令规定的其他权力。

第 102 条　外贸活动调节领域的授权机构及其在国家支持私人经营领域的权限〔1〕

1. 外贸活动调节领域的授权机构是在发展和推动非原料商品和服务出口，以及在哈萨克斯坦共和国法律规定的范围内发挥领导作用，在外贸调节领域进行跨部门协调的中央执行机构。

2. 外贸活动调节领域的授权机构：

1）与调查机关就实行特别保护、反倾销和反补贴措施进行协作；

2）向进行调查的机构提交在实施特别保护、反倾销和反补贴措施之前启动调查的建议；

3）协调哈萨克斯坦共和国国家机关在特别保护、反倾销和反补贴措施方面的工作；

4）形成并与哈萨克斯坦共和国相关国家机构就特别保护、反倾销和反补贴措施问题的建议进行协调；

5）就特别保护、反倾销和反补贴措施问题制定规范性法律文件；

6）与其他国家的官方机构和国际组织进行协作；

7）制定和批准报销工业创新活动主体部分费用的规则，以推动国内加工产品及信息和通信服务走向国外市场；

8）制定和批准国内加工产品及信息和通信服务清单，部分补偿其出口费用；

9）在其职权范围内发展和促进非资源类产品出口；

10）协调哈萨克斯坦共和国国家部门机构发展和推动非资源出口方面的工作；

11）在其职权范围内制定和批准促进非资源产品出口的规范性法律文件；

12）依据哈萨克斯坦共和国的国际义务，在其职权范围内制定和批准促进出口的措施；

13）行使哈萨克斯坦共和国法律、哈萨克斯坦共和国总统令和哈萨克斯坦共和国政府法令规定的其他权力。

第 103 条　其他国家机构在支持工业创新活动领域的权限〔2〕

国家机构在其支持工业创新活动领域的职权范围内：

1）参与制定和实施国家支持工业创新活动领域的国家政策；

1-1）在职权范围内促进非资源出口；

2）向负责国家计划的中央授权机构提交确定经济优先部门的建议；

3）向国家支持工业创新活动领域的授权机构提供有关国家支持工业创新活动措施实

---

〔1〕 第 102 条经哈萨克斯坦共和国 2019 年 4 月 2 日第 241-Ⅵ号法律（自首次正式公布之日起 10 日后生效）、2020 年 6 月 25 日第 347-Ⅵ号法律（自首次正式公布之日起 10 日后生效）、2021 年 1 月 2 日第 399-Ⅵ号法律修订（自首次正式公布之日起 10 日后生效）。

〔2〕 第 103 条经哈萨克斯坦共和国 2018 年 5 月 24 日第 156-Ⅵ号法律（自首次正式公布之日起 10 日后生效）、2020 年 6 月 25 日第 347-Ⅵ号法律修订（自首次正式公布之日起 10 日后生效）。

施情况的信息；

3-1）向外贸活动调节领域的授权机构提供促进非资源出口的信息；

3-2）在考虑哈萨克斯坦共和国的国际义务情况下，在职权范围内制定促进非资源产品出口的措施；

3-3）确保并承担职权范围内国家计划的实施和执行的责任；

4）向国家支持创新活动领域的授权机构提交关于确定提供创新资助的优先领域的建议；

5）行使本法典、哈萨克斯坦共和国法律、哈萨克斯坦共和国总统令和哈萨克斯坦共和国政府法令规定的其他权力。

第104条　其他国家机构在国家支持私人经营领域的权限

国家机构在国家支持私人经营领域的职权范围内：

1）参与国家支持私人经营发展政策的制定和实施；

2）行使本法典、哈萨克斯坦共和国其他法律、哈萨克斯坦共和国总统令和哈萨克斯坦共和国政府的法令规定的其他权力。

第105条　地方执行机构在国家支持和发展私人经营领域的权限[1]

1. 哈萨克斯坦共和国地方行政机关：

1）实施国家支持和发展私人经营的政策；

2）为发展私人经营创造条件；

3）确保并承担本地区国家计划的实施和执行责任；

4）确保创建和发展地区基础设施，支持中小企业和创新活动；

5）确定地方执行机构和私营企业协会、全国商会和市场基础设施之间关系的发展战略；

6）组织专家委员会的活动；

7）保证对地方一级的私人经营提供国家支持；

8）组织面向中小经营主体的专家和人员的教育、培训、再培训和提高技能；

8-1）在职权范围内，促进非资源出口；

8-2）在职权范围内为发展非资源出口创造条件；

8-3）发展国家和地区集群；

9）为地方国家治理的利益，行使哈萨克斯坦共和国法律授予地方执行机构的其他权力。

2. 州、共和国级城市、首都的地方执行机构：

1）参与制定和实施在相关区域内国家支持工业创新活动领域的政策；

2）制定和批准区域企业家商会参与的区域经营支持图；

3）为工业创新基础设施要素、实施国家支持工业创新活动的国家支持工业创新系统

---

〔1〕第105条经哈萨克斯坦共和国2018年5月24日第156-Ⅵ号法律（自首次正式公布之日起10日后生效）、2019年4月3日第243-Ⅵ号法律（自首次正式公布之日起10日后生效）、2020年6月25日第347-Ⅵ号法律修订（自首次正式公布之日起10日后生效）。

主体提供方法、咨询、实践和其他帮助；

4）向中央授权的国家计划机构提出建议，以确定优先经济部门；

5）根据哈萨克斯坦共和国政府批准的清单，按哈萨克斯坦共和国法律规定的格式和期限收集、分析并向国家支持工业活动领域的授权机构提供有关组织采购的地区信息；

6）向国家支持工业和创新活动领域的授权机构提供有关国家支持工业创新活动措施实施情况的信息；

7）创建和（或）参与以开发创新和吸引投资为主要活动的法人实体的注册资本；

8）为地方国家治理的利益，行使哈萨克斯坦共和国法律授予地方执行机构的其他权力。

第三编　国家经营监管的形式和手段

第九章　许可和通知

第106条　许可和通知领域的国家监管

根据本法典和哈萨克斯坦共和国许可和通知法，许可和通知领域的国家监管包括为经营主体开展某些类型的活动或行为引入许可或通知程序.

第107条　受调节活动或行为（操作）的危险程度[1]

1. 许可或通知程序是根据将要进行的活动或行为（操作）的危险程度而引入的，分为以下级别：

1）第一类许可——针对与高危相关的活动或行为（操作）类型（子类型）而引入的许可证；

2）第二类许可——不以许可证表现的所有的许可，针对与平均危险水平相关的活动或行为（操作）类型（子类型）而引入；

3）通知引入针对与低危险性相关、但要求政府机构接收有关此类活动或此类行为的开始或终止信息的活动或行为类型。

2. 活动或行为（操作）的危险等级在根据本法典第83条进行的监管影响分析的基础上确定。

第108条　许可和通知程序

1. 为开始和随后实施某些类型的活动或行为（操作），经营主体必须持有有效的许可或向按照哈萨克斯坦共和国许可和通知法规定的程序接收通知的国家机构发送通知。

持有许可证的经营主体视为被许可人。

持有第二类有效许可证的经营主体为第二类被许可人。

2. 哈萨克斯坦共和国许可和通知法规定了许可或通知程序的活动或行为（经营），未经适当许可或未发送适当通知，经营主体不得实施活动或行为（经营）。

经营主体必须获得许可并且有效，而通知必须在活动或行为（经营）开始前由经营主

---

〔1〕 第107条经哈萨克斯坦共和国2018年5月24日第156-Ⅵ号法律修订（自首次正式公布之日起10日后生效）。

体发出，为此，哈萨克斯坦共和国许可和通知法规定了许可或通知的程序。

3. 哈萨克斯坦共和国许可和通知法根据活动或行为（操作）的危险程度规定了许可或通知程序，以保护人的生命和健康、环境、产权、国家安全和法律秩序。

4. 哈萨克斯坦共和国许可和通知法规定了许可和通知的综合清单。

5. 哈萨克斯坦共和国法律规定的与许可及其有关附件的颁发、延期、变更、更新和实施属于公共服务，并且在不违反哈萨克斯坦共和国许可和通知法的情况下，受哈萨克斯坦共和国行政法的调节。

第 109 条　许可或通知程序的引入和取消〔1〕

1. 许可或通知程序只有包含在哈萨克斯坦共和国许可和通知法附录 1、2 和 3 中规定的许可或通知清单中，才能引入。

2. 根据本法典第 83 条，要引入许可或通知程序，国家监管机构必须预先进行监管影响分析流程。

3. 在对之前不受许可程序约束的活动和行为引入许可程序时，开展该活动或行为（经营）的经营主体，从规定获得许可的程序和（或）规定获得许可所必须的要求的标准法律文件生效之日起，应获得许可。

4. 规范获得许可的程序、批准许可或资格要求和（或）确认申请人符合此类要求的文件清单的规范性法律文件，不得在首次正式公布之日起 60 日届满之前颁布。

如果对以前不受许可程序约束的活动或行为（操作）引入许可程序，申请人有权在规范获得许可程序、批准许可或资格要求和（或）确认申请人符合这些要求的规范性法律文件生效之前提交获得许可的申请，但不得迟于这些文件生效前 5 个工作日。

同时，根据本款第 2 段提出的申请，颁发许可或主动拒绝颁发许可，必须在本款第 1 段规定的规范性法律文件生效后，由发证机关按照为他们制定的颁发时间和程序进行。

5. 依照本条第 4 款提出获得许可申请的申请人，有权在颁发许可或主动拒绝颁发许可前，在没有许可证的情况下引入许可程序，在本条规定的范围内开展活动或行为（经营），但哈萨克斯坦共和国许可和通知法规定的情况除外。

6. 取消许可或通知程序通过从哈萨克斯坦共和国许可和通知法附录 1、2 和 3 规定的许可和通知清单中删除许可证或通知来进行，以使经营主体有权在没有许可或通知的情况下开展活动或行为（经营）。

第 110 条　申请人以及申请人的权利

1. 申请人可以是以下已向相应发证机关申请发照或许可流程或发送通知的经营主体：

1）个体经营者；

2）法人实体；

3）法人实体的分支机构或代表处；

4）被许可人；

---

〔1〕 第 109 条经哈萨克斯坦共和国 2018 年 5 月 24 日第 156-Ⅵ号法律（自首次正式公布之日起 10 日后生效）、2021 年 3 月 12 日第 15-Ⅶ号法律修订（自首次正式公布之日起 10 日后生效）。

5）第二类被许可人。

2. 申请人享有以下权利：

1）接收有关许可和通知的完整和准确的信息；

第 2 项的生效程序见哈萨克斯坦共和国 2015 年 10 月 29 日第 375-V号法典第 324 条第 6 款。

2）对接收通知的许可证颁发机构和国家机构和（或）其官员、负责实施许可证化和许可证程序或以哈萨克斯坦共和国法律规定的方式接收通知的国家公司—公民政府和（或）其雇员的决定、作为（不作为）提起诉讼；

3）选择电子或纸质形式申请获得许可证和（或）附件或发送通知，以及选择电子或纸质形式的已签发许可证和（或）附件，参考哈萨克斯坦共和国许可和通知法第 48 条的规定。

3. 除非哈萨克斯坦共和国法律和哈萨克斯坦共和国国际条约另有规定，同胞和外国法人实体在与哈萨克斯坦共和国公民和法人实体平等的基础上获得许可和发送通知。

第 111 条　发证机关的权利和义务

1. 发证机关有权发放许可证和第二类许可证。

2. 发证机关在其职权范围内有权向国家机构提出申请，以获取实施许可或许可程序所必需的信息，包括通过信息系统获取。

3. 发证机关应：

1）根据本法典和哈萨克斯坦共和国许可和通知法颁发许可证和许可程序；

2）为残疾人获得许可证创造必要条件；

3）以可得形式提供关于许可证、许可程序、所需文件清单以及获取和处理此类文件的程序的完整和可靠信息；

第 4 项的生效程序见 2015 年 10 月 29 日哈萨克斯坦共和国法典第 324 条第 7 款。

4）向国家机构和国家公司—公民政府提交实施许可证和许可程序所需的文件和（或）信息，包括通过信息系统提交；

5）采取措施恢复申请人、被许可人和第二类被许可人被侵犯的权利、自由和合法利益；

6）在其权限范围内，确保包含颁发许可证所需信息的信息系统的不间断运行和补充；

7）获得申请人、被许可人和第二类被许可人的书面同意，包括以电子文件的形式获得，在颁发许可证时使用构成信息系统中受法律保护的保密的受限个人数据，但是哈萨克斯坦共和国法律另有规定的除外。

第 112 条　电子许可、许可程序和通知的实施

1. 许可证和通知可使用国家许可和通知信息系统以及许可和通知的国家电子登记簿以电子形式发送。

参考哈萨克斯坦共和国许可和通知法第 52 第 3 款的规定，许可程序采用电子形式并使用许可和通知的国家信息系统以及许可和通知的国家电子登记簿进行。

2. 提交申请、颁发许可证和（或）许可证附件的程序由哈萨克斯坦共和国许可和通

知法调节。

3. 国家电子许可证和通知登记簿由许可证颁发机构持续维护。

许可和通知的国家电子登记簿由在哈萨克斯坦共和国法律规定的情况下接收通知的国家机构管理。

第九-1 章 信息工具[1]

第 112-1 条 信息工具[2]

1. 信息工具被理解为向国家机构或监管法律文件中规定的其他人员提供信息的要求，同时满足以下所有标准：

1）提供信息是强制性的，如不提供信息将承担哈萨克斯坦共和国法律规定的责任；

2）信息由私营经营主体提供。

2. 本章规定不适用于税收、海关、金融政策、统计活动等领域的信息工具，也不适用于某一监管主体。

就本章而言，金融政策是指与金融组织、哈萨克斯坦共和国非常住居民银行分行、哈萨克斯坦共和国非常住居民保险（再保险）组织分行、哈萨克斯坦共和国非常住居民保险经纪人的分支机构、非金融组织的保险市场参与者、收款机构、金融组织的大型参与者、股票发行人、信贷局、加入保险集团和银行集团的人员、支付服务市场主体，及调节外汇法律关系、提供金融服务，以及金融工具的发行、流通、还款和注销等活动有关的各种关系的总和。

第 112-2 条 信息工具的类型

信息工具有以下类型：

1）定期向政府机构提交的定期报告；

2）根据国家机构倡议一次性提供的信息，但仅在国家机构行使国家控制和监督时提供的信息除外；

3）在哈萨克斯坦共和国法律规定的情况下，一次性向国家机构提供信息，但在许可程序或其他主动申请框架内由私营企业实体倡议提供的信息除外；

4）在哈萨克斯坦共和国法律直接规定的情况下向第三方提供的信息。

第 112-3 条 引入信息工具的特点

1. 信息工具仅在标准法律文件直接规定的情况下引入。

2. 在规定引入信息工具的标准法律文件生效后，国家监管机构应倡议对信息工具清单进行补充。

---

〔1〕 第三部分第九-1 章经哈萨克斯坦共和国 2018 年 5 月 24 日第 156-Ⅵ号法律增补（自首次正式公布之日起 6 个月后生效）。

〔2〕 第 112-1 条经哈萨克斯坦共和国 2019 年 4 月 2 日第 241-Ⅵ号法律（自首次正式公布之日起 10 日后生效）、2019 年 7 月 3 日第 262-Ⅵ号法律（自 2020 年 1 月 1 日起执行）、2021 年 1 月 2 日第 399-Ⅵ号法律修订（生效程序见第 2 页）。

第十章　技术监管

第113条　技术监管领域的国家监管〔1〕

技术监管领域的国家监管包括对产品的强制性要求的建立和实施，包括与建筑物和结构、设计过程（包括勘测）、生产、施工、安装、调试、运营、储存、运输、销售和处置相关、根据本法典和哈萨克斯坦共和国技术监管法律对产品要求、流程和提供服务、合格评定以及国家控制和监督的自愿应用。

第114条　技术监管的对象〔2〕

技术监管的对象是：

除民用航空产品外，用于保护构成国家秘密的信息（国家秘密）或与其他依法保护的限制访问信息有关的产品，构成国家秘密的产品（国家秘密、在核能利用领域有安全保障要求的产品、废旧产品、兽药、药品、医疗器械）；

与产品要求相关的设计（包括勘察）、生产、施工、安装、调整、运行、储存、运输、销售和处置过程；

自愿认证方面的服务，但兽医、植物保护和检疫、国家、医疗、教育、金融、银行和其他服务领域的服务除外，对这些领域的监管由哈萨克斯坦共和国其他法律、哈萨克斯坦共和国总统令和哈萨克斯坦共和国政府法令规定。

第115条　技术监管的主体〔3〕

技术监管的主体是国家机构、作为国家技术调节体系结构一部分的个人和法人实体，以及根据哈萨克斯坦共和国民事法律对技术监管对象有使用权的个人和法人实体。

第十一章　国家对价格和税费调节的规定

第116条　国家对经营主体价格和税费的调节〔4〕

1. 商品、工程、服务的价格和税费由经营主体独立确定，但本法典规定的情况除外。

2. 国家制定价格和税费调节，以确保哈萨克斯坦共和国的国家安全、公共秩序、人权和自由以及居民健康。

3. 国家对经营主体的下列商品、工程、服务的价格和税费进行调节：

1）具有社会意义的食品；

---

〔1〕第113条列入哈萨克斯坦共和国2020年12月30日第397-Ⅵ号法律（自首次正式公布之日起6个月后生效）。

〔2〕第114条列入哈萨克斯坦共和国2020年12月30日第397-Ⅵ号法律（自首次正式公布之日起6个月后生效）。

〔3〕第115条经哈萨克斯坦共和国2020年12月30日第397-Ⅵ号法律修订（自首次正式公布之日起6个月后生效）。

〔4〕第116条经哈萨克斯坦共和国2016年3月29日第479-Ⅴ号法律（自首次正式公布之日起21日后生效）、2016年4月9日第499-Ⅴ号法律（自首次正式公布之日起10日后生效）、2016年12月28日第34-Ⅵ号法律（自2017年1月1日起生效）、2017年12月25日第122-Ⅵ号法律（自2018年1月1日起生效）、2018年7月4日第173-Ⅵ号法律（自首次正式公布之日起10日后生效）、2018年12月28日第211-Ⅵ号法律（自首次正式公布之日起3个月后生效）、2019年12月30日第297-Ⅵ号法律修订（自首次正式公布之日起10日后生效）。

2）自然垄断领域的商品、工程、服务；

3）国家垄断企业生产、销售的商品、工程、服务；

4）已实施国家价格调节的商品（工程、服务）；

5）国际商业交易中的商品、工程、服务以及因转让定价产生的与国际商业交易有关的交易；

6）已规定国家价格调节的石油产品的零售；

6-1）批准药品最高价格；

7）规定伏特加和特种伏特加、烈性酒的最低价格；

8）规定过滤嘴卷烟、无过滤嘴卷烟和卷烟的最低零售价；

9）在非自然垄断的商品市场上，在确定的情况下，包括紧急情况、自然灾害、确保国家安全的条件下，所产生的问题不能以对竞争负面影响较小的方式解决；

10）批准哈萨克斯坦共和国国内市场商业天然气批发销售最高价格，在哈萨克斯坦共和国国内市场供应液化石油天然气计划框架下销售的液化石油天然气的最高价格，电子交易平台除外；

11）批准国家运营商在国家优先购买权框架下购买的原料气和商业气的最高价格；

12）批准能源生产组织的税费；

13）补贴服务；

14）在具有重要社会意义的市场。

第117条　对具有社会意义的食品的定价[1]

1. 哈萨克斯坦共和国政府批准具有社会意义的食品清单。

具有社会意义的食品的零售价格阈值、具有社会意义的食品的最高允许零售价格额，由地方执行机构批准。

具有社会意义的食品的零售价格阈值是零售价格的允许水平，其目的是防止不合理的价格上涨、将通货膨胀保持在可接受的范围内并确保国内宏观经济稳定，贸易实体有权确定具有社会意义的食品的零售价格。

具有社会意义的食品的最高允许零售价格是地方执行机构在具有社会意义食品零售价格高于阈值的情况下规定的零售价格水平。

2. 在签订具有社会意义的食品供应合同时，应当按规定的程序确定最高贸易加价额度，违反此要求的交易无效。

3. 若州、共和国级城市和首都具有社会意义的食品零售价格超过该地区的阈值，地方执行机构经与贸易活动主体协商后，有权在不超过90日的期限内规定这些地区、城市具有社会意义的食品最高允许零售价格的限额。

第118条　自然垄断实体受调节的服务税费的形成[2]

1. 自然垄断实体受调节的服务税费的形成根据哈萨克斯坦共和国自然垄断法律进行。

---

[1] 第117条经哈萨克斯坦共和国2018年5月24日第156-Ⅵ号法律修订（自首次正式公布之日起10日后生效）。

[2] 第118条经哈萨克斯坦共和国2019年4月3日第243-Ⅵ号法律修订（自首次正式公布之日起10日后生效）。

2. 自然垄断是商品、工程和服务的市场状态，在这种状态下，不可能创造竞争条件下，由于生产的技术特点，创造竞争条件来满足对某种商品、工程和服务的需求以及提供此类商品、工程和服务是不可能或在经济上不切实际的。

第 119 条　国家的价格调节[1]

作为在哈萨克斯坦共和国境内按反垄断机构确定的程序，在一定期限内采取的临时措施，可以在某些商品市场和（或）对某些市场主体的商品（工程、服务）进行国家价格调节。

本条规定的国家价格调节的总适用期限为一年内不得超过 180 日。

第 120 条　对国家垄断主体生产、销售的商品、工程、服务的定价[2]

1. 国家垄断主体生产、销售的商品、工程、服务的定价规则由反垄断机构批准。

根据国家垄断主体生产和销售的商品、工程和服务的定价规则，授权的国家机构举行公开听证会，审议国家垄断实体的申请。

1-1. 反垄断机构根据国家垄断企业生产、销售的商品、工程、服务的定价规则，对国家垄断企业生产、销售的商品、工程、服务的价格进行审查。

1-2. 为进行价格审查，国家垄断主体必须书面提交以下信息：

1）不迟于实行国家对商品、工程和服务的垄断之日起 30 日内的销售价格信息，并附有价格水平的证明材料；

2）至少提前 30 日通知有关商品、工程、服务价格即将发生变化［提高和（或）下降］及其变化［提高和（或）下降］的原因，并提供确认变化原因的证明材料［提高和（或）下降］。

1-3. 进行审查的期限自收到通知或审议信息之日起不超过 90 日。审查总期限不得超过 120 日。

1-4. 在审议通知或信息的过程中，反垄断机构有权在本法典规定的期限内要求国家垄断主体提供作出决定所需的补充信息和（或）文件。

1-5. 在提交补充信息和（或）文件之前，暂停审议期，直至国家垄断主体提交补充信息和（或）文件。

1-6. 在国家垄断主体提交补充信息和（或）文件后，反垄断机构恢复对通知或信息的审议。

1-7. 进行审查的期限自其更新之日起计算。

2. 国家垄断是国家按照本法典规定的方式在竞争市场上生产、销售或购买某种商品的专有权利。

专有权的行使通过创造国家垄断主体来实现。国家垄断的主体，除国家公司—公民政府、社会医疗保险基金、国家技术服务机构外，只能是哈萨克斯坦共和国政府或州、共和

---

〔1〕 第 119 条的生效程序见哈萨克斯坦共和国 2015 年 10 月 29 日第 375-Ⅴ号法典第 324 条第 9 款。

〔2〕 第 120 条经哈萨克斯坦共和国 2016 年 12 月 28 日第 34-Ⅵ号法律（自 2017 年 1 月 1 日起生效）、2017 年 12 月 28 日第 128-Ⅵ号（自首次正式公布之日起 10 日后生效）、2018 年 5 月 24 日第 156-Ⅵ号法律（自首次正式公布之日起 10 日后生效）、2020 年 6 月 25 日第 347-Ⅵ号法律修订（自首次正式公布之日起 10 日后生效）。

国级的城市和首都的地方执行机构根据哈萨克斯坦共和国政府的决定创建的国有企业。

第 120-1 条　公益性市场的定价[1]

公益性市场的定价是根据负责自然垄断领域管理的授权机构批准的公益性市场的定价规则进行的。

第 121 条　对国际商务和与国际商务有关的交易中的商品、工程、服务价格的调节

1. 根据哈萨克斯坦共和国转让定价法，在哈萨克斯坦共和国，对国际商务中的货物、工程、服务以及因转让定价引起的与国际商务有关的交易价格进行调节。

2. 转让价格（转让定价）是指关联方之间形成的和（或）与客观形成的市场价格存在差异的价格，根据各独立方之间完成交易时的价格区间，并应按照哈萨克斯坦共和国转让定价法相关规定进行监管。

3. 国际商务是指买卖货物的出口和（或）进口交易；从事工程、提供服务的交易，其中一方是在哈萨克斯坦共和国经营、但未设立常设机构的非常住居民；哈萨克斯坦共和国居民在哈萨克斯坦共和国境外进行的商品买卖、工程、提供服务的交易。

第 122 条　实行国家价格调节的零售石油产品定价

1. 国家根据哈萨克斯坦共和国关于对某些类型石油产品的生产和流通进行国家调节的法律来调节石油产品的零售价格。

第 2 款的生效顺序见哈萨克斯坦共和国 2015 年 10 月 29 日法典第 375-Ⅴ号第 324 条第 10 款。

2. 石油产品生产领域的授权机构，经领导自然垄断领域的授权机构同意，按照石油产品生产领域的授权机构批准的程序，制定石油产品的最高零售价格，国家对此进行价格调节。

3. 石油产品零售商销售石油产品时，不得超过国家规定的石油产品最高零售价格。

4. 在国家对石油产品零售价格进行调节的情况下，规定最高限价每月不超过 1 次。

第 122-1 条　批准药品最高限价[2]

1. 根据哈萨克斯坦共和国在医疗保健法律，国家批准药品的最高价格。

2. 国家对药品定价顺序的遵守情况的监管，由医疗保健领域的授权机构按照哈萨克斯坦共和国医疗保健法律规定的程序进行。

第 123 条　规定伏特加和特种伏特加、烈性酒的最低零售价

根据哈萨克斯坦共和国对酒精和酒精饮料的生产和流通进行监管的法律，由国家规定伏特加和特种伏特加、烈性酒精饮料的最低零售价。

---

〔1〕 第 120-1 条经哈萨克斯坦共和国 2016 年 12 月 28 日第 34-Ⅵ号法律增补（自 2017 年 1 月 1 日起执行）。

〔2〕 根据哈萨克斯坦共和国 2018 年 12 月 28 日第 211-Ⅵ号法律，第十一章增补第 122-1 条（自首次正式公布之日起 3 个月后生效）。

第 124 条　规定过滤嘴香烟、无过滤嘴香烟和香烟的最低零售价格〔1〕

根据哈萨克斯坦共和国对烟草产品生产和流通的国家进行监管的法律，由国家规定过滤嘴卷烟、无过滤嘴卷烟和卷烟的最低零售价格。

第 124-1 条　除电子交易平台外，批准哈萨克斯坦共和国国内市场商品天然气最高批发价格，在哈萨克斯坦共和国国内市场液化石油气供应计划框架内销售的液化石油气的最高价格〔2〕

根据哈萨克斯坦共和国天然气和天然气供应法律，除电子交易平台外，国家批准哈萨克斯坦共和国国内市场商品天然气最高批发价格，在哈萨克斯坦共和国国内市场液化石油气供应计划框架内销售的液化石油气的最高价格。

第 124-2 条　批准国家运营商在国家优先权框架下采购原气和商业气的最高价格〔3〕

根据哈萨克斯坦共和国天然气和天然气法律，由国家批准国内运营商在国家优先权框架下购买的原气和商业气的最高价格。

第 124-3 条　电力生产组织的税费设定〔4〕

电力生产组织的税费设定依据哈萨克斯坦共和国电力行业法律进行。

第 124-4 条　对补贴服务的价格的调节〔5〕

根据哈萨克斯坦共和国邮政、通信、公路运输和铁路运输法律，国家对邮政、通信和运输领域的服务补贴价格进行调节。

第十一-1 章　公益性市场〔6〕

第 124-5 条　公益性市场〔7〕

1. 国家价格调节适用于以下领域的公益性市场主体的商品（工程、服务）：

1）电力供应机构的零售电能；

2）组织开展电能集中交易，确保交易系统做好对可再生能源设施生产的电能进行集中交易、集中购销的准备；

---

〔1〕 第 124 条列入哈萨克斯坦共和国 2017 年 12 月 25 日第 122-Ⅵ号法律（自 2018 年 1 月 1 日起生效）。

〔2〕 第十一章第 124-1 条经哈萨克斯坦共和国 2016 年 3 月 29 日第 479-Ⅴ号法律增补（自首次正式公布之日起 21 日后生效）；列入哈萨克斯坦共和国 2018 年 7 月 4 日第 173-Ⅵ号法律（自首次正式公布之日起 10 日后生效）。

〔3〕 第十一章第 124-2 条经哈萨克斯坦共和国 2016 年 3 月 29 日第 479-Ⅴ号法律增补（自首次正式公布之日起 21 日后生效）；列入哈萨克斯坦共和国 2019 年 12 月 30 日第 297-Ⅵ号法律（自首次正式公布之日起 10 日后生效）。

〔4〕 第十一章第 124-3 条经哈萨克斯坦共和国 2016 年 3 月 29 日第 479-Ⅴ号法律增补（自首次正式公布之日起 21 日后生效）。

〔5〕 第十一章第 124-4 条经哈萨克斯坦共和国 2016 年 4 月 9 日第 499-Ⅴ号法律增补（自首次正式公布之日起 10 日后生效）。

〔6〕 第十一-1 章经哈萨克斯坦共和国 2016 年 12 月 28 日第 34-Ⅵ号法律增补（自 2017 年 1 月 1 日起生效）。

〔7〕 第 124-5 条经哈萨克斯坦共和国 2018 年 5 月 24 日第 156-Ⅵ号法律（自首次正式公布之日起 10 日后生效）、2019 年 4 月 2 日第 241-Ⅵ号法律修订（自首次正式公布之日起 10 日后生效）。

3）商业燃气零售、液化石油气通过组罐装置的零售；

4）在国内航班上提供机场服务：乘客上下飞机（通过伸缩式舷梯）、用于确保运输过程的机场场地租赁、货物处理、提供用于乘客登记的工作场所（区域）、提供飞机与航空燃料-润滑剂；

5）为铁路和机车牵引的货物运输提供服务，但以下情况除外：

铁路货车车厢租赁服务和车厢（集装箱）运营商的服务；

通过哈萨克斯坦共和国领土过境运输的铁路货物运输服务；

通过铁路运输集装箱货物、搭载运输、空置集装箱和空置装配平台的服务。

2. 本条第1款第1项、第3项指定领域的价格调节适用于2017年1月1日前对其实行国家价格调节和国家价格管控的市场主体。

3. 国家对本条第1款第1项、第3项指定领域的价格调节调控，也适用于符合下列综合条件的市场主体：

1）2017年1月1日以后，向2017年1月1日之前实行国家价格调节和管控的市场主体提供服务的消费者提供服务；

2）本款第1项规定的向消费者提供的服务量占市场主体服务量的35%以上，在2017年1月1日之前，国家对该市场主体进行价格调节和管控。

4. 领导自然垄断领域的授权机构，在对定价程序遵守情况和公益性市场主体的义务进行国家管控时，在哈萨克斯坦共和国法律规定的权限范围内与执法机构进行互动。

第124-6条　领导自然垄断领域和公益性市场的授权机构的权限〔1〕

领导自然垄断领域的授权机构：

1）为公益性市场中制定国家政策提出建议；

2）对价格进行国家调节和对公益性市场主体遵守定价程序情况和义务进行国家调节和管控；

3）制定和批准公益性市场的定价规则；

4）监控公益性市场主体的价格；

5）就公益性市场主体销售的商品（工程、服务）的最高价格达成一致；

5-1）降低公益性市场主体出售的商品（工程、服务）的最高价格，所获得收入金额中与以下相关：

未执行在最高价格中考虑到的投资计划措施；

未使用最高价格中考虑到的用于购买和（或）传输电能、商业燃气资金；

提高商品（工程、服务）的消费量，包括最高价格中已考虑到的个别消费者群体的过度消费；

超过负责自然垄断的授权机构协商一致的商品（工作、服务）的最高价格；

6）在审议公益性市场主体关于即将提高商品（工程、服务）价格的通知时，举行公开听证会；

〔1〕 第124-6条经哈萨克斯坦共和国2019年4月2日第241-Ⅵ号法律（自首次正式公布之日起10日后生效）、2019年12月27日第295-Ⅵ号法律修订（自2020年1月1日起生效）。

7）向公益性市场主体提交关于履行本法典规定的义务的强制性指令；

8）当公益性主体不履行指令时，向法院提起诉讼，要求公益性市场主体履行指令中规定的行为；

9）提起和审理行政违法案件，并按照哈萨克斯坦共和国行政违法法典规定的程序实施行政处罚；

10）向公益性市场主体要求和获得行使自身权力所必须的、关于遵守哈萨克斯坦共和国法律规定的要求，公开构成商业秘密和受法律保护的其他秘密的信息；

10-1）经与主管铁路运输的中央执行机构协商同意，制定并批准哈萨克斯坦共和国铁路运输法律规定的临时平衡费的计算和支付规则〔1〕；

11）行使本法典、哈萨克斯坦共和国法律、哈萨克斯坦共和国总统令和哈萨克斯坦共和国政府法令规定的其他权力。

第124-7条　国家对价格的调节和对公益性市场主体遵守定价程序和义务情况的监督〔2〕

1. 国家对价格的调节和对公益性市场主体遵守定价程序和义务情况进行监督，目的是保护消费者和公益性市场主体的利益。

2. 公益性市场的主体是在公益性市场上生产（销售）商品（工程、服务）的个人或法人实体。

3. 国家对公益性市场主体遵守定价程序和义务情况进行监督，由领导自然垄断领域的授权机构按照本法典和公益性市场的定价规则实施。

第124-8条　公益性市场主体的义务〔3〕

公益性市场主体应：

1）向领导自然垄断领域的授权机构提供：

按自然垄断的授权机构批准的形式，不迟于下一个报告月的最后一日提交有关商品（工程、服务）的生产（销售）量、盈利水平和出厂价格的月度信息；

根据哈萨克斯坦共和国关于会计核算和财务报告法，不迟于下一个报告季度前一个月的最后一日提交季度财务报表；

不迟于本年的8月1日和下一年的5月1日，以领导自然垄断领域的授权机构批准的形式，提交在最高价格中考虑到的实施或未实施投资计划的半年和一年结果信息；

在领导自然垄断领域的授权机构规定的时限内，以电子形式提供价格审查所需的信息，该时限自收到公益性市场主体相关要求之日起不得少于5个工作日；

出厂价格信息，并附上确认价格水平的证明材料，不迟于国家实施价格调节之日起或自开始生产（销售）商品、工程、服务之日起30日，或在商品、工程、服务的出厂价格即将上涨之前至少30日；

---

〔1〕根据哈萨克斯坦共和国2019年12月27日第295-Ⅵ号法律，第10-1项的有效期至2022年1月1日。

〔2〕第124-7条经哈萨克斯坦共和国2019年4月2日第241-Ⅵ号法律修订（自首次正式公布之日起10日后生效）。

〔3〕第124-8条经哈萨克斯坦共和国2019年4月2日第241-Ⅵ号法律（自首次正式公布之日起10日后生效）、2019年4月3日第243-Ⅵ号法律修订（自首次正式公布之日起10日后生效）。

不迟于半年报告月的次月25日前，提交已计入最高价的购买和（或）输送电能、商业气的资金使用的半年信息，并附上证明材料，但本法典第124-5条第1款第2项、第4项和第5项规定的公益性市场主体除外；

2）至少提前30日，以电子形式向在领导自然垄断领域的授权机构提交有关商品（工作、服务）即将高于最高价格的价格上涨信息及其原因，并附上证明涨价原因的证明材料；

3）遵守公益性市场的定价程序；

4）根据公益性市场的定价程序，开展计入最高价格的投资计划（项目）措施；

4-1）按照领导自然垄断领域的授权机构确定的程序在媒体上发布：

不迟于半年报告后的次月25日，发布计入最高价格的用于购买和（或）传输电能、商业燃气的资金使用情况，本法典第124-5条第1款第2项、第4项和第5项规定的公益性市场主体除外；

不迟于半年报告后的次月25日，发布关于通过提高商品（工程、服务）的消费量而获得的收入的半年信息，其中包括计入最高价格的个别消费者群体的信息；

5）不迟于由领导自然垄断领域授权机构确立此类事实之日起30内，将因不合理提高最高价格而获得的收入直接返还给消费者，或在无法制定完整的消费者清单的情况下，按照公益性市场的定价程序，通过降低未来最高价格来实现；

6）在该授权管理机构规定的期限内，自收到之日起不超过30日，执行领导自然垄断领域的授权机构的指示；

7）在其互联网或在领导自然垄断领域的授权机构的互联网上发布有关出厂价格、公开听证会结果和财务报表的信息。

第124-9条　公益性市场主体服务（商品、工程）消费者的权利和义务[1]

1. 公益性市场主体服务（商品、作品）的消费者有权：

1）按照领导自然垄断领域的授权机构确定的方式、以不超过最高价格（费率）的价格购买公益性市场主体的服务（商品、工程）；

2）依照哈萨克斯坦共和国法律规定的程序，对自然垄断领域的授权领导机构的作为（不作为）及其所作出的决定提出上诉；

3）就公益性市场主体违反哈萨克斯坦共和国法律的行为（不作为），向自然垄断领域的授权领导机构和（或）按司法程序提起诉讼；

4）参加公开听证会；

5）享有哈萨克斯坦共和国法律规定的其他权利。

2. 公益性市场主体服务（商品、工程）的消费者应：

1）按照自然垄断领域授权领导机构规定的、不超过最高价格（税费）的价格，及时、全额支付公益性市场主体的服务（货物、工程）；

2）执行哈萨克斯坦共和国法律规定的由公益性市场主体制定的技术要求。

---

〔1〕第124-9条经哈萨克斯坦共和国2020年6月29日第351-Ⅵ号法律修订（自2021年7月1日起生效）。

第 124-10 条　国家对公益性市场主体遵守定价程序和义务的监督[1]

1. 国家对公益性市场主体遵守定价程序和义务的监督，以检查和预防性调控、并由自然垄断领域的授权领导机构、其地区分部和民航领域的授权机构访问控制主体（客体）的方式进行。

2. 国家对公益性市场主体的定价程序和义务的遵守情况进行监督时，采取以下应对措施：

1）对行政违法案件进行立案；

2）发出指令，以消除违反定价程序和公益性市场主体义务的行为；

3）向执法机构和其他机构移交材料。

3. 按本法典规定进行无需访问监督主体（客体）的预防监督。

无需访问的监督主体（客体）的预防性管制，由自然垄断领域及其分部的授权机关或民用航空领域的授权机构以基于信息系统的分析和数据、公开来源、媒体以及有关控制主体（客体）活动的其他信息，以无需访问监督主体（客体）的方式实施。

4. 监督主体是公益性市场主体。

5. 无需访问监督主体（客体）进行预防监督的目标是及时制止和防止违规行为，赋予监督主体（客体）自主消除进行无需访问监督主体（客体）的预防性监督查明的违规行为，从而减轻监督主体的行政负担。

为了授予监督主体独立消除违规行为的权利，仅对那些违规行为进行预防性监督而无需访问监督主体（客体），其后果可根据哈萨克斯坦共和国法律消除。

6. 根据无需访问监督主体（客体）的预防性监督结果，拟定不对行政违法立案，消除已查明的违规行为的建议，并对监督主体进行消除违规行为程序的强制性说明。

7. 消除无需访问监督主体（客体），而根据预防性监督结果查明的违规行为的建议，应由监督主体亲自签名或以其他能确认发送和接收事实的方式提交。

消除无需访问监督主体（客体），而根据预防性监督结果查明的违规行为的建议，以下列方式之一发送，视为已送达：

1）亲自送达——自收到建议中标明收到的日期起；

2）邮寄——通过带有通知的挂号邮件；

3）电子方式——自自然垄断领域及其地区分部的授权领导机构或民用航空领域的授权机构根据在自然垄断领域地区分布的授权管理机构和民用航空领域的授权机构要求向监督对象的电子邮件地址发送之日起。

8. 无需访问监督主体（客体）而消除因预防性调控而查清的违规行为的建议，必须在其送达次日起 10 个工作日内执行。

9. 监督主体如不同意建议中指出的违规行为，有权在建议送达之日起 5 个工作日内，向发出建议的自然垄断领域及其地区分部的授权机构或民航领域的授权机构提出异议。

10. 未在规定期限内执行消除违规行为的建议，该建议根据无需访问监督主体（客

---

[1] 第 十一-1 章第 124-10 条经哈萨克斯坦共和国 2019 年 4 月 3 日第 243-Ⅵ号法律增补（自首次正式公布之日起 10 日后生效）。

体）的预防性监督结果提出，需要进行走访调控主体（客体）的预防性监督，并将进行访问监督对象的预防监督纳入半年清单。

11. 进行无需访问监督主体（客体）的预防性监督，每季度不超过一次。

第十二章　强制性保险

第 125 条　经营主体的民事法律责任的强制保险

哈萨克斯坦共和国法律规定经营主体实行民事法律责任的强制保险。

第 126 条　强制保险的目的

强制保险的目的是通过保险赔付来赔偿对生命和（或）健康、第三方财产、环境造成的损害。

第 127 条　经营主体民事法律责任强制保险的对象

经营主体民事法律责任强制保险的对象是与其义务相关的财产利益，由哈萨克斯坦共和国民事法律规定，对在进行经营活动中给个人生命和（或）健康造成的财产损失、第三方财产、环境予以赔偿。

第 128 条　强制保险的实施

1. 强制民事法律责任保险合同是经营主体为对在经营活动过程中对个人生命和（或）健康、第三方财产、环境造成的损害进行赔偿而订立的。

2. 经营主体签订的自愿保险协议，承担因其从事经营活动而对第三方的生命和（或）健康、财产、环境造成损害的民事法律责任，并不免除哈萨克斯坦共和国法律规定的经营主体签订相应的强制责任保险合同的义务。

第十三章　国家检查和监督

第一节　关于国家检查和监督的一般规定

第 129 条　国家检查和监督领域的关系[1]

1. 对国家检查和监督领域的关系进行调整的目的，是为建立哈萨克斯坦共和国国家检查和监督的一般法律基础，旨在为实施检查和监督活动制定统一的原则，以及保护国家机关、个人和法人实体的权利和合法利益，对其进行国家检查和监督。

2. 国家在组织国家基础和监督领域内对检查和监督主体关系的调节，无论法律地位和活动类型如何，均按本法典进行，但本条第 5 款和本法典第 140 条第 3 款、第 5 款规定的情况除外。

---

〔1〕 第 129 条经哈萨克斯坦共和国 2016 年 1 月 14 日第 445-Ⅴ号法律（自首次正式公布之日起 21 日后生效）、2016 年 12 月 28 日第 36-Ⅵ号法律（自首次正式公布之日起 2 个月后生效）、2018 年 5 月 24 日第 156-Ⅵ号法律（自首次正式公布之日起 10 日后生效）、2020 年 5 月 25 日第 332-Ⅵ号法律（自首次正式公布之日起 10 日后生效）、2020 年 6 月 29 日第 351-Ⅵ号法律修订（自 2021 年 7 月 1 日起生效）。

3. 本法典规定：

1）检查和监督机构进行检查的程序；

2）检查期间控制和监督机构的协作程序；

3）被检查主体在控制和监督中的权利和义务，保护其权利和合法利益的措施；

4）控制和监督机构及其工作人员在进行检查期间的权利和义务。

4. 除本法典第130条和第131条外，本章规定不适用于与以下领域相关的关系：

1）海关领域的国家控制；

2）控制地下资源使用者履行合同条件和（或）地下资源使用许可证的情况。

5. 本章不适用于以下领域的关系：

1）检察院实施的最高监督；

2）刑事案件预审过程中的控制和监督；

3）司法机关；

4）侦查活动；

4-1）反间活动；

4-2）动员准备和动员领域的国家控制；

5）对遵守哈萨克斯坦共和国国家保密法情况进行监督。

6. 经哈萨克斯坦共和国2018年5月24日第156-Ⅵ号法律删除（自首次正式公布之日起10日后生效）。

7. 本条第4款和第5款所列关系，在内部检查方面，适用哈萨克斯坦共和国行政程序法典第38条的规定。

8. 本条第4款和第5款所指的在检查和监督期间产生的关系，由调节上述领域关系的哈萨克斯坦共和国法律规定。

9. 国家对经营主体的检查和监督仅在本法典第138条和第139条规定的经营主体的活动范围内进行。

10. 根据本法典第83条规定，要将新领域纳入本法典第138条和第139条，国家监督机构必须预先进行监督影响分析程序。

11. 经哈萨克斯坦共和国2018年5月24日第156-Ⅵ号法律删除（自首次正式公布之日起10日后生效）。

12. 在哈萨克斯坦共和国法律直接规定的情况下，本章规定适用于这些法律所调节的关系。

第130条　国家检查和监督的任务〔1〕

1. 国家检查和监督的任务是确保被检查对象生产和销售的产品的安全、保障人民生命和健康的工艺流程、保护他们的财产、保障环境安全、维护哈萨克斯坦共和国国家安全，包括经济安全、防止欺诈行为、节约自然资源和能源资源、提高国家产品的竞争力以及保护个人和法人实体的宪法权利、自由和合法利益。

〔1〕第130条经哈萨克斯坦共和国2018年5月24日第156-Ⅵ号法律修订（自首次正式公布之日起10日后生效）。

2. 除本法典第141条第2款和第3款，第143条第1款规定的标准法律文件外，禁止国家机构批准关于对经营主体进行检查的程序问题的规范性法律文件。

第131条　国家检查和监督实施中的担保

1. 国家对经营主体活动的检查由本法典和哈萨克斯坦共和国法律授予此类权利的国家机构实施。

2. 国家对经营的检查和监督根据独立、客观、公正、控制和监督形式可靠的原则进行。

3. 国家保证国家检查和监督系统的义务和透明度。

4. 国家检查和监督在鼓励被检查对象自觉、集中管控、监督违规者的基础上进行。

第131-1条　统一报告日[1]

1. 为改善经营主体与国家的相互关系，每年9月的最后一个星期四为控制和监督机构统一报告日，除哈萨克斯坦共和国国家银行和负责调节、检查和监督金融市场和金融组织的授权机构，按经营授权机构确定的方式进行。

2. 统一报告日是在首都、共和国级城市和区域中心与商业实体讨论国家控制和监督的结果以及防止违反哈萨克斯坦共和国行为。

第132条　国家检查和监督的主体和对象以及对国家控制和监督主体（客体）的活动要求[2]

1. 国家检查和监督的主体是对其活动实施国家控制和监督的个人、法人，包括国家机关、法人的分支机构和代表机构。

国家检查和监督的对象是属于国家检查和监督主体所拥有或具有其他法律基础的财产。

2. 对国家控制和监督主体（客体）的活动要求由规范性法律文件规定，在哈萨克斯坦共和国法律规定的情况下，仅由哈萨克斯坦共和国法律、哈萨克斯坦共和国总统令和哈萨克斯坦共和国政府法令规定。

第133条　私人经营主体在执法机关实施国家检查和监督中的保障

对于私人经营主体，执法机构只能在侦查活动、刑事诉讼、行政诉讼和（或）执法机构执行调节职能的框架内，以及在哈萨克斯坦共和国法律规定的其他情况下进行检查和（或）监督措施。

第134条　国家检查[3]

1. 国家检查（以下简称检查）是检查和监督机构在执行过程中检查和监督被检查主体的活动是否符合哈萨克斯坦共和国法律规定的活动，因此，可以在没有快速反应的情况

---

[1] 第131-1条经哈萨克斯坦共和国2020年12月30日第397-Ⅵ号法律增补（自首次正式公布之日起6个月后生效）。

[2] 第132条列入哈萨克斯坦共和国2018年5月24日第156-Ⅵ号法律（自首次正式公布之日起10日后生效）。

[3] 第134条经哈萨克斯坦共和国2020年6月29日第351-Ⅵ号法律修订（自2021年7月1日起生效）。

下采取法律限制措施。

2. 检查分为内部和外部两类。

3. 进行内部检查的程序由哈萨克斯坦共和国行政程序法典规定。

4. 外部检查是检查和监督机构为检查和监督被检查主体的活动是否符合本法典第 132 条第 2 款规定的要求而实施的检查。

实施外部检查的程序由本法典第 137 条和第十三章第二节规定。

根据外部检查的结果，在违反哈萨克斯坦共和国法律的情况下，国家机构在其权限范围内启动行政、纪律程序，或者启动相应的索赔声明和（或）采取哈萨克斯坦共和国法律规定的其他措施。

第 135 条　国家监督〔1〕

1. 国家监督（以下简称监督）是检查和监督机构检查、预防和监督对象是否遵守哈萨克斯坦共和国规定的活动，在其实施过程中，有权采取快速反应措施，根据检查监督结果可以采取行政处罚。

2. 监督是由国家授权机构在不启动行政程序情况下，立即采取法律限制措施。

3. 监督细分为：

1）检察院代表国家根据哈萨克斯坦共和国宪法、哈萨克斯坦共和国检察法和哈萨克斯坦共和国其他法律进行最高级别监督；

2）由国家授权机构按照本法典和哈萨克斯坦共和国其他法律规定的程序和条件进行监督。

第 136 条　快速反应措施

1. 快速反应措施是哈萨克斯坦共和国法律规定的为防止发生社会危险后果，在实施过程中根据检查结果对被检查主体施加影响的方法。

2. 哈萨克斯坦共和国法律规定了快速反应的法律限制措施，并在被检查实体的活动、货物（工程、服务）对宪法权利、个人和法人实体的自由和合法利益、人民的生命和健康、环境、哈萨克斯坦共和国的国家安全构成直接威胁的情况下由国家机构实施。

第 137 条　检查和监督的形式〔2〕

1. 对检查和监督主体（客体）活动的检查和监督采取以下形式：

1）本法典规定的检查、组织和实施程序，由本法典和哈萨克斯坦共和国的其他法律规定；

2）具有预防性质的预防性检查和监督，除哈萨克斯坦共和国税法典另有规定，组织和实施检查和监督的程序由本法典和哈萨克斯坦共和国其他法律规定。

---

〔1〕 第 135 条经哈萨克斯坦共和国 2018 年 5 月 24 日第 156-Ⅵ号法律修订（自首次正式公布之日起 10 日后生效）。

〔2〕 第 137 条列入哈萨克斯坦共和国 2018 年 5 月 24 日第 156-Ⅵ号法律（自首次正式公布之日起 10 日后生效）；经哈萨克斯坦共和国 2019 年 4 月 2 日第 241-Ⅵ号法律（自首次正式公布之日起 10 日后生效）、2021 年 1 月 2 日第 401-Ⅵ号法律修订（自 2021 年 7 月 1 日起执行）。

2. 预防性检查和监督细分为：

1）通过走访检查和监督主体（客体）的预防性检查和监督；

2）无须走访检查和监督主体（客体）的预防性检查和监督。

3. 通过走访检查和监督主体（客体）的预防检查和监督，是检查和监督机构根据本法典第 141 条第 3 款对具体检查和监督主体（客体）进行的检查和监督，旨在提出和预防消除犯罪原因和条件的建议，目的是防止犯罪并防止对人类生命和健康、环境、个人、法人实体和国家的合法利益造成威胁。

根据走访检查和监督的主体（客体）得出的预防检查和监督的结果，在不进行行政处罚的情况下，制定消除违法行为的指令，本条第 3 段规定的情况除外。

检查和监督机构在支持和保护经营主体领域、自然垄断领域实施检查中，对公益性市场主体遵守本法典规定的定价程序和义务情况，对环保领域查明一类设施违法的情况下，可进行行政处罚。

4. 根据风险程度评估标准，发现严重违规行为的，除在颁发许可证和（或）许可证附件之前，申请人的许可性检查符合资格或许可要求外，根据走访检查和监督主体完成的预防性检查和监督的结果是否符合风险程度评估标准，检查和监督机构可根据本法典第 144 条第 3 款第 1 项制定计划外检查。

如果访问涉及在哈萨克斯坦共和国许可和通知法规定的情况下，在颁发许可证和（或）许可证附件之前需检查申请人是否符合资格或许可证要求，则本法典第 141–147 条的效力，除本法典第 147 条第 2 款第 1 部分外，不适用于通过走访检查和监督主体（客体）进行的预防性检查和监督。

5. 不走访检查和监督主体（客体）的预防检查和监督应根据本法和哈萨克斯坦共和国其他法律进行并遵守以下条件：

1）检查监督机构不得走访检查监督的主体（客体）；

2）无须在法律统计和特殊核算领域的授权机构注册并预先通知检查和监督主体；

3）根据预防性检查和监督的结果，在存在违法的情况下，不走访检查和监督的主体（客体），根据其类型，在不启动行政违法诉讼的情况下形成最终文件（证明、结论、建议等），但需对检查和监督主体的消除违规行为的顺序进行强制性解释。

为在不走访检查和监督主体（客体）的情况下进行预防性检查和监督，哈萨克斯坦共和国法律规定了在不走访检查和监督主体（客体）的情况下进行预防性检查和监督的程序，并应指出对无须访问检查和监督主体（客体）进行预防检查和监督的目标、工具、实施方法、对象清单、实施频率、会计方法。

在无法根据不走访检查监督主体进行预防性检查和监督的结果启动行政处罚时，本款第 1 段第 3 项的效力不适用于对国内居民的国家统计领域的国家检查。

6. 未走访检查监督主体（客体）的预防性检查与监督分析结果，可作为筛选检查监督主体（客体）进行走访预防检查监督主体（客体）的依据。

第 138 条 检查经营主体的活动范围[1]

对以下领域的经营主体进行检查：

1）电力领域；

2）节能和提高能效领域；

3）经哈萨克斯坦共和国 2017 年 12 月 27 日第 126-Ⅵ号法律删除（自首次正式公布之日起 6 个月后生效）；

4）地下资源研究和利用领域；

5）天然气及供气领域；

6）对居民有辐射安全领域；

7）碳氢化合物、铀矿开采领域进行地下资源利用作业时；

8）用于某些类型石油产品的生产和流通；

9）核能利用领域—用于从事具有Ⅲ类和Ⅳ类潜在辐射危害设施活动的主体，核装置除外；

10）经哈萨克斯坦共和国 2018 年 5 月 24 日第 156-Ⅵ号法律删除（自首次正式公布之日起 10 日后生效）；

11）经哈萨克斯坦共和国 2018 年 5 月 24 日第 156-Ⅵ号法律删除（自首次正式公布之日起 10 日后生效）；

12）哈萨克斯坦共和国边境检查站对车主和乘客的民事法律责任强制保险领域；

13）交通领域；

14）经哈萨克斯坦共和国 2018 年 5 月 24 日第 156-Ⅵ号法律删除（自首次正式公布之日起 10 日后生效）；

15）经哈萨克斯坦共和国 2018 年 5 月 24 日第 156-Ⅵ号法律删除（自首次正式公布之日起 10 日后生效）；

16）在装运前阶段和（或）产品最终使用的出口检查领域；

17）技术调节领域；

18）遵守哈萨克斯坦共和国关于合格评定领域认证法律的情况；

19）计量领域；

20）住房基金（存量）管理领域；

---

[1] 第 138 条经哈萨克斯坦共和国 2016 年 4 月 9 日第 496-Ⅴ号法律（自首次正式公布之日起 10 日后生效）、2016 年 1 月 14 日第 445-Ⅴ号法律（自首次正式公布之日起 6 个月后生效）、2016 年 7 月 26 日第 12-Ⅵ号法律（自首次正式公布之日起 30 日后生效）、2016 年 12 月 28 日第 34-Ⅵ号法律（自 2017 年 1 月 1 日起生效）、2017 年 5 月 6 日第 63-Ⅵ号法律（自首次正式公布之日起 21 日后生效）、2017 年 12 月 27 日第 126-Ⅵ号（自首次正式公布之日起 6 个月后生效）、2018 年 5 月 24 日第 156-Ⅵ号法律（自首次正式公布之日起 10 日后生效）、2018 年 7 月 2 日第 168-Ⅵ号法律（自首次正式公布之日起 10 日后生效）、2018 年 12 月 26 日第 202-Ⅵ号法律（自 2020 年 1 月 1 日起生效）、2018 年 12 月 28 日第 211-Ⅵ号法律（自首次正式公布之日起 10 日后生效）、2019 年 4 月 2 日第 241-Ⅵ号法律（自首次正式公布之日起 10 日后生效）、2019 年 4 月 3 日第 243-Ⅵ号法律（自首次正式公布之日起 10 日后生效）、2019 年 10 月 28 日第 268-Ⅵ号法律（自 2020 年 1 月 6 日起生效）、2019 年 12 月 26 日第 289-Ⅵ法律（自首次正式公布之日起 10 日后生效）、2019 年 12 月 27 日第 290-Ⅵ号（自首次正式公布之日起 10 日后生效）、2020 年 5 月 13 日第 325-Ⅵ号法律（自首次正式公布之日起 6 个月后生效）、2020 年 6 月 25 日第 346-Ⅵ号法律（自首次正式公布之日起 10 日后生效）、2020 年 7 月 7 日第 361-Ⅵ号法律修订（自首次正式公布之日起 10 日后生效）。

21）畜牧业和养蜂业领域；

22）动物保护、繁殖和利用领域；

23）育种领域；

24）粮食市场监管领域；

25）森林资源保存、保护、利用，重新造林和造林领域；

26）哈萨克斯坦共和国水资源利用和保护、大坝安全领域；

27）经哈萨克斯坦共和国 2019 年 10 月 28 日第 268-Ⅵ号法律删除（自 2020 年 1 月 6 日起生效）；

28）特别自然保护区领域；

第 29 项经哈萨克斯坦共和国 2021 年 1 月 5 日第 409-Ⅵ号法律删除（自 2022 年 1 月 1 日起生效）。

29）棉花安全和质量领域；

30）土地的使用和保护领域；

31）大地测量和制图活动领域；

32）环境保护、自然资源再生和利用领域；

33）经哈萨克斯坦共和国 2018 年 5 月 24 日第 156-Ⅵ号法律删除（自首次正式公布之日起 10 日后生效）；

34）经哈萨克斯坦共和国 2018 年 5 月 24 日第 156-Ⅵ号法律删除（自首次正式公布之日起 10 日后生效）；

35）民防领域；

36）消防安全领域；

37）经哈萨克斯坦共和国 2018 年 5 月 24 日第 156-Ⅵ号法律删除（自首次正式公布之日起 10 日后生效）；

38）药品和医疗器械流通领域；

39）所提供的特殊社会服务的质量；

39-1）提供医疗服务领域（援助）；

40）经哈萨克斯坦共和国 2018 年 5 月 24 日第 156-Ⅵ号法律删除（自首次正式公布之日起 10 日后生效）；

41）居民卫生和流行病安全领域；

42）用于教育系统；

43）遵守哈萨克斯坦共和国关于国家档案基金和档案馆法律的情况；

44）遵守哈萨克斯坦共和国劳动法和哈萨克斯坦共和国居民就业法的情况；

45）经哈萨克斯坦共和国 2018 年 5 月 24 日第 156-Ⅵ号法律删除（自首次正式公布之日起 10 日后生效）；

46）经哈萨克斯坦共和国 2018 年 5 月 24 日第 156-Ⅵ号法律删除（自首次正式公布之日起 10 日后生效）；

47）残疾人社会保护领域；

48）提供特殊社会服务领域；

49）遵守哈萨克斯坦共和国大众传媒法情况；

50）遵守哈萨克斯坦共和国电视和无线电广播立法情况；

51）通信领域；

52）信息化领域；

53）遵守哈萨克斯坦共和国电子文件和电子数字签名法的情况；

第 54 项的生效程序见哈萨克斯坦共和国法典 2015 年 10 月 29 日第 375-Ⅴ号法律第 324 条第 11 款。

54）为向预算缴纳税金和其他强制性款项，以及完整及时地将强制性养老金缴款、强制性职业养老金缴款纳入统一的累积养老基金和向国家社会保险基金缴纳的社会缴款、和向社会健康保险基金缴纳强制性社会健康保险的情况；

55）在哈萨克斯坦共和国法律规定的权限内缴纳非税款；

56）采用转让价格时的情况；

57）遵守哈萨克斯坦共和国打击犯罪收益合法化（洗钱）和资助恐怖主义法的情况；

58）实施与外汇价值使用相关的外汇交易和活动的情况；

59）金融市场和金融组织遵守哈萨克斯坦共和国金融法的情况；

60）经哈萨克斯坦共和国 2018 年 7 月 2 日第 168-Ⅵ号法律删除（自首次正式公布之日起 10 日后生效）；

60-1）经哈萨克斯坦共和国 2018 年 7 月 2 日第 168-Ⅵ号法律删除（自首次正式公布之日起10日后生效）；

61）遵守哈萨克斯坦共和国关于支付和支付系统的立法以及哈萨克斯坦共和国的货币立法的情况；

62）经哈萨克斯坦共和国 2018 年 5 月 24 日第 156-Ⅵ号法律删除（自首次正式公布之日起 10 日后生效）；

63）保护竞争领域；

64）用于商标、服务标志、商品原产地名称或公司名称使用的情况；

65）经哈萨克斯坦共和国 2018 年 5 月 24 日第 156-Ⅵ号法律删除（自首次正式公布之日起 10 日后生效）；

66）评估活动领域；

67）自然垄断领域；

根据 2015 年 10 月 29 日哈萨克斯坦共和国法典第 375-Ⅴ号法律，第 68 项的有效期至 2017 年 1 月 1 日。

68）受调节的市场主体遵守哈萨克斯坦共和国自然垄断和市场调节法规定的义务情况；

68-1）遵守定价程序和本法典规定的公益性市场主体义务的情况；

第 69 项列入哈萨克斯坦共和国 2021 年 6 月 8 日第 48-Ⅶ号法律（自 2022 年 1 月 1 日起生效）。

69）对遵守哈萨克斯坦共和国国家采购法、哈萨克斯坦共和国国有资产法规定的采购规则、哈萨克斯坦共和国国家福利基金法规定的采购程序的情况；

70）确保道路安全；

71）从事民用和军用武器及其弹药、民用烟火物质及其制品流通及使用领域的个人和法人实体的活动情况；

72）经哈萨克斯坦共和国 2018 年 5 月 24 日第 156-Ⅵ号法律删除（自首次正式公布之日起 10 日后生效）；

73）经哈萨克斯坦共和国 2018 年 5 月 24 日第 156-Ⅵ号法律删除（自首次正式公布之日起 10 日后生效）；

74）安全活动；

75）与安全报警装置的安装、调整和技术服务有关的活动情况；

76）易受恐怖主义影响的设施进行反恐保护的情况；

77）对私营保安组织中担任经理和保安人员的员工进行培训和进阶培训的专门培训中心的活动；

78）麻醉药品、精神药物和前体的流通情况；

79）经哈萨克斯坦共和国 2018 年 5 月 24 日第 156-Ⅵ号法律删除（自首次正式公布之日起 10 日后生效）；

80）遵守哈萨克斯坦共和国旅游活动法的情况；

81）审计活动领域和专业审计组织的活动；

82）遵守哈萨克斯坦共和国博彩业法的情况；

83）遵守哈萨克斯坦共和国商品交易所法的情况；

84）经哈萨克斯坦共和国 2018 年 5 月 24 日第 156-Ⅵ号法律删除（自首次正式公布之日起 10 日后生效）；

85）经哈萨克斯坦共和国 2018 年 5 月 24 日第 156-Ⅵ号法律删除（自首次正式公布之日起 10 日后生效）；

86）体育运动中实施反兴奋剂措施的情况；

87）会计和财务报告领域；

88）经哈萨克斯坦共和国 2018 年 5 月 24 日第 156-Ⅵ号法律删除（自首次正式公布之日起 10 日后生效）；

89）历史文化遗产保护和利用领域；

90）生物燃料流通领域；

91）生物燃料生产领域；

92）遵守哈萨克斯坦共和国贸易活动调节法的情况；

92-1）遵守哈萨克斯坦共和国消费者权益保护法的情况；

93）空间活动领域；

94）经哈萨克斯坦共和国 2019 年 4 月 3 日第 243-Ⅵ号法律删除（自首次正式公布之日起 10 日后生效）；

95）遵守哈萨克斯坦共和国广告法情况；

96）建筑、城市规划与建设领域；

97）兽医学领域；

98）植物保护检疫领域；

99）遵守哈萨克斯坦共和国干线管道法情况；

100）公路领域；

101）儿童权利保护领域；

102）酒精和酒精饮料的生产和流通领域；

103）烟草制品生产和流通领域；

104）许可检查领域；

105）毒药、武器、军事装备和某些类型的武器、爆炸物和烟火物质及其制成品的流通领域；

106）工业领域；

107）服兵役义务组织和义务兵遵守义务兵役登记制度的情况；

108）经哈萨克斯坦共和国 2018 年 5 月 24 日第 156-Ⅵ号法律删除（自首次正式公布之日起 10 日后生效）；

109）支持和保护经营主体领域；

110）国家统计领域；

根据哈萨克斯坦共和国法典 2015 年 10 月 29 日第 375-Ⅴ号法律，第 111 项在关于有机产品生产的法律文件生效后生效。

111）有机产品生产领域；

112）经哈萨克斯坦共和国 2018 年 5 月 24 日第 156-Ⅵ号法律删除（自首次正式公布之日起 10 日后生效）；

113）珠宝和其他贵金属和宝石制成品销售领域；

114）遵守哈萨克斯坦共和国彩票和彩票活动法情况；

115）需有标签和可追溯性商品的生产和流通领域；

116）遵守哈萨克斯坦共和国重组和破产法的情况。

第 139 条　监督经营主体的活动范围[1]

对以下活动范围的经营主体进行监督：

1）哈萨克斯坦共和国领空领域；

2）民用航空活动情况；

3）国际空运情况；

4）确保航空安全情况；

5）商业海运领域；

6）内河运输领域；

7）建筑、城市规划和建设领域；

8）兽医学领域；

9）植物检疫领域；

10）居民卫生和流行病安全领域；

10-1）将符合技术法规要求的产品投入流通的技术调节领域；

[1] 第 139 条经哈萨克斯坦共和国 2018 年 5 月 24 日第 156-Ⅵ号法律（自首次正式公布之日起 10 日后生效）、2018 年 7 月 2 日第 168-Ⅵ号法律（自首次正式公布之日起 10 日后生效）、2019 年 10 月 28 日第 268-Ⅵ号法律（自首次正式公布之日起 10 日后生效）、2020 年 12 月 30 日第 397-Ⅵ号法律修订（自首次正式公布之日起 6 个月后生效）。

11）金融市场和金融组织，以及哈萨克斯坦共和国金融立法领域的情况；

12）经哈萨克斯坦共和国 2018 年 7 月 2 日第 168-Ⅵ号法律删除（自首次正式公布之日起 10 日后生效）；

13）经哈萨克斯坦共和国 2018 年 7 月 2 日第 168-Ⅵ号法律删除（自首次正式公布之日起 10 日后生效）；

14）投资基金的活动情况；

15）经哈萨克斯坦共和国 2018 年 5 月 24 日第 156-Ⅵ号法律删除（自首次正式公布之日起 10 日后生效）；

16）经哈萨克斯坦共和国 2018 年 5 月 24 日第 156-Ⅵ号法律删除（自首次正式公布之日起 10 日后生效）；

17）经哈萨克斯坦共和国 2018 年 5 月 24 日第 156-Ⅵ号法律删除（自首次正式公布之日起 10 日后生效）；

18）工业安全领域；

19）核能利用领域——对使用具有 Ⅰ 类和 Ⅱ 类潜在辐射危险的核装置和设施活动的主体；

20）动物界的保护、繁殖和利用领域；

21）保存、保护、利用森林基金、林业再生产和造林领域；

22）特别自然保护区领域。

第二节　通过走访检查和监督的主体（客体）组织进行检查、预防检查和监督的程序〔1〕

第 140 条　通过走访检查和监督的主体（客体）进行检查、预防检查和监督的一般问题〔2〕

1. 通过走访检查和监督主体（客体）的检查和预防由检查和监督机构通过以下方式之一进行：

1）国家机构官员走访检查和监督主体（客体）；

2）要求提供与检查对象有关的必要信息，但在进行预防检查和监督过程中要求提供必要信息情况除外；

3）传唤检查和监督主体，以获得其是否遵守本法典第 132 条第 2 款规定的要求的必要信息。

2. 通过走访检查和监督主体（客体）进行检查、预防检查和监督的目标是该主体遵守本法典第 132 条第 2 款规定的要求情况。

---

〔1〕第二节列入哈萨克斯坦共和国 2018 年 5 月 24 日第 156-Ⅵ 号法律（自首次正式公布之日起 10 日后生效）。

〔2〕第 140 条列入哈萨克斯坦共和国 2018 年 5 月 24 日第 156-Ⅵ号法律（自首次正式公布之日起 10 日后生效）。第 140 条经哈萨克斯坦共和国 2016 年 12 月 22 日第 28-Ⅵ号法律（自首次正式公布之日起 10 日后生效）、2017 年 7 月 3 日第 86-Ⅵ号法律（自首次正式公布之日起 10 日后生效）、2017 年 12 月 26 日第 124-Ⅵ号法律（自 2018 年 1 月 1 日起生效）、2018 年 5 月 24 日第 156-Ⅵ号法律（自首次正式公布之日起 10 日后生效）、2018 年 7 月 2 日第 170-Ⅵ号法律（自首次正式公布之日起 6 个月后生效）、2019 年 10 月 28 日第 268-Ⅵ号法律（自首次正式公布之日起 10 日后生效）、2020 年 5 月 13 日第 325-Ⅵ号法律修订（自首次正式公布之日起 6 个月后生效）。

3. 本法典第 137 条和本节的效力，除本法典第 154 条第 2 款、第 3 款、第 157 条外，不适用于与下列事项有关的检查和监督：

1）通过哈萨克斯坦共和国国境；

2）在通过欧亚经济联盟海关边境和（或）哈萨克斯坦共和国国境时，和（或）在过境地点实施植物检疫、卫生检疫、兽医控制等领域进行检查和监督。根据国际条约规定的交货、完成清关地点，以及在植物检疫、动物检疫和兽医控制站进行检查和监督；

3）遵守道路安全要求；

4）车辆通过哈萨克斯坦共和国境内的运输控制站，遵守运输安全要求的情况；

5）根据哈萨克斯坦共和国内河运输和商船法对船舶安全操作要求的执行情况进行检查和监督；

6）个人遵守保存、携带和使用民用武器的要求情况；

7）在销售活动物、动物和（或）植物源性产品和原料的贸易市场和从事生产、屠宰、储存、加工动物原料和（或）植物源类原料的组织中，按照统一技术周期，进行国家兽药和植物检疫检查和监督；

8）在特别自然保护区和国家储备森林区内遵守关于特别自然保护区，储备森林保存、保护和利用、重新造林和造林方面的规定，以及对未经授权移走的动物和植物物体进行检查；

9）遵守动物利用要求，以对擅自移动动物物体进行检查和监督：

在渔业水库——根据既定的鱼类捕捞措施、捕捞的规模、工具类型和捕鱼方法，限制和禁止使用野生动物、副渔获物，以及监督记录鱼类资源捕获量和其他水生物（钓鱼日志）的情况；

在狩猎场区——在移走、获取动物的方法和工具类型、动物性别和年龄构成、使用的动物的限制和禁止情况；

10）对检疫区、特危动物疫病非安全点、特别危险有害生物传播源头的措施进行检查和监督；

11）个人和法人实体遵守航空器飞行安全和航空安保的要求的情况；

12）遵守哈萨克斯坦共和国在爆炸物、麻醉药品、精神药品和前体、民用烟火物质和产品的合法流通领域的立法以及在本第法典第 133 条框架内和内部事务机构实行的预防措施要求的情况；

12-1）遵守哈萨克斯坦共和国在民用和军用武器及其弹药流通领域的立法要求情况；

13）通过根据哈萨克斯坦共和国税法设立的消费税站对生产某些类型应税商品的主体的领地进行检查，并在从事酒精和酒精产品的组织中对酒精和酒精饮料核算进行检查；

14）对金融市场、金融组织、支付系统运营中心、支付组织以及收集机构遵守哈萨克斯坦共和国金融立法要求的情况进行检查和监督；

15）遵守哈萨克斯坦共和国预算立法和其他根据哈萨克斯坦共和国国家审计和财务监管立法的要求制定的、调节共和国和地方预算规划和执行情况的规范性法律文件要求情况；

16）遵守哈萨克斯坦共和国关于向 21 岁以下人士销售酒精饮料、烟草产品、含有禁止对儿童、未满 18 岁人士传播内容的信息产品，以及未成年人进入娱乐场所的程序的法律要求的情况；

17）经哈萨克斯坦共和国 2018 年 5 月 24 日第 156-Ⅵ号法律删除（自首次正式公布之日起 10 日后生效）；

18）对遵守旅客列车在途旅客、行李和货物运输规则的情况进行检查；

19）在地方执行机构规定的场所以外的贸易活动；

20）经哈萨克斯坦共和国 2018 年 5 月 24 日第 156-Ⅵ号法律删除（自首次正式公布之日起 10 日后生效）；

21）遵守哈萨克斯坦共和国反恐法的要求，以确保易受恐怖主义攻击的物体的反恐安全情况；

22）遵守哈萨克斯坦共和国移民法律要求的情况；

23）经哈萨克斯坦共和国 2018 年 5 月 24 日第 156-Ⅵ号法律删除（自首次正式公布之日起 10 日后生效）；

24）经哈萨克斯坦共和国 2018 年 5 月 24 日第 156-Ⅵ号法律删除（自首次正式公布之日起 10 日后生效）；

25）经哈萨克斯坦共和国 2018 年 5 月 24 日第 156-Ⅵ号法律删除（自首次正式公布之日起 10 日后生效）；

26）核能利用领域——适用于开展具有 Ⅰ 类和 Ⅱ 类潜在辐射危害的核装置和设施的活动主体。

在这种情况下，根据本款第 1 段第 13 项、第 15 项（内部审计部门的检查除外）、第 22 项和第 26 项以及本条第 5 款规定的理由进行的检查，需要向法律统计和特别核算领域的授权机构进行强制登记。

在这种情况下，本款第 1 段第 12 项（麻醉药品、精神药物和前体领域）、第 13 项、第 21 项和第 22 项规定的检查，需要在检查开始后的下一个工作日内向法律统计和特别核算领域的授权机构登记。

检查和监督机构每季度不迟于报告季度的次月 5 日向法律统计和特别核算领域的授权机构提交有关按照哈萨克斯坦共和国总检察院确定的形式，对本款第 1 段指定的私人经营主体进行检查的信息。

4. 本条第 3 款规定的检查程序，以及由此产生的关系受哈萨克斯坦共和国法律调节。

5. 由反垄断机构对遵守哈萨克斯坦共和国竞争保护领域立法要求的情况进行检查和监督中所产生的关系，不受本节的约束，但第 2 款和本法典第 154 条第 3 款、第 157 条除外。

反垄断机构对遵守哈萨克斯坦共和国竞争保护领域立法要求的情况进行检查时产生的关系由本法典第二十章调整。

6. 哈萨克斯坦共和国政府经哈萨克斯坦共和国总统办公厅同意，作出在特定期限内暂停对私人经营主体进行检查的决定。

7. 哈萨克斯坦共和国税法典规定的国家税收机关进行的检查的执行、延期、暂停检查的程序，制定任命文件，检查的结果和完成情况的具体情形。

8. 自国家注册之日起 3 年内（通过重组方式设立的法人实体和重组后的法人实体的法定继承人除外），禁止按照风险评估标准对小微企业进行检查和预防控制监督的特殊程序、并走访检查和监督主体（客体）进行检查。

第141条　按组别划分检查和监督主体（客体）〔1〕

1. 按照检查和监督主体（客体）情况划分为四组进行国家检查和监督。

2. 第一组包括检查和监督主体（客体），依照本条第3款第11段的第1项、第2项、第4项、第7项的规定，基于风险级别评估、不定期检查、预防性检查和监督的特殊程序，对其进行无须走访检查监督主体（客体）的检查。

风险是由于检查和监督主体的活动对人类生命或健康、环境、个人和法人实体的合法利益、国家财产利益造成损害的可能性，并考虑到其后果的严重性。

风险评估系统是检查和监督机构为进行检查和预防性控制和监督，而实施的包括走访检查和监督的主体（客体）配套措施。

对下列国家检查和监管领域的高风险主体实施检查和监督，适用特殊的检查程序：

1）核能利用领域-与使用 Ⅲ 类和 Ⅳ 类潜在辐射危害设施开展活动的主体有关，核装置除外；

2）消防安全领域；

3）确保税收和其他向预算的强制性缴费、社会支付转移的完整性和及时性领域；

4）毒品、武器、军事装备和某些类型的武器、爆炸物和烟火物质及其使用的产品的流通领域；

5）居民的卫生和流行病学安全领域——与具有高度流行意义的对象有关；

6）工业安全领域；

7）提供医疗服务（援助）领域——与提供产科服务的医疗保健主体（客体）有关；

8）药品和医疗器械流通领域——涉及从事药品和医疗器械生产、制造和批发的主体。

根据哈萨克斯坦共和国人民健康和医疗保健系统法的规定，在提供医疗服务（援助）、药品和医疗器械流通以及居民的卫生和流行病安全领域，属于受检查和监督的高风险级别对象。

对于本款第4段第1项、第2项、第3项、第4项、第6项、第7项和第8项指定的活动领域，检查次数由评估风险程度标准确定，但一年不超过1次。

确定对人口卫生和流行病安全领域中具有高度流行性的对象进行检查的特别程序的次数不超过每6个月一次。

风险程度的评估标准是一套定量和定性指标的总和，这些指标与检查和监管主体的直接活动、行业发展的特点和影响这一发展、将检查和监管主体（客体）归到不同风险级别的因素有关。

除哈萨克斯坦共和国税法典规定的情况外，由国家授权监督机构和经营授权机构的联合文件批准的用于评估风险程度的标准和用于进行检查的特殊程序，均发布在国家监督机构的网站上。

---

〔1〕第141条列入哈萨克斯坦共和国2018年5月24日第156-Ⅵ号法律（自首次正式公布之日起10日后生效）；经哈萨克斯坦共和国2019年4月2日第241-Ⅵ号法律（自首次正式公布之日起10日后生效）、2019年10月28日第268-Ⅵ号法律（自首次正式公布之日起10日后生效）、2020年7月7日第361-Ⅵ号法律（自首次正式公布之日起10日后生效）、2020年12月30日第397-Ⅵ号法律修订（自首次正式公布之日起6个月后生效）。

认定进行检查的特别程序的依据是经国家监督机构或地方执行机构批准的半年日程表。

针对检查和监督主体制定的半年计划表，对进行检查的特别程序的对象进行强制性指明。

在上一年 11 月 15 日之前和当年 4 月 15 日之前进行的检查期限内，国家调节机构和地方执行机构将进行检查的半年计划表草案送交法律统计和特别核算领域的授权机构。

在草案中规定同一检查监督主体的半年检查计划时，计划草案由法律统计和特别核算领域的授权机构返回给国家监督机构和地方执行机构，以将这些主体排除在进行检查的计划表之外，或者考虑本条的要求，选择对其进行检查的期限。

在上一检查年度 12 月 10 日之前和当年的 5 月 10 日之前，国家调节机构和地方执行机构应将国家监督机构第一负责人批准的半年度检查表发送给法律统计和特别核算领域的授权机构，供哈萨克斯坦共和国总检察院制定进行检查的半年度综合计划表。

半年度检查计划表的格式由哈萨克斯坦共和国总检察院规定。

对半年度检查时间表的修订按哈萨克斯坦共和国总检察长规定的方式进行。

法律统计和特别核算领域的授权机构于本年的 12 月 25 日和本年的 5 月 25 日之前，在哈萨克斯坦共和国总检察院网站上发布将进行检查的半年度综合计划表。

3. 第二组为对其进行不定期检查、无须走访检查监督主体（客体）的预防性检查和监督的检查监督主体（客体）。

不定期检查根据本法典第 144 条第 3 款规定的理由进行。

为通过走访检查和监督主体（客体）来进行预防检查和监督，由国家监督机构制定，并与经营授权机构共同批准与评估筛选检查和监督主体的风险程度标准有关的文件，及在政府监督机构网站上发布文件的清单。

任命通过走访对检查和监督主体（目标）进行预防性检查和监督的依据是一份为期 6 个月的预防性检查和监督访问清单，清单由国家监督机构或地方执行机构的第一负责人批准。

通过走访检查和监督主体（客体）进行预防性检查和监督的半年清单，需强制指明通过访问控制和监督的主体（目标）进行预防性检查和监督的对象。

在通过走访检查和监督主体（客体）进行预防性检查和监督的上一年 12 月 10 日之前，和当年 5 月 10 日之前，国家监督机构和地方执行机构向法律统计和特别核算领域的授权机构发送所批准的通过走访检查和监督主体（客体）进行预防性检查和监督的半年度清单，以制定进行预防检查和监督的半年度综合清单。

提供走访检查和监督主体（客体）进行预防性检查和监督的半年度清单格式，由哈萨克斯坦共和国总检察院规定。

走访检查和监督对象（客体）进行预防性检查和监督的半年度清单不得更改。

法律统计和特别核算领域的授权机构，于检查和监督年度前一年的 12 月 25 日之前到当年 5 月 25 日前，在哈萨克斯坦共和国总检察院网站上发布通过走访检查和监督主体（客体）进行预防性检查和监督的半年度清单。

通过走访检查和监督主体（客体）进行预防检查的频率由评估风险程度的标准决定，但一年不超过 1 次。

在以下情况下，本条款的第 3 段至第 6 段不适用于通过走访检查和监督主体（客体）进行的预防性检查和监督：

1）在访问涉及在哈萨克斯坦共和国许可和通知法规定的情况下，在颁发许可证和（或）许可证附件之前检查申请人是否符合资格或许可要求；

2）若访问与根据哈萨克斯坦共和国人民健康和医疗保健系统法进行的筛选进行监测产品安全的产品有关；

2-1）若访问与基于预防性检查和监督的结果的产品样本选择有关，而无须走访检查和监督主体（客体），根据哈萨克斯坦共和国技术调节法进行；

3）如果访问与根据哈萨克斯坦共和国谷物法的要求，在谷物的验收、装运和定量和定性核算过程中进行的确定其质量的抽样检查有关；

3-1）进行地域和对象调查，以查明和确定动物疫病及其食物中毒、检疫对象和（或）外来物种发生和传播的原因和条件，查明检疫对象传播的源头、外来物种、有害和（或）特别危险的有害生物，以及查明销售、储存、使用和（或）进口未经国家登记的农药、伪造农药的事实；

4）进行检查和监督，以预防和阻止违反哈萨克斯坦共和国法律可能对人民的生命和健康、环境和国家安全构成潜在的巨大威胁的行为；

5）收到发电厂、锅炉房、电力和热力网发生技术违规导致主要设备停运、火灾、爆炸、哈萨克斯坦共和国统一电力系统肢解为几个部分，大量限制电能消费者的信息；

6）对具有社会意义的食品的最高允许零售价格的遵守情况进行监控；

7）在自然垄断领域，对定价程序和公益性市场主体遵守本法典规定的义务进行监控。

根据本款第 11 段第 4 项，通过走访检查和监督主体（客体）的预防性检查和监督，仅在以下情况下进行，根据本法典第 132 条第 2 款要求，为查明发生违反哈萨克斯坦共和国立法规定要求的事实的原因，仅对与特定检查主体（客体）有关的特定事实进行不定期检查是不够的，根据本法典第 144 条第 3 款第 7 项，根据具体事实对具体检查监督主体（客体）进行不定期检查是不够的，要求对与此具体事实相关的其他主体进行检查和监督。

根据本款第 11 段第 4 项，为进行通过走访检查监督主体（客体）的预防性检查和监督：

1）检查和监督机构分析所有现有信息，包括使用“电子政府”门户网站和通过请求其他国家机构来确定与具体事实相关并具有潜在风险检查的监督主体（客体）的范围；

2）制定通过走访检查和监督主体（客体）进行预防性检查和监督的补充清单，并由检查和监督机构的第一负责人批准；

3）通过走访检查监督主体（客体）的预防性检查和监督的对象，只是根据本法典第 144 第 3 款第 7 项的规定进行计划外检查查明的事实。

对于根据本款第 11 段第 4 项的规定，通过走访检查监督主体（客体）进行预防性检查和监督的不合理决定，检查和监督机构的第一负责人应承担哈萨克斯坦共和国法律规定的责任。

4. 筛选检查监督主体（客体）的风险程度评估标准，检查清单是根据国家机构制定的风险评估体系和经营授权机构批准的程序制定的。

国家机构风险评估体系的形成是采用信息系统、按照国家机构风险评估体系形成规则确定的方式进行，同时考虑到风险评估标准的具体情况和保密性。

5. 第三组包括对其按本法典第144条第3款规定的理由，无须走访检查监督主体（客体）进行计划外检查和预防性检查监督的检查监督主体（客体）。

为进行计划外检查，由国家监督机构制定并与经营授权机构共同批准与检查清单相关的文件，清单发布在国家监督机构的网站上。

无须走访检查和监督主体（客体）的预防性检查和监督按照本法典第137条和哈萨克斯坦共和国其他法律进行。

6. 第四组为对其只进行预防性检查和监督，而无须走访检查监督主体（客体）的检查监督主体（客体）。

无须走访检查和监督主体（客体）的预防性检查和监督按照本法典第137条和哈萨克斯坦共和国其他法律进行。

7. 按照本条第3款、第5款和第6款指定的组别实施国家检查和监督的经营主体的活动范围，以及将检查监督主体（客体）的划分为高风险和非高风险的监管，由国家监督机构对每个检查和监管领域进行。

8. 在下列情况下，分配在第一组和第二组的检查监督主体（客体），可以转到相关活动领域的第三组：

1）如果此类主体已根据哈萨克斯坦共和国法律规定的和程序与第三方签订民事-法律责任保险合同；

2）如果在哈萨克斯坦共和国的法律和国家监督机构的风险程度评估表中确定了免除按照特殊程序、通过走访检查监督主体（客体）进行预防性检查和监督的情况；

3）如果检查主体是根据哈萨克斯坦共和国自律法自愿加入（参与）的自律组织成员。

第142条　部门核算[1]

第143条　检查清单[2]

1. 国家监督机构和经营授权机构对同类组别的检查和监督主体（客体）以联合文件批准检查清单。

所批准的检查清单发布在国家监督机构的网站上。

2. 检查清单包括对检查监督主体（客体）活动提出的要求清单，如不遵守这些要求会对人类生命和健康、环境、个人和法人实体、国家的合法利益带来威胁。

检查清单是按照同类组别检查监督的对象细目分类编制的。

同类组别可理解为对其提出相同要求的检查监督主体（客体）。

检查清单的制定考虑了以下条件：

1）要求必须符合本法典第132条第2款规定；

---

〔1〕第142条经哈萨克斯坦共和国2018年5月24日第156-Ⅵ号法律删除（自首次正式公布之日起10日后生效）。

〔2〕第143条列入哈萨克斯坦共和国2018年5月24日第156-Ⅵ号法律（自首次正式公布之日起10日后生效）。

2）包括以下要求，如不遵守这些要求会对人类生命和健康、环境、个人和法人实体、国家的合法利益造成威胁；

3）要求不能是一般性的，并且不能包含对其他监管法律文件的脚注说明；

4）要求的措辞应尽可能简短，包含明确的含义，不得有不同的解释。

3. 通过巡视进行检查及预防性检查和监督，只能是检查清单中规定的要求。

第 144 条　检查的类型〔1〕

1. 检查分为以下类型：

1）基于对风险程度的评估以特殊程序进行的检查；

2）计划外（不定期）。

以特殊程序进行的检查，是由检查监督机构根据对国家检查监督领域中具体的检查监督主体（客体）的风险程度评估而指定的检查，该定义由本法典第 141 条第 2 款第 4 段确定，目的是防止和（或）消除对人类生命和健康、环境、个人、法人实体、国家的合法利益的直接威胁。

不定期检查是检查监督机构针对具体事实和情况进行的检查，作为对具体检查监督主体（客体）进行不定期检查的依据，目的是防止和（或）消除对人类生命和健康、环境、个人和法人实体、国家的合法利益的直接威胁。

2. 经哈萨克斯坦共和国 2018 年 5 月 24 日第 156-Ⅵ号法律删除（自首次正式公布之日起 10 日后生效）。

3. 对检查监督主体进行不定期检查的理由是：

1）检查关于消除已查明的严重违法行为的各种指令（决议、陈述、通知）的执行情况，这些行为由评估风险级别的标准、走访检查监督主体（客体）的预防性检查和监督的结果确定；

1-1）在主体多次不提供有关消除已查明违法行为的信息和（或）为消除违法行为时，通过走访检查监督主体（客体）对其执行有关消除已查明重大和轻微违法行为的指令情况进行检查，这些违法行为在风险程度评估标准中定义；

2）个人和法人就违反哈萨克斯坦共和国法律规定的具体事实提起的申诉，如不消除这些违法行为将对人类生命和健康造成危害；

3）个人和法人实体就有关危害人类生命和健康、环境和个人和法人实体、国家的合法利益的具体事实提起的申诉，但个人和法人实体（消费者）权利受到侵犯，以及来自国家机构除外；

3-1）根据哈萨克斯坦共和国人民健康和医疗保健系统法有关死亡发生的信息（紧急通知）；

4）权利受到侵害的个人和法人（消费者）进行的申诉；

〔1〕 第 144 条经哈萨克斯坦共和国 2016 年 3 月 29 日第 479-Ⅴ号法律（自首次正式公布之日起 21 日后生效）、2017 年 12 月 25 日第 122-Ⅵ号法律（自 2018 年 1 月 1 日起生效）、2018 年 5 月 24 日第 156-Ⅵ号法律（自首次正式公布之日起 10 日后生效）、2018 年 12 月 28 日第 211-Ⅵ号法律（自首次正式公布之日起 10 日后生效）、2019 年 4 月 2 日第 241-Ⅵ号法律（自 2019 年 7 月 1 日起生效）、2019 年 10 月 28 日第 268-Ⅵ号法律（自首次正式公布之日起 10 日后生效）、2020 年 7 月 7 日第 361-Ⅵ号法律修订（自首次正式公布之日起 10 日后生效）。

5）检察院关于具体的加害事实或对生命、人类健康、环境以及个人和法人实体、国家的合法利益造成威胁的指示；

6）国家机关对危害生命、人类健康、环境、个人和法人、国家合法利益的具体事实以及违反共和国法律规定的具体事实的申诉，如未能消除上述危害，将引发对人类生命和健康的危害；

7）对与被检查监督主体有民法关系的第三方进行反检查，以获取进行检查所需的信息；

8）与检查监督主体对初次检查不符的申诉有关的重复检查；

9）刑事检察机关根据哈萨克斯坦共和国刑事诉讼法规定的理由作出的指示；

10）哈萨克斯坦共和国税法典规定的纳税人、信息和问题的申诉；

11）经哈萨克斯坦共和国 2018 年 5 月 24 日第 156-Ⅵ号法律删除（自首次正式公布之日起 10 日后生效）；

12）在查明违反哈萨克斯坦共和国在居民卫生和流行病安全、卫生标准和技术法规要求的情况下，产品的筛选和卫生和流行病检查结果表明会危害人类生命、健康和环境；

13）卫生保健主体提交的有关流行病的发生或可能发生和传播、检疫对象是特别危险的有害生物、传染病、寄生虫病、中毒、辐射事故的威胁的信息（紧急通知）。

4. 在匿名申诉的情况下，不进行计划外检查。

5. 计划外检查以具体经营主体和客体所揭示的事实和情况为准，并以此作为委托进行计划外检查的依据。

6. 发生或有发生流行病蔓延、检疫物和特别危险有害的生物、传染病、寄生虫病、中毒、辐射事故暴发的情况下，不经事先通知进行不定期检查。被检查的对象和被委派检查的文件的登记，在下一个工作日内提交给法律统计和特别核算的授权机构。人口卫生和流行病安全领域的国家机构收到了其地区分部的信息（紧急通知）是其理由。

7. 不事先通知被检查主体，对假冒农药的生产（制剂）、运输、储存、销售、使用，以及假冒药品、医疗产品的生产、采购、运输、储存、销售问题进行不定期检查。

8. 如确定有理由对距检查监督机构所在地以及法律统计和特别核算授权机构所在地相当远的客体或主体进行不定期检查，则在不事先通知被检查实体的情况下进行计划外检查，登记和委派检查的文件在接下来的 5 个工作日内提交给负责法律统计和特别核算的授权机构。从委派检查文件的登记地到其行为地的距离超过 100 公里的距离被认为是距检查和登记机关所在地非常远。

9. 所列举进行计划外检查的理由适用于国家机关的分支机构、法人、非居民法人的分支机构、未在司法机关或登记机关进行登记的非居民法人。

10. 禁止进行本法未规定的其他类型的检查，哈萨克斯坦共和国税法典规定的检查除外。

第 145 条　关于检查和通过巡视检查监督主体（客体）进行预防性检查监督的委派文件[1]（以下简称检查和通过巡视进行预防性检查监督——译者注）

1. 国家机构关于委派检查的文件是进行检查的理由。

通过巡视进行的预防性检查监督由国家机构根据委派通过巡视进行预防性检查监督的文件进行。

2. 有关委派检查的文件应注明：

1）文件编号和日期；

2）国家机构名称；

3）被授权进行检查人员的姓氏、名字、父名（如果在身份证件中注明）和职务；

4）参与检查的专家、顾问和专家的信息；

5）文件中指定的检查监督主体的名称或被指定进行检查的个人的姓氏、名字、父名（如果在身份证件中注明）、所在地、识别码、检查监督对象的清单、所占地块面积。

对法人分支机构和（或）代表处进行检查时，指定检查的文件中应注明其名称和所在地；

6）被委派检查的对象；

7）进行检查的期限；

8）进行检查的法律依据，包括监管法律文件，文件中对应该检查的强制性要求；

9）检查阶段；

10）本法典第 155 条规定的检查监督主体的权利和义务；

11）被授权签署文件人员的签名和国家机构的印章；

12）法人负责人或其授权人、自然人关于收到或拒绝接收委派检查文件上的签名。

3. 在委派通过巡视进行预防性检查和监督文件中应注明：

1）文件编号和日期；

2）国家机构名称；

3）被授权通过巡视进行预防性检查监督的人员的姓氏、名字、父名（如果在身份证件中注明）和职务；

4）有关参与通过巡视进行预防性检查监督的专家、顾问和专家的信息；

5）检查监督主体的名称或委派通过巡视对其进行预防性检查监督的个人的姓氏、名字、父名（如果在身份证件中注明），其位置、识别号、检查监督对象清单、所占土地地块面积。

在对法人实体的分部和（或）代表处进行检查时，在委派检查文件中应指出其名称和所在地；

6）委派通过巡视进行预防性检查和监督的对象；

7）通过巡视进行预防性检查监督的期限；

8）通过巡视进行预防性检查监督的法律基础，包括检查清单的要求；

[1] 第 145 条标题列入哈萨克斯坦共和国 2018 年 5 月 24 日第 156-Ⅵ号法律（自首次正式公布之日起 10 日后生效）。第 145 条经哈萨克斯坦共和国 2018 年 5 月 24 日第 156-Ⅵ号修订（自首次正式公布之日起 10 日后生效）。

9）本法典第155条规定的检查监督主体的权利和义务；

10）被授权签署文件人员的签名和国家机构的印章；

11）法人机构负责人或者授权人、个人证明收到或拒绝接收有关委派通过巡视进行预防性检查和监督文件时的签名。

第146条　关于委派、延长检查和通过巡视进行预防性检查监督期限的补充文件的登记[1]

1. 除国家税收机构根据哈萨克斯坦共和国税法典进行的应对检查外，委派文件、关于延长检查和通过巡视进行预防性检查和监督期限的补充文件，必须按照强制程序，在法律统计和特别核算领域的授权机构注册。

委派文件以及关于延长检查和通过巡视进行预防性检查监督期限的补充文件，针对检查监督主体注册时需强制性指明对象。

国家税务机关在进行哈萨克斯坦共和国税法典规定的应对税务检查时，应通知被检查监督主体（客体）所在地的法律统计和特别核算领域的机构。

委派文件以及关于延长检查和通过巡视进行预防性检查监督期限的补充文件的登记具有核算性质，被用于形成和完善部门风险管理系统。

2. 委派文件以及关于延长检查和通过巡视进行预防性检查监督期限的补充文件应在此类检查开始前，在法律统计和特别核算领域的授权机构进行登记，并将其提交（包括以电子巡视）给检查监督主体（客体）所在地的法律统计和特别核算领域的地区授权机构。

根据本法典第141条第3款第11段第1项、第2-1项、第3项和第3-1项规定的理由，委派检查和通过巡视进行预防性检查监督的文件，需在法律统计和特别核算领域的授权机构登记，并在此类检查开始之日后的下一个工作日内，将文件提交（包括提交电子版）给检查监督主体所在地法律统计和特别核算领域的地区授权机构。

有关检查和通过巡视进行预防性检查监督的文件进行登记时，检查监督机构应出示检查表（如果有），指明需要检查的要求条款。

委派文件以及关于延长检查和通过巡视进行预防性检查监督期限的补充文件的登记程序，及其取消，暂停，更新，延期进行的通知，参与者组成的变更，有关检查和预防性检查监督的信息核算文件的提交及其结果，由哈萨克斯坦共和国总检察院确定。

3. 由于当前社会经济形势需要立即消除对公共秩序、公共卫生、哈萨克斯坦共和国的国家利益的威胁，因此需要开展由哈萨克斯坦共和国其他法律规定的检查或通过巡视进行预防性检查监督，以及在下班后（夜间、周末和节假日），由于需要立即制止违规行为并采取紧急行动确保在法律统计和特别核算领域的授权机构中进行委派检查和预防性检查的证据，委派检查和通过巡视进行预防性检查监督的文件登记在检查开始后的下一个工作日内进行。

---

[1] 第146条列入哈萨克斯坦共和国2018年5月24日第156-Ⅵ号法律（自首次正式公布之日起10日后生效）；经哈萨克斯坦共和国2019年10月28日第268-Ⅵ号法律（自首次正式公布之日起10日后生效）、2020年12月30日第397-Ⅵ号法律（自首次正式公布之日起6个月后生效）、2021年1月2日第401-Ⅵ号法律修订（自2021年7月1日起生效）。

第147条　通过巡视进行检查和预防性检查和监督的程序[1]

1. 检查监督机构有义务在检查开始前至少30日以书面形式通知检查监督主体（法人实体的负责人或其授权人、个人）有关按照特别程序进行检查的事宜，并注明检查开始日期和检查对象。

进行计划外检查和通过巡视进行预防性检查监督时，除本法典第141条第3款第1项、第2-1项、第3项、第3-1项和第11段第6项，第144条第6款、第7款、第8款，第3款第3项、第3-1项、第4项、第9项、第10项、第13项规定的情况外，检查监督机构有义务在计划外检查和通过巡视进行预防性检查监督开始前至少24小时，通知检查监督主体并注明检查和通过巡视进行预防性检查监督的对象。

开始检查及通过巡视进行预防性检查监督的消息被特别委托，以附有回执的挂号邮件发送，或通过有电子数字签名的电子文件发送到检查监督主体的电子邮件地址（如果检查监督主体已提交该地址），或以其他可达的方式发送。

本条不适用于对药品、医疗器械流通领域，对进口、质量安全检验、疫苗采购等领域主体进行的检查。

2. 按照特殊程序进行检查、计划外查以及通过巡视进行的预防性检查监督，如果本条款第2段未做其他规定，在内部劳动法规规定的检查监督主体（客体）的工作时间内进行。

由于需要及时制止进行中的违规行为，可以在非工作时间（夜间、周末或节假日）进行计划外检查。

3. 抵达检查和通过巡视进行预防性检查监督对象所在地的检查监督机构的官员，应向检查监督主体出示：

1）带有在法律统计和特别核算领域的授权机构进行登记标识的、委派检查或通过巡视进行预防性检查和监督的文件；

2）公务证明或身份证；

3）如有必要，应获得政府开具的访问敏感设施的许可；

4）按卫生领域授权机构规定的方式发放体检证明，访问设施时需要出示该证明。

向检查监督主体（法人实体的负责人或其授权人，个人）交付有关委派通过巡视进行检查和预防性检查监督的文件，以及向检查监督主体介绍标明必须通过巡视进行检查和预防性检查监督要点的检查表日期，视为该检查的开始。

4. 在拒绝接收有关委派检查或通过巡视进行预防性检查监督的文件、检查表，以及阻止进行检查和预防性检查监督的检查监督机构工作人员进入进行巡视的情况下，针对进行检查所必需的材料需提供证明文件。证明文件由进行检查或预防控制监督的检查监督机构的工作人员、法人实体负责人或其授权人、个人签署。

法人的负责人或其授权人、个人有权拒绝签署证明材料，并对拒绝原因进行书面解

---

[1] 第147条列入哈萨克斯坦共和国2018年5月24日第156-Ⅵ号法律（自首次正式公布之日起10日后生效）；经哈萨克斯坦共和国2019年10月28日第268-Ⅵ号法律（自首次正式公布之日起10日后生效）、2019年11月26日第273-Ⅵ号法律（自首次正式公布之日起6个月后生效）、2020年7月7日第361-Ⅵ号（自首次正式公布之日起10日后生效）、2020年12月30日第397-Ⅵ号法律修订（自首次正式公布之日起6个月后生效）。

释。拒绝接收有关通过巡视进行检查和预防性检查监督的委托文件不是取消检查或进行预防性检查监督的理由。

5. 通过巡视进行检查和预防性检查监督只能由在委派检查和通过巡视进行预防性检查监督的文件中指定的工作人员进行。在这一情况下，进行检查或通过巡视进行预防性检查监督的工作人员构成，可以根据检查监督机构的决定而改变，检查监督主体和法律统计和特别核算领域的授权机构应在开始参与检查前，将构成改变情况通知委派检查和通过巡视进行预防性检查监督的文件中未指定的人员，并指出变更原因。

6. 如果需要由多个检查监督机构同时通过巡视进行检查和预防性检查监督，每一机构都应针对检查监督主体制定各自的委派检查和通过巡视进行预防性检查监督的文件，并在法律统计和特别核算领域的授权机构进行登记。

如果需要由一个检查监督机构就同一领域对多个检查监督主体通过巡视进行检查和预防性检查监督，则该机构应为每个检查监督主体制定委派检查或预防性检查监督的文件，并在法律统计和特别核算领域的授权机构进行登记，但对以下问题进行的税务审计除外：

1）安排在税务机关的登记核算；

2）拥有收银机；

3）消费税和管制商标的可用性和真实性；

4）酒精饮料、石油产品和生物燃料随附发票的存在性和真实性；

5）许可证的可用性；

6）用于使用支付卡支付的设备（装置）的可用性；

7）在运输检查站或内务机构进行车辆检查时，是否具有进口商品的运单，并且商品名称与商品运单中注明的信息相符；

8）自哈萨克斯坦共和国向欧亚经济联盟成员国出口货物时，具有哈萨克斯坦共和国在执行本共和国批准的国际条约时通过的法律法规文件规定的文件，商品与文件注明的信息相符。

第 148 条　检查和通过巡视进行预防性检查监督的期限〔1〕

1. 根据将要完成的工作量和设定的任务，检查和通过巡视进行预防性检查监督的期限不应超过：

1）对于微型企业主体——不超过 5 个工作日，最多可延长至 5 个工作日；

2）对于小、中、大型经营主体，以及不属于私人经营者的检查监督主体：

进行计划外检查时——不超过 10 个工作日，并可延长至 10 个工作日；

在根据特殊程序进行检查和通过巡视进行预防性检查时——不超过 15 个工作日，最多可延长 15 个工作日；

第 3 项经哈萨克斯坦共和国 2021 年 1 月 5 日第 409-Ⅵ号法律修订（自 2022 年 1 月 1 日起生效）。

3）在兽医、检疫和植物保护、种子生产、粮食和棉花市场领域——不超过 5 个工作

〔1〕 第 148 条列入哈萨克斯坦共和国 2018 年 5 月 24 日第 156-Ⅵ号法律（自首次正式公布之日起 10 日后生效）；经哈萨克斯坦共和国 2021 年 1 月 2 日第 401-Ⅵ号法律修订（自 2021 年 7 月 1 日起生效）。

日，最多延长5个工作日；

4）在遵守哈萨克斯坦共和国劳动法领域，在建筑项目的安全和劳动保护方面，根据其技术复杂性：

技术复杂项目——不超过5个工作日，最多可延长5个工作日；

非技术复杂项目——不超过4个工作日，并延长至8个工作日。

2. 在必要的情况下，检查和通过巡视进行预防性检查监督的期限，在本条第1款规定的期限内只能由检查监督机构的负责人（或履行其职责的人）延长一次：

1）在哈萨克斯坦共和国国际条约框架内收到外国机构的信息；

2）确定检查和通过巡视进行预防性检查监督的人员的位置；

3）获得卫生和流行病学专业的实验室研究结果，环境保护领域样品的实验室测试结果。

在延长检查和通过巡视进行预防性检查监督期限的情况下，检查监督机构按强制性程序制定关于延长检查和通过巡视进行预防性检查监督的补充文件，并在法律统计和特别核算领域的授权机构进行登记，文件中需标明相关文件上一次登记的编号和日期。

在延长检查和通过巡视进行预防性检查监督的期限时，检查监督机构应按强制程序将该情况通知检查监督主体（法人实体负责人或其授权人、个人）。

检查监督机构应在展期前1个工作日，将检查和通过巡视进行预防性检查监督的期限延长的消息以挂号信（带有通知收到确认书）的形式，或通过带有电子数字签名的电子文件形式，按检查监督主体提供的邮箱地址发送（如果之前该主体已提供邮箱地址），或以其他可收到的方式发出。

国家税收机构进行的检查和其他类型的国家检查的程序和期限、延期和中止的具体情形，由哈萨克斯坦共和国税法典规定。

第149条　用于检验的（分析、测试）产品样品的筛选程序

1. 为进行检查监督的产品样品的筛选，包括取样数量，由哈萨克斯坦共和国监管法律法规和监管文件规定。

2. 产品样品的选取由检查监督机构的工作人员在被查单位负责人或代表以及被检单位的授权人员在场且持有选样文件证明的情况下进行。

选定的产品样品必须完整、有包装和密封（有封印）。

3. 产品选样文件为一式三份。所有文件样本都需由筛选产品样品的工作人员、被检查主体的负责人或代表签字。

选样文件的第一份文本连同派遣信和应选择的样本交由哈萨克斯坦共和国法律授权的组织进行检验（分析、测试）。

选样文件的第二份文本由被检查的主体保存。

选样文件的第三份文本由进行产品样品筛选的检查监督机构的工作人员保存。

4. 所选产品样品的储存和运输条件不应改变这些样品的检验（分析、测试）参数。

负责选择产品样品进行检验（分析、测试）的检查监督机构工作人员，应确保样品安全和及时送达检验（分析、测试）地点。

5. 与筛选产品样品相关的费用由预算资金拨款。

6. 若检查结果证明被检主体违反根据本法典第 132 条第 2 款的哈萨克斯坦共和国法律规定的强制性要求的事实，则该主体应按哈萨克斯坦共和国法律规定的程序补偿检测费用。

7. 被检主体可自行在哈萨克斯坦共和国法律授权的组织内，对保存的剩余样品进行检验（分析、测试）。

检查监督机构与被检查主体就检验（分析、测试）结果不一致而产生的争议按照司法程序解决。

第 150 条　筛选产品样品的文件

筛选产品样品的文件中应指明：

1）文件制定地点和日期；

2）检查监督机构负责人作出以此为依据进行产品样品筛选决定的编号与日期；

3）进行产品样品筛选的工作人员的职务、姓氏、名字、父名（如果在身份证件中注明）；

4）被检产品样品生产单位的名称和地点；

5）被检主体授权人的职务、姓氏、名字、父名（如果在身份证件中注明）；

6）注明生产商、生产日期、批次（号）、样品总价值的产品样品清单和数量；

7）包装类型和封条编号（铅封）。

第 151 条　通过巡视进行检查和预防性检查监督中的限制[1]

在检查或通过巡视进行预防性检查监督过程中，检查监督机构的官员无权：

1）检查未在该检查监督机构清单中规定的要求的执行情况，如果这些要求不属于这些官员所代表的国家机构的权限；

2）要求提供文件、信息、产品样品、环境对象和生产环境对象的检验样品，如果它们不是检查对象或与检验对象无关；

3）未制定按所规定的形式和数量抽取样本的协议，即对所抽取产品样品、环境对象和生产环境对象的检查样本进行研究、测试、测量，而这些规定高于在其生效前仍有效的国家标准、选样规则、样品的研究、检测、测量的规则和方法，技术法规或其他规范性技术文件；

4）公布和（或）传播在检查或通过巡视进行预防性检查监督过程中获得的构成商业、税务或其他受法律保护的秘密的信息，但哈萨克斯坦共和国法律规定的情况除外；

5）超过规定的检查和通过巡视进行预防性检查和监督的期限；

6）检查和通过巡视进行预防性检查和监督，因其上级（下级）机构或其他国家机构已在同一阶段对同类问题进行过同样的检查，但本法典第 144 条第 3 款第 3 项、第 3-1 项、第 4 项、第 8 项、第 9 项、第 10 项和第 13 项规定的情况除外；

7）进行以国家检查为目的，由被检查主体出资的带有高消费性的活动。

---

〔1〕 第 151 条标题列入哈萨克斯坦共和国 2018 年 5 月 24 日第 156-Ⅵ号法律（自首次正式公布之日起 10 日后生效）。第 151 条经哈萨克斯坦共和国 2018 年 5 月 24 日第 156-Ⅵ号法律（自首次正式公布之日起 10 日后生效）、2020 年 7 月 7 日第 361-Ⅵ号法律修订（自首次正式公布之日起 10 日后生效）。

第152条 检查结果形成程序[1]

1. 检查监督机构的工作人员根据检查结果编制：

1）检查结果文件；

2）在查明违规行为情况下消除已查明违规行为的指令。

在检查结果文件中应注明：

1）制定文件的日期、时间和地点；

2）检查监督机构的名称；

3）作为进行检查基础的委派检查文件的日期和编号；

4）进行检查的工作人员的姓氏、名字、父名（如果在身份证件中注明）；

5）被检查主体的姓氏、名字、父名（如果在身份证件中注明）、进行检查时在场的个人或法人代表的职务；

6）检查的日期、地点和时段；

7）有关检查结果的信息，包括所查明的违规行为及其性质；

8）检查表名称和查明违章行为的要求条款；

9）被检查主体的代表了解或拒不了解文件，以及检查时在场人员签名或拒绝签名的信息；

10）进行检查的工作人员（人员）的签名。

有关检查结果的文件中需附以下内容：

1）关于消除已查明的违规行为的规章、哈萨克斯坦共和国税法典规定的其他文件；

2）关于产品抽样、对环境对象的检查、研究（测试）和所进行研究、测试的结论文件和其他文件，或与检查结果有关的复印件（如有）。

针对每一份有关查明违反检查表要求的检查结果的文件，只能开出一个处理方案。

该处理方案根据本法典第152-1条第2款、第3款和第4款制定。

委派检查的文件、关于检查结果的文件、消除已查明违规行为的规章的格式由哈萨克斯坦共和国总检察长办公室确定，但由国家税务机关进行检查的结果文件除外。

2. 在对检查结果有意见和（或）异议的情况下，法人负责人或者个人或其代表应当书面证明意见和（或）异议。

不同意见将附在检查结果文件之后，并作出相应说明。

3. 检验结果文件和处理方案一式三份。

一份以电子版提交给法定统计和特别核算领域的授权机构及其区域机构，第二份文本以纸质或电子版转交检查和监督主体（法人实体的负责人或其授权人，个人）以便了解情况并采取措施消除已查明的违规行为和其他行为，第三份由检查和监督机构保存。

关于检查结果的文件和消除违规行为的整改令的电子版应在法律统计和特别核算领域的信息系统中由检查监督主体以电子签名方式签署。

电子版检查结果文件和消除违规行为的规章，由检查监督主体选择，通过“电子政

---

[1] 第152条列入哈萨克斯坦共和国2018年5月24日第156-Ⅵ号法律（自首次正式公布之日起10日后生效）。第152条经哈萨克斯坦共和国2018年5月24日第156-Ⅵ号法律（自首次正式公布之日起10日后生效）、2020年6月25日第347-Ⅵ号法律修订（自首次正式公布之日起10日后生效）。

府”门户网站或法律统计和特别核算领域授权机构的信息系统公布。

电子版检查结果文件和消除违规行为的规章，亦可发送至检查监督主体指定的电子邮箱。

4. 针对检查结果中查明违规行为，若需要额外的时间和（或）财务费用，检查监督主体有权在不迟于 3 个工作日内向进行检查的国家机构提出延长消除违章行为期限的申请。

在申请中，检查监督主体应说明将采取的消除违法行为的措施，以及延长消除违法行为期限的客观原因。

进行检查的国家机构在 3 个工作日内，参考申请中提出的理由，决定延长消除违规行为的期限或以合理的理由拒绝延期。

5. 被检查主体有权建立访问、检查记录。检查监督机构的工作人员应在被检查主体的访问和检查登记册中记录所采取的行动，注明该文件中转述规定的名称、职位和数据。

6. 禁止提取、扣押会计账目和其他文件正本。

提取和扣押原始文件应根据哈萨克斯坦共和国刑事诉讼法的规范以及在哈萨克斯坦共和国行政犯罪法典规定的情况下进行。

7. 在没有违反根据本法典第 132 第 2 款哈萨克斯坦共和国法律规定的要求情况下，在进行检查结果文件中要求的检查时需进行相应记录。

8. 检查期结束的时间为在不迟于委派检查文件中规定的检查结束日期将检查结果送达被检查主体之日。

9. 整改令规定的整改期限届满后，检查监督主体在整改令规定的期限内，应向进行检查的检查监督机构提供有关消除已查明违规行为的信息。

10. 如果检查监督主体未能在规定的期限内提供有关执行整改令以消除检查结果确定的风险程度评估标准中的重大和轻微违规行为的信息，则检查监督机构将在 2 个工作日向检查监督主体发送请求，要求其必须提供有关执行整改令的信息。

检查监督主体收到本款第 1 段要求的必须提供信息的请求后，应在 3 个工作日内向检查监督机构提供相关信息。

如果未能按照本款第 2 段的规定提供信息，检查监督机构有权根据本法典第 144 条第 3 款第 1-1 项的规定委派进行计划外检查。

第 152-1 条　编制通过巡视进行预防性检查监督结果的程序[1]

1. 根据以风险评估系统为基础进行的预防性检查监督的结果，在发生违规行为时，由检查监督机构的工作人员制定消除已查明违规行为的整改令。

2. 在消除已查明违规行为的整改令中应当注明：

1）制定整改令的日期、时间和地点；

2）检查和监督机构的名称；

3）通过巡视进行预防性检查监督的人员的姓氏、名字、父名（如果在身份证件中注明）和职位；

---

[1] 第 152-1 条经哈萨克斯坦共和国 2018 年 5 月 24 日第 156-Ⅵ号法律增补（自首次正式公布之日起 10 日后生效）；经哈萨克斯坦共和国 2020 年 6 月 25 日第 347-Ⅵ号法律修订（自首次正式公布之日起 10 日后生效）。

4）检查监督主体的名称或姓氏、名字、父名（如果在身份证件中注明），在进行预防性检查监督现场的个人或法人代表的职务；

5）通过巡视进行预防性检查监督的日期、地点和期限；

6）根据检查表条款确定的已查明违规行为清单，并按照风险程度评估的主观标准强制说明违规的严重程度；

7）为消除已查明违规行为而可能采取行动的建议和指示，指明消除这些违规行为的期限；

8）被检查主体的代表了解或拒绝了解，以及检查时在场人员签名或拒绝签名的信息；

9）通过巡视进行预防性检查监督的工作人员（人员）的签名。

3. 消除已查明违规行为的整改令执行期限参考影响其实际执行可能性的事实确定，但自消除已查明违规行为的整改令发布之日起不少于10日。

在确定执行消除已查明违规行为的整改令期限时，应考虑以下因素：

1）检查监督主体具有消除违规行为的组织、技术和财务能力；

2）所用生产设施的技术条件特性；

3）哈萨克斯坦共和国许可和通知法附录1、2和3中规定的在国家机关、地方执行机关获得相关许可或提交通知的期限，以及哈萨克斯坦共和国法律规定的其他强制性结论、批文和其他文件。

4. 消除查明违规行为的整改令一式三份。

检查监督机构应以电子版向法律统计和特别核算领域的授权机构及其属地机构及区域机构提交消除违规行为整改令的第一份文本，第二份文本以带有签名的纸质或电子版送达检查监督主体（法人实体的负责人或其授权人，个人）以了解并采取措施消除已查明的违规行为和其他行为，第三份文本由检查监督机构保存。

消除已查明违规行为的电子版整改令由检查监督主体在法律统计和特别核算领域的信息系统中以电子签名方式签署。

根据检查监督主体的选择，以电子形式生成的消除已查明违规行为的整改令通过“电子政府”门户网站或法律统计和特殊领域的授权机构的信息系统公布。

消除已查明违规行为的电子版整改令将发送到检查监督主体指定的电子邮件地址。

5. 根据在通过巡视进行预防性检查监督的结果中查明的违规行为，在需要额外时间和（或）财务费用时，检查监督主体有权在不少于3个工作日提供有关将采取措施消除已查明违章行为的信息，并注明与进行检查的国家机构负责人商定的期限，但是哈萨克斯坦共和国法律另有规定的除外。

6. 在不迟于委托进行预防性检查和监督的文件中指定的检查监督的期限结束前，向检查监督主体送达结论（在不存在违规行为情况下）或消除已查明违规行为的整改令，视为通过巡视进行预防性检查和监督周期的完成。

7. 消除已查明违规行为整改令中规定的整改期限届满，检查监督主体在整改令规定的期限内，应向实施预防性检查和监督的检查监督机构提交有关消除已查明违规行为的信息。

8. 检查监督主体未能在规定期限内提供关于执行消除由风险级别评估标准和检查结果中确定的已查明重大和轻微违规行为整改令的信息时，检查监督机构应在2个工作日内，向检查监督主体发送强制提供有关执行整改令的信息的要求。

根据本条款第 1 款，检查监督主体在收到必须提供信息的请求后，应在 3 个工作日内向检查监督机构提供相关信息。

如果未能按照本款第 2 段的规定提供信息，检查监督机构有权根据本法典第 144 条第 3 款第 1-1 项的规定进行不定期检查。

第 153 条　检查监督机构官员对检查中发现的违规行为采取的措施

如果检查结果中表明，被检查主体违反了与本法典第 132 条第 2 款相适应的哈萨克斯坦共和国法律规定的要求，则该机构的工作人员（人员）在哈萨克斯坦共和国法律规定的权限范围内，应采取哈萨克斯坦法律规定的措施，以消除已查明的违规行为，防止它们可能对生命、人类健康和环境、个人合法利益和法人的合法利益造成危害，以及对违法者追究哈萨克斯坦共和国法律规定责任的措施。

在对被检查主体采取禁止或限制性措施时，检查监督机构应按哈萨克斯坦共和国法律规定的情况和程序通知检察长。

第 154 条　国家机关工作人员在检查监督中的权利和义务[1]

1. 国家机关工作人员在对被检查主体进行检查监督时行使以下权利：

1）出示本法典第 147 条第 3 款规定的文件，可不受阻碍地进入被检查对象的领地和场所；

2）接收纸质和电子版文件（信息）或其副本，以附加到检查结果文件或消除已查明违规行为的整改令中，以及根据检查和通过巡视进行预防性检查监督对象访问自动化数据库（信息系统）；

2-1）进行音频、照片和视频拍摄；

2-2）使用针对检查或预防性检查监督对象的技术检查手段、观察和固定装置、照片和视频设备的记录；

3）邀请政府机构和下属组织的专家、顾问参与。

2. 通过巡视进行检查和预防性检查监督的监察机构的工作人员，不得提出与检查或预防性检查监督对象无关的要求和请求。

3. 监督机构的官员在检查监督期间应当：

1）遵守哈萨克斯坦共和国的法律，尊重被检查主体的权利和合法利益；

2）严格遵守本法典和（或）哈萨克斯坦共和国其他法律规定的程序，通过巡视进行预防性检查和监督；

3）在通过巡视进行预防性检查和监督期间，不得为检查监督主体制定的工作制度设置障碍；

4）及时、全面地履行哈萨克斯坦共和国法律授予的职权，以防止、查明和制止违反本法典第 132 条第 2 款哈萨克斯坦共和国法律规定的要求；

---

〔1〕 第 154 条经哈萨克斯坦共和国 2018 年 5 月 24 日第 156-Ⅵ号法律（自首次正式公布之日起 10 日后生效）、2019 年 7 月 3 日第 262-Ⅵ号法律（自 2020 年 1 月 1 日起生效）、2020 年 7 月 7 日第 361-Ⅵ号法律修订（自首次正式公布之日起 10 日后生效）。

5）在通过巡视进行检查或预防性检查监督过程中，不得妨碍检查或预防性检查主体到场，就与通过巡视进行检查和预防性检查对象相关的问题进行说明；

6）向检查监督主体提供与通过巡视进行检查和预防性检查监督的对象相关的必要信息；

7）在结束检查当日，或按照哈萨克斯坦共和国金融市场和金融组织的国家监管、检查和监督法律规定的程序和期限，向检查监督主体移交所进行的检查结果文件，或根据检查和巡视进行的预防性检查监督结果形成的消除已查明违规行为的整改令；

8）保证检查和通过巡视进行的预防性检查监督所获得的文件和信息的安全。

第 155 条　检查监督主体或其授权代表在进行检查监督中的权利与义务〔1〕

1. 检查监督主体或其授权代表在进行检查监督时有权：

1）在以下情况下，不准许到达检查现场的检查监督机构的工作人员参与检查和通过巡视进行预防性检查监督；

不遵守本法典第 141 条规定的哈萨克斯坦监管法律文件中指定的、按特别程序进行的检查和通过巡视进行的预防性检查频率；

超过或进行检查和预防性检查委派文件中指定的期限到期，该期限与本法典规定的期限不符；

检查和监督机构委派检查或通过巡视进行预防性检查监督，针对检查监督主体（客体）之前已在同一时期对同一类问题通过巡视进行过预防性检查监督，但本法典第 144 条第 3 款第 3 项、第 4 项、第 8 项、第 9 项和第 10 项规定的情形除外；

根据本法典第 144 第 3 款第 1 项委派的计划外检查，如果之前的检查和通过巡视进行的或预防性检查监督没有发现违规行为；

缺乏本法典第 141 条、第 143 条和第 146 条第 1 款规定的信息和文件；

有关已完成或即将发生的刑事违法声明或通知中，委派检查超过了在其他关于侵犯个人、法人实体和国家合法权益时间段；

委托对不具备相应权限的人员进行检查或通过巡视进行预防性检查监督；

在一项关于委派进行检查和预防性检查监督的文件中有多个受检查和通过巡视进行预防性检查监督的主体，但本法典第 147 条第 6 款指定的情况除外；

延长检查或通过巡视进行预防性检查的期限超过本法典规定的期限；

严重违反本法典第 156 条第 2 款规定的要求；

2）不提供与所进行的检查和通过巡视进行的预防检查监督对象无关，以及在文件中注明期限之前的信息；

3）对委派检查和通过巡视进行预防检查监督的文件、检查结果的文件、消除已查明违规行为的整改令和国家机构在按本法典和哈萨克斯坦共和国法律规定的程序采取的行动（包括不作为）提出申诉；

4）不遵守监管机构或官员限制检查监督主体（客体）活动的非法禁令；

5）借助音频和视频设备，记录检查和通过巡视进行预防性检查监督的过程，以及在

〔1〕 第 155 条列入哈萨克斯坦共和国 2018 年 5 月 24 日第 156-Ⅵ号法律（自首次正式公布之日起10日后生效）。

相应检查框架下进行检查监督的工作人员的部分行为，而不会对官员的活动造成障碍；

6）吸引第三方参与检查和通过巡视进行预防性检查和监督，以代表他们的利益和权利，以及由第三方来执行本款第5项规定的行动。

2. 检查监督主体或其授权代表在监察机构进行检查和通过巡视进行的预防性检查和监督中，应当：

1）根据本法典第146条第1款的要求，确保检查监督机构的工作人员不受阻碍地进入检查监督主体（客体）所在场地场所；

2）按照保护商业、税务或其他受法律保护的秘密的要求，向检查监督机构工作人员提供纸质和电子版文件（信息）或其副本，以作为对检查结果文件和形成消除已查明违规行为整改令的附件，以及根据检查和通过巡视进行预防性检查监督的任务和对象的要求，访问自动化数据库（信息系统）；

3）在委派检查和通过巡视进行预防检查监督文件上做出收到第二份副本的标注；

4）在检查和预防性检查监督结束之日，在检查结果和消除已查明违章行为整改令的第二份副本上作出标注；

5）在进行检查和预防性检查监督期间，不允许对被检查的文件进行更改和补充，但是本法典或哈萨克斯坦共和国其他法律另有规定的除外；

6）根据为检查对象制定的标准，保证对到达现场检查和通过巡视进行预防性检查监督的人员免受有害和危险生产因素的影响；

7）在接到通知后，在规定的期限内到达被监督对象所在地进行检查和通过巡视进行预防性检查监督。

第156条　严重违反本法典要求进行的检查和通过巡视进行的预防性检查监督无效[1]

1. 检查监督机构严重违反本法典规定的组织实施检查和通过巡视进行预防性检查监督的要求时，所进行的检查和预防性检查监督无效。

根据通过巡视进行预防性检查结果被认定无效的文件和消除已查明违规行为整改令，不能成为检查监督主体破坏本法典第132条第2款规定要求的证据。

上级国家机关或法院撤销本次检查文件和消除违法行为整改令的前提是认定检查和通过巡视进行预防性检查监督无效。

上级国家机关审议检查监督主体关于因检查无效撤销文件和因巡视无效撤销消除已查明违规行为整改令的申请，自提交申请之日起在10个工作日内进行。

解决违反所规定的审议该申请的期限问题将有利于检查监督主体。

2. 严重违反本法典要求的行为包括：

1）没有进行检查和通过巡视进行预防性检查监督的理由；

2）没有进行检查和通过巡视进行预防性检查监督的委派文件；

3）未进行通报以及违反进行检查和通过巡视进行预防性检查监督的通报期限；

4）违反本法典第151条规定；

---

〔1〕 第156条列入哈萨克斯坦共和国2018年5月24日第156-Ⅵ号法律（自首次正式公布之日起10日后生效）。

5）违反根据本法典第 141 条规定的哈萨克斯坦共和国监管法律文件中指定的按照特殊程序进行检查和预防性检查监督的频率；

6）未向检查监督主体提交检查和通过巡视进行预防性检查监督的文件；

7）国家机构委派的检查和通过巡视进行的预防性检查监督超越其权限；

8）在检查和通过巡视进行预防性检查监督的委派文件未在法律统计和特别核算领域的授权机构进行强制性登记的情况下进行该检查和预防性检查监督；

9）违反本法典第 148 条规定的检查和通过巡视进行预防性检查监督的期限；

10）根据按照特殊程序进行检查和通过巡视进行预防性检查决定的结果，在没有严重违规的情况下，依照本法典第 144 条第 3 款第 1 项规定进行不定期检查。

第 157 条　对检查监督机构及其工作人员的决定、作为（不作为）提出申诉的程序[1]

1. 在进行检查监督过程中，被检查主体的权益受到侵犯，被检查主体有权按照本法典第二十九章规定的程序，对检查监督机构及其工作人员的决定、行为（包括不作为）向上一级国家机关提出申诉。

2. 对国家机关和工作人员与被检查主体调查刑事案件有关的决定、行为（包括不作为）的申诉，按照哈萨克斯坦共和国刑事诉讼法规定的程序进行。

第三节　对遵守投资合同条件的检查[2]

第四编　经济竞争

第十四章　竞争

第 160 条　国家调节竞争的目的[3]

国家调节竞争的目的是保护竞争，为哈萨克斯坦共和国商品市场的公平竞争和有效运作提供支持和创造有利条件，确保经济空间的统一、商品的自由流动和哈萨克斯坦共和国的经济活动自由，根据本法典调节和限制垄断活动，促进良性竞争和防止违反哈萨克斯坦共和国在竞争保护法律的行为，制止国家、地方执行机构、国家赋予的具有调节市场主体活动职能的组织的反竞争行为以及不正当竞争。

第 161 条　国家调节竞争领域内的关系

1. 本部分适用于影响或可能影响哈萨克斯坦共和国商品市场竞争的关系，参与其中的有市场主体、消费者以及国家机构和地方执行机构。在这种情况下，购买商品满足自身需要的自然人或法人视为消费者。

2. 本部分的规定也适用于市场主体在哈萨克斯坦共和国境外完成的行为，若这些行为结果满足下列条件之一：

---

[1] 第 157 条经哈萨克斯坦共和国 2020 年 6 月 29 日第 351-Ⅵ号法律修订（自 2021 年 7 月 1 日起生效）。

[2] 第 3 节经哈萨克斯坦共和国 2020 年 6 月 29 日第 352-Ⅵ号法律删除（自首次正式公布之日起 10 日后生效）。

[3] 第 160 条列入哈萨克斯坦共和国 2016 年 12 月 28 日第 34-Ⅵ号法律（自 2017 年 1 月 1 日起生效）。

1）直接或间接涉及位于哈萨克斯坦共和国境内的固定资产和（或）无形资产或市场主体的股份（在注册资本中的权益比重），哈萨克斯坦共和国的法人实体的财产或非财产权利；

2）哈萨克斯坦共和国的竞争受到限制。

第 162 条　竞争的概念

1. 竞争是市场主体之间的对抗性活动，其独立行为有效地限制了各自单方面影响相关商品市场商品流通总体状况的能力。

2. 竞争基于对抗性、诚实、合法、尊重消费者权益的原则，该原则适用于所有市场主体，无论这些市场主体的组织法律形式以及注册地位如何。

第 163 条　竞争领域的国家政策〔1〕

1. 反垄断机构是在保护竞争和限制垄断活动领域实施领导，对涉及国家垄断领域相关活动进行监管和调节的国家机构。

2. 反垄断机构在保护竞争和限制垄断活动领域制定国家政策建议。

3. 中央和地方执行机构在本法典和哈萨克斯坦共和国其他法律规定的权限范围内，参与竞争领域国家政策的实施。

4. 国家机构应在其职权范围内采取措施，在相关经济部门中执行国家政策，并且不得采取对竞争产生不利影响的行为（包括不作为）。

第 163-1 条　自然垄断实体和准公共部门提供的强制性服务〔2〕

1. 为了确保某些类型的商品、工程、服务的生产安全，自然垄断和准公共部门主体向哈萨克斯坦共和国法律规定的个人和法人实体提供强制性服务。

2. 强制性服务是指由自然垄断和（或）准公共部门主体进行的活动（行动、过程），根据哈萨克斯坦共和国法律，个人和法人实体接受这些活动（行动、过程）是强制性的，并确认其开展活动或行动（运营）的权利，未能获得此类服务将引起行政或民事法律责任。

第 164 条　市场主体〔3〕

市场主体是：

1）从事经营活动的个人；

2）作为独立纳税人从事经营活动的哈萨克斯坦共和国法人及其分支机构；

3）从事经营活动的外国法人（其分支机构和代表处）；

4）按照注册目的开展经营活动的非商业性组织。

第 165 条　人员分组市场主体类群

1. 一组市场主体类群是符合以下一个或多个特征的自然人和（或）法人实体的总和：

---

〔1〕 第 163 条经哈萨克斯坦共和国 2016 年 12 月 28 日第 34-Ⅵ号法律修订（自 2017 年 1 月 1 日起生效）。

〔2〕 第 163 条经哈萨克斯坦共和国 2018 年 5 月 24 日第 156-Ⅵ号法律增补（自 2019 年 1 月 1 日起执行）。

〔3〕 第 164 条经哈萨克斯坦共和国 2020 年 6 月 29 日第 352-Ⅵ号法律修订（自首次正式公布之日起 10 日后生效）。

1）市场主体和个人或法人实体，若该自然人或该法人实体凭借自身参与市场主体，或基于书面协议从其他人处获得的权力，有权处置属于该市场主体超过50%的投票权股份（注册资本中的股份）；

2）市场主体和个人或法人实体，若该个人或法人履行该市场主体唯一执行者的职能；

3）市场主体与个人或法人，若该个人或法人根据该市场主体的注册文件或与该市场主体签订的协议，有权向该市场主体发布需强制性执行指示；

4）合议制执行机构和（或）董事会（监事会、基金理事会）50%以上数量构成为同一个自然人；

5）市场主体与个人或法人，若根据该个人或法人建议，任命或选举该市场主体为唯一执行机构；

6）市场主体和个人或者法人，若其合议制执行机构或者董事会（监事会）数量构成中的50%以上由该个人或者法人提议选举；

7）个人及其配偶（配偶）、父母（包括养父母）、子女（包括养子女）、同父异母的兄弟姐妹；

8）根据本条款第1项、第2项、第3项、第4项、第5项、第6项、第7项规定的任一特征，每个人都可与相同特征的人员包括在一个组别中，根据本条款第1项、第2项、第3项、第4项、第5项、第6项和第7项规定的任一特征包括在一个组别的其他人员情况亦同；

9）市场主体、个人和（或）法人实体，根据本条第1项、第2项、第3项、第4项、第5项、第6项、第7项和第8项规定的任一特征，是包括在同一组中的人员，如果这些人由于共同参与该市场主体，或根据从其他人获得的权力，有权处置该市场主体注册资本中超过50%的有表决权股份。

2. 一组市场主体类群被视为一个单一的市场主体。本部分有关市场主体的规定适用于该类群。

第166条　法人实体的关联人

1. 就本章而言，50%以上的股份（注册资本中的股份）属于国家的法人实体被认定为法人实体的关联人，而50% 以上的股份（注册资本中的股份）直接或间接属于该法人实体，50%的股份（注册资本中的股份）属于国家的法人实体视为法人实体。

2. 间接所有权是指每个后续关联方拥有另一个法人实体 50% 以上的股份（注册资本中的股份）。

第十五章　垄断活动

第167条　垄断活动的概念和类型

1. 垄断活动是市场主体的活动，其地位使得能够控制相关商品市场，包括能够对相关商品市场中商品流通的一般条件产生重要影响。

2. 本法典限制的垄断活动包括：

1）市场主体的垄断协议；

2）市场主体的垄断协同行动；

3）滥用支配地位或垄断地位。

第168条　垄断协议和协同行动的类型

1. 作为竞争者（在一个产品市场上销售或购买商品的市场主体）的市场主体之间的反竞争协议和协同行动是横向竞争。

竞争者是指因在相关产品市场上生产和（或）销售与市场主体的产品相似或者可互换的产品而与相关市场其他主体处于竞争状态的市场主体。

潜在竞争者是有能力（拥有设备、技术）生产和（或）销售与竞争者产品相似或可互换的产品，但不在相关产品市场上生产或销售的市场实体。

2. 非竞争市场主体之间的垄断协议，其中一个购买产品，另一个提供产品或者是它的潜在销售者（供应商），是纵向竞争。

第169条　垄断协议[1]

1. 若此类协议导致或可能导致以下行为，视为卡特尔和禁止市场主体之间的横向协议：

1）设定或维持价格（收费）、折扣、附加费和（或）加价；

2）提高、降低或维持拍卖价格，歪曲拍卖和竞标结果，包括以抽签的方式；

3）按照地域原则划分商品市场、商品的买卖量、商品的销售种类或买卖双方（订货人）的构成；

4）减少或终止商品生产；

5）拒绝与某些卖方或买方（客户）订立合同。

本条款第1段第2项的规定，适用于属于同一群组的市场主体之间的协议。

2. 有下列情形之一，禁止市场主体之间的纵向协议：

1）此类协议导致或可能导致货物转售价的确立，但卖方为买方（客户）设定了货物的最高转售价的情况除外；

2）此类协议规定买方（客户）无权出售作为卖方竞争对手的市场主体的商品。该禁令不适用于买方根据卖方或生产商的商标或其他个性化方式组织销售商品的协议；

3）此类协议规定卖方无权向作为买方（客户）竞争对手的市场主体出售货物。

3. 以哈萨克斯坦共和国法律规定的程序全部或部分禁止和认定市场主体之间以任何形式达成的导致或可能导致限制竞争的协议无效，包括以下方面的协议：

1）规定和支持与其他市场主体签订同等合同的非歧视性条件，包括确立协调过的采购和（或）销售条件；

2）由市场主体以经济、技术和其他不合理的方式对同一种商品规定不同的价格（收费）；

3）不合理限制或终止商品销售；

---

〔1〕第169条经哈萨克斯坦共和国2016年12月28日第34-Ⅵ号法律（自2017年1月1日起生效）、2018年5月24日第156-Ⅵ号法律（自首次正式公布之日起10日后生效）、2019年10月28日第268-Ⅵ号法律修订（自首次正式公布之日起10日后生效）。

4）在当事方决定增加附加义务的条件下签订合同，这些义务的内容或按照营业流通惯例与该合同标的无关（转移财务资源和其他资产、财产权或非财产权利等不合理要求）；

5）限制进入商品市场或将其他作为某些商品的卖方（供应商）或其买方的市场主体排除在商品市场之外。

若市场主体（多个主体）在所考察的某一商品市场中的份额不超过 20%，则本款第 1 段规定的禁令不适用于纵向协议，但在组织和进行采购、投标时的纵向协议或公私合作伙伴关系协议（包括特许协议、复杂的企业执照、特许经营）除外。

4. 反竞争协议可以书面和（或）口头形式签订（达成）。

5. 与任何此类市场主体不属于同一群体且不从事经营活动的第三方协调市场主体的行为，视为对经济活动的协调。禁止对市场主体可能导致、正在导致或将导致本条第 1-3 款所列后果的经济活动进行协调。

6. 垄断协议禁令不适用于属于同一组别的市场主体之间的协议，若其中一个市场主体对另一个市场主体形成控制，以及这些市场主体受某一个人的控制。

控制是指个人或法人实体直接或间接（通过一个法人实体或通过多个法人实体）通过以下一项或多项行动确定另一法人实体作出的决定：

1）处置法人主体 50%以上有表决权的股份（注册资本中的股份）；

2）履行法人执行机构的职能；

3）根据公私合作伙伴关系协议、综合经营许可（特许经营）、许可证协议，或掌权人（掌权人的授权人）和市场主体之间关于按商标和其他个性化方式组织销售商品的其他协议，获得确定市场主体从事经营活动条件的权利，或赋予这些市场主体执行指令的职责。

7. 本条规定不适用于关于对知识活动成果行使专有权，以及等同于它们的法人实体的个别化手段、商品个别化手段的协议，条件是此类协议没有导致或不可能导致限制或消除竞争。

8. 本条规定的协议，除本条第 1 款所指定外，若不对市场主体施加对实现这些协议目标不必要的限制，且不产生排除在相关商品市场的竞争机会，并且如果市场主体证明此类协议已经或可能导致以下结果，则视为允许：

1）促进完善商品的生产（销售）或刺激技术（经济）进步，或者提高缔约方生产的商品在世界商品市场的竞争力；

2）消费者按比例从相关人员处获得通过进行此类行为而获得的利益（好处）。

第 169-1 条　关于在组织和进行商品采购和招标中保护竞争的要求〔1〕

1. 商品采购的组织者、采购和招标的运营商，不得协调采购供应商和投标人的活动，若该行为导致或可能导致防止、限制或消除竞争。

2. 商品采购的组织者是指：

1）除哈萨克斯坦共和国国家银行及其部门外的国家机关、国家机构，

〔1〕 第 169-1 条经哈萨克斯坦共和国 2018 年 5 月 24 日第 156-Ⅵ号法律增补（自首次正式公布之日起 10 日后生效）、经哈萨克斯坦共和国 2020 年 6 月 29 日第 352-Ⅵ号法律修订（自首次正式公布之日起 10 日后生效）。

2）国有企业、50%以上投票权股份（在注册资本中的股份）属于国家的法人实体，关联法人实体、国家控股公司、50%以上的投票权股份（在注册资本中股份）直接或间接属于国有控股公司的组织，参与哈萨克斯坦共和国国家银行构成、50%以上的投票权股份（在注册资本中的股份）属于哈萨克斯坦共和国国家银行或为其委托管理的组织除外；

3）在大型矿藏地开采和按照哈萨克斯坦共和国地下资源和地下资源使用法规定的程序采购商品的地下资源使用者；

4）使用成本法批准的税费调节，并按照哈萨克斯坦共和国自然垄断法规定的程序购买商品自然垄断的主体，但小型自然垄断主体除外。

3. 采购和竞拍运营商是指通过交易或信息系统、商品交易所等交易平台直接进行竞拍，为竞拍提供组织和技术支持的人。但利用交易或信息系统、商品交易所和其他交易平台吸收自有资产和（或）为自己的需要和（或）为与其属于同一群体的市场主体的需要购买商品（作品、服务）提供组织和技术保证的人除外。

本条款第 1 段规定的采购和招标的运营商包括：

1）国家机关、国家机构、国有企业、50% 或以上投票权股（注册资本中的股份）属于国家的法人实体、与其关联的法人实体、国家管理控股公司、国家控股公司、50% 或以上的股份（注册资本中的股份）直接或间接属于国家管理控股公司、国家控股公司、国家公司的组织；

2）商品交易所和其他市场主体之间、政府机关之间或者政府机构与市场主体之间签订商品销售合同的交易平台和系统。

4. 商品采购的组织者（以电子形式进行的采购除外）和本条第 2 款第 3 项规定的、向授权的国家机构提供采购信息的地下资源使用者，和（或）根据哈萨克斯坦共和国法律授权的组织，向反垄断机构提供：

1）自批准之日起不迟于一个月提供年度采购计划，但在相关互联网资源上公布的除外；

2）每季度不迟于报告季度后一个月的 10 日，以反垄断机构批准的形式进行的采购信息。

5. 授权的国家机构和（或）授权组织，从本条第 2 款第 3 项规定的地下资源使用者处获得采购信息，应根据反垄断机构的要求，每季度不迟于报告季度下一个月的 10 日，提供对商品电子采购信息系统的永久访问权限，或在没有电子采购信息的情况下，按照反垄断机构批准的形式进行采购的信息。

6. 负责采购和招标的运营商，除以电子形式进行的采购和招标外，每季度不迟于报告季度次月的 10 日向反垄断机构提供有关招标的信息。

7. 应反垄断机构的要求，以电子形式进行的采购和投标的运营商提供永久访问权限：

1）向交易或信息系统、商品交易所等交易平台进行电子采购商品或交易，实时监控商品采购和交易情况；

2）与采购和招标过程有关的文件和其他信息。

第 170 条　市场主体的垄断协同行为[1]

1. 禁止从事商品生产、销售的市场主体进行旨在限制竞争的协同行动，包括以下行为：

1）规定和（或）维持价格或购买或销售商品的其他条件；

2）对商品的生产或销售进行不合理的限制；

3）无故拒绝与确定的卖方（供应商）或买方订立合同；

4）对与其他实体的同等合同适用歧视性条件。

2. 本条第 1 款规定的市场主体的行为，若综合起来满足下列条件，可视为协同行为：

1）限制竞争行为；

2）这些行为的结果符合每个市场主体的利益；

3）市场主体的行为由于其中一方的公开声明、或公开发布有关实施该行为的信息为市场主体提前知晓；

4）每一位上述市场主体的行为是由其他参与协调行动的市场主体的行为引起的；

5）市场主体的行为不是同等影响这些市场主体的情况的结果（哈萨克斯坦共和国税收和其他立法的变化、消费动态、自然垄断实体的服务税费、用于生产、销售的商品原料价格）；

6）市场主体在相关商品市场的总份额为 35%或以上。在这种情况下，一个市场主体在相关产品市场中所占份额的最小值应为 5%或以上。

3. 本条第 1 款规定的市场主体的行为，不论是否有书面协议，均视为协同行为。

4. 允许属于同一组别、并以下列为目的进行的协同行为：

1）通过推广先进技术、标准化、质量控制体系、环境保护来完善商品的生产（销售），为消费者提供相应的收益；

2）发展中小企业；

3）按标准化要求制定和应用文件。

第 171 条　市场主体协议草案的初步审议[2]

1. 拟达成由本法典第 169 条规定认定许可协议的市场主体，有权向反垄断机构提出申请，核实协议草案是否符合本法典第 169 条的要求，并以电子形式附上必要的文件。

2. 反垄断机构应在收到本条第 1 款规定的申请之日起 30 日内，对市场主体的协议草案是否符合本法第 169 条的要求作出决定。

第 172 条　支配或垄断地位[3]

1. 支配或垄断地位是指一个或多个市场主体在相关商品市场上的地位，给一个市场主体或多个主体提供控制相关商品市场的机会，包括对商品流通的总体条件产生重大影响。

---

[1] 第 170 条经哈萨克斯坦共和国 2016 年 12 月 28 日第 34-Ⅵ号法律（自 2017 年 1 月 1 日起生效）、2018 年 10 月 5 日第 184-Ⅵ号法律（自首次正式公布之日起 6 个月后生效）、2019 年 10 月 28 日第 268-Ⅵ号法律修订（自首次正式公布之日起 10 日后生效）。

[2] 第 171 条列入哈萨克斯坦共和国 2018 年 5 月 24 日第 156-Ⅵ号法律（自首次正式公布之日起 10 日后生效）。

[3] 第 172 条经哈萨克斯坦共和国 2016 年 12 月 28 日第 34-Ⅵ号法律修订（自 2017 年 1 月 1 日起生效）。

2. 市场主体的支配地位由反垄断结构批准的《商品市场竞争环境状况分析评估方法》确定。

3. 在相关商品市场的份额达到35% 或以上的市场主体，若该市场主体总体上具备下列情形，则视为该市场主体处于支配地位：

1）市场主体具有单方面决定产品价格水平并对在产品市场上销售商品的一般条件产生决定性影响的能力；

2）对于进入商品市场存在经济、技术、行政或其他方面的限制；

3）市场主体对商品市场上商品流通的一般条件产生决定性影响的能力存在的时限。

市场主体占百分之50%和以上份额的，不考虑本条款第1段第1项、第2项和第3项所列情形，视为该市场主体具有支配地位。

4. 若在相关商品市场中拥有最大份额的不超过三个市场主体的份额合计占50%或以上或不超过四个市场主体的总份额在相关商品市场拥有最大份额占70 %或以上，根据下列情形综合认定多个市场主体各自具有支配地位：

1）在较长时期内（至少1年，若该期限不足1年，则在相关商品市场的生命周期内），市场主体所占份额的相对规模不变或略有变化；

2）市场主体销售或购买的商品在消费时（包括为生产目的消费时）无法被其他商品替代；

3）在相关商品市场上销售该产品的价格和（或）条件的信息可供不确定的人群使用。

5. 在下列情形中，金融机构视为具有支配地位：

1）在相关金融服务市场中拥有最大份额的两家金融组织的份额合计达到50%及以上；

2）在相关金融服务市场中拥有最大份额的三家金融组织的份额合计达到70%及以上。

6. 根据本条第4款、第5款规定，在相关商品市场，包括相关金融服务市场上份额不超过15%的市场主体，不视为具有支配地位。

7. 自然垄断主体、国家垄断主体以及在相关商品市场中占有100%支配份额的市场主体（具有垄断地位的主体），均视为具有支配地位。

8. 市场主体有权向反垄断执法机构提交不能认定该市场主体在商品市场上具有支配地位的证据。

反垄断机构自收到之日起15个工作日内审议所提交的证据，作出适当决定，并将决定发送至市场主体。

第173条　在受调节市场居于支配或垄断地位的市场主体的国家登记簿的建立和维护[1]

1. 在受调节市场居于支配或垄断地位的市场主体的国家登记簿，是在受调节市场中居于支配地位或垄断地位的市场主体清单，由哈萨克斯坦共和国关于自然垄断和受调节市场法律规定。

2. 在受调节市场居于支配或垄断地位的市场主体的国家登记簿的批准和修改按照反

[1] 根据哈萨克斯坦共和国2015年10月29日第375-Ⅴ号法律，第173条的效力至2017年1月1日。

垄断机构的决定进行。

3. 在受调节市场居于支配或垄断地位的市场主体的国家登记簿按反垄断机构确定的程序批准。

4. 反垄断机构决定将市场主体纳入在受调节市场居于支配或垄断地位的市场主体国家登记簿。自反垄断机构作出将市场主体纳入（剔除）登记簿的决定起10个工作日内，将登记簿摘录发送至调节机构。

5. 在受调节市场居于支配或垄断地位的市场主体的国家登记簿中，包括作为一个统一市场主体的一组人，在这一情况下所指的是加入这一组别、在相关商品市场进行活动的所有个人和（或）法人实体。

6. 将市场主体纳入和从在受调节市场居于支配或垄断地位的市场主体的国家登记簿中剔除，均按反垄断机构批准的规则进行。

第174条　滥用支配或垄断地位[1]

禁止居于支配地位或垄断地位的市场主体的行为（包括不作为）导致或正在导致限制相关商品市场准入、防止、限制和消除竞争，和（或）侵犯市场主体或不确定范围的消费者的合法权益，包括以下行为：

1）规定、维持垄断性高（低）价或单一低价；

2）无客观正当理由，对与市场主体或消费者的同等合同采用不同价格或不同条件，但因生产、销售和交付商品的成本不同而使用不同价格，根据销售量、付款条件、合同有效期的非歧视性折扣系统的应用的情况除外；

3）对从他处购买的商品的转售设置限制，包括地域、买家圈、购买条件以及数量、价格等；

4）市场主体或消费者接受在内容上或按照商业惯例与本协议标的物无关的附加义务，从而促成或强制协议的订立；

5）无理拒绝或逃避与个别买家签订合同或销售商品，若相关产品在流通时有生产或销售的可能性，表现为未能在超过30日期限内对缔结此类合同的建议作出回应。

在这种情况下，如果买方在提出要求时没有生产或销售所需的商品数量，包括与签订相关商品的出售合同有关，则拒绝或规避视为是合理的；

6）通过接受对购买竞争对手生产或销售的商品的限制来调节商品供应；

7）在能够生产或供货的情况下，不合理减少有消费需求和市场主体订货的商品的生产和（或）供应量，或停止生产和（或）供应商品；

8）商品退出流通，若退出的结果是商品价格上涨；

9）将与合同标的无关、经济或技术上不合理的合同条款强加给对方；

10）为其他市场主体进入或退出商品市场设置障碍；

11）以经济、技术或其他不合理方式为同一产品制定不同的价格（税费），创造歧视性条件。

---

〔1〕第174条经哈萨克斯坦共和国2016年12月28日第34-Ⅵ号法律（自2017年1月1日起生效）、2018年5月24日第156-Ⅵ号法律修订（自首次正式公布之日起10日后生效）。

第 175 条　商品的垄断高价和垄断低价[1]

1. 商品的垄断高价是指居于主导地位或垄断地位的市场主体设定的价格，如果该价格超过生产和销售该商品所需的成本和利润额，以及该价格是在可比商品市场的竞争条件下形成，包括通过以下方式确定：

1）通过提高之前确定的商品价格，若总体上满足以下条件：

生产和销售商品所必需的支出保持不变，或者其变化与货物价格的变化不成比例；

商品的卖方或买方的构成未发生变化，或商品卖方或买方的构成变化不明显；

商品市场上商品流通的条件，包括税收、海关关税、关税和非关税调节等国家调控措施规定的条件保持不变，或者其变化与商品价格的变化不成比例。

2）若总体上满足以下条件，则不需通过降低之前确定的商品价格：

生产和销售商品所需的支出显著下降；

商品的卖家或买家的构成决定了商品价格下调的可能性；

商品市场上商品流通的条件，包括由国家调控措施规定的条件，包括税收、海关关税、关税和非关税调控，为商品价格下调提供了可能。

2. 商品市场是指商品（包括外国商品）流通领域，该领域不可能被其他商品或可相互替代的商品所替代，在该领域边界内（包括地理边界），由于经济、技术或其他可能性或权宜之计，采购方可以购买商品，而在该边界之外则没有这种可能性或权宜之计。

3. 可比商品市场是指在所出售商品的销量、商品买者或卖者（供应商）构成、商品买卖目的、市场准入条件等方面具有可比性的另一个商品市场。

若无法比较同一商品市场上的价格，则可与可比商品市场（包括哈萨克斯坦共和国境外）上的商品价格进行比较。

若无法确定在可比商品市场竞争条件下形成的或可比商品市场上（包括哈萨克斯坦共和国境外）的价格，则应对市场主体的成本和利润进行分析，并确定商品的合理价格。

4. 根据哈萨克斯坦共和国法律，对市场主体设立的商品垄断高价不予承认。

4-1. 在商品交易所电子交易平台进行正当交易过程中形成的交易所商品价格，若该价格不是从事由本法典限制的垄断活动而确定的，则不视为垄断高（低）价。

交易所商品的价格在商品交易所和电子交易平台正常进行的交易过程中，如未超过当期现行价格，不属于反垄断部门认定的垄断性高价。

5. 商品的垄断低价是指居于主导地位或垄断地位的市场主体设定的价格，如果：

1）该价格低于不属于居于主导地位的同一群体的市场主体在同一商品市场上制定的价格；

2）该价格低于生产和销售该商品的实际支出额。

6. 商品价格不符合本条第 5 款规定标准的至少一项，不视为垄断低价商品。根据哈萨克斯坦共和国法律，为市场主体设立的价格不视为商品的垄断低价。

---

〔1〕 第 175 条经哈萨克斯坦共和国 2018 年 5 月 24 日第 156-Ⅵ号法律（自首次正式公布之日起 10 日后生效）、2019 年 4 月 2 日第 241-Ⅵ号法律（在首次正式公布之日起 10 日后生效）、2019 年 10 月 28 日第 268-Ⅵ号法律（自首次正式公布之日起 10 日后生效）、2020 年 6 月 29 日第 352-Ⅵ号法律修订（自首次正式公布之日起 10 日后生效）。

7. 根据本条第 1 款确定商品的垄断高价时，应根据同类商品在世界市场和哈萨克斯坦共和国市场上设定的交易所和场外交易价格指数确定。

第 176 条　垄断地位和垄断低价

1. 垄断地位是指居于主导地位或垄断地位、作为买方的市场主体其在相关商品市场的份额达到 70%以上。

2. 垄断低价系指居于垄断地位的市场主体获得商品的价格，如果：

1）该价格使居于垄断地位的市场主体得以通过降低生产和（或）销售成本而获得额外收入，但以向其出售商品的市场主体为代价；

2）该价格低于市场主体销售该商品所需的金额、该商品的生产和销售成本及利润。

3. 商品价格不符合本条第 2 款规定的至少一项标准，则不视为垄断低价。

第十六章　不正当竞争

第 177 条　不正当竞争的概念

1. 不正当竞争是指任何旨在获得或提供非法优势的竞争行为。应禁止不正当竞争。

2. 不正当竞争包括以下行为：

1）非法使用商品、工程、服务以及版权对象的个别化手段；

2）非法使用其他制造商的商品；

3）复制产品外观；

4）抹黑市场主体；

5）故意发布虚假、不真实和不可靠的广告；

6）销售（购买）强制分类的商品；

7）呼吁抵制作为竞争对手的卖方（供应商）；

8）呼吁歧视买方（供应商）；

9）呼吁市场主体与竞争者解除合同；

10）贿赂卖方（供应商）的雇员；

11）贿赂买方雇员；

12）非法使用构成商业秘密的信息；

13）向消费者提供关于生产性质、方法和生产地点、消费特性、商品质量和数量以及（或）其制造商的虚假信息来销售商品；

14）市场主体将其生产和（或）销售的商品与其他市场主体生产和（或）销售的商品进行错误比较。

第 178 条　非法使用商品、作品、服务和版权对象的个别化手段[1]

非法使用商品、作品、服务和版权对象的个别化手段是非法使用他人的商标、服务标识、厂家名称、商品原产地名称或类似商品的类似名称，或未经合法所有人许可使用文学、艺术作品、期刊的名称，或它们在包装上的使用可能会在以上各方面误导消费者。

---

〔1〕 第 178 条经哈萨克斯坦共和国 2018 年 6 月 20 日第 161-Ⅵ号法律修订（自首次正式公布之日起 10 日后生效）。

（此处简化）

第 179 条　非法使用其他厂商的商品

非法使用其他生产商的商品，是指未经著作权人或其授权人许可，通过变更或者删除生产商标识，将其他生产企业的商品冠以自己的标识投入经济流通的行为。

第 180 条　复制产品外观

1. 复制产品外观，是指复制其他市场主体的产品外观并投入经营流通，该复制可能误导消费者对该产品生产商的认识。

2. 仅出于功能用途而复制产品或其部件的外观不视为违法行为。

第 181 条　诋毁市场主体

诋毁市场实体是指以任何形式传播与市场实体活动相关的虚假、不准确信息。

第 182 条　明知虚假、不公平和误导性的广告

根据哈萨克斯坦共和国法律认定不公平、不可靠和故意虚假广告的特征。

第 183 条　销售（购买）强制分类商品

具有强制性分类的商品的销售（购买）是卖方（供应商）或买方为销售（购买）商品规定附加要求或条件的任一行为，这些行为侵犯了卖方（供应商）、消费者的权利，其内容或按照营业惯例与交易标的无关。

第 184 条　呼吁抵制卖方（供应商）竞争对手

呼吁抵制卖方（供应商）竞争对手或其商品，是竞争方直接或通过中介组织实施的旨在使买方拒绝与卖方（供应商）竞争对手建立合同关系或购买其商品的行为。

第 185 条　呼吁歧视买方（供应商）

呼吁歧视买方（供应商）是指买方（供应商）直接或通过中介组织实施的旨在迫使供应商（买方）拒绝签订合同，或对其他买方（供应商）的同等合同适用歧视性条件的行为。

第 186 条　呼吁与竞争对手解除合同

呼吁与竞争对手解除合同是指市场主体旨在不履行或不当履行另一市场主体（与竞争对手签订合同的参与者）的合同义务，通过提供或建议直接或通过中介组织提供物质报酬、其他利益或者无理阻碍市场主体开展活动的行为。

第 187 条　贿赂卖方（供应商）雇员

对卖方（供应商）雇员的贿赂是指买方的竞争对手直接或通过中介向卖方（供应商）的雇员提供财产或非财产利益，以供卖方（供应商）的雇员不当履行或不履行公务，由此导致或可能导致买方的竞争对手获得某些优于买方的优势和（或）使买方受损。

第 188 条　贿赂买方雇员

贿赂买方雇员是指卖方（供应商）竞争对手向买方雇员直接提供财产或通过非财产利

益使其不当履行或不履行公务，导致或可能导致卖方（供应商）竞争对手获得优于卖方（供应商）的某些优势和（或）使卖方（供应商）亏损。

第 189 条　非法使用构成商业秘密的信息

非法使用构成商业秘密的信息是指在企业活动过程中，未经权利人许可，使用哈萨克斯坦共和国法律规定构成商业秘密的信息。

第 190 条　向消费者提供有关生产性质、方法和地点、消费者特性、商品质量和数量和（或）制造商的不准确信息的商品销售

提供不准确信息的商品销售是指以任何方式向消费者提供有关商品的性质、方法和生产地点、消费者财产、质量和数量和（或）其制造商的不准确信息。

第 191 条　市场主体对其生产和（或）销售的商品与其他市场主体生产和（或）销售的商品进行错误比较

市场主体对其生产和（或）销售的商品与其他市场主体生产和（或）销售的商品进行错误比较，是指在没有书面证据证明他们的商品优于竞争对手的商品（将自己的商品排在竞争对手的商品之前）的情况下，通过任何方式，包括使用最高级方式，借助任何公开声明、声明、证明等公开手段，将其商品与其他市场主体的商品进行比较（在商品中排名）。

第十七章　国家参与经营活动

第 192 条　国家参与经营活动的理由[1]

1. 国家在下列情况下参与经营活动：

1）没有其他保障国家安全、国家国防能力或保护社会利益的机会；

2）国有战略设施的使用和维护；

3）在与国家垄断有关的领域开展活动；

4）相关商品市场缺乏竞争或竞争程度低；

5）以前设立的国有企业、超过 50% 的股份（在注册资本中的股份）为国家所有的法人实体，以及关联人员开展的活动。

国有企业、超过 50% 的股份（在注册资本中的股份）为国家所有的法人实体及其关联人员开展的活动类型清单，由哈萨克斯坦共和国政府批准。

2. 国家通过以下方式参与经营活动：

1）创建国有企业（国有经营）；

2）直接或间接参与法人实体的注册资本。

3. 50%以上股份（在注册资本中的股份）为国家所有的法人实体及其关联人员无权设

［1］ 第 192 条经哈萨克斯坦共和国 2016 年 12 月 28 日第 34-Ⅵ号法律（自 2017 年 1 月 1 日起生效）、2018 年 5 月 24 日第 156-Ⅵ号法律（自首次正式公布之日起 10 日后生效）、2020 年 6 月 29 日第 352-Ⅵ号法律修订（自首次正式公布之日起 10 日后生效）。

立子公司开展私人经营主体和50%以上股份（参与授权资本的股份）属于国家的法人实体及其关联人已经在商品市场上从事的活动，但本条第1款第1段第1项、第2项规定的情况除外。

4. 国有企业、50%以上股份（在注册资本中的股份）为国家所有的法人实体及其关联人员，经反垄断机构的同意，将在哈萨克斯坦共和国领土上开展活动。

根据本法典规定的标准，禁止创建50%以上的股份（在注册资本的股份）为国家所有的法人实体，以及其关联人员属于国家参与其中的小型经营实体。

扩大和（或）改变国有企业、50%以上股份为国家所有（在注册资本中的股份）的法人实体，以及将在哈萨克斯坦共和国境内开展活动的关联人员的活动类型，必须得到反垄断机构同意。

5. 创建25%以上股份（在注册资本中的股份）属于国家的法人实体，和将在哈萨克斯坦共和国领土上开展活动的关联人员，将在考虑项目的投资回收期，随后出售股份（注册资本中的股份）的情况下进行。

6. 在本条第4款规定的情况下，决定成立国有企业、50%以上的股份（在注册资本中的股份）属于国家的法人实体的机构及将在哈萨克斯坦共和国境内开展活动的关联人员，应向反垄断机构提交申请，并按提供反垄断机构规定的格式提供证明材料。

自收到申请之日起60日内，反垄断机构应：

1）考察计划在其中创建国有企业、50%以上的股份（在注册资本中的股份）为国家所有的法人实体，以及将在哈萨克斯坦共和国境内开展活动的关联人员的商品市场；

2）就这些商品市场的竞争发展水平提出意见，包括国有企业、50%以上的股份（在注册资本中的股份）为国家所有的法人实体、关联人员在该商品市场上的存续时间；

3）向提交申请的机构发送合理的决定。

7. 若创建会导致竞争受限，则反垄断机构有权拒绝创建国有企业、50%以上的股份（在注册资本中的股份）属于国家的法人实体，以及将在哈萨克斯坦共和国境内开展活动的关联人员的同意书。

8. 国有企业、50%以上的股份（在注册资本中的股份）属于国家的法人实体的创建、扩展和（或）正在进行的活动类型发生变化，以及关联人员未经反垄断机构同意在哈萨克斯坦共和国境内从事经营活动，反垄断机构将对这些行为提起诉讼。

9. 本条第4款第1项及第2项、第5款、第6款、第7款、第8款的要求，仅适用于本条第1款第1部分第4项、第5项规定的情况。

第193条　国家垄断[1]

1. 国家垄断是国家以本法典规定的方式，在竞争市场上生产、销售或购买某种产品的专有权利。

2. 国家有权限制在以下活动领域的竞争活动：在可能对宪法制度、国家安全、公共秩序保护、人权和人的自由、居民健康状况产生负面影响的竞争性市场中销售商品活动领

---

〔1〕 第193条经哈萨克斯坦共和国2017年12月28日第128-Ⅵ号法律（自首次正式公布之日起10日后生效）、2020年6月25日第347-Ⅵ号法律修订（自首次正式公布之日起10日后生效）。

域的竞争，通过法律强制执行国家制造和（或）销售、购买或使用产品的专有权。

第 3 款的生效程序见哈萨克斯坦共和国 2015 年 10 月 29 日第 375-Ⅴ号法律第 324 条第 12 款。

3. 专有权的实施是通过创造国家垄断主体来实现的。除国家公司—公民政府、社会健康保险基金、国家技术服务机构外，国家垄断主体只能是根据哈萨克斯坦共和国政府的决定，由哈萨克斯坦共和国政府或州、共和国级城市和首都的地方执行机构创建的国有企业。

4. 国家垄断主体不得：

1）生产不属于国家垄断领域的商品，但与商品生产技术相关的活动除外；

2）拥有股份（参与注册资本的股份），以及以其他方式参与法人实体的活动；

3）转让与国家垄断有关的权利；

4）为其生产或销售的商品制定与哈萨克斯坦共和国法律规定的价格不同的价格。

第 4 款第 1 段的生效程序见哈萨克斯坦共和国 2015 年 10 月 29 日第 375-Ⅴ号法律第 324 条第 13 款。

本条款第 1 段第 1 项、第 2 项规定的限制不适用于国家公司—公民政府、社会医疗保险基金和国家技术服务机构。

在发生自然灾害、流行病、动物流行病以及存在阻碍主要活动进一步继续进行的限制的情况下，根据哈萨克斯坦共和国政府的决定，授予国家垄断主体在主要活动恢复之前，从事在技术上与主要活动类型相近的其他类型活动的权力。

5. 国家对国家垄断主体活动的调节根据哈萨克斯坦共和国法律进行。

5-1. 与商品、工程、服务生产相关的技术性活动类型清单，由负责国家管理的相关部门（领域）的国家机构与反垄断机构协商批准。

6. 由反垄断机构根据本法典的规定，对国家垄断主体遵守本条第 4 款规定的限制情况实施监控。

7. 实行国家垄断时，应遵守以下条件：

1）必须在本决定生效前至少 6 个月通知市场主体；

2）实行国家垄断后 6 个月内，从事该商品生产、销售或使用的市场主体，有权销售该商品，但超过上述期限完成的交易除外；

3）根据哈萨克斯坦共和国的民事法律，市场主体对因引入国家垄断而造成的损失进行赔偿。

8. 本条规定不适用于统一累积养老基金的活动。

第十八章　竞争保护

第 194 条　国家和地方执行机构、被国家赋予调节市场主体活动职能的组织的垄断行为〔1〕

1. 按照哈萨克斯坦共和国法律规定的程序，国家、地方执行机构、被国家赋予调节

〔1〕 第 194 条列入哈萨克斯坦共和国 2016 年 12 月 28 日第 34-Ⅵ号法律（自 2017 年 1 月 1 日起生效）。第 194 条经哈萨克斯坦共和国 2016 年 12 月 28 日第 34-Ⅵ号法律修订（自 2017 年 1 月 1 日起生效）。

市场主体活动（这些活动导致或可能导致限制或消除竞争）职能的组织的垄断行为（包括不作为）全部或部分被禁止和无效，但哈萨克斯坦共和国法律规定的为保护宪法秩序，保护公共秩序、人权和自由、人民的健康和道德的情况除外。

2. 以下行为视为国家和地方行政机关、被国家赋予调节市场主体活动职能的组织的垄断行为（包括不作为），包括：

1）对在任何活动领域创建市场主体实行限制；

2）对市场主体活动进行无理阻挠；

3）对商品自由流通规定禁令或进行限制，对市场主体销售商品权利规定其他限制；

4）向市场主体发出对某一类买方优先供货、或优先从某些卖方（供应商）采购商品、或优先签订合同的指示；

5）对商品购买者设定选择供应此类商品的市场主体的限制；

6）旨在提高、降低或维持价格的行为；

7）以地域原则、商品买卖量、被销售商品种类、卖者（供应者）或买者构成原则，划分商品市场的行为；

8）限制商品市场准入、退出或者淘汰市场主体；

9）向某些市场主体提供优惠或其他优势，使其相对于竞争对手处于特权地位，或与竞争对手相比，创造不利或歧视性的活动条件；

10）直接或间接胁迫市场主体优先订立合同、优先向特定消费群体供应商品或优先从特定销售者（供应商）购买商品。

3. 禁止在国家和地方行政机关、地方自治机关、被国家赋予调节市场主体活动职能的组织之间，或者它们与市场主体之间签署协议，若这些协议导致或可能导致限制或消除竞争，哈萨克斯坦共和国法律规定的为保护宪法秩序、公共秩序、人权和自由、居民健康和平等，以及哈萨克斯坦共和国批准的国际条约的情况除外。

4. 针对哈萨克斯坦共和国国家银行违反哈萨克斯坦共和国竞争保护法律行为的调查结果的结论草案，应在调查结束前至少30日以信函形式提交或通知调查对象。

5. 若不同意在竞争保护领域违反哈萨克斯坦共和国法律行为调查结果的结论草案中的论点，以及哈萨克斯坦共和国国家银行在调查完成前至少20日内，反垄断机构的官员向调解委员会提交关于违反哈萨克斯坦共和国在竞争保护法律的调查结论草案，委员会中包括哈萨克斯坦共和国国家银行和反垄断机构的代表。

6. 调解委员会应在自提交之日起5日内审议提交的意见草案，以确保其证据的完整性和质量，证明违反哈萨克斯坦共和国竞争保护领域立法，并邀请参加调查的人参加会议。

7. 调解委员会根据结论草案的审议结果，对有（无）意见提出意见和建议。

若对结论草案的意见被反垄断机构接受，则对其定稿，并在5日内重新提交调解委员会审议。

若反垄断机构不接受对结论草案的意见，则向调解委员会提交不同意的理由。

反垄断机构批准结论的决定是在调解委员会对结论草案未提出意见的情况下作出，并由反垄断机构在调查完成之日起10日内制定命令。

8. 调解委员会的行动程序及其组成由反垄断机构与哈萨克斯坦共和国国家银行协商确定。

第 195 条　防止违反哈萨克斯坦共和国竞争保护法律[1]

为防止违反哈萨克斯坦共和国竞争保护法律，反垄断机构应进行：

1）商品市场竞争状况分析；

2）调节经济集中度；

根据哈萨克斯坦共和国 2015 年 10 月 29 日第 375-Ⅴ号法律，第 3 项的效力至 2017 年 1 月 1 日。

3）对居于支配或垄断地位的市场主体的活动进行监控；

4）对商品市场价格进行监控。

第 195-1 条　反垄断合规[2]

1. 反垄断合规是防止违反哈萨克斯坦共和国竞争保护法律的措施体系。

2. 为实施反垄断合规，市场主体（多个主体）有权接受反垄断合规文件：

1）规定市场主体（多个主体）在相关商品市场公平竞争的政策和规则的外部文件；

2）规定市场主体（多个主体）风险评估方法、组织工作程序的内部文件，以管理违反哈萨克斯坦共和国竞争保护领域立法的风险。

3. 市场主体（多个主体）有权向反垄断机构提交外部反垄断合规文件草案，以制定遵守哈萨克斯坦共和国在竞争保护领域的立法，并自收到外部反垄断合规文件草案之日起 1 个月内对其进行审议。

4. 反垄断机构审议的外部反垄断合规文件草案，在确定其符合哈萨克斯坦共和国竞争保护法律规范的情况下，是解读哈萨克斯坦共和国关于特定市场主体（多个特定市场主体）或特定形势的保护竞争法律的文件。

第 196 条　商品市场竞争状况的分析[3]

1. 对商品市场竞争状况进行分析，以确定竞争程度，查明居于主导地位或垄断地位的市场主体，制定一整套旨在保护和发展竞争、防止限制竞争和压制垄断活动的措施，包括在以下情况下：

1）调节经济集中度；

2）在审议反竞争协议和协同行动、滥用支配地位或垄断地位的迹象时确定市场主体的支配地位份额；

3）确立国家参与经营环境的合理性。

2. 对商品市场竞争状况的分析，按照反垄断机构批准的市场竞争状况分析方法，和负责金融市场和金融组织调节监控的授权机构同意，经反垄断机构批准的对金融组织竞争

---

〔1〕 第 195 条经哈萨克斯坦共和国 2018 年 5 月 24 日第 156-Ⅵ号法律（自首次正式公布之日起 10 日后生效）、2020 年 6 月 29 日第 352-Ⅵ号法律修订（自首次正式公布之日起 10 日后生效）。

〔2〕 第 195-1 条经哈萨克斯坦共和国 2016 年 12 月 28 日第 34-Ⅵ号法律增补（自 2017 年 1 月 1 日起生效）；经哈萨克斯坦共和国 2019 年 10 月 28 日第 268-Ⅵ号法律修订（自首次正式公布之日起 10 日后生效）。

〔3〕 第 196 条经哈萨克斯坦共和国 2016 年 12 月 28 日第 34-Ⅵ号法律（自 2017 年 1 月 1 日起生效）、2018 年 5 月 24 日第 156-Ⅵ号法律（自首次正式公布之日起 10 日后生效）、2019 年 7 月 3 日第 262-Ⅵ号法律修订（自 2020 年 1 月 1 日起生效）。

状况进行分析的方法进行。

分析商品市场竞争状况的期限不超过 12 个月。

3. 对商品市场竞争状况分析包括以下几个阶段：

1）确定商品互换性的标准；

2）确定商品市场的边界；

3）确定商品市场研究的时间间隔；

4）确定商品市场经营的市场主体的构成；

5）计算商品市场的交易量和市场主体的份额；

6）商品市场竞争环境状况评估；

7）确定证明商品市场存在影响市场主体发展竞争活动的障碍、困难或其他限制的事实和迹象，包括确定商品市场准入壁垒；

8）基于对商品市场竞争状况的分析结果得出的结论，这些结果反映在结论中。

4. 商品市场的边界决定了消费者购买产品或可互换产品的区域，若该产品由于经济、技术和其他原因在特定区域外购买不方便。

本法典第 8 条、第 90-6 条、第 120 条、第 160 条至第 231 条所称商品，是指民用流通对象的商品、工程、服务。

可互换商品系指在功能、用途、质量和技术特性、价格等参数上具有可比性，消费者在消费（生产）过程中可以相互替代的一组商品。

5. 商品市场的边界根据以下标准根据采购商品的可得性确定：

1）在本地区购买商品的可能性；

2）运输成本相对于货物价值的有效性和合理性；

3）在运输过程中保持商品的质量、可靠性和其他消费特性；

4）对商品的买卖、进出口没有设限（禁止）；

5）在进行商品销售、供应的领土内存在平等的竞争条件。

6. 经哈萨克斯坦共和国 2016 年 12 月 28 日第 34-Ⅵ号法律删除（自 2017 年 1 月 1 日起生效）。

7. 商品市场量是指商品市场主体在市场范围内，按实物指标或价值指标销售商品或可互换商品量，并考虑商品或可互换商品的进出口量。

市场主体将其部分产品用于自身需要时，仅将在商品市场上销售的商品计入销售量。

8. 市场主体在相关商品市场的份额，是指市场主体在市场地域范围内销售的商品或可互换商品的销售量与相关产品市场总量的比值。

9. 若有来自供应量占总供应量的 85%以上的市场主体的信息，则可以确定市场主体的份额。

10. 应反垄断机构的要求，市场主体、其协会和领导人、国家机构、地方执行机构，包括国家统计领域的授权机构、国家税务机构及其官员，有义务提供可靠的文件、书面和口头说明以及其他信息，包括构成商业秘密的信息，这是反垄断机构在反垄断机构规定的期限内行使本法典规定的权限所必需的，该期限不得少于 5 个工作日。

11. 在调节经济集中度，以及识别反竞争协议和协同行动、滥用主导或垄断地位的迹象，以确定市场主体的主导份额时，应对商品市场的竞争状况进行分析，但不包括本条第

3 款第 6 项、第 7 项规定的阶段。

在查明滥用主导地位或垄断地位的迹象时，如果对商品市场竞争状况分析表明，市场主体的份额超过 35%但低于 50%，或存在市场主体的总体支配，则对商品市场竞争环境的分析和评估将按照本条第 3 款规定的所有阶段进行。

基于本条第 3 款规定的阶段的分析，以确定国家参与商业环境可行性，包括对国有企业和 50%以上股份属于国家（在注册资本中的股份）的法人实体、关联法人实体参与商品市场的可行性进行评估，但由本法典、哈萨克斯坦共和国法律、哈萨克斯坦共和国总统令或哈萨克斯坦共和国政府令直接规定的情况除外。

12. 对商品市场竞争状况的分析基于国家统计领域的授权机构、政府机构、市场实体及其协会提供的信息，以及根据本条第 9 款提供的信息进行。

市场主体有权向反垄断机构提交其对市场调查结果，反垄断机构也可以在分析过程中使用。

根据哈萨克斯坦共和国 2015 年 10 月 29 日第 375-Ⅴ号法律，第 197 条的效力至 2017 年 1 月 1 日。

第 197 条　对在受调节市场居于主导地位或垄断地位的市场主体活动的监测

1. 对在受调节市场居于主导地位或垄断地位的市场主体活动进行监测的目的在于识别和制止与滥用支配地位或垄断地位相关的违法行为，但哈萨克斯坦共和国自然垄断和受调节市场法规定的市场违法行为除外。

2. 列入市场主体国家登记簿、在受调节市场居于主导地位或垄断地位的市场主体，应向反垄断机构提交：

1）依照哈萨克斯坦共和国年末审计活动法，进行强制性年度审计的市场主体的审计财务报表——期限至下一年 8 月 31 日；

2）关于出售或转让其 10% 或更多投票权股（在注册资本中的股份）的季度信息——至报告日后的第 15 天；

3）垄断类型产品的季度信息，包括产量和销售量、出厂价格和以反垄断机构确定的形式销售的垄断商品的盈利水平——至报告日后的第 15 天。

第 198 条　禁止违反哈萨克斯坦共和国竞争保护法律的警告

1. 为防止违反哈萨克斯坦共和国竞争保护法律，反垄断机构向市场主体、国家机构、地方执行机构的官员发出书面警告，禁止可能导致违反哈萨克斯坦共和国竞争保护法律的行为。

2. 发出警告的依据是市场实体、国家机构、地方执行机构的官员关于在商品市场计划行为的公开声明，若该行为可能导致违反哈萨克斯坦共和国竞争保护法律，并且没有理由进行调查。

3. 发出警告的决定由反垄断机构负责人在不迟于反垄断机构获悉市场主体、国家机构、地方执行机构官员关于商品市场的计划行为的公开声明之日起 10 个工作日内作出。

4. 警告内容应包括：

1）关于存在发出警告的理由的结论；

2）可能被违反的哈萨克斯坦共和国竞争保护法律规范。

第 199 条　存在违反哈萨克斯坦共和国竞争保护法律行为迹象的通知〔1〕

1. 存在不正当竞争、滥用主导或垄断地位等迹象，但本法典第 174 条第 1 项指出的市场主体存在反竞争协同行为迹象、本法典第 169 第 2 款指出的市场主体反纵向竞争协议迹象，以及国家和地方执行机构、被国家赋予国家调节市场主体活动职能的组织的反竞争行为（不作为）迹象除外，反垄断机构应向市场主体、国家和地方执行机构、被国家赋予调节市场主体活动职能的组织发出存在违反哈萨克斯坦共和国法律的行为（包括不作为）迹象的通知。

通知应当自反垄断执法机构获悉存在这些迹象之日起 10 个工作日内发出。

发出通知的程序和形式由反垄断机构批准。

2. 如果被国家赋予调节市场主体活动职能的组织、国家和地方执行机构、市场主体未能在本条第 2-1 款中规定的期限内停止通知中指出行为（包括不作为），反垄断机构将作出调查决定。

2-1. 执行通知和提供执行信息的截止日期为：被国家赋予调节市场主体活动功能的组织、国家和地方执行机构、市场主体接到通知之日起 30 日。

如果需要额外的时间和组织成本，被国家赋予调节市场主体活动功能的组织、国家和地方执行机构、市场主体有权在不迟于执行通知期限届满前 3 个工作日向反垄断机构申请延长通知执行期限。

被国家赋予调节市场主体活动职能的组织、国家、地方执行机构、市场主体的声明中，必须按强制程序阐述将采取的执行通知的措施和延长执行通知期限的原因。

反垄断机构自收到申请之日起 3 个工作日内，考虑申请书提出的理由，作出延长通知执行期限或拒绝延长通知的决定，并说明理由。

3. 若在发出通知之日起的 1 年内，反垄断机构在同一市场主体的作为（包括不作为）中发现本条第 1 款所列举存在违反哈萨克斯坦共和国竞争保护法律的同样迹象，反垄断机构可以在不发通知的情况下作出调查决定。

第 200 条　经济集中化〔2〕

1. 为防止出现垄断地位和（或）限制竞争，市场主体进行本法典第 201 条第 1 款第 1 项、第 2 项、第 3 项规定的交易（行为），须经反垄断机构预先同意，或将进行本法典第 201 条第 1 款第 4 项、第 5 项规定的交易（行为）通知反垄断机构。

2. 拟实施或已经实施经济集中的市场主体向反垄断机构提出发放经济集中同意申请，

---

〔1〕 第 199 条标题列入哈萨克斯坦共和国 2020 年 6 月 29 日第 352-Ⅵ号法律（自首次正式公布之日起 10 日后生效）。第 199 条经哈萨克斯坦共和国 2016 年 12 月 28 日第 34-Ⅵ号法律（自 2017 年 1 月 1 日起生效）、2018 年 5 月 24 日第 156-Ⅵ号法律（自首次正式公布之日起 10 日后生效）、2020 年 6 月 29 日第 352-Ⅵ号法律修订（自首次正式公布之日起 10 日后生效）。

〔2〕 第 200 条列入哈萨克斯坦共和国 2018 年 5 月 24 日第 156-Ⅵ号法律（自首次正式公布之日起 10 日后生效）。第 200 条经哈萨克斯坦共和国 2016 年 12 月 28 日第 34-Ⅵ号法律（自 2017 年 1 月 1 日起生效）、2018 年 5 月 24 日第 156-Ⅵ号法律（自首次正式公布之日起 10 日后生效）、2019 年 4 月 2 日第 241-Ⅵ号法律修订（自 2019 年 7 月 1 日起生效）。

或按本法规定的方式将完成的经济集中化通知反垄断机构。

3. 拟实施或已经实施本法典第201条第1款第4项、第5项指定的经济集中化的市场主体，有权按照本法典规定的程序，向反垄断机构申请获得预先同意。

4. 如果经济集中化是通过竞争性程序（拍卖、招标、竞争）进行的，申请可以在竞争性程序开始之前和之后提交，但不迟于宣布获胜方之日起30日，但是哈萨克斯坦共和国法律另有规定的除外。

5. 在本法典第201条第1款第1项、第3项规定的情形下，市场主体的国家登记、再登记、不动产权利，经反垄断机构的同意，由国家公司—公民政府办理。

6. 未经反垄断机构同意而实施的经济集中化，导致市场主体或群体垄断地位的确立和（或）限制竞争的，根据反垄断机构的诉讼，法院可以认定无效。

违反本条规定进行的国家注册、市场实体的重新注册、不动产权利，可根据反垄断机构的诉讼，在法庭上被认定为非法而被取消。

第201条　经济集中化调节[1]

1. 经济集中化认定：

1）通过并购或联合重组市场主体；

2）个人（多群人）收购市场主体的投票权股份（在注册资本中的股份），个人（多群人）在其中获得了处置超过50%上述股份（注册资本中的股份）的权力，如果在收购之前，个人（多群人）没有处置该市场主体的股份（注册资本中的股份），或处置市场主体指定的低于50%的投票权股（注册资本中的参与股份，股份）。

此要求不适用于法人实体创立时的创始人；

3）如果作为交易（关联交易）标的的账面价值超过转让资产的市场主体的固定生产资料和无形资产账面价值的10%，一个（一组）市场主体通过支付（转让）另一个市场主体的固定生产资料和无形资产获得所有权，并占有和使用；

4）市场主体获得如下权利（包括基于委托管理协议、共同活动协议、委托协议），在另一个市场主体从事经营活动或履行其执行机构功能时，能够向其发布强制命令；

5）同一个人参加两个或两个以上市场主体的执行机构、董事会、监事会或其他管理机构，但这些主体中的特定个人确定开展经营活动的条件。

2. 以下不属于经济集中化：

1）金融组织收购市场主体的股份（注册资本中的股份），如果此次收购是为了随后的转售而进行，前提是该特定组织不参与市场主体的管理机构的投票，以及金融组织收购或接收另一市场主体的财产、固定生产资料和（或）无形资产的所有权，以全部或部分终止债务人的义务，如果本次收购或接收是为了其随后的转售而进行，条件是这些金融组织不使用（不利用）这些财产来为其自身目的创收；

2）任命一名复权或破产管理人、临时行政主管；

---

〔1〕 第201条列入哈萨克斯坦共和国2018年5月24日第156-Ⅵ号法律（自首次正式公布之日起10日后生效）。第201条经哈萨克斯坦共和国2016年12月28日第34-Ⅵ号法律（自2017年1月1日起生效）、2018年5月24日第156-Ⅵ号法律（自首次正式公布之日起10日后生效）、2019年7月3日第262-Ⅵ号法律修订（自2020年1月1日起生效）。

3）进行本条第 1 款规定的交易，若此类交易在一组人内部进行。

3. 在以下情况下，要求反垄断机构同意进行本条第 1 款第 1 项、第 2 项、第 3 项规定的交易（行为），或对第 1 款第 4 项、第 5 项规定的交易进行通报：如果重组后的市场主体（群体）或收购方（群体）的资产账面总值，以及其股份（注册资本中的股份），或者其上一财政年度商品销售总额超过提交申请（通知）之日确定的月度计算指标的 1000 万倍。

4. 进行本条第 1 款指定的交易，当完成的交易直接由本法典、哈萨克斯坦共和国法律、哈萨克斯坦共和国总统令和（或）哈萨克斯坦共和国政府令规定，不需要经反垄断机构同意。

5. 若金融机构的资产价值或自有资本额超过反垄断机构会同调节、监管和监督授权机构确定的数额，则金融机构参与的经济集中化需征得同意。

本条第 1 款规定的经济集中化由同时是金融组织的市场主体和在相关商品市场中居于主导地位或者垄断地位的市场主体进行，则该市场主体需遵守本条第 3 款规定的规则。

6. 反垄断机构根据对相关商品市场的分析，有权为这些市场确定更高的资产价值和商品销售量，在这一情况下，进行本条所规定的交易必须征得反垄断机构的同意。

7. 本条第 3 款规定的商品销售总额，确定为提交申请（通知）前最后一个财政年度的商品销售收入减去增值税和消费税额。

市场主体经营不足一年的，按市场主体活动期限确定商品销售量。

8. 本条第 1 款第 1 项、第 2 项、第 3 项规定的交易，应征得反垄断执法机构的预先同意。

进行本条第 1 款第 4 项、第 5 项规定的交易，必须在交易发生之日起 45 日内通知反垄断机构。

第 202 条　申请同意经济集中化的人员

1. 在本法典第 201 条第 1 款第 1 项规定的情况下，由作出有关决定的人或市场主体的注册人（参与人）向反垄断机构提出申请。

2. 关于发放本法典第 201 条第 1 款第 2 项和第 3 项规定的经济集中化同意书的申请，应由获得表决权股份（注册资本的参与权益）、固定生产资料和无形资产的人员提交给反垄断机构。

3. 本法典第 201 条第 1 款第 1 项、第 2 项、第 3 项规定的交易方有多人参与，则可以由一人代表其他交易参与人提出申请。申请书中应当指明被授权代表在反垄断机构内实现经济集中化的人员利益的人。

第 203 条　提交申请程序[1]

1. 申请书按反垄断机构规定的格式书写，并附有本法典第 204 条规定的文件和信息。

2. 申请书指定的文件和所附文件必须可靠、完整，以原件或原件复印件的形式提交，并经哈萨克斯坦共和国法律规定的认证。签署请愿书的人必须以书面形式确认申请书及其附件中提供的信息和文件的准确性和完整性。

---

〔1〕 第 203 条经哈萨克斯坦共和国 2020 年 6 月 29 日第 352-Ⅵ号法律修订（自首次正式公布之日起 10 日后生效）。

3. 个人提交的申请书及其附件，应当经个人签字经公证证明。

4. 提交的文件和资料应当编号，提交时注明本法典第204条各款各点的编号。对各款和各点的每个问题都需给出详尽的答案。

经济集中化的参与方不能提供完整信息时，应提供评估或预测信息，并注明其为评估或预测信息，以及信息获得来源和所采用的评估和预测方法。

5. 构成商业秘密的信息，提交时应标明“商业秘密”的强制性标志。

6. 申请书所附信息和文件应在申请年度的前一个财政年度提交，以及从年初开始的当期，并注明时限。

如果没有从年初开始为当期编制的信息和文件，则应提交申请年度之前的财政年度的信息和文件。

如果市场主体存在的时间少于提交申请前的最后一个财政年度，则提交的信息和文件自市场主体活动开始之日计起。

7. 哈萨克斯坦共和国的商品产量和销售量、市场主体（群体）的货物进出口量信息应在申请年度前2个财政年度提交，并提交从年初开始的当前期间，以及从当期之后3年的预测。

如果市场主体在提交申请时运营不足两年，则提交自市场主体活动开始之日起的信息和文件。

8. 如果反垄断机构的决定可能显著影响第三方受本法典保护的权利，则第三方有权参与对发放经济集中化同意书申请的审议。

吸引第三方参与审议发放经济集中化同意书申请的问题由反垄断机构决定，并通知申请提交人。

第204条　关于同意发放经济集中化申请所附的文件〔1〕

1. 向垄断机构提交本法典第201条第1款第1项规定的关于同意发放经济集中化申请所必需的文件，包括：

1）经哈萨克斯坦共和国2020年6月29日第352-Ⅵ号法律删除（自首次正式公布之日起10日后生效）；

2）市场主体重组的目的及理由，包括其所计划的活动类型或经营地域的改变；

3）批准设立市场主体或其项目的章程和注册合同；

4）转让给所创建的市场主体的财产信息和条件清单；

5）对于每个重组后的市场主体，以及每个与重组后的市场主体一起加入同一组别的市场主体，应说明以下内容：

自然人——身份证件信息、公民身份信息以及居住地和法定地址；

名称、法定地址和实际地址；

注册资本的规模和参与注册资本的份额；

股份种类；

〔1〕 第204条经哈萨克斯坦共和国2016年12月28日第34-Ⅵ号法律（自2017年1月1日起生效）、2020年6月29日第352-Ⅵ号法律修订（自首次正式公布之日起10日后生效）。

6）执行机构、董事会（监事会）成员名单，需注明作为其他市场主体的执行机构、董事会（监事会）成员的职务；

7）重组后的市场主体生产和销售的商品产量和销售量，以及对哈萨克斯坦共和国进出口商品的数量；

8）与重组市场主体为同一群体的市场主体，其生产或销售的相同或可互换商品在哈萨克斯坦共和国的产量和销售量，出口和进口量。

9）经哈萨克斯坦共和国 2020 年 6 月 29 日第 352-Ⅵ号法律删除（自首次正式公布之日起 10 日后生效）。

2. 向反垄断机构提交本法典第 201 条第 1 款第 2 项规定的申请同意经济集中化所需文件和信息清单：

1）协议或协议草案或其他确认完成交易的文件；

2）对于收购方及与收购方所在同一群体中的每个市场主体，应注明以下内容：

自然人——身份证件信息、公民身份信息以及居住地和法定地址；

姓名、法定地址和实际地址；

注册资本的规模和参与注册资本的份额；

股份种类；

市场主体所生产或销售的、对哈萨克斯坦共和国出口或进口的类似商品或可替代商品量，该主体需完成与本法典第 201 条第 1 款第 2 项规定的行为；

3）执行机构、董事会（监事会）成员名单，需注明兼任其他市场主体执行机构、董事会（监事会）成员的职务；

4）市场主体所生产和销售的、对哈萨克斯坦共和国出口和进口的商品量，该主体需完成本法典第 201 条第 1 款第 2 项规定的行为；

5）多个市场主体所生产和销售的、对哈萨克斯坦共和国出口和进口的可替代商品量，这些市场主体处于完成本法典第 201 条第 1 款第 2 项规定行为的市场主体的控制之下；

6）经哈萨克斯坦共和国 2020 年 6 月 29 日第 352-Ⅵ号法律删除（自首次正式公布之日起 10 日后生效）；

7）经哈萨克斯坦共和国 2020 年 6 月 29 日第 352-Ⅵ号法律删除（自首次正式公布之日起 10 日后生效）。

3. 向垄断机构提交本法典第 201 条第 1 款第 1 项规定的发放申请同意经济集中化所必须的文件，包括：

1）协议或协议草案；

2）收购人及与收购人同属一组的每一位市场主体，应注明以下内容：

自然人——身份证件信息、公民身份信息以及居住地和法定地址；

名称、法定地址和实际地址；

注册资本的规模和参与注册资本的份额；

股份种类；

将使用所获得的财产生产的相同或可互换商品的生产和销售量，以及出口和进口到哈萨克斯坦共和国的商品量；

3）交易标的财产清单，注明账面价值；

4）利用或将利用所获财产用于生产哪些商品的信息，并标明商品类型；

5）预测使用所接收的财产生产和销售商品的情况，并标明商品的类型；

6）经哈萨克斯坦共和国 2020 年 6 月 29 日第 352-Ⅵ号法律删除（自首次正式公布之日起 10 日后生效）。

4. 除本条要求提供的信息外，外国法人还需提供：

1）原产国贸易登记册的公证摘录或确认其法律地位的其他等效文件，需符合其所在国的法律；

2）经哈萨克斯坦共和国 2020 年 6 月 29 日第 352-Ⅵ号法律删除（自首次正式公布之日起 10 日后生效）；

3）列出分公司或代表处在哈萨克斯坦共和国生产和（或）销售的商品类型的信息，如果外国法人实体或外国参与的市场主体 ——收购方在哈萨克斯坦设有分公司或代表处 。

5. 在本法典第 200 条第 3 款规定的情形下，由获得相关权利的人提出发放同意经济集中化申请，并提交本法典第 207 条规定的文件和资料清单。

6. 经哈萨克斯坦共和国 2016 年 12 月 28 日第 34-Ⅵ号法律删除（自 2017 年 1 月 1 日起生效）。

第 205 条　发放同意经济集中化申请的审议期限[1]

1. 反垄断机构应自收到申请之日起 10 日内，对所提交材料的完整性进行核查，并书面通知申请人受理或拒绝受理申请。

2. 审议发放同意经济集中化申请的期限自受理之日起不得超过 30 日。

3. 若在反垄断机构或法院就该申请或其他与之相关的申请作出决定之前无法审议该申请，则申请的审议期限暂停，反垄断机构应在作出该决定之日起 3 个工作日内，书面通知申请提交人。

4. 在审议申请过程中，反垄断机构有权在不少于 5 个工作日的期限内，要求市场主体和（或）国家机构提供作出决定所必需的补充信息和（或）文件。

5. 在提交补充信息和（或）文件期间，以及在分析商品市场竞争状况期间，审议申请期限暂停，反垄断机构应对此进行审查，并自作出该决定起 3 个工作日内书面通知申请提交人。

若参与交易的人（一群人）进行销售类似商品或可互换商品的活动和（或）存在限制竞争迹象，需要分析完成经济集中化时商品市场的竞争状况。

6. 市场主体和（或）国家机构提交补充信息和（或）文件后，反垄断机构恢复审议发放同意经济集中化的申请，并应在 3 个工作日内书面通知申请提交人。自恢复审议发放同意经济集中化申请之日起，审议期继续进行。

第 206 条　通知反垄断机构关于已完成经济集中化的程序[2]

完成本法典第 201 条第 1 款第 4 项、第 5 项所规定的交易的市场主体，应当在本法典

[1] 第 205 条经哈萨克斯坦共和国 2016 年 12 月 28 日第 34-Ⅵ号法律修订（自 2017 年 1 月 1 日起生效）。

[2] 第 206 条经哈萨克斯坦共和国 2020 年 6 月 29 日第 352-Ⅵ号法律修订（自首次正式公布之日起 10 日后生效）。

第 201 条第 8 款第 2 段规定的期限内通知反垄断机构。

关于完全经济集中化的通知既可直接提交给反垄断机构，也可通过通信机构提交。

必须通知反垄断机构：

1）担任 2 个或 2 个以上市场主体的执行机构、董事会、监事会或者其他管理机构成员的个人，再由该个人确定这些市场主体开展经营活动的条件；

2）获得权利（包括基于委托管理协议、共同活动协议、代理协议）的市场主体，被允许在其他市场主体开展业务或履行其执行机构职能时发布具有约束力的指令。

第 207 条　向反垄断机构提交的关于已完成（计划的）经济集中化的通知（申请）所附文件[1]

1. 本法典第 201 条第 1 款第 4 项规定的向反垄断机构发送（提交）关于已完成（计划）经济集中化的通知（申请）所需的文件和资料清单：

1）由法人实体证明的协议副本（协议草案），或确认完成（打算完成）的交易的文件；

2）收购人及与收购人同属一组的各市场主体，应注明以下内容：

自然人——身份证件信息、公民身份信息以及居住地和法定地址；

名称、法定地址和实际地址；

注册资本的规模和参与注册资本的份额；

股份种类；

由市场主体生产或销售的类似商品或可互换商品的生产和销售量，对哈萨克斯坦共和国出口和进口量，为此需完成本法典第 201 条第 1 款第 4 项规定的与其有关的行为；

3）执行机构、董事会（监事会）成员名单，需注明兼任其他市场主体执行机构、董事会（监事会）成员的职务情况；

4）本法典第 201 条第 1 款第 4 项规定的行为所涉及的市场主体的生产和销售量、出口和进口的商品量；

5）多个市场主体所生产和销售的、对哈萨克斯坦共和国的出口和进口可相互替代的商品量，这些市场主体处于要求完成本法典第 201 条第 1 款第 4 项规定的行为的市场主体的直接或间接控制下。

6）经哈萨克斯坦共和国 2020 年 6 月 29 日第 352-Ⅵ号法律删除（自首次正式公布之日起 10 日后生效）；

7）经哈萨克斯坦共和国 2020 年 6 月 29 日第 352-Ⅵ号法律删除（自首次正式公布之日起 10 日后生效）。

2. 本法典第 201 条第 1 款第 5 项规定的向反垄断机构发送（提交）已完成（计划）经济集中化的通知（申请）所需的文件和资料清单：

1）有关预计参加 2 个或 2 个以上市场主体的执行机构、董事会、监事会和其他管理机构的个人的信息：

身份证件信息、公民身份信息、工作地点、担任的职位，允许确定在这些实体开展经

---

[1] 第 207 条经哈萨克斯坦共和国 2020 年 6 月 29 日第 352-Ⅵ号法律修订（自首次正式公布之日起 10 日后生效）。

营活动的条件，并注明其权限；

发送（提交）通知（申请）的法人实体清单，确定从事经营活动的条件，并注明权限；

2）法人实体（团体）名称和由其任命或选举发送（提交）通知（申请）的人员的管理机构名称；

3）在市场主体、执行机构、董事会、监事会和其他管理机构中拟录入发送（提交）通知（申请）人员的职位名称；

4）允许发送（提交）通知（申请）的人员清单，确定在市场主体、执行机构、董事会、监事会和其他管理机构拟录入人员的条件；

5）对于每个市场主体和群体，发送（提交）通知（申请）的人决定开展业务的条件，应注明以下内容：

市场主体名称、法定地址和实际地址；

哈萨克斯坦共和国的生产销售量、出口和进口量；

6）对于发送（提交）通知（申请）的人计划参与的市场实体，以及该人所属的群体，应指出：

市场主体名称、法定地址和实际地址；

由市场主体和发送（提交）通知（申请）的人所在人群在哈萨克斯坦共和国生产和销售的同类商品和可互换商品的产量和销量，进出口量，确定从事经营活动的条件。

第 208 条　关于同意经济集中化申请的决定[1]

1. 根据对同意经济集中化申请的审议结果，反垄断机构作出以下决定之一：

1）关于同意经济集中化；

2）关于禁止经济集中化的合理结论。

2. 反垄断机构关于同意或禁止经济集中化的决定由反垄断机构的文件正式确定，并在通过该决定之日起 3 个工作日内发送给申请提交人，以及金融组织和对金融市场和金融组织实施调节、监管和监督的授权机构。

3. 反垄断机构同意经济集中化，可以以经济集中化参与者与履行某些消除或减轻经济集中化对竞争的负面影响的要求和义务为条件。

此类条件和义务可能与对财产的管理、使用或处置的限制有关。

4. 经济集中化必须在反垄断机构作出同意经济集中化决定之日起 1 年内进行。如果未能在规定期限内进行经济集中化，经济集中化的参与方应当重新申请经济集中许可。

5. 在下列情况下，反垄断机构主动或应利害关系人的申请，重新考虑其同意或禁止经济集中化的决定：

1）若在作出决定后的 3 年内，应当拒绝作出决定的理由为人所知；

2）根据实施经济集中化申请人提供的不准确信息，导致作出非法决定；

3）经济集中化参与者没有履行作为反垄断机构决定前提的要求和义务。

---

[1] 第 208 条经哈萨克斯坦共和国 2019 年 7 月 3 日第 262-Ⅵ号法律修订（自 2020 年 1 月 1 日起生效）。

6. 根据重新审议决定的结果，反垄断执法机构：

1）保持决定不变；

2）改变决定；

3）取消决定；

4）作出新的决定。

7. 若根据重新审议决定的结果，反垄断机构决定撤销同意经济集中化，则根据反垄断机构的申诉，市场主体的国家登记、重新登记、不动产权利被法院认定为违法并被撤销。

8. 为审议可能改变反垄断机构先前通过的决定的补充信息和文件，申请人应按照本法典规定的程序提交申请。

9. 反垄断机构重审先前通过的经济集中化的决定由反垄断机构的文件确定，并在作出该决定之日起 3 个工作日内发送给利害相关方。

10. 如经济集中化导致限制竞争，则被禁止。

第 209 条　反垄断机构关于已完成经济集中化通知的决定〔1〕

1. 若在反垄断机构收到经济集中化完成通知后 30 日后，反垄断机构未向通知发送人发出取消交易的命令，则视为经济集中化在进行。

2. 若反垄断机构在审议完全经济集中化通知时，确定该行为已经或可能导致限制或消除竞争，包括通过出现或加强市场主体的主导地位，反垄断机构应在 3 日内发出必须取消执行交易的命令。

3. 如果必须取消交易的命令未被执行，反垄断机构向法院提起诉讼，要求市场主体强制遵守反垄断机构的该命令。

第 210 条　终止审议同意经济集中化申请的理由

1. 审议同意经济集中化申请在下列情况下应终止：

1）收到申请人撤回申请书的通知；

2）申请人未能在反垄断机构规定的期限内提供信息，若该信息的缺失妨碍了申请的审议；

3）申请人提供的信息不准确，影响对申请的客观审议。

2. 反垄断机构终止审议申请的决定由反垄断机构的文件正式确定，并在作出该决定之日起 3 日内发送给申请提交人。

3. 申请审议终止后，申请人有权向反垄断部门提出新的同意经济集中化的申请。

第 211 条　向反垄断机构通报自然垄断实体实施与受调节服务（商品、工程）无关的活动的程序〔2〕

〔1〕第 209 条经哈萨克斯坦共和国 2016 年 12 月 28 日第 34-Ⅵ号法律修订（自 2017 年 1 月 1 日起生效）。

〔2〕第 211 条经哈萨克斯坦共和国 2019 年 4 月 3 日第 243-Ⅵ号法律删除（自首次正式公布之日起 10 日后生效）。

第十九章　哈萨克斯坦共和国反垄断机构及其他国家竞争保护机构和反垄断机构的互动[1]

第二十章　对违反哈萨克斯坦共和国竞争保护法律行为的调查

第216条　启动调查违反哈萨克斯坦共和国竞争保护法律的依据[2]

1. 反垄断机构在其职权范围内对违反哈萨克斯坦共和国竞争保护立法的行为进行调查，并根据调查结果作出决定。

调查是指反垄断机构以本法典规定的程序收集事实数据，以确认或驳斥违反哈萨克斯坦共和国竞争保护法律的行为。

2. 启动调查的依据是反垄断机构收到的有关违反哈萨克斯坦共和国竞争保护法律的信息，这些信息是：

1）从国家机构收到指明违反哈萨克斯坦共和国竞争保护立法的材料；

2）个人和（或）法人的申诉，指明违反哈萨克斯坦共和国竞争保护法律的迹象；

3）反垄断机构在市场实体、国家机构、地方执行机构的活动中发现违反哈萨克斯坦共和国竞争保护法律的迹象；

4）反垄断机构收到有关违反哈萨克斯坦共和国竞争保护法律迹象的媒体信息；

5）市场主体、国家机构、地方执行机构、被国家赋予调节市场主体活动职能的组织不履行职责，未向反垄断机构通报有关市场主体、国家和地方执行机构、被国家赋予调节主体市场活动职能的组织的行为（包括不作为），在规定期限内有违反哈萨克斯坦共和国竞争保护法律的迹象。

3. 调查的启动由进行调查的命令确定。

4. 调查令的副本自签署之日起3个工作日内送达申请人和调查对象，在其行为中已发现卡特尔迹象的调查对象除外。

将调查命令副本交给调查对象，在进行调查时可以看到其行为中存在卡特尔迹象。

第217条　参与调查违反哈萨克斯坦共和国竞争保护法律的人员[3]

1. 参与调查违反哈萨克斯坦共和国竞争保护法律的人员是：

1）申请人——向反垄断机构发送有关违反哈萨克斯坦共和国竞争保护法律信息的个人或法人实体；

2）调查对象——个人、法人实体或作为独立纳税人（金融机构除外）的分支机构，对其行为进行调查。以上人员自下达调查令之日起即被视为调查对象；

3）利益相关人——由于审理违反哈萨克斯坦共和国竞争保护法律的案件时其权利和合法利益受到影响的个人或法人实体；

4）反垄断机构官员——被授权进行调查的反垄断机构的工作人员；

---

[1] 第十九章经哈萨克斯坦共和国2016年12月28日第34-Ⅵ号法律删除（自2017年1月1日起生效）。

[2] 第216条经哈萨克斯坦共和国2019年10月28日第268-Ⅵ号法律修订（自首次正式公布之日起10日后生效）。

[3] 第217条经哈萨克斯坦共和国2020年6月29日第352-Ⅵ号法律修订（自首次正式公布之日起10日后生效）。

5）证人——任何可能知道与调查有关的任何情况的自然人；

6）专家——与案件没有利益关联但具有特殊科学或实践知识的自然人。

2. 在进行调查时，案件参与人有权单独或者通过代理人行使自身权利和义务。

3. 如果在调查过程中确定，在调查对象行为中不包含违反哈萨克斯坦共和国竞争保护法律的迹象，而是另一个人的行为（包括不作为），则反垄断机构应当按照本法典第216条规定的程序将其作为调查对象。

第218条　进行调查[1]

1. 若有事实数据表明市场主体、国家机构、地方执行机构、被国家赋予调节市场主体活动职能的组织的行为中存在违反哈萨克斯坦共和国在竞争保护法律的迹象（该迹象在本法典第216条第2款规定的信息审查框架下确定），反垄断机构可发布命令进行调查。

2. 在存在规定的以下违法迹象时，反垄断机构：

1）本法典第169条第3款、第170第1款规定，在进行调查前，对商品市场的竞争状况进行分析，以确定市场主体的支配份额；

2）本法第174条规定，在进行调查前，对商品市场的竞争状况进行分析，以查明市场主体的支配地位或垄断地位。

在这一情况下，该市场主体在其居于实际支配地位期间采取的反垄断应对措施。

3. 进行调查的命令必须包含以下内容：

1）一个或多个调查对象的名称；

2）调查违反哈萨克斯坦共和国竞争保护法律的理由；

3）被调查对象的作为（包括不作为）中所表现出的违反哈萨克斯坦共和国竞争保护立法的迹象；

4）调查开始和结束的日期；

4-1）调查目标；

4-2）查验期；

5）被授权进行调查的反垄断机构官员的姓氏、名字和父名（如果在身份证件中注明）；

6）参与调查违反哈萨克斯坦共和国竞争保护法律的人员的权利。

4. 对违反哈萨克斯坦共和国竞争保护法律行为的调查自下达调查令之日起的3个月内进行。反垄断执法机构可以延长调查期限，但不得超过2个月。将发布延期命令，自发布延长调查期限命令之日起3个工作日内，将命令副本发送给申请人和调查对象。

5. 反垄断机构在调查开始前，需在法律统计和特别核算授权机构登记委托调查的文件，并以电子形式将其提交给法律统计和特别核算授权机构的地区分部。

6. 反垄断执法机构在调查过程中，可以决定将多项调查合并为一项调查，或者分开进行单独调查。

---

〔1〕 第218条经哈萨克斯坦共和国2016年12月28日第34-Ⅵ号法律（自2017年1月1日起生效）、2018年5月24日第156-Ⅵ号法律（自首次正式公布之日起10日后生效）、2019年10月28日第268-Ⅵ号法律修订（自首次正式公布之日起10日后生效）。

第 219 条　在调查违反哈萨克斯坦共和国竞争保护法律行为中的证据

1. 违反哈萨克斯坦共和国竞争保护法律行为调查证据可以是任何对正确调查很重要的事实数据，包括：

1）申请人、调查对象、利益相关人和证人的说明；

2）专家意见；

3）物证；

4）其他文件（包括含有计算机信息、摄影和录像、录音、录音和录像的材料）。

2. 取证由反垄断机构的官员进行。

3. 参与调查违反哈萨克斯坦共和国竞争保护法律行为的人员有权提交事实数据并证明其可靠性。

第 220 条　参与调查违反哈萨克斯坦共和国竞争保护法律行为的人员的权利[1]

参与调查违反哈萨克斯坦共和国竞争保护法律行为的人员有权：

1）熟悉案件材料，摘录、复印材料，但含有保密信息和（或）其他市场主体商业秘密的材料除外；

2）提交证据并参与他们的调查；

3）向其他参与案件的人提问；

4）提交邀请专家的申请；

5）书面或口头说明，对调查中出现的所有问题作出结论；

6）了解其他参与调查人员的申诉，驳回其他参与调查人员的申诉、论据。

调查对象有权向反垄断机构提出申请，由调解委员会审查违反哈萨克斯坦共和国竞争保护法律行为的调查结果的结论草案。

第 221 条　反垄断机构官员在调查期间的权利和义务[2]

在进行调查时，反垄断机构的官员有权：

1）不受阻碍地进入调查对象的领地和场所；

2）根据调查对象访问被调查对象的自动化数据库（信息系统）和其他电子载体；

3）在反垄断机构规定的期限内，要求被调查对象的从业人员提供与调查对象有关的必要信息、文件或其副本，对调查期间出现的问题进行口头和书面解释；

4）吸引哈萨克斯坦共和国其他国家机构的专家和人员作为专家参与调查；

5）按照调查目标，对位于调查对象所在场所内的物品、电子和纸质文件以及其他信息载体进行检查；

6）根据调查目标，对从调查对象数据库（信息系统）和其他电子载体中的复制文件和其他电子载体进行拍照；

7）进行录音、照片和视频录制；

---

[1] 第 220 条经哈萨克斯坦共和国 2016 年 12 月 28 日第 34-Ⅵ号法律（自 2017 年 1 月 1 日起生效）、2020 年 6 月 29 日第 352-Ⅵ号法律修订（自首次正式公布之日起 10 日后生效）。

[2] 第 221 条列入哈萨克斯坦共和国 2018 年 5 月 24 日第 156-Ⅵ号法律（自首次正式公布之日起 10 日后生效）。

调查对象的雇员和位于调查对象领土内的其他人的作为（包括不作为）；

调查对象的场所和领土；

位于调查对象的场所或领土内的财产；

8）筛选产品样品进行检验。

筛选产品样品进行检验的程序由本法典第 149 条确定。

本条规定的反垄断机构官员的所有权利均在当地时间 9-18 时之间根据调查目标行使。

若需要制止违法行为，反垄断机构官员的权利可在非工作时间（夜间、周末或节假日）行使。

第 222 条　暂停对哈萨克斯坦共和国竞争保护领域违法案件的调查[1]

1. 在下列情况下，反垄断机构有权中止对违反哈萨克斯坦共和国竞争保护法律行为的调查：

1）反垄断机构、法院、刑事诉讼机构审议对调查违反哈萨克斯坦共和国竞争保护法律案件具有重要意义的另一案件；

2）对同一调查对象的违反哈萨克斯坦共和国竞争保护法律行为进行另一项调查；

3）进行检查；

4）若在调查违反哈萨克斯坦共和国竞争保护法律案件时确定，尽管在某一产品市场的占比超过 50%，市场主体在商品市场并不占主导地位，则需要分析商品市场的竞争状况。

2. 对违反哈萨克斯坦共和国竞争保护法律行为的调查期限。在调查中止情况下中断，并自恢复调查之日起继续。

3. 由反垄断机构官员作出中止、恢复调查以及指定专家审查的裁定。关于委托检查的裁定副本应自作出裁定之日起 3 个工作日内发给专家。

第 223 条　终止对哈萨克斯坦共和国竞争保护领域违法行为的调查[2]

在以下情况下，反垄断机构应终止对违反哈萨克斯坦共和国竞争保护法律行为的调查：

1）调查对象不存在违反哈萨克斯坦共和国竞争保护法律的行为；

2）作为唯一调查对象的法人实体的清算；

2-1）撤销作为唯一调查对象的法人实体分支机构的注册；

3）作为唯一调查对象的自然人死亡；

4）哈萨克斯坦共和国行政违法法规定的时效期限届满；

5）存在具有法律效力的司法文件，其中包含由反垄断机构审议的关于存在或不存在违反哈萨克斯坦共和国竞争保护法律行为（包括不作为）的结论。

---

[1] 第 222 条经哈萨克斯坦共和国 2016 年 12 月 28 日第 34-Ⅵ号法律修订（自 2017 年 1 月 1 日起生效）。

[2] 第 223 条经哈萨克斯坦共和国 2020 年 6 月 29 日第 352-Ⅵ号法律修订（自首次正式公布之日起 10 日后生效）。

第 224 条　反垄断机构根据违反哈萨克斯坦共和国竞争保护法律行为调查结果作出的决定[1]

1. 根据对违反哈萨克斯坦共和国竞争保护法律行为的调查结果，反垄断机构的官员准备了意见，反垄断机构根据该意见作出以下决定之一：

1）根据本法典第 223 条规定的理由，终止对违反哈萨克斯坦共和国竞争保护法律行为的调查；

2）在本法典第 226 条第 1 款第 1 项、第 2 项规定的情况下，提起行政违法案件，并发布命令；

3）发布消除违反哈萨克斯坦共和国竞争保护法律行为的命令；

4）将材料移交执法机关进行审前调查。

1-1. 关于对违反哈萨克斯坦共和国竞争保护法律行为调查结果的结论草案，在调查结束前不少于 30 日通知或以书面形式送达调查对象。

2. 如果调查对象在调查结束前不少于 20 日内提出请求，反垄断机构官员应向调解委员会提交关于对违反哈萨克斯坦共和国竞争保护法律行为进行调查的结果草案进行审议。

调解委员会应在自提交之日起不超过 5 日内，对提交的意见草案进行审议，以确保对违反哈萨克斯坦共和国竞争保护法律行为的调查事实证据的完整性和质量，并邀请参加调查的人员与会。

调解委员会根据结论草案的审议结果，提出意见和建议，并为工作将其送交官员。

对调解委员会的意见和建议有不同意见时，由官员（多个官员）形成合理结论，再交调解委员会审议。

调查期从接到调查对象的请求或官员的合理结论之时起暂停，直至调解委员会提出意见和建议。

调解委员会的章程、规定和组成——其中，除反垄断机构工作人员外，还应有独立专家代表，包括来自调查对象方面的代表，由反垄断机构制定并批准。

3. 反垄断机构官员对违反哈萨克斯坦共和国竞争保护法律行为调查结果签署结论之日视为调查结束。

4. 反垄断机构自调查完成之日起 10 个工作日内，下令批准对哈萨克斯坦共和国竞争保护领域违法行为调查结果。

5. 批准调查结果结论令的副本，自签署之日起 3 个工作日内送达或以信函方式通知调查对象，并附上调查结果的结论。将在同一时限内向申请人通报作出决定的信息。

5-1. 根据调查结果，决定对行政违法立案，根据调查结果批准结论的命令，自作出决定之日起 10 个工作日后生效。

对关于根据调查结果批准结论的命令提出申诉，在审议申诉前暂停命令生效期限。

6. 行政违法事实被发现之时视为根据调查（决策）结果批准结论的命令生效之日。

---

[1] 第 224 条经哈萨克斯坦共和国 2016 年 12 月 28 日第 34-Ⅵ号法律（自 2017 年 1 月 1 日起生效）、2019 年 10 月 28 日第 268-Ⅵ号法律（自首次正式公布之日起 10 日后生效）、2020 年 6 月 29 日第 351-Ⅵ号法律修订（自 2021 年 7 月 1 日起生效）。

7. 调查对象可以按照哈萨克斯坦共和国行政诉讼法规定的程序向法院对批准调查结果结论的命令提出申诉。

第二十一章　防止违反哈萨克斯坦共和国在保护竞争领域立法和修改反垄断机构条例

第225条　垄断收入的认定依据和程序

1. 垄断收入是指市场主体因从事本法典限制的垄断活动而取得的收入。

2. 市场主体可以通过以下方式获得垄断收入：

1）市场主体达成反竞争协议或协同行动；

2）市场主体滥用其主导或垄断地位。

3. 垄断收益自市场主体实施本条第2款规定的行为之时起至市场主体终止该行为时止。

4. 在以下情况下可确定垄断收入：

1）由居于主导地位或垄断地位的市场主体设定的垄断高价——采用垄断高价获得的收入与基于按照本法典第175条规定确定的价格计算的收入之间的差额；

2）居于主导地位或垄断地位的市场主体设立垄断低价——居于主导地位的市场主体将竞争对手从商品市场挤出而增加销售量获得的额外收入；

3）居于垄断地位的市场实体设定的垄断低价——该市场主体以基于生产和销售该商品的所必需的成本与按垄断低价购买商品中形成的利润和费用之差；

4）市场主体履行反竞争协议或协同行动，并从这些行为中获得的全部收入，减去生产和（或）销售商品所需的基本成本和实际缴纳的税款。

5. 没收垄断收入依照哈萨克斯坦共和国行政违法法典规定的程序进行。

第226条　反垄断应对措施〔1〕

1. 根据所规定的权限，反垄断机构有权：

1）对市场主体下达以下具有约束力的指令：

停止违反本法典规范的行为和（或）消除其后果；

恢复初始地位；

终止或修改与本法典相抵触的合同；

在调节经济集中化时必须通过终止或认定其无效来取消交易；

2）对国家和地方执行机构、被国家赋予调节市场主体活动职能的组织下达以下强制执行的命令：取消或改变其所通过的文件，消除违法行为，以及终止、取消或改变其签署的有悖于本法典的协议和交易，采取旨在保证竞争的行动；

3）审议竞争保护领域和限制垄断活动行政违法案件，并按照哈萨克斯坦共和国行政违法法典规定的方式实施行政处罚；

4）向法院提起诉讼和申请，并参与法院审理与申请和违反哈萨克斯坦共和国竞争保

〔1〕第226条经哈萨克斯坦共和国2016年12月28日第34-Ⅵ号法律（自2017年1月1日起生效）、2018年5月24日第156-Ⅵ号法律（自首次正式公布之日起10日后生效）修订。

护领域有关的案件的程序。

2. 若违反本法典的规范，市场主体、国家机构、地方执行机构应：

1）根据反垄断机构的指令，停止违法行为并消除其后果，恢复初始地位，解除合同，与其他市场主体签订协议或修改、取消反垄断机构认定不符合哈萨克斯坦共和国竞争保护法律的文件，履行命令规定的其他行为；

2）根据哈萨克斯坦共和国民事法律赔偿由此造成的损失；

3）按照哈萨克斯坦共和国行政违法法典规定的程序执行反垄断机构关于实施行政处罚的决定。

3. 该命令须在反垄断机构规定的合理期限内执行。

反垄断机构对已执行发布指令情况实施监控。

若不履行命令，反垄断机构有权向法院提起诉讼，要求市场实体、国家机构、地方执行机构强制执行反垄断机构的指令。

第 227 条　对制定指令的要求

该命令根据反垄断机构的严格报告表格制定，必须包括以下内容：

1）针对其制定指令的市场主体和（或）国家机构和（或）地方执行机构其官员的名称和名字；

2）对违反哈萨克斯坦共和国竞争保护法律的行为，以及市场主体或国家机构或地方执行机构，或他们的工作人员违反法律和规则的既定事实（事实）的描述；

3）为消除违反哈萨克斯坦共和国竞争保护法律的行为，市场主体和（或）国家机构和（或）地方执行机构或其工作人员必须采取的行动（或必须放弃采取的行动）；

4）执行指令的期限；

5）提供有关执行指令信息的期限；

6）被授权签署指令的人员的签名；

7）反垄断机构的公章。

第 228 条　反垄断执法机构命令的修订〔1〕

1. 在下列情况下，反垄断机构可以主动或应利益相关人的申请修改指令（自己的或区域分部的）：

1）反垄断执法机构不知道或无法知道必要情况，导致下达违法或不合理指令；

2）若指令是基于虚假信息发布，从而导致发布非法或不合理的指令；

3）若指令的发布违反了哈萨克斯坦共和国的法律规范；

4）纠正口误或明显的计算错误。

反垄断执法机构可以中止执行指令，直至修订结束，并书面通知案件参与者。

2. 根据修订结果，反垄断执法机构可以：

1）保持指令不变；

2）修改指令；

---

〔1〕 第 228 条经哈萨克斯坦共和国 2016 年 12 月 28 日第 34-Ⅵ号法律修订（自 2017 年 1 月 1 日起生效）。

3）取消指令；

4）发布新指令。

3. 应利益相关人的要求修改指令时，反垄断机构无权使提出申请（投诉）的人或提出申请的利益相关人的处境恶化。

第 229 条　对反垄断机构地区分部指令的检查[1]

可以根据市场主体的申请或上级反垄断机构的倡议，对反垄断机构地区分部通过的指令进行检查。

第 230 条　对反垄断执法机构指令的起诉[2]

1. 可按照哈萨克斯坦共和国法律规定的程序对反垄断机构的指令向法院提起诉讼。

2. 向反垄断机构起诉地区分部指令的理由是：

1）对于案件有关情况说明不完整；

2）缺乏对案件具有重要意义并被认定为成立的情况的证据；

3）判决结论与案件陈述的情况不一致；

4）违反或错误适用哈萨克斯坦共和国法律规范。

3. 市场主体可以在将反垄断机构地区分部指令通知市场主体之日起 3 个月内，按照哈萨克斯坦共和国法律规定的程序提起诉讼。

第 231 条　在滥用支配地位或垄断地位时进行强制分割[3]

1. 居于主导地位或垄断地位的市场主体因本法典第 174 条规定的违法行为，在 1 年内 2 次被追究行政责任，并继续实施限制竞争行为的，为发展竞争，反垄断机构有权向法院起诉要求强制分割该市场主体，根据其下设机构将一个或多个法人实体从构成中分离。

2. 为发展竞争，在下列情形下，法院作出强制分割或分立的决定：

1）各下设机构之间没有以技术为前提的相互关系；

2）重组产生的法人实体有可能在相关产品市场上独立活动。

3. 法院强制分割或分离的决定，由所有者或其授权机构按照上述决定规定的要求执行，并在该决定确定的期限内执行，不得超过 6 个月。

第五编　国家扶持私营企业的主要方向和类型

第二十二章　国家对中小型企业的扶持

第 232 条　国家对中小企业的扶持类型[4]

国家对中小企业的扶持按本法典第 93 条规定的国家扶持民营企业的类型进行，包括：

---

〔1〕 第 229 条经哈萨克斯坦共和国 2016 年 12 月 28 日第 34-Ⅵ号法律修订（自 2017 年 1 月 1 日起生效）。

〔2〕 第 230 条经哈萨克斯坦共和国 2016 年 12 月 28 日第 34-Ⅵ号法律（自 2017 年 1 月 1 日起生效）、2020 年 6 月 29 日第 351-Ⅵ号法律修订（自 2021 年 7 月 1 日起生效）。

〔3〕 第 231 条经哈萨克斯坦共和国 2016 年 12 月 28 日第 34-Ⅵ号法律修订（自 2017 年 1 月 1 日起生效）。

〔4〕 第 232 条经哈萨克斯坦共和国 2018 年 12 月 26 日第 202-Ⅵ号法律修订（自 2019 年 1 月 1 日起生效）。

为中小企业利用国家财政、物质-技术和信息资源以及科技研究和技术创造条件；

确立简化的国家登记和清算程序；

确立最佳税收制度；

对中小型企业的贷款计划；

建立吸引和利用包括外国投资在内的投资体系，以支持和发展中小企业；

促进中小企业主体的外贸活动；

为中小企业参与商品、工程和服务的国家采购提供咨询；

通过发展现有的和创建新的教育和研究中心、咨询组织和信息系统来组织培训、再培训和高级培训，以支持和发展中小型企业，以及实施中小型企业发展经验交流项目的国际计划。

第 232-1 条经哈萨克斯坦共和国 2021 年 6 月 24 日第 52-Ⅶ号法律增补（自 2022 年 1 月 1 日起生效）。

第 233 条　企业孵化器

1. 企业孵化器是通过提供生产场地、设备、组织、法律、财务、咨询和信息服务来支持处于成立阶段的小企业的法人实体。

2. 设立企业孵化器，以协助小企业的形成和发展。

企业孵化器的任务是：

1）筛选安排企业孵化器的小企业；

2）向小企业主体提供教育、营销、咨询及其他组织和管理服务。

第 234 条　对中小企业的财产支持

1. 可将使用期限不超过 1 年的国有产权项目转给中小企业进行委托管理或租赁，用于组织生产和服务领域的活动，但贸易和中介活动除外。

对中小企业履行租赁或委托管理协议条件的监管由有权处置哈萨克斯坦共和国公共产权的相关国家机构进行。

2. 除从事贸易和中介活动的主体外，自合同签订之日起 1 年后，按照主管国家计划的中央授权机构确定的程序和为其规定的条件，向中小企业无偿转让国有产权项目和其占用的土地地块，转为租赁或者委托管理，用以组织生产活动和发展为居民的服务领域。

第二十三章　国家对农村地区农工综合体和非农业类经营活动的支持

第 235 条　国家对农工综合体发展的支持

1. 国家对从事农业活动的私营企业的支持通过以下方式进行：

1）发展农工综合体领域和农村地区贷款；

2）补贴农工综合体；

3）保价采购农产品；

4）对农工综合体提供全套技术设备；

5）对农工综合体提供信息和营销保证；

6）为农工综合体进行科学、标准-方法保证及干部培训；

7）投资发展农村地区的社会和工程基础设施；

8）使用金融工具支持更新固定生产资料——农业机械、技术设备、家畜牲畜；

9）为吸引农业投资创造必要条件；

10）支持产品出口；

11）发展部门科学和传播农业技术知识；

12）提供其他形式的国家支持。

2. 国家对在农村地区从事农业活动和非农业类经营活动的私营企业的支持在共和国和地区层面进行，并根据哈萨克斯坦共和国的法律进行管理。

3. 为从事农业活动的私营企业提供国家支持的周期、数量和措施根据哈萨克斯坦共和国法律确定。

第236条　农工综合体领域和农村地区的贷款

1. 对农工综合体和农村地区的贷款根据哈萨克斯坦共和国预算法通过预算贷款或参与组建或增加专门组织的注册资本实施。

2. 对农工综合体和农村地区的贷款根据哈萨克斯坦共和国对农工综合体和农村地区发展的国家调节法规定，在以下领域开展。

1）形成和发展农业生产基础设施；

2）租赁农业机械和技术装备、渔业捕捞设备、渔具；

3）组织和对在农工综合体从事贷款的信用合作社贷款；

4）对农村非农类经营活动提供贷款；

5）农产品采购、生产、加工、销售；

6）鱼类的人工养殖及鱼制品加工；

7）组织农村居民的小额信贷。

第237条　对农工综合体的补贴

1. 在下列条件下，对农工综合体的补贴是作为对农工综合体部门发展的经济刺激而进行的：

1）旨在发展农工综合体部门的补贴的经济效益；

2）提高产品的质量和竞争力。

2. 对农工综合体的补贴根据哈萨克斯坦共和国对农工综合体和农村地区发展的国家调节法规定的领域，按照农工综合体发展领域的授权机构确定的程序进行。

第238条　具有社会意义的食品价格稳定化机制的实施[1]

1. 为稳定食品市场，国家实行具有社会意义的食品价格稳定化机制。

2. 具有社会意义的食品价格稳定化机制按照具有社会意义食品价格稳定化机制实施细则执行。

3. 实施具有社会意义的食品价格稳定化机制的专门机构名单由哈萨克斯坦共和国政府批准。

---

[1] 第238条列入哈萨克斯坦共和国2019年4月2日第241-Ⅵ号法律（自首次正式公布之日起10日后生效）。

第 239 条　农工综合体的信息支持

1. 农工综合体的信息—营销支持通过以下方式进行：

1）组织农工综合体信息—营销系统；

2）在媒体上发布信息材料，出版专业文集、杂志、专题出版物；

3）协助创建和发展现代信息通信技术和信息系统；

4）为国内农业生产者的产品举办展览和交易会并提供广告支持；

5）组织培训研讨会；

6）农工综合体的科学、标准方法支持和干部培训；

7）发展农业科学和推广生产科学研究成果。

2. 应由专业机构无偿向农工综合体主体提供的信息和服务清单，由农工综合体发展领域的授权机构确定。

第 240 条　国家对农工综合体的保险支持[1]

国家对农工综合体保险的支持按照哈萨克斯坦共和国对农工综合体和农村地区发展的国家调节法规定的程序进行。

第 241 条　国家对农民或私人农场的支持[2]

1. 国家促进发展和保护国内农民和私人农场。

2. 年均从业人员不超过 50 人，年平均资产总值不超过计算指标 60 000 倍的农民或农场经济：

第 1 项的生效程序见哈萨克斯坦共和国 2015 年 10 月 29 日第 375-Ⅴ号法律第 324 条第 14 款。

1）按照哈萨克斯坦共和国法律规定的程序和条件，采用哈萨克斯坦共和国自然垄断法规定，免除连接电力、热力、供水和污水处理网的费用；

2）在国家参与的二级银行免费开户；

3）以简化程序进行会计核算和财务报表编制；

4）经哈萨克斯坦共和国 2019 年 10 月 28 日第 268-Ⅵ号法律删除（自首次正式发布之日起 10 日后生效）；

5）在国家财政支持小企业的框架内，在相应年度国家预算拨付的资金范围内，以优惠的条件获得信息服务（资金）以及科技开发和技术；

6）利用支持小企业的资金，对人员进行培训、再培训和高级培训。

3. 农民或农场企业有权根据哈萨克斯坦共和国税法典，按简化或普遍规定的程序计算和支付某些类型的税款。

4. 在农业生产领域进行投资且不使用特殊税收制度的哈萨克斯坦共和国法人实体，可以按照本法典规定的程序和条件获得投资优惠。

---

[1] 第 240 条列入哈萨克斯坦共和国 2019 年 10 月 28 日第 268-Ⅵ号法律（自 2020 年 1 月 6 日起生效）。

[2] 第 241 条经哈萨克斯坦共和国 2019 年 10 月 28 日第 268-Ⅵ号法律修订（自首次正式公布之日起 10 日后生效）。

第二十四章　国家对工业创新活动的支持

第一节　工业创新活动

第 242 条　工业创新活动的概念和内容[1]

1. 工业创新活动是与工业创新项目的实施相关的活动，考虑到保证环境安全，以提高劳动生产率，刺激优先经济部门的发展或促进国内和面向国外的加工业产品、工程和服务的发展。

能够影响国家经济发展进程和质量的国民经济部门为优先经济部门。

2. 工业创新项目是在一定时期内实施的一系列旨在转让技术、创造新（改善现有）产业和（或）实施创新活动的措施。

创新被理解为旨在创新的活动［包括科学、科技、技术、信息通信、组织、金融和（或）商业活动］。

创新是指以新的或显著改进的产品（商品、工程或服务）、工艺或流程、新的营销方法或在商业实践、工作场所组织或对外联系中的新的组织方法的形式实施的创新活动的最终结果。

第 243 条　工业创新活动的主体[2]

工业创新活动的主体是实施工业创新项目或进行向国内和（或）国外市场推广国产加工业产品、工程和服务活动的个人和（或）法人实体（包括以简单合伙人形式）。

第 244 条　国家支持工业和创新活动的目的、任务和原则[3]

1. 国家支持工业和创新活动的目的是通过刺激发展哈萨克斯坦共和国政府确定的优先经济部门来提高国民经济的竞争力。

2. 国家支持工业创新活动的任务是：

1）为发展优先经济部门创造有利条件；

2）为发展新型、有竞争力的（新兴优势产业）产业提供条件；

3）为现代化（技术改造）、金融经济健康化、改善和（或）恢复生产设施的投资吸引力创造有利条件，以提高劳动生产率、延长生产链和扩大市场，以及创造和恢复生产能力，同时保留工作岗位，启动被恢复的生产；

4）支持创新，有效推广创新和发展高新技术产业；

5）增加工业创新活动主体的投资吸引力和出口潜力；

6）在技术、科学成果和（或）科学技术活动的商业化方面向工业创新活动的主体提供帮助；

7）在发展出口潜力方面向工业创新活动的主体提供援助；

---

〔1〕 第 242 条列入哈萨克斯坦共和国 2018 年 7 月 4 日第 174-Ⅵ号法律（自首次正式公布之日起 10 日后生效）。

〔2〕 第 243 条列入哈萨克斯坦共和国 2018 年 7 月 4 日第 174-Ⅵ号法律（自首次正式公布之日起 10 日后生效）。

〔3〕 第 244 条经哈萨克斯坦共和国 2017 年 7 月 3 日第 86-Ⅵ号法律（自首次正式公布之日起 10 日后生效）、2018 年 7 月 4 日第 174-Ⅵ号法律修订（自首次正式公布之日起 10 日后生效）。

8）在优先经济部门发展科研基地并使其与生产过程一体化；

9）在工业创新活动领域的国际合作中向工业创新活动主体提供帮助，包括在为工业创新活动培养高素质人才领域的合作；

10）在提高劳动生产率和发展地区集群方面向工业创新主体提供援助。

3. 国家对哈萨克斯坦共和国工业创新活动的支持基于：

1）根据本法典，保证工业创新活动主体获得国家支持的平等机会；

2）国家对工业创新活动主体提供的支持措施的公开性、针对性和透明度；

3）确保国家和工业创新活动主体的利益平衡；

4）优化国家扶持措施，以结合工业创新主体的个体特点，顺利实施工业创新项目；

5）确保国家与工业创新活动主体之间的持续互动的配套性和系统性。

第 244-1 条　工业组装协议〔1〕

1. 为了促进汽车和（或）其零部件、农业机械和（或）其零部件的生产发展，国家支持工业活动领域的授权机构与哈萨克斯坦共和国的法人实体缔结车辆工业组装协议、农业机械工业组装协议、车辆和（或）农业机械零部件工业组装协议。

车辆是指一种设备，包括技术复杂的产品，旨在运输人员、货物或安装在其上的设备，农业机械除外。

农业机械是指一种机械工具，包括技术复杂的产品，旨在通过机械化和某些业务的自动化或技术流程来提高农业劳动生产率。

车辆部件是指车辆的结构部分，零件、组件、配套产品、材料、化学品、油漆产品以及生产车辆所必需的其他配套部分。

农业机械部件是指农业机械的结构部分，零件、组件、配套产品、材料、化学品、油漆产品以及生产农业机械所必需的其他配套部件。

2. 签署本条第 1 款第 1 段规定的其中一项协议，需要确认汽车及其零部件生产、和（或）农业机械及其零部件生产领域的工业活动主体是哈萨克斯坦共和国的法人实体。

3. 为了检查遵守本条第 1 款第 1 段规定的签署协议的要求情况，国家支持工业活动领域的授权机构对检查哈萨克斯坦共和国法人实体履行根据本法典第 100 条第 2 款第 24-1 项、第 24-9 项和第 24-10 项在该类协议框架下的义务情况。

4. 如果发现哈萨克斯坦共和国法人实体有违法行为，在不履行或不当履行本条第 1 款第 1 部分所列协议要求中的某一条，在所发现的违法行为自发出通知之日起一个月内未消除的情况下，国家扶持工业活动领域的授权机构将根据哈萨克斯坦共和国民事立法单方面终止协议。

5. 除欧亚经济联盟对外经济活动统一商品门类法（以下简称 TN VED）的卡车牵引车、公共汽车、特种设备、轿车和卡车的代码外，根据本法典第 100 条第 2 款第 24-9 项规定的缔结此类协议的规则和条件，与哈萨克斯坦共和国的法人实体按根据 TN VED 代码缔结车辆工业组装协议。

6. 与之前未签署汽车发动机工业组装协议的哈萨克斯坦共和国法人实体，根据本法

〔1〕 第 244-1 条经哈萨克斯坦共和国 2020 年 6 月 29 日第 352-Ⅵ号法律增补（生效程序见第 2 条）。

典第 100 条第 2 款第 24-9 项规定的缔结此类协议的规则和条件，在完成本地化评估评分系统的初始要求后，按卡车牵引车、公共汽车、特种设备、轿车和卡车的 TN VED 代码签署交通工具工业组装协议，初始评估包括利用以下技术设备和满足以下条件：

1）在企业组织——焊接、喷漆（包括汽车电泳）和车身（驾驶室）组装的技术操作，包括符合 TN VED 代码的至少两种型号的轿车，至少一种型号的卡车牵引车、公共汽车、特殊设备和货车，企业具有两班制生产能力，每年至少生产 25 000 辆轿车，至少 10 000 辆卡车牵引车、特种设备和卡车，至少 1200 辆公共汽车；

2）就轿车而言，生产资产的数量至少为月度核算指标的 1800 万倍，就卡车牵引车、公共汽车、特种设备和卡车而言，至少为月度计算指标的 75 万倍 。

7. 之前签署过已于 2020 年 12 月 31 日失效的汽车发动机工业组装协议的哈萨克斯坦共和国法人实体，只有在完成了之前通过的交通工具发动机工业组装协议（多边协议）的条件和义务，包括完成焊接和喷漆技术操作后，才能按卡车牵引车、公共汽车、特种设备、轿车和卡车的 TN VED 代码与之签署工业组装协议。

允许在按照本法典第 100 条第 2 款第 24-9 项规定签署此类协议规定的规则和条件框架下，与哈萨克斯坦共和国法人实体之一签署交通工具工业组装多边协议，但按轿车 TN VED 代码的交通工具工业组装多边协议除外。

签署 2021 年 1 月 1 日之后生效的协议，按照本法典第 100 条第 2 款第 24-9 项规定的签署此类协议的规则和条件，需执行本地化评估评分系统的要求。

8. 根据本法典第 100 条第 2 款第 24-10 项所规定的签署此类协议的规则和条件，按照拖拉机、谷物收割机和饲料收割机的 TN VED 代码，与哈萨克斯坦共和国法人实体签署农业机械工业组装协议，但需满足下列条件：

1）组织企业的生产加工作业，包括切割、工件弯曲、焊接、装配和喷漆；

2）拥有不少于月度计算指标 37.5 万倍的生产资产。

9. 根据本法典第 286 条提供投资优惠，鼓励在哈萨克斯坦共和国生产环保汽车（相当于环保 4 级及以上；或使用电动机）及其零部件，以及符合哈萨克斯坦共和国在交通工具及零部件、农业机械及零部件领域环境法规定的环保要求和技术法规确定的自行式农业机械和零部件，只有在哈萨克斯坦共和国法人实体已达成相关的交通工具和（或）其零部件、农业机械和（或）其零部件工业组装协议的条件下准许。

10. 根据本条第 6 款、第 7 款、第 8 款与其签订协议，向哈萨克斯坦共和国法人实体提供的优惠额将根据由国家支持工业活动领域的授权机构开发批准的评估本地化水平的评分系统确定。

评估本地化水平的评分系统应确保为按最高本地化水平要求生产的车辆提供最高水平的优惠。

第二节　哈萨克斯坦共和国工业创新体系

第 245 条　哈萨克斯坦共和国工业创新体系的形成目的

为了刺激哈萨克斯坦共和国重点经济部门的发展和国家对工业创新活动的支持，形成工业创新体系，该体系由参与国家支持工业创新活动的实体、基础设施和工具构成。

第 246 条　参与国家支持工业创新活动的工业创新体系主体[1]

1. 参与国家支持工业创新活动的工业创新体系主体包括：作为在优化发展机构、金融组织管理体系和国民经济发展框架下的措施而建立的国家管理控股公司，国家公司及其区域代表和代表处，国家发展机构以及其 50% 或以上投票权股份（授权资本中的股份）直接或间接属于国家、被授权执行国家支持工业创新活动的其他法人实体。

2. 在支持工业创新活动主体领域的国家发展机制：

1）投资工业和创新活动主体的注册资本，以及通过设立（组建）其他法人实体来创建新的工业创新项目、旨在实现现代化（技术再装备）和扩大现有产业的工业和创新项目；

2）从国家开发机构、二级银行、其 50% 以上投票权股（注册资本中的股份）直接或间接属于实施和（或者）参与工业创新项目的国家管理控股公司的其他法人实体处获得贷款（借款）的权利（债权）；

3）制定和实施工业创新活动主体的金融经济健康化，以及支持和恢复经济活动和优先经济部门的投资吸引力方面的配套措施：

债务重组；

对注册资本投资；

寻找和吸引战略和机构投资者；

哈萨克斯坦共和国法律规定的有助于工业创新活动主体的金融和经济复苏的其他类型的支持。

3. 产业发展领域的国家发展研究机制：

1）提供经济部门发展领域的信息分析和咨询服务，包括经济优先部门的发展以及区域的工业创新发展；

2）为国家支持工业活动领域从事开发和更新优先商品和服务的统一地图的授权机构提供服务；

3）为国家支持工业活动领域进行工业化地图跟踪的授权机构提供服务；

4）为旨在提高工业创新活动主体的劳动生产率的国家支持措施提供服务；

5）为国家支持地区集群发展措施提供服务；

6）提供服务支持区域集群的发展；

7）为哈萨克斯坦共和国政府下辖的工业发展领域的咨询协商机构的活动提供分析和专家支持服务；

8）为工业创新活动领域的国家计划管理提供服务，这些国家计划旨在从国家机构和法人实体处获得的对国家工业创新领域实施国家和部门计划的统计信息数据进行分析，研究制定建议和专家意见。

4. 技术开发领域的国家开发研究机制：

1）组织进行技术预测；

---

[1] 第 246 条经哈萨克斯坦共和国 2018 年 5 月 24 日第 156-Ⅵ号法律（自首次正式公布之日起 10 日后生效）、2018 年 7 月 4 日第 174-Ⅵ号法律（自首次正式公布之日起 10 日后生效）、2019 年 4 月 3 日第 243-Ⅵ号法律（自首次正式公布之日起 10 日后生效）、2020 年 6 月 25 日第 347-Ⅵ号法律修订（自首次正式公布之日起 10 日后生效）。

2）在创新发展领域提供信息分析和咨询服务；

3）通过参加工业创新活动主体的注册资本、创建外资参与的法人实体、创建或参与投资和风险基金以及哈萨克斯坦共和国法律规定的其他方式实现对工业创新项目的投资；

4）参与技术商业化中心、技术园区、设计局、国际技术转移中心的创建、管理和协调工作；

5）与国际组织合作，吸引信息、教育和财政资源，以促进优先经济部门的技术发展；

6）提供有关正在进行的工业创新项目、实施的技术、技术预测方面的分析研究结果的信息；

7）参与落实对科技企业孵化、技术商业转化和技术转让的国家支持机制，增强工业创新活动主体的人力、管理和生产潜力；

8）向国家支持创新活动领域的授权机构发出专家意见和（或）建议；

9）向提供创新担保的国家支持创新活动领域的授权机构提供服务；

10）收集信息并分析技术发展领域工业创新体系的有效性；

11）协助发展风险投资基金、风险基金和风险融资。

5. 本地含量开发领域的国家发展研究机制：

1）建立并运行商品、工程、服务及其供应商的数据库；

2）对本地含量开发领域提供信息分析和咨询服务；

3）向国家支持工业活动领域的授权机构提供服务，分析国内市场上国内商品、工程和服务供应商实施国家支持措施的有效性；

4）向国家支持工业活动领域的授权机构提供服务，偿还在国内市场推广工业创新活动主体的商品、工作和服务的部分费用；

5）对本地含量进行专业鉴定。

对本地含量的专业鉴定被理解为对工业创新活动主体的工业创新项目中本地含量的评估，目的是将其纳入工业化地图；

6）是分包的中心。

分包是指工业企业为优化生产活动而采用的一种生产（工业）外包形式；

7）向进行国内市场的工业创新活动主体提供系列服务的国家支持产业活动领域的授权机构提供服务，包括维护用于开发地方内容和获取用于地下资源使用的商品、工程和服务的信息系统。

本地含量是指哈萨克斯坦共和国公民参与工业创新活动主体的工业创新项目的报酬成本占该项目总报酬基金和（或）本地来源份额的百分比。

6. 吸引投资领域的国家公司及其地区代表和代表处：

1）进行改善哈萨克斯坦共和国投资吸引力的分析研究；

2）保证维护投资者的活动，包括组织投资者与政府机构、工业创新活动主体以及私营企业家协会的见面会，举办有关投资主题的商业论坛、会议和研讨会，形成和运行现有和潜在投资者的数据库，协助投资者解决所产生的问题；

3）宣传哈萨克斯坦共和国的良好投资形象，包括提供投资机会信息；

4）监督与投资者谈判达成的正式协议的执行情况；

5）对有投资者参与的工业创新项目进行监测；

6）按照“一个窗口”原则与投资者互动，在获得公共服务以及其他组织提供的其他服务方面支持投资者。

7. 发展和推动出口领域的国家发展研究机制：

1）进行国外市场分析；

2）协助将国内加工品、工程和服务推向国外市场；

3）为国内出口商提供信息咨询服务，以提高其在国外市场的竞争力，寻找潜在的出口市场并将其商品和服务推向国外市场；

4）采取措施推动国内加工产品和服务的出口；

5）与国内、国外和国际组织就推动国内加工产品和服务的出口进行互动；

6）向对外贸易活动调节领域的授权机构提供服务，以补偿将国内加工产品推向国外市场的工业创新活动主体的部分成本；

7）设立驻国外代表处，以推动国内加工产品和服务的出口。

8. 在优化发展机构、金融组织和国民经济发展管理体制的措施框架内建立的国家管理控股公司：

1）参与和实施国家支持工业创新活动领域的国家计划；

2）为实施国家支持工业创新活动的工业创新体系主体提供方法和咨询帮助；

3）履行本法典、哈萨克斯坦共和国法律、哈萨克斯坦共和国总统令和哈萨克斯坦共和国政府法令规定的其他职能。

9. 吸引投资的地区组织：

1）就改善相关地区的投资吸引力进行分析研究；

2）保证投资者的活动信息支持，包括组织与中央和地方国家机构、工业创新活动主体以及私营企业家协会的会议，举办有关投资主题的商业论坛、会议和研讨会，建立和运行地区投资者数据库；

3）宣传本地区良好的投资形象，包括提供本地区投资机会的信息；

4）监督与投资者谈判达成的正式协议的执行情况；

5）对区域内投资者参与实施的工业创新项目进行监测；

6）参加招商引资领域的国家公司及其区域代表和代表处组织的投资主题活动，包括在外国领土上的活动；

7）定期向全国招商引资领域的国家公司及其区域代表和代表处提供地区投资活动的最新信息，包括需要投资和投资者的工业创新项目；

8）在协助投资者获得国家服务以及其他组织提供的其他服务方面，按照“一个窗口”原则与投资者互动。

10. 吸引投资领域的区域组织由州、共和国级城市和首都的地方执行机构的决定确定。

第 247 条　工业创新基础设施〔1〕

工业创新基础设施的要素是：

〔1〕 第 247 条经哈萨克斯坦共和国 2018 年 7 月 4 日第 174-Ⅵ号法律（自首次正式公布之日起 10 日后生效）、2019 年 4 月 3 日第 243-Ⅵ号法律修订（自首次正式公布之日起 10 日后生效）。

1）经济特区；
2）工业区；
3）科技园；
4）风险投资的股份化投资基金；
4-1）风险基金；
5）技术商业化中心；
6）设计局；
7）国际技术转移中心；
8）创新集群。

第 248 条　经济特区〔1〕

1. 经济特区是哈萨克斯坦共和国领土的一部分，具有准确标注的边界，在该领土上为实施优先活动而实行经济特区的特别法律制度。

在经济特区的领土上，根据本法典、哈萨克斯坦共和国经济特区和工业区法、创新集群工业创新园法、哈萨克斯坦共和国税收法、海关法、土地法以及哈萨克斯坦共和国就业法规定，实行为经济特区参与者制定的特殊的法律制度。

2. 在经济特区境内或其一部分，实行自由关税区的海关程序。实行自由关税区海关程序的经济特区的边界，根据哈萨克斯坦共和国政府关于建立经济特区的文件确定。

经济特区的领土是欧亚经济联盟关税区的一部分。

根据欧亚经济联盟的海关法和（或）哈萨克斯坦共和国的海关法，实行自由关税区的海关程序。实行自由关税区海关程序的经济特区的领土是海关管制区。

3. 经济特区参与者的权利和利益受到哈萨克斯坦共和国宪法、本法典和哈萨克斯坦共和国其他法律法规，以及由哈萨克斯坦共和国批准的国际条约所保障。

在特殊情况下，允许以哈萨克斯坦共和国法律规定的程序强行剥夺经济特区参与者的财产（国有化、征用）以满足国家需要。

在按照哈萨克斯坦共和国税法向预算缴纳税款和其他义务付款后，经济特区的参与者有权自行决定使用在经济特区境内开展活动所获得的收入。

第 249 条　工业区〔2〕

1. 工业区是指为私营企业家提供工程和通信基础设施的领土，按照哈萨克斯坦共和国法律规定的程序，用于安置和包括工业、农工综合体、旅游业、运输物流、废物管理领域的经营活动设施。

2. 工业区的建立目的是为发展经营创造经济和组织条件。

3. 工业区的任务是：

1）促进加快发展工业领域的经营活动；

---

〔1〕 第 248 条经哈萨克斯坦共和国 2017 年 7 月 3 日第 84-Ⅵ号法律（自首次正式公布之日起 10 日后生效）、2017 年 12 月 26 日第 124-Ⅵ号法律（自 2018 年 1 月 1 日起生效）、2019 年 4 月 3 日第 243-Ⅵ号法律修订（自首次正式公布之日起 10 日后生效）。

〔2〕 第 249 条经哈萨克斯坦共和国 2019 年 4 月 3 日第 243-Ⅵ号法律修订（自首次正式公布之日起 10 日后生效）。

2）优化建设和发展新产业基础设施的成本；

3）提高生产效率；

4）保障居民就业。

第 250 条　科技园区〔1〕

1. 科技园区是由国家技术开发机构或自治教育机构创建、或由哈萨克斯坦共和国政府确定的法人实体，根据所有权和其他法律依据，拥有具有单一材料技术综合体的领土，在科技园区内为实施工业和创新活动创造有利条件。

2. 科技园区的主要活动类型是科技企业孵化，即向工业创新活动的主体提供服务，包括在信息和通信技术领域，在其运作的初始阶段提供场所、设备、会计核算、法律、信息咨询支持、招商引资、项目管理以及实施工业和创新项目所需的其他服务。除"阿斯塔纳枢纽"国际科技园提供的服务外，对技术企业孵化提供服务，以及确定此类服务价格的规则由国家支持创新活动领域的授权机构制定和批准。

第 251 条　股份制投资基金〔2〕

1. 股份制投资基金是股份公司，其唯一活动是按照哈萨克斯坦共和国投资和风险基金法及其投资声明的要求进行积累和投资，基于本公司股东为支付其股份而投入的资金，以及因该投资而获得的资产。

2. 用于风险投资的股份制投资基金的活动受哈萨克斯坦共和国投资和风险基金法的调整。

第 251-1 条　风险基金、私人风险投资者和风险融资〔3〕

1. 风险基金是简单合伙人或股份公司或经济合伙企业形式的法人实体，根据哈萨克斯坦共和国投资和风险基金法规定的要求，专门为风险融资目的吸引和积累资金和其他财产。

风险基金有权与哈萨克斯坦共和国二级银行签订银行存款协议。

1-1. 私人风险投资人是为初创公司提供风险融资并为其提供专家支持的自然人。

2. 风险融资是指通过投资其注册资本、购买其发行的金融工具或向其提供现金贷款，为仅从事创新活动的个人提供融资的活动。

第 252 条　技术商业化中心

1. 技术商业化中心是一个法人实体，是科学组织、高等教育机构或自治教育组织的结构或独立分支，开展与科学和（或）成果的实际应用相关的活动，将新产品、改进后的产品或旨在获得积极经济效果的过程和服务（技术商业化）推向市场。

---

〔1〕 第 250 条列入哈萨克斯坦共和国 2018 年 7 月 4 日第 174-Ⅵ号法律（自首次正式公布之日起 10 日后生效）；经哈萨克斯坦共和国 2020 年 6 月 25 日第 347-Ⅵ号法律修订（自首次正式公布之日起 10 日后生效）。

〔2〕 第 251 条经哈萨克斯坦共和国 2018 年 7 月 4 日第 174-Ⅵ号法律修订（自首次正式公布之日起 10 日后生效）。

〔3〕 第 251-1 条列入哈萨克斯坦共和国 2020 年 6 月 25 日第 347-Ⅵ号法律（自首次正式公布之日起 10 日后生效）。经哈萨克斯坦共和国 2018 年 7 月 4 日第 174-Ⅵ号法律增补（自首次正式公布之日起 10 日后生效）、经哈萨克斯坦共和国 2020 年 6 月 25 日第 347-Ⅵ号法律修订（自首次正式公布之日起 10 日后生效）。

2. 技术商业化中心的主要活动方向是为技术商业化提供配套服务，包括但不限于：

寻找和评估用于商业化的技术、市场研究、提供知识产权保护领域的咨询服务、制定技术商业化战略、组织科学和（或）科学技术活动主体与私营企业主体之间的互动，以达成技术商业化领域的协议。

哈萨克斯坦共和国立法规定的技术商业化中心的方法、咨询和其他支持由技术发展领域的国家发展研究机制实施。

第 253 条　设计局

1. 设计局是拥有材料和技术综合体的法人实体，其创建旨在协助工业创新活动主体组织新产品或改进产品的生产。

2. 设计局的主要任务是协助工业创新活动主体创造新产品或改进产品，包括通过技术转让、收购、改编、设计技术文件的开发，其随后向工业创新活动主体有偿转让，以及在其基础上为组织商品生产提供所必需的服务。

第 254 条　国际技术转让中心

国际技术转让中心由技术开发领域的国家发展研究机构创建，以协助实施由工业创新活动主体与外国合作伙伴共同实施的项目。

技术转让是指工业创新活动主体推广新技术或改进技术的过程，以哈萨克斯坦共和国法律不禁止的方式获得其产权、所有权和（或）使用权。

第 255 条　创新集群〔1〕

创新集群是由根据哈萨克斯坦共和国法律确定的科学组织、教育组织、风险投资的股份制投资基金、风险投资基金以及个人和（或）法人实体的联合，旨在通过互动和共同利用现有机会、分享知识和经验、有效的技术转让、建立稳定的伙伴关系和传播信息来刺激工业创新活动。

第 256 条　工业创新体系的手段〔2〕

1. 工业创新系统的手段包括技术预测和优先商品和服务的统一地图。

技术预测是旨在发现掌握成为国家工业创新稳定发展所必需条件的技术并进行配套分析研究。

技术预测由国家支持创新活动领域的授权机构进行，至少每 5 年总结 1 次。

技术预测按照国家支持创新领域的授权机构制定和批准的技术预测方法进行。

技术预测过程是由技术开发领域的国家开发机构通过吸引国内外专家，进行调查和分析研究，总结所获得的数据并提出总结技术预测结果的建议而保证。

将根据技术预测结果，确定提供创新担保的优先方向，包括在实施专项技术规划。

专项技术规划是指在国家、企业和科学界互动基础上，解决企业（部门）技术问题的

---

〔1〕 第 255 条经哈萨克斯坦共和国 2018 年 7 月 4 日第 174-Ⅵ号法律修订（自首次正式公布之日起 10 日后生效）。

〔2〕 第 256 条经哈萨克斯坦共和国 2019 年 4 月 3 日第 243-Ⅵ号法律（自首次正式公布之日起 10 日后生效）、2020 年 6 月 25 日第 347-Ⅵ号法律修订（自首次正式公布之日起 10 日后生效）。

配套措施。

优先商品和服务的统一地图是在哈萨克斯坦共和国生产的、具有战略竞争优势的产品组、商品和服务清单，根据每个优先经济部门确定，是国家支持工业创新活动的优先事项。

2. 工业化地图是在共和国一级工业创新体系的监测（实施）工具，由工业创新活动主体实施，代表工业创新项目集成。

支持地区经营地图是地区一级的工业创新体系的监测（实施）工具，由工业创新活动主体实施的工业创新项目集成。

3. 激励创新积极性和普及创新活动的手段是对创新的信息宣传支持和包括技术商业化的知识传播。

创新的信息宣传支持由技术发展领域的国家开发机构进行，提供组织活动以刺激创新活动、信息支持和创新普及活动。

促进（支持）技术商业化通过以下方式进行：

1）组织和（或）举办旨在培养和发展技术创业领域能力的活动；

2）建立和发展技术搜索系统，对其进行识别和协助其推向市场；

3）发展项目经理制度；

4）哈萨克斯坦共和国法律规定的其他方式。

根据本法典第 264 条，技术开发领域的国家开发机构为技术商业化中的工业创新活动主体提供援助。

4. 对国家机构、州、共和国级城市和首都的地方执行机构、实施国家支持工业创新活动措施的工业创新活动主体实施措施效果的评估，是分析工业创新系统的工具。

国家机构、州、共和国级城市和首都的地方执行机构以及工业创新体系主体实施的国家支持工业创新活动措施的有效性的评估方法，由中央国家规划授权机构批准。

第三节　国家对工业创新活动主体的扶持

第 257 条　国家对工业创新活动主体的扶持措施[1]

1. 国家对工业创新活动主体的扶持措施由本法典规定，并考虑到哈萨克斯坦共和国其他法律规定的具体情况。

国家扶持的类型和水平由哈萨克斯坦共和国法规规定。

2. 国家对工业创新活动主体的扶持措施包括：

1）融资，包括项目联合融资、租赁融资；

2）提供担保义务和贷款担保；

3）通过金融机构放贷；

4）对金融机构贷款利率和债券票面利息给予补贴；

5）以注册资本进行投资；

6）担保性订单；

---

[1] 第 257 条经哈萨克斯坦共和国 2019 年 4 月 3 日第 243-Ⅵ号法律（自首次正式公布之日起 10 日后生效）、2020 年 6 月 25 日第 347-Ⅵ号法律修订（自首次正式公布之日起 10 日后生效）。

7）提供创新担保；

8）保证合格的人力资源；

9）保证工程和通信基础设施；

第10项列入2017年12月27日发布的哈萨克斯坦共和国第126-Ⅵ号法律（自本法公布之日起5年后生效）。

10）提供地块和地下资源使用权；

11）在国内市场的支持；

12）吸引外资；

13）发展和促进国内加工产品、服务的出口；

14）支持提高劳动生产率和发展地区集群；

15）金融经济健康化框架下的债务重组。

3. 对在哈萨克斯坦共和国农工综合体内开展活动的工业创新活动主体的国家支持，由本法典和哈萨克斯坦共和国农工综合体发展和农业地区的国家调节法确定。

4. 促进在经济特区和工业区经营的工业创新活动主体的发展由哈萨克斯坦共和国经济特区和工业特区法调节。

5. 工业创新活动主体在哈萨克斯坦共和国的投资活动由本法典规定。

6. 国家支持工业创新活动领域的授权机构、其他国家机构以及州、共和国级城市、首都的地方执行机构，在审核、协调和提供国家支持工业创新活动主体的措施时必须遵循以下标准之一：

1）创新性——旨在通过创造新的或改进的产业、技术、商品、工程和服务来提高活动的经济效率，同时考虑到环境安全；

2）竞争力——与类似的工业创新项目相比的优势，表现为所提供的制成品、工程和（或）服务的低成本、其生产、供应或供应的被需求和经济可行性；

3）规模——实施工业创新项目对哈萨克斯坦共和国工业创新发展的意义；

4）出口导向性——生产的重点是产品和服务的出口；

5）劳动生产率——表征单位资源使用产出的生产效率指标，是生产量与劳动力资源成本之比。

第258条　融资，包括联合融资、项目融资、租赁融资[1]

1. 工业创新活动主体中长期内的融资，包括联合融资、项目、租赁融资，由哈萨克斯坦开发银行以及哈萨克斯坦共和国政府确定的其他国家发展机构进行。

2. 融资，包括用于创建新的工业创新项目的联合融资，以及旨在实现现有工业的现代化（技术再装备）和扩展的工业创新项目。

风险基金的联合融资由参与国家支持工业创新活动的工业创新系统主体进行，其名单由国家支持创新活动领域的授权机构与负责相关行业（公共管理领域）的国家机构协调后批准。

---

〔1〕 第258条经哈萨克斯坦共和国2018年7月4日第174-Ⅵ号法律（自首次正式公布之日起10日后生效）、2020年6月25日第347-Ⅵ号法律修订（自首次正式公布之日起10日后生效）。

3. 向工业创新活动主体提供租赁融资，期限不超过10年。

4. 融资条件和机制，包括联合融资、项目融资、租赁融资，由哈萨克斯坦共和国政府确定。

第259条　提供担保性债务和对贷款担保

1. 提供担保性债务和对贷款担保由哈萨克斯坦共和国政府确定的金融代理人实施，为向实施工业创新活动的工业创新活动主体发放贷款的二级银行提供担保。

2. 提供担保性债务和对贷款担保的条件和机制由哈萨克斯坦共和国政府确定。

第260条　通过金融机构贷款

1. 向工业创新活动主体提供贷款，由哈萨克斯坦共和国政府确定的金融机构在金融机构中通过有条件的资金配置进行。

2. 对以创建新的工业创新项目、旨在实现现有产业现代化（技术改造）和扩张以及金融和经济健康化、改善和恢复现有和（或）闲置产业的投资吸引力的工业创新活动主体进行贷款，前提是它们通过提供自己的动产或不动产、包括货币来参与。

3. 通过金融机构贷款的条件和机制由哈萨克斯坦共和国政府确定。

第261条　对金融机构贷款利率和债券票面利息的补贴

1. 对金融机构发放贷款的利息和创造新的工业创新项目的工业创新活动主体债券票息、以现代化（技术改造）为目标和现有产业扩张的工业创新项目、金融和经济的现代化、改善和（或）恢复现有和（或）闲置生产设施的投资吸引力进行补贴，前提是他们通过提供自己的动产或不动产、包括货币来参与。

对金融机构发放贷款的利率和满足流动资金的债券票面利率不予补贴。

2. 对金融机构向工业创新主体发放的贷款利率和工业创新主体发行的债券的票面利息进行补贴，由哈萨克斯坦共和国政府确定的金融机构实施，用于实施工业创新项目。

3. 金融机构发放的贷款利率和债券票面利息的补贴条件和机制由哈萨克斯坦共和国政府确定。

第262条　对注册资本进行投资

对工业创新活动主体注册资本的投资由为工业创新活动提供国家支持的国家开发机构以及州、共和国级城市和首都的地方执行机构进行，但工业创新项目须符合以下条件：

1）提高劳动生产率和保证刺激发展经济优先部门；

2）在预测经济和金融参数方面的吸引力，其意义由规范国家开发和投资政策的内部文件确定，这些开发机构为工业创新活动提供国家支持；

3）着力培育科技潜力，提高生产和服务质量和增长速度，深化原材料和材料加工，生产高新技术产品。

为工业创新活动提供国家支持的国家开发机构的投资活动结果，由基于所有工业创新项目的投资收益确定。

在支持工业创新活动主体领域的国家开发机构可以在以下情况下对工业创新活动主体的注册资本投资：

1）私营企业主体的工业创新项目的资本密集度（或）投资周期长和（或）盈利能力低；

2）优先经济部门中社会意义的工业创新项目。

第 263 条　有保证的订单〔1〕

1. 技术备忘录由国家支持创新活动领域的授权机构与国家管理控股公司、国家控股公司、国家公司和与其有关联的法人实体签订，并确定采购的商品、工程和服务清单。

2. 根据签署的技术备忘录，国家管理控股公司、国家控股公司、国家公司和与其关联的法人实体通过与工业创新实体签订供应商品、工程和服务的协议来保证订单。这些协议的条款必须符合国家管理控股公司、国家控股公司、国家公司和与其有关联的法人实体的商业利益，包括价格、质量、可用性、运输条件，并且不得违背哈萨克斯坦共和国的国际义务。

第 3 款第 1 段经哈萨克斯坦共和国 2021 年 6 月 8 日第 48-Ⅶ号法律修订（自 2022 年 1 月 1 日起生效）。

3. 根据哈萨克斯坦共和国国有资产法，通过在商品、工程、服务及其供应商数据库中包含的所有潜在商品、工程和服务供应商之间组织采购流程，下达有保证的订单。

商品、工程、服务及其供应商的数据库是国产商品、工程、服务及其供应商的清单。

第 264 条　创新担保的提供〔2〕

1. 创新担保系指无偿提供给工业创新活动主体的预算资金，用于在提供创新担保的优先领域框架内实施工业创新项目。

创新担保的提供由国家支持创新活动领域的授权机构吸引技术发展领域的国家开发机构进行。

2. 通过对实施工业创新项目联合融资，向工业创新活动主体提供创新担保。

3. 创新担保用于：

1）技术商业化；

2）部门的技术开发；

3）企业的技术开发。

4. 提供创新担保时，按照创新担保提供的规则进行审查，并经国家支持创新活动领域的授权机构批准。

创新担保规则规定了授予创新担保的标准。

5. 技术开发领域的国家发展研究所对所提供的创新担保进行监测，以分析提供创新担保的工业创新项目的计划目标的实现情况。

6. 技术开发领域的国家开发机构在作为哈萨克斯坦共和国常住人口的二级银行开立经常账户，以管理根据国家支持创新领域的授权机构和技术发展领域的国家开发机构之间达成协议分配给创新担保的资金。

财政年度结束时经常账户的余额不需返还给国家支持创新活动领域的授权机构，和相

〔1〕 第 263 条经哈萨克斯坦共和国 2018 年 12 月 26 日第 202-Ⅵ号法律（自 2019 年 1 月 1 日起生效）、2020 年 6 月 25 日第 347-Ⅵ号法律修订（自首次正式公布之日起 10 日后生效）。

〔2〕 第 264 条经哈萨克斯坦共和国 2020 年 6 月 25 日第 347-Ⅵ号法律修订（自首次正式公布之日起 10 日后生效）。

应地返还给国家预算，而是用于下一个财政年度提供创新担保。专用于提供创新担保的资金总额在所有创新担保之间分配。

第 265 条　合格人力资源的保证〔1〕

1. 为工业创新活动主体提供合格的人力资源通过安排为优先经济部门培训专家的国家教育订单来实现。

2. 国家支持工业创新活动领域的授权机构，根据工业和创新活动主体提供的有关专家需求信息，制定确定专业名单的建议，要求按照该名单为经济优先部门培训专家。

教育领域的授权机构，根据国家支持工业创新活动领域的授权机构提供的信息，有义务确定优先领域专家培训的专业清单，并在此基础上形成国家教育订单。

第 266 条　工程和通信基础设施保障〔2〕

1. 提供对工业创新活动主体的工程和通信基础设施保障的目的是：

1）创立新的优势产业；

2）现有产业的现代化（技术再装备）和扩张。

2. 对实施本条第 1 款规定的工业和创新项目的工业创新活动主体提供工程和通信基础设施保障，通过分配预算资金、包括通过实施公私合作伙伴关系用于建设（改造）工程和通信基础设施。

3. 分配预算资金进行工程和通信基础设施建设（改造）按照哈萨克斯坦共和国的预算法进行。

第 267 条　土地和地下资源使用权的提供〔3〕

向工业创新活动主体提供土地和地下资源使用权通过以下方式进行：

1）根据哈萨克斯坦共和国土地法典分配临时土地使用权的土地；

2）按照哈萨克斯坦共和国地下资源和地下资源使用法规定的程序，提供用于进行与生产活动（技术周期）相关的固体矿物的勘探或开采业务相关的地下资源使用权。

第 268 条　国内市场支持〔4〕

1. 为在国内市场推广国产商品、工程和服务的工业创新活动主体提供服务支持和补偿部分费用，由国家支持创新领域的授权机构吸引本地内容开发领域的国家开发机构实施。

2. 对国内市场工业创新活动主体的服务支持通过以下方式进行：

1）个人和法人实体在商品、工程、服务及其供应商数据库中免费注册；

2）在本地含量开发领域的国家开发机构互联网上发布有关潜在订货商、国产商品生产商和国内工程和服务供应商的信息。

---

〔1〕 第 265 条经哈萨克斯坦共和国 2020 年 6 月 25 日第 347-Ⅵ号法律修订（自首次正式公布之日起 10 日后生效）。

〔2〕 第 266 条经哈萨克斯坦共和国 2021 年 1 月 2 日第 399-Ⅵ号法律修订（自首次正式公布之日起 10 日后生效）。

〔3〕 第 267 条列入哈萨克斯坦共和国 2017 年 12 月 27 日第 126-Ⅵ号法律（自首次正式公布之日起 5 年后生效）。第 267 条经哈萨克斯坦共和国 2017 年 12 月 27 日第 126-Ⅵ号法律修订（自首次正式公布之日起 6 个月后生效）。

〔4〕 第 268 条经哈萨克斯坦共和国 2020 年 6 月 25 日第 347-Ⅵ号法律修订（自首次正式公布之日起 10 日后生效）。

商品、工程、服务及其供应商数据库的建立和运行程序由国家支持工业活动领域的授权机构批准。

3. 补偿工业创新活动主体部分费用按以下方式进行：

1）为参与制定或审查工业创新项目综合计划的咨询机构提供服务费用；

2）在国内市场推广国产商品、工程和服务。

工业创新活动主体在国内市场推广国产制成品、工程、服务的部分费用的补偿规则由国家支持工业活动领域的授权机构批准。

4. 本地含量开发领域的国家开发机构在二级银行（哈萨克斯坦共和国常住人口）开设经常账户，根据国家支持工业活动领域的授权机构与本地含量开发领域的国家开发机构之间签订的协议，管理分配用于补偿在国内市场推广国产商品、工程和服务的工业创新活动主体成本的资金。

财政年度末经常账户的余额不需返还给国家支持工业活动领域的授权机构，相应地也不需返还给国家预算，用于支付补偿下一财政年度在国内市场推广国产商品、工程和服务的工业创新活动主体费用的资金。

第 269 条　吸引外国投资

对工业创新活动主体的服务支持措施通过吸引外资提供，包括：

1）寻找并与潜在的外国投资者进行谈判，以吸引他们参与工业创新项目的实施；

2）吸引工业创新活动主体参加投资主题的商业论坛、会议和研讨会；

3）通过哈萨克斯坦共和国的驻外机构以及外国外交使团和同等机构以及驻哈萨克斯坦共和国领土的领事馆，在外国媒体上传播发布工业创新项目信息。

第 270 条　发展和推动国产加工品、服务出口[1]

1. 提供服务支持措施和补偿将国产加工产品和服务推向国外市场的工业创新活动主体的部分费用，由外贸调节领域的授权机构吸引发展和推动出口领域的国家开发机构和国家商会共同实施。

2. 为推动国产制成品和服务进入国外市场的工业创新活动主体提供的服务支持措施通过以下方式实施：

1）对其出口潜力的诊断；

2）组织贸易代表团，举办展览和交易会，在国外推广国内制造商商标，以及在国外组织哈萨克斯坦制造商举办国家展会；

3）通过持续发布有关国内生产商及其在国外的商品、服务的信息，提高潜在外国买家的信息量；

4）为发展和推动国内加工产品和服务出口，提供信息和分析支持；

5）协助将国内加工产品和服务推向国际人道主义援助市场；

6）利用出口贸易融资、贷款和保险机制。

---

[1] 第 270 条经哈萨克斯坦共和国 2020 年 6 月 25 日第 347-Ⅵ号法律修订（自首次正式公布之日起 10 日后生效）。

第 271 条　支持提高劳动生产率和发展区域集群[1]

1. 提供国家支持工业创新活动主体以提高劳动生产率和发展区域集群的措施，由国家支持工业活动领域的授权机构吸收产业发展领域的国家开发机构实施。

就本法典而言，集群是指地理上集中的相互关联和互补的公司和组织群，其中包括最终产品或中间产品和服务的制造商，组件、专业服务的供应商，生产和其他设备的制造商，专业基础设施的供应商，科研机构，高等教育机构，职业技术教育机构和其他具有一定行业专业的机构。

2. 对工业创新活动主体提供国家支持措施以提高劳动生产率，通过补偿以下费用来实现：

1）提高企业的能力；

2）制定和（或）审查工业创新项目的综合计划；

3）完善工艺流程；

4）提高生产组织效率。

3. 为发展区域集群的工业创新活动主体提供的国家支持措施，在创建和实施区域集群倡议框架内，通过费用补偿和提供其他国家支持措施来实现。

4. 产业开发领域的国家开发机构在二级银行（哈萨克斯坦共和国常住人口）开设经常账户，根据国家支持工业活动领域的授权机构与产业开发领域的国家开发机构之间签订的协议，管理分配用于在提高劳动生产率和发展区域集群中提供国家支持措施。

第 272 条　债务重组

1. 进行债务重组是为了扩大用于工业创新活动主体的金融和经济健康化的工具范围，以及改善和（或）恢复现有和（或）闲置产业的投资吸引力，启动生产设施，条件是从第三方吸引来的额外融资，或提供自身动产或不动产，包括货币作为适当保证来实施工业创新项目。

2. 债务重组可以通过改变付款时间表、全部或部分终止权利（债权）、免除（罚款），包括基本债务资本化中的报酬、投资收益、主要债务和其他应收款，更改投资和（或）贷款和（或）融资、将债务转换为注册资本以及以哈萨克斯坦共和国法律规定的其他方式的条款和条件。

第二十五章　对投资活动的国家支持

第一节　投资的法律制度

第 273 条　投资关系

1. 对与在哈萨克斯坦共和国投资相关的关系的调节，确定刺激投资的法律和经济基础，对在哈萨克斯坦共和国投资的投资者权利提供担保，确定国家对投资的支持措施，解

---

〔1〕 第 271 条经哈萨克斯坦共和国 2019 年 4 月 3 日第 243-Ⅵ号法律（自首次正式公布之日起 10 日后生效）、2020 年 6 月 25 日第 347-Ⅵ号法律修订（自首次正式公布之日起 10 日后生效）。

决有投资者参与的争议程序按本法典实施。

2. 本法典不调节与以下投资相关的关系：

来自国家预算资金的投资；

对非商业组织，包括用于教育、慈善、科学或宗教目的投资。

3. 对在投资中产生和属于哈萨克斯坦共和国其他法律领域的关系，本章规定适用于与这些法律不相抵触的部分。

4. 与投资者在所签订投资合同下吸引外国劳动力有关的关系，由哈萨克斯坦共和国居民就业法调整。

第 274 条　投资、投资者、大投资者和投资活动的概念

1. 投资是所有类型的财产（用于个人消费的商品除外），包括自签订租赁协议之日起的融资租赁对象，以及投资者对法人实体注册资本投资的权利，或增加用于经营活动，以及用于实施公私合作伙伴关系项目，包括特许项目的固定资产。

2. 投资者是指在哈萨克斯坦共和国进行投资的个人和法人实体。

3. 投资活动是指个人和法人实体参与商业组织的注册资本，或者创造或增加用于经营活动的固定资产以及实施公私合作伙伴关系项目（包括特许项目）的活动。

4. 大投资者是指在哈萨克斯坦共和国投资金额至少为每月计算指标 200 万倍的个人或法人实体。

第 275 条　投资活动的对象

1. 除哈萨克斯坦共和国法律规定的情况外，投资者有权对任何对象和类型的经营活动投资。

本法典、哈萨克斯坦共和国的其他法律和相关协议规定了投资者与所投资的对象和经营活动类型有关的权利和义务。

2. 哈萨克斯坦共和国法律根据保障国家安全的需要，可以确定限制或禁止对其开展投资活动的活动类型和（或）领土。

第 276 条　对投资者在哈萨克斯坦共和国境内的活动受到法律保护的担保

1. 哈萨克斯坦共和国宪法、本法典和哈萨克斯坦共和国其他规范性法律文件以及哈萨克斯坦共和国批准的国际条约对投资者的权益给予充分和无条件的保护。

2. 根据哈萨克斯坦共和国的民事法律，投资者有权因国家机关发布不符合哈萨克斯坦共和国法律的文件，以及这些机关官员的违法行为（包括不作为）而对其造成的损害获得赔偿。

3. 哈萨克斯坦共和国对投资者与哈萨克斯坦共和国国家机构之间签订的合同条款的稳定性提供担保，但经双方同意修改合同的情况除外。

该担保不包括：

1）哈萨克斯坦共和国法律的变化和（或）由于哈萨克斯坦共和国国际条约的生效和（或）变化，改变了进口、生产和销售应税商品的程序和条件；

2）为确保国家安全、公共秩序、保护健康和居民平等而对哈萨克斯坦共和国法律进行更改和补充。

第 277 条　对收入使用的担保

投资者有权：

1）根据哈萨克斯坦共和国法律，在向预算缴纳税款和其他强制性款项后，自行决定使用从其活动中获得的收入；

2）根据哈萨克斯坦共和国银行和外汇法，在哈萨克斯坦共和国境内的银行开立本国货币和（或）外币银行账户。

第 278 条　公开国家机关与投资者有关的活动，并保证投资者获得与实施投资活动有关的信息

1. 按照哈萨克斯坦共和国法律规定的程序，发布哈萨克斯坦共和国国家机构的官方消息和涉及投资者利益的规范性法律文件。

2. 投资者，包括投资金额低于有表决权股份 10%（低于参会总票数的 10%）的投资者，可免费获取法人实体登记、其章程、房地产交易登记、颁发的许可证的信息，以及哈萨克斯坦共和国法律规定的与其投资活动相关的其他信息，但不包括受法律保护的商业和其他秘密。

第 279 条　在国有化和征用中投资者权利的担保

1. 在哈萨克斯坦共和国法律规定的特殊情况下，允许出于国家需要强行剥夺投资者的财产（国有化、征用）。

2. 在国有化的情况下，哈萨克斯坦共和国全额赔偿因颁布哈萨克斯坦共和国国有化法律文件而给投资者造成的损失。

3. 对投资者财产征用的前提是向其支付财产的市场价值。

财产的市场价值按照哈萨克斯坦共和国法律规定的程序确定。

4. 对所有者的赔偿，根据被征用财产的价值进行评估，他也可在法庭上提出异议。

5. 征用行为终止后，投资人有权要求返还剩余财产，但同时应返还其收到的赔偿金额，并考虑财产价值下降造成的损失。

第 280 条　投资者的权利转让给他人

如果外国或由其授权的国家机构根据向投资者提供与在哈萨克斯坦共和国境内进行的投资有关的担保（保险合同），应向其转让投资者对该投资的权利（债权转让），只有当投资者在哈萨克斯坦共和国进行投资时，在哈萨克斯坦共和国实施的此类权利转让（债权转让）和所履行的某些合同义务才视为合法。

第二节　国家对投资的支持

第 281 条　国家支持投资的目的[1]

1. 国家支持投资的目的是为经济发展创造有利的投资环境，促进利用现代技术创造

〔1〕 第 281 条经哈萨克斯坦共和国 2017 年 12 月 27 日第 126－Ⅵ号法律修订（自首次正式公布之日起 6 个月后生效）。

新产业、扩大和更新现有产业、提高哈萨克斯坦人员的专业能力、保护投资环境。

2. 国家对投资的支持包括提供国家优惠。

根据固体矿物加工协议提供国家优惠的类型、条件和程序由哈萨克斯坦共和国地下资源和地下资源使用法确定。

第 282 条　投资授权机构〔1〕

1. 国家对投资的支持由哈萨克斯坦共和国政府确定的授权投资机构通过签订投资合同并对其执行情况进行监管来实现，但特殊投资合同除外。

2. 为完成所承担的任务，投资授权机构在其职权范围内，有权按照哈萨克斯坦共和国政府规定的程序，从相关政府机构吸引专家和顾问，从哈萨克斯坦共和国的个人和法人实体中吸引专家。

3. 投资授权机构负责协调和监督招商引资领域的国家公司、地区代表和代表处、引资领域的地区组织按照对投资者的“一个窗口”原则开展支持投资者的活动。

4. 经哈萨克斯坦共和国 2019 年 4 月 3 日第 243-Ⅵ号法律删除（自首次正式公布之日起 10 日后生效）。

5. 经哈萨克斯坦共和国 2019 年 4 月 3 日第 243-Ⅵ号法律删除（自首次正式公布之日起 10 日后生效）。

6. 经哈萨克斯坦共和国 2019 年 4 月 3 日第 243-Ⅵ号法律删除（自首次正式公布之日起 10 日后生效）。

7. 按照投资授权机构确定的程序，投资授权机构向在哈萨克斯坦共和国境内开展投资活动的非哈萨克斯坦共和国居民签发投资签证申请。

8. 按照投资授权机构与投资者签订的投资合同，投资者授权机构协助投资者从相关法人实体处得到担保性订单。

第 8-1 款第 1 段经哈萨克斯坦共和国 2021 年 6 月 30 日 59-Ⅶ号法律修订（自 2022 年 1 月 1 日起生效）。

8-1. 投资授权机构制定程序，确定用于提供国有土地的投资项目。

本款第 1 段规定的程序，除其他内容外，应在相关地区协调委员会参与下，对协商提供地块的流程进行审查。

9. 投资授权机构的活动受哈萨克斯坦共和国政府批准的条款调节。

第 282-1 条　对投资者的“一个窗口”原则〔2〕

1. 对投资者的“一个窗口”原则，系指吸引投资领域的国家公司及其地区代表和代表处、地区性组织为投资者在获取国家服务方面提供的集中协助形式，以及其他组织提供的其他服务，旨在尽量减少投资者参与收集和准备文件、并限制他们与政府机构直接接触。

2. 为投资者设立“一个窗口”原则以及招商引资的互动程序由哈萨克斯坦共和国政

---

〔1〕 第 282 条经哈萨克斯坦共和国 2019 年 4 月 3 日第 243-Ⅵ号法律（自首次正式公布之日起 10 日后生效）、2019 年 11 月 25 日-Ⅵ号法律修订（自首次正式公布之日起 10 日后生效）。

〔2〕 第 282-1 条经哈萨克斯坦共和国 2019 年 4 月 3 日第 243-Ⅵ号法律增补（自首次正式公布之日起 10 日后生效）。

府批准，同时还确定对具体经济部门投资的额度和程序，以获得按“一个窗口”原则的服务：

1）引资领域的国家公司及其地区代表、代表处、地区组织按照“一个窗口”原则组织对投资者的支持，以实施哈萨克斯坦共和国的投资项目；

2）投资授权机构与引资领域的国家公司及其地区代表和代表处、地区组织在组织支持投资项目以吸引中央和区域投资问题上的互动；

3）引资领域的国家公司及其地区代表和代表处、地区组织与外国机构、国家机构、地方执行机构、组织以及其他非国家组织就吸引投资问题进行互动；

4）监督国家机关和其他组织为进行投资者的投资活动而提供的国家和其他服务的过程，以及监测投资项目对吸引投资的支持。

投资授权机构通过与负责提供国家服务和负责提供其他服务的国家机构的发布联合命令，确定在向投资者提供这些服务时互动的负责人，并在国家机构和其他组织中帮助他们。

3. 引资领域的国家公司及其地区代表和代表处、地区组织，在“一个窗口”框架内，参考投资者的申请，有权向中央和地方执行机构及其他组织提出申请，并将投资者的文件提交给国家机构和其他组织，以获得国家服务和其他服务。

第 283 条　投资优惠的概念和类型〔1〕

1. 投资优惠系指根据哈萨克斯坦共和国法律，向实施投资项目的哈萨克斯坦共和国法人实体，在实施投资项目框架下，基于融资租赁合同为实施投资项目的哈萨克斯坦共和国法人实体进口技术设备的租赁公司提供的定向性特权。

哈萨克斯坦共和国法人实体——按照哈萨克斯坦共和国法律规定的程序设立的法人实体，包括外国参与的法人实体。

2. 投资项目（包括优先投资项目）可以享受以下类型的投资优惠：

1）免征进口关税和增值税；

2）国家提供实物担保。

3. 对优先投资项目，提供税收优惠（以下简称优先投资项目的投资优惠）。

4. 经哈萨克斯坦共和国 2017 年 12 月 25 日第 122-Ⅵ号法律删除（自 2018 年 1 月 1 日起生效）。

5. 对特殊投资项目（以下简称特殊投资项目投资优惠）提供税收优惠：

进口关税；

根据哈萨克斯坦共和国税法征收的税费。

第 284 条　投资项目〔2〕

投资项目是指一系列措施，旨在对创建新产业、扩建和（或）更新现有产业进行投

〔1〕 第 283 条经哈萨克斯坦共和国 2016 年 12 月 28 日第 34-Ⅵ号法律（自 2017 年 1 月 1 日起生效）、2017 年 12 月 25 日第 122-Ⅵ号法律（自 2018 年 1 月 1 日起生效）、2021 年 1 月 2 日第 399-Ⅵ号法律修订（自首次正式公布之日起 10 日后生效）。

〔2〕 第 284 条列入哈萨克斯坦共和国 2017 年 12 月 25 日第 122-Ⅵ号法律（自 2018 年 1 月 1 日起生效）；经哈萨克斯坦共和国 2019 年 4 月 3 日第 243-Ⅵ号法律修订（自首次正式公布之日起 10 日后生效）。

资，包括在实施公私合作伙伴关系项目过程中创建、扩建和（或）更新的产业，其中也包括特许权项目。

优先投资项目可理解为投资项目：

第2段的第2小节经哈萨克斯坦共和国2021年4月30日第34-Ⅶ号法律修订（自2022年1月1日起生效）。

创建新产业，规定法人实体投资建设新的生产设施（工厂、厂房、车间），投资金额至少为共和国预算法规定的月度核算指标的200万倍，自提交获得投资优惠申请之日起生效；

用于现有产业扩建和（或）更新，规定由法人实体实施的投资金额至少为共和国预算法规定的月度核算指标的500万倍，并自提交为获得改变固定资产投资优惠申请当日起生效，包括对现有生产产品的生产能力的更新（翻新、重建、现代化）。

创建新产业或扩建和（或）改造现有产业的优先投资项目，由法人实体按照哈萨克斯坦共和国政府批准的清单确定的优先活动类型实施。

特殊投资项目是指由哈萨克斯坦共和国法人实体实施（实施）的投资项目，由根据哈萨克斯坦共和国海关法注册为经济特区参与者或自由仓库所有者，和（或）从经济特区的参与者处获得、或由签订了汽车工业组装协议的哈萨克斯坦共和国法人实体实施。

第285条　获得投资优惠的程序〔1〕

1. 为获得投资优惠，哈萨克斯坦共和国法人实体按照投资授权机构规定的格式，向授权投资机构提交投资优惠申请和确认申请人符合本法典规定的文件。

2. 投资优惠根据投资授权机构与实施投资项目的哈萨克斯坦共和国法人实体之间签订的投资合同提供。

投资授权机构根据“一个窗口”原则，向实施优先投资项目的投资者提供投资优惠的规则由哈萨克斯坦共和国政府批准。

3. 经哈萨克斯坦共和国2017年12月25日第122-Ⅵ号法律删除（自2018年1月1日起生效）。

第286条　提供投资优惠的条件〔2〕

1. 符合以下条件将提供投资优惠：

1）对于投资项目、优先投资项目向哈萨克斯坦共和国法人实体提供；

2）对于特殊投资项目，对作为经济特区的参与者或自由仓库的所有者，车辆和（或）其部件以及农业机械和（或）其组件的制造商（具有关于工业组装的相关协议）的哈萨克斯坦共和国法人实体；

---

〔1〕第285条经哈萨克斯坦共和国2017年12月25日第122-Ⅵ号法律修订（自2018年1月1日起生效）。

〔2〕第286条经哈萨克斯坦共和国2016年4月28日第506-Ⅴ号法律（自首次正式公布之日起60日后生效）、2016年12月28日第34-Ⅵ号法律（自2017年1月1日起生效）、2017年12月25日第122-Ⅵ号法律（自2018年1月1日起生效）、2019年4月3日第243-Ⅵ号法律（自首次正式公布之日起10日后生效）、2020年6月29日第352-Ⅵ号法律（自首次正式公布之日起10日后生效）、2021年1月2日第399-Ⅵ号法律修订（自首次正式公布之日起10日后生效）。

3）对于投资项目，对已签订投资协议的法人实体。

2. 经哈萨克斯坦共和国 2020 年 6 月 29 日第 352-Ⅵ号法律删除（自首次正式公布之日起 10 日后生效）。

3. 经哈萨克斯坦共和国 2017 年 12 月 25 日第 122-Ⅵ号法律删除（自 2018 年 1 月 1 日起生效）。

4. 法人实体根据本条第 1 款第 1 项规定，对哈萨克斯坦共和国政府批准的优先活动清单中的活动类型实施的投资项目，将提供投资优惠。

优先活动类型的定义，根据技术调节领域授权机构批准的经济活动类型的一般分类界定。

为实施投资优先项目而确定的优先活动清单不包括以下活动：

1）博彩业领域的活动；

2）地下资源使用领域的活动，煤层气开采除外；

3）生产应税商品的活动，但哈萨克斯坦共和国税法典第 462 条第 1 段第 5 项、第 6 项规定的石油化工产品、应税商品的生产、组装（装配）除外。

优先活动类型清单，包括为实施优先投资项目而确定的优先活动清单，每年修订不得超过 2 次。

5. 投资优先项目的投资优惠按以下条件提供：

1）受惠对象是哈萨克斯坦共和国的法人实体；

2）法人实体投资额至少为共和国预算法规定的月度核算指标的 200 万倍（用于创建新产业）或 500 万倍（用于现有产业的扩建和（或）改造），自提交投资优惠申请之日起生效。

在食品和轻工业领域创造新的投资活动对象时，法人实体的投资金额至少是共和国预算法规定的月度核算指标规模的 100 万倍，并于提交提供投资优惠的申请当日生效；

第 2 项经哈萨克斯坦共和国 2021 年 4 月 30 日第 34-Ⅶ号法律增补（自 2022 年 1 月 1 日起生效）。

3）经哈萨克斯坦共和国 2020 年 6 月 29 日第 352-Ⅵ号法律删除（自首次正式公布之日起 10 日后生效）；

4）法人实体不包括：

符合哈萨克斯坦共和国税收法律和教育法律的自治教育组织；

根据哈萨克斯坦共和国税收法律和哈萨克斯坦共和国经济特区和工业园区法律，在经济特区境内运营的组织；

5）国家和作为哈萨克斯坦共和国法人实体的创始人和（或）参与者（股东）的准公共部门主体的占比不超过 26%，哈萨克斯坦共和国机器制造业（包括生产铸造产品）的法人实体除外；

国家和作为哈萨克斯坦共和国机器制造业（包括生产铸造产品）法人实体的创始人和（或）参与者（股东）的准公共部门主体的占比不超过 50%。

国家和（或）准公共部门实体—哈萨克斯坦共和国法人实体作为哈萨克斯坦共和国法人实体的创始人和（或）参与者（股东）参与，自投资合同登记之日起不超过 5 年，但机器制造业（包括铸造产品生产）的优先投资项目除外，对该行业的国家和（或）准公共部门实体—哈萨克斯坦共和国法人实体作为哈萨克斯坦共和国法人实体的创始人和（或）参与者（股东）的参与，自投资合同登记之日起不超过20年。国家和（或）准公共部门主体在5年内必须从哈萨克斯坦共和国法人实体的创始人和（或）参与者（股东）构成中退出。如果不能满足此条件，则暂停适用投资优惠，直至他（他们）完全退出哈萨克斯坦共和国法人实体的创始人和（或）参与者（股东）构成，但不得超过1年。

若在暂停期间不遵守哈萨克斯坦共和国法人实体的创始人和（或）参与者（股东）退出的条件，将导致投资合同提前终止并要返还先前提供的投资优惠。

本项规定不适用于国家和（或）作为注册人和（或）参与者（股东）的份额低于50%、在实施煤层气开采的优先投资项目框架内开展活动的准公共部门主体；

6）经哈萨克斯坦共和国2020年6月29日第352-Ⅵ号法律删除（自首次正式公布之日起10日后生效）；

7）未在公私合作伙伴关系协议（包括特许协议）框架内进行的投资活动。

5-1. 为根据本条第1款第2项对特殊投资项目实施投资优惠，哈萨克斯坦共和国法人实体必须符合以下条件之一：

1）根据哈萨克斯坦共和国经济特区和工业园区法律，哈萨克斯坦共和国法人实体注册为经济特区参与者；

2）根据哈萨克斯坦共和国海关法，哈萨克斯坦共和国法人实体注册为自由仓库所有人；

3）哈萨克斯坦共和国的法人实体已签订了机动车工业组装协议；

4）经哈萨克斯坦共和国2020年6月29日第352-Ⅵ号法律删除（自首次正式公布之日起10日后生效）。

6. 投资优惠的适用期限由本法典和哈萨克斯坦共和国的其他立法规定，并在投资合同中针对各类投资优惠进行说明。

7. 在提交本法典第292条规定的文件以确认投资者符合要求的条件下，方可向投资者提供投资优惠。

8. 投资优惠的适用根据本法典和哈萨克斯坦共和国其他法律进行。

第287条　免征关税[1]

1. 在投资合同框架内实施投资项目的哈萨克斯坦共和国法人实体，在进口技术设备、零部件、原材料和（或）材料时，按照哈萨克斯坦共和国法律免征关税。

在实施基于金融租赁协议的投资项目框架内，租赁公司为实施投资项目的哈萨克斯坦共和国法人实体提供进口技术设备时免征关税。

技术设备系指用于投资项目技术过程的商品。

组件系指共同构成技术设备结构完整性的组件。

原材料和（或）材料系指用于通过技术过程获得制成品中使用的任何矿物、组件、零

〔1〕 第287条经哈萨克斯坦共和国2016年12月28日第34-Ⅵ号法律（自2017年1月1日起生效）、2017年12月25日第122-Ⅵ号法律（自2018年1月1日起生效）、2020年12月30日第397-Ⅵ号法律修订（自首次正式公布之日起6个月后生效）。

件或其他商品。

1-1. 根据特殊投资合同实施特殊投资项目的哈萨克斯坦共和国法人，在为其进口技术设备、零部件和备件时，根据哈萨克斯坦共和国法律免征关税。

哈萨克斯坦共和国法人实体根据特殊投资合同、实施特殊投资项目时进口的已用原材料和（或）材料免征关税，在完成自由关税区或自由仓库的海关手续后进行，条件是在收到的产品中识别此类原材料和材料，并确认了临时放行货物的预期用途。

2. 在投资合同有效期内，进口技术设备和零部件免征关税，但自投资合同登记之日起不超过5年。

3. 根据固定资产投资额和投资项目是否符合哈萨克斯坦共和国政府批准的优先活动清单要求，哈萨克斯坦共和国法人实体可免征进口技术设备备件的关税，期限最长为5年。

进口原材料和（或）材料免征关税，期限为自工作计划下的固定资产投产之日起5年。

在投资合同有效期内免征关税，但自工作计划下的固定资产投入使用之日起不超过5年。

工作计划系指投资合同的附件，确定投产前实施投资项目的工作时间表。

工作计划预期引进两项以上固定资产，进口技术设备的零部件、原材料和（或）材料免征关税，期限自工作计划下的第一个固定资产投入使用的时间计算。

本款不适用于特殊投资项目的投资优惠条件。

3-1. 在实施特殊投资项目框架内，免征进口关税适用于：

1）经济特区的参与者，为期15年，但不超过经济特区的有效期；

2）自特殊投资合同登记之日起不超过15年的免费仓库所有者；

3）自特殊投资合同登记之日起签订了为期不超过15年的机动车工业组装协议的哈萨克斯坦共和国法人实体。

4. 根据本条第2款做出的决定的通知，由授权投资机构在5个工作日内发送给海关机构。

第288条　国家实物赠与

1. 国家实物赠与是指哈萨克斯坦共和国的财产，为临时无偿使用而转让或基于临时无偿土地使用权提供给哈萨克斯坦共和国法人实体，用于实施投资项目，随后无偿转让所有权或土地使用权。

2. 国家实物赠与按本法典规定的程序由投资授权机构与国家财产管理授权机构和（或）中央土地资源管理授权机构，以及地方执行机构协商，在按照投资合同履行投资义务的情况下，提供临时免费使用或临时免费土地使用权，随后无偿转让所有权或土地使用权。

投资授权机构在投资合同到期、在投资者履行与投资授权机构签署的合同义务的情况下作出的决定，是将所提供的国家实物赠与无偿转让为所有权和土地使用权的理由。

3. 下列物品可以作为国家实物赠与转让：土地地块、建筑物、构筑物、机械设备、计算机、测控仪器和装置、车辆（轿车除外）、生产和家庭设备。

4. 国家实物赠与依照哈萨克斯坦共和国法律规定的程序按市场价值评估。

5. 国家实物赠与的最高数额不超过哈萨克斯坦共和国法人实体对固定资产投资额的30%。

若所申请的国家实物赠与的估计价值超过规定的最高金额，哈萨克斯坦共和国的法人实体有权获得所请求的财产，并支付其评估价值与国家实物赠与间的最大规模差额。

第289条　哈萨克斯坦共和国法律变更时的稳定性担保〔1〕

1. 实施本法典第286条第5款规定的优先投资项目，或实施2015年1月1日之前签订的投资合同项下的战略投资项目，或实施投资协议项下的投资项目的法人，在以下法律变化时，其投资项目的稳定性将得到担保：

1）根据哈萨克斯坦共和国税法典；

2）哈萨克斯坦共和国吸引外国劳动力居民就业法。

本款第1段的例外是本法典第295-2条第5款规定的情况。

2. 若按照本法规定的程序提前终止投资合同，哈萨克斯坦共和国法律稳定性担保的适用将被取消。

第290条　税收优惠〔2〕

1. 按照哈萨克斯坦共和国税收法律规定的程序和条件向哈萨克斯坦共和国法人提供税收优惠。

2. 税收优惠类型：

1）对于优先投资项目：

将计算的企业所得税额减少100%；

将系数0应用于土地税率；

按税基0的系数计算财产税。

2）对于投资项目，优先投资项目除外——在投资合同框架内免征原材料和（或）材料进口的增值税。

3）对于特殊投资项目——根据哈萨克斯坦共和国税法典，在特殊投资合同框架内进口原材料和（或）材料免征增值税。

3. 投资合同规定了每种税收优惠的有效期，但不超过哈萨克斯坦共和国税法典的其适用的最长期限。

4. 以本法典规定的程序提前终止投资合同时，取消税收优惠的适用。

第291条　投资补贴〔3〕

〔1〕 第289条经哈萨克斯坦共和国2017年12月25日第122-Ⅵ号法律（自2018年1月1日起生效）、2020年6月29日第352-Ⅵ号法律（自首次正式公布之日起10日后生效）、2021年1月2日第399-Ⅵ号法律修订（自首次正式公布之日起10日后生效）。

〔2〕 第290条经哈萨克斯坦共和国2017年12月25日第122-Ⅵ号法律修订（自2018年1月1日起生效）。

〔3〕 第291条经哈萨克斯坦共和国2021年1月2日第399-Ⅵ号法律删除（自首次正式公布之日起10日后生效）。

第 292 条 申请提供投资优惠的要求[1]

1. 在具有以下文件情况下，提供投资优惠的申请被接受并按投资授权机构规定的格式登记：

1）法人实体的国家注册（重新注册）证明；

2）法人实体章程的复印件，经法人实体负责人签名并加盖公章。

若法人实体是私营企业家，则不需要在文件上盖章；

3）投资项目的商业计划，根据投资授权机构规定的要求制定；

4）经哈萨克斯坦共和国 2017 年 12 月 25 日第 122-Ⅵ号法律删除（自 2018 年 1 月 1 日起生效）；

5）由哈萨克斯坦共和国法人实体提交申请、并获预先批准向其提供国家实物赠款额度（价值）的确认文件；

根据哈萨克斯坦共和国 2015 年 10 月 29 日第 375-Ⅴ号法律，第 6 项的效力至 2017 年 1 月 1 日。

6）登记地国家税务机关关于未缴纳税款、强制性养老金缴款、强制性职业养老金缴款和社会缴款的证明；

7）外籍员工的护照或身份证复印件（需翻译成哈萨克语或俄语）、用人单位与所吸引外籍员工签订的劳动合同（附有哈萨克语或俄语译文）、资格和（或）教育证明文件（需翻译成哈萨克语或俄语）。

第 1 款第 2 段哈萨克斯坦共和国 2021 年 4 月 30 日第 34-Ⅶ号法律增补（自 2022 年 1 月 1 日起生效）。

1-1. 为了签订特殊投资合同，在实施特殊投资项目框架内提供投资优惠的申请被接受，并按照哈萨克斯坦共和国政府确定的授权机构规定的形式和程序登记。

2. 若提供投资优惠申请中规定提供税收优惠，则投资者按照哈萨克斯坦共和国法律规定的程序，提交由负责人签字证明的建设项目配套的部门外审查结论。

第 293 条 审核提供投资优惠申请的期限[2]

1. 根据本法典第 285 条和第 286 条规定的要求，向投资授权机构提交提供投资优惠的申请，自申请登记之日起 20 个工作日内作出决定。

审核以投资补贴形式提供投资优惠申请的程序，由提供投资优惠的规则确定。

2. 接受、登记和审查提供投资优惠申请的程序由投资授权机构决定。

3. 本条规定不适用于为特殊投资项目提供投资优惠的申请。

---

[1] 第 292 条经哈萨克斯坦共和国 2016 年 12 月 28 日第 34-Ⅵ号法律（自 2017 年 1 月 1 日起生效）、2017 年 12 月 25 日第 122-Ⅵ号法律（自 2018 年 1 月 1 日起生效）、2019 年 4 月 2 日第 241-Ⅵ号法律（自首次正式公布之日起 10 日后生效）、2019 年 4 月 3 日第 243-Ⅵ号法律（自首次正式公布之日起 10 日后生效）、2019 年 12 月 27 日第 295-Ⅵ号法律（自 2020 年 1 月 1 日起生效）、2020 年 6 月 29 日第 352-Ⅵ号法律（自首次正式公布之日起 10 日后生效）、2021 年 1 月 2 日第 399-Ⅵ号法律修订（自首次正式公布之日起 10 日后生效）。

[2] 第 293 条经哈萨克斯坦共和国 2016 年 12 月 28 日第 34-Ⅵ号法律（自 2017 年 1 月 1 日起生效）、2017 年 12 月 25 日第 122-Ⅵ号法律修订（自 2018 年 1 月 1 日起生效）。

第 294 条　签订投资合同[1]

1. 投资合同是实施投资项目，规定实施投资和提供投资优惠的协议。

2. 投资授权机构自作出提供投资优惠决定之日起 10 个工作日内，参照示范合同的规定，拟定投资合同供签署。

示范合同是指哈萨克斯坦共和国政府批准并在签订投资合同时使用的标准合同。

3. 投资合同自签订之日起 5 个工作日内，经授权投资机构登记，并自登记之日起生效。

投资授权机构登记注册的日期即签订投资合同的日期。

4. 投资合同的有效期限由投资优惠的有效期限决定。工作计划的完成日期不得晚于投资合同到期前 9 个月。

若哈萨克斯坦共和国法人实体签订融资租赁协议的实施投资项目，投资合同必须在融资租赁协议到期后 9 个月结束。

第 295 条　投资合同的终止条件[2]

1. 投资优惠效力在投资合同期满时终止，或者可以在期限届满前按照本条规定的程序终止。

2. 在下列情形中，投资合同效力可提前终止：

1）经双方同意；

2）单方面程序。

3. 若投资者未能履行或不适当履行投资合同规定的义务，以及投资者未能提交证明投资项目具有进一步实施可能性的文件，为修改合同，投资授权机构自发出通知之日起 3 个月后，可单方面提前终止投资合同。

在投资合同终止的情况下，指定的法人实体支付由于投资合同规定的投资优惠而未向预算支付的税款和关税。

4. 根据已签订投资合同的哈萨克斯坦共和国法人实体的倡议，提前终止合同时，该法人需单方面缴纳因按投资合同提供投资优惠而未缴纳的税款和关税。

5. 若双方约定提前终止投资合同，已签订投资合同的哈萨克斯坦共和国法人应缴纳因根据投资合同提供投资优惠而未缴纳的税款和关税。

6. 在投资合同提前终止的情况下，已签订投资合同的哈萨克斯坦共和国法人应返还作为国家实物补助提供给其的实物财产，或者根据投资合同条件规定的转让期的初始价值。

6-1. 若投资合同终止，哈萨克斯坦共和国法人实体应全额补偿根据投资合同应支付的投资补贴。

7. 国家实物补助的返还由签订投资合同的哈萨克斯坦共和国法人，在投资授权机构作出提前终止投资合同的决定起 30 日后实行。

---

〔1〕 第 294 条经哈萨克斯坦共和国 2016 年 12 月 28 日第 34-Ⅵ号法律修订（自 2017 年 1 月 1 日起生效）。

〔2〕 第 295 条经哈萨克斯坦共和国 2017 年 12 月 25 日第 122-Ⅵ号法律修订（自 2018 年 1 月 1 日起生效）。

第 295-1 条　特别投资合同的签订和终止〔1〕

1. 特别投资合同是指专为特别投资项目提供投资优惠的协议。

2. 哈萨克斯坦共和国政府确定的签订特殊投资合同的授权机构，在收到为特殊投资项目提供投资优惠的申请之日起 15 个工作日内，准备用于签署的特殊投资合同，并考虑到由哈萨克斯坦共和国政府确定、签订特殊投资合同的授权机构批准的示范性特殊投资合同的规定。

3. 签订和终止特别投资合同的程序和条件由哈萨克斯坦共和国政府确定的签订特别投资合同的授权机构制定和批准。

4. 特别投资合同的期限由投资优惠期限确定。

5. 经双方约定提前终止特殊投资合同，已签订特殊投资合同的哈萨克斯坦共和国法人应补缴因特别投资合同投资优惠而未缴纳的关税。

第 295-2 条　投资协议〔2〕

1. 投资协议是根据哈萨克斯坦共和国政府的决定签订的实施投资项目的协议，由哈萨克斯坦共和国政府授权的个人与法人实体之间确定的投资项目实施协议，包括在阿斯塔纳国际金融中心登记注册、规定投资金额至少为共和国预算法规定的月度核算指标的 75 000 倍，自相应财政年度的 1 月 1 日起生效的法人实体。

2. 为实施哈萨克斯坦共和国政府批准的活动清单中相关的投资项目而签订投资协议。

3. 投资协议规定了投资优惠的类型、条件和提供程序。

4. 投资协议的修改和终止的期限、程序和条件由投资协议确定。

5. 在哈萨克斯坦共和国法律发生变化的情况下，投资协议的条款自签订之日起在 25 年内有效，但经双方同意修改投资协议的情况除外。

6. 已签订投资协议的法人实体有权根据哈萨克斯坦共和国税法典第八十-1 章的规定，最高报销建筑安装工作和设备采购成本的 20%，不含增值税和消费税。

第 296 条　投资争议的解决〔3〕

1. 投资纠纷是投资者，包括大型投资者，与政府机构之间由于投资者的投资活动，因合同义务而产生的纠纷。

2. 投资争议应通过谈判或按照双方事先约定的争议解决程序解决。

3. 若不能按照本条第 2 款的规定解决投资争议，则争议应按照国际条约和哈萨克斯坦共和国法律规定在哈萨克斯坦共和国法院，经当事人协商确定的仲裁解决。

4. 与投资无关的争议根据哈萨克斯坦共和国法律解决。

---

〔1〕 第 295-1 条经哈萨克斯坦共和国 2016 年 12 月 28 日第 34-Ⅵ号法律增补（自 2017 年 1 月 1 日起生效）、经哈萨克斯坦共和国 2019 年 4 月 3 日第 243-Ⅵ号法律（自首次正式公布之日起 10 日后生效）、2019 年 11 月 25 日第 272-Ⅵ号法律修订（自首次正式公布之日起 10 日后生效）。

〔2〕 第 295-2 条经哈萨克斯坦共和国 2021 年 1 月 2 日第 399-Ⅵ号法律增补（自首次正式公布之日起 10 日后生效）。

〔3〕 第 296 条经哈萨克斯坦共和国 2016 年 4 月 8 日第 489-Ⅴ号法律修订（自首次正式公布之日起 10 日后生效）。

第 296-1 条　对遵守投资合同条件的监控形式[1]

投资授权机构通过下列形式对投资合同条件的遵守情况进行监控：

1）在对根据本法典第 296-2 条第 1 款提交的报告进行研究和分析基础上进行内部监控；

2）访问投资活动对象，包括对执行工作计划和投资合同条件的文件进行审阅。

第 296-2 条　组织和监控遵守投资合同条件的程序[2]

1. 投资合同签订后，哈萨克斯坦共和国法人按投资授权机构规定的形式、在不迟于 7 月 25 日和 1 月 25 日提交投资合同执行情况的半年报告，报告包括工作计划规定的成本项目明细，并附有固定资产投入运行、技术设备备件、原材料和（或）材料备件供应和使用情况的确认文件。

2. 经双方同意，投资合同和专门投资合同附件每年可变更 2 次。

3. 在固定资产投产后 6 个月内，在完成工作计划的条件下，对投资活动对象进行检查走访。

4. 根据检查结果，投资授权机构的代表和签订投资合同的哈萨克斯坦共和国法人负责人，按投资授权机构规定的方式签订投资合同工作计划的执行现状的文件。

5. 若投资合同的工作计划未能履行或履行不当，投资授权机构应向签订投资合同的哈萨克斯坦共和国法人发出书面通知，指明违规行为并规定 3 个月消除违规行为的期限。

6. 根据投资授权机构检查结果规定：为实施投资项目免税进口的技术设备、零部件、备件、原材料和（或）材料未能投入运营或未使用，因投资合同规定提供的投资优惠而未缴纳关税的哈萨克斯坦共和国法人实体，需按照哈萨克斯坦共和国法律规定的方式，缴纳未使用的设备、零部件、原料和材料的进口关税，并计算罚金。

7. 在完成工作计划后，签订投资合同的哈萨克斯坦共和国法人实体在 2 个月内向投资授权机构提交审计报告，其中应包含：

1）按照工作计划履行投资义务的信息；

2）按照工作计划获得的固定资产明细；

3）确认工作计划实施的综合文件登记册；

4）投资合同条款履行信息。

若投资合同规定提供投资补贴，签订投资合同的哈萨克斯坦共和国法人实体应在 2 个月内向授权机构提交符合审计组织最低要求的审计报告。

8. 将为保护国家经济利益而终止投资合同的信息发送至：

1）国家税务机关，必要时采取相关措施发给其他国家机构；

2）根据提供国家实物补助的投资合同，发送至国家税务机关、国家财产管理授权机构和（或）中央土地资源管理授权机构以及地方执行机构。

---

〔1〕 第 296-1 条经哈萨克斯坦共和国 2020 年 6 月 29 日第 352-Ⅵ号法律增补（自首次正式公布之日起 10 日后生效）。

〔2〕 第 296-2 条经哈萨克斯坦共和国 2020 年 6 月 29 日第 352-Ⅵ号法律增补（自首次正式公布之日起 10 日后生效）。

9. 在投资合同有效期内，签订投资合同的哈萨克斯坦共和国法人无权：

1）改变提供国家实物补助的用途，以及根据工作计划获得的财产；

2）转让所提供的国家实物补助，以及根据工作计划获得的财产。

10. 按照欧亚经济委员会确定的程序，对免征关税对象的目标用途进行监控。

第二十六章　与第三国有关的特别保护、反倾销和补偿措施

第 297 条　采取保护内部市场措施的总则

1. 为保护哈萨克斯坦共和国的经济利益，可以采取特别保护、反倾销和反补贴措施的形式对来自第三国并进口到欧亚经济联盟关税区的货物实行内部市场保护措施。

第三国是指欧亚经济联盟条约非缔约方的国家和（或）国家联合体，以及包含在欧亚经济委员会批准的世界国家分类中的领土。

2. 特别保护、反倾销或反补贴措施的引入和适用、重新审理或取消，或不采用相关措施的决定，由欧亚经济委员会作出。

采用特别保护、反倾销和反补贴措施，适用上述措施进行调查由哈萨克斯坦共和国对第三国的特别保护、反倾销和反补贴措施的法律调整。

第 298 条　措施的类型

1. 特别保护措施是限制增加进口商品进入欧亚经济联盟关税区的措施，由欧亚经济委员会通过引入进口配额、特别配额或特别关税的决定来进行，包括初步特别关税。

2. 反倾销措施是欧亚经济委员会决定的针对倾销进口的措施，通过征收反倾销税，包括初步反倾销税，或批准出口商通过的价格义务进行。

3. 反补贴措施是消除第三国出口特定补贴对成员国经济部门造成影响的措施，根据欧亚经济委员会的决定，通过引入反补贴税（包括初步反补贴税）或通过批准提供补贴的第三国的授权机构或出口商的自愿承诺来实施。

第 299 条　特别保护、反倾销和反补贴措施的适用原则

若根据调查结果确定，该产品进口到欧亚经济联盟关税区的数量增加（相对于成员国相同或直接竞争产品总产量的绝对值），并且在对成员国经济造成严重损害或这种损害的威胁的条件下，则可以对产品实施特殊保护措施。

反倾销措施适用于倾销进口的商品，根据调查机构进行的调查结果，确定此类商品进口到欧亚经济联盟关税区将对成员国的经济造成实质性损害，造成这种损害会威胁或明显减缓成员国经济部门的建立。

根据调查机构的调查结果，补偿措施可适用于在生产、出口或运输中使用出口第三国特定补贴的进口产品，确定将此类产品进口到欧亚经济联盟关税区会对成员国的经济部门造成物质损害，这种损害会威胁或明显减缓成员国经济部门的建立。

成员国是指欧亚经济联盟成员国和欧亚经济联盟条约缔约方。

第六编　经营主体权利保护的形式和方法

第二十七章　经营主体权利的保护

第 300 条　经营主体权利保护的形式

1. 每个经营主体都有权对其权利、自由和合法利益进行司法保护。

可以按哈萨克斯坦共和国法律规定的不同方式保护经营主体的被侵犯或有争议的权利（通过仲裁、调解、哈萨克斯坦企业家权利保护专员、监察员、谈判、索赔程序等）。

2. 在本法典和哈萨克斯坦共和国法律规定的情况下，可以通过对官员的行为（包括不作为）和国家机构的文件（决定）提起诉讼来保护经营主体的权利。

3. 在法律有特别规定的情况下，可以通过权利受到侵犯的经营主体的直接实际行为或法律行为（自卫）来保护经营主体的权利。

第 301 条　司法保护形式〔1〕

经营主体有权按照哈萨克斯坦共和国法律规定的程序，向法院申请保护受到侵犯或有争议的权利、自由或合法利益。

第 302 条　作为经营主体的当事人之间争议的庭前解决〔2〕

1. 权利和合法利益受到侵犯的经营主体，为了直接解决与侵犯这些权利的人之间的纠纷，可以按照哈萨克斯坦共和国法律规定的程序向其提出书面索赔。

2. 在哈萨克斯坦共和国法律规定的案件中，遵守庭前程序解决争议是非强制性的，经营主体有权直接向法院申请保护其被侵犯的权利。

3. 若在庭前程序中未能解决争议，经营主体有权按照哈萨克斯坦共和国法律规定的程序向法院提起诉讼。

第 303 条　法外保护形式

1. 保护商业实体的权利可以通过哈萨克斯坦共和国法律和（或）协议规定的以下形式进行：

1）仲裁；

2）调解；

3）按照参与式程序。

2. 在哈萨克斯坦共和国法律规定的情况下，可以规定其他法律规定以外形式保护经营主体权利。

3. 为保障经营主体的合法权益，调节经营活动过程中出现的分歧，在本法典和哈萨克斯坦共和国其他法律规定的情况下，经营主体有权向哈萨克斯坦企业家权利保护专员、监察员提出申请。

---

〔1〕第 301 条列入哈萨克斯坦共和国 2020 年 6 月 29 日第 351-Ⅵ号法律（自 2021 年 7 月 1 日起生效）。

〔2〕第 302 条经哈萨克斯坦共和国 2020 年 6 月 29 日第 351-Ⅵ号法律修订（自 2021 年 7 月 1 日起生效）。

第 304 条　仲裁权利的保护[1]

1. 除哈萨克斯坦共和国法律另有规定外，因民法关系产生的争议，如有仲裁协议，可按哈萨克斯坦共和国法律规定的程序进行仲裁。

2. 为解决争议，可以设立常设仲裁庭或解决特定争议的仲裁庭。

3. 常设仲裁庭的组织和运作程序由其规则和哈萨克斯坦共和国法律、哈萨克斯坦共和国签订的国际条约规定。

4. 若哈萨克斯坦共和国法律和签订的国际条约没有规定为解决特定争议而设立的仲裁庭活动的组织和程序的其他要求，则由当事人协商确定。

5. 若仲裁裁决未在规定的期限内自愿执行，则应按照哈萨克斯坦共和国民事诉讼法规定的程序强制执行。

第 305 条　运用调解程序保护权利

1. 经营主体之间的调解，由当事人相互协商，签订调解协议后进行。

2. 有经营主体参与的民事法律关系及其他法律关系纠纷的调解，既可以在诉前申请，也可以在法院受理申请书后进行。

3. 进行调解的程序和条件由哈萨克斯坦共和国调解法规定。

第 306 条　通过参与程序保护权利

1. 经营主体有权就参与式程序中的争议解决达成协议。

2. 参与式程序是通过双方协商，由双方律师协助解决争议，在没有法官参与的情况下进行。

3. 参与程序的方式和条件由哈萨克斯坦共和国民事诉讼法规定。

第二十八章　哈萨克斯坦企业权利保护专员与投资监察专员

第一节　哈萨克斯坦企业权利保护专员的法律地位

第 307 条　哈萨克斯坦企业权利保护专员的概念

1. 哈萨克斯坦企业权利保护专员是由哈萨克斯坦共和国总统任命、在政府机构中代表、确保和保护商业实体的权利和合法利益，以及保护商界利益的人员。

哈萨克斯坦企业权利保护专员对哈萨克斯坦共和国总统负责。

2. 任何人都无权将本法典未规定的职能分配给哈萨克斯坦企业权利保护专员。不允许对哈萨克斯坦企业权利保护专员的活动进行任何非法干预。

3. 在行使职权期间，哈萨克斯坦企业权利保护专员应暂停其在政党和其他社会团体中的成员资格。

4. 哈萨克斯坦企业权利保护专员无权从事政治活动。

5. 哈萨克斯坦企业权利保护专员按照既定程序，在上任后的 1 个月内，应在任职期内

[1] 第 304 条经哈萨克斯坦共和国 2016 年 4 月 8 日第 489-V号法律修订（自首次正式公布之日起 10 日后生效）。

将自己在商业组织注册资本中的股份、股份（股票）、参与权益和其他财产（利用这些财产可以获得收入）转给委托管理机构，但合法属于此人的货币以及转为财产租赁的财产除外。

哈萨克斯坦企业权利保护专员不得将属于他的债券、开放式和间隔期共同投资基金的股份转入委托管理，并有权从转入委托管理的财产中获得收入，有权将住宅转为物业租赁。

6. 哈萨克斯坦企业权利保护专员不得在其他组织担任带薪职位，但教学、科研或其他创造性活动除外。

第 308 条 哈萨克斯坦企业权利保护专员的活动基础

哈萨克斯坦企业权利保护专员的活动基于：

1）合法性；

2）优先保护经营主体的权利和合法利益；

3）客观性；

4）公开性。

第 309 条 哈萨克斯坦企业权利保护专员的职能

哈萨克斯坦企业家权利保护专员代表为确保和保护经营主体的权利和合法利益，以及保护经营团体的利益：

1）在哈萨克斯坦共和国国家机构和其他组织，以及国际组织中和外国代表、保障、保护经营主体的权利和合法利益；

2）审议经营主体的申请；

3）向国家机构提出保护经营主体权利的建议，以及暂停相关监管法律文件的建议；

4）向由于其行为（包括不作为）侵犯了经营主体的权利和合法利益的国家机关（包括工作人员），提出恢复被侵犯权利和合法利益的措施的建议，包括追究侵犯经营主体权利和合法利益的主体的责任；

5）若不同意国家机构意见，向检察机构提交申请书，以进一步恢复企业受侵犯的权利；

6）在发生系统性侵犯企业权利的事实、并且在国家机构层面无法解决问题时，向哈萨克斯坦共和国总统提出申请以供审查；

7）要求国家机关（包括工作人员）提供影响经营主体权利和义务的信息、文件和资料，但构成国家、商业、银行和其他受法律保护的秘密的信息除外；

8）按照哈萨克斯坦共和国法律规定的程序向法院提出索赔（声明）；

9）采取其他旨在恢复经营主体被侵犯权利和合法利益的法律措施。

第 310 条 哈萨克斯坦企业权利保护专员的业务

1. 在开展活动时，哈萨克斯坦企业权利保护专员应：

1）遵守哈萨克斯坦共和国宪法和法律；

2）采取措施确保经营主体的权利和合法利益得到遵守和保护；

3）客观和公正地审核申请；

4）不采取任何妨碍申请保护人行使权利的行为。

2. 哈萨克斯坦企业权利保护专员每年向哈萨克斯坦共和国总统提交一份关于保护企业权利工作成果的报告，并在媒体上公布。

第 311 条　哈萨克斯坦企业权利保护专员审议申请的程序

1. 哈萨克斯坦企业权利保护专员在其职权范围内：

1）审核经营主体（以下简称申请人）的申请，但以下申请除外：

之前未经过国家机构在其职权范围内的初审；

其他民营经营主体侵犯申请人权利的事实；

2）通知申请人将其申请发送授权国家机关和组织；

3）通知申请人对其申请的审议结果和采取的措施。

2. 哈萨克斯坦企业权利保护专员在 10 日内审核申请人的申请是否符合本条第 1 款第 1 项规定的要求，如有不符，将不予审核，并以书面形式通知申请人。

3. 申请人提交给哈萨克斯坦企业权利保护专员的申请将在 30 日内审核。

4. 如有必要，哈萨克斯坦企业权利保护专员收到的申请的审议期限将延长，并应告知申请人当前进展。

5. 根据审查结果，在哈萨克斯坦企业权利保护专员的职权范围内，答复申请人有关申请情况。

6. 延长审核申请的期限、将申请发送给国家授权机构和组织、通知申请人审核申请的进展的程序由哈萨克斯坦企业权利保护专员制定。

第 312 条　哈萨克斯坦企业权利保护专员的任免

1. 被任命为哈萨克斯坦企业权利保护专员的人员必须满足以下要求：

1）具有哈萨克斯坦共和国国籍；

2）接受过高等教育；

3）在保护企业权利和合法利益领域具有至少 5 年的工作经验。

2. 哈萨克斯坦企业家权利保护专员由哈萨克斯坦共和国总统下令任命，任期 4 年。

3. 哈萨克斯坦共和国总统可基于以下理由提前解除哈萨克斯坦企业权利保护专员的职务：

1）个人意愿；

2）根据医疗报告，健康状况妨碍进一步履行专业职责；

3）未能遵守本法典规定的义务和限制；

4）违反职权，实施与任职不符的不当行为；

5）离开哈萨克斯坦共和国去往境外永久居留。

4. 哈萨克斯坦企业权利保护专员的权力在下列情况下终止：

1）哈萨克斯坦企业权利保护专员失去哈萨克斯坦共和国公民身份；

2）认定哈萨克斯坦企业权利保护专员无行为能力或部分行为能力，或对其采取强制医疗措施的法院判决生效；

3）法院对哈萨克斯坦企业权利保护专员的判决生效；

4）哈萨克斯坦企业权利保护专员死亡或宣布其死亡的法院判决生效。

5. 同一个人不得连续 2 次以上担任哈萨克斯坦企业权利保护专员。

第 313 条　哈萨克斯坦企业权利保护专员的活动组织

哈萨克斯坦企业权利保护专员的活动由国家商会保证。

第二节　投资监察员的法律地位

第 314 条　投资监察员

1. 投资监察员是由哈萨克斯坦共和国政府任命（确定）的工作人员，其职责是协助保护投资者的权利和合法利益。

2. 投资监察员在其活动中应遵守哈萨克斯坦共和国宪法、哈萨克斯坦共和国法律、哈萨克斯坦共和国总统令和哈萨克斯坦共和国政府的法令、哈萨克斯坦共和国其他规范性法律规定。

第 315 条　投资监察员的职能

1. 为保障和保护投资者的合法权益，投资监察员应：

1）审核投资者有关在哈萨克斯坦共和国投资活动过程中出现的问题的申诉，并提出解决建议，包括通过与国家机构的互动；

2）协助投资者按庭外和庭前程序解决所产生的问题；

3）制定并向哈萨克斯坦共和国政府提出完善哈萨克斯坦共和国投资活动立法的建议。

2. 投资监察员的建议以信函和与投资监察员会议记录的形式拟定。

3. 投资监察员与国家机关和组织进行磋商和协议会面，以调节投资者在庭外和庭前程序中出现的问题。

4. 若投资者的问题不能按照哈萨克斯坦共和国的法律解决，投资监察员制定并向哈萨克斯坦共和国政府提交改进哈萨克斯坦共和国法律的建议。

第 316 条　投资监察员的权利和义务

1. 投资监察员有权：

1）要求和获取来自国家机关和组织（无论其所有权形式如何）对审核申诉所必需的信息，但构成商业秘密的信息除外；

2）受国家机关和组织的领导和其他官员立即接待；

3）应投资者的要求，听取相关国家机关和组织的负责人或其代表的意见；

4）为履行投资监察员所承担的职能所必需的其他权利。

2. 在开展活动时，投资监察员应：

1）采取措施确保投资者的权利和合法利益得到遵守和保护；

2）按照哈萨克斯坦共和国法律规定的方式和条件，审核投资者关于工作人员的行为(包括不作为)、国家机构、其他组织及其工作人员的决定，并对其采取必要的措施的申诉；

3）在审核申诉时保持客观公正；

4）不得采取任何妨碍申请保护的投资者行使权利的行为。

第 317 条　投资监察员活动的组织

投资监察员的活动由投资授权机构保证。

关于投资监察员活动的规定由哈萨克斯坦共和国政府批准。

第二十九章　对国家机构和工作人员的决定、行为（包括不作为）的投诉

第 318 条　审核经营主体投诉的义务

按照哈萨克斯坦共和国法律规定的程序提出的投诉须强制受理、登记和审议。禁止拒绝接受投诉。

国家机构（国家机构的工作人员）应按照哈萨克斯坦共和国法律规定的程序和期限审议经营主体提出的投诉。

第 319 条　起诉权[1]

1. 经营主体可以根据哈萨克斯坦共和国法律规定的程序对国家机关和工作人员的决定、行为（包括不作为）提起诉讼，如果他们影响到经营主体的权利和合法利益。

2. 向有权审议并作出决定的国家机构提起诉讼。起诉的提交按照哈萨克斯坦共和国法律规定的程序进行。

第七编　违反哈萨克斯坦共和国经营法律的责任以及过渡性条款和最终条款

第三十章　违反哈萨克斯坦共和国经营法律的责任

第 320 条　违反哈萨克斯坦共和国经营法律的责任

1. 违反哈萨克斯坦共和国经营法律，将承担哈萨克斯坦共和国法律规定的责任。

2. 国家机关及其工作人员对非法传播和（或）使用构成商业秘密的信息以及由传播和（或）使用给经营主体造成损害，将承担哈萨克斯坦共和国法律规定的责任和（或）根据哈萨克斯坦共和国民事法律对使用进行补偿。

3. 妨碍企业的合法经营活动将承担哈萨克斯坦共和国法律规定的责任。

4. 对经营主体因妨碍合法经营活动而遭受的一切损失，按照哈萨克斯坦共和国民事法律规定予以赔偿。

第 321 条　国家机关及其工作人员不履行或不当履行公务的责任

1. 国家机关及其工作人员在经营主体与国家的互动过程中，不履行或不当履行其义务，包括在国家调节和支持经营活动的情况下，以及在进行违法行为的情况下（包括不作为），将承担哈萨克斯坦共和国法律规定的责任。

2. 国家机关应在 1 个月内以书面形式通知权利和合法利益受到侵犯的经营实体，告知

[1] 第 319 条经哈萨克斯坦共和国 2020 年 6 月 29 日第 351-Ⅵ号法律修订（自 2021 年 7 月 1 日起生效）。

对违反哈萨克斯坦共和国法律的国家机关工作人员所采取的措施。

第 322 条　违反所规定的经营主体检查程序需承担的责任

1. 国家机关工作人员对在检查期间的非法行为应承担哈萨克斯坦共和国法律规定的责任。

2. 国家机关或其工作人员在国家监管和监督过程中对经营主体造成的损害，应根据哈萨克斯坦共和国民事法律进行赔偿。

索赔的损失金额包括支付给经营主体员工准备检验材料的报酬，强制停产期间的工资，经营主体由于停工而造成的未能销售相关商品、工程和服务的利润损失等。

第三十一章　过渡条款和最终条款

第 323 条　本法典某些规范的适用程序〔1〕

1. 在 2003 年 1 月 8 日哈萨克斯坦共和国投资法生效之前与投资授权机构签订的投资合同提供的优惠，在这些投资合同规定的期限届满之前仍然有效。

2. 本法典第 295 条第 3 款、第 4 款、第 5 款、第 296-2 条第 1 款关于缴纳税款的规范在与投资授权机构在 2009 年 1 月 1 日前签订的投资合同中继续有效。

3. 本法典第 287 条第 1 款关于租赁公司免征进口关税的规定，适用于自 2016 年 10 月 1 日起与投资授权机构签订的投资合同。

第 324 条　本法典生效程序

1. 本法典自 2016 年 1 月 1 日起生效，以下条款除外：

1）本法典第 36 条第 2 款第 2 段的第 2 项和第 38 条第 2 款第 5 项，自 2016 年 2 月 6 日起生效；

2）本法典第 193 第 4 款第 2 段，自 2016 年 3 月 1 日起生效；

3）本法典目录中第 211 条标题、第 211 条、第 290 条第 2 款第 2 项，自 2017 年 1 月 1 日起生效；

4）本法典第 3 条第 2 款第 19 项、第 22 条、第 58 条第 2 款、第 62 条、第 80 条第 2 款第 3 段第 5 小节和第 82 条第 2 款第 4 项，在自律法律文件生效后生效；

5）本法典第 65 条第 1 款第 3 段、第 66 条，在关于影响经营主体利益的法律草案构想的专家意见的规定生效后生效；

6）本法典第 138 条第 111 项，在有机产品生产法律文件生效后生效。

2. 规定：本法典第 173 条标题和目录第 197 条、第 88 条第 9 项、第 13 项、第 14 项、第 116 条第 3 款第 4 项、第 138 条第 68 项、第 173 条、第 195 条第 3 项、第 196 条第 2 款第 6 项、第 197 条、第 292 条第 1 款第 6 项的有效期至 2017 年 1 月 1 日。

3. 规定：本法典目录第 119 条的标题 2017 年 1 月 1 日前在以下版本中列明：

“第 119 条　受调节市场主体生产和销售的商品、工程、服务的定价。”

---

〔1〕 第 323 条经哈萨克斯坦共和国 2016 年 12 月 28 日第 34-Ⅵ号法律（自 2017 年 1 月 1 日起生效）、2020 年 6 月 29 日第 352-Ⅵ号法律修订（自首次正式公布之日起 10 日后生效）。

4. 本法典第36条第1款第1小节的有效期截至2016年3月1日，规定在有效期停止期间，本小节在以下版本中有效：

“1. 作为个体经营者的个人进行国家注册，直接向国家税务机关或通过公共服务中心提交。”

5. 本法典第88条第7项、第16项的有效期截至2017年1月1日，规定在有效期停止期间，以上各点在以下版本中有效：

“7）防止和消除在相关商品市场上滥用支配地位或垄断地位，但哈萨克斯坦共和国自然垄断和受调节市场法律规定的违规行为除外；”；

“16）揭示了具有支配地位或垄断地位的市场主体设定的垄断高（低）、垄断低价格，但在受监管市场上销售商品的市场主体除外；”。

6. 本法典第110条第2款第2项的有效期截至2016年3月1日，规定在有效期停止期间，该款在以下措辞中有效：

“2）对收到通知的许可机构和国家机构，和（或）其官员、居民服务中心和（或）其雇员关于实施许可证件和许可程序问题，或按哈萨克斯坦共和国法律规定的程序接收通知的决定、行为（包括不作为）提起诉讼；”。

7. 本法典第110条第3款第4项的有效期至2016年3月1日，规定在有效期停止期间，该项在以下措辞中有效：

“4）向国家机构和居民服务中心提供实施许可证和许可程序所需的文件和（或）信息，包括通过信息系统；”。

8. 本法典第118条第1款、第2款的有效期至2017年1月1日，规定在有效期停止期间，上述各点在以下措辞中有效：

“1. 自然垄断领域的商品、工程和服务的税费制定根据哈萨克斯坦共和国自然垄断和受调节市场的立法进行。

2. 自然垄断实体的受调节商品、工程、服务的税费（价格、收费率）或其限制水平，由自然垄断领域和受调节市场的授权机构批准，同时考虑所生产的商品、完成的工程、提供的服务的质量和可靠性，成本不得低于提供受调节商品、工程、服务所需的成本，确保有效运作自然垄断的主体盈利的可能性。”。

9. 本法典第119条有效期至2017年1月1日，规定在有效期停止期间，本条在以下措辞中有效：

“第119条　受调节市场主体生产和销售的商品、工程、服务的定价

1. 国家价格调节适用于铁路运输、电力热力工程、石油产品生产、石油运输、民用航空、港口活动、电信、邮政等受调节市场主体的货物、工程、服务等，作为天然气，考虑哈萨克斯坦共和国天然气和天然气供应法的具体规定。

负责管理自然垄断领域和受调节市场的授权机构批准受国家调节的市场主体的商品、工程和服务清单。

2. 作为哈萨克斯坦共和国境内一段时间的临时措施，按照反垄断机构规定的程序，可以对某些商品市场和（或）某些市场主体的商品、工程、服务实行国家价格调节实体。

本条规定的国家价格调节的总适用期限在1年内不得超过180日。

3. 受调节市场主体生产和销售的商品、工程、服务的定价，按照哈萨克斯坦共和国

关于自然垄断和监管市场的立法通过规定最高价格进行。”。

10. 本法典第 122 条第 2 款的有效期至 2017 年 1 月 1 日，规定在有效期停止期间，本款在以下措辞中有效：

“2. 石油产品生产领域的授权机构，与负责管理自然垄断领域和受调节市场的授权机构达成协议，以石油产品生产授权机构批准的方式，规定石油产品零售的最高价格，这是由国家的价格调节规定的。”。

11. 本法典第 138 条第 54 项的有效期至 2017 年 1 月 1 日，规定在有效期停止期间，本项在以下措辞中有效：

“54）为收到税收和其他强制性预算款项，以及强制性养老金缴款、强制性专业养老金缴款向统一累积养老基金和社会缴款向国家社会保险基金缴纳的完整性和及时性；”。

12. 本法典第 193 条第 3 款的有效期至 2017 年 1 月 1 日，规定在有效期停止期间，本款在以下措辞中有效：

1）2016 年 1 月 1 日至 2016 年 3 月 1 日：

“3. 专有权的实施是通过创建国家垄断主体来实现的。国家垄断主体只能是由哈萨克斯坦共和国政府或州、共和国级城市和首都的地方执行机构根据哈萨克斯坦共和国政府的决定创建的国有企业。”；

2）2016 年 3 月 1 日至 2017 年 1 月 1 日：

“3. 专有权的实施是通过创建一个国家垄断主体来进行的。国家垄断的主体，除国家公司—公民政府外，只能是由哈萨克斯坦共和国政府或州、共和国级城市和首都的地方执行机构创建的国有企业。”。

13. 2016 年 3 月 1 日至 2017 年 1 月 1 日期间暂停本法典 193 条第 4 款第 2 段的效力，规定在暂停期间，该部分在以下措辞中有效：

“本款第 1 段第 1 项、第 2 项规定的限制不适用于国家公司—公民政府。”。

14. 本法典第 241 条第 2 款第 1 项的有效期至 2017 年 1 月 1 日，规定在有效期停止期间，该项在以下措辞中有效：

“1）在哈萨克斯坦共和国法律规定的方式和条件下，在适用哈萨克斯坦共和国自然垄断和受调节市场法律的情况下，免除对连接电力、热力、供水和污水处理能力的费用自然垄断和受监管的市场；”。

15. 以下法律视为无效：

1）1998 年 3 月 31 日哈萨克斯坦共和国农民或农场经济法（哈萨克斯坦共和国议会公报，

1998 年第 2—3 期第 26 页；

2001 年第 24 期第 338 页；

2003 年第 1—2 期第 6 页；第 4 期第 26 页；第 24 期第 178 页；

2006 年第 1 期第 5 页；第 15 期第 95 页；

2007 年第 9 期第 67 页；第 15 期第 106 页；第 18 期第 143 页；

2008 年第 24 号第 129 页；

2009 年第 15—16 期第 76 页；

2010 年第 5 期第 23 页；

2011 年第 6 期第 49 页；

2013 年第 14 期第 72 页；

2014 年第 21 期第 122 页）；

2）2003 年 1 月 8 日哈萨克斯坦共和国投资法（哈萨克斯坦共和国议会公报，

2003 年第 1—2 期第 4 页；

2005 年第 9 期第 26 页 ；

2006 年第 3 期第 22 页；

2007 年第 4 期第 28 页；

2008 年第 15—16 期第 64 页；第 23 期第 114 页；

2009 年第 2—3 期第 18 页；

2010 第 5 期第 23 页；

2012 年第 2 期第 11 页；第 6 条，第 46 条；第 15 条，第 97 条；第 21—22 条，第 124 条；

2013 年第 15 期第 82 页；

2014 年第 11 期第 64 页；第 21 期第 122 页；第 23 期第 143 页）；

3）2006 年 1 月 31 日哈萨克斯坦共和国私营企业法（哈萨克斯坦共和国议会公报，

2006 年第 3 期第 21 页；第 16 期第 99 页；第 23 期第 141 页；

2007 年第 2 期第 18 页；第 3 期第 20 页；第 17 页第 136 页；

2008 年第 13—14 期第 57、58 页；第 15—16 期第 60 页；第 23 期第 114 页；第 24 期第 128、129 页；

2009 年第 2—3 期第 18、21 页；第 9—10 期第 47、48 页；第 11 —12 期第 54 页；第 15—16 期第 74、77 页；第 17 期第 82 页；第 18 期第 84、86 页；第 19 期第 88 页；第 23 期第 97 页；第 24 期第 125、134 页；

2010 年第 5 期第 23 页；第 7 期第 29 页；第 15 期第 71 页；第 22 期第 128 页；第 24 期第 149 页；

2011 年第 1 期第 2 页；第 2 期第 26 页；第 6 期第 49 页；第 11 期第 102 页；

2012 年第 15 期第 97 页；第 20 期第 121 页；第 21—22 期第 124 页；

2013 年第 1 期第 3 页；第 5—6 期第 30 页；第 14 期第 75 页；第 15 期第 81 页；第 21—22 期第 115 页；

2014 年第 1 期第 4 页；第 4—5 期第 24 页；第 10 期第 52 页；第 14 期第 84 页；第 16 期第 90 页；第 19-Ⅰ期 19-Ⅱ期第 94、96 页；第 21 期第 122 页；第 22 期第 131 页；第 23 期第 143 页；

2015 年第 8 期第 42 页；第 11 期第 52 页）；

4）2008 年 12 月 25 日哈萨克斯坦共和国竞争法（哈萨克斯坦共和国议会公报，

2008 年第 24 期第 125 页；

2009 年第 15—16 期第 74 页；

2010 年第 5 期第 23 页；

2011 年第 6 期第 50 页；第 11 期第 102 页；第 12 期第 111 页；

2012 年第 13 期第 91 页；第 14 期第 95 页；第 14—15 期第 97 页；

2013 年第 4 期第 21 页；第 10—11 期第 56 页；第 14 期第 72 页；

2014 年第 1 期第 4 页；第 4—5 期第 24 页；第 14 期第 84 页；第 19－Ⅰ、19－Ⅱ期第 96 页；第 21 期第 122 页；第 23 期第 143 页；

2015 年第 8 期第 42 页；第 9 期第 46 页）；

5）2011 年 1 月 6 日哈萨克斯坦共和国国家监管和监督法（哈萨克斯坦共和国议会公报，

2011 年第 1 期第 1 页；第 2 期第 26 页；第 11 期第 102 页；第 15 期第 120 页；

2012 年第 1 期第 5 页；第 2 期第 9、14 页；第 3 期第 21、25、27 页；第 8 期第 64 页；第 10 期第 77 页；第 11 期第 80 页；第 13 期第 91 页；第 14 期第 92、95 页；第 15 期第 97 页；第 20 期第 121 页；第 23—24 期第 125 页；

2013 年第 2 期第 11 页；第 10—11 期第 56 页；第 14 期第 72 页；第 16 期第 83 页；第 21—22 期第 115 页；第 23—24 期第 116 页；

2014 年第 4—5 期第 24 页；第 7 期第 37 页；第 8 期第 49 页；第 10 期第 52 页；第 11 期第 61、67 页；第 14 期第 84 页；第 16 期第 90 页；第 19－Ⅰ、19－Ⅱ期第 96 页；第 21 期第 122 页；第 23 期第 143 页；第 24 期第 144 页；

2015 年第 9 期第 46 页）；

6）2012 年 1 月 9 日哈萨克斯坦共和国国家对工业创新活动支持法（哈萨克斯坦共和国议会公报，

2012 年第 2 期第 10 页；第 14 期第 92 页；

2013 年第 9 期第 51 页；第 14 期第 75 页；第 15 期第 81 页；

2014 年第 1 期第 4 页；第 11 期第 63 页；第 19－Ⅰ、19－Ⅱ期第 96 页）。

哈萨克斯坦共和国总统　努尔苏丹·阿比舍维奇·纳扎尔巴耶夫

哈萨克斯坦共和国土地法典

2003 年6月20日哈萨克斯坦共和国第442号法典

2021年1月7日更新A

第一编　总　则

第一章　基本条款

第 1 条　哈萨克斯坦共和国土地资源[1]

1. 哈萨克斯坦共和国土地资源按用途分为以下几类：

1）农业用地；

2）住宅用地（城市、城镇和农村住宅）；

3）用于工业、交通、通信、航空、国防、国家安全和其他非农业用途的土地；

4）自然保护区用地、健身活动用地、休闲用地和历史文化用地；

5）森林资源用地；

6）水资源用土地；

7）储备土地。

2. 本条第 1 款规定的土地，应当按照规定的用途使用。土地的法律制度根据土地属于特定类别并根据土地（领土）分区允许的用途来确定。

3. 根据自然条件，哈萨克斯坦共和国土地按自然分为以下区域：

1）森林草原；

2）草原；

3）干草原；

4）半沙漠；

5）沙漠；

6）山麓—沙漠—草原；

7）亚热带沙漠；

8）亚热带—山麓—沙漠；

9）中亚山区；

10）南西伯利亚山区。

第 2 条　土地分类，将土地从一类转为另一类[2]

将土地按本法典第 1 条规定的类别分类，以及将土地从一个类别转为另一个类别以改变其指定用途，由哈萨克斯坦共和国政府、州、共和国级城市、首都、地区、州级市的地方执行机构在本法典和哈萨克斯坦共和国的其他法律文件规定的权限范围内提供和收回地块，包括为满足国家需要。

第 3 条　土地所有权

哈萨克斯坦共和国的土地属于国家所有。根据本法典规定的理由、条件和限制，土地

[1] 第 1 条经哈萨克斯坦共和国 2012 年 1 月 6 日第 529-Ⅳ号法律（自首次正式公布起 21 日后生效）、2012 年 2 月 13 日第 553-Ⅳ号法律修订（自首次正式公布之日起 10 日后生效）。

[2] 第 2 条经哈萨克斯坦共和国 2006 年 1 月 10 日第 116 号法律（生效程序见第 2 条）、2007 年 7 月 6 日第 279 号法律、2011 年 7 月 20 日第 464-Ⅳ号法律修订（自首次正式公布之日起 10 日后生效）。

也可以为私人所有。

第4条　土地法原则

哈萨克斯坦共和国的土地法基于以下原则：

1）哈萨克斯坦共和国领土的完整、不可侵犯和不可分割；

2）保护作为自然资源、哈萨克斯坦共和国人民生活和活动的基础的土地；

3）保护和合理利用土地；

4）保障生态安全；

5）有针对性地利用土地；

6）农业用地优先权；

7）提供有关土地状况及其可用性的信息；

8）国家对土地使用和保护措施的支持；

9）防止对土地的损害或消除其后果；

10）有偿使用土地。

第5条　土地法的目标〔1〕

哈萨克斯坦共和国土地法的目标是：

规定土地所有权和土地使用权的产生、变更和终止的依据、条件和限制，行使土地所有者和土地使用者的权利和义务的程序；调节土地关系，以保证土地的合理利用和保护，土壤肥力的再生，自然环境的保护和改善，适应气候变化；为各种经营形式的平等发展创造条件；保护自然人和法人实体以及国家的土地权利；建立和发展房地产市场；加强土地关系领域的法治建设。

第6条　土地法律〔2〕

1. 哈萨克斯坦共和国的土地法律以哈萨克斯坦共和国宪法为基础，由本法典及在其基础上通过的哈萨克斯坦共和国规范性法律文件构成。哈萨克斯坦共和国某些类别土地资源的法律监管具体情形由哈萨克斯坦共和国法律规定。

2. 使用和保护地下资源、水域、大气、森林和其他植被、动物、具有特殊生态、科研和文化价值的环境对象、特别保护区的关系由哈萨克斯坦共和国特别法律规定。

3. 土地关系主体行使其权利时，不得损害作为自然资源的土地和其他环境保护对象，以及他人的权利和合法利益。

4. 土地所有权、使用和处置以及与其交易的财产关系，由哈萨克斯坦共和国民事法律调节，但是哈萨克斯坦共和国的土地、环境、森林、水资源法律，哈萨克斯坦共和国的地下资源、植被和动物法律、特别保护区法律另有规定。

5. 个人和法人实体在土地关系领域的权利不受限制，哈萨克斯坦共和国法律明确规

---

〔1〕 第5条列入哈萨克斯坦共和国2021年1月2日第401-Ⅵ号法律（自2021年7月1日起生效）。

〔2〕 第6条经哈萨克斯坦共和国2007年1月9日第213号法律（生效程序见第2条）、2017年2月20日第48-Ⅵ号法律（自首次正式公布之日起10日后生效）、2017年12月27日第126-Ⅵ号法律修订（自首次正式公布之日起6个月后生效）。

定的情况除外。

6. 外国人、无国籍人以及外国法人实体在土地法律关系中享有与哈萨克斯坦共和国公民和法人实体平等的权利义务，但是本法典或哈萨克斯坦共和国其他法律另有规定的除外。

7. 其他国家在哈萨克斯坦共和国领土上的土地使用权根据哈萨克斯坦共和国批准的国际条约产生。

第7条　国际条约

如果哈萨克斯坦共和国批准的国际条约规定了本法典规定以外的规则，则适用该条约的规则。哈萨克斯坦共和国批准的国际条约直接适用于土地关系，但根据国际条约的适用需要颁布法律文件的情况除外。

第8条　土地规划〔1〕

1. 规划——确定土地的范围并确定其预期用途和使用制度。

1-1. 在定居点进行土地规划旨在确定评估区的边界和地块基本支付率的修正系数。

2. 组织州、共和国级城市、首都、地区、州级市的土地分区，由州、共和国级城市、首都、地区、州级市的相关授权机构进行。土地规划项目（方案）由州、共和国级城市、首都、地区、州级市相关代表机构批准。

3. 经哈萨克斯坦共和国2006年1月10日第116号法律删除（生效程序见第116号法律第2条）。

4. 土地规划中确定的地域专项使用制度对于土地法律关系主体是强制性的。

5. 土地规划由地方执行机构决定，费用由预算资金承担。

第9条　土地费用〔2〕

1. 根据哈萨克斯坦共和国税法，取得所有权、永久使用或初始临时无偿使用土地，需缴纳土地税。

2. 国家提供的临时有偿用地（租赁），收取土地使用费。

向预算缴纳土地地块使用税的计算和支付程序，由哈萨克斯坦共和国税法规定。

将哈萨克斯坦共和国领土上的土地出租给其他国家时，土地使用费数额由哈萨克斯坦共和国批准的国际条约规定。

3. 将土地从国有转为私有的土地有偿出售，由州、共和国级城市、首都、地区、州

---

〔1〕 第8条经哈萨克斯坦共和国2006年1月10日第116号法律（生效程序见第2条）、2011年7月20日第464-Ⅳ号法律（自首次正式公布之日起10日后生效）；2013年6月13日第102-Ⅴ号法律修订（自首次正式公布之日起10日后生效）。

〔2〕 第9条经哈萨克斯坦共和国2005年5月4日第48号法律、2006年1月10日第116号法律（生效程序见第2条）、2006年7月5日第162号（自正式发布之日起生效）、2007年7月6日第279号法律、2009年2月13日第135-Ⅳ号法律（生效程序见第3条）、2011年3月24日第420-Ⅳ号法律（自首次正式公布之日起10日后生效）、2011年7月20日第464-Ⅳ号法律（自首次正式公布之日起10日后生效）、2012年7月10日第36-Ⅴ号法律（自首次正式公布之日起10日后生效）、2015年10月29日第376-Ⅴ号法律（自2016年1月1日起生效）、2018年5月24日第156-Ⅵ号法律（自首次正式公布之日后10日起生效）、2019年1月21日第217-Ⅵ号法律（自首次正式公布之日起10日后生效）、2019年12月26日第284-Ⅵ号法律（自首次正式公布之日起10日后生效）、2020年6月29日第352-Ⅵ号法律修订（自首次正式公布之日起10日后生效）。

级市、区级市、村镇、农村地区的地方执行机构决定，在提供土地中的权限内一次或分期进行，以下无偿提供土地所有权情况除外：

1）哈萨克斯坦共和国公民——在公寓设施中占有理想份额的公寓业主；

2）根据本法典第 50 条第 2 款，提供给哈萨克斯坦共和国公民用于经营个人农场、园艺、个人住房和别墅建筑的土地；

2-1）按哈萨克斯坦共和国政府规定程序建设的国际科学中心；

2-2）国内工业企业的名单和入选标准由哈萨克斯坦共和国政府确定；

2-3）根据哈萨克斯坦共和国企业经营法典第 234 条第 2 款转让给小企业的设施；

3）本法典和哈萨克斯坦共和国法律规定的其他情况。

对有偿提供（出售）土地私有权（以下简称土地付费）或土地临时有偿使用（租赁）权（以下简称出售租赁权付费），按照根据地块的基本付款率计算得出的地籍（评估）价值计算，并使用修正系数。

4. 国家将农用土地地块出售给私人所有所获得的资金存入国家基金，并按照哈萨克斯坦共和国法律规定的方式使用。

5. 改变土地指定用途时，除本法典第 44 条第 6 款规定的条件，提供用于建设定居点总体规划规定的设施、免费提供用于进行个人副业、园艺、个人住房和别墅建设的土地外，本法典规定的用于其他目的的有偿提供的地块，为改变土地用途，其所有者应当向预算缴纳哈萨克斯坦共和国法律规定的与土地地籍（估计）价值等值的收入。

在改变土地地块用途时，本款第 1 段规定的情况除外，地方执行机构与位于该地块的地方代表机构协调地块的土地地籍估价，该金额不必缴纳给预算。

变更指定用途时，除因国家需要强制出让的土地、农用地以及定居点范围内用于与农林无关的用途的农用地外，需变更地块用途的所有者应当向预算缴纳一笔费用，该费用与哈萨克斯坦共和国法律为该土地确定的地籍价值与之前从国家购买该土地的价格之间的差价等值。

按照本法典第 49 条规定的程序，根据申请，将为中小型企业提供一份分期付款，该款项与根据哈萨克斯坦共和国法律规定更改用途的土地的地籍价值等值。

6. 根据本法典和哈萨克斯坦共和国投资领域的法律，土地使用权以国家实物馈赠的形式提供给实施投资项目的哈萨克斯坦共和国法人实体。

州、共和国级城市、首都、地区、州级市的地方执行机构关于提供土地作为实物馈赠的决定，是根据投资授权机构的决定，在其提供土地的权限范围内作出。

7. 土地所有人出售、出租地块，非国有土地使用者将其土地使用权出让给他人，以及将土地出租给二级土地使用者时，根据哈萨克斯坦共和国的民事法律，土地地块的规模、付费期限和方式由买卖合同或财产租赁合同确定。

8. 可提供土地作为社会性经营公司注册资本（产权）的缴费，其价格根据土地的地籍（估计）价值计算。

同时，在对发行已申报股份进行国家登记后，将土地登记为社会性经营公司所有。

第10条 土地的基本付费率和地籍（估计）价值[1]

1. 农用土地转为私有、国家或国有土地使用者出租土地的基础付费率，土地出让金金额、出让租赁权的付费金额和为国有且未提供使用的土地设立土地私有地役权的付费金额，由哈萨克斯坦共和国政府规定。

在州、共和国级城市、首都、地区、州级市、区级市、村镇和农村地区，提供土地为私人所有时的基础付费标准，由上述各级组织的代表和执行机构视各地的条件和具体情形共同决定。

在这一情况下，土地使用费率不得低于土地税税率。

出售租赁权的付费根据具体土地的地籍（估计）价值差异化确定。

2. 具体土地的地籍（估计）价值由维护国家地籍的国家公司——公民政府根据土地基础付费率确定，无偿提供给私人所有或由国家用于租赁，所采用的修正系数（增加或减少）由确定土地地籍（估计）价值的文件制定。

提供给私人所有的位于首都郊区和共和国级城市、州中心和度假区的定居点（村庄和农村定居点）的土地，其基本付费率为2倍。

3. 提供给哈萨克斯坦共和国公民私人所有、用于从事个人副业、园艺、修建别墅的额外土地，高于既定的无偿转让标准，其地籍（估计）价值按照距离被评估地块最近的农村定居点土地的基础付费率确定。

4. 向公民和非国有法人提供位于定居点以外的土地，用于开发或建造建筑物（构筑物）及其配套设施，包括用于建设维护建筑物（构筑物）的土地，除本条第4-1款规定的土地外，其地籍（估计）价值按照距离评估土地最近的州级市内用于以上目的的土地基本付费率的10%确定。

4-1. 位于居民区以外的、用于从事农民或农户经济的土地，根据本法典第97条，为农业经济运行所必需的已建成建筑物（构筑物），包括用于维护建筑物的土地，其地籍（估计）价值根据所提供用于农业目的的私有土地的基本付费率确定。

5. 在确定本条第3款、第4款规定的土地地籍（估算）价值时，本法典第11条第4款第3项规定，对这些土地与服务中心的距离应用修正系数。

第11条 土地基本付费率的修正系数[2]

1. 区级市、乡村、农村和定居点土地的评估区边界及基准付费率的修正系数，由区代表机构根据区执行机构的建议决定批准。州级市、共和国级城市、首都的相应土地由以上行政组织的代表机构根据各级地方执行机构的建议批准。

---

〔1〕 第10条经哈萨克斯坦共和国2006年1月10日第116号法律（生效程序见第2条）、2007年7月6日第279号法律、2011年3月24日第420-Ⅳ号法律（自首次正式公布之日起10日后生效）、2011年7月15日第461-Ⅳ号法律（自首次正式公布起6个月后生效）、2011年7月20日第464-Ⅳ号法律（自首次正式公布之日起10日后生效）、2015年11月17日第408-Ⅴ号法律（自2016年3月1日起生效）、2018年5月4日第151-Ⅵ号法律（自首次正式公布之日起10日后生效）、2019年11月25日第272-Ⅵ号法律（自首次正式公布之日起10日后生效）、2019年12月27日第291-Ⅵ号法律修订（自首次正式公布之日起10日后生效）。

〔2〕 第11条经哈萨克斯坦共和国2006年1月10日第116号法律（生效程序见第2条）、2011年7月20日第464-Ⅳ号法律修订（自首次正式公布之日起10日后生效）。

在这种情况下，修正系数上下浮动边界不应超过两倍。

2. 在确定国家提供的用于农业生产的土地的地籍（估计）价值时，根据土地的质量状况、所在位置、水源保障、与服务中心的距离，适用修正系数（提高或下调）。

3. 根据土地地籍图、土壤材料、地质植物学、土壤复垦和其他调查按地块形态和土壤类型确定质量状况：

1）为了确定用作耕地一部分的土地的价值，根据其开垦状态和地表坡度，适用以下修正系数：

土地复垦状况：

良好（非盐和非盐土，非石质，非侵蚀；地下水深度：新鲜—超过 3 米，矿化—超过 6 米）-1.2；

满意（土壤微盐碱、微单岩、微石质、微侵蚀；低矿化地下水深度为 3—6 米）-0.9；

不满意（土壤为中高盐碱，中高单层，石质，中高侵蚀；矿化度大于 1 克/升—小于 3 米的地下水深度）-0.6；

表面坡度：1 度以内-1；1—3 度-0.98；3—5 度-0.96；5—7 度-0.93；超过 7 度-0.86；

2）为确定用作天然牧草地（干草场、牧场）构成土地的价值，根据其质量状况和场地表面坡度，应用以下修正系数：

改良的干草场和牧场：

根本改善；多年生草的播种-1.2；

在不改变植被覆盖的物种组成的情况下改善地表-1.1；

干草场占用的土地状况：

良好（土地没有乱扔垃圾、没有灌木、没有森林、没有石质，没有明显的带状植被迹象）-1.2；

满意（土地散落、灌木丛生、森林茂密、岩石破坏了植被覆盖的带状结构。带有这些迹象的面积高达土地的 40%）-0.9；

不满意（土地散落、灌木丛生、森林茂密、岩石破坏了植被覆盖的带状结构。带有这些迹象的面积超过土地的 40%）-0.7；

表面坡度：

3 度以内- 1；3.1—6 度- 0.95；6.1—10 度- 0.9；10.1—20 度-0.85；超过 20 度- 0.5；

牧场占用的土地状况：

良好（土地没有堵塞、没有灌木、没有森林、没有石质，有明确的带状植被迹象）- 1.2；

满意（土地散落、不可食性灌木杂草丛生、森林覆盖、多石，植被覆盖的带状结构受到侵犯，存在严重退化的牧场、裸露的盐沼、盐渍地。带有这些迹象的面积高达土地的 40%）- 0.9；

不满意（土地散乱、不可食性灌木杂草丛生、森林覆盖、多石，破坏了植被覆盖的带状结构，存在严重退化的牧场、裸露的盐沼、盐渍地、羚羊。带有这些迹象的面积超过 40% 的领土面积）-0.6；

表面坡度：

12 度以内- 1；13—20 度-0. 8；超过 20 度-0. 6。

4. 为了确定土地的价值，根据土地的含水量、土地相对于经济中心的位置、土地与服务中心的距离，适用以下修正系数：

1）土地的含水量（供水）：

浇水-1. 2；未浇水-0. 8；

2）土地相对于经济中心的位置，以公里为单位：5 以内-1. 2；5—10-1；10—20-0. 9；20—30-0. 8；超过 30-0. 7；

3）土地距离服务中心的距离，取决于道路质量：

距离	硬质路面	砾石路面	土路
20 公里以内	1. 4	1. 1	0. 7
21—40 公里	1. 2	0. 9	0. 6
41—60 公里	1. 0	0. 7	0. 5
61—80 公里	0. 8	0. 5	
81—100 公里	0. 6		
100 公里以上	0. 5		

5. 如果存在多个因素会抬高或拉低土地的地籍（估计）价值，则将系数相乘。

用于农业生产的土地地籍（估计）价值的增减总额不得超过根据本法典第 10 条第 1 款规定的基准付费率的 50%。

第 12 条　法典中使用的基本概念[1]

本法典中使用了以下基本概念：

1）国家公司——公民政府（以下简称“国家公司”）是根据哈萨克斯坦共和国政府的决定创建的法人实体，用以提供公共服务、发布技术条件以接入自然垄断实体网络的服务，以及为准公共部门实体提供服务，根据哈萨克斯坦共和国法律，组织受理提供公共服务的申请、发布连接自然垄断实体网络的技术规范服务、为准公共部门实体提供服务，按照“一个窗口”原则向服务接受者发布结果，并确保以电子形式提供公共服务，在其所在地进行不动产权利国家登记；

1-1）剥夺——国家机构的行为，旨在以本法典和哈萨克斯坦共和国法律规定的程序

---

〔1〕 第 12 条列入哈萨克斯坦共和国 2007 年 7 月 6 日第 279 号法律；经哈萨克斯坦共和国 2007 年 7 月 26 日第 311 号法律、2010 年 3 月 19 日第 258-Ⅳ 号法律、2011 年 3 月 1 日第 414-Ⅳ 号法律（自首次正式公布之日起生效）、2011 年 3 月 24 日第 420-Ⅳ 号法律（自首次正式公布之日起 10 日后生效）、2011 年 7 月 20 日第 464-Ⅳ 号法律（自首次正式公布之日起 10 日后生效）、2012 年 1 月 25 日第 548-Ⅳ 号法律（自首次正式公布之日起 10 日后生效）、2014 年 7 月 2 日第 225-Ⅴ 号法律（自 2015 年 1 月 1 日起生效）、2014 年 9 月 29 日第 239-Ⅴ 号法律（自首次正式公布之日起 10 日后生效）、2014 年 12 月 29 日第 269-Ⅴ号法律（自 2015 年 1 月 1 日起生效）、2015 年 10 月 29 日第 376-Ⅴ号法律（自 2016 年 1 月 1 日起生效）、2015 年 11 月 17 日第 408-Ⅴ号法律（自 2016 年 3 月 1 日起生效）、2018 年 5 月 4 日第 151-Ⅵ 号法律（自首次正式公布之日起 10 日后生效）、2018 年 5 月 24 日第 156-Ⅵ 号法律（自首次正式公布之日起 10 日后生效）、2019 年 10 月 28 日第 268-Ⅵ号法律（自首次正式公布之日起 10 日后生效）、2021 年 5 月 13 日第 39-Ⅶ 号法律修订（自首次正式公布之日起 10 日后生效）。

和条件终止私人所有者或土地使用者对土地的所有权或土地使用权；

2）特别土地基金——以农业用地为代价形成的储备土地，以及未用于其预期目的、或违反哈萨克斯坦共和国法律的土地，和被土地所有者和土地使用者放弃的假定土地份额；

3）关联人——作为非国有法人的子公司或被认定为附属股份公司的组织；

3-1）园艺——在土地上进行的用于种植作物和多年生乔木和灌木种植园的活动形式；

4）一级土地使用者——根据本法典第32条规定的程序，直接从国家获得土地使用权的个人，或以转让该权利的方式从其他一级土地使用者处获得土地使用权的个人；

4-1）评估区边界——定居点部分领土的边界，在此根据基础设施发展水平，对国家提供的土地的基本付费率规定修正系数；

4-2）蔬菜栽培——在土地上进行的用于种植农作物的活动形式，但多年生乔木和灌木种植园除外；

5）统一的国家土地登记簿——作为国家土地地籍一部分的土地核算的最终文件，包含法律、身份、经济和其他特征；

6）私有地块临时使用权——根据土地所有者和临时使用者（租户或免费用户）之间的土地临时使用协议产生的主体拥有和使用土地的权利；

7）土地——在其边界内规定哈萨克斯坦共和国主权、自然资源、所有共同生产资料和任何劳动过程的领土基础的领土空间；

8）土地处置权——国家在法律上保证哈萨克斯坦共和国领土上土地合法机会的权利，以及私人所有者对其土地进行哈萨克斯坦共和国法律未禁止的交易的权利；

8-1）土地管理项目——土地图（计划）、关于土地面积、边界和位置的信息、地块的相邻所有者和土地使用者的信息以及土地负担和地役权的信息[1]；

土地管理项目的构成和内容根据本法典第14条第1款第4项规定的规范性法律文件确定；

9）地方执行机构的决定——州、共和国级城市、首都、地区、州级市、区级市、村镇和农村地区的地方执行机构的法律文件；

10）土地租金——临时有偿土地使用费；

11）拥有土地的权利——在法律上有保障地行使实际占有土地的机会；

12）土地地籍——土地信息系统，属于国家地籍的组成部分；

12-1）土地委员会——地方执行机构下辖的合议机构，根据本法典第43条设立，负责审议申请并准备关于授予土地权利的意见（确定授予农民或农业经济、农业生产临时有偿土地使用权或租赁权），改变土地的指定用途以及将土地从水基金转归其他类别的土地；

13）土地关系授权机构——州、共和国级城市、首都、地区、州级市的地方执行机构的下属机构，在土地关系领域履行职能（以下简称：州、共和国级城市、首都、地区、州级市的授权机构）；

第13-1项经哈萨克斯坦共和国2021年6月30日第59-Ⅶ号法律删除（自2022年1月1日起生效）。

13-1）土地使用和保护监管授权机构——对土地使用和保护实施监管的州、共和国级

[1] 第8-1项第2段列入哈萨克斯坦共和国2021年6月30日第59-Ⅶ号法律（自2022年1月1日起生效）。

城市、首都、地区、州级市的地方执行机构的下属机构（以下简称土地使用和保护监管授权机构）；

14）土地关系的对象——哈萨克斯坦共和国境内的所有土地，不论其上安置什么的个别地块，将其分配给个别主体的法律依据，以及土地和土地份额的权利；

15）土地法律关系——与土地资源管理与土地保护、将土地分配给个别实体、行使所有权和其他土地权利有关的土地使用和保护的法律关系；

16）土地法律关系的主体——作为土地法律关系参与者、并因此在该法律关系中享有权利和义务的个人、法律主体和国家；

17）土地使用权——个人在有偿和（或）无偿基础上无限期（永久土地使用）或一定时期（临时土地使用）拥有和使用国有土地的权利；

18）土地资源——在经营和其他活动过程中使用或可以使用的土地，以满足社会的物质、文化和其他需要；

19）土地资源管理的中央授权机构——在土地关系领域行使调节功能的国家机构（以下简称中央授权机构）；

20）经哈萨克斯坦共和国 2014 年 12 月 29 日第 269-Ⅴ号法律删除（自 2015 年 1 月 1 日起生效）；

20-1）被强行没收地块的个人的登记簿——根据本法典第 92 条和第 93 条，记录在纸质和（或）电子载体上的数据总和，确保根据具有法律效力的法院判决，被强制没收土地的个人和法人实体的身份证明；

21）地块——在封闭边界内分配的一部分土地，根据本法典规定的程序分配给土地关系主体；

22）土地租赁权出售款——对以临时有偿土地使用（租赁）权为基础提供的国有地块的一次性付款；

23）土地私有权——公民和非国家法人实体在本法典规定的基础、条件和范围内拥有、使用和处置属于他们的土地的权利；

24）土地的所有权文件——确认土地权利发生、变更和终止的法律事实（法律构成）的文件，包括合同、法院判决、执行机构的法律文件，继承证明，在拥有土地所有权或已赎回临时有偿土地使用权（租赁）的非国有法人实体重组的情况下，转让契据或资产负债分割表；

25）土地的识别文件——内容为持有土地、法律和城市规划地籍所需的土地识别特征的文件；

26）土地或土地使用权的质押——根据质押合同或哈萨克斯坦共和国法律确保履行义务的方式，由此，当债务人不履行质押义务时，债权人（质权人）有权比其他拥有该地块或土地使用权的债权人（质权人）优先从质押土地或土地使用权的价值中获得清偿，哈萨克斯坦共和国民法典规定的例外情况除外；

27）擅自占用土地——未经土地所有人或土地使用者许可，未经哈萨克斯坦共和国政府或地方执行机构相应决定，占用他人土地，以及占用未提供土地使用的国有土地；

27-1）土地的土地地籍计划（以下简称土地地籍计划）——包括为在定居点边界内用于建设目的所提供的地块识别特征的文件，且这是为维护土地、法律和城市规划地籍所必需的；

28）土地份额——与其他人员共同参与地块的权利和义务的量化定额，可在本法典和哈萨克斯坦共和国其他法律规定的情况和条件下进行分配；

29）经哈萨克斯坦共和国 2021 年 5 月 13 日第 39-Ⅶ 号法律删除（自首次正式公布之日起 10 日后生效）；

30）地籍（估计）价值——国家出售土地或租赁土地时使用的地块的估计价值，根据土地的基本付费率确定，根据官方统计关于一般通货膨胀率及其修正因素的信息定期更新；

31）二级土地使用者——根据二级土地使用合同，从保留其地位的一级土地使用者处获得土地临时使用权的人士；

32）共管公寓——不动产所有权（其他权利）的特殊形式，其中不动产的某些部分为自然人和（或）法人实体单独拥有（其他权利），而那些不属于单独所有权的不动产，包括土地，只在共同份额产权（其他共同法）中属于他们，并且与单独（个人）所有权（其他权利）中的部分房地产的权利不可分离；

32-1）国家土地地籍自动化信息系统——用于维护国家土地地籍的信息系统，包含地块的定性和定量特征，包括其边界，以及有关土地所有者和土地使用者的信息；

33）国有土地使用者——国有的共和国和公共的法人实体；

34）国家实物赠送——基于临时无偿土地使用权向哈萨克斯坦共和国法人提供的土地，用于实施投资项目，之后可按本法典和哈萨克斯坦共和国投资法规定的程序，无偿转让所有权或土地使用权；

35）非国有土地使用者——公民和（或）非国有法人实体；

36）所有权对象——国有和私有土地；

根据哈萨克斯坦共和国 2021 年 6 月 30 日第 59-Ⅶ 号法律（自 2022 年 1 月 1 日起生效），第 12 条增补第 36-1 款。

37）个人副业——在位于农村地区和郊区的土地上满足自用需求的活动形式；

38）地役权——限制和专项使用他人土地的权利，包括行人车辆通行、铺设和运营必要的通信线路、狩猎和渔场以及其他需要；

39）土层——陆地的表层，一种特殊的自然结构，具有其固有的结构体、组成和特性；

40）基本付费率——国家提供土地私有权或出售临时有偿土地使用权（租赁）时，用于确定土地地籍（估计）价值的标准价格；

41）永久土地使用者——土地使用权具有无限期特性的人员；

42）临时土地使用者——土地使用权具有一定期限的人员；

43）国家土地使用者——哈萨克斯坦共和国公民，根据哈萨克斯坦共和国法律成立的法人实体；

43-1）经哈萨克斯坦共和国 2018 年 5 月 24 日第 156-Ⅵ 号法律删除（自首次正式公布之日起 10 日后生效）；

44）标准土地份额——清算或重组的集体农场成员、转为非国有农业组织的雇员以及本法典规定的其他人的定量份额，根据该份额给这些人提供以前属于特定组织土地使用的一部分的土地，或行使本法典规定的其他权利；

45）外国土地使用者——外国人、无国籍人、根据外国法律设立的法人实体（外国法人）、外国、国际协会和组织；

46）功能区——标准区域，包括一组指定用途的带有定居点的土地，具有统一的使用制度。

第二章　国家机构在土地关系领域的权限

第 13 条　哈萨克斯坦共和国政府的权限[1]

哈萨克斯坦共和国政府在土地关系调节领域的权限包括：

1）制定共和国土地基金使用和保护领域的国家政策主要方向；

2）经哈萨克斯坦共和国 2013 年 7 月 3 日第 124-Ⅴ 号法律删除（自首次正式公布之日起 10 日后生效）；

3）在与创建和扩大共和国级特别自然保护区、履行国际义务有关的情况下，提供和从所有类别的土地中撤回包括用于国家需要在内的地块；

3-1）根据自然保护区领域授权机构的提议，按照哈萨克斯坦共和国特别保护区法要求，将自然保护区的土地转为储备土地，以及将储备土地回转为自然保护区的土地；

3-2）在哈萨克斯坦共和国特别保护区法规定的情况下，批准将土地从一类转为另一类的程序；

4）经哈萨克斯坦共和国 2014 年 9 月 29 日第 239-Ⅴ号法律删除（自首次正式公布之日起 10 日后生效）；

4-1）经哈萨克斯坦共和国 2014 年 9 月 29 日第 239-Ⅴ号法律删除（自首次正式公布之日起 10 日后生效）；

4-2）确定和变更共和国级城市和首都的边界（线）；

5）协调州地方代表和执行机构关于改变区级市边界以及确定和变更区级市周边郊区的问题的提案；

6）确定将土地划入特别保护区的程序；

7）经哈萨克斯坦共和国 2014 年 9 月 29 日第 239-Ⅴ 号法律删除（自首次正式公布之日起 10 日后生效）；

7-1）经哈萨克斯坦共和国 2014 年 9 月 29 日第 239-Ⅴ 号法律删除（自首次正式公布之日起 10 日后生效）；

7-2）经哈萨克斯坦共和国 2014 年 9 月 29 日第 239-Ⅴ 号法律删除（自首次正式公

---

〔1〕 第 13 条经哈萨克斯坦共和国 2006 年 7 月 5 日第 162 号法律（自正式公布之日起生效）、2007 年 7 月 6 日第 279 号法律、2008 年 12 月 1 日第 94-Ⅳ 号法律（生效程序见第 2 条）、2011 年 7 月 20 日第 464-Ⅳ 号法律（自首次正式公布之日起 10 日后生效）、2012 年 1 月 25 日第 548-Ⅳ 号法律（自首次正式公布之日起 10 日后生效）、2012 年 2 月 13 日第 553-Ⅳ 号法律（自首次正式公布之日起 10 日后生效）、2013 第 7 月 3 日第 124-Ⅴ 号法律（自首次正式公布之日起 10 日后生效）、2014 年 9 月 29 日第 239-Ⅴ 号法律（自首次正式公布之日起 10 日后生效）、2014 年 12 月 29 日第 269-Ⅴ号法律（自 2015 年 1 月 1 日起生效）、2016 年 3 月 29 日第 479-Ⅴ 号法律（自首次正式公布之日起 21 日后生效）、2017 年 7 月 3 日第 86-Ⅵ 号法律（自首次正式公布之日起 10 日后生效）、2018 年 5 月 4 日第 151-Ⅵ 号法律（自首次正式公布之日起 10 日后生效）、2020 年 9 月 30 日第 362-Ⅵ 号法律修订（自首次正式公布之日起 10 日后生效）。

布之日起 10 日后生效)；

8）经哈萨克斯坦共和国 2006 年 1 月 31 日的法律第 125 号删除；

9）调节以下土地关系：将位于一个州、一个共和国级城市、首都的土地给另一个（其他）州、另一个共和国级城市、首都长期使用；

10）宪法、哈萨克斯坦共和国法律和哈萨克斯坦共和国总统令赋予的其他职能。

第 14 条　中央授权机构的权限〔1〕

1. 中央授权机构的职权包括：

1）总结土地立法实施和完善的实践；

1-1）执行国家在调节土地关系领域的政策；

1-2）协调和对土地关系调节领域的地方执行机构给予方法指导；

2）制定土地关系调节领域的规范性法律草案并提交哈萨克斯坦共和国政府批准；

2-1）与农工综合体发展领域的国家授权机构达成一致，制定和批准合理使用农业用地的规则；

2-2）制定和审批土地储备规则；

2-3）制定和批准土地委员会标准条例；

2-4）制定和批准农民和农场临时有偿使用土地（租赁）从事农业生产的标准合同；

2-5）制定和批准对提供给农民或农场使用农地从事农业生产的组织和监控规则；

2-6）制定和批准组织并进行用于农民或农场经济、从事农业生产的临时有偿土地使用（租赁）权招标的规则；

2-7）制定和批准用于确定哈萨克斯坦共和国公民为从事农民或农业经济、或哈萨克斯坦共和国非国有法人实体及其关联人为从事农业生产可能拥有农业用地的最高限额的方法；

2-8）制定和批准消除违反哈萨克斯坦共和国土地法律规定的命令、关于行政违法行为的照会、关于行政违法案件的决议；

2-9）制定和批准地块临时有偿使用（租赁）的标准合同；

2-10）制定和批准土地买卖标准合同；

---

〔1〕 第 14 条列入哈萨克斯坦共和国 2021 年 6 月 30 日第 59-Ⅶ 号法律（自 2022 年 1 月 1 日起生效）。第 14 条列入哈萨克斯坦共和国 2014 年 9 月 29 日第 239-Ⅴ 号法律（自首次正式公布之日起 10 日后生效）。第 14 条列入哈萨克斯坦共和国 2006 年 1 月 10 日第 116 号法律（生效程序见第 2 条）；经哈萨克斯坦共和国 2007 年 7 月 6 日第 279 号法律、2007 年 7 月 21 日第 297 号法律（自首次正式公布之日起生效）、2008 年 5 月 26 日第 34-Ⅳ 号法律（生效程序见第 2 条）、2009 年 7 月 17 日第 188-Ⅳ 号法律（生效程序见第 2 条）、2010 年 3 月 19 日第 258-Ⅳ 号法律、2011 年 1 月 6 日第 378-Ⅳ 号法律（自首次正式公布之日起 10 日后生效）、2011 年 3 月 1 日 第 414-Ⅳ 号法律（自首次正式公布之日起生效）、2011 年 7 月 15 日第 461-Ⅳ 号法律（自首次正式公布之日起 6 个月后生效）、2011 年 7 月 20 日第 464-Ⅳ 号法律（自首次正式公布之日起 10 日后生效）、2012 年 7 月 10 日第 36-Ⅴ 号法律（自首次正式公布之日起 10 日后生效）、2013 年 6 月 13 日第 102-Ⅴ 号法律（自首次正式公布之日起 10 日后生效）、2013 年 7 月 3 日 第 124-Ⅴ 号法律（自首次正式公布之日起 10 日后生效）、2014 年 7 月 2 日第 225-Ⅴ 号法律（自 2015 年 1 月 1 日起生效）、2014 年 9 月 29 日第 239-Ⅴ 号法律（自首次正式公布之日起 10 日后生效）、2014 年 12 月 29 日第 269-Ⅴ号法律（自 2015 年 1 月 1 日起生效）、2015 年 10 月 29 日第 376-Ⅴ号法律（自 2016 年 1 月 1 日起生效）、2018 年 5 月 4 日第 151-Ⅵ 号法律（自首次正式公布之日起 10 日后生效）、2019 年 4 月 2 日第 241-Ⅵ 号法律（自首次正式公布之日起 10 日后生效）、2021 年 5 月 13 日第 39-Ⅶ 号法律修订（自首次正式公布之日起 10 日后生效）。

第 1 款第 3 项经哈萨克斯坦共和国 2021 年 6 月 30 日第 59-Ⅶ 号法律删除（自 2022 年 1 月 1 日起生效）。

3）对正确维护国家土地地籍登记和土地监测实施国家监管；

4）制定和批准土地管理办法、国家土地地籍和土地监测方面的规范性法律文件；

根据哈萨克斯坦共和国 2021 年 6 月 30 日第 59-Ⅶ 号法律，第 1 款增补第 4-1、4-2、4-3、4-4、4-5、4-6、4-7、4-8、4- 9、4-10、4-11、4-12、4-13、4-14 项（自 2022 年 1 月 1 日起生效）。

5）对涉及土地使用和保护的共和国级项目和计划进行审查；

6）与中央和地方执行机构就土地关系的调节进行互动；

7）批准农业用地地块身份（护照）表格；

7-1）经哈萨克斯坦共和国 2014 年 12 月 29 日第 269-Ⅴ 号法律删除（自 2015 年 1 月 1 日起生效）；

7-2）批准申请表、协调机构的结论、选择地块的文件、为在定居点范围内建设设施提供土地的地籍图；

8）规定土地地籍文件的结构、组成、内容和形式；

9）组织进行土地监测；

10）组织进行国家土地地籍登记，并以州、共和国级城市、首都的土地数据平衡表为基础，编制哈萨克斯坦共和国土地平衡表；

11）起草哈萨克斯坦共和国政府关于提供和收回用于国家需要的土地的法律草案，包括为用于国家需要，将其权限范围内的土地从一个类别转为另一个类别；

12）对土地使用和保护进行国家控制；

根据哈萨克斯坦共和国 2021 年 6 月 30 日第 59-Ⅶ 号法律（自 2022 年 1 月 1 日起生效），第 1 款增补第 12-1 项。

13）经哈萨克斯坦共和国 2012 年 7 月 10 日第 36-Ⅴ 号法律删除（自首次正式公布之日起 10 日后生效）；

13-1）经哈萨克斯坦共和国 2021 年 5 月 13 日第 39-Ⅶ 号法律删除（自首次正式公布之日起 10 日后生效）；

13-2）协调州、共和国级城市、首都的地方执行机构关于为国防和国家安全需要提供和收回土地的提案；

第 1 款第 14 项经哈萨克斯坦共和国 2021 年 6 月 30 日第 59-Ⅶ 号法律删除（自 2022 年 1 月 1 日起生效）。

14）应自然人和法人实体的要求，对州、共和国级城市、首都、地区、州级市的授权机构所作决定的合法性进行监管；

15）审核土地立法领域的行政违法案件；

15-1）建立和进行被强制收回土地人员名册登记；

16）经哈萨克斯坦共和国 2014 年 12 月 29 日第 269-Ⅴ 号法律删除（自 2015 年 1 月 1 日起生效）；

16-1）制定和批准行业激励体系；

16-2）批准土地所有权和土地使用权的识别文件形式；

16-3）批准进行国家土地地籍登记和土地监测的程序；

16-4）批准用于建造人工结构物的水域占用地块的规则；

16-5）批准提供个人住房建设用地权利的规则；

16-6）制定和批准组织以电子形式出售土地或土地租赁权和进行招标（竞标、拍卖）的规则；

17）行使本法典、哈萨克斯坦共和国其他法律、哈萨克斯坦共和国总统令和哈萨克斯坦共和国政府法令规定的其他权力。

2. 经哈萨克斯坦共和国 2014 年 9 月 29 日第 239-Ⅴ 号法律删除（自首次正式公布之日起 10 日后生效）。

根据 2021 年 6 月 30 日哈萨克斯坦共和国第 59-Ⅶ 号法律（自 2022 年 1 月 1 日起生效），第 14 条增补第 3 款和第 4 款。

第 14-1 条　州、共和国级城市、首都、地区、州级市授权机构的权限[1]

1. 州授权机构的权限包括：

1）准备州地方执行机构关于提供土地用于地下资源使用（用于采矿作业；用于联合勘探和开采；用于建设运营与勘探开采生产无关的地下结构物）、建设（改建）干线管道、油气加工设施、可再生能源利用设施、工业和创新活动主体的工业和创新项目，根据哈萨克斯坦共和国企业经营法典实施投资优先项目，创建和扩大地方重要自然保护区，以及强制转让土地以满足国家发现和开发矿产的需要，用于建设（改建）干线管道，创建和扩建地方级特别保护区的提案和决定草案；

1-1）实施土地关系调节领域的国家政策；

2）准备州地方执行机构关于向国家科研机构及其试验农场以及国家育种农场和育种育畜场提供土地的提案和决定草案；

2-1）准备州地方执行机构关于提供水域占用的土地用于建造人工设施的建议和决定草案；

2-2）准备州地方执行机构关于为国防和国家安全需要提供和征用土地的提案和决定草案；

3）准备土地储备提案；

4）经 2019 年 11 月 25 日哈萨克斯坦共和国第 272-Ⅵ 号法律删除（自首次正式公布

---

〔1〕 第 14-1 条经哈萨克斯坦共和国 2006 年 1 月 10 日第 116 号法律增补（生效程序见第 2 条）、2007 年 7 月 6 日第 279 号法律、2007 年 7 月 21 日第 297 号法律（自正式公布之日起生效）、2011 年 3 月 1 日第 414-Ⅳ 号法律（自首次正式公布之日起生效）、2011 年 7 月 15 日第 461-Ⅳ 号法律（自首次正式公布之日起 6 个月后生效）、2011 年 7 月 20 日第 464-Ⅳ 号法律（自首次正式公布之日起 10 日后生效）、2012 年 1 月 9 日第 535-Ⅳ 号法律（自首次正式公布之日起 10 日后生效）、2013 年 1 月 8 日第 64-Ⅴ 号法律（自 2013 年 1 月 1 日起生效）、2013 年 6 月 13 日第 102-Ⅴ 号法律（自首次正式公布之日起 10 日后生效）、2013 年 7 月 3 日 第 124-Ⅴ 号法律（自首次正式公布之日起 10 日后生效）、2014 年 6 月 12 日第 209-Ⅴ 号法律（自首次正式公布之日起 10 日后生效）、2014 年 7 月 2 日第 225-Ⅴ 号法律（自 2015 年 1 月 1 日起生效）、2014 年 9 月 29 日第 239-Ⅴ 号法律（自首次正式公布之日起 10 日后生效）、2014 年 12 月 29 日第 269-Ⅴ号法律（自 2015 年 1 月 1 日起生效）、2015 年 10 月 29 日第 376-Ⅴ号法律（自 2016 年 1 月 1 日起生效）、2017 年 12 月 27 日第 126-Ⅵ号法律（自首次正式公布之日起 6 个月后生效）、2018 年 5 月 4 日第 151-Ⅵ 号法律（生效程序见第 2 条）、2018 年 5 月 24 日第 156-Ⅵ 号法律（自首次正式公布之日起 10 日后生效）、2019 年 11 月 25 日第 272-Ⅵ 号法律修订（自首次正式公布之日起 10 日后生效）。

之日起10日后生效)；

5）确定其权限内土地的可分割性和不可分割性；

6）组织土地管理和批准土地形成的土地管理项目；

7）组织制定土地分区项目，州土地合理化利用项目和方案；

8）组织其权限范围内的土地招标（竞标、拍卖)；

9）组织进行州、区级市涉及土地利用和保护项目和方案的审查；

10）签订其权限范围内的地块买卖合同、租赁和临时免费土地使用合同，并对所签署合同的条款履行情况进行监管；

11）根据地区、州级市的数据，制定州土地平衡表；

12）经哈萨克斯坦共和国2011年7月15日第461-Ⅳ号法律删除（自首次正式公布之日起6个月后生效)；

13）根据本法典第71条的规定，拟定由州地方执行机构发放用于勘探工作的土地使用许可证的提案；

14）准备将农地从一种类型转为另一种类型的提案；

14-1）经哈萨克斯坦共和国2014年9月29日第239-Ⅴ号法律删除（自首次正式公布之日起10日后生效)；

14-2）—14-6）经哈萨克斯坦共和国2014年12月29日第269-Ⅴ号法律删除（自2015年1月1日起生效)；

15）经哈萨克斯坦共和国2013年1月8日第64-Ⅴ号法律删除（自2013年1月1日起生效)；

16）批准土地地籍计划；

17）经哈萨克斯坦共和国2018年5月24日第156-Ⅵ号法律删除（自首次正式公布之日起10日后生效)。

2. 共和国级城市、首都的授权机构在转至其行政所属区域内的权限包括：

1）经2011年7月15日第461-Ⅳ号哈萨克斯坦共和国法律删除（自首次正式公布之日起6个月后生效)；

1-1）实施在土地关系调节领域的国家政策；

2）根据本法典第71条，为向使用土地进行勘探工作共和国级城市、首都的地方执行机构准备发放许可证的提案；

3）准备将农地从一种类型转为另一种类型的提案；

4）准备土地储备提案；

5）制定共和国级城市、首都的土地平衡表；

6）准备共和国级城市、首都的地方执行机构关于提供土地和变更其指定用途的提案和决定草案；

6-1）准备共和国级城市、首都的地方执行机构为国防和国家安全的需要提供和征用土地的提案和决定草案；

7）经哈萨克斯坦共和国2011年7月20日第464-Ⅳ号法律删除（自首次正式公布之日起10日后生效)；

8）经哈萨克斯坦共和国2013年1月8日第64-Ⅴ号法律删除（自2013年1月1日

起生效)；

9）发放农用土地身份证；

10）签署土地买卖合同、租赁合同和临时免费使用土地合同，并对所签署合同条款履行情况进行监管；

11）对无主土地进行认定和组织登记工作；

12）准备强制转让土地用于国家需要的提案；

13）确定土地的可分割性和不可分割性；

14）经 2019 年 11 月 25 日哈萨克斯坦共和国第 272-Ⅵ 号法律删除（自首次正式公布之日起 10 日后生效)；

15）组织土地管理和批准按地块形成进行的土地管理项目；

16）组织制定土地分区项目，合理使用共和国级城市、首都的土地项目和计划；

17）组织进行土地招标（竞标、拍卖)；

18）审查涉及土地利用和保护的项目和计划；

19）对地块所有人、土地使用者以及其他土地法律关系主体进行登记；

20）经哈萨克斯坦共和国 2014 年 9 月 29 日第 239-Ⅴ 号法律删除（自首次正式公布之日起 10 日后生效)；

21）批准土地地籍计划；

22）-25）经哈萨克斯坦共和国 2014 年 12 月 29 日第 269-Ⅴ 号法律删除（自 2015 年 1 月 1 日起生效)；

26）经 2018 年 5 月 4 日第 151-Ⅵ 号哈萨克斯坦共和国法律删除（自首次正式公布之日起 10 日后生效)；

27）经哈萨克斯坦共和国 2018 年 5 月 24 日第 156-Ⅵ 号法律删除（自首次正式公布之日起 10 日后生效)。

3. 地区、州级市的授权机构在地区和城市边界及划归其行政管辖的区域内的权限包括：

1）组织对无主土地的认定和登记工作；

1-1）实施在调节土地关系领域的国家政策；

2）准备地区、州级市的地方执行机构关于提供土地和变更其指定用途的提案和决定草案；

2-1）准备地区、州级市的地方执行机构关于确定公共地役权以用于与地质研究和矿产勘探相关的地下资源利用的提案和决定草案；

3）准备用于国家需要强制转让地块的提案；

4）确定地块的可分割性和不可分割性；

5）经哈萨克斯坦共和国 2019 年 11 月 25 日第 272-Ⅵ 号法律删除（自首次正式公布之日起 10 日后生效)；

6）组织进行土地管理和批准土地形成的土地管理项目；

7）组织制定土地规划项目、合理利用地区、州级市土地的项目和方案；

8）组织制定定居区域的土地-经营管理项目；

9）组织进行土地招标（竞标、拍卖)；

10）审查涉及土地利用和保护的城市、地区的项目和方案；

11）制定地区、州级市的土地平衡表；

12）对土地所有者、土地使用者以及其他土地法律关系主体进行登记；

13）经哈萨克斯坦共和国 2013 年 1 月 8 日第 64-Ⅴ 号法律删除（自 2013 年 1 月 1 日起生效）；

14）经哈萨克斯坦共和国 2011 年 7 月 20 日第 464-Ⅳ 号法律删除（自首次正式公布之日起 10 日后生效）；

15）发放农地土地身份证；

16）签订土地买卖合同、租赁合同和临时免费土地使用合同，并对合同条款的履行情况进行监管；

根据哈萨克斯坦共和国 2021 年 6 月 30 日第 59-Ⅶ 号法律（自 2022 年 1 月 1 日起生效），第 3 款增补第 16-1 项。

17）根据本法典第 71 条的规定，准备由地区、州级市的地方执行机构发放使用地块进行勘探工作许可证的提案；

18）准备将农地从一种类型转为另一种类型的提案；

18-1）认定未使用和违反哈萨克斯坦共和国法律使用的土地；

19）准备土地储备提案；

20）批准土地地籍计划。

第 4 款经哈萨克斯坦共和国 2021 年 6 月 30 日第 59-Ⅶ 号法律删除（自 2022 年 1 月 1 日起生效）。

4. 负责监管土地使用和保护的授权机构的权限包括：

1）对土地的使用和保护实行国家监管；

2）发布具有约束力的命令，消除已查明的违反土地法律的行为；

2-1）根据本法典第 94 条第 2 款第 3 段的规定，向国家公司发出命令，确定和终止土地权利的产权负担；

3）审议土地立法领域的行政违法案件；

4）就本法典第 148 条第 1 款第 4 项指出的问题，准备和向法院提出索赔；

5）查明未使用或违反哈萨克斯坦共和国法律使用的土地并归还国家所有；

6）暂停建设、矿床开发、设施运营、地质勘探和其他工作，如果这些工作违反土地立法和土地使用的既定制度，并且如果这些工作是在未通过检查或收到否定意见的项目上进行；

7）向中央授权机构提供关于根据本法典第 92 条和第 93 条生效的法院判决被强行没收地块的人的信息。

第 15 条　地方代表机构和地方自治机构的权限[1]

1. 地方代表机构在相关领土内土地关系调节领域的权限包括：

---

〔1〕 第 15 条经哈萨克斯坦共和国 2006 年 1 月 10 日第 116 号法律（生效程序见第 2 条）、2007 年 7 月 6 日第 279 号法律、2011 年 3 月 1 日 第 414-Ⅳ 号法律（自首次正式公布之日起生效）、2011 年 7 月 5 日第 452-Ⅳ 号法律（自 2011 年 10 月 13 日起生效）、2011 年 7 月 20 日第 464-Ⅳ 号法律（自首次正式公布之日起 10 日后生效）、2013 年 7 月 3 日第 124-Ⅴ 号法律（自首次正式公布之日起 10 日后生效）、2017 年 2 月 20 日第 48-Ⅵ 号法律（自首次正式公布之日起 10 日后生效）、2018 年 5 月 4 日第 151-Ⅵ 号法律（自首次正式公布之日起 10 日后生效）、2019 年 1 月 21 日第 217-Ⅵ 号法律修订（自首次正式公布之日起 10 日后生效）。

1）经哈萨克斯坦共和国2013年7月3日第124-Ⅴ号法律删除（自首次正式公布之日起10日后生效）；

2）批准将包括农业用地在内的居民点土地经营结构项目移交给州级市、区级市、村镇、农村地区的地方执行机构管理；

2-1）批准牧场管理和使用计划；

3）经哈萨克斯坦共和国2006年1月10日第116号法律删除（生效程序见第2条）；

4）听取地方执行机关和组织负责人关于土地资源利用和保护状况的报告；

4-1）听取地区（城市中的区除外）执行机构或州级市地方执行机构关于牧草经营管理规划，及其在相关行政区域单位的地方自治代表参与下实施规划的年度报告；

5）在哈萨克斯坦共和国法律规定的权限范围内，决定确定行政—领土单位之间的边界；

5-1）根据本法典第110条批准郊区的边界；

5-2）协调为国家需要转让地块的合同草案；

5-3）批准土地委员会的组成及其规定；

6）经哈萨克斯坦共和国2006年1月10日第116号法律删除（生效程序见第2条）；

7）根据哈萨克斯坦共和国法律行使其他权利，以确保公民的权利和合法利益。

2. 土地关系调节领域的地方自治机构确保居民在哈萨克斯坦共和国法律规定的权利范围内参与解决当地重要问题。

第16条　州、共和国级城市、首都地方执行机构的权限[1]

1. 州地方执行机构的权限包括：

1）经哈萨克斯坦共和国2013年7月3日第124-Ⅴ号法律删除（自首次正式公布之日起10日后生效）；

1-1）上报州地方代表机构批准区级市郊区边界；

1-2）组成土地委员会，制定相关规定并发给相关地方代表机构批准；

2）提供地块用于地下资源使用（用于采矿、勘探和开采、与勘探和/或生产无关的地下设施的建设和/或开发）、进行干线管道、石油和天然气加工设施建设（改造），以及强制转让地块，用于发现和开发矿藏，建设干线管道的国家需要；

3）为跨地区间临时使用的大角牲畜道路提供地块；

4）按照本法典第71条第2款的规定，发放土地使用证进行勘察工作；

---

[1] 第16条经哈萨克斯坦共和国2006年1月10日第116号法律（生效程序见第2条）、2007年7月6日第279号法律、2007年7月21日第297号法律（自首次正式公布之日起生效）、2009年2月13日第135-Ⅳ号法律（生效程序见第3条）、2009年7月4日第166-Ⅳ号法律、2011年7月5日第452-Ⅳ号法律（自2011年10月13日起生效）、2011年7月20日第464-Ⅳ号法律（自首次正式公布之日起10日后生效）、2012年1月9日第535-Ⅳ号法律（自首次正式公布之日起10日后生效）、2013年6月13日第102-Ⅴ号法律（自首次正式公布之日起10日后生效）、2013年7月3日第124-Ⅴ号法律（自首次正式公布之日起10日后生效）、2014年6月12日第209-Ⅴ号法律（自首次正式公布之日起10日后生效）、2015年10月29日第376-Ⅴ号法律（自2016年1月1日起生效）、2017年2月20日第48-Ⅵ号法律（自首次正式公布之日起10日后生效）、2018年5月4日第151-Ⅵ号法律（自首次正式公布之日起10日后生效）、2019年4月3日第243-Ⅵ号法律（自首次正式公布之日起10日后生效）、2021年5月13日第39-Ⅶ号法律修订（自首次正式公布之日起10日后生效）。

5）向国家科研机构及其实验农场，以及国家育种农场和育种植物提供土地；

5-1）与国家授权机构协调，在水资源利用和保护、供水、废水处理领域达成一致，提供被水域占用的土地用于建造人工设施；

5-2）制定和审批草场基础设施开发改造规划；

6）根据本法典第 49-2 条规定进行土地储备；

7）在创建和扩大当地特别保护区的情况下，从所有类别的土地中提供和征收（包括为国家需要）土地，但本法典第 13 条第 3 项规定的情况除外；

8）提供位于一个地区、州级市的土地供另一个地区、州级市长期使用，对这方面的土地关系进行调节；

9）在本法典第 90 条规定的情况下，提供和征收土地，包括用于国家需要，但林地除外；

9-1）根据本法典第 69 条确立公共地役权；

10）协调和领导地区、州级市执行机构在土地资源利用和保护方面的活动；

10-1）经哈萨克斯坦共和国 2021 年 5 月 13 日第 39-Ⅶ 号法律删除（自首次正式公布之日起 10 日后生效）；

10-2）向农工综合体发展领域的授权机构提交半年报告和年度报告：

合理利用牧场；

采取措施防治牧场退化和荒漠化；

牧场的饲料容量；

牧场基础设施状况；

10-3）向本法典第 120 条第 1 款第 2 段指定的国家机构提交关于提供和征收用于国防和国家安全需要的土地的材料，并进行协调；

10-4）提供和征收土地用于国防和国家安全的需要；

11）经哈萨克斯坦共和国 2006 年 1 月 10 日第 116 号法律删除（生效程序见第 2 条）；

12）哈萨克斯坦共和国法律赋予地方执行机构的其他权力，以维护地方政府的利益。

2. 共和国级城市、首都的地方执行机构在土地关系调节领域的权限还包括：

1）提供土地为私人所有和土地使用，但本法典第 13 条规定的情况除外；

1-1）提供土地用于建设可再生能源利用设施；

1-2）组成土地委员会、制定相关规定并提交给相应的地方代表机构批准；

2）征收土地，包括用于国家需要，但本法典第 13 条规定的情况除外；

2-1）将土地划入定居点的共用土地，以及由于变更其用途将其从共用土地中排除；

2-2）经哈萨克斯坦共和国 2011 年 7 月 20 日第 464-Ⅳ 号法律删除（自首次正式公布之日起 10 日后生效）；

3）开发其行政下属定居点内的土地经营管理项目，报相关代表机构批准并确保其实施；

3-1）根据本法典第 69 条确立公共地役权；

4）向共和国级城市、首都的代表机构提交土地规划项目（方案）以获得批准；

5）经哈萨克斯坦共和国 2013 年 6 月 13 日第 102-Ⅴ 号法律删除（自首次正式公布

之日起 10 日后生效）；

5-1）经哈萨克斯坦共和国 2021 年 5 月 13 日第 39-Ⅶ 号法律删除（自首次正式公布之日起 10 日后生效）；

5-2）将已获批准的居民点土地经营管理目发布在居民能够进入的特别信息站；

5-3）根据本法典第 49-2 条储备土地；

5-4）向本法典第 120 条第 1 款、第 2 款指定的国家机构提交关于提供和征收用于国防和国家安全需要的土地的材料，并进行协调；

5-5）为国防和国家安全需要提供和征收土地；

6）为地方政府的利益，行使哈萨克斯坦共和国法律赋予地方执行机构的其他权力。

第 17 条　地区（城市中的区除外）执行机构的权限〔1〕

地区（城市中的区除外）执行机构在调节区边界内的土地关系方面的权限包括：

1）提供为私人所有和土地使用的地块，但本法典第 13 条、第 16 条、第 18 条和第 19 条规定的情况除外；

1-1）为使用与地质研究和矿产勘探有关的地下资源而确立公共地役权；

1-2）组成土地委员会，制定相关规定和并报相关地方代表机构批准；

2）征收地块，包括用于国家需要，但本法典第 13 条、第 16 和第 18 条规定的情况除外；

2-1）对农业用地的使用和保护实施国家监管〔2〕；

2-2）向中央授权机构提供关于根据本法典第 90 条、第 93 条生效的法院判决被强行没收土地的人的信息〔3〕；

3）经哈萨克斯坦共和国 2013 年 7 月 3 日第 124-Ⅴ号法律删除（自首次正式公布之日起 10 日后生效）；

4）制定居民点土地经营管理项目，包括移交给农村执行机构管辖的农业用地，由相关代表机构批准并确保其实施；

4-1）根据本法典第 49-2 条储备土地；

5）根据本法典第 71 条第 2 款，发放勘探用地使用许可证；

5-1）根据本法典第 69 条确立公共地役权；

5-2）将所批准的居民点土地经营管理项目发布在居民能够访问的特别信息站上；

6）设立土地专项基金；

7）经哈萨克斯坦共和国 2006 年 1 月 10 日第 116 号法律删除（生效程序见第 2 条）；

---

〔1〕 第 17 条经哈萨克斯坦共和国 2006 年 1 月 10 日第 116 号法律（生效程序见第 2 条）、2007 年 7 月 6 日第 279 号法律、2011 年 7 月 5 日第 452-Ⅳ 号法律（自 2011 年 10 月 13 日起生效）、2011 年 7 月 20 日第 464-Ⅳ 号法律（自首次正式公布之日起 10 日后生效）、2013 年 6 月 13 日第 102-Ⅴ 号法律（自首次正式公布之日起 10 日后生效）、2013 年 7 月 3 日 第 124-Ⅴ 号法律（自首次正式公布之日起 10 日后生效）、2017 年 2 月 20 日第 48-Ⅵ 号法律（自首次正式公布之日起 10 日后生效）、2017 年 12 月 27 日第 126-Ⅵ号法律（自首次正式公布之日起 6 个月后生效）、2018 年 5 月 4 日第 151-Ⅵ 号法律（自首次正式公布之日起 10 日后生效）、2018 年 5 月 24 日第 156-Ⅵ 号法律修订（自首次正式公布之日起 10 日后生效）。

〔2〕 第 17 条第 2-1 项经哈萨克斯坦共和国 2021 年 6 月 30 日第 59-Ⅶ号法律删除（自 2022 年 1 月 1 日起生效）。

〔3〕 第 17 条第 2-2 项经哈萨克斯坦共和国 2021 年 6 月 30 日第 59-Ⅶ号法律删除（自 2022 年 1 月 1 日起生效）。

8）向地区代表机构报批土地规划项目（方案）；

8-1）与区级市、居民点、村镇、农区和地方自治机构的共同制定、并向地区地方代表机构提交牧场管理及其使用计划以获得批准；

8-2）确保牧场管理和使用计划的实施，并向当地的地方代表机构提交年度实施结果报告；

8-3）根据本法第94条第2款第3段的规定，向国家公司发出命令，以确立和终止地块权的产权负担〔1〕；

9）经哈萨克斯坦共和国2013年6月13日第102-Ⅴ号法律删除（自首次正式公布之日起10日后生效）；

10）为地方政府的利益，行使哈萨克斯坦共和国法律赋予地方执行机构的其他权力。

第18条　州级市地方执行机构的权限〔2〕

州级市的地方执行机构在城市边界（线）内和其行政下属的领土上的土地关系调节领域的权限包括：

1）提供为私人所有和土地使用的土地，但本法第13条、第16条和第19条规定的情况除外；

1-1）组建土地委员会、制定相关规定以及报送相关地方代表机构批准；

2）征收土地，包括用于国家需要，但本法典第13条、第16条规定的情况除外；

2-1）将土地划入定居点的共用土地，以及由于变更其用途将其从共用土地中排除；

2-2）对农业用地的使用和保护实施国家监管〔3〕；

2-3）向中央授权机构提供关于根据本法典第92条、第93条生效的法院判决被强行征收土地的人的信息〔4〕；

3）经哈萨克斯坦共和国2013年7月3日第124-Ⅴ号法律删除（自首次正式公布之日起10日后生效）；

4）开发其行政下属居民点内的土地经营管理项目，报有关代表机构批准并确保其实施；

4-1）根据本法典第49-2条储备土地；

5）根据本法第71条第2款发放勘探用地使用许可证；

5-1）根据本法典第69条确立公共地役权；

5-2）将所批准的居民点土地经营管理项目发布在居民能够访问的特别信息站上；

6）设立土地专项基金；

7）经哈萨克斯坦共和国2006年1月10日第116号法律删除（生效程序见第2条）；

---

〔1〕第17条第8-3项经哈萨克斯坦共和国2021年6月30日第59-Ⅶ号法律删除（自2022年1月1日起生效）。

〔2〕第18条经哈萨克斯坦共和国2006年1月10日第116号法律（生效程序见第2条）、2007年7月6日第279号法律、2011年7月5日第452-Ⅳ号法律（自2011年10月13日起生效）、2011年7月20日第464-Ⅳ号法律（自首次正式公布之日起10日后生效）、2013年6月13日第102-Ⅴ号法律（自首次正式公布之日起10日后生效）、2013年7月3日第124-Ⅴ号法律（自首次正式公布之日起10日后生效）、2017年2月20日第48-Ⅵ号法律（自首次正式公布之日起10日后生效）、2018年5月4日第151-Ⅵ号法律（自首次正式公布之日起10日后生效）、2018年5月24日第156-Ⅵ号法律修订（自首次正式公布之日起10日后生效）。

〔3〕第18条第2-2项经哈萨克斯坦共和国2021年6月30日第59-Ⅶ号法律删除（自2022年1月1日起生效）。

〔4〕第18条第2-3项经哈萨克斯坦共和国2021年6月30日第59-Ⅶ号法律删除（自2022年1月1日起生效）。

8）向州级市代表机构报批土地规划项目（方案）；

8-1）与区级市、定居点、村镇、农村地区和地方自治机构共同制定，向州级市地方代表机构提交牧场管理和利用计划以获得批准；

8-2）确保牧场管理和利用计划的实施，并向州级市地方代表机构提交年度实施结果报告；

8-3）根据本法典第 94 条第 2 款第 3 段的规定，向国家公司发出命令，以确立和终止土地权利的产权负担[1]；

9）经哈萨克斯坦共和国 2013 年 6 月 13 日第 102-Ⅴ 号法律删除（自首次正式公布之日起 10 日后生效）；

10）为地方政府的利益，行使哈萨克斯坦共和国法律赋予地方执行机构的其他权力。

第 19 条　区级市、村镇、农村地区的权限[2]

区级市、村镇、农村地区在城市、村庄、农村居民点范围内的土地关系调节领域的权限包括：

1）提供为私人所有和土地使用的土地，但本法第 13 条和第 16 条规定的情况除外；

1-1）根据本法典第 69 条确立公共地役权；

2）就征收地块问题，包括用于国家需要，向区级市提出建议；

2-1）经哈萨克斯坦共和国 2011 年 7 月 20 日第 464-Ⅳ 号法律删除（自首次正式公布之日起 10 日后生效）；

3）经哈萨克斯坦共和国 2006 年 1 月 10 日第 116 号法律删除（生效程序见第 2 条）；

4）确保牧场管理计划的实施及使用，并向当地自治政府机构（当地社区集会）提交年度实施结果报告；

4-1）根据本法典第 94 条第 2 款第 3 段的规定，向国家公司发出命令，以确立和终止土地权的产权负担[3]；

5）在相关地域的媒体上发布关于牧场管理和利用计划及实施结果的年度报告；

6）对土地的使用和保护实施国家监管[4]；

7）向相关授权机构提供信息，以监管根据本法典第 93 条生效的法院判决被强行没收土地的人的土地使用和保护[5]。

---

〔1〕 第 18 条第 8-3 项经哈萨克斯坦共和国 2021 年 6 月 30 日第 59-Ⅶ 号法律删除（自 2022 年 1 月 1 日起生效）。

〔2〕 第 19 条经哈萨克斯坦共和国 2007 年 7 月 6 日第 279 号法律、2011 年 7 月 20 日第 464-Ⅳ 号法律（自首次正式公布之日起 10 日后生效）、2017 年 2 月 20 日第 48-Ⅵ 号法律（自首次正式公布之日起 10 日后生效）、2018 年 5 月 4 日第 151-Ⅵ 号法律（自首次正式公布之日起 10 日后生效）、2018 年 5 月 24 日第 156-Ⅵ 号法律修订（自首次正式公布之日起 10 日后生效）。

〔3〕 第 19 条第 4-1 项经哈萨克斯坦共和国 2021 年 6 月 30 日第 59-Ⅶ号法律删除（自 2022 年 1 月 1 日起生效）。

〔4〕 第 19 条第 6 项经哈萨克斯坦共和国 2021 年 6 月 30 日第 59-Ⅶ号法律删除（自 2022 年 1 月 1 日起生效）。

〔5〕 第 19 条第 7 项经哈萨克斯坦共和国 2021 年 6 月 30 日第 59-Ⅶ 号法律删除（自 2022 年 1 月 1 日起生效）。

第 19-1 条　经济特区的管理权限[1]

第二编　土地所有权、土地使用权和其他土地物权

第三章　土地所有权

第 20 条　土地所有权类型

1. 在哈萨克斯坦共和国，土地的国有产权和私有产权应得到承认和平等保护。

2. 产权主体：

哈萨克斯坦共和国是共和国领土上土地的国家所有权主体；

根据本法典规定的理由、条件和范围内的地块私有权主体——公民和非国家法人实体。在这种情况下，公民为哈萨克斯坦共和国公民、外国人和无国籍人士，但是本法典另有规定的除外。

第 21 条　土地所有权的内容

1. 所有者对属于自己的地块享有所有权、使用权和处置权。

2. 国家作为土地所有者的权利由国家机构根据本法典和哈萨克斯坦共和国其他法律文件规定的权限行使。

3. 土地所有者可以根据本法典和哈萨克斯坦共和国其他法律文件规定的理由、条件和范围行使所有者的权利。

第 22 条　土地所有权的产生

1. 土地的所有权通过以下方式产生：

1）授予所有权；

2）转让所有权；

3）通过普遍继承（继承、重组法人实体）的方式转移所有权。

2. 提供、转让和转移所有权应考虑土地的专门用途。

3. 土地所有权的产生基于：

1）国家机关的文件；

2）民事交易；

3）哈萨克斯坦共和国法律规定的其他理由。

第 23 条　公民和法人的地块所有权[2]

1. 国有土地可以提供给公民和非国有法人私有，但按照本法典规定不能转为私有的地块除外。

---

〔1〕 第 19-1 条经哈萨克斯坦共和国 2011 年 7 月 21 日第 470-Ⅳ 号法律删除（自 2012 年 4 月 1 日起生效）。

〔2〕 第 23 条经哈萨克斯坦共和国 2011 年 7 月 20 日第 464-Ⅳ 号法律（自首次正式公布之日起 10 日后生效）、2018 年 5 月 4 日第 151-Ⅵ 号法律（自首次正式公布之日起 10 日后生效）、2019 年 10 月 28 日第 268-Ⅵ号法律（自首次正式公布之日起 10 日后生效）、2021 年 5 月 13 日第 39-Ⅶ 号法律修订（自首次正式公布之日起 10 日后生效）。

1-1. 位于哈萨克斯坦共和国国界边界地带的土地不得提供给私人所有和临时使用。

允许使用位于哈萨克斯坦共和国国界边境地带的农业用地，居民放牧其个人的农畜，但无权建造任何建筑物（结构物、构筑物）。

2. 用于经营农民或农业经济、个人副业、植树造林、园艺、个人住房和避暑别墅的地块，以及提供（被提供）用于建设或建造的工业和非工业地块，包括住宅、建筑物（结构物、构筑物）及其配套设施，根据其用途用于维护建筑物（结构物、构筑物）的土地，均可为哈萨克斯坦共和国公民私有。

如果本法典未做其他的规定，在将所提供地块用于经营农民或农业经济、个人辅助农业、植树造林、园艺和建设夏季别墅的所有者哈萨克斯坦共和国公民身份终止情况下，所有权应当依照本法典第 66 条的规定重新登记或转让。

3. 所提供（被提供）用于进行农业生产植树、开发或进行工业和非工业建设的土地，包括住宅、建筑物（结构物、构筑物）及其配套设施，包括根据其目的用于维护建筑物（结构物、构筑物）的土地，均可为非国有法人所有。

4. 本条第 3 款指定用途的地块，可以为外国人、无国籍人士和外国法人实体（非国有）私人所有，但用于农业生产和植树造林的土地除外。

位于哈萨克斯坦共和国国界边境地区的土地，不得为外国人、无国籍人士、与外国人或无国籍人士结婚的哈萨克斯坦共和国公民、外国法人实体和有外国人参与的哈萨克斯坦共和国法人实体拥有。

哈萨克斯坦共和国公民与外国人或无国籍人缔结婚姻（婚姻）关系时，位于哈萨克斯坦共和国国境线边界地带的土地的所有权应当依照本法典第 66 条的规定重新登记或转让。

第 4 款第四部分经哈萨克斯坦共和国 2021 年 6 月 30 日第 59-Ⅶ 号法律修订（自 2022 年 1 月 1 日起生效）。

当外国人或无国籍人、外国法人实体、有外国人参与的哈萨克斯坦共和国法人实体成为哈萨克斯坦共和国法人实体的成员（股东）时，位于哈萨克斯坦共和国边境地区的土地所有权应当依照按本法典第 66 条的规定重新登记或转让。

第 24 条　农业用地所有权[1]

第 1 款第 1 段列入哈萨克斯坦共和国 2015 年 11 月 2 日第 389-Ⅴ 号法律。

根据哈萨克斯坦共和国总统 2016 年 5 月 6 日第 248 号令，暂停将国有农业用地私有权授予个人和法人实体，直至 2021 年 12 月 31 日。

根据哈萨克斯坦共和国 2016 年 6 月 30 日第 5-Ⅵ 号法律，本版本第 1 款第 1 段的有效期至 2021 年 12 月 31 日（自首次正式公布之日起生效）。

1. 根据本法典规定的程序和条件，可向哈萨克斯坦共和国公民和没有外国人参与的法人提供农业用地。

---

〔1〕 第 24 条经哈萨克斯坦共和国 2007 年 7 月 6 日第 279 号法律、2011 年 7 月 20 日第 464-Ⅳ 号法律（自首次正式公布之日起 10 日后生效）、2014 年 12 月 29 日第 269-Ⅴ 号法律（自 2015 年 1 月 1 日起生效）、2016 年 6 月 30 日第 5-Ⅵ 号法律（自首次正式公布之日起生效）、2018 年 5 月 4 日第 151-Ⅵ 号法律（自首次正式公布之日起 10 日后生效）、2019 年 10 月 28 日第 268-Ⅵ号法律（自首次正式公布之日起 10 日后生效）、2021 年 5 月 13 日第 39-Ⅶ 号法律修订（自首次正式公布之日起 10 日后生效）。

不允许将农用土地作为政府用于从事农业生产的实物赠与提供作为私人财产。

外国人、无国籍人士、外国法人实体、有外国参与的哈萨克斯坦共和国法人实体、国际组织参与的科学中心以及境外哈族人不能拥有农用土地的私有权和土地使用权。

根据本法典第66条的规定，如果外国人、无国籍人士、外国法人实体、有外国参与的哈萨克斯坦共和国法人实体成为哈萨克斯坦共和国法人实体成员时，农用土地的私有权和土地临时使用权应被征收。

根据本法典第66条的规定，如果哈萨克斯坦共和国法人实体参与者（股东、成员）终止哈萨克斯坦共和国公民国籍，其农用土地的私有权和临时使用权应被征收。

第6、7段经哈萨克斯坦共和国2021年6月30日第59-Ⅶ号法律增补（自2022年1月1日起生效）。

第2款列入哈萨克斯坦共和国2015年11月2日第389-Ⅴ号法律。

根据哈萨克斯坦共和国2016年6月30日第5-Ⅵ号法律，第2款效力至2021年12月31日终止（自首次公布之日起生效）。

2. 根据计划提供农用土地的私人产权。

对提供用于从事农民或农户经济、农业生产和林业的土地私有产权感兴趣的公民和非国家法人，可以：

1）以相当于土地地籍价值（估价），按本法典第10条和第11条确定的价格购得土地私有产权；

2）以按土地地籍价值（估价）中确定的优惠价格购买土地私有产权。

同时，由哈萨克斯坦共和国政府按行政—领土单位确定土地的优惠价格额度。

根据在完成交易时有效的哈萨克斯坦共和国的法律，之前从国家购买了土地永久使用权（长期土地使用权）、从事农民或农户经营和农业生产的哈萨克斯坦共和国公民和非国家法人，自本法典生效之时，即可在本法典规定的土地标准范围内获得私有产权，而不收取额外费用，成为土地所有权的所有者。

以上人员按照本条第3款所规定的方式，实现土地的私有产权。

根据哈萨克斯坦共和国2016年6月30日第5-Ⅵ号法律，第3款的效力到2021年12月31日终止。

3. 全额缴纳了购买私有土地私有权费用的人员：

根据本条第2款第1项，有权进行哈萨克斯坦法律未禁止的任何形式的土地交易；

根据本条第2款第2项，在对按优惠价格购买的土地其交易限制期满后（相当于地块的地籍价值2年下降10%），有权进行哈萨克斯坦共和国法律未禁止的任何形式的土地交易。该限制不适用于抵押地块。

根据哈萨克斯坦共和国2016年6月30日第5-Ⅵ号法律，第4款效力至2021年12月31日终止（自首次正式公布之日起生效）。

4. 根据本法典第49条规定，购买本条第2款所指定的地块，可按分期付款方式进行。

5. 终止哈萨克斯坦共和国国籍的农用土地所有者，其土地自终止国籍起3个月内应被征收，或经地方执行机构同意、并按从国家购买土地时的价格获得偿付费用后归还给国家。

第 6 款列入哈萨克斯坦共和国 2021 年 6 月 30 日第 59-Ⅶ号法律（自 2022 年 1 月 1 日起生效）。

6. 可向哈萨克斯坦公民和没有外国参与的哈萨克斯坦共和国法人实体提供位于哈萨克斯坦共和国边境区域内的农用土地临时使用权，与外国人或无国籍人士结婚的哈萨克斯坦共和国公民除外。

根据本法典第 66 条规定，哈萨克斯坦共和国公民与外国人和无国籍人士结婚时，位于哈萨克斯坦共和国边境地区的农用土地的临时土地使用权应被征收。

根据哈萨克斯坦共和国 2021 年 6 月 30 日第 59-Ⅶ号法律，第 24 条增补第 7 款（自 2022 年 1 月 1 日起生效）。

第 25 条　私有产权的实现〔1〕

1. 土地所有者在没有得到国家机构许可的情况下行使土地所有、使用和处置的权利，但是本法典和哈萨克斯坦共和国其他法律另有规定的除外。

2. 所有者有权在不改变其土地专门用途的情况下，对其土地进行哈萨克斯坦共和国法律不禁止的任何交易。

农用土地所有者根据本法典的规定行使所指定的权利。

土地所有权移交给另一个人时，应承担在进行交易时所承担的所有负担。

3. 根据临时土地使用条约，土地所有者有权在不改变其用途的情况下出租土地用于临时使用。土地临时使用合同以租赁（与租户）合同或无偿使用合同（与无偿用户）的形式签署。

租赁地块和（或）部分土地用于建造天线和（或）卫星设备的支柱时，不要求改变全部和部分土地的用途。

第 26 条　土地国家所有制〔2〕

1. 提供给国家政权机关、国家组织和机关用于国防和国家安全需求、健身和历史文化目的的自然保护区、林业和水利基金、定居点的公用地，包括特别土地基金、牧场和草场在内的储备土地，以及废弃的牧场和其他为转给私人所有的其他土地均为国家所有。

2. 用于以下需求的土地不能为私人所有：

用于国防和国家安全需求，国防工业占地；为保护和保卫哈萨克斯坦共和国边境线而建造的工程和通信设施；海关需求；

特别自然保护区；

森林基金，本法典第 128 条第 4 款所列的土地除外；

水资源基金，本法典第 133 条第 2 款所列的土地除外；

---

〔1〕 第 25 条经哈萨克斯坦共和国 2020 年 7 月 2 日第 355-Ⅵ号法律修订（自首次正式公布之日起 10 日后生效）。

〔2〕 第 26 条经哈萨克斯坦共和国 2009 年 7 月 4 日第 166-Ⅳ号法律、2011 年 7 月 20 日第 464-Ⅳ 号法律（自首次正式公布之日起 10 日后生效）、2012 年 1 月 25 日第 548-Ⅳ 号法律（自首次正式公布之日起 10 日后生效）、2012 年 2 月 13 日第 553-Ⅳ 号法律（自首次正式公布之日起 10 日后生效）、2015 年 11 月 24 日第 422-Ⅴ号法律（自 2016 年 1 月 1 日起生效）、2017 年 12 月 27 日第 126-Ⅵ号法律（自首次正式公布之日起 6 个月后生效）、2018 年 5 月 4 日第 151-Ⅵ 号法律修订（自首次正式公布之日起 10 日后生效）。

干线铁路网；

公共道路，根据哈萨克斯坦法律，哈萨克斯坦共和国政府决定出售给国有伊斯兰特别金融公司的公共道路除外；

定居点公用土地，私有的楼房和设施及必须的服务设施占地除外。

土地的分类归属根据其用途和根据土地分区的使用许可而确定。

第 26 条第 3 款经哈萨克斯坦共和国 2021 年 6 月 30 日第 59- Ⅶ号法律修订（自 2022 年 1 月 1 日起生效）。

3. 未提供给居民和非国有法人实体的可分割产权和土地使用权、被用于以下用途的地块：

用于满足居民需要的牧场和草场，包括在州级市和区级市、村庄和农村定居点边界内牧场和草场；

公共道路，包括村庄间的道路，以及用于公共土地的公共道路；

两个或两个以上的土地所有者或土地使用者共同使用的灌溉设施（水渠、灌溉、水井、饮牲水）。

4. 按规定程序用于发展特别自然保护区、干线铁路、公共公路和干线管道、通信、地下资源使用、能源以及根据所批准的城市建筑规划用于建设行政和社会性设施（空港、机场、火车站、车站、公共道路、国家机关行政大楼、医院、学校、公共住房、公园、林荫大道、广场和其他公共设施）的储备土地，在进行以上用途的土地开发之前，可向土地使用者提供临时土地使用权用作其他用途。

按规定程序用作本款第 1 段所列用途的储备土地不得提供给私人所有并用作其他目的。

5. 根据本法典，如果现为国有的土地可以为私人所有，将不允许拒绝将这些国有土地提供给公民和非国家法人。

第 27 条　国家所有权的实现[1]

国有土地可以用作以下用途：

1）出售或无偿转为私人所有；

1-1）用于社会性经营公司的注册资本（产权）缴费；

2）用于永久或临时土地使用；

3）在本法典、哈萨克斯坦共和国其他法律或国际条约规定的情况下以其他法律形式实现。

第四章　土地使用权

第 28 条　土地使用权制度

土地使用权是一项物权。不违反本法典或物权法的性质，土地使用权适用于所有权规则。

---

〔1〕 第 27 条经哈萨克斯坦共和国 2007 年 7 月 6 日第 279 号法律、2018 年 5 月 24 日第 156-Ⅵ 号法律修订（自首次正式公布之日起 10 日后生效）。

第 29 条　土地使用权类型

1. 土地使用权可分为永久性和临时性，可剥夺和不可剥夺，有偿获得和无偿获得。

2. 根据本法典和哈萨克斯坦共和国其他法律规定的理由，任何人不得被剥夺土地使用权。

第 30 条　土地使用权主体

土地使用者分为：

1）国有和非国有；

2）国内和外国；

3）自然人和法人；

4）永久性和临时性；

5）初次和再次。

第 31 条　土地使用权的产生

1. 土地使用权通过以下方式产生：

1）提供土地使用权；

2）转让土地使用权；

3）按通用的继承权程序（遗产、法人重组）转让土地使用权。

2. 应根据土地用途提供、转让和转移土地使用权。

3. 土地使用权产生的基础：

1）国家机构的文件；

2）民事和法律交易；

3）哈萨克斯坦共和国法律规定的其他理由。

第 32 条　土地使用权的提供[1]

1. 提供土地使用权意味着国家直接赋予个人土地使用权。

2. 根据州、共和国级城市、首都、地区、州级市地方执行机构的决定，在其授权范围之内向公民和法人实体提供土地使用权。

3. 根据哈萨克斯坦共和国政府或负责提供土地临时使用权的地方执行机构的决定，在向土地使用者提供土地临时使用权时，州、共和国级城市、首都、地区、州级市的授权机构在其职权范围内，与这些土地使用者签订土地租赁合同或土地临时无偿使用合同。

4. 如果土地被用于进行和完成地下资源使用许可证或签订地下资源使用合同所要求的活动和行为，则应在获得相关的地下资源使用许可证或签订地下资源使用合同之后提供

---

〔1〕 第 32 条经哈萨克斯坦共和国 2006 年 1 月 10 日第 116 号法律（生效程序见第 2 条）、2007 年 7 月 6 日第 275 号法律、2007 年 7 月 6 日第 279 号法律、2009 年 7 月 10 日第 180-Ⅳ号法律、2009 年 7 月 1 日第 183 号法律（生效程序见第 2 条）、2011 年 7 月 20 日第 464-Ⅳ 号法律（自首次正式公布之日起 10 日后生效）、2011 年 7 月 21 日第 470-Ⅳ 号法律（自 2012 年 4 月 1 日起生效）、2014 年 12 月 29 日第 271-Ⅴ 号法律（自首次正式公布之日起 10 日后生效）、2016 年 4 月 7 日第 487-Ⅴ 号法律（自首次正式公布之日起 6 个月后生效）、2017 年 12 月 27 日第 126-Ⅵ 号法律修订（自首次正式公布之日起 6 个月后生效）。

该土地的土地使用权。

该规则不适用于将土地权转让给开发商和（或）授权公司，根据哈萨克斯坦共和国关于住房建设权益参与的立法，将通过吸引租户来组织住房建设活动的情况。

在主管当局提前终止地下资源使用合同情况下，基于地下资源土地委托管理协议，向受托人重新登记地块所有权文件，由主管当局根据哈萨克斯坦共和国地下资源和地下资源使用法与国家公司签订。

拥有开采固体矿产、使用地下资源空间和矿产的许可证，签订碳氢化合物开采合同或旨在固定开采区块和开采期或准备期的碳氢化合物勘探和开采补充合同，或对本款第3段指定的地下资源区块进行委托管理的合同，均为按本法典规定的程序立即提供土地的依据。

第33条　土地使用权的转让〔1〕

1. 土地使用权的转让指将土地使用权赋予其他土地使用者。

土地使用权的转让应根据民事法律交易以及哈萨克斯坦共和国法律规定的其他理由进行。

剥夺土地使用权以民事交易（买卖、赠与、交换等）为基础进行。

土地使用权在一定期限内转让给他人，应当以租赁合同或者临时有偿使用土地合同为基础。

土地使用权的转让和剥夺只能由购买土地临时有偿使用权（租赁权）的人进行。

以下情况不需要赎回土地临时有偿使用权（租赁权）：

1）质押转让，包括质押人在不履行或者质押人不正当履行其义务的情况下变现质押标的时，按照哈萨克斯坦共和国关于恢复和破产的法律规定的程序，在破产程序中向质押债权人转让质押标的，以满足其债权，以及作为对经济合伙企业注册资本的缴费，对股份公司股份付款或者作为对生产合作社的出资；

2）被转让建筑物（结构物、构筑物）占用的土地，以及拟被开发、属于森林和水资源、特别自然保护区，用于娱乐、健身和历史文化目的用地的一部分；

3）根据哈萨克斯坦共和国经济特区和工业园区法，由管理公司将土地转作二级土地用途（分租）；

3-1）在共和国级或地区级的经济特区或工业园区的参与者，或在经济特区内和工业园区内开展辅助性活动的个人转让土地时，有利于带有基础设施的国有土地的经济特区或

〔1〕 第33条经哈萨克斯坦共和国2007年7月6日第279号法律、2011年3月24日第420-Ⅳ号法律（自首次正式公布之日起10日后生效）、2011年7月20日第464-Ⅳ号法律（自首次正式公布之日起10日后生效）、2011年7月21日第470-Ⅳ号法律（自2012年4月1日起生效）、2012年2月13日第553-Ⅳ号法律（自首次正式公布之日起10日后生效）、2014年6月10日第208-Ⅴ号法律（自首次正式公布之日起10日后生效）、2014年12月29日第269-Ⅴ号法律（自2015年1月1日起生效）、2015年10月27日第362-Ⅴ号法律（自首次正式公布之日起10日后生效）、2017年2月27日第49-Ⅵ号法律（自首次正式公布之日起10日后生效）、2017年12月27日第126-Ⅵ号法律（自首次正式公布之日起6个月后生效）、2018年5月4日第151-Ⅵ号法律（自首次正式公布之日起10日后生效）、2019年4月3日第243-Ⅵ号法律（自首次正式公布之日起10日后生效）、2020年6月9日第341-Ⅵ号法律（自2020年7月1日起生效）、2020年6月29日第352-Ⅵ号法律（自首次正式公布之日起10日后生效）、2021年1月2日第399-Ⅵ号法律修订（自首次正式公布之日起10日后生效）。

工业园区的管理公司；

3-2）管理公司将土地转让给作为私人伙伴同时参与公私合作伙伴关系项目的经济特区参加者时，将已建成的公私合作伙伴关系设施转为给国家所有；

4）根据哈萨克斯坦共和国地下资源和地下资源使用法典转让地下资源使用权；

第1款第6段第5项经哈萨克斯坦共和国2015年11月2日第389-Ⅴ号法律增补；

第1款第6段第5-1项经哈萨克斯坦共和国2021年6月30日第59-Ⅶ号法律增补。

6）被无偿转让给哈萨克斯坦共和国和（或）公共所有的楼房（结构物、构筑物）占地；

7）被转为委托管理的楼房（结构物、构筑物）占地；

8）根据哈萨克斯坦共和国关于住宅建设股份参与法，开发商将住宅建设股份参与权转让给授权公司。

土地使用者在转让土地使用权时，无权自行更改土地用途。

2. 土地使用者不得就土地使用权进行以下交易：

1）公共使用；

2）用于国防和国家安全需求；

3）森林基金；

4）用作特别自然保护区，用于健身、娱乐和历史文化目的；

5）公务用地；

6）提供临时无偿和短期有偿土地使用权（租赁权）的土地，开发商根据哈萨克斯坦共和国关于住宅建设股份参与法，以住宅建设股份参与权形式将土地临时有偿使用权（租赁权）转让给授权公司，获得统一住房建设运营商获取担保的情况除外；

第7项经哈萨克斯坦共和国2015年11月2日第389-Ⅴ号法律删除。

第7项经哈萨克斯坦共和国2021年6月30日第59-Ⅶ号法律删除。

7）提供临时土地使用权用于农民或农场经济及农业生产的土地，但质押转让，以及作为对经济合伙企业注册资本的出资，支付股份公司股份或者作为对生产合作社的出资的土地除外；

8）水基金占地。

2-1. 本条第2款规定的限制不适用于包括质押在内的以下交易：土地使用者对被转让建筑物（结构物、构筑物）占用的土地、用于开发位于森林基金和水资源基金的土地、特别自然保护区、健身区，用于娱乐和历史文化目的的土地，以及根据公私合作伙伴关系协议，包括根据哈萨克斯坦共和国法律签订的特许权协议，转让用于建设、改造和开发国防项目的土地临时无偿使用权。

3. 土地使用者将其所拥有的土地转作他人（二次土地使用者）临时使用，以及剥夺临时土地使用权，应根据本法典第32条第4款和第37条第3款以及哈萨克斯坦共和国经济特区和工业园区法进行。

第34条　永久土地使用权[1]

1. 土地的永久使用权授予下列国有土地使用者：

---

[1] 第34条经哈萨克斯坦共和国2007年7月6日第279法律、2019年12月26日第284-Ⅵ号法律修订（自首次正式公布之日起10日后生效）。

1）经哈萨克斯坦共和国2019年12月26日第284-Ⅵ号法律删除（自首次正式公布之日起10日后生效）；

2）从事农业和林业生产以及研究、试验和培训目的的法人；

3）在特别自然保护区上使用土地的法人；

4）哈萨克斯坦共和国法律规定的其他情况。

2. 永久性土地使用权不得属于外国土地使用者。

第35条　临时土地使用权〔1〕

1. 可向公民和法人提供土地临时无偿使用权，或土地临时有偿使用权（租赁权）。

2. 提供临时无偿使用土地权最长为5年，但是本法典和哈萨克斯坦共和国法律另有规定的除外。

第2款第2段列入哈萨克斯坦共和国2015年11月2日第389-Ⅴ号法律。

土地临时有偿使用权（租赁权）分为短期（最多5年）和长期（5年至49年），本法典规定的用作农民或农户经营的土地临时有偿使用权（租赁权）除外。

在经济特区创建期间，向经济特区管理公司提供用于安置经济特区的土地的临时使用权。

用于安置共和国级或地区级工业园区用地的临时土地使用权，提供给共和国级和地区级的工业园区的管理公司，根据州、共和国级城市、首都的地方执行机构决定，期限不少于20年。

用于在定居点界限内修建设施的土地，提供土地临时有偿使用权，期限不少于3年。

3. 土地临时有偿使用（租赁）限期根据承租人的申请，考虑土地用途的特点按照本法典规定的土地使用期限确定。

4. 执行机构单方面解除临时土地使用合同，但是本法典以及合同规定了解除程序的情况除外。

5. 根据所签订的土地租赁合同或临时无偿土地使用合同，将授予土地使用权的土地归还国家所有。

第36条　土地临时无偿使用权〔2〕

1. 获得土地临时无偿使用权的土地可提供给哈萨克斯坦共和国公民和法人实体，用作以下目的：

用于牲畜转场（季节性牧场）；

用于居民放牧和割草；

国有土地使用者；

从事园艺活动；

---

〔1〕第35条经哈萨克斯坦共和国2011年3月24日第420-Ⅳ号法律（自首次正式公布之日起10日后生效）、2011年7月20日第464-Ⅳ号法律（自首次正式公布之日起10日后生效）、2019年4月3日第243-Ⅵ号法律（自首次正式公布之日起10日后生效）、2020年6月29日第352-Ⅵ号法律修订（自首次正式公布之日起10日后生效）。

〔2〕第36条经哈萨克斯坦共和国2008年7月5日第66-Ⅳ号法律（生效程序见第2条）、2015年10月31日第380-Ⅴ号法律修订（自首次正式公布之日起10日后生效）。

用作公务用地；

在建设公共道路、国有和社会文化的用途项目期间；

恢复退化和受破坏的土地；

在公私合作伙伴关系合同期间，包括特许权合同；

根据哈萨克斯坦共和国法律规定的程序，提供建筑物（房屋用地）和构筑物临时无偿使用；

用于宗教建筑设施；

本法典和哈萨克斯坦共和国法律规定的其他情况。

2. 临时无偿使用土地的期限不得超过5年，提供为公务用地，或为恢复退化和受破坏的土地而提供的土地，以及在为公私合作伙伴关系项目（包括特许权项目）提供土地的情况除外。

提供给建筑物（设施）和构筑物用地临时无偿使用的期限，由临时无偿使用建筑物（场所）和设施的期限，包括宗教场所决定。

3. 不得转让临时无偿使用的土地，包括将其转让用于二次使用。

第37条　土地临时有偿使用权（租赁权）

第1款列入哈萨克斯坦共和国2015年11月2日第389-Ⅴ号法律。

1. 土地临时有偿（短期或长期）使用权（租赁权）可提供给公民、非国有法人，以及国际组织。

2. 除哈萨克斯坦共和国法律或租赁协议另有规定外，否则妥善履行职责的临时有偿土地使用者（承租人）有权按照本法典第43条规定的程序签订新一期合同，但在不改变土地边界，以及存在对农用土地使用监测结果的情况下，本法典第43条第1款第2项、第3项、第4项、第5项、第8项规定的要求除外。临时有偿土地使用者（承租人）须在租赁合同指定的期限内，书面通知租赁人签订租赁合同的意向，如果合同未规定这一期限，则在租赁合同到期前3个月内通知。

在租赁期届满时，妥善履行其职责的临时有偿土地使用者（承租人）比其他人员有签订新一期合同的优先权，但是哈萨克斯坦共和国法律或租赁协议另有规定的除外。

2-1. 经哈萨克斯坦共和国2018年5月4日第151-Ⅵ号法律删除（自首次正式公布之日起10日后生效）。[1]

第3款列入哈萨克斯坦共和国2015年11月2日第389-Ⅴ号法律。

第3款第1段经哈萨克斯坦共和国2021年6月30日第59-Ⅶ号法律修订（自2022年1月1日起生效）。

---

〔1〕 第37条经哈萨克斯坦共和国2006年1月10日第116号法律（生效程序见第2条）、2011年3月24日第420-Ⅳ号法律（自首次正式公布之日起10日后生效）、2014年12月29日第269-Ⅴ号法律（自2015年1月1日起生效）、2015年4月22日第308-Ⅴ号法律（自首次正式公布之日起10日后生效）、2016年6月30日第5-Ⅵ号法律（自首次正式公布之日起生效）、2017年12月27日第126-Ⅵ号法律（自首次正式公布之日起6个月后生效）、2018年5月4日第151-Ⅵ号法律（自首次正式公布之日起10日后生效）、2019年1月8日第215-Ⅵ号法律（自首次正式公布之日起3个月后生效）、2019年4月3日第243-Ⅵ号法律（自首次正式公布之日起10日后生效）、2019年10月28日第268-Ⅵ号法律（自首次正式公布之日起10日后生效）、2021年5月13日第39-Ⅶ号法律修订（自首次正式公布之日起10日后生效）。

3. 除本条第5款所指外，从国家赎买土地临时有偿使用权（租赁权）的非国有土地使用者，有权将其拥有的土地（或其中一部分）出租（转租）或临时无偿使用，以及在未经土地所有人同意的情况下，在土地租赁合同期限内转让其临时使用权，条件是要通知州、共和国级城市、首都、地区、州级市的授权机构，但本法典另有规定的除外。

在上述情况下，除将租赁权质押转让外，新的土地承租人将根据土地租赁合同对出租人负责。

4. 出售国有土地时，按照哈萨克斯坦共和国民法规定的程序向外国人出售共同财产所有权股份，该土地的承租人有优先购买权，但是出租土地由建筑物和构筑物的所有者购买的情况除外。

5. 土地临时有偿使用权（租赁权）提供给：

1）从事农民或农场经济的哈萨克斯坦共和国公民，期限10年至49年；

2）从事农业生产的无外国参与的哈萨克斯坦共和国非国有法人，期限最长为49年；

3）为进行采矿作业，使用地下资源或矿藏，在地下资源使用许可证或地下资源使用合同整个有效期内，提供给地下资源使用者；

4）为安置户外（视觉）广告设施，提供给公民和非国家法人实体，期限5年至49年；

5）哈萨克斯坦共和国公民和非国家法人在森林基金土地和储备土地上饲养野生动物，包括用于狩猎目的，本法典第1条第1款第1项、第2项、第3项、第4项、第6项所指土地除外，期限10年至49年。

根据哈萨克斯坦共和国2021年6月30日第59-Ⅶ号法律，第5款增补第6项、第7项（自2022年1月1日起生效）。

5-1. 提供土地临时有偿使用权（租赁权），以部署共和国级和地区级的经济特区或工业区，在本法典第35条第2款第3、4段规定的期限内执行。

6. 转让提供用于地下资源使用的土地使用权，根据哈萨克斯坦共和国地下资源和地下资源使用法，在地下资源使用权由一人转让给另一人的基础上进行。

在这种情况下，临时土地使用（租赁权）合同由该地区授权机构根据地下资源使用合同的补充协议，或重新签发新的地下资源使用许可证、向新的地下资源使用者转让临时土地使用（租赁权）的权利和义务合同。

第38条　土地二次使用权（转租）[1]

1. 土地二次使用以土地二次使用合同为基础，在以下情况下产生：土地初次使用权人未转让其土地使用权，而是将属于其（或部分）的土地转让给他人临时使用，并通知土地所在地的州、共和国级城市、首都、地区、州级市的授权机构。

2. 转让土地二次使用时，初次和二次土地使用人对国家负有土地使用人的全部义务。

3. 土地二次使用合同以租赁协议或临时无偿使用协议的形式签订。

4. 土地二次使用人除在土地上开展经营活动，在遵守土地二次利用（转租）协议规定的条件下，实现土地使用人的其他权利义务（本法典第64条、第65条规定）。

---

〔1〕 第38条经哈萨克斯坦共和国2006年1月10日第116号法律修订（生效程序见第2条）。

5. 不得将农用土地的临时土地使用权交予个人和进行农业生产的法人用于二次使用，但按照本法典第 41 条规定，按官方土地划拨顺序提供土地的情况除外。

第 39 条　国有土地使用者法律地位的特点[1]

1. 国有土地使用者在土地上进行经营，应考虑该土地的用途和土地使用者的规定目标，行使土地使用者的其他权利。

2. 国有土地使用者无权转让和将拥有的土地使用权质押。

本款第 1 段的规定不适用于与土地使用权转让或质押有关的土地上的不动产的转让和质押，但位于特别自然保护区上的不动产除外。

3. 属于国有土地使用者的土地使用权，不能成为债权人债务的追索标的，但债权人对与国有土地使用人的建筑物（结构物、构筑物）有关的土地使用权作为债务追索物的情况除外（本法典第 78 条第 3 款）。

4. 如果国有土地使用者按照规定程序出租其建筑物（结构物、构筑物），并按照本法典第 52 条第 3 款规定的规则出租上述不动产用地，必须按规定标准对其进行开发。

将建筑物（结构物、构筑物）所在的土地出租，不得在未出租相应建筑物（结构物、构筑物）的情况下出租给他人。

5. 不允许国有土地使用者将其土地用于临时无偿使用，但根据公务分配程序和公私合作伙伴协议，包括用于国防设施的建设、改造和运营的特许权协议提供土地的情况除外。

第 40 条　按普遍法定继承顺序转让土地使用权

1. 按普遍继承顺序转让土地使用权，指土地使用权在继承人依法继承或法人重组时产生。

2. 拥有长期临时土地使用权的公民死亡时，土地使用权按哈萨克斯坦共和国民法规定的方式继承。除非临时用地合同另有约定，临时短期用地权按同样方式继承。

3. 法人实体重组时，其土地使用权应根据哈萨克斯坦共和国民法和本法典的规定转给法定继承人。

第 41 条　公务土地分配[2]

1. 公务用地是临时长期无偿使用土地的一种特殊方式。

2. 有权获得公务用地分配的工作人员类别清单由哈萨克斯坦共和国政府制定。

3. 公务用地分配应从有权参与分配的雇员工作的国有法人实体使用的土地中拨出。

4. 公务用地分配用于服务公务住宅、农作物、干草、放牧以及安置养蜂场。

5. 公务用地分配系二次临时无偿土地使用，因此仅在工作阶段提供。被辞退的员工在土地上播种农作物的，在农作物收获后终止其使用土地使用权。

6. 以下人员公务用地分配将保留：

---

〔1〕 第 39 条经哈萨克斯坦共和国 2006 年 7 月 7 日第 176 号法律（自正式公布之日起生效）、2021 年 1 月 2 日第 399-Ⅵ号法律修订（自首次正式公布之日起 10 日后生效）。

〔2〕 第 41 条经哈萨克斯坦共和国 2012 年 1 月 25 日第 548-Ⅳ号法律修订（自首次正式公布之日起 10 日后生效）。

1）对于退休或因伤残退休后终止劳动关系的雇员；

2）对于应征入伍或入学学习的雇员的家庭，在这些人员在现役或教育机构的整个停留期间；

3）对于因执行公务死亡的雇员的家庭：对于残疾配偶和年迈的父母——终生保留，子女——保留到他们成年。

7. 根据哈萨克斯坦共和国住房法律，在保留在公务住宅中居住权情况下，以用于公务住宅服务用土地的形式保留公务用地分配权。

8. 按照公务用地分配程序提供土地，根据雇员与法人行政部门之间签订的公务用地分配协议进行。

9. 不得进行与公务用地的土地使用权相关的任何交易。

第五章　作为所有权、土地使用权和其他物权标的的土地

第42条　土地权的界限[1]

1. 如果哈萨克斯坦共和国法律未做其他规定，土地权适用于位于地块边界内的表层土壤、封闭水体、种植园。

允许土地所有者或地下资源使用者根据土地的用途和哈萨克斯坦共和国地下资源和地下资源使用法典的要求，在其土地边界内行使本法典第64条规定的权利。提供普通矿产开采权和地下水自用权与提供地下资源所在相应土地部分转为私人所有或使用同时进行。

2. 土地所有人或土地使用者可自行决定行使土地权，但是本法典和哈萨克斯坦共和国法律另有规定的除外。

土地所有者和土地使用者的土地权可以根据本法典和哈萨克斯坦共和国其他法律规定的依据加以限制。

3. 土地所有者或土地使用者在向环境中排放时，必须根据哈萨克斯坦共和国环境法典获得环境许可证。

第43条　提供土地权的程序[2]

1. 除第44-1条规定的情形外，国有土地出让土地权，以及依照本法典第48条规定招标（竞标、拍卖）的土地按以下程序进行：

---

〔1〕第42条经哈萨克斯坦共和国2007年1月9日第213号法律（生效程序见第2条）、2017年12月27日第126-Ⅵ号法律修订（自首次正式公布之日起6个月后生效）。

〔2〕第43条列入哈萨克斯坦共和国2011年7月21日第470-Ⅳ号法律（自2012年4月1日起生效）；经哈萨克斯坦共和国2013年1月8日第64-Ⅴ号法律（自2013年1月1日起生效）、2013年7月4日第130-Ⅴ号法律（自首次正式公布之日起10日后生效）、2014年7月2日第225-Ⅴ号法律（自2015年1月1日起生效）、2014年12月29日第269-Ⅴ号法律（自2015年1月1日起生效）、2015年11月17日第408-Ⅴ号法律（自2016年3月1日起生效）、2016年3月29日第479-Ⅴ号法律（自首次正式公布之日起21日后生效）、2016年4月28日第506-Ⅴ号法律（自首次正式公布之日起60日后生效）、2017年12月27日第126-Ⅵ号法律（自首次正式公布之日起6个月后生效）、2018年5月4日第151-Ⅵ号法律（自首次正式公布之日起10日后生效）、2018年5月24日第156-Ⅵ号法律（自首次正式公布之日起10日后生效）、2019年4月3日第243-Ⅵ号法律（自首次正式公布之日起10日后生效）、2019年10月28日第268-Ⅵ号法律（自首次正式公布之日起10日后生效）、2020年6月29日第352-Ⅵ号法律修订（自首次正式公布之日起10日后生效）。

1）对提供相应土地使用权的申请进行审核；

2）根据领土分区确定所申请的土地用于所宣布用途的可能性；

3）土地的初步选择（申请建设设施用地时，在定居点内设施建设除外）；

4）准备土地委员会决议；

5）制定和审批土地经营项目；

6）由州、共和国级城市、首都、地区、州级市、区级市、村镇、农村地区的地方执行机构作出决定授予土地使用权；

7）签订土地买卖协议或临时（短期、长期）有偿（无偿）土地使用协议；

8）在地面上划定土地的边界；

9）制作和签发土地的身份证明文件，但用于在定居点边界内建设设施的土地除外。

1-1. 在申请土地用于在定居点内建造设施时，提供土地权的程序由本法典第 44-1 条调节。

根据本法典第 43-1 条、第 44 条和第 45 条的规定，根据用途确定提供土地的特征。

为创建具有共和国级和地区级经济特区或工业园区而提供土地的具体规定，根据本法典第 119-2 条确定。

考虑到本法典第 48 条的规定，地块和不提供使用的国有地块的租赁权可以作为招标（竞标、拍卖）的出售标的。

第 1-1 款第 5 段经哈萨克斯坦共和国 2021 年 6 月 30 日第 59-Ⅶ 号法律增补（自 2022 年 1 月 1 日起生效）。

1-2. 提供距离水体海岸线 500 米以内的土地，在确定水源保护区和水带边界，并确立经营使用制度之后进行，但特别自然保护区和国家森林基金的土地除外。

确定海岸线的程序由水资源利用和保护、供水、废水处理领域的授权机构批准的水源保护区和水带的确立规则确定。

第 2 款经哈萨克斯坦共和国 2021 年 6 月 30 日第 59-Ⅶ 号法律修订（自 2022 年 1 月 1 日起生效）。

2. 提供土地所有权或土地使用由州、共和国级城市、首都、地区、州级市的地方执行机构在本法典规定的权限内进行。

提供土地的决定在土地委员会和土地管理项目的积极结论基础上作出。在申请土地用于国防和国家安全需要情况下，提供土地的决定在土地委员会和土地管理项目的积极结论、经本法典第 120 条第 1 款第 2 段规定的国家机构同意后在收到最终意见之日起 7 个工作日内作出。

在这一情况下，制定和批准的土地管理项目和该州、共和国级城市、首都的地方执行机构关于提供土地权用于国防和国家安全需要的决定草案，应该自上述决定草案准备好之日起 5 个工作日内送交国家协调机构。在收到决定草案之日起 10 个工作日内批准决定草案。决定草案后需附上土地委员会决议和所批准的土地管理项目。

拒绝提供地块的决定根据土地委员会否定意见、并在其委员会决议之日起 3 个工作日内作出。

如拒绝提供土地权，除了根据本法典第 84 条为国家需要而没收土地的情况外，应由州、共和国级城市、首都、地区、州级市、区级市、村镇、农村地区的地方执行机构的决定确定，且必须说明理由。

土地委员会的组成由州、共和国级城市、首都、地区、州级市的地方执行机构组成，并提交相关地方代表机构批准。土地委员会成员包括：

1）地方代表机构的代表；

2）州、共和国级城市、首都、地区、州级市的授权机构、在建筑和城市规划、农业领域履行职能的相关地方执行机构的下属部门的代表；

3）公共委员会、农工综合体领域的非政府组织和其他部门非政府组织以及地方自治机构的代表；

4）哈萨克斯坦共和国全国企业家商会代表。

在根据本法典第 43-1 条提供地块的情况下，地区、州级市设立的土地委员会成员还包括：

1）地块所在的区级市、定居点、村庄、农村地区的领导；

2）由当地社区会议委派的相应区级市、定居点、村庄、农村地区的当地居民代表。

在州、共和国级城市、首都设立的土地委员会组成中，按照强制性程序，需包括环境保护、农业和林业、水资源利用、供水和废水处理领域授权机构的相关分支机构的代表。

根据州、共和国级城市、首都、地区、州级市的地方执行机构的意见，土地委员会还包括其他人员。

土地委员会为常设机构。土地委员会的人员构成必须为单数，且不少于 9 人。同时，公共委员会、农工综合体领域的非政府组织和其他部门的非政府组织、哈萨克斯坦共和国全国企业家协会，以及地方自治机构的代表数量至少占土地委员会成员总数的 50%。

土地委员会的组成在接下来的 1 年后每年批准一次，整体人员构成发生更迭，但主席和本款第 6 段第 1 项、第 2 项、第 7 段第 1 项和第 8 段指定的人员除外。

负责土地问题的副市长被任命为土地委员会主席。

州、共和国级城市、首都、地区、州级市的相关授权机构是土地委员会的工作机构。

土地委员会秘书从工作机构的官员中确定。土地委员会秘书不参加投票。

如果出席土地委员会会议的成员不少于其构成总数的三分之二，则该会议有效。同时，公共委员会、农工综合体领域的非政府组织和其他部门的非政府组织、哈萨克斯坦共和国全国企业家协会，以及地方自治机构的出席代表少于土地委员会全部出席会议代表数量的 50%。土地委员会成员参加会议，无权更换。

土地委员会的决定通过公开投票作出。

投票结果以出席会议的土地委员会成员多数票决定，土地委员会成员多数票赞成该决定则视为通过。

如对土地委员会的决定持有异议，土地委员会的成员有权发表特别意见，该意见必须以书面形式阐述，并附在土地委员会的决定之后。

土地委员会的会议必须使用录音和录像记录。土地委员会会议的录音和录像由州、共和国级城市、首都、地区、州级市的地方执行机构进行。录音录像技术使用程序是指确保对土地委员会会议过程进行记录，保存录音和录像，录音和录像的获取程序由中央授权机构确定。

自州、共和国级城市、首都、地区、州级市的相关授权机构向土地委员会提交关于按用途申请地块使用的提案之后2日内，土地委员会形成决议决定并起草文件一式三份，以上建议按照领土分区或提供地块的初步选择方案（在申请用于设施建设用地时，在定居点边界内的设施建设除外）实施。

土地委员会的协议决定可以向法院提起诉讼。

向法院提出申请将暂停执行土地委员会的协议决定。

在一个工作日内将土地委员会的积极结论副本发送给申请人一份，供其准备土地管理项目。

土地委员会积极结论的有效期自通过之日起为1年，但根据本法典第43-1条规定提供的地块除外。空过一年期限是地方执行机构决定拒绝授予土地权的理由。

第43条第2-1款经哈萨克斯坦共和国2021年6月30日第59-Ⅶ号法律增补（自2022年1月1日起生效）。

3. 对所提供地块所有权和（或）土地使用权有兴趣的个人和法人实体，需向该地块所在的州、共和国级城市、首都、地区、州级市、定居点、村庄和农村地区的地方执行机构提交申请，后者向申请人发出确认提交申请的文件。

申请中必须说明：使用地块的目的；地块预期规模；位置；请求的使用权；存在（不存在）另一个土地（本法典第50条第2款指明的地块）。

如果以采矿、使用地下空间等目的申请土地，则申请需随附相关地下资源使用许可证或地下资源使用合同的副本。

提供土地权的申请在1个工作日内送至土地所在地的州、共和国级城市、首都、地区、州级市的授权机构，建筑和城市规划领域相关地方执行机构的分支机构，根据领土分区确定所请求土地用于申请用途的可能性。

地块所在地的州、共和国级城市、首都、地区、州级市的授权机构，建筑和城市规划领域的相关地方执行机构的分支机构，自收到申请之日起7个工作日内，根据领土分区确定将所请求地块用于申请用途的可能性。

如果申请人在被强征土地的名册中，或者申请人提交的决定授予或拒绝授予土地权利所需的文件不完整，土地所在地的州、共和国级城市、首都、地区、州级市的授权机构在2个工作日内发出拒绝审核申请的书面意见。

除因申请用于国防和国家安全需要的土地外，审议土地使用权申请的总期限为自收到之日起15个工作日内。

所指期限不包括：

制定根据本法第44条第3款规定编制的土地管理计划；

本法典第44条第6款规定的协议；

在地面上确定地块边界。

4. 经哈萨克斯坦共和国2018年5月4日第151-Ⅵ号法律删除（自首次正式公布之日起10日后生效）。

5. 经哈萨克斯坦共和国2014年7月2日第225-Ⅴ号法律删除（自2015年1月1日起生效）。

6. 经哈萨克斯坦共和国2018年5月4日第151-Ⅵ号法律删除（自首次正式公布之日起10日后生效）。

第 6-1 款经哈萨克斯坦共和国 2021 年 6 月 30 日第 59-Ⅶ 号法律修订（自 2022 年 1 月 1 日起生效）。

6-1. 在拒绝授予土地权利的情况下，除了用于农民或农户经营、农业生产的土地，应在作出拒绝提供土地权的决定之日起 90 日内，由州、共和国级城市、首都、地区、州级市、居民点、村庄和农村地区的地方执行机构通过招标方式（竞标、拍卖）提供土地。

7. 州、共和国级城市、首都、地区、州级市、居民点、村庄和农村地区的地方执行机构关于提供或拒绝提供相关土地权利的决定副本，在通过决定 5 个工作日内交（送）给申请人。

在提供土地属于上级执行机构的权限的情况下，州、共和国级城市、首都、地区、州级市、居民点、村庄和农村地区的地方执行机构应将土地管理业务连同其决定提交上级机构进行最终决定。

为通过提供土地权决定，州、共和国级城市、首都、地区、州级市的授权机构在 1 个工作日内，将所批准的土地管理项目发送至州、共和国级城市、首都、地区、州级市、居民点、村庄和农村地区的地方执行机构。

州、共和国级城市、首都、地区、州级市、居民点、村庄和农村地区的地方执行机构，自收到所批准的土地管理项目和土地委员会的肯定意见之时起在 3 个工作日内作出提供土地权的决定。

土地买卖合同或临时（短期、长期）有偿（无偿）土地使用合同由州、共和国级城市、首都、地区、州级市相关授权机构在提供土地权决定基础上、自通过决定之日起不迟于 10 个工作日内作出。

根据哈萨克斯坦共和国法律规定的程序，根据申请人的申请，确定地面土地的边界。

第 43 条第 7-1 款经哈萨克斯坦共和国 2021 年 6 月 30 日第 59-Ⅶ 号法律增补（自 2022 年 1 月 1 日起执行）。

8. 土地识别文件的制作和签发由维护国家土地地籍的国家公司在 4 个工作日内按照哈萨克斯坦共和国法律规定的程序进行。

9. 由维护国家土地地籍的国家公司签发的土地识别文件是：

在土地私有的情况下——土块私有权文件；

在土地永久使用情况下——土地永久使用权文件；

在临时有偿土地使用（租赁）的情况下——临时有偿（长期、短期）土地使用（租赁）权文件；

在临时无偿土地使用的情况下——临时无偿土地使用权文件。

转让土地权利时，其识别文件亦转让给收购人或其他权利人。在土地识别特征未发生变化的情况下，维护国家土地地籍的国家公司不再签发新的身份识别文件，而是进行土地权转移信息进行地籍登记和按照哈萨克斯坦共和国不动产权利国家登记法规定，进行统一的国家地籍权土地登记。

10. 如果州、共和国级城市、首都、地区、州级市、居民点、村庄和农村地区的地方执行机构有关提供土地的决定未做其他规定，则在实际确定地块边界（在地面上）和签发所有权文件之前不得使用该土地。不遵守这一规定被视为擅自占用土地，并根据哈萨克斯坦共和国行政违法法规定承担行政责任。

不允许进行与尚未制定产权文件的土地相关的交易。

11. 根据哈萨克斯坦共和国之前的法律，在本法典生效之前签发给公民和法人的土地所有权和身份识别文件，在考虑哈萨克斯坦共和国土地法典规定的土地权变更情况下仍将保留法律效力。

根据本法典的规定，应权利人的要求，可用证明土地所有权或土地使用权的文件替换这些文件。

第 43 条第 11-1 款经哈萨克斯坦共和国 2021 年 6 月 30 日第 59-Ⅶ 号法律增补（自 2022 年 1 月 1 日起生效）。

12. 土地权授予已达到成年年龄的人，但根据哈萨克斯坦共和国民法，通过继承获得这些土地的未成年人登记土地权的情况除外。未成年人的法定代理人有权将土地用于租赁，直至其继承人成年。

13. 提供根据哈萨克斯坦共和国大赦法而合法化的地块权的程序，因与财产合法化有关，由哈萨克斯坦共和国政府决定。

第 14 款经哈萨克斯坦共和国 2021 年 6 月 30 日第 59-Ⅶ 号法律修订（自 2022 年 1 月 1 日起生效）。

14. 地方执行机构应当在居民可进入的地方信息平台以及在其互联网和州、共和国级城市、首都、地区、州级市相关授权机构的互联网每月定期发布有关获得土地的人员名单的信息，并注明提供土地的理由、土地用途、面积、位置、法律类型、租赁期限，在相关行政区域的出版物上每季度一次发布信息。

本款规定适用于按照本条和本法典第 43-1 条、第 44 条、第 44-1 条和第 45 条规定的程序提供的土地，以及根据本法典第 48 条用于招标（竞标、拍卖）的土地。

第 43-1 条　提供国有土地用于农民或农场经济、农业生产的特点[1]

1. 按照本条规定的程序和条件，提供国有土地和未被提供使用土地的临时有偿土地使用权（租赁），用于农民或农场经济，农业生产。

第 2 款第 1 段经哈萨克斯坦共和国 2021 年 6 月 30 日第 59-Ⅶ号法律修订（自 2022 年 1 月 1 日起生效）。

2. 提供用于农民或农场经济、农业生产的土地临时有偿使用权（租赁权）的招标土地清单由地区、地级市的授权机构制定，并与公共委员会、农工综合体领域的非政府组织、哈萨克斯坦共和国全国企业家商会和地方自治机构当局达成一致。

各协调机构和组织，自收到提供土地临时有偿使用权（租赁权）用于农民和农场经济的招标土地清单之日起 10 个工作日内，提交结论并附所在位置图，以及说明自身情况的合理理由。

提供用于农民或农场经济、农业生产的土地临时有偿使用权（租赁权）的招标土地清单，如果持肯定结论的机构和组织不少于总数的四分之三，则被视为已得到多数同意。

经同意提供用于农民或农场经济、农业生产的土地临时有偿使用权（租赁权）的招标

[1] 第 43-1 条经哈萨克斯坦共和国 2018 年 5 月 4 日第 151-Ⅵ 号法律增补（自首次正式公布之日起 10 日后生效）、2019 年 10 月 28 日第 268-Ⅵ号法律修订（自首次正式公布之日起 10 日后生效）。

土地清单，自同意之日起3个工作日内由地区、州级市的地方执行机构批准。

列入清单的招标土地，在进行土地测量工作后，提供土地临时有偿使用权（租赁权）用于经营农民或农场经济、农业生产，土地测量期限自批准该清单之日起不应超过45个工作日。

第43-1条第2-1款经哈萨克斯坦共和国2021年6月30日第59-Ⅶ号法律增补（自2022年1月1日起生效）。

3. 提供用于农民或农场经济、农业生产的土地临时有偿使用权（租赁权）的招标活动由地区、州级市的地方执行机构组织举办。

4. 为确保举办农民或农场企业经营农业生产土地临时有偿使用权（租赁权）招标提供用于农民或农场经济、农业生产的土地临时有偿使用权（租赁权）招标，地区、州级市的地方执行机构应当：

1）在相关行政区域单位内发行的期刊以及地方执行机构网站上发布提供用于农民或农场经济、农业生产的土地临时有偿使用权（租赁权）的招标公告；

2）州、地级市的地方执行机构在相关领域内，以及向中央授权机构发送有关提供用于农民或农场经济、农业生产的土地临时有偿使用权（租赁权）的招标通知，以供在其互联网上发布信息。

为确保居民能够得到以上信息，根据本款第1段第2项，地区、州级市的地方执行机构在其互联网以及本地国家机构的专门信息平台上发布该通知，同时立即将其发送至区级市、居民点、农村和农业地区以便在地方居民可访问的互联网站和特殊信息平台发布。

5. 通知必须包含：

1）提供用于农民和农场经济、农业生产的土地临时有偿使用权（租赁权）招标的日期、时间、地点，以及提交申请的日期、地点；

2）土地的特征（位置、面积、土地组成、土壤质量特征、地位级分数、供水率、该地区的农业专业化情况）。

6. 地区、州级市地方执行机构自首次在相关行政区域单位的期刊和地方执行机构的互联网站上公布提供用于农民和农场经济、农业生产的土地临时有偿使用权（租赁权）通知起30日后，开始受理参与竞标的申请，如果重复招标——则在15日后受理。

参加提供用于农民和农场经济、农业生产的土地临时有偿使用权（租赁权）的申请受理和登记，自开始受理申请之日起15个工作日内进行，如果重复竞标，在10个工作日进行。

根据哈萨克斯坦共和国关于强制分配注册号并通知申请人的立法，参加提供用于农民和农场经济、农业生产的土地临时有偿使用权（租赁权）的竞标申请，应以书面形式或通过“电子政府”门户网站提交。

通过“电子政府”门户网站提交的关于参加提供用于农民和农场经济、农业生产的临时有偿土地使用权（租赁）的竞标申请，按照中央授权机构确定的程序，在招标结束之日发送至地区、州级市的地方执行机构。

7. 提供用于农民和农场经济、农业生产的土地临时有偿使用权（租赁权）的竞标结束之日为公布竞标结果之日。

提供用于农民或农场经济、农业生产的土地临时有偿使用权（租赁权）竞标结果在提交申请参加竞标申请次日汇总。

8. 无权参加提供用于农民和农场经济、农业生产的土地临时有偿使用权（租赁权）的竞标的登记在册的人员，以及本条第19款第5段指定的人员被强制收回土地。

9. 参加提供用于农民和农场经济、农业生产的土地临时有偿使用权（租赁权）的竞标申请应包括以下内容：

1）对于哈萨克斯坦共和国的非国有法人实体——法人实体的名称、所在地、作为法人实体的国家注册（重新注册）的信息、申请人的负责人、参与者或股东的信息——法人实体应说明其在注册资本中所占份额的大小，有关申请人关联人的信息；

2）对于自然人——申请人的姓氏、名字和父名（如果在身份证件中注明）、居住地、国籍、个人身份证号码、申请人身份证件信息；

3）申请人申请的土地所在地；

4）竞争性提案；

5）申请人在竞标中胜出时，在接到签署合同通知3个工作日内，应当签署临时无偿使用农业用地从事农民和农场经济或农业生产的合同。

根据哈萨克斯坦共和国法律签发和执行的授权书，哈萨克斯坦共和国个人或非国有法人的授权代表可以申请参加授予土地临时有偿使用权（租赁权）以经营农民或农场企业、农业生产的投标。

10. 投标提案必须包含：

1）商业计划书（预测投资额、农作物种植面积、家畜牲畜、使用的农业技术、拥有农业机械和技术设备、农业领域的合格专家、创造的就业机会数量）；

2）准备和开发内部土地管理项目的义务，完成农业基础设施发展措施；

3）遵守哈萨克斯坦共和国土地立法要求的义务，包括合理利用农业用地的规则，根据地区专业化实施农作物播种面积结构多样化的指数化指标，遵守符合科学基础的农业技术、植物检疫和检疫要求。

投标提案应以密封的信封提交，并附有编号页，通过电子政务门户网站提交的情况除外。

11. 投标人在竞标提案中提出的义务和经营计划是临时有偿使用（租赁）农用土地用于农民或农场经济、农业生产合同的组成部分。

12. 不符合本条第9款要求的提供用于农民和农场经济、农业生产的土地临时有偿使用权（租赁权）的竞标申请，不予受理。

13. 提供用于农民或农场经济、农业生产的土地临时有偿使用权（租赁权）的竞标依照本法典第43条第2款的规定进行。

14. 提供用于农民或农场经济、农业生产的土地临时有偿使用权（租赁权）的竞标中标者，由土地委员会以竞标提案为基础、通过相关标准的比分确定。

第14款第2段经哈萨克斯坦共和国2021年6月30日第59-Ⅶ号法律增补（自2022年1月1日起生效）。

土地委员会评估、比较投标提案并确定中标申请。

在审查竞标提案和竞标申请时，不影响所提交标书和申请书实质的文法和算术错误可不计入，并可予更正。

15. 提供用于农民或农场经济、农业生产的土地临时有偿使用权（租赁权）的竞标结果由土地委员会的议事决定正式确定。

土地委员会的议事决定由土地委员会主席和所有参加会议的土地委员会成员以及土地委员会秘书在总结当日签署。

如对土地委员会的议事决定存在异议，土地委员会的成员有权提出异议，但必须以书面形式说明，并附在土地委员会的议事决定之后。

土地委员会成员签署的关于竞标结果的议事决定在1个工作日内在地区、州级市的互联网发布，并在3个工作日内发送给所有申请人和中央授权机构，并在其互联网上发布。

可就土地委员会关于提供用于农民或农场经济、农业生产的土地临时有偿使用权（租赁权）的竞标结果议事决定向法院提起诉讼。向法院提起诉讼后将暂停执行土地委员会的议事决定。

16. 土地委员会提供用于农民或农场经济、农业生产的土地临时有偿使用权（租赁权）的竞标结果议事决定包含以下信息：

1）竞标申请被驳回的申请人，并附有驳回理由的合理答复；

2）竞标申请获得批准的申请人，附上作为确定其为中标者依据的合同。

17. 土地委员会有关竞标结果的议事决定在2个工作日内送交地区、州级市的地方执行机构，以通过提供用于农民或农场经济、农业生产的土地临时有偿使用权（租赁权）的决定。

地区、州级市的地方执行机构自收到土地委员会关于提供临时有偿使用土地权（租赁）竞标结果的议事决定之日起，在3个工作日内作出提供用于经营农民或农场经济、农业生产的农业用地临时有偿使用（租赁）的决定。

18. 根据地区、州级市的地方执行机构有关提供农业用地临时有偿使用权（租赁）的决定，地区、州级市的授权机构自上述决定通过之日起3个工作日内，准备好提供农业用地临时有偿使用（租赁）用于农民或农场经济、农业生产的合同草案，并通知中标者。

19. 中标者自收到通知之日起3个工作日内，必须到地区、州级市的授权机构签订用于农民或农场经济、农业生产的农业用地临时有偿使用（租赁）合同。

地区、州级市的授权机构以挂号信、具有送达确认的电报以及通过电话、蜂窝通信或电子邮件以及使用其他有保证的通信方式将通知书送至中标者。

在放弃签署农业用地临时有偿使用（租赁）合同情况下，中标人必须以书面通知地区、州级市的授权机构。

中标者未能在本款规定的期限内签订农业用地临时有偿使用（租赁）合同，则地区、州级市的地方执行机构自收到书面拒绝或未签署的书面拒绝之日起3个工作日内，作出重新进行提供用于农民或农场经济、农业生产土地临时有偿使用权（租赁权）的竞标决定，并将该决定送至土地委员会。

拒绝签署临时有偿使用农业用地用于农民或农场经济、农业生产合同的中标者，在1年内无权参与后续竞标。

20. 根据所签订的临时有偿使用农业用地用于农民或农场经济、农业生产的合同，将对该农业用地使用情况进行监测，包括中标者对土地使用义务的履行情况：

1）租赁期的每5年进行1次；

2）在后续阶段：对灌溉农田——每3年进行1次，对非灌溉农田——每5年进行1次。

在公共委员会、农工综合体领域的非政府组织和地方当局代表参与下进行的关于农业用地使用情况监测的肯定结果，是地区、州级市地方执行机构作出延长临时有偿使用（租赁）农业用地用于农民或农场经济、农业生产的合同期限的依据。

21. 在以下情况下，提供用于农民或农场经济、农业生产的土地临时有偿使用权（租赁权）的竞标被视为无效：

1）每个投标土地收到的投标申请少于两份；

2）由土地委员会的议事决定认定，如果每块用于投标的土地允许参加投标的参与者少于两个。

认定提供用于农民或农场经济、农业生产的土地临时有偿使用权（租赁权）的竞标无效，由土地委员会议事决定作出，并在3个工作日内在地区、州级市地方执行机构和授权机构的互联网上发布该决定。

22. 在提供用于农民或农场经济、农业生产的土地临时有偿使用权（租赁权）招标被认定无效的情况下，由地区、州级市的地方行政机关按照本条规定的方式和期限进行再次招标。

第44条　提供用于设施建设的土地〔1〕

1. 在申请设施建设用地时，须提前选择土地。设施建设用地以及必要时用于建立安全或卫生保护区的土地的选择结果，由州、共和国级城市、首都、地区、州级市的授权机构和在土地所在地建筑和城市规划领域履行相关职能的相关地方执行机构下属分支机构的文件所制定。

申请用于建造天线杆结构和（或）支持蜂窝或卫星通信设备的地块，根据本法典第44-1条进行，无论土地类别如何。

申请用于在定居点边界内建造设施的地块，根据本法典第44-1条进行。

州、共和国级城市、首都、地区、州级市、区级市、居民点、村庄、农村地区的地方执行机构必须确保严格遵守所批准的总规划和定居点区域布局图。

2. 土地选择和制定地块选择文件应在10个工作日内进行，之后将土地选择文件提交土地委员会审议，并根据本法典第43条第2款准备决议。

3. 根据土地委员会的结论，准备提供土地权利的土地管理项目。

---

〔1〕第44条经哈萨克斯坦共和国2006年1月10日第116号法律（生效程序见第2条）、2006年1月31日第125号法律、2007年7月6日第279号法律、2009年7月9日第180-Ⅳ号法律、2011年3月1日第414-Ⅳ号法律（自首次正式公布之日起生效）、2011年7月15日第461-Ⅳ号法律（自首次正式公布之日起6个月后生效）、2012年7月10日第36-Ⅴ号法律（自首次正式公布之日起10日后生效）、2014年7月2日第225-Ⅴ号法律（自2015年1月1日起生效）、2014年11月3日第244-Ⅴ号法律（自首次正式公布之日起10日后生效）、2014年12月29日第269-Ⅴ号法律（自2015年1月1日起生效）、2015年10月28日第366-Ⅴ号法律（自首次正式公布之日起10日后生效）、2018年5月4日第151-Ⅵ号法律（自首次正式公布之日起10日后生效）、2018年5月24日第156-Ⅵ号法律（自首次正式公布之日起10日后生效）、2020年7月2日第355-Ⅵ号法律（自首次正式公布之日起10日后生效）、2021年6月24日第52-Ⅶ号法律修订（自首次正式公布之日起10日后生效）。

作为土地管理项目的一部分，核准所提供土地的面积、边界和位置、相邻土地的所有者和土地使用者，以及所提供土地的产权负担和地役权。

如果发生涉嫌扣押，根据国家需要强制转让地块，应根据被扣押的土地类型，附上土地所有者和土地使用者（租户）损失、农业和林业生产的损失的计算结果。

4. 在土地管理项目的基础上，土地所在地的地区、共和国级城市、首都、地区、州级市的授权机构准备地方执行机构关于提供相关土地权利的决定草案。

5. 申请用于建设与石油、天然气干线管道运输、后续油气储运及其他运输方式相关的油气运输基础设施有关的地块时，土地选择文件和土地管理项目需与哈萨克斯坦共和国在石油和天然气运输基础设施领域的授权国家机构达成一致。

5-1. 经哈萨克斯坦共和国 2018 年 5 月 4 日第 151-Ⅵ 号法律删除（自首次正式公布之日起 10 日后生效）。

5-2. 提供用于建造宗教建筑（结构）的土地应在州、共和国级城市、首都的地方执行机构根据哈萨克斯坦共和国宗教活动和宗教协会法发布所作出决定的情况下进行。

5-3. 允许在有供水和供电网络的土地上提供个人住房建设用地。

在没有集中供水的定居点，只能在具备供电网络的情况下才允许提供此类土地。

6. 在所选定布局建设项目的区域内安排住房、其他建筑物、构筑物，以及工程交通、需要拆除或者转让的绿地的情况下（包括在划拨土地时属于工业企业卫生防护区域），申请人或者其授权代表保证独立提供进行土地划拨所要求的批准文件。

此外，申请人提交与每位不动产业主签署的业主损失赔偿条款协议。

合同规定了安置、搬迁现有建筑物、公用设施、绿地的具体条件和期限的，开发商应当赔偿与不动产拆迁有关的所有损失。

第 6-1 款经哈萨克斯坦共和国 2021 年 6 月 30 日第 59-Ⅶ 号法律修订（自 2022 年 1 月 1 日起生效）。

6-1. 在拒绝提供土地权的情况下，除用于农民或农场经济、农业生产的土地外，由于需要通过招标（竞标、拍卖）进行，根据所申请地块情况，州、共和国级城市、首都、地区、州级市、区级市、定居点、村庄、农村地区的地方执行机构必须自作出拒绝提供土地权利的决定之日起 90 日内举行招标。

7. 州、共和国级城市、首都、地区、州级市、区级市、定居点、村庄、农村地区的地方执行机构有关提供土地权的决定必须包含以下内容：

被提供土地权的法人或自然人的名称；

本款第 2 项的规定也适用于社会性经营主体。

土地用途；

土地面积；

土地权类型、产权负担、地役权；

提供有偿土地或土地使用权的赎回价格、签订地块买卖合同的条款和期限；

被剥夺、为国家需要而强制转让土地（已指明土地大小）的自然人的姓氏、名字、父名（如果有的话）或法人实体的名称；

土地的可分割性信息；

其他条件。

对于小型企业，无论活动类型如何，建设用地的用途都是建筑物的维护服务设施。

8. 经哈萨克斯坦共和国 2014 年 7 月 2 日第 225-Ⅴ 号法律删除（自 2015 年 1 月 1 日起生效）。

第 44-1 条　为在定居点边界内建造设施提供地块[1]

1. 申请国有土地用作在居民区内建设设施时，除依照本法典第 48 条规定招标（招标、拍卖）的土地外，按以下顺序提供：

1）受理提交土地相关权的申请；

2）土地的初步选择；

2-1）制定建筑和规划任务、连接工程网络和地形的技术条件；

3）如果协调机构没有这些系统，则通过国家信息系统或书面批准初步选择土地；

4）编制土地地籍图；

5）由州、共和国级城市、首都、地区、州级市、区级市、村镇、农村地区的地方执行机构决定提供附有土地地籍图的地块使用权；

6）签订临时（短期、长期）有偿（无偿）土地使用协议；

7）在地面上确定地块的边界。

2. 由州、共和国际城市、首都、地区、州级市、区级市、村镇、农村地区的地方执行机构提供用于建设项目的土地使用地块。

提供使用的地块在项目投入运营后可转为私有。

地方执行机构在与国家安全当局和民防领域授权机构的地区分局达成协议后，有义务将已批准的总体规划方案、详细规划项目、定居点工程通信方案的信息发布在互联网和居民可以访问的专门信息站，其数据每季度更新 1 次。

在提供没有工程网络和设施的地区土地时，需说明这些网络和设施的开发期限以及与它们的连接点。

维护国家土地地籍的国家公司应当在互联网上发布土地地籍图，其数据每周定期更新。

申请表、批准机构的结论、选择地块的文件、建筑和规划任务、连接公用设施和地形的技术条件、土地地籍图由相关的中央授权机构批准。

3. 根据哈萨克斯坦共和国法律，对提供地块使用权感兴趣的自然人和法人实体，通过“电子政府”或国家公司门户网站，按规定方式向地块所在地的州、共和国级城市、首都、地区、州级市、区级市、村镇、农村地区的地方执行机构提交申请。在这种情况下，必须根据申请的受理日期为申请分配一个注册号。向申请人发放确认提交申请的通知，该通知中应注明收到批准选择地块文件的日期。

---

[1] 第 44-1 条经哈萨克斯坦共和国 2014 年 7 月 2 日第 225-Ⅴ 号法律增补（自 2015 年 1 月 1 日起生效）、经哈萨克斯坦共和国 2015 年 6 月 15 日第 322-Ⅴ号法律（自首次正式公布之日起 10 日后生效）、2015 年 10 月 28 日第 366-Ⅴ号法律（自首次正式公布之日起 10 日后生效）、2015 年 11 月 17 日第 408-Ⅴ号法律（自 2016 年 1 月 1 日起生效）、2016 年 3 月 29 日第 479-Ⅴ号法律（自首次正式公布之日起 21 日后生效）、2018 年 5 月 24 日第 156-Ⅵ号法律（自首次正式公布之日起 10 日后生效）、2020 年 6 月 29 日第 352-Ⅵ号法律（自首次正式公布之日起 10 日后生效）、2021 年 6 月 24 日第 52-Ⅶ号法律修订（自首次正式公布之日起 10 日后生效）。

申请中必须注明哈萨克斯坦共和国法律规定的信息。申请表附有电子格式的土地位置图。

州、共和国级城市、首都、地区、州级市、区级市、村镇、农村地区的地方执行机构，在1个工作日内，将收到的提供土地权的申请发送至土地所在地履行建筑和城市规划领域职能的相应地方执行机构下属单位。

4. 履行建筑和城市规划职能的地方执行机构的下属单位，根据批准的城市规划文件，在7个工作日内准备好土地选择文件，并附上地形图，建筑和规划任务，获得技术条件和地形调查问卷，并通过国家机构的信息系统，如果协调机构没有这些系统就用书面形式，将其同时发送给有关国家机构、相关服务部门、自然垄断主体、管理国家土地地籍的国家公司。

在选择土地的文件中应注明现有的工程通信设施情况，在必要时可考虑将工程通信设施转移到所提供的土地边界之外。

协调机构在12个工作日内就按所申请用途提供土地的可能性提出相关结论。

自然垄断主体自收到获得技术条件、地形图的调查问卷之日起，在5个工作日内，编制并提交工程联网技术条件。

管理国家土地地籍的国家公司的结论后应附上有关于请求土地的信息和土地地籍工作的信息。

在所申请土地被占用的情况下，管理国家土地地籍的国家公司在3个工作日内将相关信息发送至在建筑和城市规划领域履行职能的地方执行机构的下属单位，该信息将作为拒绝提供土地权的依据。

在建筑和城市规划领域履职的地方执行机构下属单位的结论成为拒绝提供地块权的意见，并在3个工作日内发送给申请人。

如果收到在建筑和城市规划领域履职的地方执行机构下属单位的肯定结论，则应在5个工作日内，准备好并发送选择土地的最终文件，并附上建筑设计文件、接入工程网络的技术条件和地形图。

第4-1款经哈萨克斯坦共和国2021年6月30日第59-Ⅶ号法律修订（自2022年1月1日起生效）。

4-1. 在拒绝提供土地权的情况下，除用于经营农民和农场经济、农业生产的土地外，由于需要通过招标（竞标、拍卖）提供该土地权，州、共和国级城市、首都、地区、州级市、区级市、村镇、农村地区的地方执行机构应根据所申请土地情况，在作出拒绝提供土地权决定之日起90日内进行招标。

5. 在建筑和城市规划领域履职的地方执行机构下属单位，通过“电子政府”或国家公司的门户网站发送通知，与申请人协调最终选择文件。

申请人在3个工作日内协调选择和对土地地籍工程服务付费的最终文件。未经申请人协调的选择文件的有效期为10个工作日。

在对最终选择文件达成一致后，将向申请人发放收到临时土地使用协议签署日期的通知。

6. 签字后的材料被发送到管理国家土地地籍的国家公司，以制订土地地籍计划。

7. 编制土地地籍计划，并在10个工作日内送交州、共和国级城市、首都、地区、州级市、区级市的授权机构审批，同时准备州、共和国级城市、首都、地区、州级市、区级市、村镇、农村地区的地方执行机构关于提供土地权的决定草案。

土地地籍图包括：

土地的地籍编号；

土地计划；

土地面积；

土地权类型；

土地用途；

土地的限制和产权负担；

土地的可分割性或不可分割性；

有关土地的相邻所有者和土地使用者的信息；

土地的地籍（估计）价值或土地使用权的价值。

土地地籍计划在 3 个工作日内获得批准，成为州、共和国级城市、首都、地区、州级市、区级市、村镇、农村地区的地方执行机构通过提供地块权决定的基础。

确定地上地块的边界在土地地籍计划批准后，由州、共和国级城市、首都、地区、州级市、区级市、村镇、农村地区的地方执行机构作出决定后 1 个月内进行。

8. 州、共和国级城市、首都、地区、州级市、区级市、村镇、农村地区的地方执行机构自土地地籍计划批准之日起 5 个工作日内作出提供地块权的决定。

州、共和国级城市、首都、地区、州级市、区级市、村镇、农村地区的地方执行机构的决定副本、土地地籍计划应在 1 个工作日内送交州、共和国级城市、首都、地区、州级市的授权机构，以供准备临时土地使用协议。

土地地籍计划是州、共和国级城市、首都、地区、州级市、区级市、村镇、农村地区的地方执行机构决定不可分割的组成部分。如果缺少该计划，决定将被视为无效。

在转让地块权时，土地地籍图将转让给收购方或其他权利人。在管理国家土地地籍的国有公司改变土地的识别特征的情况下，不发放新的土地地籍图，但在土地地籍簿中输入有关地块权利转让的信息，以及根据哈萨克斯坦共和国不动产权利国家登记法规定的法定地籍信息进行统一的国家土地登记。

州、共和国级城市、首都、地区、州级市、区级市、村镇、农村地区的地方执行机构的决定副本，及由州、共和国级城市、首都、地区、州级市的授权机构签署的临时土地使用协议，通过国家公司或电子政务门户网站发送给申请人签名。

土地使用者获得产权依照本法典第 47 条和第 49 条进行调节。

申请人接到通知后，在 3 个工作日内签订临时用地协议。

在收到确认土地权的文件后，申请人按照哈萨克斯坦共和国法律规定提交不动产权利国家登记申请。

州、共和国级城市、首都、地区、州级市、区级市、村镇、农村地区的地方执行机构的关于提供土地权的决定草案必须包括以下内容：

自然人的姓氏、姓名、父名（如果有），或被授予土地权的法人实体的名称；

本款第 10 项的规定也适用于社会性经营主体。

土地的用途；

土地的面积；

土地的权利类型、产权负担、限制；

有偿提供土地的土地使用权的赎回价格、所签订土地租赁权买卖合同的期限和条件；

自然人的姓氏、名字、父名（如果有的话），为国家需要被剥夺、强制转让地块的法人实体的名称，并说明土地大小；

其他条件。

对于小型企业，无论其活动类型如何，规定其建设用地用途都是建筑物（结构和结构）的维护设施。

在申请个人住房建设用地时，公民的申请（请愿）会受到特别考虑，并在准备好分配用地或有空地用于个人住房建设的情况下予以满足。向公民提供个人住房建设用地的规定由中央授权机构批准。无偿提供个人住房建设用地时，应考虑公民是否已拥有国家提供个人住房建设权利的地块。

在进行特别登记时，需考虑公民是否拥有国家提供用于个人住房建设土地的权利，有关信息可向管理国有土地地籍的国家公司处查询。

州、共和国级城市、首都、地区、州级市、区级市、村镇、农村地区的地方执行机构，应当通过在特殊信息平台和（或）在媒体上以哈萨克语和俄语发布有关准备分配地点和优先获得用于个人住房建设土地的信息清单（至少每季度 1 次），并确保信息的可得性。

同时，禁止在没有详细规划草案，或人口超过 2 万的定居点总体规划以及在没有将人口超过 2 万（或他们的替代发展计划和人口 5000 人以内的居民点建设计划）的定居点总体规划与详细规划项目相结合的情况下提供建设用地。

第 45 条　提供与建设无关的地块[1]

1. 根据对提供国有土地所有权或土地使用权感兴趣的人的申请，州、共和国级城市、首都、地区、州级市的授权机构（在定居点中与建筑和城市规划当局一起）根据土地管理和城市规划法来确定将所申请的土地用于所申请用途的可能性。根据本法典第 43 条第 2 款，将关于使用该土地的可能性的提案提交土地委员会审议并准备结论。

2. 根据土地委员会的结论，制定土地管理草案及州、共和国级城市、首都、地区、州级市、区级市、村镇、农村地区的地方执行机构关于提供土地权的决定草案。

第 3 款经哈萨克斯坦共和国 2021 年 6 月 30 日第 59-Ⅶ法律修订（自 2022 年 1 月 1 日起生效）。

3. 在拒绝提供土地使用权时，除用于农民或农场经济、农业生产的土地外，由于需要由州、共和国级城市、首都、地区、州级市、区级市、村镇、农村地区的地方执行机构通过招标（竞标、拍卖）提供，按照所申请的土地进行的招标（竞标、拍卖）应在不迟于作出拒绝提供土地权利的决定之日起 90 日内进行。

---

〔1〕 第 45 条经哈萨克斯坦共和国 2006 年 1 月 10 日第 116 号法律（生效程序见第 2 条）、2007 年 7 月 6 日第 279 号法律、2018 年 5 月 24 日第 156-Ⅵ号法律修订（自首次正式公布之日起 10 日后生效）。

第 46 条　向返回历史家园的哈萨克族人提供地块〔1〕

1. 向返回历史家园的哈萨克族人提供用于经营个人副业、园艺和别墅建设的土地在临时无偿土地使用权的基础上进行。

2. 经哈萨克斯坦共和国 2021 年 5 月 13 日第 39-Ⅶ号法律删除（自首次正式公布之日起 10 日后生效）。

3. 在获得哈萨克斯坦共和国国籍后，所提供的土地应按照本法典规定的程序和条件转为私有。

4. 提供给返回历史家园的哈萨克族人的土地不受本法典第 48 条规定的约束。

第 47 条　国有土地所有权的获得〔2〕

1. 向有权购买地块并转为私有的公民和非国有法人有偿提供国有土地。

在本法典和哈萨克斯坦共和国其他法律规定的情况下，可以免费向公民和非国有法人实体提供土地。

2. 有意购买土地的人向地块所在地的州、共和国级城市、首都、地区、州级市、区级市、村镇、农村地区的地方执行机构提交申请，根据土地用途，按照本法典第 43 条、第 44 条、第 44-1 条和第 45 条规定的程序予以审议。

3. 如果个人或非国家法人实体打算赎买先前提供给他使用的土地为私人所有，则此人应向州、共和国级城市、首都、地区、州级市、区级市、村镇、农村地区的地方执行机构提出申请。

申请需附上：

土地权证明文件，或经公证的文件副本；

纳税人证明复印件；

房地产中心出具的关于该土地上不存在妨碍交易完成的产权负担证明；

法人实体的国家注册（重新注册）证明。

土地所在地的州、共和国级城市、首都、地区、州级市的授权机构根据地籍文件识别土地，并准备一份关于提供土地私有权的决定草案。

在共和国级或地区级工业园区的管理公司提出出售提供给其使用的部分土地用于临时有偿使用的要求情况下，土地所在地的州、共和国级城市、首都、地区、州级市的授权机构，将根据本法典第 119-2 条第 2 款第 1 段第 2 项提供给它的一部分用于临时有偿土地使用的地块，按本法典规定对已出售的土地进行分割。

---

〔1〕 第 46 条经哈萨克斯坦共和国 2011 年 3 月 24 日第 420-Ⅳ号法律（自首次正式公布之日起 10 日后生效）、2021 年 5 月 13 日第 39-Ⅶ号法律修订（自首次正式公布之日起 10 日后生效）。

〔2〕 第 47 条经哈萨克斯坦共和国 2006 年 1 月 10 日第 116 号法律（生效程序见第 2 条）、2007 年 7 月 6 日第 279 号法律、2012 年 12 月 24 日的第 60-Ⅴ号法律（自首次正式公布之日起 10 日后生效）、2013 年 1 月 8 日第 64-Ⅴ号法律（自 2013 年 1 月 1 日起生效）、2014 年 12 月 29 日第 269-Ⅴ号法律（自 2015 年 1 月 1 日起生效）、2018 年 5 月 4 日第 151-Ⅵ号法律（自首次正式公布之日起 10 日后生效）、2019 年 4 月 3 日第 243-Ⅵ号法律（自首次正式公布之日起 10 日后生效）、2019 年 11 月 25 日第 272-Ⅵ号法律（自首次正式公布之日起 10 日后生效）、2020 年 6 月 29 日第 352-Ⅵ号法律（自首次正式公布之日起 10 日后生效）、2021 年 1 月 2 日第 399-Ⅵ号法律修订（自 2021 年 1 月 1 日起生效）。

授予土地所有权的决定必须在土地使用者向当地执行机构提交书面申请之日起5个工作日内作出。

土地所在地的州、共和国级城市、首都、地区、州级市的授权机构应与买方拟定并签订土地买卖合同。

3-1. 根据本法典第119-2条规定，如果经济特区、共和国级工业园区或地区级工业园区的参与者、或在经济特区境内从事辅助活动的人员打算赎买根据哈萨克斯坦共和国经济特区和工业园区法提供给其的土地为私有，该参与者或个人应向经济特区或工业园区的管理公司提交申请。

4. 收到土地的买受方在合同规定的期限内未能履行付款义务的，出售方有权要求支付所转让土地的款项或返还土地。

买受方在合同规定的期限内未能履行出让土地的付款义务或合同未约定的其他事项，需支付自出让土地之日起逾期未支付的款额，直到买受方支付该土地的费用为止。未支付金额额度按照哈萨克斯坦共和国国家银行的基准利率计算。

5. 土地买卖合同和支付土地赎回价款的文件是发放地块身份证明文件的依据。

分期出售土地时，在根据买卖协议发给买受人的土地身份证明文件中，已对禁止交易做出相应的记载，但土地转让租赁除外。

第48条　通过招标（竞标、拍卖）获得国有土地权[1]

1. 提供土地或者未提供使用的国有土地的租赁权，应通过招标（竞标、拍卖）方式进行，但以下提供土地或土地租赁权的情况除外：

1）根据哈萨克斯坦共和国企业经营法典第284条实施投资项目；

2）按照国际条约提供给外国和国际组织；

3）提供给哈萨克斯坦共和国国有土地使用者；

4）已中标由国家机构进行的建设项目的人员，并且当此类建设要求直接向指定人员提供土地时；

5）根据所有权和（或）其他物权，向个人和法人实体提供属于其的建筑物（结构物、

[1] 第48条列入哈萨克斯坦共和国2009年2月13日第135-Ⅳ号法律（生效程序见第3条）；经哈萨克斯坦共和国2011年7月20日第464-Ⅳ号法律（自首次正式公布之日起10日后生效）、2011年7月21日第470-Ⅳ号法律（自2012年4月1日起生效）、2012年1月9日第535-Ⅳ号法律（自首次正式公布之日起10日后生效）、2012年1月25日第548-Ⅳ号法律（自首次正式公布之日起10日后生效）、2013年7月3日第124-Ⅴ号法律（自首次正式公布之日起10日后生效）、2014年6月10日第208-Ⅴ号法律（自首次正式公布之日起10日后生效）、2014年6月12日第209-Ⅴ号法律（自首次正式公布之日起10日后生效）、2014年9月29日第239-Ⅴ号法律（自首次正式公布之日起10日后生效）、2014年12月29日第269-Ⅴ号法律（自2015年1月1日起生效）、2015年10月28日第366-Ⅴ号法律（自首次正式公布之日起10日后生效）、2015年10月29日第376-Ⅴ号法律（自2016年1月1日起生效）、2015年10月31日第380-Ⅴ号法律（自首次正式公布之日起10日后生效）、2016年6月30日第5-Ⅵ号法律（自首次正式公布之日起生效）、2017年12月27日第126-Ⅵ号法律（自首次正式公布之日起6个月后生效）、2018年5月4日第151-Ⅵ号法律（生效程序见第2条）、2018年5月24日第156-Ⅵ号法律（自首次正式公布之日起10日后生效）、2019年4月2日第241-Ⅵ号法律（自首次正式公布之日起10日后生效）、2019年4月3日第243-Ⅵ号法律（自首次正式公布之日起10日后生效）、2019年10月28日第268-Ⅵ号法律（自首次正式公布之日起10日后生效）、2020年6月29日第352-Ⅵ号法律（自首次正式公布之日起10日后生效）、2021年5月13日第39-Ⅶ号法律（自首次正式公布之日起10日后生效）、2021年1月2日第401-Ⅵ号法律修订（自2021年7月1日起生效）。

构筑物）用于开发和维护，包括根据建筑城市规划和（或）根据哈萨克斯坦共和国建筑、城市规划和建设活动法规定的程序，在相邻领土内扩建和重建建筑物（结构物、构筑物）；

5-1）根据本法典第 71 条，在其先前为建筑目的进行勘测工作的领土内建造建筑物（结构物、构筑物）及其工程和通信网络的个人和法人实体，前提是他们已按照详细项目规划，在规划开发范围内购买了原属于第三方的地块使用权；

5-2）根据建筑和城市规划当局发布的干线图和提出的技术条件，向个人和法人实体提供用于建设工程和连接通信网络的土地，按照哈萨克斯坦共和国建筑、城市规划和建设活动法规定的方式，将属于他们的土地与工程网连接；

6）向共管公寓参与者提供用于开发和维护共管公寓项目；

7）用于牧场和干草场的使用，以满足居民维持个人宅地和菜园耕作的需要；

8）根据哈萨克斯坦共和国地下资源和地下资源使用法典，用于以地下资源使用许可证或地下资源使用合同为基础的地下资源使用，以及用于建设和（或）安置进行矿产资源开采作业所需的工程、运输和其他基础设施，以及用于地下资源空间的使用；

9）根据哈萨克斯坦共和国投资领域法律签订的合同，作为国家实物赠与；

10）根据哈萨克斯坦共和国经济特区和工业园区法，提供给共和国级或地区级经济特区或工业园区的参与者和管理公司；

10-1）从水基金占用的土地构成中提供用于建造人工建筑物；

11）用于建设铁路、公路、海运和内河航道、航空、管道运输、通信和能源，以及其他国家级重要设施的需要；

12）为满足民众需求而设计的公共设施（供水管道、供热总管、清洁处理设施和其他工程和通信网络和系统、用于分离收集固体生活垃圾的基础设施），以及依照本法典第 107 条第 3 款第 5 段第 8 项规定的专门设施；

13）根据本法典第 121 条规定设立土地使用特殊条件区域；

14）根据本法典第 9 条第 3 款用于经营个人副业、园艺、个人住房和别墅建设；

14-1）用于私人造林；

15）用于哈萨克斯坦共和国国家规划系统文件规定的设施建设，确保国家利益和实现重大社会目标的投资项目；

16）符合本法典第 9 条第 3 款规定的国际参与和国内工业企业参与的科学中心；

17）实施公私合作伙伴关系项目的私人合作伙伴或实施特许经营项目的特许公司；

18）实施投资和创新项目的社会型经营公司；

19）实施产业创新项目的产业创新活动主体；

20）根据本法典第 101 条第 3 款，退出参与人（成员）名单的合作经营或生产合作社的参与人（成员）；

21）在哈萨克斯坦共和国政府确定的地区内，在定居点边界内从事项目建设的迁徙人员，但州级市除外。

第 1 款第 2 段经哈萨克斯坦共和国 2015 年 11 月 2 日第 389-Ⅴ号法律删除。

第 1 款第 2 段经哈萨克斯坦共和国 2021 年 6 月 30 日第 59-Ⅶ号法律删除（自 2022 年 1 月 1 日起生效）。

临时使用期限届满的农用土地，只有在临时用地人拒绝签署新一期临时用地协议的情况下，方可进行招标（竞标、拍卖）。

2. 经哈萨克斯坦共和国 2021 年 5 月 13 日第 39-Ⅶ号法律删除（自首次正式公布之日起 10 日后生效）。

第 3 款第 1 项经哈萨克斯坦共和国 2021 年 6 月 30 日第 59-Ⅶ号法律修订（自 2022 年 1 月 1 日起生效）。

3. 拟出售的土地在经以下过程后挂牌拍卖：

确定土地边界后；

确定土地用途及其地籍（估计）价值后；

作出举行招标（竞标、拍卖）决定后；

发布关于进行招标（竞标、拍卖）的信息后。

4. 地方执行机构是土地或地块租赁权的出卖方。

所有者或根据与其协议行事的专业组织是招标（竞标、拍卖）的组织者。

第 5 款经哈萨克斯坦共和国 2021 年 6 月 30 日第 59-Ⅶ号法律修订（自 2022 年 1 月 1 日起生效）。

5. 地块所有人确定招标（竞标、拍卖）方式、标的物的初始价格和押金金额。

第 6 条列入哈萨克斯坦共和国 2015 年 11 月 2 日第 389-Ⅴ号法律。

6. 出售土地或土地租赁权的招标（竞标、拍卖）应按照中央授权机构确定的方式，在国有财产登记处的门户网站上以电子方式进行。

第 6-1 款经哈萨克斯坦共和国 2021 年 6 月 30 日第 59-Ⅶ号法律修订（自 2022 年 1 月 1 日起生效）。

6-1. 在拒绝提供土地权的情况下，除了用于经营农民或农场经济、农业生产的地块外，由于需要，由州、共和国级城市、首都、地区、州级市、区级市、村镇、农村地区的地方执行机构在招标（竞标、拍卖）中提供所申请土地，该招标（竞标、拍卖）应在作出拒绝提供土地权决定之日起 90 日内举行。

第 7 款第 1 项提案经哈萨克斯坦共和国 2021 年 6 月 30 日第 59-Ⅶ号法律修订（自 2022 年 1 月 1 日起生效）。

7. 出售土地或提供土地租赁权的招标（竞标、拍卖）结果以协议形式拟定。根据协议，在 2 个工作日内，按中央授权机构批准的形式签订土地买卖或租赁合同。

根据哈萨克斯坦共和国 2015 年 11 月 2 日第 389-Ⅴ号法律，第五章增补第 48-1 条。

第 49 条　通过分期出售获得国有土地权[1]

1. 应买方书面要求，签订买卖协议，以 10 年为限分期出售国有土地。

2. 买方自买卖合同签订之日起 10 个工作日内，必须缴纳至少占土地价值 5%的预付款。随后，买方根据买卖协议所附的付款时间表每月支付作为其不可分割一部分的地块的付款。土地的付款可以现金支付，也可以以非现金方式转至买卖协议中指定的卖方账户。

买方有权提前全部或部分偿还其债务。在部分偿还债务的情况下，必须重新批准付款时间表。

---

〔1〕 第 49 条列入哈萨克斯坦共和国 2011 年 7 月 20 日第 464-Ⅳ号法律（自首次正式公布之日起 10 日后生效）。

3. 在土地的每月付款延迟的情况下，买方向卖方按延迟天数支付罚款，其额度相当于未支付的土地赎回价格的0.1%。

如果买方连续3个月不支付土地款项，以及连续两年不支付用于农业用途的土地款项，卖方有权终止买卖协议并要求退还所出售的土地，但从买方收到的付款金额已超过土地赎回价格一半的情况除外。

4. 分期出售的土地，除质押外，在完全支付赎买款项前不得进行交易。

第4款第2项经哈萨克斯坦共和国2015年11月2日第389-Ⅴ号法律删除。

本法典第24条第3款规定的完成土地交易限制期满后，自全额支付款项之日起计算，允许按优惠价格分期出售土地权。

5. 买方分期出售的土地，在支付至少50%的赎回价后，可进行质押。在这种情况下，只有已经支付赎回价款的那部分土地可以作为质押标的。

6. 完成土地分期出售的交易限制体现在买卖协议和土地的身份证明文件中。确认支付土地赎回价款的文件是解除买卖协议和土地身份证明文件中限制的依据。

第49-1条　土地用途变更程序[1]

1. 土地用途变更按以下程序进行：

1）受理变更土地用途的申请；

2）确定将土地用于所请求用途的可能性；

3）通过国家信息系统批准变更土地用途的申请，如果协调机构没有这些系统，则用纸质载体通知；

4）准备土地委员会的结论；

5）经哈萨克斯坦共和国2020年6月29日第352-Ⅵ号法律删除（自首次正式公布之日起10日后生效）；

6）州、共和国级城市、首都、地区、州级市、区级市、村镇、农村地区的地方执行机构在其权限内，作出变更土地用途的决定；

7）准备土地身份证明文件。

2. 根据哈萨克斯坦共和国法律，有意变更土地用途的自然人和法人实体，需用纸质载体或通过国家公司—电子政府门户网站，向地块所在地的州、共和国级城市、首都、地区、州级市、区级市、村镇、农村地区的地方执行机构提交申请。

申请在受理之日起分配一个登记号，并向申请人发出确认提交申请的通知，该通知应注明收到关于变更土地用途或拒绝改变的决定的日期。

该申请需注明以下信息：

土地的地籍编号；

所要求的土地用途；

---

[1] 第49-1条经哈萨克斯坦共和国2007年7月6日第279号法律增补、列入哈萨克斯坦共和国2014年12月29日第269-Ⅴ号法律（自2015年1月1日起生效）；经哈萨克斯坦共和国2015年10月28日第366-Ⅴ号法律（自首次正式公布之日起10日后生效）、2015年11月17日第408-Ⅴ号法律（自2016年3月1日起生效）、2018年5月4日第151-Ⅵ号法律（自首次正式公布之日起10日后生效）、2020年6月29日第352-Ⅵ号法律修订（自首次正式公布之日起10日后生效）。

土地面积；

土地的所有权和身份证明文件的编号和日期。

3. 在收到变更土地用途申请之日起13个工作日内予以审议。

4. 州、共和国级城市、首都、地区、州级市、区级市、村镇、农村地区的地方执行机构，在1个工作日内，向州、共和国级城市、首都、地区、州级市的授权机构、或在权限内承担建筑和城市规划领域职能的相关地方执行机构下属部门发送收到变更土地用途的申请。

5. 州、共和国级城市、首都、地区、州级市的授权机构、或在权限内承担建筑和城市规划领域职能的相关地方执行机构下属部门，在收到申请之日起1个工作日内，确定按所申请用途使用土地的可能性，并同时将其发送给所有有关国家机构和相关部门审批。

6. 协调机构在3个工作日内提交按所申报用途使用土地的可能性的相关结论。

7. 州、共和国级城市、首都、地区、州级市的授权机构，或承担建筑和城市规划领域职能的相关地方执行机构下属部门，在其职权范围内，在收到结论之日起1个工作日内，准备好按所申请用途使用土地的可能性提案。

8. 变更土地用途的决定以土地委员会的结论为依据。土地委员会的结论在收到关于变更土地用途可能性的建议后5个工作日内、以协议决定的形式起草，共一式两份。

9. 经哈萨克斯坦共和国2020年6月29日第352-Ⅵ号法律删除（自首次正式公布之日起10日后生效）。

10. 州、共和国级城市、首都、地区、州级市的授权机构、或承担建筑和城市规划领域职能的相关地方执行机构下属部门，在其职能范围内，自收到土地委员会的相关结论之日起1个工作日内，准备州、共和国级城市、首都、地区、州级市、区级市、村镇、农村地区的地方执行机构的相关决定。

11. 州、共和国级城市、首都、地区、州级市、区级市、村镇、农村地区的地方执行机构，自收到土地委员会有关结论之日起2个工作日内作出有关变更土地用途的决定。

12. 拒绝变更土地用途必须说明理由。

13. 州、共和国级城市、首都、地区、州级市、区级市、村镇、农村地区的地方执行机构同意或拒绝变更土地用途的决定副本，在通过决定后3个工作日内送交给申请人。

州、共和国级城市、首都、地区、州级市、区级市、村镇、农村地区的地方执行机构变更土地用途的决定必须包含以下内容：

土地的地籍编号；

土地的用途；

土地的面积。

在通过“电子政府”门户网站以电子文件形式提交申请的情况下，州、共和国级城市、首都、地区、州级市地方执行机构关于同意或解决变更土地用途的决定，应在通过决定之日起3个工作日内以电子文件发送给申请人。

14. 在变更土地用途时，准备身份证明文件的期限不超过6个工作日。

第 49-2 条　土地的储备[1]

1. 土地储备通过在国有土地上建立储备区进行，旨在确保定居点的发展、安置工程、交通和社会基础设施的规划设施、战略设施、国防和安全设施、空间活动，创建特别自然保护区域，包括保护性植树造林，用于牧场和干草场的使用，满足居民经营个人副业和园艺的需要，以及用于地下资源使用和建立共和国级或地区级经济特区和工业园区。

2. 土地储备的依据是正式批准的城市规划综合方案、居民点总体规划、公路和铁路通行设施（方案）、确定环境影响评估范围的结论、哈萨克斯坦共和国国家规划体系的文件。

根据哈萨克斯坦共和国地下资源和地下资源使用法典规定，用于地下资源使用的土地储备根据国家地下资源基金管理计划进行，这些文件是进行此类土地储备的依据。

3. 除了创建特别保护区的情况外，土地储备由州、共和国级城市、首都地方执行机构进行，期限最长为 20 年，定居点边界内的土地储备，除共和国级城市外，由地区、州级市地方执行机构负责。

用于自然保护区的土地储备根据哈萨克斯坦共和国自然保护区法进行。

如果计划活动的发起人提出要求，并在环境保护领域的授权机构按照哈萨克斯坦共和国环境法规定，就确定环境影响评估范围作出结论，则在环境影响评估期间土地储备的期限不超过 3 年。

4. 地方行政机关作出的土地储备决定中，必须注明储备的依据、目的和期限，土地的总面积和类别，以及在土地使用中的限制。在储备之前提供土地使用权和限制用途的地块时需注明土地使用者和地役权所有者。

5. 本条第 3 款第 1 段规定的地方执行机关应当自作出土地储备决定之日起 30 日内，通知其地块纳入储备土地的土地使用者和地役权所有者，以及通过在相应行政领土单位领土内发行的期刊上发布信息，确保土地储备信息的可得性。

6. 土地储备不会引起终止土地使用者的土地使用权，其土地包括在储备土地构成中。

储备土地构成中的土地可以在土地开发开始前的一段期限内用于临时使用，用于储备土地的用途，用于放置临时物体或与建设无关的用途，基于它们所属特定土地类别和土地分区许可使用。

第 50 条　土地提供标准[2]

1. 提供给公民和法人非农业用地的大小，根据哈萨克斯坦共和国法律批准的此类活动的土地分配规范，或根据建筑、城市规划和（或）建设文件确定。

2. 除本法典第 48 条第 1 款规定通过招标（竞标、拍卖）出售的土地清单以外的地

---

〔1〕 第 49-2 条经哈萨克斯坦共和国 2011 年 7 月 20 日第 464-Ⅳ号法律增补（自首次正式公布之日起 10 日后生效）、2013 年 7 月 3 日第 124-Ⅴ号法律（自首次正式公布之日起 10 日后生效）、2017 年 12 月 27 日第 126-Ⅵ号法律（自首次正式公布之日起 6 个月后生效）、2019 年 4 月 3 日第 243-Ⅵ号法律（自首次正式公布之日起 10 日后生效）；2021 年 1 月 2 日第 401-Ⅵ号法律修订（自 2021 年 7 月 1 日起生效）。

〔2〕 第 50 条经哈萨克斯坦共和国 2007 年 7 月 6 日第 279 号法律、2011 年 7 月 20 日第 464-Ⅳ号法律（自首次正式公布之日起 10 日后生效）、2018 年 5 月 4 日第 151-Ⅵ号法律（自首次正式公布之日起 10 日后生效）、2021 年 5 月 13 日第 39-Ⅶ号法律修订（自首次正式公布之日起 10 日后生效）。

块，以下土地免费提供给哈萨克斯坦共和国公民私人所有：

1）农村地区用于经营个人副业（包括宅旁园地和田间分配地），面积——非灌溉土地为0.25公顷，灌溉土地为0.15公顷；

2）个人住房建设——0.10公顷；

3）用于园艺以及夏季别墅建设——0.12公顷。

除本法典第94条第4款规定的情形外，不得为特定目的重复免费提供土地。

提供用于经营个人副业（宅旁园地）和个人住房建设的地块，在开发后免费转为私有。在开发期间，为以上目的提供临时有偿土地使用权（租赁），并根据本法典第92条规定开发此类地块的条件和期限的基础上进行。

在农村定居点领土内有闲置土地的情况下，在规定的土地标准范围内，统一提供用于个人住房建设和个人副业的土地。

2-1. 根据临时免费土地使用权，向哈萨克斯坦共和国公民提供不超过1公顷的菜园用地。

3. 本条第2款中列出的可转为私有土地的边界（最大）大小由州、共和国级城市、首都的代表机构和执行机构根据当地条件和特点作出的联合决定确定。

4. 哈萨克斯坦共和国政府根据州、共和国级城市、首都的代表机构和执行机构的联合提案，在共和国和一个行政区（市）内，根据农业用地类型确定农业用地的最大面积，这些土地可用于：

为哈萨克斯坦共和国公民私有，用于经营农民或农场经济，哈萨克斯坦共和国没有外国及其关联人参与的非国有法人实体从事农业生产；

根据哈萨克斯坦共和国公民临时土地使用权，用于经营农民或农场经济，哈萨克斯坦共和国非国有法人实体及其附属机构从事农业生产。

不允许为本款规定的目的提供超过最大面积的土地。

5. 为合理利用农用土地，由州代表机构和执行机构根据当地条件和此类土地使用特点共同决定，确定农用土地的最小面积。

第51条　可分割和不可分割的土地[1]

1. 土地分为可分割的和不可分割的。在不改变其用途，不违反消防、卫生、环境、建设和其他强制性规范和规则的情况下，可以分割成多个部分，分割后每个部分形成一块独立的土地，为可分割的土地，反之为不可分割土地。

1-1. 农用土地的划分参照本法典第97条第3-1款规定的规范进行。

2. 在身份证明文件中体现土地的可分割性和不可分割性。

3. 在进行部分可分割土地的交易时，按照既定程序，该部分必须预先分割为独立地块。在其他情况下，交易标的可以通过在合同中描述或通过在身份证明文件上对部分土地规定的权利范围（租赁、无偿使用、地役权等）来确定。

---

[1] 第51条经哈萨克斯坦共和国2007年7月26日第311号法律（自首次正式公布之日起10日后生效）、2018年5月4日第151-Ⅵ号法律修订（自首次正式公布之日起10日后生效）。

第 52 条　土地权和位于土地上的建筑物（结构物、构筑物）权[1]

1. 建筑物（结构物、构筑物）的所有权，按照法律规定的程序，包含该建筑物（结构物、构筑物）占用土地的所有权，但本法典规定的情形除外。国家法人对建筑物（结构物、构筑物）的经营权或经营管理权，按照既定程序，赋予这些设施占用的永久土地使用权，但本条第 7 款规定的情况除外。

上述权利相互不可分割。

2. 转让建筑物（结构物、构筑物）和其他不动产的所有权、经营权或经营管理权时，所有权转让给收购方，在本法典规定的情况下，对整个土地或其特定部分的永久或临时长期使用权，在将建筑物（结构物、构筑物）转让时应分割为独立土地，或按土地共同所有权中的占比转让，在共同土地使用权中，如果土地未被分割，或由于不可分割性，则不应分割。

分割地块时，向建筑物（结构物、构筑物）的收购方分配被该建筑物（结构物、构筑物）占用的可分割土地的一部分，并必须进行开发。经当事人约定，可向建筑物（结构物、构筑物）的收购方转让比建筑物（结构物、构筑物）的运营和维护所需土地更大的土地。

如果指定土地是不可分割或专门用于为安置在该土地建筑物（结构物、构筑物）提供服务，属于转让标的，则其全部转让给不动产收购方。

3. 转让建筑物（结构物、构筑物）占用土地所有权、永久或临时土地使用权，以及该土地被指定进行开发，不得在未相应转让指定的不动产，以及未相应转让该不动产占用的土地情况下进行。

4. 向土地使用者提供属于他的建筑物（结构物、构筑物）临时使用，包括提供该建筑物（结构物、构筑物）占用并用于其经营的土地在同期内临时使用。

不得在出租指定不动产临时使用的情况下，将安置建筑物（结构物、构筑物）并进行开发的地块出租给他人临时使用。

5. 如本法典未有其他规定，在土地使用者无权将属于他的土地使用权转让给他人的情况下，也无权转让位于该土地的建筑物（结构物、构筑物）。

6. 临时土地使用者经土地所有者许可并经相关服务部门批准，以本法典第 64 条第 1 款第 5 项规定的方式取得该土地上所建建筑物（结构物、构筑物）的所有权，协议期满后，土地可退还。根据当事人的协议，可以确立不同的程序来行使建造在他人土地上的建筑物（结构物、构筑物）所有者的权利。

7. 本条第 1 款的规定不适用于拜科努尔综合体中由国有土地使用者建立的建筑物（结构物、构筑物）、干线管道的延长部分、蜂窝或卫星通信设备用天线杆和（或）支架的所有权，以及经土地所有者同意，由投资者出资在本法典规定属于他人的地块上建造的生产性建筑物（结构物、构筑物）的所有权。

---

[1] 第 52 条经哈萨克斯坦共和国 2007 年 7 月 6 日第 279 号法律、2007 年 7 月 26 日第 311 号法律（自首次正式公布之日起 10 日后生效）、2012 年 4 月 27 日的第 15-Ⅴ号法律（自首次正式公布之日起 10 日后生效）、2012 年 6 月 22 日第 21-Ⅴ号法律（自首次正式公布之日起 10 日后生效）、2020 年 7 月 2 日第 355-Ⅵ号法律（自首次正式公布之日起 10 日后生效）、2021 年 1 月 2 日第 399-Ⅵ号法律修订（自首次正式公布之日起 10 日后生效）。

第 53 条　土地的共同所有权或者共同使用土地[1]

1. 由两人或两人以上所有的土地，根据共有权归他们共有。

2. 土地的共同所有权是在哈萨克斯坦共和国法律规定的情况下产生，包括土地不可分割（本法典第 51 条），以及所有者自愿将属于它们的土地合并为一个土地。

3. 一块土地可以在确定每个所有者的份额（份额所有权）或不确定份额（共同所有权）的情况下共同所有。

4. 本条第 1 条、第 2 条和第 3 款规定是共同土地使用权产生的依据。

5. 如哈萨克斯坦共和国法律文件未做其他规定，属于共同份额所有权的土地份额或共同使用的土地份额为土地权利和义务的独立对象。

6. 属于共有产权的土地（土地共同使用）的使用程序由共有产权（共同使用）参与者之间的协议确定。如果双方没有达成协议，使用程序由法院决定。参与者的协议或法院关于土地使用程序的决定须按照哈萨克斯坦共和国法律规定的方式进行国家登记。

第 54 条　属于共有产权或共同使用的农用土地使用程序

1. 属于共有产权或共同使用的农用土地使用程序，由份额产权参与方（共同使用土地）召开共同会议决定。份额产权参与方（共同使用土地）须在会议召开日前 1 个月发出书面通知并签收。

2. 经必要通知，至少有 50% 的份额产权参与者（共同使用土地）或其代表参会的情况下会议被视为有效。决定由出席会议的份额产权（共同使用土地）参与者的简单多数票通过，并形成协议。该协议由份额产权（共同使用土地）所有参与者或其代表签署。

第 55 条　属于共有份额产权的农业用地份额交易

1. 在进行旨在转让共有份额产权中的份额交易时，不需要根据土地份额分配土地。

2. 土地份额的出让方应当将出售其份额权给外部人的意图以书面形式通知其他共有份额产权参与人，并注明出售该份额权的价格和其他条件。

如果共有份额产权的其他参与者在接到书面通知之日起 1 个月内拒绝购买或不想获得所出售的份额，则出让方有权将其份额出售给任何人。

第 56 条　确定土地共有份额产权或者共有土地使用权份额的程序

1. 如果根据哈萨克斯坦共和国法律无法确定土地共有份额产权（共有土地使用）参与者土地份额的规模，且未经其所有参与者协议确定，则土地份额被视为平等分配。

2. 经共有份额产权（共有土地使用）所有参与者的同意，可以建立确定和改变其土地份额的程序，这取决于每位参与者在获得和开发共同土地中的贡献。

第 57 条　共有份额产权土地（共同份额土地使用）的分割和份额剥离

1. 共有份额产权（共同份额土地使用）参与人未能就共同土地的分割方式和条件达成一致时，每位参与方有权要求以实物方式（实地）从共同土地中分配其土地份额，但本

---

〔1〕 第 53 条经哈萨克斯坦共和国 2018 年 5 月 24 日第 156-Ⅵ号法律修订（自首次正式公布之日起 10 日后生效）。

法典第 62 条第 2 款规定的情况以及哈萨克斯坦共和国法律规定的其他情况除外。

2. 如果哈萨克斯坦共和国立法不允许以实物方式分割土地份额，或可能对土地及其相关联的一切造成不成比例的损害，进行分配的所有者（土地使用者）有权按照本法典第 55 条第 2 款确定的规定，向其他共有份额产权（共同土地使用）参与者支付其土地份额的费用，或将其出售给他人，但土地份额属于公寓设施一部分的情况除外。

第 58 条　共有产权土地（共有土地使用）的分割

1. 共有产权土地（共有土地使用）的分割，可在初步确定各参与方的土地份额后进行。

2. 分割共有产权土地（共有土地使用）时，每个参与方的份额被认为是平等的，除非哈萨克斯坦共和国法律或参与者的协议另有规定。

3. 共有产权土地（共有土地使用）的分割条件和程序根据本法典第 56 条和第 57 条确定，否则参与方之间的关系本质上不成立。

第 59 条　土地分割不可受理视为不可分割

1. 根据本法典第 51 条，不得以实物形式分割和分离其土地份额的土地认定为不可分割。

2. 在这种情况下，进行（土地使用）份额权和共有权分离的参与方有权向共有权（共有土地使用）其他参与方支付地块份额价值，或按照本法典第 55 条第 2 款规定将其出售给其他人，但公寓设施除外。

第 60 条　配偶对土地的共同产权

1. 有关夫妻的土地所有权或土地使用权的法律制度根据哈萨克斯坦共和国调节配偶财产关系的民事、婚姻和家庭法的规定确定。

2. 属于夫妻婚前以及他们作为遗产接受的土地和土地份额权（土地使用权），归夫妻双方共有。

如果确定在婚姻期间，以配偶的共同财产为代价，进行了显著增加这些土地价值的投资，则配偶每一方的土地都可以视为属于他们的共同产权（共同土地使用权），除非夫妻双方的协议另有规定。

3. 在分割土地时，确定在共同所有权（共同土地使用权）中夫妻份额的程序由本法典第 58 条规定。

第 61 条　共有土地上的不动产所有权

1. 如果不违反哈萨克斯坦共和国法律或协议确定的共有土地使用的条件，位于共有土地上的不地产所有者，有权自行决定拥有、使用和处理该不动产，包括拆除相应的建筑物（结构物、构筑物）。

2. 将位于共有土地上的不动产所有权转让给另一个人时，如果本法典未做其他规定，则受让人将获得与前不动产所有者相同数量的土地权。

第 62 条　公寓楼地块权和公寓其他设施的土地权[1]

1. 首都、共和国级城市、州级市和地区的地方执行机构在公寓楼中进行公寓设施登记时，确保将安置、运营和维护公寓设施所需的土地包含在公寓设施的共同财产中，免费转为理想份额。

除本法典另有规定外，属于公寓楼共管产权的土地不可分割。

2. 属于业主的每套公寓、非住宅物业在公寓设施共有财产中的份额，与属于业主的公寓、非住宅物业的所有权不可分割。公寓设施在总财产中的份额大小由个人（单独）所有的公寓或非住宅面积的比例决定，为所有公寓的有用面积和位于该公寓设施中的所有非住宅面积的总和。除非本法典另有规定，否则此类份额不能以实物形式（理想份额）分配。

根据公寓楼的公寓、非住宅场所的业主会议决定，公寓设施的部分共有财产可以根据财产租赁（租赁）协议，按照哈萨克斯坦共和国法律规定的程序，转让用于有限使用。

公寓、公寓楼的非住宅物业的所有业主，在遵守建筑、卫生、环境、消防安全及其他强制性要求的前提下，对公寓设施的共有财产，包括公寓楼的土地，享有平等的使用权，但是本法典和哈萨克斯坦共和国其他法律另有规定的除外。

3. 多户公寓楼内的土地可以提供给非住宅业主转为单独所有权，但条件是该土地位于多户公寓楼的等高线之外，且用途不得与属于公寓楼设施共有财产的地块的开发条件，以及建筑、卫生、环境、防火和其他强制性规范和规则相冲突。如果为运营非住宅场所使用了与非住宅场所的使用相关的部分土地（提供通往单独入口的通道的地块），则此类场所的业主应承担维护该土地的费用。

4. 公寓、非住宅房屋的所有权转让给另一个人的同时也要转让公寓设施共有财产中相关份额。

5. 为管理公寓设施和妥善维护建筑物（结构物、构筑物）和土地，公寓参与者根据哈萨克斯坦共和国法律选择公寓设施的管理形式。

6. 公寓参与者共有的土地不得转让给第三方。根据哈萨克斯坦共和国法律规定的程序和条件，公寓参与者共有的土地需缴纳土地税。

7. 有关公寓规则适用于车库、别墅和其他消费合作社共有土地参与者的权利。

第 63 条　私有土地和土地使用权的征收[2]

1. 除非哈萨克斯坦共和国法律另有规定，私有土地以及永久和长期临时土地使用权属于个人和法人实体的财产，他们对其负有义务，包括破产情况。

本法典第 26 条第 2 款所列土地，以及属于国有土地使用者的土地，除本法典第 39 条第 3 款规定的情形外，不得征收土地。

2. 对土地及永久和长期临时土地使用权的征收，按照哈萨克斯坦共和国民法和民事诉讼法规定的程序进行，并按照哈萨克斯坦共和国法律规定的程序进行国家登记。

---

〔1〕 第 62 条列入哈萨克斯坦共和国 2019 年 12 月 26 日第 284-Ⅵ号法律（自首次正式公布之日起 10 日后生效）。

〔2〕 第 63 条经哈萨克斯坦共和国 2018 年 5 月 24 日第 156-Ⅵ号法律修订（自首次正式公布之日起 10 日后生效）。

第六章　土地所有者和土地使用者在使用土地时的权利和义务

第64条　土地所有者和土地使用者使用土地的权利[1]

1. 如本法典和哈萨克斯坦共和国其他法律未做其他规定，土地所有者和土地使用者有权：

1）独立经营土地，用于实现源自土地用途的目的；

2）所有权、经营管理、对农作物的管理，农作物和其他作物的种植，因使用土地而获得的农产品和其他产品，以及销售获得收入；

3）在不打算为经济需要进行后续交易的情况下，按照规定的程序，使用土地上或下的普通矿产、种植物、地表和地下水，但以及开发土地其他有用财富的开发；

4）在为国家需要而强制转让土地的情况下，将全额赔偿损失；

5）以所有权为基础，根据土地的指定用途，考虑土地分区，对居住性、工业性、日常性和其他建筑物（结构物、构筑物）进行经营和运营管理；

6）按照既定的建设、环境、卫生和其他专门要求，进行排灌等复垦工程，修建池塘和其他水库；

第7项列入哈萨克斯坦共和国2015年11月2日第389-Ⅴ号法律。

第7项经哈萨克斯坦共和国2021年6月30日第59-Ⅶ号法律修订（自2022年1月1日起生效）。

7）转让所有权、土地临时有偿使用权（租赁权）作为对商业合伙企业注册资本的出资、支付股份公司的股份或对生产合作社的出资；

8）根据本法典第52条第7款的规定，以民事交易为基础，将其拥有的土地所有权，以土地建设权的形式转让给投资者，其条件由当事人约定。

2. 本条第1款第2项、第3项、第5项、第6项规定的临时用地人的权利，可以以提供土地的文件或租赁协议（临时免费用地协议）加以限制。

第65条　土地所有者和土地使用者使用土地的义务[2]

1. 土地所有者和土地使用者应当：

1）按其用途使用土地，或在定居点功能区临时使用土地——包括根据租赁协议（临时免费使用土地协议）使用土地；

2）采用符合卫生和环境要求的生产技术，防止危害人体健康，防止卫生流行病和由

---

[1] 第64条经哈萨克斯坦共和国2007年7月6日第279号法律、2011年3月1日第414-Ⅳ号法律（自首次正式公布之日起生效）、2011年7月20日第464-Ⅳ号法律（自首次正式公布之日起10日后生效）、2017年12月27日第126-Ⅵ号法律（自首次正式公布之日起6个月后生效）、2021年1月2日第399-Ⅵ号法律修订（自首次正式公布之日起10日后生效）。

[2] 第65条经哈萨克斯坦共和国2007年1月9日第213号法律（生效程序见第2条）、2007年7月21日第307号（生效程序见第2条）、2014年1月17日第165-Ⅴ号法律（自首次正式公布之日起10日后生效）、2014年9月29日第239-Ⅴ号法律（自首次正式公布之日起10日后生效）、2018年5月24日第156-Ⅵ号法律（自首次正式公布之日起10日后生效）、2019年12月26日第289-Ⅵ号法律（自首次正式公布之日起10日后生效）、2021年1月2日第401-Ⅵ号法律修订（自2021年7月1日起执行）。

于辐射形势恶化造成环境的破坏；

3）实施本法典第140条规定的土地保护措施；

4）按时缴纳土地税、地块使用费以及哈萨克斯坦共和国法律和协议规定的其他款项；

5）遵守使用野生动物、森林、水和其他自然资源的程序，根据哈萨克斯坦共和国法律，确保历史文化遗产和地块上安置其他设施的安全；

6）在土地上进行经济和其他活动时，遵守建设、环境、卫生和其他特殊要求（规范、规则、标准）；

7）及时向国家机关提交哈萨克斯坦共和国土地法律规定的土地状况和使用信息；

8）不侵犯其他所有者和土地使用者的权利；

9）禁止污染土壤、乱扔垃圾、使土壤肥力退化和恶化，以及为了出售或转让给他人而移除土壤肥沃层，但为了防止肥沃土层发生不可逆转的损失而需要移除土壤的情况除外；

10）确保以本法典规定的程序提供地役权；

11）将已发现的不属于其所有的生产和消费废料通知地方执行机构；

12）提供土地进行土壤农业化学调查，按照中央授权机构与农工综合体发展领域国家授权机构规定的程序进行。

2. 临时土地使用者可能承担临时用地协议约定的其他义务。

3. 如本法典未做其他规定，土地的所有者和使用者承担土地负担的所有义务（按用途使用、提供地役权、缴纳税款和其他强制性付款等）。

4. 土地用途和使用制度、地役权和其他根据监管性法律文件确立的使用条件，土地所有者或使用者不得自行改变。

第66条　根据本法典土地所有人和使用者不能拥有的土地权和义务[1]

1. 如果根据哈萨克斯坦共和国法律规定，某人获得了其（该人）根据本法典规定的规范不能拥有的土地权，则根据哈萨克斯坦共和国民事法律规定，该权利应在3个月内转让，或者必须在指定期限内将土地权重新授予根据本法典应该授予的主体。

如果不能满足本款第1段规定的要求，州、共和国级城市、首都、地区、州级市的地方执行机构应提出按所在地归还土地的要求。

2. 在转让拥有所有权或使用权的土地时，由于要将建筑物（结构物、构筑物）转让给土地权不可能转让给其的个人，必须由收购人将土地权重新转让给根据本法典和哈萨克斯坦共和国其他法律可能享有该权利的个人。

第3款经根据哈萨克斯坦共和国2021年6月30日第59-Ⅶ号法律增补（自2022年1月1日起生效）。

第七章　地役权

第67条　地役权产生的依据[2]

1. 在本法典和哈萨克斯坦共和国其他法律规定的情况下，土地所有者或使用者应当

---

［1］第66条经哈萨克斯坦共和国2011年7月20日第464-Ⅳ号法律修订（自首次正式公布之日起10日后生效）。

［2］第67条经哈萨克斯坦共和国2020年6月29日第351-Ⅵ号法律修订（自2021年7月1日起生效）。

向感兴趣的个人和法人实体提供其拥有所有权和使用权的土地有限定向使用权。

2. 有限定向使用他人土地（地役权）的权利可能在以下情况下产生：

1）直接来自监管法律文件；

2）根据利益关系人与土地所有者或使用者之间的协议；

3）根据当地执行机构的文件；

4）根据法院判决；

5）哈萨克斯坦共和国法律规定的其他情况。

3. 如果监管法律文件规定，根据利益关系人与推动所有者或土地使用者之间的协议设立地役权，后者拒绝签订此协议或推动所有者及使用者提出的协议条款，利益关系人可能会通过向推动所有者或使用者提出索赔在法庭上提出异议。

4. 如果监管性法律规定，根据地方执行机构的文件设立地役权，确立地役权的利益关系人、土地所有者或使用者可按照哈萨克斯坦共和国法律规定的程序就该文件提起诉讼。

第 68 条　自然人在他人土地上停留和通行的权利

1. 个人有权在未经任何许可的情况下在未向公众开放的土地上停留。

2. 属于他人私有财产或土地使用的土地未设围栏，或私人所有者或土地使用者未另行表明未经其许可不得进入该土地，如果不会对私人所有者或土地使用者造成伤害，任何人都可通过这个土地。

第 69 条　相邻土地或其他土地的有限使用权[1]

1. 私人所有者、土地使用者或进行勘探或地质研究作业的地下资源使用者，有权向相邻土地的私人所有权或土地使用权主体提出要求，在必要时，有权向其他土地的私人所有权或土地使用权主体提出提供有限使用该土地权利的要求。

2. 可以确立相邻土地或其他土地的有限使用权（私人地役权），用以确保：

1）如果私人所有者或土地使用者无法通过另一条路径、或通过极其困难、或需要付出不成比例的成本才能到达其土地（进行勘探或地质研究作业的地下资源使用者——前往其领土进行勘探或地质勘探作业），则可步行通过和（或）行车通过相邻土地或其他土地；

2）铺设和（或）运营私人所有者、土地使用者或地下资源使用者进行勘探或地质作业所必需的输电线路、通信、供水、排水、供热、供气、土地复垦和其他需求，除非在相邻或其他土地确立地役权，否则无法提供保障。

3. 相邻土地或其他土地的私人地役权是根据与这些土地的私有财产或土地使用权的主体达成的协议（关于确立私人地役权的协议）或法院判决而确立。

---

〔1〕 第 69 条经哈萨克斯坦共和国 2006 年 1 月 10 日第 116 号法律（生效程序见第 2 条）、2007 年 7 月 6 日第 279 号法律、2011 年 7 月 20 日第 464-Ⅳ号法律（自首次正式公布之日起 10 日后生效）、2012 年 1 月 9 日第 533-Ⅳ号法律（自首次正式公布之日起 10 日后生效）、2012 年 6 月 22 日第 21-Ⅴ号法律（自首次正式公布之日起 10 日后生效）、2015 年 10 月 29 日第 376-Ⅴ号法律（自 2016 年 1 月 1 日起生效）、2017 年 12 月 27 日第 126-Ⅵ号法律修订（自首次正式公布之日起 6 个月后生效）。

土地有限使用权（私人地役权）的主体必须赔偿私人所有者或土地使用者与地役权相关的所有损失，金额由确立私人地役权的协议或法院判决确定。

4. 为保障国家和当地人民的利益，或为勘探矿产或地质研究的目的，可设立公共地役权，而不是仅根据州、共和国级城市、首都、地区、州级市、区级市、村镇、农村地区的地方执行机构的决定，在其提供土地的权限范围内征用地块。

可以为以下目的建立公共地役权：

1）步行或驾车通过地块前往公共设施、公墓、墓地和其他礼拜场所；

2）将地块用于铺设和运营公共通信、工程、电力和其他线路和网络，以及交通基础设施，如果不能建立地役权将无法得到保证，或需要不成比例的成本；

2-1）用于干线管连接线部分的铺设和运营；

3）在土地上放置边界和大地测量标志及其入口；

4）取水口和灌水处；

5）驱赶牲畜通过；

6）用于狩猎，在土地上的封闭水域中捕鱼，在规定的期限按既定程序采集野生植物；

7）用于勘探、研究和其他工作的临时使用；

7-1）临时使用土地或其中一部分用于矿产勘查或地质研究；

8）可自由进入沿海地带；

9）根据国家机关决定用于举办群众文化活动的土地；

10）其他涉及公共和国家利益的情况。

5. 拥有私人地役权的土地所有者或土地使用者，有权要求为自身利益设立地役权的人员支付相应的费用，但是哈萨克斯坦共和国的法律文件另有规定的除外。私人地役权的支付金额由私人地役权协议或法院判决确定。

6. 当为国有的、不提供土地使用的土地上设置公共地役权时，除为进行矿产勘查和地质研究而设置的地役权外，为取得地役权的付费将纳入预算。

7. 除被提供所有权或以公共地役权形式存在产权负担的土地使用权的人员外，有公共地役权负担的土地的所有者或土地使用者，在因确立地役权导致土地使用出现重大困难，有权要求规定公共地役权的国家机构支付比例合适的费用。

如果因公共地役权的建立导致无法使用土地，土地所有者或使用者有权要求征收（包括通过赎回）该地块，并由确立公共地役权的国家机构赔偿在终止所有权或土地使用权时的全额损失，或提供等价的土地，在不可能的情况下，可提供另一土地，以其价值或土地权来赔偿所带来的损失。

为进行勘探或地质研究作业而设立公共地役权，由相关地下资源使用者支付本条第1款规定的费用和（或）本条第2款规定的损失赔偿。

第70条 临时（季节性）使用的牲畜小道[1]

1. 临时（季节性）使用的牲畜小道可以由地区（在一个地区领土内）或州（在两个或更多地区的范围内）执行机构与私人所有者或土地使用者达成协议后确定，不会小路通

---

〔1〕 第70条列入哈萨克斯坦共和国2017年12月27日第126-Ⅵ号法律（自首次正式公布之日起6个月后生效）。

过的私人所有者或土地使用者处征收土地，如果牲畜路线穿过进行矿产勘探或地质研究的区域，也不会从地下资源使用者手中征收土地。

2. 牲畜所有者对沿途驱赶牲畜造成的损失向私人所有者、土地使用者和地役权所有者负责。

第 71 条　用于勘测工作的土地使用[1]

1. 从事地质、地球物理、勘查、大地测量、土壤、地质植物、土地管理、考古、设计和其他勘查工作的自然人和法人，可以在不征收私人所有者或土地使用者土地的情况下开展这些工作。

在这一情况下，在国有土地进行建设勘察工作，如果所设计的建设项目符合按哈萨克斯坦共和国建筑、城市规划和建设活动法规定的程序批准的城市建设规划项目（总体规划、详细规划和开发项目）的条件，不提供土地所有权。

2. 用于开展本条第 1 款所列工作的土地使用许可证，由地区、市执行机构颁发，并注明有效期，用于耕地、改良干草场和牧场、多年生种植园占用的土地，以及在特别自然保护区和森林基金的土地开展工作，其地块使用许可证由州、共和国级城市、首都的地方执行机构颁发。

3. 所指定工作的期限、地点、损失赔偿义务，使土地使用符合其用途及其他条件，在勘测人与私人所有者或土地使用者、或与土地所在地（在储备土地，无土地所有者和土地使用者的其他类别的土地）的州、共和国级城市、首都、地区、州级市的授权机构签订的协议中确定。

4. 将用于勘测工作的土地恢复到适合预期用途的状况，由私人所有者或土地使用者与勘测人员之间的协议确定，同时考虑到使土地恢复到适合预期用途的工作应在勘查工作期间进行，如果无法进行，则应在工作完成后 1 个月内进行，土壤冻结期除外。

5. 本条不适用于实施矿产勘查和地质研究作业中的勘测工作。

第 71-1 条　进行矿产勘探和地质研究的土地使用[2]

1. 地下资源使用者可在未取得土地所有权或使用权的情况下，以公共地役权为基础，在未提供土地使用权的国有土地上进行矿产勘查或地质勘查作业。

在私人所有或土地使用的土地进行勘探或地质勘探作业的地下资源使用者，可以在私人或公共地役权的基础上在该土地上进行必要的工作，而无须从私人所有者或土地使用者手中征收土地。

2. 为进行矿产勘探或地质研究而设立的公共所有权，由州、共和国级城市、首都、州级市、区级市、村镇、农村地区的地方执行机构以相关地下资源使用许可证和地下资源

---

〔1〕 第 71 条经哈萨克斯坦共和国 2006 年 1 月 10 日第 116 号法律（生效程序见第 2 条）、2011 年 7 月 20 日第 464-Ⅳ号法律（自首次正式公布之日起 10 日后生效）、2015 年 10 月 28 日第 366-Ⅴ号法律（自首次正式公布之日起 10 日后生效）、2016 年 3 月 29 日第 479-Ⅴ号法律（自首次正式公布之日起 21 日后生效）、2017 年 12 月 27 日第 126-Ⅵ号法律修订（自首次正式公布之日起 6 个月后生效）。

〔2〕 第 71-1 条经哈萨克斯坦共和国 2017 年 12 月 27 日第 126-Ⅵ号法律增补（自首次正式公布之日起 6 个月后生效）。

使用合同为基础，根据地下资源使用者的申请作出决定形成。

3. 进行矿产勘测和地质工作的期限和地点、开垦义务和其他条件，由确立私人地役权的协议确定，未确立私人地役权协议的——由法院判决确定。

4. 如果确立私人地役权协议未做其他规定，在向土地所有者和使用者支付地役权费用和根据确立私人地役权协议或法院判决赔偿损失之前，地下资源使用者无权开始矿产勘测或地质研究工作。

第 72 条　其他地役权

在哈萨克斯坦共和国法律规定或当事人协议规定的情况下，可以确立除本法典规定外的其他地役权。

第 73 条　在转让土地权时地役权的保留

1. 在向他人转让土地所有权、或有地役权的土地使用权时，应当保留地役权。

2. 地役权不能作为独立的交易标的，包括买卖和质押。地役权只能连同为确保地役权设立的权利一起转让给其他人。

第 74 条　地役权的终止

1. 因权利人放弃、长期不使用（3 年）、根据双方协议，法院判决和哈萨克斯坦共和国法律规定的其他理由所确立期限届满而失效。

2. 公共地役权在没有公共需要的情况下，可以由当地执行机构作出取消地役权的决定而终止。

3. 根据哈萨克斯坦共和国法律规定或当事人约定，可单方面终止地役权。

4. 地役权可以在私人所有者或土地使用者因权利人不当使用以及缺乏成立理由而提出要求的情况下通过司法程序终止。

5. 如双方协议未做其他规定，设立有一定期限的地役权，其效力于规定期限届满时终止。如果根据协议设立地役权，直到请求之时或无限期，则地役权在享有地役权的不动产所有者要求终止地役权之日起 1 个月后终止。

第 75 条　地役权登记

1. 如果本条和哈萨克斯坦共和国不动产权利国家登记法未做其他规定，法定地籍的国家登记受制于提供给权利人有限使用他人地块的地役权的产生、变更和终止。

2. 登记地役权时，地役权产生的文件需附上有提供该地役权的人证明的显示地役权范围边界的土地平面图。如果地役权适用于整个土地，则不需要提供土地平面图。

3. 依据法律法规产生的地役权，以及根据哈萨克斯坦共和国不动产权利国家登记法不属于登记对象的其他地役权，不需进行国家登记。

第八章　土地和土地使用权的质押

第 76 条　质押标的

1. 出质标的可以是属于土地私有权或使用权出质人的土地。

2. 如果哈萨克斯坦共和国法律未做其他规定，不动产按揭的规定适用于土地和土地使用权抵押。

3. 所抵押土地或者土地使用权成为抵押权人所有的情况下，对于本法规定的土地权不能属于其的人员，适用本法典第66条规定的规范。

第77条　土地和土地使用权质押的限制[1]

1. 当土地、土地使用权禁止交易时（本法典第33条第2款、第36条），不得以土地、土地使用权质押。

2. 不得将土地的一部分或一部分地块的土地使用权质押，如果这部分不能按其用途作为独立土地使用。

不得将可分割土地的全部或部分、或土地使用权、或其未能将土地上的建筑物（结构物、构筑物）同时质押的全部、部分土地或其部分土地使用权质押于整个土地。

不得将不可分割土地或土地使用权质押给在未能同时质押其建筑物（结构物、构筑物）的不可分割土地。

在以下情况下，建筑物（结构物、构筑物）不得质押：要么未能同时质押可分割土地的一部分、或使用该建筑物（结构物、构筑物）需要占用的部分可分割土地的土地使用权，要么未能质押整个不可分割土地，或建筑物所在的整个不可分割土地的土地使用权。

在对部分土地确立质押时，必须遵守本法典第51条第3款规定的要求。

3. 在租赁协议存续期间，允许以土地租赁的形式质押临时长期土地使用权。

不得将临时短期有偿和临时无偿土地使用权质押，但授权公司根据哈萨克斯坦共和国住房建设法，将土地临时有偿使用权（租赁权）权质押给统一住房建设运营商获得担保的情况除外。

第78条　带有建筑物的土地或土地使用权的质押

1. 位于可分割土地上的建筑物（结构物、构筑物）质押，是指将一部分可分割土地或土地使用权同时质押给被建筑物（结构物、构筑物）占用且为维护该建筑物所必须的部分可分割土地、或部分可分割土地的土地使用权，经当事人约定，大于指定的部分土地或部分土地的使用权、或整个土地及整个土地的使用权不作为质押提供。

位于不可分割土地上或为维护土地上不动产而专门设置的建筑物（结构物、构筑物）的质押，是指将整个土地或整个土地的土地使用权同时质押。

质押建筑物（结构物、构筑物）时，必须考虑相应土地或其可分割部分、或该土地及其可分割部分的土地使用权的价值。

2. 如果在不可分割的土地上存在共有产权（其他共有物权）的建筑物（结构物、构筑物），则该建筑物（结构物、构筑物）的质押是指将为建筑物（结构物、构筑物）选址、维护和运营所必需的地块同时质押。在上述情况下，如果质押标的物是按哈萨克斯坦共和国法律规定的程序划分的部分建筑物（结构物、构筑物），或共同产权的份额，则应

---

[1] 第77条经哈萨克斯坦共和国2007年7月6日第279号法律、2018年5月4日第151-Ⅵ号法律（自首次正式公布之日起10日后生效）、2020年6月9日第341-Ⅵ法律修订（自2020年7月1日起生效）。

将与部分建筑物面积相符的土地份额同时质押。位于公寓设施处的房屋质押意味着同时质押的标的物是根据哈萨克斯坦共和国法律确定的共同财产和土地的份额，该法律旨在调节公寓参与者之间的关系。

3. 国有土地使用者只有在质押位于该土地上的建筑物和部分土地上用于维护该建筑物（结构物、构筑物）的服务设施（根据本法典第 39 条第 2 款规定）的情况下，才能将其所属的永久土地使用权进行质押。

第 79 条　土地和土地使用权的质押程序[1]

1. 质押人可以是拥有私人所有土地和临时有偿长期土地使用权的自然人和非国有法人。

国有土地使用者有权按本法典规定的程序和条件质押其所有的永久土地使用权。

2. 质押人可以是自然人和法人实体。

3. 经所有共有产权或共有土地使用权参与人书面同意，允许质押共有产权的不可分割土地或共有土地使用权。

土地共有份额或者共有土地使用权的参与者，有权不经其他共有权人或共有土地使用权人同意，质押自己的份额。

4. 共有所有权人可以根据共有所有权人大会的决定质押地块。

允许以本法典第 49 条规定的程序和条件，将从国家赎回的土地分期质押为私人所有。

根据哈萨克斯坦共和国法律规定的程序和条件，经与哈萨克斯坦共和国政府达成协议，允许将战略设施所在的土地进行质押。

5. 为质押土地或土地使用权，个人和法人应向潜在质权人提供：

土地的确权和身份证明文件；

经公证处公证过的共同所有权人或共同土地使用人的书面同意书；

法定地籍处关于土地登记权利（权利负担）的信息。

质押土地的一部分或其土地使用权时，在土地的总体图中必须标出其中拟质押的部分。

除本条第 4 款第 3 段规定的情况外，质押土地使用权时无须征得国有土地所有者的同意。

本款第 1 段、第 2 段指定的文件和信息清单应详尽无遗。

6. 经哈萨克斯坦共和国 2006 年 1 月 10 日第 116 号法律删除（生效程序见第 2 条）。

7. 就土地或土地使用权的价值达成协议后，为保证主要债务，出质人与质权人应订立土地和土地使用权质押协议，一式两份。

8. 抵押协议中不考虑将土地或土地使用权转让给质权人或者第三方，不得限制出质人和（或）第三方利用根据抵押协议进行质押的土地所有权和土地使用权，按其用途从该土地获取收益。

---

[1] 第 79 条经哈萨克斯坦共和国 2006 年 1 月 10 日第 116 号法律（生效程序见第 2 条）、2007 年 7 月 6 日第 279 号法律、2007 年 7 月 26 日第 311 法律（自首次正式公布之日起 10 日后生效）、2011 年 3 月 25 日第 421-Ⅳ号法律（自首次正式公布之日起 10 日后生效）、2011 年 7 月 20 日第 464-Ⅳ号法律（自首次正式公布之日起 10 日后生效）、2014 年 12 月 29 日第 269-Ⅴ号法律（自 2015 年 1 月 1 日起生效）、2018 年 5 月 24 日第 156-Ⅵ号法律修订（自首次正式公布之日起 10 日后生效）。

9. 经哈萨克斯坦共和国 2007 年 7 月 6 日第 279 号法律删除。

10. 如果质押协议未做其他规定，土地确权和身份证明文件转让给质权人或委托人。

11. 土地或土地使用权的质押权自该土地所在地国家公司内的质押进行国家登记之时起产生。

12. 如果债务人不履行主要债务，质权人有权根据哈萨克斯坦共和国民事法律履行其债权。

第 80 条　土地或者土地使用权的质押登记[1]

土地或土地使用权的质押，应当按照不动产权利登记规定的程序进行国家登记。

第九章　土地所有权、土地使用权和其他物权的终止

第 81 条　终止土地私有权和土地使用权的依据[2]

1. 土地私有权或土地使用权在下列情形下终止：

1）土地使用者将土地所有权或土地使用权转让给他人；

2）土地所有者放弃所有权，或者土地使用者放弃土地使用权；

3）在哈萨克斯坦共和国法律规定的其他情形下，丧失土地所有权或土地使用权。

2. 未经同意，不得收回土地所有者的土地和土地使用者的土地使用权，但下列情形除外：

1）根据所有者或土地使用者的义务，取消土地或土地使用权；

2）因国家需要强制转让土地；

3）在本法典第 92 条和第 93 条规定的情况下，强制没收所有者或土地使用者未用于预期目的或违反哈萨克斯坦共和国法律的土地；

4）强制征收土地所有者或土地使用者受到放射性污染的土地，并提供等值的土地；

5）没收。

3. 此外，土地使用权可以因下列原因终止：

1）提供土地的期限届满；

2）提前终止土地租赁协议或临时无偿用地协议，但质押的土地除外；

3）由于劳资关系的终止，向土地使用者提供公务土地分配（本法典第 41 条）。

第 82 条　土地私有权或土地使用权的放弃[3]

1. 所有者无意保留该土地的所有权，可以通过公告、或采取其他明确表明放弃其土地权的行为，放弃其土地所有权。

放弃临时土地使用权或私有土地临时使用权，按照为终止租赁协议或临时无偿土地使

---

〔1〕 第 80 条经哈萨克斯坦共和国 2007 年 7 月 26 日第 311 号法律（自首次正式公布之日起 10 日后生效）、2011 年 3 月 25 日第 421-Ⅳ号法律修订（自首次正式公布之日起 10 日后生效）。

〔2〕 第 81 条经哈萨克斯坦共和国 2007 年 7 月 6 日第 279 号法律、2011 年 3 月 1 日第 414-Ⅳ号法律修订（自首次正式公布之日起生效）。

〔3〕 第 82 条经哈萨克斯坦共和国 2007 年 7 月 6 日第 279 号法律、2011 年 3 月 1 日第 414-Ⅳ号法律（自首次正式公布之日起生效）、2015 年 10 月 29 日第 376-Ⅴ号法律修订（自 2016 年 1 月 1 日起生效）。

用协议而规定的程序进行。

2. 如果土地所有者放弃土地所有权，则该土地应根据哈萨克斯坦共和国民法典第 242 条的规定登记为无主不动产。

在登记为无主不动产时，该土地可以转让给他人临时使用。

3. 自愿放弃土地私有权的，认定土地为无主不动产的依据是土地所有人的公证书面声明。

4. 经哈萨克斯坦共和国 2015 年 10 月 29 日第 376-Ⅴ号法律删除（自 2016 年 1 月 1 日起生效）。

第 83 条　因土地所有者或土地使用权人债务征收土地

当因土地所有者或土地使用者的债务（本法典第 63 条）而征收土地或土地使用权时，所有者的土地所有权或土地使用者的土地使用权自按照哈萨克斯坦共和国法律规定的程序转让给受让人、且受让人对被征收土地的所有权和土地使用权产生之时起终止。

应质押人请求，在有正当理由（自然灾害和其他紧急情况），以及质押农用土地的情况下，法院有权延期执行征收质押土地的决定，最长期限为 1 年。

第 84 条　因国家需要强制征收土地的一般规定和原则[1]

1. 在特殊情况下，可因国家需要而强行转让土地，但须经所有者或非国有土地使用者同意或法院判决给予等值的财产补偿。

1-1. 特殊情况意味着缺少其他方式来满足国家需要。

2. 在特殊情况下强制转让土地的国家应基于以下原因：

1）哈萨克斯坦共和国批准的国际条约产生的国际义务；

2）提供土地用于国防和国家安全需要、特别自然保护区域、为增进健康、娱乐和历史文化用途、创建和运营经济特区；

3）发现和开发矿产；

4）建设和改建公路和铁路、空港、机场、导航设施和航空技术中心、铁路交通设施、桥梁、地铁、隧道、能源系统设施和输电线路、通信线路、保证进行空间活动的设施、干线管道、工程和通信网络、列为战略设施的炼油设施、实施特许项目、居民点的公共设施；

4-1）根据哈萨克斯坦共和国牧场法第 15 条第 1 款的规定，满足居民对在牧场放牧自家农用牲畜的需要[2]；

4-2）按照定居点开发建设总体规划或方案，保证居民对个人住房建设用地的需要；

5）在本条规定的特殊情况清单中的设施建设，以及在哈萨克斯坦共和国国家计划系

---

〔1〕 第 84 条列入哈萨克斯坦共和国 2011 年 3 月 1 日第 414-Ⅳ号法律（自首次正式公布之日起生效）；经哈萨克斯坦共和国 2012 年 2 月 13 日第 553-Ⅳ号法律（自首次正式公布之日起 10 日后生效）、2013 年 7 月 3 日第 124-Ⅴ号法律（自首次正式公布之日起 10 日后生效）、2016 年 3 月 29 日第 479-Ⅴ号法律（自首次正式公布之日起 21 日后生效）、2018 年 5 月 4 日第 151-Ⅵ号法律（自首次正式公布之日起 10 日后生效）、2018 年 5 月 24 日第 156-Ⅵ号法律（自首次正式公布之日起 10 日后生效）、2019 年 1 月 21 日第 217-Ⅵ号法律修订（自首次正式公布之日起 10 日后生效）。

〔2〕 第 4-1 款拟列入经哈萨克斯坦共和国 2021 年 3 月 6 日第 59-Ⅶ号法律（自 2022 年 1 月 1 日起生效）。

统文件规定的设施建设中，靠预算资金执行定居点总规划。

3. 强制征收土地用于国家需要，是针对私人土地或土地使用权（土地使用权由国家赎回或未赎回）实施。

强制征收已提供使用的土地用于国家需要，在土地使用者已从国家赎回所提供的土地权时，应向土地使用者赔偿赎回土地使用权的费用，以及按照其意愿，可根据哈萨克斯坦共和国法律，向其提供另一块土地。

如果土地使用者未从国家赎回所提供的权利，则可以根据本法典和哈萨克斯坦共和国的法律，向其提供另一块土地作为替换。

同时，根据哈萨克斯坦共和国法律规定的程序，对因国家需要强制征收土地而给土地使用者造成的损失进行全额补偿。

4. 只有在满足国家需要所必需的范围内，才允许强制征收土地。

5. 任何追求商业目的和满足非国家利益目的的征收，或者其他非因行使国家职能而产生的、不追求社会重大目标的征收，不得认定为满足国家需要的强制征收土地。

6. 为国家需要强制征收土地在遵守征收过程透明的要求下进行。

哈萨克斯坦共和国政府或地方执行机构关于开始强制征收土地的决议，应自通过之日起 3 个工作日内，分别在共和国或地方大众媒体上公布，包括在执行机构的互联网上公布。

7. 不遵守本条规定是法院拒绝强制征用土地用于国家需要和取消哈萨克斯坦共和国政府或地方执行机构通过的强制征收土地决议的依据。

8. 按司法程序保护为国家需要而被征收土地的人的权利。

9. 依本法典规定被征收地块用于国家需要的所有者和非国有土地使用者，在通过开始强制征收土地用于国家需要的决议后，有权按照哈萨克斯坦共和国国有财产法第六章规定的程序发起调解程序。

第 85 条　强制征收土地用于国家需要〔1〕

1. 必须按照哈萨克斯坦共和国国有财产法第六章规定的期限和程序，书面通知土地所有者或非国有土地使用者有关强制征收土地用于国家需要的信息。

自土地所有者或非国有土地使用者收到有关强制转让土地通知之时起，国家对其享有优先购买权。

2. 强制征收土地用于国家需要，应按照哈萨克斯坦共和国国有财产法第六章规定的程序进行。

3. 终止土地所有者的所有权和非国有土地使用者的土地使用权，须按照哈萨克斯坦共和国法律规定的程序、以征收土地用于国家需要的协议或法院关于强制征收土地用于国家需要的判决为依据进行国家登记。

---

〔1〕 第 85 条列入哈萨克斯坦共和国 2011 年 3 月 1 日第 414-Ⅳ号法律（自首次正式公布之日起生效）；经 2018 年 5 月 24 日第 156-Ⅵ号法律（自首次正式公布之日起 10 日后生效）、2019 年 1 月 21 日第 217-Ⅵ号法律修订（自首次正式公布之日起 10 日后生效）。

第 86 条　土地所有者或非国有土地使用者在强制征收土地用于国家需要中的权利[1]

1. 土地所有者或非国有土地使用者，自收到强制征收土地用于国家需要的通知之日起，至对该土地进行国家所有权登记或终止土地使用权为止，有权行使其对土地和其他不动产的权利，支付确保按其用途使用该财产的必要费用。在这种情况下，所有者或非国有土地使用者需承担与在指定期限内在该地块上新建、扩建或改建建筑物（结构物、构筑物）和其他不动产设施有关的成本和损失的风险。

如果因国家需要被强制征收部分土地后，土地所有者或非国有土地使用者不能按之前的用途使用剩余的土地部分，则整块土地被赎回。

2. 在本条第 1 款指定的期限内，以征收或者其他理由向他人转让土地权及其他不动产权，以及权利人因普遍合法继承发生变更时，对新的权利人适用（继续）强制征收土地的程序。

第 87 条　对用于国家需要而征收土地的价值补偿[2]

为国家需要而强制征收的土地价值的补偿金额、支付方式和支付期限由哈萨克斯坦共和国国有财产法第六章规定。

第 88 条　通过法院判决强制征收土地用于国家需要[3]

1. 如果土地所有者或非国有土地使用者不同意开始强制征收土地用于国家需求的决议，或未能与其就土地征收协议条件达成一致，地方执行机构有权向法院申请强制转让土地。

2. 强制征收土地用于国家需求的请求，可在土地所有者或非国有土地使用者收到强制转让土地的通知之日起 3 个月后提出，但不得迟于开始强制转让土地的决议中规定的转让期限（日期）。

3. 请求强制转让土地用于国家需要的民事案件，应自立案审理完毕之日起在 1 个月内审议解决。

第 89 条　从国有土地使用者手中征用土地用于国家需要[4]

从国有土地使用者手中征用土地用于国家需要，根据执行没收的执行机构单方面决定进行。

可按照哈萨克斯坦共和国法律规定的程序对此类决定提起诉讼。提起诉讼将暂停执行没收令。

---

〔1〕 第 86 条列入哈萨克斯坦共和国 2011 年 3 月 1 日第 414-Ⅳ号法律（自首次正式公布之日起生效）。

〔2〕 第 87 条列入哈萨克斯坦共和国 2011 年 3 月 1 日第 414-Ⅳ号法律（自首次正式公布之日起生效）。

〔3〕 第 88 条标题经哈萨克斯坦共和国 2019 年 1 月 21 日第 217-Ⅵ号法律（自首次正式公布之日起 10 日后生效）。第 88 条列入哈萨克斯坦共和国 2011 年 3 月 1 日第 414-Ⅳ号法律（自首次正式公布之日起生效）、2019 年 1 月 21 日第 217-Ⅵ号法律修订（自首次正式公布之日起 10 日后生效）。

〔4〕 第 89 条经哈萨克斯坦共和国 2020 年 6 月 29 日第 351-Ⅵ号法律修订（自 2021 年 7 月 1 日起生效）。

第 90 条　限制征用某些类别的土地[1]

在与创建和扩大自然保护区、履行国际义务、在地块下发现有价值的矿床、道路建设、使用可再生能源的设施、电力线、通信线路和主要管道、供定居点公共使用的工程通信网络以及安置具有国家重要性的设施有关的特殊情况下，允许征用可灌溉农田、生物和灌溉—开垦、渔业研究机构和教育机构的试验田、森林基金、水基金的土地。

第 91 条　紧急情况下土地的临时征用

1. 发生自然灾害、戒严、事故、流行病、流行病及其他紧急情况时，为了社会利益，经地方执行机构决定，可临时征用土地所有者或土地使用者的土地，并对损失给予补偿。对土地所有者或土地使用者损失赔偿的评估可以在法庭上提出质疑。

2. 紧急情况终止后，土地应归还土地所有者（土地使用者），如有争议，所有者有权向法院要求归还。

3. 无法将土地退还给所有人或土地使用人时，应赔偿土地或土地使用权的费用。

4. 在临时征用土地时，征用包括不动产在内的财产的程序，按哈萨克斯坦共和国民法的规定执行。

第 92 条　从所有者和土地使用者手中强制征用未按用途使用和未开发的土地[2]

1. 除本条规定的情况外，土地开发的期限和条件由州、共和国级城市、首都、地区、州级市、区级市、村镇、农业地区的地方执行机构确定，在经济特区境内，由相关行政区域单位的地方执行机构或经济特区管理机构根据所提供土地的用途、土地分区和城市规划条例在该区域设立的土地法律制度，在其权限范围内提供本法典规定的土地，并反映在买卖合同或土地使用（租赁）协议中。

2. 建设用地自决定提供之日起 3 年内未按预定用途使用（设计、概算文件中亦未规定更长期限），则应根据本法典第 94 条规定的程序，强制征用该土地，但是哈萨克斯坦共和国公民私人所有用于个人住房建设的土地除外。

在未准备好的土地上以土地使用权为基础提供建造个人住宅用土地，该土地的开发期限从提供相应工程（公共）基础设施之时起计算。

3. 用于经营农民、农业经济、农业生产的土地，自首次发现未按用途使用之时起，连续 2 年未用于农业生产的，该土地按本法典第 94 条规定的程序强制征用。

第 3-1 条列入哈萨克斯坦共和国 2021 年 6 月 30 日第 59-Ⅶ号法律（自 2022 年 1 月 1 日起生效）。

3-1. 在本条第 2 款、第 3 款规定的土地未按用途使用的时限，不包括因不可抗力不能按用途使用的时限。

---

[1] 第 90 条列入哈萨克斯坦共和国 2013 年 7 月 4 日第 128-Ⅴ号法律（自首次正式公布之日起 10 日后生效）。

[2] 第 92 条列入哈萨克斯坦共和国 2014 年 12 月 29 日第 269-Ⅴ号法律（自 2015 年 1 月 1 日起生效）；经哈萨克斯坦共和国 2015 年 11 月 24 日第 422-Ⅴ号法律（自 2016 年 1 月 1 日起生效）、2017 年 2 月 20 日第 48-Ⅵ号法律（自首次正式公布之日起 10 日后生效）、2017 年 2 月 27 日第 49-Ⅵ号法律（自首次正式公布之日起 10 日后生效）、2018 年 5 月 4 日第 151-Ⅵ号法律（自首次正式公布之日起 10 日后生效）、2019 年 4 月 2 日第 241-Ⅵ号法律修订（自首次正式公布之日起 10 日后生效）。

根据哈萨克斯坦共和国 2021 年 6 月 30 日第 59-Ⅶ号法律（自 2022 年 1 月 1 日起执行），第 92 条增补第 3-2 款。

4. 未能将所提供的土地用于经营农民、农场经济、农业生产的情况包括：

1）在耕地上——未能进行农作物地块加工；

2）在干草场上——未能在地块上进行干草制作，存在杂草、灌木、小树林过度生长和其他草地退化迹象；

3）在牧场上——未能进行农畜放牧，或现有放牧量不足农工综合体发展领域授权机构规定的牧场总面积最大允许负荷标准的 20%，和（或）没有干草来准备草料；

4）在多年生种植园——未能对退役的多年生种植园进行维护、收割和拔除工作。

5. 孤儿、无父母照料的儿童所拥有的未能按用途使用和开发的土地，在其年满 21 岁之前，不得强制征用。

6. 强制征收、接收为哈萨克斯坦共和国银行和银行活动法第 61-4 条第 8 款规定的二级银行土地，根据哈萨克斯坦共和国法律规定，由于抵押财产止赎，哈萨克斯坦共和国银行和银行活动法第 61-4 条第 8 款规定的二级银行的土地，自他们拥有土地权之日起 6 个月内不能进行强制征用。

如果在本款第 1 项规定的期限届满后未进行土地转让，则根据本法典规定的程序强制征用该土地。

由哈萨克斯坦共和国哈萨克斯坦共和国银行和银行活动法第 61-4 条第 8 款规定的二级银行、组织转让土地时，规定由州、共和国级城市、首都、地区、州级市、区级市、村镇、农村地区的地方执行机构确定的初始期限为新的权利人的开发期限，而在经济特区内，由相应行政区域单位的地方执行机构或经济特区的管理机构根据本条的标准规定。

第 93 条　从所有者和土地使用者处强制征用违反哈萨克斯坦共和国法律使用的土地[1]

1. 根据哈萨克斯坦共和国行政违法法典，违反哈萨克斯坦共和国法律使用土地或部分土地需承担责任。

2. 如违反哈萨克斯坦共和国法律使用土地，应按照本法典第 94 条规定的程序强制征用该土地。

3. 以下情况属于违反哈萨克斯坦共和国法律使用土地：

1）未按预定用途使用土地或者部分土地；

2）违反合理利用农业用地规则确定的要求使用土地或者部分土地；

3）不遵守本法典第 99 条规定的要求；

4）由于土地使用导致环境破坏。

第 4 款经哈萨克斯坦共和国 2021 年 6 月 30 日第 59-Ⅶ号法律修订（自 2022 年 1 月 1 日起生效）。

4. 如果土地所有者或土地使用者违反哈萨克斯坦共和国法律，未按指定用途使用土

[1] 第 93 条列入哈萨克斯坦共和国 2014 年 12 月 29 日第 269-Ⅴ号法律（自 2015 年 1 月 1 日起生效）；经哈萨克斯坦共和国 2021 年 1 月 2 日第 401-Ⅵ号法律修订（自 2021 年 7 月 1 日起生效）。

地，则将向土地所有者或土地使用者授权，在收到消除已查明的违规行为命令之时起 2 个月内，请求土地所在地的州、共和国级城市、首都、地区、州级市、区级市、村镇、农村地区的地方执行机构改变土地的用途。

5. 如因使用土地或其一部分，导致农用地肥力显著下降或环境破坏，土地所有者或土地使用者应当按照根据哈萨克斯坦共和国法律规定消除该破坏影响。

第 94 条　强制征收未用于预定用途或违反哈萨克斯坦共和国法律使用地块的程序〔1〕

1. 根据本法典第 92 条和第 93 条规定，从土地所有者和土地使用者处强制征收土地，应由土地所在地的对土地使用和保护实施国家监管的机构提起诉讼，通过司法程序解决。

以本法第 92 条和第 93 条规定的依据，如强制征用已质押土地，必须通知质权人将开始征收该土地的程序。

对质权人的通知由对土地使用和保护实施国家监管的相关机构发送，并向法院提起诉讼。

第 2 款经哈萨克斯坦共和 2021 年 6 月 30 日第 59-Ⅶ号法律修订（自 2022 年 1 月 1 日起生效）。

2. 本法典第 92 条和第 93 条规定的强制征用土地的诉讼，应根据哈萨克斯坦共和国行政违法法典规定采取处罚措施、并且在措施执行期满后提出。对土地所有者或土地使用者的规定，旨在采取措施按用途使用土地和消除违反哈萨克斯坦共和国法律的行为。

采取措施按用途使用土地期限定为 1 年，消除哈萨克斯坦共和国法律的违法行为——从查明未按用途使用土地或违反哈萨克斯坦共和国法律的事实之日起为 3 个月。

关于需要采取按用途使用土地并消除作为对土地权利的妨碍而违反哈萨克斯坦共和国法律行为的命令，须依哈萨克斯坦共和国不动产权利国家登记法进行国家登记。

本款第 3 段规定的土地权利负担，不限制土地所有者或土地使用者转让土地或土地使用权的权利，并按照哈萨克斯坦共和国法律的规定转移给新的权利人。

在命令时效期满后，向新的权利人提出关于强制征用土地的索赔。

2-1. 如果根据本法典第 84 条的规定，应强制征用未按用途使用和违反哈萨克斯坦共和国法律使用的土地用于国家需要，对土地使用和保护实施国家监管的相关机构，有权根据地方执行机构的请愿终止强制征用土地的程序，该地方机构已通过了开始强制征用上述土地用于国家需要的决议。

3. 根据本法典第 92 条和第 93 条规定，由法院决定从土地所有者或土地使用者处强制征用土地，则土地的所有权或土地权使用权（与从国家赎回的土地的租赁权有关）应按照哈萨克斯坦共和国民事诉讼法和哈萨克斯坦共和国执行程序法规定的程序，通过招标（竞标、拍卖）出售。

4. 在强制征用免费提供的地块时，根据本法典第 92 条规定的理由，法院决定将该土地计入专项土地基金用于进一步重新分配，无须对土地所有者进行价值赔偿。

---

〔1〕　第 94 条列入哈萨克斯坦共和国 2014 年 12 月 29 日第 269-Ⅴ号法律（自 2015 年 1 月 1 日起生效）；经哈萨克斯坦共和国 2018 年 5 月 4 日第 151-Ⅵ号法律（自首次正式公布之日起 10 日后生效）、2019 年 1 月 21 日第 217-Ⅵ号法律（自首次正式公布之日起 10 日后生效）、2020 年 6 月 29 日第 352-Ⅵ号法律修订（自首次正式公布之日起 10 日后生效）。

在这种情况下，根据本法典第 96-1 条规定，该所有者（前提是被征用土地是根据本法典第 9 条第 3 款第 2 项提供）有权出于相同目的无偿获得该地块。

5. 以土地或土地使用权为担保的债权金额中，扣除强制征用土地的费用和支付给质权人的费用后收到的款项，应支付给原来的土地所有者和土地使用者。

如果在 1 年内举行至少三次招标（竞标、拍卖）都未能出售此类土地或土地使用权，则该地块将根据法院判决计入专项土地基金。

6. 已生效的强制征用土地的法院判决是将被强制征用土地的人员列入相关被强制征用土地人名册的依据。

第 95 条　没收〔1〕

在哈萨克斯坦共和国法律规定的情况下，可以在司法程序中以行政或刑事犯罪制裁的形式从所有者或土地使用者那里无偿征用土地。

罪犯及其受抚养人所必需的土地，为罪犯私人所有，或属于在共同所有权中的份额，在土地上的房屋和附属建筑物，以及根据哈萨克斯坦共和国刑事执行法律提供的清单，经营个人副业所必需的土地，均不得没收。

被没收的土地归还国家所有。作为没收对象的此类土地或土地使用权的出售或进一步使用，可按哈萨克斯坦共和国法律规定的方式进行。

第 96 条　在终止所有权或土地使用权时对土地估价〔2〕

在所有权或者土地使用权终止时，土地或者土地使用权的价值确定在上缴国家的金额之内。

在终止用于个人住房建设和经营个人副业（田间分配除外）的土地（在该土地上建有个人住房）所有权和土地使用权时，按照该土地的价值确定，不得超过市场价值。

在所有权或土地使用终止时，根据民事交易或法院判决转让给所有者或土地使用者的土地价值，按民事合同或法院判决规定的金额确定，但不得超过市场价值。如果在民事合同或法院判决中未注明土地价值，则该土地的价值按其地籍（评估）价值估算。

第 96-1 条　被强制征用土地的人员名册〔3〕

第 1 款经哈萨克斯坦共和国 2021 年 6 月 30 日第 59-Ⅶ号法律修订（自 2022 年 1 月 1 日起生效）。

1. 被强制征用土地的人员登记册的形成和管理，由中央授权机构根据负责监管土地使用和保护的授权机构、地区（除了城市中的区）执行机构、州级市的地方执行机构提供的信息进行。

第 2 款经哈萨克斯坦共和国 2021 年 6 月 30 日第 59-Ⅶ号法律修订（自 2022 年 1 月 1 日起生效）。

---

〔1〕 第 95 条经哈萨克斯坦共和国 2006 年 6 月 22 日第 147 号法律、2014 年 7 月 3 日第 227-Ⅴ号法律修订（自 2015 年 1 月 1 日起生效）。

〔2〕 第 96 条列入哈萨克斯坦共和国 2011 年 3 月 1 日第 414-Ⅳ号法律（自首次正式公布之日起生效）。

〔3〕 第 96-1 条经哈萨克斯坦共和国 2014 年 12 月 29 日第 269-Ⅴ号法律增补（自 2015 年 1 月 1 日起生效）、2018 年 5 月 4 日第 151-Ⅵ号法律修订（自首次正式公布之日起 10 日后生效）。

2. 对土地使用和保护实施监管的授权机构、区（市中区除外）执行机构、州级市的地方执行机构，根据已生效的法院判决和本法典第 92 条和第 93 条规定，在 3 个工作日内将以下信息发送给中央授权机构，其中注明：

1）自然人的姓、名、父名（如有），以及身份证件、个人身份证号码；

2）法人实体名称及其业务识别号；

3）被征用土地的位置、面积和用途；

4）违反哈萨克斯坦共和国法律的类型和构成；

5）法院判决通过和生效的日期。

中央授权机构自收到信息之日起 2 个工作日内，将其列入被强制征用土地的人员名册。

3. 被强制征用土地的人员登记册中的信息，自法院根据本法典第 92 条和第 93 条作出强制征用土地的决定生效之日起 3 年后删除。

如果在 1 个工作日内应被强制征用地块人员的申请，取消法院关于强制征用土地的决定，则指定信息也可删除。

申请后附有法院判决的副本。

4. 不得向被强制收回土地、还在登记册中的个人和法人提供土地。

第三编　土地类别

第十章　农业用地

第 97 条　农业用地的概念和构成[1]

1. 农业用地是为农业需要而提供或指定用于农业的土地。

2. 农业用地可分为农用地和被农场道路、交通、封闭水域、开垦网、农业运作所必需的建筑物和构筑物占用的土地及其他土地（盐渍地、沙地、龟裂地和散布在大片农田中其他土地）。

3. 农业用地受到特殊保护。在特殊情况下，允许将这些土地用于与农业生产无关的目的（见本法典第 90 条）。

在提供给个人和法人实体用于农业生产、农民或农场经济以及个人副业的地块上，不得建造与农业无关的设施，包括住宅（个人住房），但建设天线杆结构和（或）蜂窝或卫星通信设备的支架除外。同时，宝贵的农业用地，包括各类灌溉农田、耕地、休耕地和多年生种植园占用的土地，不得用于建设畜禽养殖场、从事季节性工作用的临时建筑和在农

〔1〕 第 97 条经哈萨克斯坦共和国 2006 年 1 月 10 日第 116 号法律（生效程序见第 2 条）、2007 年 7 月 6 日第 279 号法律、2009 年 7 月 9 日第 180-Ⅳ号法律、2011 年 3 月 24 日第 420-Ⅳ号法律（自首次正式公布之日起 10 日后生效）、2011 年 7 月 20 日第 464-Ⅳ号法律（自首次正式公布之日起 10 日后生效）、2014 年 12 月 29 日第 269-Ⅴ号法律（自 2015 年 1 月 1 日起生效）、2016 年 6 月 30 日第 5-Ⅵ号法律（自首次正式公布之日起生效）、2017 年 2 月 20 日第 48-Ⅵ号法律（自首次正式公布之日起 10 日后生效）、2018 年 5 月 4 日第 151-Ⅵ号法律（自首次正式公布之日起 10 日后生效）、2020 年 7 月 2 日第 355-Ⅵ号法律（自首次正式公布之日起 10 日后生效）、2021 年 5 月 13 日第 39-Ⅶ号法律修订（自首次正式公布之日起 10 日后生效）。

田上放牧。

第 3 款第 3 项经哈萨克斯坦共和国 2015 年 11 月 2 日第 389-Ⅴ号法律增补。

第 3 款第 3 项经哈萨克斯坦共和国 2021 年 6 月 30 日第 59-Ⅶ号法律增补（自 2022 年 1 月 1 日起生效）。

3-1. 不得将拥有土地权或土地使用权的农业用地分割成面积低于本法第 50 条第 5 款规定的最小面积的地块。

不得将农业用地划分为用于与经营农业无关的土地。

第 3-2 款经哈萨克斯坦共和国 2021 年 6 月 30 日第 59-Ⅶ号法律修订（自 2022 年 1 月 1 日起生效）。

3-2. 不得改变用于经营农民或农场经济、农业生产、用于个人住房建设和经营个人副业的农业用地的指定用途，但根据总体规划（或他们的人口不超过 5000 人的定居点的替代发展计划）扩大定居点的土地除外。

4. 农业用地包括：耕地、休耕地、多年生种植园、草场和牧场。

耕地——是系统耕作并用于种植农作物的土地，包括多年生草本植物的种植以及清洁休耕。耕地不包括因播种初熟作物（不超过 3 年）、为彻底改良而开垦的草场和牧场地，以及用于播种的果园内走道。

休耕地——以前是可耕地，从秋季开始超过 1 年，不用于播种农作物，也不准备休耕。

多年生种植园——用于人造林、多年生灌木种植园的土地，旨在收获水果和浆果、技术和医药产品，以及用于地域的装饰设计。

天然干草场——系统用于生产干草的土地。

牧场——提供和用于全年或季节性放牧农业牲畜的土地。在牧场放牧家畜时，在牧场生产力超过放牧家畜饲料需求的情况下，允许使用干草储存饲料，以牧场总面积的最大允许负荷为准。

根本改良的干草场——通过植草建立新草场的干草场区域。

彻底改良的牧场——通过播种多年生高产牧草品种培育出新牧草的牧场区域。

灌溉牧场——区域内有水源（湖泊、河流、池塘、挖掘灌溉水渠、管道或竖井）的牧场，能够为相关的牲畜种群保证适当质量的水源。

5. 农地分为灌溉和不需灌溉两种。

灌溉农地包括适合农业用途而灌溉的土地，具有与灌溉源相关的永久或临时灌溉网络，根据灌溉规范的设计或现行标准，以现有系统的效率，在最佳期限内为这些土地提供至少 75% 的径流灌溉的水资源。

河口灌溉地是指有保水堤、调水坝和能够保证这些地区的融水和泉水滞留和再分配，以及来自灌溉或灌溉渠道提供的水，以补偿土壤水分。

6. 提供农地：

根据哈萨克斯坦共和国 2016 年 6 月 30 日第 5-Ⅵ号法律，第 6 款第 1 项的效力至 2021 年 12 月 31 日止（自首次正式公布之日起生效）。

1）给哈萨克斯坦共和国公民转为私有，用于发展个人副业、园艺和修建避暑别墅；

第 2 项列入哈萨克斯坦共和国 2015 年 11 月 2 日第 389-Ⅴ号法律。

根据哈萨克斯坦共和国 2016 年 6 月 30 日第 5-Ⅵ号法律，该版本第 2 项第 1 段的效力期至 2021 年 12 月 31 日（自首次正式公布之日起生效）。

2）给哈萨克斯坦共和国公民和无外国参与的哈萨克斯坦共和国非国有法人实体使用，用于经营农民或农业经济、农业生产、植树、开展研究、实验和教学、经营辅助农业、园艺和畜牧业。

提供土地使用权用于以上用途的土地出让期限为 5 年以上，但提供土地用于经营农民或农场经济情况除外，其出让期限为 10 年以上。只有在有兴趣获得土地的申请人同意的情况下，才允许提供少于本款规定的期限的土地；

3）经哈萨克斯坦共和国 2021 年 5 月 13 日第 39-Ⅶ号法律删除（自首次正式公布之日起 10 日后生效）。

7. 为使国家对土地使用和所有权转让给公民和法人的农用土地质量进行监管，根据土壤、土壤复垦、地质植物调查和土壤评估的数据，通过预算资金为农用土地制定身份证。

农地身份证明的形式由中央授权机构批准。

土地身份证明的制定和签发的组织工作由土地所在地的州、共和国级城市、首都、地区、州级市的授权机构进行。

第 98 条　农地类型转换程序〔1〕

1. 将农业用地从一种类型转为（转换）另一种类型的必要性以自然因素以及将其作为其他土地的一部分进一步使用的经济可行性为基础。

2. 土地所有者或土地使用者向地块所在地的相关地方执行机构提交的申请，以及地方执行机构的倡议是进行农地类型转换工作的依据。

3. 根据地方执行机构的决定，由预算资金提供融资进行农地类型转换，而根据土地所有者和土地使用者申请进行，则需自行融资。

4. 农业用地类型转换可以按土地、土地分组、灌溉阵列、土地利用进行。

因土壤复垦状态要求将其转换类型的农业用地，应在研究已有的规划和制图资料、土地管理项目、复垦建设、土壤材料、土壤复垦、地质植物学调查，盐调查，土地地籍数据，土地清单状况的基础上预先确定。

5. 将质量较高的农地降为质量较低的农地的理由如下：

耕地——土地的农工生产土壤特征与其实际使用特性之间存在差异，有毒物质污染程度高；

多年生种植园——已达到种植的极限年龄、稀疏度、物种构成不理想、土地特征不利于复垦；

干草场——土地荒漠化、草甸植被退化、土地开垦状况恶化；

牧场——规模不断缩小。

将灌溉地转为非灌溉地时，除考虑上述因素外，还要考虑与灌溉源失去联系、水资源短缺、农田灌溉系统的技术条件，而对于河口灌溉地—— 由于径流重新分配或缺乏水资

〔1〕 第 98 条经哈萨克斯坦共和国 2006 年 1 月 10 日第 116 号法律（生效程序见第 2 条）、2011 年 7 月 20 日第 464-Ⅳ号法律修订（自首次正式公布之日起 10 日后生效）。

源、建筑物的技术条件而停止供水。

如有必要，地方执行机构可以制定将质量较高农地转化为质量较低土地的其他指标，包括：农地的最低生产力、含盐度、碱度、土壤污染程度和其他影响土地质量特征的标准。

6. 进行农业用地类型转换的材料应当包括：

附有结论和建议的解释性说明；

对计划从一种类型转移到另一种类型的土地的解释；

田野调查的文件和标明需转型农业用地的图纸；

土地的质量特征；

有关灌溉网络、河口灌溉系统、灌溉设施的技术状况以及固定资产成本的信息。

7. 农业用地类型转换材料转至地区授权机构，需进行区内综合，并与地区的农业和水利管理机构协调。

8. 地区授权机构在考虑本条第 7 款所列机构的建议后，形成结论，并发送农地类型转换材料：

从一种类型到另一种类型的质量较低的农业用地——由地区执行机构做最终决定；

灌溉土地改为非灌溉，非灌溉耕地改为其他质量较低的农业用地——由州授权机构与州农业和水资源管理、环境保护部门达成协议。

9. 根据协调结果，州授权机构汇总州总体材料，形成结论后发送：

关于将非灌溉耕地转移到价值较低的农业用地——提交州执行机构作出最终决定；

关于将灌溉耕地转移到非灌溉类型的土地——须经中央授权机构批准。

10. 中央授权机构将所提交的灌溉耕地转为非灌溉耕地的材料与负责农业、环境保护和本机构的综合意见，发送至州执行机构以作出该问题的最终决定。

11. 将质量较低的农地转为质量较高是农地的决定由地区（市）执行机构参考本条第 7 款所列机构的建议作出。

第 99 条　灌溉工程备用地的使用[1]

1. 灌溉工程备用地指专门为种植农作物而准备、具有灌溉、集蓄排水系统和设施、并建立有科学依据的农作物轮作方案的工程规划用地。

2. 灌溉工程备用地轮作方案，由州、共和国级城市、首都、地区、州级市的地方执行机构批准。与单一作物轮作计划和灌溉集水器排水系统相关的土地被认为是不可分割的。本规则也适用于本法典生效前作为灌溉工程备用地构成中的土地。

3. 之前分配的灌溉工程备用地的使用被认定为不可分割的，是在共有（共享、共有）所有权的基础上进行，不允许按实物分配份额。根据本法典第 55 条第 2 款规定，共同份额所有权参与人退出该所有权后，有权由其他共有份额所有者向他支付其份额的价值，或将该份额出售给他人。支付的份额价值其他共同所有权参与人的股份价值或将其出售给他人。

---

〔1〕 第 99 条经哈萨克斯坦共和国 2006 年 1 月 10 日第 116 号法律（生效程序见第 2 条）、2007 年 7 月 6 日第 279 号法律修订。

4. 灌溉工程备用地的土地所有者和土地使用者应当遵守既定的轮作计划，进行必要的复垦和恢复工作，包括按时维护现场的灌溉和集排水系统。

5. 违反本条第 4 款规定的要求将受到哈萨克斯坦共和国行政违法法规定的行政处罚（不合理使用农业用地），也可能成为根据本法典第 93 条的规定强制征收土地的依据。

第 100 条　专项土地基金〔1〕

1. 为了在农业生产者之间重新分配土地，依靠农业用地和储备用地形成专项土地基金。专项土地基金内不包括其条件不允许种植符合卫生标准和要求的农产品的地块。

2. 进入专项农业基金的农用土地包括：

1）自愿放弃的土地；

2）根据本法典第 92 条、第 93 条和第 95 条强制征收的土地；

3）如果没有依法律或遗嘱的继承人，或无继承人接受继承，或所有继承人都被立遗嘱人剥夺了继承权，或继承人放弃了有利于国家的继承权，或放弃继承而未指明为谁的利益放弃了继承权。

3. 将本条第 2 款所列土地纳入专项土地基金，按地区（市）执行机构的决定进行。

4. 将国有土地使用者未按用途使用或违反哈萨克斯坦共和国法律使用的土地纳入专项土地基金，以地区（市）执行机构的单方决定为依据进行。

对地区（市）执行机构的决定，可按照本法典第 89 条规定的程序提起诉讼。

5. 在将这些土地转让给新的所有者和土地使用者之前，它们由原国有土地使用者按照地区（市）执行机构规定的程序和条件使用。

6. 专项土地基金中土地的使用，依照本法第 97 条的规定执行。

退出国家农业组织的公民，其土地不受分割，以前居住在该地区、不享有获得标准土地份额的公民，具有从专项土地基金的土地中获得土地的优先权，用于经营农民和农场经济，或其他与农业生产有关的活动。

7. 提供专项土地基金土地，按土地管理程序进行，兼顾土地使用的便利性一次性提供。

8. 专项土地基金的土地信息为共享信息。

专项土地基金的土地，除本条第 5 款规定的情形外，计入储备土地。

第 101 条　用于农民、农场经济的土地〔2〕

第 1 款第 1 项列入哈萨克斯坦共和国 2015 年 11 月 2 日第 389-Ⅴ号法律。

根据哈萨克斯坦共和国 2016 年 6 月 30 日第 5-Ⅵ号法律，第 1 款第 1 项的效力至 2021 年 12 月 31 日终止（自首次正式公布之日起生效）。

1. 为经营农民或农场经济，向哈萨克斯坦共和国公民提供为期 10 年至 49 年的临时有

〔1〕 第 100 条经哈萨克斯坦共和国 2021 年 5 月 13 日第 39-Ⅶ号法律修订（自首次正式公布之日起 10 日后生效）。

〔2〕 第 101 条经哈萨克斯坦共和国 2007 年 7 月 6 日第 279 号法律、2011 年 3 月 24 日第 420-Ⅳ号法律（自首次正式公布之日起 10 日后生效）、2011 年 7 月 20 日第 464-Ⅳ号法律（自首次正式公布之日起 10 日后生效）、2015 年 10 月 29 日第 376-Ⅴ号法律（自 2016 年 1 月 1 日起生效）、2016 年 6 月 30 日第 5-Ⅵ号法律修订（自首次正式公布之日起生效）。

偿土地使用（租赁）权，而用于经营远距离牧场（季节性牧场）——根据本法典提供临时无偿土地使用权。

以个人劳动参与经营，掌握专门的农业知识和特长，具有农业实践经验，居住在该地区、城市、农村和村镇的公民，享有获得经营农民和农场经济土地的优先权。

向已获得农民或农场经营财产、具有专门农业知识和特长的哈萨克斯坦共和国公民提供购买已经营 5 年以上、现已停止活动的农民或农场经营的地块的优先权。

2. 向退出被改组的国有农业组织的公民提供来自上述组织的土地，用于经营农民或农场经济，地块的地籍估价必须保持在平均经营（土地）水平。

3. 公民在退出农民或农场经济或农业生产的参与者组织时，转让其所属土地权，包括作为对合伙经营公司注册资本的投资、或作为对生产合作社股份贡献的标准土地份额权，有权根据参与者（成员）大会的决定，以实物形式分配土地（部分）份额，包括土地，或支付该股份或份额地的价值。

在这种情况下，经质权人同意，或者在出让时有与该土地有关的质押义务，允许从质押的农业组织的土地中分配土地。

转为经济合伙人或生产合作社成员注册资本的土地仅供使用，在以实物形式退还时无报酬。

退出参与者（成员）组成和分配土地的申请向农业组织提交。

用于组织农民或农场经营或农业生产以实物方式分配份额或土地的土地位置，以及由退出的参与者（成员）向经济合伙公司、生产合作社偿还在已分配的土地上发生的费用，由经济合伙公司、生产合作社注册文件规定的程序或经双方协议确定。

在农业田间工作期间不进行实物土地的分配，但经农业组织或共有产权（共同土地使用）参与者同意进行分配的情况除外。

如果注册文件中没有土地分配（分割）的程序，则采用本条第 4 款的规定。

3-1. 农民或农场企业有权赎回其土地的临时有偿土地使用权（租赁），这些土地被建筑物（结构物、构筑物）占用，包括按照本法典第 10 条第 4-1 款运营和维护所必需的土地。

出售或赠与建筑物（结构物、构筑物）占用的地块，包括经营和维护建筑物所必需的土地时，收购人享有获得卖方全部土地的相应权利的优先权。

4. 作为份额所有权（份额土地使用权）人和为经营农民和农场经济、或农业生产而退出公民，按照份额所有权（份额土地使用）人共同大会根据本法典第 54 条的规定批准的份额所有权土地使用程序向其提供地块。份额权人关于即将召开批准地块使用程序的会议通知应在其召开前 1 个月以书面形式发出。在接到通知的情况下，至少有 50%的份额权（份额土地使用）人或其代表参会被认为符合条件。出席会议的份额权（份额土地使用）人或代表以简单多数通过决定并形成协议。该协议由全体份额权（份额土地使用）人或其代表签署。

5. 依照本条第 3 款规定组织农民、农场经济或农业生产时，由公民提出申请，并附上参与者（成员）大会关于以实物形式分配份额土地的相应协议、关于所分配土地位置的协调材料，以及农业生产管理的短期计划发送至地方执行机构，以形成其土地权。

6. 公民因经营农民或农业经济获得土地，并在村内有住宅，其宅旁园地应保留所有权，不计入农民或农业经济的土地中。

7. 如果不是农业组织的工作人员，用于经营农民或农场经济的土地从专门土地基金和储备土地中提供。

8. 在提供土地权用以组织农民、农场经济或农业生产时，地方执行机构关于授予此类土地权的决定中应注明从事该农民或农场经济、或农业生产的所有成员。

第 102 条　用于个人副业、园艺、建造别墅和蔬菜栽培的土地[1]

1. 从农村定居点的土地中提供土地给哈萨克斯坦共和国公民，用于经营个人副业。

2. 用于经营个人副业的土地包括宅旁园地和田间分地。

在农村定居点边界内提供宅旁园地，用于生产农产品，以及根据哈萨克斯坦共和国建筑、城市建设和建设活动法建造住宅、经营生活建筑物。

田间分地是根据定居区的土地经营项目从农村定居点的土地中提供，或划转为行政区划，并专用于农产品生产。

第 2 款第 4 段经哈萨克斯坦共和国 2021 年 6 月 30 日第 59-Ⅶ号法律增补（自 2022 年 1 月 1 日起生效）。

3. 从农用土地、农村定居点土地和储备土地中为哈萨克斯坦共和国公民提供土地用于园艺、避暑别墅建设和蔬菜栽培。

4. 拥有土地用于经营个人副业、园艺和别墅建设的公民，有权为共同利益联合成立简单的合伙企业、园艺或其他消费合作社，其法律地位由哈萨克斯坦共和国法律确定。

5. 如果用于园艺或建造避暑别墅的土地为哈萨克斯坦共和国公民单独所有，用于满足土地所有者共同需要的土地和其他财产归他们按份额共同所有，则由共同财产所联系的所有者之间的关系，适用公寓规则。

第 103 条　已私有化的国有农业组织的土地分割[2]

1. 已私有化的国有农业组织的雇员，以及在这些组织的生产和社会文化服务领域工作并在其领土上生活的养老金领取者和人员，有权获得有标准土地份额。

2. 已改组或清算的国有农业组织在其使用用途范围内的农用地，对其标准土地份额进行分割，但以下土地除外：

1）列入定居点范围；

2）纳入地区专项土地基金；

3）受到过度辐射污染或以其他方式对居民生命和健康构成威胁；

4）在矿产开发过程中受到破坏，未恢复到适合其指定用途的状态；

5）临时使用的远距离牧场。

---

〔1〕 第 102 条的标题经哈萨克斯坦共和国 2018 年 5 月 4 日第 151-Ⅵ号法律（自首次正式公布之日起 10 日后生效）。第 102 条列入哈萨克斯坦共和国 2014 年 12 月 29 日第 269-Ⅴ号法律（自 2015 年 1 月 1 日起生效），经哈萨克斯坦共和国 2018 年 5 月 4 日第 151-Ⅵ号法律修订（自首次正式公布之日起 10 日后生效）。

〔2〕 第 103 条经哈萨克斯坦共和国 2006 年 1 月 10 日第 116 号法律（生效程序见第 2 条）、2021 年 5 月 13 日第 39-Ⅶ号法律修订（自首次正式公布之日起 10 日后生效）。

3. 标准土地份额大小计算：

1）以公顷为单位，用农业组织使用的农业用地总面积除以有标准定土地份额权的人数；

2）以公顷分（土壤地位分乘以面积）为单位，通过将农业组织使用的农业用地的公顷分总和除以有权获得标准土地份额权的人数。

4. 标准土地份额大小的确定结果和拥有标准土地份额的人员名单由已私有化劳动集体大会决定批准，以议定书的形式制定，并经地区（市）行政机构批准。

5. 公民标准土地份额权由土地所在地的共和国级城市、首都、地区、州级市的授权机构颁发的标准土地份额权证书证明，证书在地区（市）执行机构批准标准土地份额的持有人名单和份额大小后3个月内颁发。

6. 标准土地份额持有人，自收到标准土地份额权证之日起1年内，应当按本法典规定的程序和条件获得计入标准土地份额所有权或土地使用权。

以上人员有权以独立或共同所有权（土地使用权）登记土地。

7. 标准土地份额权持有人在终止哈萨克斯坦共和国公民身份后，其土地份额权被视为终止。

第104条　长期使用的牲畜道[1]

1. 为将农村生产者的牲畜转至季节性牧场、肉类加工厂和牲畜收购点，通常在土地利用边界沿线的牧场提供地块用作长期使用的牲畜道，保证转运牲畜所需的放牧饲料。

2. 在一个地区内，用作转运牲畜的长期使用的牲畜道土地，由地区（市）执行机构提供。

为了在几个地区领土上转运牲畜，由州执行机构决定提供土地用作牲畜道。

3. 长期使用牲畜道的土地使用者应当在土地上修建所需数量的水井、牲畜饮水和休息场所，确保符合环境要求和牲畜道正常运行的建筑物和构筑物，使牲畜转运能够按照兽医领域授权机构规定的程序、在商定的期限内不受阻碍进行。

4. 根据地役权规定（本法典第70条），划分临时（季节性）使用的牲畜道，不提供土地，仅提供土地使用权。

第105条　对农业生产损失的补偿[2]

1. 因征用农用地用于与农业无关的目的造成的农业生产损失，应由预算予以补偿，通过恢复农用地面积和质量来维持农业生产水平。

除补偿本法典第166条规定的损失外，这些损失也应补偿。

2. 对农业生产损失的补偿，由以下人员进行：对其提供的农用地来自除工业、交通、

---

[1] 第104条经哈萨克斯坦共和国2009年7月24日第190-Ⅳ号法律（生效程序见第2条）、2014年1月17日第165-Ⅴ号法律修订（自首次正式公布之日起10日后生效）。

[2] 第105条经哈萨克斯坦共和国2006年1月10日第116号法律（生效程序见第2条）、2006年7月7日第176号法律（自首次正式公布之日起生效）、2007年7月27日第320号法律（生效程序见第2条）、2012年2月13日第553-Ⅳ号法律（自首次正式公布之日起10日后生效）、2014年12月29日第269-Ⅴ号法律（自2015年1月1日起生效）、2018年5月4日第151-Ⅵ号法律（自首次正式公布之日起10日后生效）、2021年1月2日第399-Ⅵ号法律修订（自首次正式公布之日起10日后生效）。

通信、国防、国家安全和其他非农用土地以外的各类土地，但被用于非农业用途的需要，以及为其建立了安全、卫生和保护区的人员。

如果改变属于公民和法人实体使用或所有的农业用地的用途，所造成的农业生产损失也应得到补偿。

所造成的农业生产损失，应自决定提供土地权或改变农业用地用途之日起6个月内给予补偿。

3. 其地块用于以下用途的个人和法人免赔损失：

1）在居民点范围内建设个人住房、学校、学前组织、中等、技术和职业组织、高等教育、医疗机构和文化和日常设施的建设；

2）建设灌溉系统；

3）建设养殖商品鱼和其他水生动物的养鱼场、鱼类孵化场、产卵场和养鱼场；

4）建设环保设施，不造成相邻土地状况恶化；

5）退化土地、被化学和放射性物质污染的土地的森林复垦；

6）建设与从事农业活动相关的设施。

如果提供地块用于以下用途免赔损失：提供给国家自然保护区、国家自然公园、国家自然储备、国家地区级自然公园、国家动物园、国家植物园、国家树木园和国家自然古迹，历史和文化设施，用于国防和国家安全需要，以及哈萨克斯坦共和国政府法律法规规定的其他情况。

第106条　农业生产损失补偿程序[1]

1. 当征用农用地用于农业和林业无关的用途时，损失规模作为土地管理项目（土地管理案例）的一部分，是地方执行机构作出提供相关地块权决定的依据。

2. 应补偿损失的数额根据保证新土地开发或土地改良达到其农业生产水平的标准确定，其数额不得低于收回土地时或在其质量变差之前获得的土地。

3. 因征用农业用地用于与农业经营无关的用途造成农业生产损失的赔偿标准，由中央授权机关制定。

4. 以复垦为非农非林地为条件，收回临时使用的农用地，所造成的损失全额补偿。

由提供给其地块的自然人和法人出资，将肥沃的土壤层施用于低生产性或非生产性土地的，按照中央授权机构确定的程序补偿损失，抵销用于恢复土地的费用。

5. 所损失金额与对有意向向其提供土地的人员商定，并由地方执行机构关于提供土地权决定批准的方案制定。

6. 由于土地质量恶化造成的损失金额，在与土地类型转换无关的情况下，根据土地质量按比例下降（根据土地地籍评估）的百分比标准确定。

由于土地质量恶化进行土地类型转换时，损失金额根据相应土地类型标准的差异确定。

7. 补偿对因组织和公民活动影响导致土地质量恶化而造成的损失，由土地所在地州、

〔1〕 第106条经哈萨克斯坦共和国2006年1月10日第116号法律（生效程序见第2条）、2014年9月29日第239-Ⅴ号法律修订（自首次正式公布之日起10日后生效）。

共和国级城市、首都、地区、州级市的授权机构提起诉讼，通过司法程序进行。

第十一章　定居点土地

第 107 条　定居点土地的概念和构成[1]

1. 所提供用于发展城市、村镇、村庄和其他定居点的地块，属于定居点土地级别。

2. 定居点用城市界、村镇界、农村定居点界与其他行政区划用地划界。

3. 定居点用地划分为以下功能区：

1）住房；

2）社交；

3）商业；

4）其他。

住宅区包括用于建设和开发多公寓、多层住宅、带有宅旁园地的个人住宅占用的土地。

社会区包括公共商业发展用地，被占用用于安置国家和非商业设施。

商业区包括经济特区的土地、共和国级和地区级工业区、生产设施、贸易设施、公共餐饮、消费服务、工程和交通基础设施，以及为安置这些设施建立卫生保护区和其他与经营活动有关的其他设施的地块。

其他区域包括以下土地：

1）用于运输、通信、工程通信，占用用于铁路、汽车、内河、海上、空中和管道运输、工程基础设施和通信干线；

2）用于特别自然保护区、用于健身、娱乐和历史文化用途；

3）森林基金；

4）水库及河流占用水域、天然及人工水库及水域、水域保护区、水利工程及其他水利设施；

5）农业用途；

6）共同使用，用于广场、街道、人行道、车道、不包括在公寓内的毗邻土地、道路、堤防、公园、广场、森林公园、林荫大道、水库、海滩、墓地和其他旨在满足居民需求的设施（水管、供热管、污水处理厂和其他通用工程系统，以及供热网络和通用工程系统的安全区）；

7）储备用地和其他不参与城市规划活动，用于定居点区域开发和个人副业；

8）专门用于安置牲畜坟场（生物热坑）、生活垃圾填埋场，及其他未制定特殊标准和规则而不得使用的土地；

9）用于国防和国家安全的需要，以及其他使用方式。

4. 地方执行机构根据其权限，将土地分配给定居点的公共土地，以及因改变其用途

---

〔1〕 第 107 条经哈萨克斯坦共和国 2007 年 7 月 6 日第 279 号法律、2007 年 7 月 27 日第 320 号法律（生效程序见第 2 条）、2011 年 7 月 20 日第 464-Ⅳ号法律（自首次正式公布之日起 10 日后生效）、2012 年 1 月 25 日第 548-Ⅳ号法律（自首次正式公布之日起 10 日后生效）、2012 年 2 月 13 日第 553-Ⅳ号法律（自首次正式公布之日起 10 日后生效）、2014 年 1 月 17 日第 165-Ⅴ号法律（自首次正式公布之日起 10 日后生效）、2014 年 12 月 29 日第 269-Ⅴ号法律（自 2015 年 1 月 1 日起生效）、2019 年 4 月 3 日第 243-Ⅵ号法律（自首次正式公布之日起 10 日后生效）、2019 年 12 月 26 日第 284-Ⅵ号法律修订（自首次正式公布之日起 10 日后生效）。

而将其排除在公共土地的组成之外。

第 108 条　定居点边界（线）的确立和变更〔1〕

1. 定居点边界（线）的确立和变更，以土地管理、建筑和城市规划相关机构按照既定程序批准的城市规划文件为基础进行。

2. 共和国级城市和哈萨克斯坦共和国首都的边界（线）由哈萨克斯坦共和国政府确定和更改。

3. 州级市的边界（线）经哈萨克斯坦共和国政府同意，由州代表机构和执行机构的联合决定确定和改变。

4. 地级市的边界（线）由州代表机构和执行机构的联合决定确定和改变。

5. 村镇和村庄的边界（线）由地区（市）代表机构和执行机构联合决定确定和改变。

6. 将土地纳入市、镇、村边界内，并不引起这些土地的所有权或土地使用权的终止。

第 109 条　定居点土地的使用〔2〕

1. 城市、村镇和农村定居点的所有土地均按照其总体规划、详细规划和开发项目（如果有这些项目）以及区域土地经营结构项目使用。

在居民不超过 5000 人的定居点，在缺少正式批准的总体规划的情况下，允许以总体规划的简化方案使用土地，或按城市规划文件批准的程序开发建设该定居点。

位于定居点的地块的指定用途，按照本法典第 107 条第 3 款规定的功能区划确定，并体现在地方执行机构提供土地权和身份证明的决定中。

在一个功能区内使用土地时，不要求改变土地的指定用途。

地方执行机构关于提供土地权的决定和未标明功能区的土地身份证明文件都具有法律约束力。

应权利人的要求，将身份证明文件替换为标明功能区的文件。

2. 除人行道和自行车道外，公共土地的土地可以提供给公民和法人，用于临时用地，在不妨碍公共使用情况下，用于安置轻型设施（贸易帐篷、亭子、用于单独收集固体废料的集装箱场地和二次原材料接收点、信息亭、户外视觉广告牌和其他服务设施）。在这种情况下，除根据阿拉木图市特殊地位和哈萨克斯坦共和国首都地位的立法法案，在共和国级城市和首都的街道上安置付费停车场外，不允许提供公共土地构成中的土地，包括用于安置贸易市场、付费停车场（停车场）和道路两侧（街道、车道）。

来自公共土地的土地只有在它们被从公共土地的构成中剔除后才能提供为私人所有。

定居点农用土地中的土地不能转为私有，用以经营农民或农场经济、农业生产、植树造林、副业农业、蔬菜栽培和畜牧业。

---

〔1〕 第 108 条经哈萨克斯坦共和国 2017 年 7 月 3 日第 86-Ⅵ号法律修订（自首次正式公布之日起 10 日后生效）。

〔2〕 第 109 条经哈萨克斯坦共和国 2007 年 7 月 6 日第 279 号法律、2007 年 7 月 21 日第 297 号法律（自首次正式公布之日起生效）、2011 年 7 月 20 日第 464-Ⅳ号法律（自首次正式公布之日起 10 日后生效）、2014 年 12 月 29 日第 269-Ⅴ号法律（自 2015 年 1 月 1 日起生效）、2015 年 10 月 27 日第 364-Ⅴ号法律（自首次正式公布之日起 10 日后生效）、2016 年 3 月 29 日第 479-Ⅴ号法律（自首次正式公布之日起 21 日后生效）、2018 年 5 月 24 日第 156-Ⅵ号法律（自首次正式公布之日起 10 日后生效）、2019 年 1 月 8 日第 215-Ⅵ号法律（自首次正式公布之日起 3 个月后生效）、2021 年 1 月 2 日第 401-Ⅵ号法律修订（自 2021 年 7 月 1 日起生效）。

3. 在被占用和指定用于墓地的公共土地中，对居住地每位已故居民或在居住地内死亡的无固定住所的人，无偿划拨6平方米以上的土地进行安葬。

第110条　郊区[1]

1. 郊区土地的构成可以包括城市边界以外的土地，与城市构成统一的社会、自然和经济区域。

2. 在郊区进行地域分区，划定郊区农业生产集约发展区、特别的城市建设调节区（用于城市发展的保护区、工程和交通基础设施正常运行所必需的结构的安置和建造）、森林、森林公园和其他绿色植物占用的绿地区，该区具有保护性和卫生性功能，是人们休闲的场所。

3. 区级市郊区的界线，由州地方代表机构根据州地方执行机构的建议确立和变更。

共和国级城市、首都和州级市的郊区边界由哈萨克斯坦共和国政府根据共和国级城市、首都和州相关地方代表和执行机构的联合建议确定和变更。共和国级城市、首都的郊区边界也可由其领土包括在郊区内的州相关地方代表机构和执行机构进行协调。

4. 将土地纳入郊区并不意味着该土地的所有权和土地使用权终止。

5. 郊区内土地的使用程序和制度由设立郊区的机构决定。

并入首都和共和国级城市郊区的土地使用程序和制度由哈萨克斯坦共和国政府根据这些城市的代表机构和执行机构的联合提案确定，并与其领土并入郊区的州代表机构和执行机构达成一致。

位于共和国级城市和首都郊区的农业用地不得分割。

第十二章　工业、运输、通信、用于空间活动、国防、国家安全和其他非农业用途的土地[2]

第111条　工业、运输、通信、用于空间活动、国防、国家安全和其他非农业用途的土地的概念和构成[3]

1. 工业、运输、通信、用于空间活动、国防、国家安全和其他非农业用途的土地是按照本法和哈萨克斯坦共和国其他法律规定的程序提供给公民和法人实体用于相关用途的土地。

2. 哈萨克斯坦共和国专门立法规定了工业、运输、通信、用于空间活动、国防、国家安全和其他非农业用途的土地使用特点。

第112条　工业用地

1. 工业用地包括为安置和开发工业设施而提供的土地，包括其工业卫生防护区和其他区域。

---

〔1〕 第110条经哈萨克斯坦共和国2007年7月6日第279号法律、2011年7月20日第464-Ⅳ号法律（自首次正式公布之日起10日后生效）、2018年5月4日第151-Ⅵ号法律（自首次正式公布之日起10日后生效）、2019年12月27日第291-Ⅵ号法律修订（自首次正式公布之日起10日后生效）。

〔2〕 第十二章经哈萨克斯坦共和国2012年1月6日第529-Ⅳ号法律（自首次正式公布之日起21日后生效）、2012年2月13日第553-Ⅳ号法律修订（自首次正式公布之日起10日后生效）。

〔3〕 第111条经哈萨克斯坦共和国2012年1月6日第529-Ⅳ号法律修订（自首次正式公布之日起21日后生效）。

2. 按规定程序批准的规范或设计技术文件确定指定用途的土地大小，按照其开发顺序分配土地。

第 113 条　运输用地〔1〕

1. 运输用地指为保障公路、海洋、内河、铁路、航空、管道及其他运输设施的活动和（或）开发而提供的土地。

2. 为开发、建设和改造公路、海上、内河、铁路、航空、管道和其他交通运输方式创造条件，可以按照本法典规定的程序进行土地储备。

第 114 条　铁路运输用地〔2〕

1. 铁路运输用地包括：

1）用于干线铁路和技术上与其相关的建筑物和构筑物（铁轨、桥梁、隧道、高架桥、信号设备、服务和技术建筑物）；

2）通路；

3）带有为铁路运输服务具有特殊用途的建筑物、能源构筑物、机车、运输、轨道和货运设施、给排水、防护加固植物、办公和其他设施的铁路站（火车站）；

4）铁路的通道和安全区；

5）公私合作伙伴关系协议下（包括特许协议）的铁道和铁路运输设施。

2. 根据铁路、火车站建设的设计技术文件和总体方案，按规定的程序批准的标准提供由于满足铁路运输需要的土地。

3. 为保障居民安全，以及铁路运输需要的带状土地上的设施安全运行，设立具有特殊用地条件的安全区，限制或禁止在该区域内开展与用途不相容的活动。

4. 铁路运输安全区包括防护林带，保障构筑物、装置和其他运输设施安全、强度和稳定性所必需的土地，以及与铁路运输通行道相邻的土地，位于泥石流、滑坡区和受其他危险影响的地方。

可在不从土地所有者和土地使用者处征用土地的情况下建立保护区。

第 115 条　道路运输用地〔3〕

1. 满足道路运输需要的用地包括以下土地：

1）机动车道路、停车场，其结构要素和道路结构以及与其技术上相关的建筑物和构筑物；

2）用于安置汽车站、停车场、其他道路交通设施以及为运行、建设、改造、维修、发展地面和地下建筑物、结构物、构筑物、装置所必需的道路设施；

---

〔1〕 第 113 条经哈萨克斯坦共和国 2011 年 7 月 20 日第 464-Ⅳ号法律（自首次正式公布之日起 10 日后生效）、2012 年 1 月 9 日第 533-Ⅳ号法律修订（自首次正式公布之日起 10 日后生效）。

〔2〕 第 114 条经哈萨克斯坦共和国 2008 年 7 月 5 日第 66-Ⅳ号法律（生效程序见第 2 条）、2015 年 10 月 31 日第 380-Ⅴ号法律修订（自首次正式公布之日起 10 日后生效）。

〔3〕 第 115 条列入哈萨克斯坦共和国 2010 年 12 月 28 日第 369-Ⅳ号法律（自首次正式公布之日起 10 日后生效）；经哈萨克斯坦共和国 2014 年 4 月 17 日第 195-Ⅴ号法律（自首次正式公布之日起 6 个月后生效）、2014 年 11 月 7 日第 248-Ⅴ号法律（自首次正式公布之日起 10 日后生效）、2020 年 7 月 2 日第 355-Ⅵ号法律修订（自首次正式公布之日起 10 日后生效）。

3）建立道路导流带。

2. 以道路级别和项目文件确定的标准为基础，提供满足道路运输需要的导带流土地。

3. 为保障居民安全，为高速公路的运营创造条件，兼顾道路安全要求，在公路导流带两侧相邻土地设置路边车道，并为其使用建立特殊制度。

州、共和国级城市、首都、地区、州级市的地方执行机构可将国有路边车道土地提供给个人和法人临时使用。

4. 禁止在公路沿线导流带内建设建筑物和构筑物，以及铺设工程通信设施，但道路服务设施、户外（视觉）广告、警察哨所、卫生和流行病监控站、海关机构、边防站、运输监控站、兽医和植物检疫控制站、天线杆和（或）蜂窝或卫星通信设备的支柱除外。

在进行国际、共和国级、州级和地区级公共公路改造工作时，天线杆和（或）蜂窝或卫星通信设备的支柱的所有者确保自费转移以上设施。

第 116 条　海洋和内河运输用地

满足海洋和内河运输用地包括设置海港、河港、泊位、码头、水工建筑物以及其他用于开发、维护、建设、改建、维修、发展地面和地下建筑物和其他海洋和内河运输设施所需要的土地。

第 117 条　航空运输用地

航空运输用地包括设置空港、机场、航站楼、跑道和其他地面设施，为运行、维护、建设、重建、维修、发展地面和地下建筑物、构筑物、设备和其他航空运输设施，以及它们的保护区所需要的土地。

建立保护区可不征用不同土地所有者和土地使用者土地。

第 118 条　管道运输用地[1]

管道运输用地包括用于铺设输水管道、输气管道、输油管道、成品油管道以及为运行、维护、建设、改建、维修、开发地面和地下建筑物、构筑物和其他管道运输设施所需的土地。

这些土地还涉及干线管道用地，包括具有特殊使用条件的干线保护区用地，其边界根据哈萨克斯坦共和国干线管道法确定。

建立保护区可不征用土地所有者和土地使用者土地。

划分地块用于铺设和运行干线管道导线部分，按照公役规则（本法典第 69 条第 4 款）实施。

第 119 条　通信和电力用地[2]

1. 用于通信、广播、电视、信息等需要的土地，包括用于安置相关基础设施、电缆、无线电中继和架空通信线路设施、包括地下及其保护区，用于建造天线杆结构和（或）支持蜂窝或卫星通信设备所需要的土地。

---

〔1〕 第 118 条列入哈萨克斯坦共和国 2012 年 6 月 22 日第 21-Ⅴ号法律（自首次正式公布之日起 10 日后生效）。

〔2〕 第 119 条经哈萨克斯坦共和国 2009 年 7 月 4 日第 166-Ⅳ号法律、2017 年 7 月 11 日第 89-Ⅵ号法律（自首次正式公布之日起 10 日后生效）、2020 年 7 月 2 日第 355-Ⅵ号法律修订（自首次正式公布之日起 10 日后生效）。

对于通信设施，可以根据建筑标准和规则、通信线路保护规则和其他按规定方式批准的规范性技术文件建立通信线路保护区。

2. 电力用地包括分配给以下用途的土地：

1）用于设置水力发电厂、核电厂、热电站和其他电站及其服务设施，以及利用可再生能源的设施；

2）用于设置架空电力线的塔架、地面电缆电力传输设施、变电站、配电点、其他电力设施。

为保障居民安全，为电力设施运行创造条件，按照电力行业主管部门批准的热网设施保护区设置规则和特殊使用土地的条件，设置有特殊用地条件的电网、热网保护区。

第 119-1 条　开展航天活动用地〔1〕

1. 航天活动用地包括用于设置和运行地面航天基础设施及其保护区的用地。

2. 为发展航天活动创造条件，按照本法典进行航天活动需要的土地储备。

3. 为保障居民安全，保护地面航天基础设施及其运行安全，设立有特殊用地条件的保护区，运载火箭分离部件坠落除外，在坠落区内限制或禁止进行与建立该区域用途相冲突的活动。

第 119-2 条　经济特区、共和国级或地区级工业园区用地〔2〕

1. 经济特区、共和国级或地区级工业园区的用地，由相关管理公司从非农用地级别的土地中提供用于临时有偿使用，管理公司按照哈萨克斯坦共和国经济特区和工业园区法规定的程序和条件为经济特区和工业园区参与者提供土地。

2. 在以下情况下，经济特区、共和国级或地区级工业园区的参与者有权按照本法典规定的程序赎回根据哈萨克斯坦共和国经济特区和工业园区法获得的土地：

1）经济特区经营期满后，在履行作为经济特区参与者活动协议规定义务的前提下；

2）在任何时候，在共和国级或地区级工业园区参与者规划规定的所有项目投入运营的条件下。

共和国级或地区级工业园区的参与者有权在本款第 1 段第 2 项规定的情况下，按照在签订共和国级或地区级工业园区活动协议时确定的、与地籍价（估计）相同的价格赎回地块。

如果共和国级或地区级工业园区的参与者在取消工业区时，未完成不动产项目和（或）相关建筑物（结构物、构筑物）的建造，则地方执行机构应提供不超过 3 年的有偿土地使用权。

3. 本条第 2 款所指人员应向相关管理公司提交申请。

随申请附上：

证明土地所有权的文件或文件的公证副本；

房地产中心出具的关于土地上不存在阻止交易完成产权负担的证明；

法律实体的国家注册（重新注册）证书（适用于法律实体）；

---

〔1〕 第 119-1 条经哈萨克斯坦共和国 2012 年 1 月 6 日第 529-Ⅳ号法律增补（自首次正式公布之日起 21 日后生效）。

〔2〕 第 119-2 条经哈萨克斯坦共和国 2019 年 4 月 3 日第 243-Ⅵ号法律增补（自首次正式公布之日起 10 日后生效）。

身份证件复印件（个体经营者）。

根据哈萨克斯坦共和国经济特区和工业园区法获得土地的经济特区、共和国级或地区级工业园区的参与者，从事活动协议和相关管理公司颁发的土地图是证明其土地权的文件。

4. 管理公司应向地块所在地的州、共和国级城市、首都的地方执行机构提交申请，并附上所有附件，这些文件将按照本法典第 47 条规定的程序审核。

5. 如果在定居点的边界内提供土地用于设置共和国级或地区级经济特区或工业园区，则该土地应属于本法典第 107 条确定的商业区。

第 120 条　国防和国家安全用地〔1〕

1. 国防和国家安全用地是提供用于部署哈萨克斯坦共和国武装力量的军队、军事靶场以及兵工厂、基地和仓库，设立在禁区相邻区域的其他军事编制、军事教育机构、在国防和国家安全领域执行任务的哈萨克斯坦共和国国家特别机构及其设施和结构，保证其日常运行的土地。

为国防和国家安全需要提供和征用土地是在与中央授权机构和相关授权机构（哈萨克斯坦共和国国防部、哈萨克斯坦共和国内政部、哈萨克斯坦共和国国家安全委员会、哈萨克斯坦共和国国家安全局）协商进行。

2. 需要临时使用土地用于训练和其他涉及国防和国家安全需要的活动，不需从所有者和土地使用者手中征用土地。

这些土地的使用按照为进行勘探工作以及为建立享有特殊使用条件区域而规定的程序进行。

用于以上目的的土地使用许可证由州执行机构颁发。

3. 为保证维护哈萨克斯坦共和国国界的安全，划拨土地用于工程技术结构和障碍、边境标志、边境林间空地、通信、哈萨克斯坦共和国通关检查站。

4. 地方执行机构经与相关授权机构（哈萨克斯坦共和国国防部、哈萨克斯坦共和国内政部、哈萨克斯坦共和国国家安全委员会、哈萨克斯坦共和国国家安全局）协商，可转让用于国防需要的土地中的某些土地，但用于部署和保证其日常活动的哈萨克斯坦共和国武装力量的军事靶场以及军火库、基地和仓库，邻近已建立的禁区内的土地，供个人和法人实体临时用于农业用途的土地除外。

第 121 条　具有特殊用地条件的区域〔2〕

1. 为保障居民安全，为工业、交通等设施的运行创造必要条件，设立禁止区，在区

---

〔1〕 第 120 条列入哈萨克斯坦共和国 2012 年 2 月 13 日第 553-Ⅳ号法律（自首次正式公布之日起 10 日后生效）；经哈萨克斯坦共和国 2007 年 12 月 19 日第 11 号法律（生效程序见第 2 条）、2012 年 2 月 13 日第 553-Ⅳ号法律（自首次正式公布之日起 10 日后生效）、2018 年 5 月 4 日第 151-Ⅵ号法律（自首次正式公布之日起 10 日后生效）、2019 年 12 月 27 日第 291-Ⅵ号法律（自首次正式公布之日起 10 日后生效）、2020 年 5 月 29 日第 337-Ⅵ号法律（自首次正式公布之日起 10 日后生效）。

〔2〕 第 121 条经哈萨克斯坦共和国 2012 年 1 月 6 日第 529-Ⅳ号法律（自首次正式公布之日起 21 日后生效）、2012 年 1 月 9 日第 533-Ⅳ号法律（自首次正式公布之日起 10 日后生效）、2012 年 2 月 13 日第 553-Ⅳ号法律（自首次正式公布之日起 10 日后生效）、2012 年 2 月 15 日第 556-Ⅳ号法律（自首次正式公布之日起 10 日后生效）、2017 年 7 月 11 日第 89-Ⅵ号法律（自首次正式公布之日起 10 日后生效）、2019 年 10 月 28 日第 268-Ⅵ号法律（自首次正式公布之日起 10 日后生效）、2020 年 5 月 29 日第 337-Ⅵ号法律修订（自首次正式公布之日起 10 日后生效）。

内限制或禁止进行与建区目的不符的活动。

2. 具有特殊用地条件的区域包括：

1）工业企业的卫生保护区；

2）与铁路、公路导流带相邻的泥石流区、滑坡区和防护林带；

3）取水构筑物的保护区；

4）机场跑道；

5）干线管道、通信线路、无线电系统、电力和供热网络的保护区；

5-1）供气系统设施的保护区域；

6）水域保护区；

6-1）地面航天基础设施保护区，运载火箭分离部件坠落区除外；

7）哈萨克斯坦共和国武装部队、其他部队和军事编队的军事靶场、军火库、基地和仓库所在领土，以及邻近已建立的禁区内的领土；

8）国家特别机关使用的领土；

9）与刑事机构相邻的领土。

3. 包括在特殊使用条件区的土地，在地面上标明特殊标志。除取水构筑物保护区的第一带外，不得从地块所有者和土地使用者手中征用这些土地。

位于本条第 2 款第 9 项规定区域内的土地，不必从土地所有人和土地使用者手中征用。

4. 以上区域的边界和区域内土地使用制度，由决定授予土地所有权或土地使用权的机构根据设计和技术文件的规范确定，本条第 2 款第 9 项规定的区域除外。

本条第 2 款第 9 项规定的区域边界和土地使用制度，根据本法典和哈萨克斯坦共和国刑法规定，设立在距离刑事机构主要栅栏 50 米以上的地方。

第十三章　特别自然保护区用地，用于健身、娱乐和历史文化目的的用地

第 122 条　自然保护区的土地[1]

1. 自然保护区土地包括国家自然名胜区、国家自然公园、国家自然储备区、国家地区自然公园、国家动物园、国家植物园、国家树木园和国家自然古迹用地。

国家保护区和国家自然保护区的土地从其他类别土地中划拨，不从土地所有者和土地使用者手中征用，并在维护国家土地地籍时进行清点。

在国家名胜区和国家自然保护区范围内，限制从事任何对这些特别保护区和区内国家

〔1〕 第 122 条经哈萨克斯坦共和国 2006 年 7 月 7 日第 176 号法律（自首次正式公布之日起生效）、2008 年 12 月 1 日第 94-Ⅳ号法律（生效程序见第 2 条）、2011 年 3 月 1 日第 414-Ⅳ号法律（自首次正式公布之日起生效）、2011 年 7 月 20 日第 464-Ⅳ号法律（自首次正式公布之日起 10 日后生效）、2012 年 1 月 25 日第 548-Ⅳ号法律（自首次正式公布之日起 10 日后生效）、2013 年 7 月 3 日第 124-Ⅴ号法律（自首次正式公布之日起 10 日后生效）、2014 年 9 月 29 日第 239-Ⅴ号法律（自首次正式公布之日起 10 日后生效）、2017 年 6 月 15 日第 73-Ⅵ号法律（自首次正式公布之日起 10 日后生效）、2019 年 10 月 28 日第 268-Ⅵ号法律（自首次正式公布之日起 10 日后生效）、2021 年 1 月 2 日第 399-Ⅵ号法律修订（自首次正式公布之日起 10 日后生效）。

自然保护区基金对象的生态系统现状和恢复产生不利影响的活动，对所有者和土地使用者设立土地产权负担，并在土地管理文件进行清点。

2. 特别自然保护区的土地属于国家所有，不得转让。

不允许征用特别自然保护区的土地用于其他需要。

用于农业生产的特别自然保护区土地上的农业用地，可按照哈萨克斯坦共和国法律规定的方式，提供给居住在特别自然保护区内定居点的哈萨克斯坦共和国公民，用于规定目的。

特别自然保护区的土地不得转让，根据哈萨克斯坦共和国政府决定，具有国家生态评估积极结论，按照哈萨克斯坦共和国政府确定的程序转让储备土地的情况除外：

1）用于哈萨克斯坦共和国国境设施的建设、布置、运营，以及在没有其他可能安置方案的情况下的国防需要；

2）在没有其他可能的安置方案，而只有那些已确立有限经营活动制度的土地情况下，用于建设和运营具有特殊战略意义的水管理结构；

3）根据本法典第 171 条开采固体矿物（分布广泛的矿物除外），并且仅限于确立有限经营活动制度的土地；

4）用于建设针对旅游对象的工程基础设施（道路、电力传输线、管道）。

在位于勘查土地或地质带现场发现地下资源，是根据本款第 4 段第 3 项将自然保护区土地转为储备土地的依据，根据勘探合同或矿产地勘探许可证，该产地的资源和储量由哈萨克斯坦共和国地下资源和地下资源使用法规定的固体矿产资源和储量评估报告确认。

依照本款第 4 段第 3 项规定转让特别自然保护区土地用以开采固体矿产时，开矿条件为：

1）地下资源使用者与特别自然保护区领域授权机构达成协议，接受在所转让土地面积 2 倍的范围内补偿种植林业作物的义务，并确保工作完成后恢复开采固体矿产土地的肥沃土层；

2）进行环境影响评估；

3）具有国家生态专业知识的肯定结论；

4）在特别自然保护区所在的相关行政区域单位和居民点举办广泛的社会听证会，并进行媒体报道。

在这一情况下，不得将土地转让给第三方或质押。

共和国级特别自然保护区清单由哈萨克斯坦共和国政府批准。

3. 按照哈萨克斯坦共和国法律规定的程序和条件，特别自然保护领土可用于科学、文化教育、培训、旅游和娱乐、有限的经营目的。

为在自然保护区开展文化教育活动，可建立博物馆、报告厅、博览会、示范点和其他必要设施。

为在特别自然保护区开展旅游休闲，划拨专门土地修建旅游步道、观景台、露营草甸、停车场、露营地、帐篷营地、宾馆、汽车旅馆、旅游基地、餐饮、商贸和其他日常文化设施。

特别自然保护区的旅游和娱乐活动受到其保护制度的限制，并根据哈萨克斯坦共和国法律进行监管。

为有限的经营目的使用特别自然保护区只允许在专门划拨、并具有特定制度和受管制的经营活动制度区域内进行。

第 123 条　特别自然保护区的土地[1]

1. 为确保特别自然保护区域周围，包括其边界内的所有者和土地使用者免受不良的外部影响，规定在这些区域内禁止和（或）限制进行对该保护区的生态系统现状和恢复，以及位于区内的国家自然保护基金对象产生负面影响的任何活动。

2. 国家级自然名胜保护区、国家级自然公园、国家级自然储备区和国家级地区自然公园保护区范围内，自然利用的规模、边界、制度类型和程序，根据创建保护区的自然科学和技术经济依据确定，并由州、共和国级城市、首都的地方执行机构按照本法典和哈萨克斯坦共和国特别自然保护区法规定的方式设立。

同时，沿土地所有者和土地使用者的地块边界或自然地理边界设置、并在地面上用特殊标识标志的保护区的宽度应大于 2 公里。

3. 特别自然保护区内土地的使用应遵守保护区的既定制度。

根据本法典和哈萨克斯坦共和国国家财产法规定的条件和程序，可强制转让土地用于国家需要。

第 124 条　将土地列入特别自然保护区类别[2]

根据哈萨克斯坦共和国特别自然保护区法，将土地列入特别自然保护区类别。

第 125 条　疗养用地[3]

1. 疗养用地包括富含自然疗愈因子的疗养地，以及有利于预防治疗的土地。

2. 保持良好的卫生和环境条件以组织预防治疗人类疾病，根据哈萨克斯坦共和国法律在疗养区内设立卫生防护区。

疗养区土地上的保护区、卫生防护区和其他防护区的边界和使用制度由地方代表机构和执行机构规定。

3. 卫生防护区内的地块不得从土地所有者和土地使用者手中征用，但按照既定卫生制度，将这些土地从经营流通（卫生防护区第一带）完全退出的情况除外。在这种情况下，根据本法典和哈萨克斯坦共和国国家财产法规定的情况和程序，可强行转让这些地块用于国家需要。

卫生防护区第二带、第三带边界内的土地的使用应遵守这些区域的既定保护制度。

---

〔1〕 第 123 条列入哈萨克斯坦共和国 2006 年 7 月 7 日第 176 号法律（自首次正式公布之日起执行）；经哈萨克斯坦共和国 2007 年 7 月 6 日第 279 号法律、2011 年 3 月 1 日第 414-Ⅳ号法律（自首次正式公布之日起生效）、2011 年 7 月 20 日第 464-Ⅳ号法律（自首次正式公布之日起 10 日后生效）、2012 年 1 月 25 日第 548-Ⅳ号法律修订（自首次正式公布之日起 10 日后生效）。

〔2〕 第 124 条经哈萨克斯坦共和国 2011 年 7 月 20 日第 464-Ⅳ号法律修订（自首次正式公布之日起 10 日后生效）。

〔3〕 第 125 条经哈萨克斯坦共和国 2007 年 7 月 6 日第 279 号法律、2011 年 3 月 1 日第 414-Ⅳ号法律修订（自首次正式公布之日起生效）。

第 126 条　娱乐休闲用地[1]

1. 娱乐休闲用地指划定、用于有组织的群众休闲旅游，及野生动物繁殖的土地。

2. 娱乐休闲用地可包括设有休息住房、寄宿处、露营地、体育设施的地块、旅游基地、固定式和帐篷式旅游休闲营地、渔猎者住宅、森林公园、远足小路、步道、儿童和运动营以及其他类似设施。休闲用地还包括郊区绿地。

3. 娱乐休闲用地的使用程序和制度由地方代表机构和执行机构规定。

4. 与土地所有者和土地使用者协商建立的远足小路和步道的使用可以在地役权的基础上进行。

5. 在娱乐休闲用地上，禁止进行与其用途不符的活动。

第 127 条　历史文化用地[2]

1. 历史文化用地指被历史文化遗产包括历史文化古迹占用的土地。

在分配土地之前进行领土开发，应根据哈萨克斯坦共和国的法律进行考古工作，以查清历史和文化遗产物品。

如果发现具有历史、科学、艺术和其他文化价值的物品，土地使用者应当暂停进一步的工作，并将此通知负责保护和利用历史文化遗产物品的授权机构。

禁止从事可能对历史文化遗产对象的存在构成威胁的所有类型的工作。

2. 被列为历史文化用地的土地不得从土地所有者和土地使用者手中收回，但哈萨克斯坦共和国法律规定的情况除外。

为了确保保护历史和文化古迹，按照哈萨克斯坦共和国法律规定的程序，在历史文化用地上设立保护区、开发管制区和自然景观保护区。

保护区、开发管制区和历史文化古迹自然景观保护区的边界由州、共和国级城市、首都的地方执行机构批准。

确定所规定区域的程序和其土地使用制度由负责历史文化遗产保护和使用的授权机构规定。

3. 根据哈萨克斯坦共和国行政违法法典，违反保护区、开发管制区和历史文化古迹自然景观保护区的土地使用制度，需承担行政责任。

第十四章　森林基金用地

第 128 条　森林基金用地的概念和构成[3]

1. 森林基金用地是指有林地和供林业需要未植林的土地。

---

〔1〕 第 126 条经哈萨克斯坦共和国 2012 年 1 月 25 日第 548-Ⅳ号法律（自首次正式公布之日起 10 日后生效）、2019 年 10 月 28 日第 268-Ⅵ号法律修订（自首次正式公布之日起 10 日后生效）。

〔2〕 第 127 条经哈萨克斯坦共和国 2007 年 7 月 21 日第 307 号法律（生效程序见第 2 条）、2019 年 12 月 26 日第 289-Ⅵ号法律修订（自首次正式公布之日起 10 日后生效）。

〔3〕 第 128 条经哈萨克斯坦共和国 2006 年 7 月 7 日第 176 号法律（自首次正式公布之日起生效）、2012 年 1 月 25 日第 548-Ⅳ号法律（自首次正式公布之日起 10 日后生效）、2021 年 5 月 13 日第 39-Ⅶ号法律修订（自首次正式公布之日起 10 日后生效）。

2. 森林基金土地包括国家森林基金土地和私人森林基金土地。

3. 国家森林基金土地包括天然森林和由国家预算拨款建造的人工林的土地，以及提供给国家林业组织永久使用的未植林土地。

4. 私人森林基金土地包括提供给哈萨克斯坦共和国公民和哈萨克斯坦共和国非国有法人实体的土地，该土地为私人所有或长期使用、没有外国参与，根据本法典专用于植树造林，包括：

1）人工种植；

2）通过种子和（或）植物方式产生的天然来源的种植园；

3）私人林场；

4）特殊用途种植园；

5）农林复合种植园；

6）私有经济公路支线的保护性种植。

第 129 条　提供国家森林基金用地用于农业和建设项目[1]

根据哈萨克斯坦共和国森林法，森林基金用地上未用于林业需要的农业用地可提供给个人和法人实体用于农业用途。

向森林使用者提供国家森林基金用地上的建设项目用地，这些土地上的森林资源长期用于疗养、娱乐休闲、历史文化、旅游和体育目的；狩猎经济；从属性的森林使用根据哈萨克斯坦共和国森林法进行。

第 130 条　林地转为其他土地类型的限制

将林地转为与林业经营无关的其他类别的土地，由哈萨克斯坦共和国政府负责。

第 131 条　对林业生产损失的赔偿[2]

1. 征用林地用于与林业无关的目的造成的林业生产损失，或因个人和法人的活动影响造成的土地质量恶化，应按预算赔偿损失。

2. 对林业生产损失，由从森林基金土地中提供地块用于与林业和农业无关用途的人员进行赔偿。

3. 征用林地用于与林业和农业无关的目的而造成林业生产损失的赔偿标准，由农工综合体发展领域的中央授权机构制定。

第十五章　水基金用地

第 132 条　水基金用地的概念和构成[3]

水基金用地指被水体（河流和等效的运河、湖泊、水库、池塘和其他内陆水体、水

---

〔1〕 第 129 条列入哈萨克斯坦共和国 2012 年 1 月 25 日第 548-Ⅳ号法律（自首次正式公布之日起 10 日后生效）；经哈萨克斯坦共和国 2012 年 1 月 25 日第 548-Ⅳ号法律修订（自首次正式公布之日起 10 日后生效）。

〔2〕 第 131 条经哈萨克斯坦共和国 2006 年 1 月 10 日第 116 号法律（生效程序见第 2 条）、2014 年 9 月 29 日第 239-Ⅴ号法律修订（自首次正式公布之日起 10 日后生效）。

〔3〕 第 132 条经哈萨克斯坦共和国 2009 年 7 月 10 日第 180-Ⅳ号法律修订（自首次正式公布之日起 10 日后生效）。

域）、冰川、沼泽、位于水源头用于流量调节的水管理设施所占用的土地，以及划拨给指定水体水源保护区和饮用水供水系统卫生保护区的土地。

第 133 条　水基金用地的所有权[1]

1. 水基金用地为国家所有。

2. 由跨地区（州）和跨经营者（地区）的水管理结构（灌溉和排水系统）占用的水基金用地，以及为一个经济实体的土地服务的灌溉设施，这些结构可从国家所有转让，由哈萨克斯坦共和国公民和非国家法人实体私有。

3. 本条第 2 款所列水管结构下的土地，为两个或两个以上土地所有人或土地使用者提供服务，以共有或共有土地使用方式向其提供。

第 134 条　水体沿岸水域保护区和水体沿岸地带用地分配[2]

1. 在江河、湖泊、水库、运河、内陆水域、冰川、沼泽的岸边，由地方行政机关划拨土地作为水源保护区和水带。

水域保护区和水体沿岸地带的土地不从自然保护区和国家森林基金的土地中划拨。

2. 水域保护区和水体沿岸地带内的地块的使用，按照哈萨克斯坦共和国水法的要求进行。

第 135 条　从水基金土地构成中提供土地[3]

水基金土地构成中的土地，除并入特别自然保护区和国家森林基金用地的水体外，经与水基金、供水和水处理使用和保护领域的国家授权机构协商，可由地方执行机构提供给自然人和法人实体临时使用，以满足农业、林业、渔业、狩猎、可再生能源利用和与土地主要用途不冲突的目的。

第 136 条　水基金用地使用程序

水基金用地的使用按照本法典和哈萨克斯坦共和国水法规定的程序和条件进行。

第 136-1 条　水基金用地转为其他类别土地的程序[4]

1. 水基金用地转为其他类别土地，除并入特别自然保护区和国家森林基金的水体外，在水体自然或人为消失、或规模缩小以及为国家需要没收水基金用地的情况下进行。

2. 除并入特别自然保护区和国家森林基金中的水体外，将水基金土地转为其他类别土地的决定，由州、共和国级城市、首都的地方执行机构作出。

---

[1] 第 133 条经哈萨克斯坦共和国 2007 年 1 月 9 日第 213 号法律（生效程序见第 2 条）、2011 年 3 月 1 日第 414-Ⅳ号法律修订（自首次正式公布之日起生效）。

[2] 第 134 条经哈萨克斯坦共和国 2009 年 7 月 10 日第 180-Ⅳ号法律、2012 年 1 月 25 日第 548-Ⅳ号法律修订（自首次正式公布之日起 10 日后生效）。

[3] 第 135 条经哈萨克斯坦共和国 2009 年 7 月 4 日第 166-Ⅳ号法律、2011 年 7 月 20 日第 464-Ⅳ号法律（自首次正式公布之日起 10 日后生效）、2012 年 1 月 25 日第 548-Ⅳ号法律修订（自首次正式公布之日起 10 日后生效）。

[4] 根据哈萨克斯坦共和国 2009 年 7 月 10 日第 180-Ⅳ号法律，本法典增补第 136-1 条，并经哈萨克斯坦共和国 2012 年 1 月 25 日第 548-Ⅳ号法律（自首次正式公布之日起 10 日后生效）、2016 年 3 月 29 日第 479-Ⅴ号法律（自首次正式公布之日起 21 日后生效）、2018 年 5 月 4 日第 151-Ⅵ号法律修订（自首次正式公布之日起 10 日后生效）。

将水基金土地转让或拒绝转给其他类别土地的决定，根据土地委员会的结论作出。

第十六章　储备土地

第 137 条　储备土地的构成

1. 储备土地是指属于地区执行机构管辖的所有非提供所有权或土地使用的土地。

2. 根据哈萨克斯坦共和国政府的决定，进行核武器试验的土地转为储备土地。上述土地的法律制度根据本法典第 143 条确定。

第 138 条　储备土地的提供[1]

按照本法典规定的程序和条件，提供储备土地所有权或土地使用权，用于农业、私人植树造林、工业和其他目的的需要。储备土地转为其他类别与提供所有权或土地使用同时进行。

如果之前属于特别自然保护区的储备土地，根据哈萨克斯坦共和国法律，未转为其他类别的土地，则上述土地将根据哈萨克斯坦共和国特别自然保护区法，转回特别自然保护区的土地类别。

第四编　土地保护、国家监管、土地管理、国家土地地籍和土地监测

第十七章　土地保护

第 139 条　土地保护的目的和任务

1. 土地保护包括旨在保护作为环境一部分的土地，合理利用土地、防止不正当征用农业和林地，以及恢复和提高土壤肥力的法律、组织、经济、技术和其他措施系统。

2. 土地保护的目标是：

1）通过促进生态安全的生产技术和开展森林复垦、土地复垦及其他活动，防止土地退化和破坏，以及经济活动的其他不利后果；

2）确保退化或受破坏土地的改善和恢复；

3）实施优化土地利用的环境标准。

第 140 条　土地保护[2]

1. 土地所有者和土地使用者应当采取措施，旨在：

1）保护土地免于枯竭和荒漠化、水蚀和风蚀、泥石流、洪水、内涝、次生盐渍化、干涸、压实、生产和消费废物、化学、生物、放射物和其他有害物质的污染，及免受其他破坏过程；

2）保护土地免受检疫对象、外来物种和特别危险的有害生物的污染及传播，杂草、

---

〔1〕 第 138 条列入哈萨克斯坦共和国 2007 年 7 月 6 日第 279 号法律；经哈萨克斯坦共和国 2012 年 1 月 25 日第 548-Ⅳ号法律（自首次正式公布之日起 10 日后生效）、2020 年 9 月 30 日第 362-Ⅵ号法律修订（自首次正式公布之日起 10 日后生效）。

〔2〕 第 140 条经哈萨克斯坦共和国 2019 年 10 月 28 日第 268-Ⅵ号法律修订（自首次正式公布之日起 10 日后生效）。

灌木和小树林的过度生长，以及其他类型的土地状况恶化；

3）修复被破坏土地，恢复其肥力和其他有用的土地性质，使其及时参与经济循环；

4）清除、保存和利用被破坏土地的肥沃土层。

2. 为防止土地退化，恢复土壤肥力和受污染地区，以及在退化的农田土壤肥力无法恢复的情况下，被化学、生物、放射性和其他有害物质污染的土地超过其最大浓度和最大影响水平的既定标准，被生产和消费废料、废水、检疫物、外来物种和特别危险的有害生物污染的土地，按照哈萨克斯坦共和国政府规定的方式进行土地保护。

3. 为提高地块所有者和土地使用者对合理使用和保护土地的兴趣，可以按预算法和税收法确定的程序对土地保护和使用进行经济激励。

第 141 条　土壤中有害物质最高允许浓度标准

1. 为了评估土壤状况，以保护人类健康和环境，制定污染土壤的有害物质、有害微生物和其他生物物质的最大浓度标准。

2. 按照哈萨克斯坦共和国法律规定的程序批准上述标准。

第 142 条　对建筑物（结构物、构筑物）和其他影响土地状况的物体的设计和投入使用的环境、卫生和其他特殊要求[1]

1. 新建和改建建筑物（结构物、构筑物）等设施的安置、设计和调试，在推广对土地状况产生不利影响的新设备、新技术时，应采取措施保护土地，确保遵守环境、卫生和其他特殊要求（规范、规则、标准）。

2. 根据国家检查结果对土地状况的负面影响和保护措施的有效性进行评估，在没有确定结论的情况下，禁止引进新技术和新工艺，实施措施进行土地开垦，资助建造（重建）建筑物（结构物、构筑物）和其他物体。

第 143 条　受放射性污染和进行核武器试验的土地[2]

1. 已受到过度放射性污染或以其他方式对居民生命和健康构成威胁的土地，不得提供所有权、永久或临时土地使用权。

2. 暴露于放射性污染的地块，不能确保获得符合哈萨克斯坦共和国法律规定的卫生要求和标准的产品，被排除在农业流通之外并受保护。禁止在这些土地上生产和销售农产品。

3. 进行核武器试验的土地只有在完成所有消除核武器试验后果的措施和全面环境调查，得到国家环境专业检测的肯定结论后，才能由哈萨克斯坦共和国政府提供所有权或土地使用权。

4. 哈萨克斯坦共和国国家计划体系的文件中规定了消除这些领土上核武器试验后果的措施。

---

〔1〕 第 142 条经哈萨克斯坦共和国 2013 年 7 月 3 日第 124-Ⅴ号法律（自首次正式公布之日起 10 日后生效）、2021 年 1 月 2 日第 401-Ⅵ号法律修订（自 2021 年 7 月 1 日起生效）。

〔2〕 第 143 条经哈萨克斯坦共和国 2007 年 7 月 6 日第 279 号法律、2013 年 7 月 3 日第 124-Ⅴ号法律修订（自首次正式公布之日起 10 日后生效）。

5. 受放射性污染的土地的强制转让和保护程序由哈萨克斯坦共和国法律规定。

第十八章　国家对土地使用和保护的监管

第 144 条　国家对土地使用和保护实施监管的任务

国家监管的任务是确保国家机构、个人、法人实体和官员遵守哈萨克斯坦共和国的土地法，查明并消除违反哈萨克斯坦共和国法律的行为，恢复公民和法人实体被侵犯的权利，遵守土地使用规则，正确维护土地地籍和土地管理，落实合理利用和保护土地的措施。

第 145 条　国家对土地使用和保护实施监管的组织和程序[1]

第 1 款列入哈萨克斯坦共和国 2021 年 6 月 30 日第 59-Ⅶ号法律（自 2022 年 1 月 1 日起生效）。

1. 对土地使用和保护的国家监管由中央授权机构、对土地使用和保护实施监管的授权机构、地区（城市的区除外）执行机构、州级市、区级市、村镇、农村地区的地方执行机构和其他授权机构在其职权范围内实施。

2. 对土地使用和保护行使国家监管的其他国家机构是：

环境保护领域的授权机构；

主管建筑、城市规划和建设的授权机构；

农业、林业、狩猎和渔业、特别自然保护区、水资源利用和保护领域的授权机构；

负责地下资源使用和保护的授权机构。

3. 根据哈萨克斯坦共和国企业经营法典，国家对土地使用和保护实施监管以检查和预防控制的形式进行。

在清点、土地调查、制定与土地使用相关的计划和项目、维护国家地籍和土地监测期间，也进行国家监管。

4. 经哈萨克斯坦共和国 2009 年 7 月 17 日第 188-Ⅳ号法律删除（生效程序见第 2 条）。

第 5 款经哈萨克斯坦共和国 2021 年 6 月 30 日第 59-Ⅶ号法律删除（自 2022 年 1 月 1 日起执行）。

5. 在土地所有者、土地使用者的参与下，通过检查进行国家控制，如果他们拒绝——未参加的情况下，则在根据调查结果起草的文件中作出相应说明。

已查明的违反哈萨克斯坦共和国土地法的行为通过附有实地调查图的文件正式确定，

---

〔1〕 第 145 条列入哈萨克斯坦共和国 2006 年 1 月 31 日第 125 号法律；经哈萨克斯坦共和国 2007 年 1 月 9 日第 213 号法律（生效程序见第 2 条）、2007 年 7 月 6 日第 279 号法律、2009 年 7 月 7 日第 188-Ⅳ号法律（生效程序见第 2 条）、2011 年 1 月 6 日第 378-Ⅳ号法律（自首次正式公布之日起 10 日后生效）、2011 年 7 月 20 日第 464-Ⅳ号法律（自首次正式公布之日起 10 日后生效）、2014 年 9 月 29 日第 239-Ⅴ号法律（自首次正式公布之日起 10 日后生效）、2014 年 12 月 29 日第 269-Ⅴ号法律（自 2015 年 1 月 1 日起生效）、2015 年 10 月 29 日第 376-Ⅴ号法律（自 2016 年 1 月 1 日起生效）、2015 年 2 月 11 日第 387-Ⅴ号法律（自首次正式公布之日起 10 日后生效）、2016 年 3 月 29 日第 479-Ⅴ号法律（自首次正式公布之日起 21 日后生效）、2018 年 5 月 4 日第 151-Ⅵ号法律（自首次正式公布之日起 10 日后生效）、2018 年 5 月 24 日第 156-Ⅵ号法律修订（自首次正式公布之日起 10 日后生效）。

该调查图由进行这些工作的专家签名，并转交给区级市、村镇、农场和农村地区权限范围内的授权机构。

区级市、村镇、农村地区的授权机构和地方当局，根据哈萨克斯坦共和国行政违法法规定的程序，在其职能范围内审核已查明的违反哈萨克斯坦共和国土地法的行为。

第 6 款经哈萨克斯坦共和国 2021 年 6 月 30 日第 59-Ⅶ号法律修订（自 2022 年 1 月 1 日起生效）。

6. 依据本法典第 148 条第 3 款规定，可对国家土地使用和保护检查员及区级市、村镇、农村和农村地区地方执行机构关于行政处罚的决定提起诉讼。

第 7 条列入哈萨克斯坦共和国 2021 年 6 月 30 日第 59-Ⅶ号法律（自 2022 年 1 月 1 日起生效）。

7. 国家土地使用和保护检查员和区级市、村镇和农村地区地方执行机构对实际消除违反哈萨克斯坦共和国土地法的行为，以及地块所有者和土地使用者执行实施土地使用和保护国家监管的官员的指令的情况进行监管。

8. 经哈萨克斯坦共和国 2016 年 3 月 29 日第 479-Ⅴ号法律删除（自首次正式公布之日起 21 日后生效）。

第 146 条　对土地使用和保护实施国家监管的官员[1]

1. 对土地使用和保护实施国家监管的官员包括：

1）负责哈萨克斯坦共和国土地使用和保护的国家监察长；

2）负责相应行政区域单位土地使用保护的国家监察长；

3）负责土地使用和保护的国家监察员；

第 1 款第 4 项经哈萨克斯坦共和国 2021 年 6 月 30 日第 59-Ⅶ号法律删除（自 2022 年 1 月 1 日起生效）。

4）区级市、村镇、农村地区的地方执行机构。

第 2 款经 2021 年 6 月 30 日第 59-Ⅶ号哈萨克斯坦共和国法律修订（自 2022 年 1 月 1 日起生效）。

2. 负责哈萨克斯坦共和国土地使用和保护的国家监察长是中央授权机构的部门领导人。

相应行政区域单位土地使用和保护的国家监察长是土地使用和保护授权机构的领导人。

负责土地使用和保护的国家监察长持有带有哈萨克斯坦共和国国徽图案和他们自己名字的文件用纸。

按规定程序向国家监察长和国家监察员颁发印章、证书或身份证。

负责土地使用和保护的中央授权机构和地区（市中区除外）执行机构、州级市对土地

---

〔1〕 第 146 条经哈萨克斯坦共和国 2006 年 1 月 10 日第 116 号法律（生效程序见第 2 条）、2011 年 7 月 20 日第 464-Ⅳ号法律（自首次正式公布之日起 10 日后生效）、2014 年 9 月 29 日第 239-Ⅴ号法律（自首次正式公布之日起 10 日后生效）、2015 年 2 月 11 日第 387-Ⅴ号法律（自首次正式公布之日起 10 日后生效）、2016 年 3 月 29 日第 479-Ⅴ号法律（自首次正式公布之日起 21 日后生效）、2018 年 5 月 4 日第 151-Ⅵ号法律（自首次正式公布之日起 10 日后生效）、2019 年 11 月 26 日第 273-Ⅵ号法律修订（自首次正式公布之日起 6 个月后生效）。

使用和保护直接行使国家监管的地方执行机构的部门官员，是负责土地使用和保护的国家监察员。

3. 在其权限内对土地使用和保护问题行使国家监管的机构的指示，对所有国家机构、地块所有者和土地使用者具有约束力。

第 147 条列入哈萨克斯坦共和国 2021 年 6 月 30 日第 59-Ⅶ号法律（自 2022 年 1 月 1 日起生效）。

第 147 条　对土地使用和保护行使国家监管的授权机构，地区（市中区除外）执行机构，州级市、区级市、村镇、农村地区的地方执行机构的职能[1]

第 1 款列入哈萨克斯坦共和国 2021 年 6 月 30 日第 59-Ⅶ号法律（自 2022 年 1 月 1 日起生效）。

1. 中央授权机构组织和实施的国家监管包括：

1）在哈萨克斯坦共和国土地立法领域的州、共和国级城市、首都、地区和州级市的地方执行机构做出决定的合法性；

2）进行国家土地地籍和土地监测的正确性；

3）及时发布收到地块的人员名单信息；

4）及时举行招标（竞标、拍卖）。

第 2 款列入哈萨克斯坦共和国 2021 年 6 月 30 日第 59-Ⅶ号法律（自 2022 年 1 月 1 日起生效）。

2. 对土地使用和保护进行监管的授权机构对以下事宜组织和实施国家监管（本条第 2-1 款和第 2-2 款规定的情况除外）：

1）国家机关、企业、机构、组织和公民遵守哈萨克斯坦共和国土地法、按用途使用土地的既定制度情况；

1-1）在哈萨克斯坦共和国土地法领域的地区、州级市、区级市、村镇、农村地区的地方执行机构所作决定的合法性；

2）防止擅自占用土地；

3）遵守土地所有者和土地使用者的权利；

4）土地所有者和土地使用者及时正确实施组织经营、农业技术、森林复垦和水利技术抗侵蚀等配套措施，以恢复和保持土壤肥力的情况；

5）土地所有者和土地使用者及时向国家机关提交有关现有土地、现状和使用情况的信息；

6）影响土地状况的住宅和工业设施的设计、配置和建造；

7）及时、高质量地实施土地改良措施、防止和消除水土流失、盐渍化、内涝、洪水、荒漠化、干旱化、过度固结、乱抛垃圾、污染等造成土地退化过程的后果；

---

[1] 第 147 条标题列入哈萨克斯坦共和国 2018 年 5 月 4 日第 151-Ⅵ号法律（自首次正式公布之日起 10 日后生效）。第 147 条列入哈萨克斯坦共和国 2014 年 9 月 29 日第 239-Ⅴ号法律（自首次正式公布之日起 10 日后生效）；经哈萨克斯坦共和国 2015 年 11 月 2 日第 387-Ⅴ 号法律（自首次正式公布之日起 10 日后生效）、2018 年 5 月 4 日第 151-Ⅵ号法律（自首次正式公布之日起 10 日后生效）、2018 年 5 月 24 日第 156-Ⅵ号法律（自首次正式公布之日起 10 日后生效）、2019 年 10 月 28 日第 268-Ⅵ号法律修订（自首次正式公布之日起 10 日后生效）。

8）遵守审核公民关于提供土地的申请（请愿）的规定期限；

9）边界标志的安全性；

10）及时返还地方执行机构提供的临时使用土地；

11）修复被破坏的土地；

12）在进行与破坏土地有关的工作时，对肥沃土壤层进行移除、保护和利用；

13）实施土地管理项目和其他土地利用和保护项目；

14）及时发布收到土地的人员名单信息；

15）及时进行招标（竞标、拍卖）。

第2-1款经哈萨克斯坦共和国2021年6月30日第59-Ⅶ号法律删除（自2022年1月1日起生效）。

2-1. 区级市、村镇、农村地区的地方执行机构组织并实施对定居点内自然人的以下行为进行国家监管（私人经营主体除外）：

1）防止非法占用、交换国有土地或进行其他直接或间接侵犯土地国家所有权的交易；

2）防止不按指定用途使用土地。

第2-2条经哈萨克斯坦共和国2021年6月30日第59-Ⅶ号法律删除（自2022年1月1日起生效）。

2-2. 地区（市中区除外）执行机构，州级市地方执行机构组织和实施国家对农业用地土地所有者和土地使用者的土地使用和保护的监管，即：

1）土地所有者和土地使用者及时正确地实施组织经管、农业技术、水利技术和抗侵蚀的配套措施，以恢复和保持土壤肥力；

2）及时、高质量地实施土地改良措施，防止和消除水土流失、盐渍化、内涝、洪水、荒漠化、干旱化、过度固结、乱抛垃圾、污染等造成土地退化的过程的后果；

3）实施土地利用和保护的土地管理项目；

4）根据用途和哈萨克斯坦共和国土地法使用土地。

3. 国家监管机构的职能包括哈萨克斯坦共和国法律规定的其他事项。

第148条　对土地使用和保护行使国家监管的机构官员的权力和义务[1]

1. 对土地使用和保护行使国家监管的官员有权：

1）向有关当局或国家公司发送关于违反哈萨克斯坦共和国土地法的材料，以将违法者绳之以法；

第2项列入哈萨克斯坦共和国2021年6月30日第59-Ⅶ号法律（自2022年1月1日起生效）。

2）起草关于违反哈萨克斯坦共和国土地法的行政处罚文件；

第3项拟列入哈萨克斯坦共和国2021年6月30日第59-Ⅶ号法律（自2022年1月1

[1] 第148条经哈萨克斯坦共和国2007年7月6日第279号法律、2007年7月26日第311号法律、2010年3月19日第258-Ⅳ号法律、2011年7月20日第464-Ⅳ号法律（自首次正式公布之日起10日后生效）、2015年10月31日第378-Ⅴ号法律（自2016年1月1日起生效）、2015年11月17日第408-Ⅴ号法律（自2016年3月1日起生效）、2018年5月4日第151-Ⅵ号法律（自首次正式公布之日起10日后生效）、2019年11月26日第273-Ⅵ号法律（自首次正式公布之日起6个月后生效）、2020年6月29日第351-Ⅵ号法律修订（自2021年7月1日起生效）。

日起生效)。

3) 对违反哈萨克斯坦共和国土地法作出行政处罚决议;

第4项列入哈萨克斯坦共和国2021年6月30日第59-Ⅶ号法律(自2022年1月1日起生效)。

4) 就因违反哈萨克斯坦共和国土地法、强制征收未用于其预期目的或违反哈萨克斯坦共和国法律使用的地块而造成的损害赔偿问题，就取消与提供、征用、改变用途、强制转让土地用于国家需要有关的非法决定问题，以及未能在规定期限执行国家监管机构官员发布的指令，消除已查明的违反哈萨克斯坦共和国土地法行为，或不当执行所发布的指令，以及向个人、官员和法律实体收取罚款的问题，并向法院提起诉讼;

第5项列入哈萨克斯坦共和国2021年6月30日第59-Ⅶ号法律(自2022年1月1日起生效)。

5) 出示公务证明或身份证，可自由访问机构，检查所拥有和使用的地块，而访问由军事、国防和其他特殊设施占用的地块，需考虑所规定的访问制度;

第6项列入哈萨克斯坦共和国2021年6月30日第59-Ⅶ号法律(自2022年1月1日起生效)。

6) 向土地所有者和土地使用者以及国家公司的官员发布关于土地保护、消除违反哈萨克斯坦共和国土地法的约束性指示;

7) 暂停工业、民用和其他建设、矿藏开发、设施运营，进行农业技术、森林复垦、勘探、大地测量和其他工作，如果上述活动违反了哈萨克斯坦共和国土地法，所规定的特别自然保护区土地使用制度可能导致肥沃土壤层的破坏、污染、感染或恶化、侵蚀、盐渍化、内涝和其他降低土壤肥力的过程，包括对邻近领土的影响，以及上述活动是否在未通过审查，或得到否定结论的基础上进行;

8) 从国家机构接收有关土地基金状况的统计信息;

9) 在没有产权证和身份证件的情况下，暂停建设住宅和工业设施。

2. 对土地使用和保护行使国家监管的官员应当:

1) 对违反哈萨克斯坦共和国土地法的人员及时采取措施;

2) 客观准备所进行的检查材料。

3. 对土地使用和保护行使国家监管的官员的决定、作为(不作为)，以及作为行动(决策)依据的信息，可按照哈萨克斯坦共和国法律规定的程序提起诉讼。

对土地使用和保护行使国家监管的官员的决定、作为(不作为)的申请，以及作为行动(决策)依据的信息，在对其起诉后提交给法院高级官员。

4. 阻碍国家对土地使用和保护实施监管的官员和个人，对国家对土地使用和保护实施监管的官员使用暴力威胁或者暴力行为的，依照哈萨克斯坦共和国法律需承担责任。

第十九章　土地管理，国家土地地籍和土地监测

第149条　土地管理的目的和内容[1]

1. 土地管理是确保遵守哈萨克斯坦共和国土地法的措施体系，旨在调节土地关系，组织合理利用和保护土地。

2. 土地管理不分所有制和经营方式，在所有类型的土地上进行。

根据土地管理工作结果而确定土地用途、土地使用和保护制度、限制和产权负担、地块边界、土地质量和数量数据，以及按照哈萨克斯坦共和国立法规定的程序审议和批准的其他数据，对土地法律关系主体具有约束力。

3. 土地管理包括并保证：

1）基于景观生态方法制订共和国、州和地区的土地管理、土地分区、利用、改善和保护土地资源计划（项目）；

2）制定生产单位之间和生产单位内部的土地管理项目，形成和规范现有土地利用、分配和确定地块边界；

3）确定和建立居民点地面边界（线），制定其土地经营结构方案；

4）建立行政区域、特别自然保护区和其他具有特殊土地使用和保护条件的土地的地面边界；

5）制定、协调、批准和发布区域土地经营结构、修复被破坏的土地和开发新土地，以及与土地利用和保护有关的其他项目；

6）进行土地清查，查明未使用、不合理使用或未用于预定用途的土地；

7）开展地形大地测量、制图、土壤、地质植物的调查、勘探工作；

8）编制专题地图和土地资源现状和利用地图。

第150条　土地管理[2]

1. 土地管理根据州、共和国级城市、首都、地区、州级市的地方执行机构决定，或者应有关土地所有者和土地使用者要求进行。

土地管理由有关土地所有者或土地使用者发起，根据他们提交给相关地方执行机构的申请进行。

2. 土地管理工作由公民和法人进行。

3. 执行土地管理工作的程序和技术由中央授权机构批准的规范性法律文件规定，这些法律对所有土地管理工作的执行者具有约束力。

---

〔1〕 第149条经哈萨克斯坦共和国2006年1月10日第116号法律（生效程序见第2条）、2011年7月20日第464-Ⅳ号法律（自首次正式公布之日起10日后生效）、2013年7月3日 第124-Ⅴ号法律（自首次正式公布之日起10日后生效）、2018年5月4日第151-Ⅵ号法律修订（自首次正式公布之日起10日后生效）。

〔2〕 第150条经哈萨克斯坦共和国2006年1月10日第116号法律（生效程序见第2条）、2007年1月12日第222号法律（自首次正式公布之日起6个月后生效）、2011年7月15日第461-Ⅳ号法律（自首次正式公布之日起6个月后生效）、2011年7月20日第464-Ⅳ号法律（自首次正式公布之日起10日后生效）、2012年7月10日第36-Ⅴ号法律（自首次正式公布之日起10日后生效）、2020年6月29日第352-Ⅵ号法律修订（自首次正式公布之日起10日后生效）。

4. 按照既定程序协调的土地管理文件由以下机构批准：

第 1 项经哈萨克斯坦共和国 2006 年 1 月 10 日第 116 号法律删除（生效程序见第 2 条）；

2）由土地所有者和土地使用者、其他客户自费制定和实施内部生产单位的土地管理项目，以及与合理利用土地、保持和提高土壤肥力有关的项目，需经土地所在地的州、共和国级城市、首都、地区、州级市的授权机构同意；

3）土地所在地的州、共和国级城市、首都、地区、州级市的授权机构在 4 个工作日内批准与土地边界形成相关的土地管理文件，确定其地面边界，准备地块计划，以及地形、大地测量和制图工作，土壤、农业化学、地球植物学和其他土地管理调查和调查工作，关于汇编特别专题图的土地管理，土地资源的状况和利用的材料。

5. 经哈萨克斯坦共和国 2012 年 7 月 10 日第 36-Ⅴ号法律删除（自首次正式公布 10 日后生效）。

6. 土地管理项目的实施包括：将项目转向地区；项目所有要素的掌握，登记和发放土地管理材料和文件。

第 151 条　土地管理流程[1]

1. 土地管理流程包括以下几个阶段：

动员进行土地管理活动；

准备工作；

制定预测、计划和土地管理项目；

审核、协调和批准土地管理文件；

实施土地管理项目。

2. 土地管理流程的参与者是土地管理的客户、土地管理文件的制定者、在土地管理中权利和合法利益可能受到影响的第三方，以及国家机构和协调和批准土地管理文件的其他人员。

3. 土地管理流程参与者的权利：

1）进行土地管理的客户有权：

亲自或通过代表参与土地管理流程的所有阶段；

熟悉土地管理进行的资料；

提交自己的提案以供审核；

参与解决土地管理流程中产生的分歧；

2）开发商（从事设计、勘察工作以及实施土地管理项目的个人或法人）有权：

获得政府机构进行土地管理的必要信息；

根据合同条款与客户建立关系；

不需特别许可，对土地管理项目的进度进行监控，向地方执行机构通报其结果，并提出改进土地利用和保护实践的建议；

对过时方案和土地管埋项目提出改进或修改建议；

〔1〕 第 151 条经哈萨克斯坦共和国 2013 年 7 月 3 日第 124-Ⅴ号法律修订（自首次正式公布之日起 10 日后生效）。

3）其权利和合法利益可能受到土地管理影响的第三方，有权：

参与土地管理问题的讨论，获取涉及自身利益的土地管理过程和结果的信息；

根据哈萨克斯坦共和国法律，对在土地管理过程中影响其利益的违法行为提起诉讼。

4. 土地管理流程参与者的义务：

1）土地管理过程的所有参与者应当：

遵守哈萨克斯坦共和国的土地立法；

执行负责土地使用和保护的国家主管机构的要求；

在土地管理过程中确保遵守土地所有者和土地使用者的权利；

2）协调和批准项目文件的执行机构应当在1个月内对其进行审议；

3）进行土地管理的客户应当：

确定进行土地管理的目的、任务、内容、特殊条件和期限；

提供必要的文件和材料；

组织融资；

在1个月内，接受已完成的工作或发出合理拒绝；

4）土地管理文件的制定者应当：

根据现行指示和指南以及协议完成所有工作；

将因进行调查、勘察和其他工作使肥沃土层遭到破坏的地块复原；

对土地管理文件规定的措施的可靠性、质量和环境安全负有责任。

第152条　国家土地地籍〔1〕

1. 国家土地地籍是关于哈萨克斯坦共和国土地的自然和经营状况、位置、预期用途、地块大小和边界、其质量特征、土地使用和地籍价值核算的信息系统和其他必要信息。国家土地地籍还包括有关土地权利主体的信息。

灌溉土地的复垦地籍是国家土地地籍的组成部分，是关于灌溉地块复垦状态，按其自然和灌溉经营条件进行质量特征评估，以及对使用土地进行核算的信息系统。

2. 由中央授权机构组织哈萨克斯坦共和国国家土地地籍的管理。

3. 哈萨克斯坦共和国国家土地地籍（共和国、州、共和国级城市、首都、地区、州级市的地籍）是哈萨克斯坦共和国国家地籍体系的组成部分，并在哈萨克斯坦共和国全境以统一系统进行维护。

维护哈萨克斯坦共和国国家土地地籍的活动由国家负责，由国家公司进行。

国家公司生产和（或）销售的商品（工程、服务）的价格由哈萨克斯坦共和国政府从中央国家机构中确定的授权机构与中央授权机构和反垄断机构协商规定。

4. 国家土地地籍信息属于国家信息资源。

5. 国家土地地籍信息的形成通过进行地形和大地测量、航空航天勘测、制图、土地测量、土壤、地质植物调查和研究，以及进行土地监测、具体土地的定量和定性土地核

---

〔1〕 第152条经哈萨克斯坦共和国2006年1月10日第116号法律（生效程序见第2条）、2012年7月10日第34-Ⅴ号法律（自首次正式公布之日起生效）、2014年9月29日第239-Ⅴ号法律（自首次正式公布之日起10日后生效）、2015年11月17日第408-Ⅴ号法律修订（自2016年3月1日起生效）。

算，制定土地地籍图和土地身份证明文件等工作来保证。

6. 国家土地地籍数据是规划土地使用和保护、进行土地管理、评估经营活动和开展其他与土地使用和保护有关的措施，以及形成统一的国家土地登记册，维护法定地籍和其他地籍，确定土地付费规模，计算作为不动产一部分的土地价值和作为自然资源构成部分的土地价值的基础。

7. 在封闭边界内划分、按照既定程序分配给土地法律关系主体的地块是国家土地地籍数据的核算和存储单位。

8. 位于哈萨克斯坦共和国境内的土地，不论土地所有权形式、指定用途和允许使用的地块，均须进行国家土地地籍登记。

第153条　国家土地地籍的内容和与其维护相关的技术活动[1]

1. 维护国家土地地籍包括以下活动：

1）地块地籍档案的形成；

2）土地质量核算，包括土地经济评估和监测，开展土壤、地质植物学、农业化学调查和土壤评价；

3）为国家登记目的对土地数量、土地所有者和土地使用者，以及其他土地法律关系主体进行核算；

4）土地的国家地籍估价，包括确定土地的地籍（评估）价值；绘制定居点评估区边界图，并确定其地块基本付费率的修正系数；计算地块的基本付费率；确定因征用农地用于与农业无关的用途而造成的农业生产损失；

5）积累、处理和维护地块及其主体数据库，以及其他纸质和电子形式的地籍信息；

6）维护国家土地地籍的自动化信息系统；

7）制作和维护土地地籍图，包括数字地图；

8）维护土地地籍簿和统一的国家土地登记簿；

9）制作和签发土地的身份证明文件；

9-1）编制土地地籍图；

10）为土地分配地籍编号；

11）制作土地的护照。

2. 与维护国有土地地籍相关的活动包括：

1）划定行政区域、自然保护区、国有森林基金和水基金的地面边界；

2）制定土地利用构成和整顿项目、被破坏土地复垦工程、划定土地的地面边界；

3）研究国有土地内部的土地管理项目和为农业生产提供土地使用；

4）进行土地清查。

---

〔1〕第153条列入哈萨克斯坦共和国2012年7月10日第34-Ⅴ号法律（自首次正式公布之日起生效）；经哈萨克斯坦共和国2013年1月8日第64-Ⅴ号法律（自2013年1月1日起生效）、2014年7月2日第225-Ⅴ号法律（自2015年1月1日起生效）、2014年12月29日第269-Ⅴ号法律（自2015年1月1日起生效）、2015年11月17日第408-Ⅴ号法律修订（自2016年3月1日起生效）。

第 154 条　为登记目的进行土地核算

1. 为登记而对土地及其上的不动产进行核算是确保对财产权和其他权利以及不动产产权负担进行国家登记的必要条件。

2. 为进行登记而进行的土地登记工作由客户承担费用。

第 155 条　哈萨克斯坦共和国领土的地籍划分[1]

1. 哈萨克斯坦共和国领土进行地籍划分的目的是给土地分配地籍编号。

核算区是哈萨克斯坦共和国领土地籍划分的单位。

2. 除本条第 3 款第 2 段、第 3 段规定的情况外，为确定位置（识别），每块土地应分配地籍编号。

3. 随后在法定地籍中使用的核算区的边界，经与建筑和城市规划、房地产权国家登记局达成协议，由土地所在地的州、共和国级城市、首都、地区、州级市授权机构确定，并由相关地方执行机构批准。

对于核算区边界内被小树林占用的土地，制作并签发一份识别文件，并分配一个地籍编号。

对核算区边界内由一根架空电力传输线杆占用的土地，制作并签发一份识别文件，并分配一个地籍编号。

4. 为形成土地地籍编号，分配给州、共和国级城市、首都、地区和州级市的代码清单由中央授权机构制定。

第 156 条　土地地籍文件[2]

1. 各级核算的土地地籍文件包括：基础的、定期更新的、每年编制的文件。

2. 基础土地地籍文件包括：

1）土地地籍事务；

2）土地地籍簿；

3）统一的国家土地登记簿；

4）土地地籍图。

3. 土地地籍文件的结构、组成、内容和形式，以及其保管程序，由中央授权机关规定。

第 157 条　管理国有土地地籍的程序

1. 国有土地地籍以纸质形式保存，可以使用电子系统来收集、处理和存储信息。

2. 管理国有土地地籍的程序由哈萨克斯坦共和国法律规定。

---

〔1〕 第 155 条经哈萨克斯坦共和国 2006 年 1 月 10 日第 116 号法律（生效程序见第 2 条）、2011 年 3 月 25 日第 421-Ⅳ号法律（自首次正式公布之日起 10 日后生效）、2012 年 1 月 25 日第 548-Ⅳ号法律（自首次正式公布之日起 10 日后生效）、2014 年 9 月 29 日第 239-Ⅴ号法律（自首次正式公布之日起 10 日后生效）、2014 年 12 月 29 日第 269-Ⅴ号法律（自 2015 年 1 月 1 日起生效）、2017 年 7 月 11 日第 89-Ⅵ号法律修订（自首次正式公布之日起 10 日后生效）。

〔2〕 第 156 条经哈萨克斯坦共和国 2011 年 7 月 20 日第 464-Ⅳ号法律修订（自首次正式公布之日起 10 日后生效）。

第 158 条　国家土地地籍信息的提供和地籍信息的使用[1]

1. 特定土地的国家土地地籍信息以该土地所在核算地点摘录的形式提供。

2. 国家土地地籍信息的文件记录以纸质和电子载体保存。如果纸质载体记录的信息与电子载体记录的信息存在差异，如果哈萨克斯坦共和国法律未做其他规定，以纸质载体记录的信息为优先。

第 3 款由哈萨克斯坦共和国 2021 年 6 月 30 日第 59-Ⅶ号法律修订（自 2022 年 1 月 1 日起生效）。

3. 土地的地籍信息与地籍图（计划）相一致。

4. 经哈萨克斯坦共和国 2006 年 1 月 10 日第 116 号法律删除（生效程序见第 2 条）。

5. 国家机构、国家公司和管理国家土地地籍的官员应当确保土地地籍文件中包含的信息的准确性。

6. 不包含国家秘密和其他限制的土地地籍信息是公开的，可有偿提供给有关的个人和法人。由预算资金保证而免费向国家机构提供土地地籍信息。

提供此类信息的期限为自提交申请之日起 3 个工作日内。

第 159 条　土地监测[2]

1. 土地监测是对土地基金的定性和定量状态进行基本（初始）、可操作、定期观察的系统，包括使用来自太空的地球遥感数据，其目的是对土地的使用和保护进行国家监控，及时发现正在发生的变化，对其进行评估，预测进一步的发展，并为预防和消除负面过程的后果提出建议。

2. 土地监测是自然环境状况监测的组成部分，同时也是监测其他自然环境的基础。

哈萨克斯坦共和国可以根据国际科技计划参与全球土地监测工作。

3. 土地监测的对象是哈萨克斯坦共和国的所有土地，不分土地所有权形式、用途和土地使用性质。

土地监测在农业用地优先基础上进行，表现为与以下相关的过程：

1）土壤肥力的变化（荒漠化、水蚀和风蚀发展、土壤脱水、养分减少、碱化、内涝、过度潮湿、内涝）；

2）天然牧场植被覆盖状态的变化。

第 160 条　土地监测的任务[3]

1. 土地监测的任务是：

1）及时查明土地状况的变化，对其进行评估、预测并制定预防和消除负面过程后果的建议；

[1] 第 158 条经哈萨克斯坦共和国 2006 年 1 月 10 日第 116 号法律（生效程序见第 2 条）、2011 年 7 月 15 日第 461-Ⅳ号法律（自首次正式公布之日起 6 个月后生效）、2015 年 11 月 17 日第 408-Ⅴ号法律修订（自 2016 年 3 月 1 日起生效）。

[2] 第 159 条经哈萨克斯坦共和国 2016 年 4 月 8 日第 490-Ⅴ号法律（自首次正式公布之日起 10 日后生效）、2019 年 10 月 28 日第 268-Ⅵ号法律修订（自首次正式公布之日起 10 日后生效）。

[3] 第 160 条经哈萨克斯坦共和国 2019 年 10 月 28 日第 268-Ⅵ号法律修订（自首次正式公布之日起 10 日后生效）。

2）为维护国家土地地籍、土地管理、监控土地使用和保护及其他国家管理土地资源的职能；

3）查明未使用的地块和违反哈萨克斯坦共和国法律使用的土地。

2. 土地监测有与土地类别相对应的子系统。根据领土覆盖范围，对土地进行共和国、地区或地方监测。

3. 土地监测的信息来源是系统观测、地面摄像、调查、清查的结果，国家对土地使用和保护的监控资料、档案数据、土地遥感数据、从国家信息系统获取的信息和电子信息资源，以及其他有关土地类别状况的信息。

第 161 条　土地监测维护〔1〕

1. 对土地监测的组织，由中央授权机关实施。

2. 土地监测的国家间计划和国际计划的实施，按照哈萨克斯坦共和国与其他国家签订的协议和条约确定的方式和条件进行。

3. 维护土地监测和数据使用的程序由中央授权机构规定。

第 162 条　获取和使用土地监测信息的方法〔2〕

1. 在土地监测维护中，为获得必要的信息，采用遥感方法、地面摄像和观测方法，从国家信息系统以电子信息资源中获得的金融数据、土地遥感数据以及其他有关土地质量的信息。

2. 土地监测的技术支持是由具有信息收集、处理和存储点的自动化信息系统提供的。

3. 所获得的土地监测结果在自动化信息系统的档案（资金）和数据库中积累。

4. 公民、企事业单位、国际组织、外国法人及个人按规定的程序使用土地监测数据。

第 163 条　为确保实施土地关系措施的融资〔3〕

1. 在确定州、首都和共和国级城市的边界时进行的土地管理，维护土地地籍和土地监测，制定农业用地的护照以及根据哈萨克斯坦共和国政府决定进行的其他工作，由预算资金融资。

2. 在确定地区、州级市、区级市、农业地区、村镇、农村的边界时进行的土地管理、土地分区、农用地流转、定居点土地管理及其他根据地方执行机构决定进行的工作，由预算资金融资。

3. 应私有土地所有者和土地使用者的要求进行土地管理，费用由其自行承担。

---

〔1〕 第 161 条经哈萨克斯坦共和国 2011 年 7 月 20 日第 464-Ⅳ号法律（自首次正式公布之日起 10 日后生效）、2014 年 9 月 29 日第 239-Ⅴ号法律修订（自首次正式公布之日起 10 日后生效）。

〔2〕 第 162 条经哈萨克斯坦共和国 2015 年 11 月 17 日第 408-Ⅴ号法律（自 2016 年 3 月 1 日起生效）、2019 年 10 月 28 日第 268-Ⅵ号法律修订（自首次正式公布之日起 10 日后生效）。

〔3〕 第 163 条经哈萨克斯坦共和国 2006 年 1 月 10 日第 116 号法修订（生效程序见第 2 条）。

第五编　执行土地立法的保证和最后条款

第二十章　所有权及土地使用权的保护和损失赔偿[1]

第164条　所有权和土地使用权的保护[2]

所有权和土地使用权按照哈萨克斯坦共和国民法典和哈萨克斯坦共和国其他法律文件规定的方式受到保护。

第164-1条　收取他人非法占有的土地

1. 土地所有者或土地使用者有权收回被他人非法占有的土地。

2. 收回擅自占有的国有土地，不再提供土地使用，由土地所在地的地方行政机关实施。

非法占有者应当自采取哈萨克斯坦共和国行政违法主法规定的处罚措施之日起30日内排除占用其非法占用的土地，独立或自费拆除在该土地上的建筑物，但哈萨克斯坦共和国民事法律规定的情况除外。

与非法所有者未履行排除占用其擅自占用的地块、并拆除在该土地上建筑物的义务有关的纠纷由法院解决。

如果违章建筑被转让给公共所有，建造者将获得法院确定的建筑费用补偿。

在无法确定非法的土地所有者的身份（数据）的情况下，共和国级城市、首都、地区、州级市的授权机构，在其领土上发现该土地后，向国家公司提出将其登记为无主不动产的申请。

自无主不动产登记之日起1年后，在其领土上确定地块的共和国城市、首都、地区、州级市的地方执行机构向法院提出申请要求承认该物为国家财产。

第165条　对土地所有者或土地使用者所受损失的赔偿依据[3]

在下列情况下，给所有者或土地使用者造成的损失应全额赔偿：

1）强制转让土地用于国家需要，导致土地所有权或土地使用权的终止；

2）与建立特殊的土地使用制度有关的对所有权或土地使用权的限制；

3）侵犯所有者或土地使用者的权利；

4）由于设施的建设和运营引起土地质量恶化，导致土壤肥力受损，水情恶化，排放对农作物和种植园有害的物质；

5）按照本法典第91条的规定征用土地。

---

〔1〕 第164-1条经哈萨克斯坦共和国2007年7月6日第279号法律增补、并经哈萨克斯坦共和国2011年7月20日第464-Ⅳ号法律（自首次正式公布之日起10日后生效）、2018年5月24日第156-Ⅵ号法律修订（自首次正式公布之日起10日后生效）。

〔2〕 第164条经哈萨克斯坦共和国2007年7月6日第279号法律修订（自首次正式公布之日起10日后生效）。

〔3〕 第165条经哈萨克斯坦共和国2007年7月6日第279号法律、2011年3月1日第414-Ⅳ号法律修订（自首次正式公布之日起生效）。

第 166 条 损失赔偿程序[1]

1. 所有者或土地使用者的损失应由违法者赔偿。

由于国家权力机关、其他国家机构发布不符合法律的文件，以及这些机构官员的作为（不作为）而对所有者或土地使用者造成的损失，由哈萨克斯坦共和国或相应的行政区域单位赔偿。

2. 确定赔偿金额时，应考虑以下因素：

1）土地或者土地使用权的价值；

2）土地上不动产的市场价值，包括果树和多年生植物；

3）与土地开发、运营、实施保护措施、增加土壤肥力相关、并考虑其通胀因素的成本价值；

4）土地所有权或土地使用权终止时，因征用土地而给土地所有者或土地使用者造成的一切损失，包括因提前终止对第三方的义务而造成的损失；

5）损失的收益。

3. 确定土地被征用时给所有者或土地使用者造成的损失和赔偿数额，由当事人协商确定。

4. 土地被征用或临时占用，致使灌溉、排水、环境保护、防侵蚀、防泥流设施和构筑物（系统）的运行部分或全部中断，所造成的损失可根据新建或改建已有设施和结构（系统）的工作成本确定，包括设计和勘测工作的成本。

5. 土地使用不便（水库灌水时形成岛屿、交通线路被破坏、领土被通信分隔等）引起的损失（成本）可按勘察工作的一次性成本，修建水坝、桥梁、道路、出入口、其他结构，清理水库底部，以及购买船只、渡轮和其他车辆费用之和确定。

6. 在确定恢复土地质量恶化所需的损失（成本）时，可包括进行土壤、农业化学及其他专项调查以及确保土地质量恢复的措施的成本。

7. 在土地所有者或土地使用者不同意终止所有权或土地使用权的决定时，只能在法院解决争议后方可实施。在审议争议时，所有对所有者或土地使用者造成的损害赔偿问题也同时解决。

第 167 条 土地争议[2]

因土地法律关系引起的争议按照哈萨克斯坦共和国法律规定的方式处理。

与私有地块有关的争议（冲突），经当事人协商一致，可按调解程序审理。

第 168 条 违反哈萨克斯坦共和国土地法的责任[3]

根据哈萨克斯坦共和国的法律，违反哈萨克斯坦共和国土地法将承担责任。

---

〔1〕 第 166 条经哈萨克斯坦共和国 2007 年 7 月 6 日第 279 号法律、2011 年 3 月 1 日第 414-Ⅳ号法律修订（自首次正式公布之日起生效）。

〔2〕 第 167 条经哈萨克斯坦共和国 2015 年 4 月 22 日第 308-Ⅴ号法律（自首次正式公布之日起 10 日后生效）、2020 年 6 月 29 日第 351-Ⅵ号法律修订（自 2021 年 7 月 1 日起生效）。

〔3〕 第 168 条列入哈萨克斯坦共和国 2007 年 7 月 6 日第 279 号法律。

第二十一章　最终条款[1]

第 169 条　本法典的适用程序

本法典适用于其生效后产生的土地权利关系。

本法典生效前通过的调节土地关系的规范性法律文件，应在与本法典不相抵触的情况下适用。

第 170 条　过渡性条款[2]

第 171 条　过渡性条款[3]

在本法典第 44-1 条生效之前提供给个人和法人的土地的所有权和身份证明文件应继续有效，但受哈萨克斯坦共和国土地法规定的土地权变化的影响。

由哈萨克斯坦共和国国家计划或国家规划系统文件规定，未转为其他土地类别用于建设、经营旅游设施的储备用地，如具备国家生态专业鉴定的正面结论，可转回为特别自然保护区类别的土地：

1）哈萨克斯坦共和国政府，根据特别自然保护区领域授权机构的提议，与州、共和国级城市、首都的地方执行机构就共和国级特别自然保护区进行协调；

2）根据特别自然保护区领域的授权机构部门的建议下州、共和国级城市、首都的地方执行机构，就地方级特别自然保护区进行协调。

将储备土地转回特别自然保护区的土地类别，根据哈萨克斯坦共和国特别自然保护区法进行。

本法典第 122 条第 2 款第 4 段、第 5 段、第 6 段、第 7 段的条款仅适用于在位于勘探地块或地质分配范围内发现的固体矿产（普通矿产除外），按照在这些部分生效之前签订或颁发的固体矿产勘探合同或固体矿产勘探许可证下进行。

2016 年 7 月 1 日之前以租赁形式授予外国人、无国籍人、外国法人、有外国参与的哈萨克斯坦共和国法人实体、国际组织、国际科学中心以及境外哈萨克族人临时土地使用权，有效期至租赁协议期满且不得续期，或有效期在本法典规定的终止临时土地使用权的其他事由出现时届满。

第 171 条第 2 段、第 3 段、第 4 段、第 5 段、第 6 段、第 7 段、第 8 段、第 9 段经哈萨克斯坦共和国 2015 年 11 月 2 日第 389-Ⅴ号法律增补。

---

[1] 第二十一章经哈萨克斯坦共和国 2011 年 7 月 20 日第 464-Ⅳ号法律修订（自首次正式公布之日起 10 日后生效）。

[2] 第 170 条经哈萨克斯坦共和国 2011 年 7 月 20 日第 464-Ⅳ号法律删除（自首次正式公布之日起 10 日后生效）。

[3] 第 171 条经哈萨克斯坦共和国 2014 年 7 月 2 日第 225-Ⅴ号法律增补（自 2015 年 1 月 1 日起生效）、2020 年 9 月 30 日第 362-Ⅵ号法律（自首次正式公布之日起 10 日后生效）、2021 年 1 月 2 日第 399-Ⅵ号法律（自首次正式公布之日起 10 日后生效）、2021 年 5 月 13 日第 39-Ⅶ号法律（自首次正式公布之日起 10 日后生效）。

哈萨克斯坦共和国股份公司法

2003年5月13日哈萨克斯坦共和国第415号法律

第一章　总　则

第1条　本法使用的基本概念[1]

1）合格多数——四分之三以上多数；

2）可转换证券——一种股份公司有价证券，其按照发行说明书规定的形式和方式，可以转换为另一种形式有价证券。

3）股东——持有股份的人；

4）股票——股份公司发行的有价证券，用于证明有权参与股份公司的管理，在清算期间能够取得股利和公司部分资产，以及本法和哈萨克斯坦共和国其他法律规定的其他权利；

5）控股——持有确定股份公司决定权的股份；

6）股份面值——股份在发起人之间或者由唯一发起人支付的价值，其对于所有普通股和优先股相同，并根据股份公司的发起人协议或者唯一发起人决定来确定；

7）关联方——能够直接或者间接地（包括借助已达成的交易）作出决策，或者影响其中一名主体或者彼此决定的个人或者法人，在职权范围内行使监管职能的国家机关除外。关联方清单见本法第64条；

8）有表决权股份——在本法规定情形下具有表决权的，配售普通股以及优先股。有表决权股份不包括回购股份；除本法另有规定外，不包括以控股方式并由所有者名义持有的股份，其有关信息在中央证券存管机关系统中不得使用；

9）股利——股份公司支付给股东对所持股份的收益；

10）授权股份——根据《哈萨克斯坦共和国有价证券市场法》，由被授权机关登记发行的股份；

11）公司互联网资源——公司拥有的互联网资源；

12）公司董事会秘书——非公司董事会或者执行机构的成员，是由公司董事会任命并向其报告的股份公司成员，负责股东大会和董事会会议的筹备和运行，确保形成股东大会议程上以及公司会议上使用的文件，并对接触文件的许可进行监督。公司董事会秘书的权限和行动，由公司内部文件规定；

12-1）经哈萨克斯坦共和国2018年7月2日第166-Ⅵ号法律删除（自2019年1月1日起生效）。

13）累积投票——每一股参与投票所获票数等于当选成员人数的一种投票方法；

14）公司治理规则——由公司股东大会批准的文件，用于规范在公司管理过程中产生的关系，包括股东与公司机构、公司与利害关系人、公司机构之间的关系；

15）经哈萨克斯坦共和国2011年12月28日第524-Ⅳ号法律删除（自2013年1月1日起生效）；

---

〔1〕 第1条列入哈萨克斯坦共和国2008年10月23日第72-Ⅳ号法律（生效程序见第2条）；经哈萨克斯坦共和国2011年12月28日第524-Ⅳ号法律（生效程序见第2条）、2012年7月5日第30-Ⅴ号法律（自首次正式公布之日起10日后生效）、2018年7月2日第166-Ⅵ号法律（生效程序见第2条）、2019年4月2日第241-Ⅵ号法律（自2019年1月1日起生效）、2019年7月3日第262-Ⅵ号法律修订（自2020年1月1日起生效）。

16）高级管理人员——股份公司的董事会成员、执行机构或者履行执行机构职能的人员；

17）少数股东——持有股份公司表决权少于10%的股东；

18）配股价——在股票一级市场上发行股份时确定的股价；

19）发行股份——在一级证券市场上，被发起人和投资者完成支付的公司股份；

20）独立董事——与该股份公司没有关联的董事会成员；并且在其当选董事之前3年内，既不曾担任董事会成员（除其担任该股份公司独立董事之职以外），不是该股份公司的关联方，不与该股份公司的高级管理人员或者关联方有从属关系；并且在其当选董事之前3年内不与该法人存在隶属关系；非国家公职人员；目前和当选独立董事之前3年内，均未在该股份公司股东大会上担任股东代表，未以监事会成员身份参加该股份公司的监事工作。

21）代理付款人——从事某些类型银行业务的银行或者组织；

22）被授权机关——对金融市场和金融机构进行国家监管、控制和监督的国家机关；

23）大股东——依据之间达成协议而行事，或者合计持有股份公司10%以上有表决权股份的股东。

第2条　哈萨克斯坦共和国股份公司法律的适用[1]

1. 哈萨克斯坦共和国股份公司法律，是根据哈萨克斯坦共和国宪法制定的法律，包括民法典、本法和哈萨克斯坦共和国其他法律法规。

2. 本法规定适用于哈萨克斯坦共和国法律规定的情形。

2-1. 除《哈萨克斯坦共和国国家福利基金法》另有规定，本法规定适用于国家福利基金、国家福利基金集团以及由其控制的其他法人。

3. 若哈萨克斯坦共和国批准的国际条约确立了本法以外的规则，则应当适用该国际条约。

第3条　股份公司[2]

1. 股份公司（以下简称公司）是通过发行股票来募集资金开展业务的法人。

公司拥有独立于股东财产的资产，也不承担股东的责任。

除“为民政府”电子政务的义务外，公司对其资产内的义务负责。

2. 除哈萨克斯坦共和国法律规定情形外，公司股东以认购的股份价值范围为限，而不承担之外的义务和公司业务活动损失相关的风险。

哈萨克斯坦共和国政府对“为民政府”电子政务的义务，承担连带责任。

3. 在哈萨克斯坦共和国法律规定情形下，可以股份公司法律组织形式成立非营利组织。

4. 除以股份公司法律组织形式成立非营利组织外，公司有权发行债券和其他类型

〔1〕 第2条经哈萨克斯坦共和国2012年2月1日第551-Ⅳ号法律修订（自首次正式公布之日起10日后生效）。

〔2〕 第3条经哈萨克斯坦共和国2015年11月17日第408-Ⅴ号法律修订（自2016年3月1日起生效）。

证券。

5. 哈萨克斯坦共和国法律可以为从事某些类型业务的组织，强制确立股份公司法律组织形式。

6. 拥有公司名称，其包括股份公司的法律组织形式及其名称，可以在公司名称之前使用缩写“AO”来简写。

第 4 条 （经哈萨克斯坦共和国 2005 年 7 月 8 日第 72 号法律删除，生效程序见第 2 条）

第 4-1 条　上市公司〔1〕

第二章　公司设立

第 5 条　公司注册人〔2〕

1. 决定设立公司的自然人或者法人是公司注册人。

2. 根据哈萨克斯坦共和国法律规定，哈萨克斯坦共和国国家机关不得担任公司发起人或者股东，其中包括哈萨克斯坦共和国政府、地方执行机关以及哈萨克斯坦共和国国有银行。

依据哈萨克斯坦共和国政府令，管理国有资产的被授权机关是股份公司发起人。

依据地方执行机关的规定，地方财政预算机关和有权管理公共财产的执行机构是股份公司发起人。

只有取得对该公司具有所有权和公共管理职能的国家机关同意，国有公司才能担任公司发起人并取得股份。

3. 公司发起人可以是一人。

4. 对公司注册之前产生的、与公司设立相关的费用，公司发起人应当承担连带责任。只有经股东大会批准后，公司才能向发起人支付上述费用。

5. 根据哈萨克斯坦共和国公私合营法的规定，设立公司实施公私合伙项目。

第 6 条　股东大会及唯一发起人〔3〕

1. 公司依据发起人会议或选举大会的决定设立。若只有一位发起人，则由该人单独决定设立公司。

可以依照本法和哈萨克斯坦共和国其他法律规定的方式，通过重组现有法人来设立公司。

〔1〕 第 4-1 条经哈萨克斯坦共和国 2018 年 7 月 2 日第 166-Ⅵ号法律删除（自首次正式公布之日起 10 日后生效）。

〔2〕 第 5 条经哈萨克斯坦共和国 2011 年 3 月 1 日第 414-Ⅳ号法律（自首次正式公布之日起生效）、2012 年 7 月 5 日第 30-Ⅴ号法律（自首次正式公布之日起 10 日后生效）、2015 年 10 月 31 日第 380-Ⅴ号法律（自首次正式公布之日起 10 日后生效）、2019 年 7 月 3 日第 262-Ⅵ号法律修订（自 2020 年 1 月 1 日起生效）。

〔3〕 第 6 条经哈萨克斯坦共和国 2005 年 7 月 8 日第 72 号法律（生效程序见第 2 条）、2007 年 2 月 19 日第 230 号法律（生效程序见第 2 条）、2011 年 12 月 28 日第 524-Ⅳ号法律（自首次正式公布之日起 10 日后生效）、2018 年 7 月 2 日第 166-Ⅵ号法律修订（自首次正式公布之日起 10 日后生效）。

2. 在第一届股东大会上，发起人有权：

1）决定设立公司，并规定设立公司联合行动的程序；

2）拟定设立协议；

3）确定发起人的预付款股份金额；

4）确定申报股份的数量，包括发起人应付的股份；

4-1）确立将可转换证券转换成股票的条件和程序；

4-2）根据本法在公司回购股票时，核准确定股价的方法；

5）决定发行已申报股份；

6）经哈萨克斯坦共和国2011年12月28日第524-Ⅳ号法律删除（自首次正式公布之日起10日后生效）；

7）选举有权代表公司为在国家登记机关签署注册文件的人员；

8）根据哈萨克斯坦共和国法律确定人员，评估由公司发起人作为法定资本支付的资产价值；

9）选出授权人员，其在公司法人设立之前，从事公司财务经营活动，并向第三方代表公司利益；

10）批准公司章程。

3. 在发行股份之前，允许其后召开几次发起人会议。同时，只有在协议所有发起人参加设立大会的情形下，才允许对第一届设立大会的决定进行修改和增补。

4. 在公司第一次设立大会上，每位发起人都有一票表决权。在随后的设立大会上，除设立协议另有规定，否则每位发起人均拥有一票表决权。

5. 设立协议由公司所有发起人签订，唯一发起人决定由公司唯一发起人签订。

第7条　设立协议及唯一注册人决定[1]

1. 设立协议（唯一发起人决定）包含：

1）公司发起人（唯一发起人）的信息，包括：

如果是自然人，应当有姓名、国籍、居住地和身份证明材料；

如果是法人，应当有名称、住所、在国家登记机关注册的资料；

2）公司设立记录，公司全名、简称以及设立程序；

3）发起人预先支付的注册资本金额，以及支付的时间和程序；

4）在国家登记机关登记后，即将在公司发起人（唯一发起人）中发行股票的数量、类型和面值；

5）发起人的权利和义务，与公司设立相关开支的费用分配，以及发起人设立公司的其他条件；

6）确定在公司设立和国家机关注册过程中代表公司利益的授权人；

7）公司发起人再次召开设立会议的程序，以及每位发起人在后续会议上的投票数；

8）公司章程核准记录；

9）包括在设立协议（唯一发起人决定）中的其他条件：

---

〔1〕第7条经哈萨克斯坦共和国2005年7月8日第72号法律修订（生效程序见第2条）。

依据发起人决定；

依照哈萨克斯坦共和国有关法律。

2. 在设立协议（唯一发起人决定）有效期内，发起人（唯一发起人）有权根据本法第6条第3款确定的合理要求，进行修改和补充。

3. 除设立协议（唯一发起人决定）另有规定，否则设立协议（唯一发起人决定）中规定的信息是商业秘密。只有在公司决定或哈萨克斯坦共和国法律规定情形下，才能将设立协议（唯一发起人决定）提交给国家机关以及第三方。

4. 设立协议（唯一发起人决定）的效力，自发行公告股份登记之日起终止。

第8条　缔结设立协议（唯一发起人决定）的程序

1. 设立协议由每位发起人或者其代表，以书面形式签署订立。

唯一发起人决定以书面形式制定，并由发起人或者其代表签字。

公司设立协议（唯一发起人决定），应当经过公证。

2. 发起人（唯一发起人）的代表，应当具有哈萨克斯坦共和国法律规定的适当权利，具有设立公司的权利，包括参加发起人会议和签署设立协议。

第9条　公司章程[1]

1. 公司章程是定义公司作为法人之法律地位的文件。公司章程应当由发起人（唯一发起人）或者其代表签署，除根据哈萨克斯坦共和国法律规定对章程（包括新章程说明）进行修改和补充以外，应当由股东大会授权人员签署。公司章程及其所有修订和增补，均需经过公证。

2. 公司章程应当包含以下规定：

1）公司的全称和缩写；

2）公司执行机构所在地；

3）股东权利信息，包括经认证的优先股所载权利范围；

3-1）若存在“黄金股”，则包含“黄金股”所有者的否决权，及其姓名、父名（如有）等问题；

4）经哈萨克斯坦共和国2005年7月8日第72号法律删除；

5）公司机构的设立和权限规定；

6）公司机构活动组织的规定，包括：

召集、筹备和召开公司股东大会和合议制机构会议的程序；

公司机构决策的规定，包括由合格多数票决定的问题清单；

7）向公司股东提供有关公司活动信息的规定；

7-1）公司股东和高级管理人员提供关联方信息的规定；

8）若公司是非营利组织，证明如下：表明该公司是非营利组织、投票程序规定、未支付股利，以及本法和哈萨克斯坦共和国其他法律规定的其他要求；

---

〔1〕 第9条经哈萨克斯坦共和国2005年7月8日第72号法律（生效程序见第2条）、2011年3月25日第421-Ⅳ号法律（自首次正式公布之日起10日后生效）、2011年12月28日第524-Ⅳ号法律（自首次正式公布之日起10日后生效）、2018年7月2日第166-Ⅵ号法律修订（自2019年1月1日起生效）。

9）终止公司业务活动的条件；

10）本法和哈萨克斯坦共和国其他法律的其他规定。

3. 全体有权了解公司章程的利害关系人。应当利害关系人要求，公司应为其提供了解“公司章程及其后修改和补充”的机会。公司应在3个工作日内满足股东要求，提供公司章程副本。公司有权向股东收取提供章程副本的费用，该费用不得超过制作副本的成本以及必要的交付成本。

4. 公司有权依据哈萨克斯坦共和国政府确定的公司章程范本开展活动。

5. 可以补充利用发布公司业务活动信息的大众传媒，与在媒体发布公司业务活动信息以及在互联网资源上发布财务报告（以下简称财务报告）一样，根据哈萨克斯坦会计结算和财务核算的法规，由公司章程规定。

可以利用大众传媒，补充刊登根据哈萨克斯坦共和国会计结算和财务核算法确定的公司活动信息，与财务报告保管处的互联网资源（以下简称网络财务报告）一样，发布由公司章程确定。

第三章　公司的法定资本

第10条　公司最低资本额[1]

公司最低资本额，是哈萨克斯坦共和国国家预算法所规定相应财政年度之每月结算指标的5万倍。

以投资私有化基金和商品交易所经营的公司，不适用于本条第1款关于公司最低资本额的要求。

第11条　公司法定资本[2]

1. 公司法定资本，是由发起人（唯一发起人）以面值支付的价款；投资人依照本法规定的相应要求，确定配售价格支付股份，以哈萨克斯坦共和国货币表示的，并以配售价支付的价款。

重组公司的法定资本，根据本法规定形成。

2. 发起人预先支付的股金，应当不低于为公司注册资本最低限额，并自公司法人在国家机关注册之日起30日内由发起人足额支付。

3. 公司通过发行公司公告的股份来增加法定资本。

第四章　公司的股票和其他有价证券

第12条　公司证券一般规定

1. 公司有权发行普通股或者优先股。股票以无纸形式发行。

2. 以股份公司法人形式设立的非营利组织，不得发行优先股。

3. 股份不得分割。如果股份由多人合计持有，则全体被视为一名股东，并通过其共

---

〔1〕 第10条经哈萨克斯坦共和国2015年10月27日第364-Ⅴ号法律修订（自2016年7月1日起生效）。

〔2〕 第11条列入哈萨克斯坦共和国2005年7月8日第72号法律（生效程序见第2条）。

同代表享有股份证明的权利。

4. 除本法另有规定，股份赋予所持有的每一名股东，拥有与该类型股份其他所有人相同的权利范围。

5. 哈萨克斯坦共和国法律，可以对以下方面进行限制：

1）与公司进行股份交易；

2）一位股东持有的最大股份数量；

3）授予一名股东的公司股份的最高表决权。

6. 公司有权发行其他证券，其发行、配售、流通和回购的条件和程序，由哈萨克斯坦共和国证券法规定。

第 13 条　股份类型〔1〕

1. 普通股股东有权参加股东大会，并有权就所有投票的问题进行表决，如果公司有净收入，则有权获得股利，以及根据哈萨克斯坦共和国法律清算时公司的部分财产。

2. 优先股股东相对于普通股股东而言，具有优先购买权，可以按照章程规定获得预保证金的股利，以及按照本法规定方式清算公司后的部分财产。

在配售期间，优先股数量不得超过发行股份总数的 25%。

3. 优先股股东无权参与管理公司，但是本条第 4 款规定情形除外。

4. 在以下情形下，优先股股东有权参与公司管理：

1）公司股东大会审议可能会限制优先股股东权利的决议。只有当对至少三分之二已发行（减去回购）优先股总数投票支持限制时，才视为决议通过。

决定可能限制优先股股东权利的问题，包括：

减少金额或者更改计算优先股股利支付的程序；

将优先股转换成普通股；

1-1）公司根据本法在无组织市场上回购优先股时，如果未经设立大会批准，则由股东大会审议批准更改确定优先股价值的方法；

2）股东大会审议公司重组或者清算问题；

3）优先股股利，自规定支付期限届满之日起 3 个月内没有全额支付，但基于本法第 22 条第 5 款的理由未产生股利的情况除外。

4-1. 在本条第 4 款第 3 项规定情形下，优先股股东有权参加公司管理，应当自全额支付优先股股利之日起终止。

5. 设立大会（由唯一发起人决定）或者股东大会，可以引入不涉及法定股本形成和股利分配的“黄金股”。“黄金股”的所有者，有权对股东大会、董事会和执行机构，就公司章程所规定的问题拥有否决权。“黄金股”证明的否决权不得转让。

---

〔1〕 第 13 条经哈萨克斯坦共和国 2005 年 7 月 8 日第 72 号法律（生效程序见第 2 条）、2009 年 2 月 13 日第 135 号法律（生效程序见第 3 条）、2011 年 12 月 28 日第 524-Ⅳ号法律（自首次正式公布之日起 10 日后生效）、2015 年 11 月 24 日第 422-Ⅴ号法律修订（自 2016 年 1 月 1 日起生效）。

第 14 条　公司股东的权利〔1〕

1. 公司股东有权：

1）依照本法或者公司章程规定的方式，参与公司管理；

1-1）单独与其他股东合计持有公司 5%以上有表决权股份时，建议董事会根据本法在股东大会议程中增列事项；

2）获得股利；

3）以股东大会或者公司章程规定的方式，接收公司业务活动信息，包括了解公司财务报告；

4）从中央证券存管机关或者名义持有人处获得证明，以确认其对证券的所有权；

5）向股东大会提议选举董事会候选人；

6）在法庭上质疑公司行政机构的决议；

7）当单独或者合计持有公司 5%以上有表决权股份时，以其名义在本法第 63 条和第 74 条规定的情况下向法院提出申请，要求公司高级管理人员对公司遭受的损失进行赔偿，并要求公司高级管理人员或者其关联方因决定而开展重大交易或关联交易获得的利益返还给公司。

8）向公司提出有关其业务的书面要求，并要求公司在收到之日起 30 日内进行合理答复；

9）获得公司清算后的部分资产；

10）除哈萨克斯坦共和国法律规定情形外，按照本法规定程序，优先购买公司股份或者可转换为股份的其他证券；

11）按照本法规定方式，参与股东大会的决议，变更公司股份数量或者更改股份类型。

1-1. 单独或者合计持有 5%以上有表决权股份的股东，有权获得董事会个人成员或者公司执行机构年终薪酬金额的信息，但是应当符合以下条件：

由法院判决该董事会成员或者公司执行机构故意误导公司股东的事实，以便其或者关联方获利；

经证明该董事会成员或者公司执行机构的恶意行为或者不作为，造成了公司损失。

2. 大股东有权：

1）要求召开股东临时大会，或者在董事会拒绝召开股东大会时向法院起诉申请召开；

2）经哈萨克斯坦共和国 2016 年 3 月 29 日第 479-Ⅴ号法律删除（自首次正式公布之日起 21 日后生效）；

3）要求召开董事会会议；

---

〔1〕 第 14 条经哈萨克斯坦共和国 2007 年 2 月 19 日第 230 号法律（生效程序见第 2 条）、2007 年 8 月 7 日第 321 号法律（自首次正式公布之日起生效）、2011 年 2 月 10 日第 406-Ⅳ号法律（自首次正式公布之日起 10 日后生效）、2011 年 12 月 28 日第 524-Ⅳ号法律（自首次正式公布之日起 10 日后生效）、2014 年 12 月 29 日第 269-Ⅴ号法律（自 2015 年 1 月 1 日起生效）、2016 年 3 月 29 日第 479-Ⅴ号法律（自首次正式公布之日起 21 日后生效）、2018 年 5 月 24 日第 156-Ⅵ号法律（自首次正式公布之日起 10 日后生效）、2018 年 7 月 2 日第 166-Ⅵ号法律（自 2019 年 1 月 1 日生效）、2019 年 12 月 26 日第 284-Ⅵ号法律修订（自首次正式公布之日起 10 日后生效）。

4）自费要求审计机构对公司进行审计。

3. 本条第1款和第2款规定的股东权利不得受到限制，但本条第1款第1项、第2项和第11项规定的权利，除哈萨克斯坦共和国领空使用和航空活动法规定的情形外。

除本条第1款规定的股东权利外，公司章程可以规定股东的其他权利。

4. 召开股东大会的机构和人员，必须遵守本条第1款第1-1项规定的要求。

第15条　公司股东的义务[1]

1. 公司股东有义务：

1）支付股份；

2）在10个工作日内，将维护公司股东登记系统所需的变更信息，通知中央证券存管机关或者该股东所持股份的名义持有人；

3）不得披露有关公司或者其业务活动的、构成法律保护的官方、商业或者其他秘密信息；

4）根据本法和哈萨克斯坦共和国其他法律履行其他职责。

2. 公司、中央证券存管机关和名义持有人，对股东未遵守本条第1款第2项规定的后果不承担责任。

第16条　优先购买公司证券的权利[2]

1. 公司有意购买公告股份或者可转换为普通股的其他证券，以及出售以前购买的特定证券，应当在作出决定之日起10日内，书面通知或者在网络财务报告上以哈萨克语和俄语刊载公告，向股东提出报价。按照公司行政机构决定配售（出售）设定的股价及其所持有股份比例数量，以同等条件作出真实决定购买有价证券。在股份配售（出售）通知之日起30日内，股东有权根据优先购买权，申请购买股份或者可转换为本公司股份的其他证券。

在此情形下，普通股股东有权优先购买普通股或者可转换为普通股的其他证券，而优先股股东则有权优先购买优先股。

股东应在提出购买申请之日起30天内支付按优先购买权购得的股份或其他可转换为公司普通股的证券。公司章程中可以规定不同的股份支付期限，该期限自股票配售之日起不得超过90天。

2. 为遵守哈萨克斯坦共和国法律规定的审慎及其他规范和限制，有意配售申报股票以及出售以前购买股票的金融机构，根据授权机关要求，应当在决定发行股份之日起5个工作日内，书面通知或者在网络财务报告上以哈萨克语和俄语刊载公告，按照公司行政机构决定配售（出售）设定的股价及其所持有股份比例数量，以同等条件作出真实决定购买有价证券。在股份配售（出售）通知之日起5日内，股东有权根据优先购买权，申请购买

[1] 第15条经哈萨克斯坦共和国2005年7月8日第72号法律（生效程序见第2条）、2007年2月19日第230号法律（生效程序见第2条）、2018年7月2日第166-Ⅵ号法律修订（自2019年1月1日起生效）。

[2] 第16条列入哈萨克斯坦共和国2011年12月28日第524-Ⅳ号法律（自首次正式公布之日起10日后生效）、2015年11月24日第422-Ⅴ号法律（自2016年1月1日起生效）、2018年7月2日第166-Ⅵ号法律修订（自2019年1月1日起生效）。

股份或者可转换为本公司股份的其他证券。

股东以优先购买权购买金融机构的股份，应当自股东提出购买申请之日起5个工作日内支付。如果未支付股份或者可转换为普通股的其他证券，则该申请在指定期限到期后被视为无效。

3. 通过本条第1款和第2款规定的优先购买权，获得股份或者可转换为普通股的其他证券，其付款条件要求，不适用于哈萨克斯坦共和国政府授权处置国有资产的国家机关收购股份的情形。

根据哈萨克斯坦共和国政府授权处置国有资产的国家机关的优先购买权，自提出收购申请之日起12个月内，支付股份或者可转换为公司普通股的其他证券。

4. 如果未支付股份或者可转换为普通股的其他证券，则在本条第1款、第2款和第3款规定的期限届满后，该申请被视为无效。

5. 公司股东优先购买和放弃证券权利的行使程序，由授权机关制定。

6. 依照本法第83条规定配售（出售）公司股份时，公司股东不享有优先购买权。

第17条 经哈萨克斯坦共和国2005年7月8日第72号法律删除，（生效程序见第2条）

第18条　公司股份的配售[1]

1. 在发行股票进行国家登记后，公司有权通过一次或多次配售的方式在申报股份数量内配售股票。

在公司申报股份数量范围内配售公司股份的决议，由公司董事会作出，但公司章程将该问题提交股东大会权限的情况除外。

股份的配售，是通过股东行使优先购买权或者可转换为普通股的其他证券，在无组织证券市场中认购或者拍卖，或在有组织证券市场中认购或者拍卖，以及在本法和哈萨克斯坦共和国其他法律规定情形下，通过证券权利转换，将公司证券或者货币义务转换为公司股份。

2. 根据优先购买权，如果股东转让股份或者可转换为普通股的其他证券，而前所有人在规定的30日内未提出申请购买，则该权利转让给股份或者可转换为普通股的其他证券的新所有人。

3. 决定配售股票的公司机构设定的配售股价，为这些股票可以出售的最低价格。

股东根据优先购买权取得股份的，由作出配售决议的公司机构确定单一最低配售价格。

公司股份将以单一价格，出售给所有在此配售限度内以认购方式购买股份的人。

4. 如果公司授权机构决定通过增配股份数量或者降低行使优先购买权的股价，来修改先前通过的关于宣布已发行股份决议的条件，则公司将重新授予股东优先购买这些股份的权利。

---

〔1〕 第18条列入哈萨克斯坦共和国2011年12月28日第524-Ⅳ号法律（自首次正式公布之日起10日后生效）、2017年2月27日第49-Ⅵ号法律（自首次正式公布之日起10日后生效）、2018年7月2日第166-Ⅵ号法律（自首次正式公布之日起10日后生效）。

第 19 条　公司股份持有人登记制度[1]

1. 由中央证券存管机关进行股份持有人登记。

2. 维护股份持有人登记册系统的规定，以及向授权机关提供有关信息的程序，由哈萨克斯坦共和国有价证券市场法规定。

3. 公司应在向授权机构提交国家登记发行股份的文件并进行注册之前，与中央证券存管机关就进行公司股份持有人登记系统的服务签订协议。

4. 在全额支付所发行股份之前，公司无权命令将股份计入其在股东名册系统（名义持有人会计系统）中的收购方个人账户。

第 20 条　关于公司股份配售结果的报告，以及将一种类型公司发行股份换成另一种类型公司股份的报告[2]

1. 在每个报告期末，公司应当向公司授权机关提交报告，以便在股份配售报告期结束后或者在全部配售之日起 45 日内，完成本公司的股份配售。

发行股份的报告期为连续 12 个月。

2. 如果在报告期内未配售股票，则不得将基于报告期结果的公司配股结果报告提交给授权机关。

3. 如果将一种类型公司发行股份转换成另一类型公司股份，该公司应当在转换之日起 30 日内，向授权机关提交报告。

第 21 条　公司发行股份的支付[3]

1. 除本法和哈萨克斯坦共和国法定情形外，金钱、财产权（包括知识产权）和其他资产，可以用来支付公司的发行股份。

用货币以外的财产（不包括证券）支付，以评估人员确定的价格交易。

公司在证券交易所买卖的已发行股票，按照证券交易所根据证券评估方法确定的市场价格支付。作为股份支付的证券类型，如果这种证券没有由证券交易所根据特定方法来计算的市场价格，则其价值将由评估人员估算。

2. 如果使用该财产权包含在公司已配售发行股份的付款中，则根据公司在整个财产使用期间的费用大小来评估该权利。在规定期限届满之前，未经股东大会同意，禁止撤回该财产。

3. 禁止公司发行股份的情形：

1）收购要约股份；

2）订立协议（购买衍生证券）、协议条款（包括发行条款）规定了发行人有权或应当回购发行人的发行股份。

---

〔1〕 第 19 条经哈萨克斯坦共和国 2005 年 7 月 8 日第 72 号法律（生效程序见第 2 条）、2011 年 12 月 28 日第 524-Ⅳ号法律（自 2013 年 1 月 1 日起生效）、2018 年 7 月 2 日第 166-Ⅵ号法律修订（自 2019 年 1 月 1 日起生效）。

〔2〕 第 20 条列入哈萨克斯坦共和国 2018 年 7 月 2 日第 166-Ⅵ号法律（自 2019 年 1 月 1 日起生效）。

〔3〕 第 21 条列入哈萨克斯坦共和国 2011 年 12 月 28 日第 524-Ⅳ号法律（自首次正式公布之日起 10 日后生效）、2015 年 11 月 24 日第 422-Ⅴ号法律（自 2016 年 1 月 1 日起生效）、2018 年 1 月 10 日第 134-Ⅵ号法律（自首次正式公布之日起 6 个月后生效）。

第22条　公司股份的股利[1]

1. 公司股份的股利，应当以现金或者公司证券形式支付；但是股东大会上由公司有表决权股份简单多数通过的支付优先股股利的决定除外。

禁止以本公司优先股的证券支付股利。

只有在公司宣布的股份或者经股东书面同意发行债券支付股利的情况下，才允许通过证券支付公司股份的股利。

有权获得股利的股东名单，应当在股利支付开始之前的日期拟订。

除本法或者股份转让协议另有规定，对未付股利的股份进行转让，有权由股份的新所有者接受。

2. 支付公司股利的频率，由公司章程或者发行股份的招股说明书规定。

3. 可以通过付款代理支付股份的股利。付款代理服务的费用由公司承担。

4. 对于未由公司本身配售或者回购的股份，以及由法院判决或者股东大会决定将其清算的，均不计提或者支付股利。

5. 禁止在普通股和优先股上累积股利：

1）如果公司自有资本为负值，或者因应计股利导致公司自有资本变为负值；

2）如果公司符合哈萨克斯坦共和国企业重整和破产法规定的破产标准，或者由于应计股利的增加而使公司中符合了上述标准；

2-1）哈萨克斯坦共和国关于银行和银行活动、保险和证券市场的法律规定的情形下；

3）（经哈萨克斯坦共和国2005年7月8日第72号法律删除）。

6. 股东有权要求支付未收到的股利，而不论公司债务形成的期限如何，但基于本条第5款的理由不产生股利的情况除外。

如果在规定支付期限内未支付股利，则应当向股东支付根据哈萨克斯坦共和国国家银行当日的官方再融资利率计算的货币履行义务或其相应部分的股利本金和利息。

7. 以股份公司法人形式成立的非营利组织，不按其股份计提或支付股息。

第23条　普通股股利[2]

1. 支付季度、半年度或者年度的普通股的股利，应当经公司当期财务报告审计并由股东大会决定后方可进行，但须按公司章程规定支付费用。股东大会关于支付普通股股利的决议，规定了每个普通股股利的数额。

股东大会决定是否在年底派发普通股股利。

---

〔1〕 第22条经哈萨克斯坦共和国2005年7月8日第72号法律（生效程序见第2条）、2007年2月19日第230号法律（生效程序见第2条）、2012年7月5日第30-Ⅴ号法律（自首次正式公布之日起10日后生效）、2014年3月7日第177-Ⅴ号法律（自首次正式公布之日起10日后生效）、2015年11月24日第422-Ⅴ号法律（自2016年1月1日起生效）、2018年7月2日第166-Ⅵ号法律（自2019年1月1日起生效）、2018年7月2日第168-Ⅵ号法律（自2019年1月1日起生效）、2019年7月3日第262-Ⅵ号法律修订（自2020年1月1日起生效）。

〔2〕 第23条经哈萨克斯坦共和国2005年7月8日第72号法律（生效程序见第2条）、2007年2月19日第230号法律（生效程序见第2条）、2012年7月5日第30-Ⅴ号法律（自首次正式公布之日起10日后生效）、2016年3月29日第479-Ⅴ号法律（自首次正式公布之日起21日后生效）、2017年2月27日第49-Ⅵ号法律（自首次正式公布之日起10日后生效）、2018年7月2日第166-Ⅵ号法律修订（生效程序见第2条）。

股东大会有权决定不支付普通股的股利。

2. 经哈萨克斯坦共和国2018年7月2日第166-Ⅵ号法律删除（自2019年1月1日起生效）。

3. 支付普通股股利的决定，应当包含以下信息：

1）公司名称、地址、银行及其他详细信息；

2）支付股利的期限；

3）每个普通股股利的金额；

4）支付股利的开始日期；

5）支付股利的程序和形式；

6）代理付款人的名称（如果有代理付款人）。

4. 股利的支付期限，应当在不迟于股东大会通过支付普通股股利的决定之日起90日内。

如果缺乏公司股东当前详细信息或者证券持有人名册系统信息的情形下，应当按照授权机关监管法律规定的方式和条款，向由中央证券存管机关开立的公司账户中支付普通股股利，以解决无人认领的款项。

第24条　优先股股利[1]

1. 支付优先股的股利，无须公司机构进行决定。

优先股股利支付的频率和金额，由公司章程规定。

股利应当在不迟于编制有权获得股利的股东名单之日起90日内支付。

在缺乏有关公司股东当前详细信息或者证券持有人名册系统信息的情形下，应当按照授权机关监管法律规定方式，向由中央证券存管机关开立的公司账户中支付优先股股利，以解决无人认领的款项。

优先股产生的股利，不得少于同一时期普通股产生的股利。

在优先股的股利已全额支付给有权获得股利的股东，并且公司股东名册系统中包含当前详细信息之后，才会支付普通股的股利。

2. 优先股股利的保证金额，既可以固定条件或相对于任何指标进行索引设置，但是前提是其价值固定且可公开可用。

3. 公司应当在优先股股利支付日期前的5个工作日内，用哈萨克语和俄语在互联网资源上发布有关股利支付的财务报告存管信息，以表明本法第23条第3款第1项、第2项、第4项、第5项中列出的信息，以及公司每份优先股的股利金额。

第25条　个人单独或者与其关联方在二级证券市场上合计持有公司30%以上有表决权股份的收购人[2]

1. 有意单独或者与其关联方在二级证券市场合计购买30%以上或者其他数量有表决

〔1〕 第24条经哈萨克斯坦共和国2005年7月8日第72号法律（生效程序见第2条）、2011年12月28日第524-Ⅳ号法律（自首次正式公布之日起10日后生效）、2017年2月27日第49-Ⅵ号法律（自首次正式公布之日起10日后生效）、2018年7月2日第166-Ⅵ号法律修订（生效程序见第2条）。

〔2〕 第25条列入哈萨克斯坦共和国2018年7月2日第166-Ⅵ号法律（自2019年1月1日起生效）；经哈萨克斯坦共和国2019年4月2日第241-Ⅵ号法律修订（自2019年1月1日起生效）。

权股份的人，应当在拟购买有表决权股份之日前 30 个工作日，向公司发出通知。该通知应该包含拟购买公司有表决权股份的数量和预计购买价格的信息。

2. 单独或者与其关联方合计持有公司 30%以上（或者其他数目）有表决权股份的人，成为单独或者合计持有 30%以上股份的所有者。在收购之日起 15 个工作日内，应当向其他股东发送要约，以出售公司有表决权股份百分比股份之外的一般股票。

根据本法第 69 条第 2 款规定，向其余股东发送出售股份的要约，应当包含单独或与关联方合计持有公司 30%以上有表决权股份的该人及其关联方的信息，包括姓名（名称）、居住地（住所）、有表决权股份的数量以及拟议股份收购价格。

3. 公司应当在收到本条第 2 款所规定出售要约之日起 3 个工作日内，确保用哈萨克语和俄语发布在网络财务报告上。

4. 其余股东有权接受本条第 2 款第 1 项中特定之人的要约，自要约发布之日起 30 个工作日之内，要求出售其在本公司的股份。

接受了本条第 2 款第 1 项特定之人要约的股东，应当自提交书面同意出售其股份之日起 30 个工作日内，以本条第 2 款第 1 项特定之人的身份交易股份。

本条第 2 款第 1 项规定之人，应当在收到股东出售其拥有股份的书面同意之日起 30 个工作日内，支付这些股份。

5. 公司无权阻止股东将公司的股份出售给本条第 2 款第 1 项规定之人。对于希望按照本条第 2 款第 1 项中规定之人的要约出售公司股份的人，本公司有权以公司本身或者第三方名义，以高于本条第 2 款第 1 项特定之人所提出的价格购买股票。公司提出的购买本公司股份的要约，应当包含股份数量、价格和买家以第三方购买股份的情况下的详细信息。

6. 在不遵守本条规定义务的情况下，单独或与关联方在二级证券市场上合计购买 30%以上（或者其他数目）有表决权股份：

1）应当转让与其无关的有表决权股份的人，超过公司有表决权股份的 29%；

2）无权采取任何旨在影响公司管理或者政策的行动或者对其有表决权股份进行投票，直到其与拥有超过公司 29%有表决权股份的人脱离关系。

7. 公司股东拥有应本条第 2 款第 1 项规定之人的提议，提交书面同意出售公司股份的权利，有权对已发布该要约之人的拒绝向法院提出诉讼。

8. 本条不适用于本法第 25 条第 1 款规定的情形。

9. 本条第 2 款、第 3 款、第 4 款、第 6 款和第 7 款规定，不适用于以下情形：

单独或者合计持有 30%以上有表决权股份，并且已经履行本条所规定义务，公司在二级证券市场活动中从拥有其 30%以上股份的附属公司中进行收购，超过先前发送给公司的通知中指出的公司有表决权股份的百分比；

关联方在二级证券市场上从另一关联公司购买本公司有表决权的股份（在先前发送给本公司的通知中注明，并与先前履行本条规定义务之人合计持有公司 30%以上有表决权股份）。

第 25-1 条　由个人在二级证券市场上单独或者与其关联方合计购回公司有表决权股份的 95%以上[1]

1. 在二级证券市场上单独或者与其关联方合计持有 95%（或者其他数量）有表决权股份之人，由于收购而在该公司拥有至少 10%有表决权股份，则该人单独或者与关联方合计获得本公司 95%以上有表决权股份。在收购之日起 60 个工作日内，有权要求公司其余股东向其出售有表决权股份。

向股东提出出售公司有表决权股份的要约，应当必须载有要约人的信息，包括姓名（名称）、住所或者居所、其拥有的本公司有表决权股份数量，以及根据本条第 4 款确定的本公司有表决权股份的拟议收购价。

2. 公司应当在收到本条第 1 款规定要约之日起 3 个工作日内，确保将其发布在网络财务报告上。

3. 根据本条第 1 款第 1 项规定之人的要约，其余股东应当在网络财务报告公布之日起 60 日内出售其持有的公司有表决权股份。

在本款第 1 项规定期间内，禁止股东利用公司有表决权股份进行其他民事交易。

4. 股东响应本条第 1 款第 1 项规定之人的要约，出售其有表决权股份的价格，应当确定为将提出要约之日确定为市场价格的日期。

1）在有组织证券市场上发行（如果公司的股票在有组织证券市场上交易）；

2）如果股票未在有组织的证券市场上交易，评估师根据哈萨克斯坦共和国有关评估活动的法律确定。

5. 本条第 1 款第 1 项中所指规定之人，应当按照本条第 4 款确定的建议收购价，向其他股东回购公司有表决权股份。

由本条第 1 款第 1 项规定之人回购的、用于支付公司有表决权股份的款项，应当转入公司证券持有人名册系统中具有当前资料股东的银行账户。

如果在证券持有人名册中没有关于股东当前详细资料，则用于支付公司已购买的有表决权股份的款项，应当转移到在中央证券存管机关开立的账户中，以授权机关监管法律规定的方式来存管无人认领的款项。

6. 股东应当本条第 1 款第 1 项规定之人的要求，登记出售其有表决权股份的交易，应在证券持有人登记系统和（或者）名义持有的会计系统中根据其规定进行。

应本条第 1 款第 1 项所指人员的请求，从设在名义持有会计系统或者证券持有人登记系统中的股东个人账户中，扣除公司有表决权股份，在产权负担解除之日起 1 个月内付款。

与交易登记及其支付有关的费用，应当由购买公司有表决权的人承担。

本条第 1 款第 1 项规定之人，在登记购买公司有表决权股份的交易之日，获得公司有表决权股份的未付股利的权利，应当保留给应该人士要求出售公司有表决权股份的股东所有。

根据本条第 1 款第 1 项规定之人的要求，向出售公司有表决权股份的股东分配股利，

---

〔1〕 第 25-1 条经哈萨克斯坦共和国 2018 年 7 月 2 日第 166-Ⅵ号法律增补（生效程序见第 2 条）、2019 年 4 月 2 日第 241-Ⅵ号法律修订（自 2019 年 1 月 1 日起生效）。

依照本法第22条和第23条规定的方式支付。

7. 根据《哈萨克斯坦共和国国家福利基金法》，本条规定不适用于属于国有控股集团成员的法人。

8. 本条所称有表决权股份，是指在本法第1条第8项规定的股份，以及在本法规定情形下配售有表决权的普通股和（或者）优先股、属于所有人名义持有的股份，其有关信息在中央证券存管机关系统中不得使用。

第26条　公司主动回购已发行股份〔1〕

1. 已发行股份的回购，可以由公司主动征得股东的同意，以便随后进行出售，或者用于不违反哈萨克斯坦共和国法律和公司章程的其他目的。

公司主动回购已发行股份，依照本法规定程序批准公司回购时确定股价的方法，并依照本法规定程序进行，但是公司在证券交易所以公开竞价方式所回购股份的情况除外。

2. 除本法或者公司章程另有规定，公司应当根据董事会决定主动回购已发行股份。

3. 公司无权回购其已发行股份的情况：

1）在第一次股东大会之前；

2）在发起人之间配售股份结果的第一份报告获准之前；

3）如果由于股票回购，导致公司股本金额少于本法规定的最低法定资本；

4）如果在回购股票时，根据《哈萨克斯坦共和国企业重整和破产法》，公司达到破产或者清算的标准，或者由于回购所有必需或者提议回购的股票而显示出了明显迹象；

5）法院判决或者股东大会决定将其清算。

4. 如果在公司倡议下回购已发行股份数量超过总数1%，则公司应当在完成买卖股票交易之前向其股东宣告回购。

回购已发行股份的公告，应当包含有关回购类型、股份数量、回购价格、期限和条件的信息，并用哈萨克语和俄语在网络财务报告上发布。

5. 如果股东宣布要回购的公司已发行股份的数目，超过公司宣布要回购股份的数目，则应当按其持有股份比例从股东手中回购这些股份。

第27条　公司应股东要求回购所发行的股份〔2〕

1. 已发行股份的回购，应当由公司根据股东要求进行，在以下情形下可以向股东提出：

1）股东大会通过关于公司重组的决定（如果股东参加审议公司重组问题的股东大会并投票反对通过该决定）；

1-1）股东大会通过关于股票除牌的决定（如果股东未参加股东大会，或者参加此次

〔1〕 第26条经哈萨克斯坦共和国2005年7月8日第72号法律（生效程序见第2条）、2007年2月19日第230号法律（生效程序见第2条）、2011年12月28日第524-Ⅳ号法律（自首次正式公布之日起10日后生效）、2014年3月7日第177-Ⅴ号法律（自首次正式公布之日起10日后生效）、2018年7月2日第166-Ⅵ号法律修订（自2019年1月1日起生效）。

〔2〕 第27条经哈萨克斯坦共和国2005年7月8日第72号法律（生效程序见第2条）、2007年2月19日第230号法律（生效程序见第2条）、2008年10月23日第72-Ⅳ号法律（生效程序见第2条）、2011年12月28日第524-Ⅳ号法律修订（自首次正式公布之日起10日后生效）。

会议并投票反对通过该决定)；

1-2）拍卖组织者决定将公司股票除牌；

2）不同意本法或者公司章程规定的主要交易、利害关系人交易的决定；

3）股东大会通过对公司章程作出修改和增补的决定，以限制该股东所持有股份的权利（如果股东未参加作出该决定的股东大会，或者参加此次会议并投票反对通过该决定)。

3-1）公司应股东要求，依照本法规定的方式，按照公司在无组织证券市场上回购股票时确定股价的方法，回购所发行的股票。

2. 股东有权在作出本条第 1 款规定的决定之日起 30 日内，或者从拍卖组织者作出股票除牌的决定之日起 30 日内，通过向公司发送书面申请要求公司回购其股份。

自收到上述申请之日起 30 日内，公司应当从股东手中回购股份。

3. 如果股东宣布要回购的公司已发行股份数量，超过公司可以回购的股份数量，则应当按其所持有的股份比例从股东手中回购这些股份。

第 28 条　公司回购已发行股份的限制〔1〕

1. 公司赎回和回购已发行股份总数，不得超过发行股份总数的 25%，回购公司已发行股份的成本不得超过其自有资金的 10%：

1）应股东要求回购已发行股份的截止日期：

股东大会通过本法第 27 条第 1 款第 1 项、第 1-1 项和第 3 项所指的决定；

拍卖组织者通过决定将股票除牌；

作出订立主要交易、利害关系方交易的决定；

2）在公司主动回购已发行股份时——自决定回购公司已发行股份之日起。

1-1. 依据哈萨克斯坦共和国银行和银行活动法第 17-2 条，本条第 1 款的要求不适用于银行从哈萨克斯坦共和国政府，或者根据先前其收购的国有股份回购其自身股份的情形。

2. 在确定股东大会法定人数时，对公司回购的股票不予考虑，并且其不得参与表决。

第 29 条　（经哈萨克斯坦共和国 2005 年 7 月 8 日第 72 号法律删除，生效程序见第 2 条）

第 30 条　发行可转换为普通股的债券和其他货币义务〔2〕

1. 只有在章程规定发行可能性情形下，公司才有权发行可转换债券。

以股份公司法人形式成立的非营利组织，不得发行可转换债券。

2. 可转换债券的发行，不得超过公司已申报和已发行股份之间的差额。

3. 发行可转换债券的招股说明书，规定债券转换的条件、方式和程序。

---

〔1〕 第 28 条经哈萨克斯坦共和国 2011 年 12 月 28 日第 524-Ⅳ号法律（自首次正式公布之日起 10 日后生效)、2015 年 4 月 27 日第 311-Ⅴ号法律（自首次正式公布之日起 10 日后生效)、2018 年 7 月 2 日第 166-Ⅵ号法律修订（自首次正式公布之日起 10 日后生效)。

〔2〕 第 30 条列入哈萨克斯坦共和国 2011 年 12 月 28 日第 524-Ⅳ号法律（自首次正式公布之日起 10 日后生效)；经哈萨克斯坦共和国 2014 年 3 月 7 日第 177-Ⅴ号法律（自首次正式公布之日起 10 日后生效)、2014 年 3 月 19 日第 179-Ⅴ号法律（自首次正式公布之日起生效)、2018 年 7 月 2 日第 168-Ⅵ号法律（自 2019 年 1 月 1 日起生效)、2019 年 12 月 27 日第 290-Ⅵ号法律修订（自首次正式公布之日起 10 日后生效)。

4. 将债券和其他货币义务转换为普通股，根据下列文件进行：

1）发行可转换债券的招股说明书；

2）依照哈萨克斯坦共和国银行和银行活动法通过银行重整计划；

2-1）授权机关根据哈萨克斯坦共和国银行和银行活动法规定的程序，采取措施解决银行破产的决定；

3）实施重整计划，如果已按照哈萨克斯坦共和国企业重整和破产法规定的方式，对公司实施了重整程序。

5. 根据发行这些债券的招股说明书，在将债券转换为普通股时，公司股东不享有优先购买股份的权利，即在配售将可转换为普通股的债券之前，股东则享有优先购买这些债券的权利。

6. 作为银行资产和负债重整的一部分，在将债券或者其他货币义务转换为股票的情形下，应当采取措施清算属于无力偿还银行的债务，或者在公司暂时重整程序中，银行（公司）股东通过将公司债券或者其他货币义务转换为股份来配售时，不授予优先购买股份的权利。

7. 根据哈萨克斯坦共和国关于从事相关活动的公司股东（计划收购股份的个人）的立法规定，公司有权将证券转换为公司普通股。

在授权机关法律规定情形下，禁止将债券转换为普通股。

第 30-1 条　将一种类型公司已发行股份转换成另一种类型股份[1]

1. 只有章程规定转换可能性的情形下，公司才有权将一种类型公司已发行股份转换成另一种类型股份。

2. 将一种类型公司已发行股份转换成另一种类型股份的条件、方式和程序，由该公司股东大会决定。

第 31 条　公司股票的质押[2]

1. 公司股票的质押权，不受公司章程规定的限制或者排除。

除质押条款另有规定，股东有权就质押股票表决和收取股息。

2. 只有在以下情形下，公司才能接受其所发行的股票作为质押品：

1）质押股票已全额支付；

2）向公司抵押和质押的股份总数，不得超过公司流通在外股份的 25%、公司回购的股份除外；

3）除公司章程另有规定，质押协议应当经董事会批准。

3. 除质押条件另有规定，否则对公司发行并作为质押持有的股票，进行表决的权利属于股东、该公司无权以其质押的股票进行表决。

4. 由哈萨克斯坦共和国有价证券市场法规定公司股票质押的登记程序。

---

〔1〕 第 30-1 条经哈萨克斯坦共和国 2011 年 12 月 28 日第 524-Ⅳ号法律增补（自首次正式公布之日起 10 日后生效）、2018 年 7 月 2 日第 166-Ⅵ号法律修订（自 2019 年 1 月 1 日起生效）。

〔2〕 第 31 条经哈萨克斯坦共和国 2005 年 7 月 8 日第 72 号法律修订（生效程序见第 2 条）。

第 32 条　国有资产参股公司的税务，应当以该公司法定股份清偿〔1〕

1. 如果国有资产参股公司的税务逾期 3 个月以上（以下称为逾期债务），则哈萨克斯坦共和国的国家机关（以下简称国家机关）针对履行国家税收义务提供税收控制，以还清公司的逾期债务：

1）根据哈萨克斯坦共和国税法，限制公司已发行股份的处置；

2）在没有公司已发行股份或者不足以偿还公司逾期债务的情形下，通过向法院申请，以强制发行公司申报股份的方式，偿还公司逾期债务并随后进行配售。

2. 依照哈萨克斯坦共和国税法规定的方式，出售有限授权股份和强制发行的申报股份。

如果公司在对共和国经济具有重要战略意义的领域开展活动，则根据哈萨克斯坦共和国政府决定，国家机关有权配售公司有限授权股份，并通过强制将其纳入国家所有权，以强制发行股份和偿还到期债务。

3. 国有制公司发行有限授权股份和强制发行申报股份，国家所有权在哈萨克斯坦共和国政府授权处置国有财产的国家机关进行登记，并拥有撤回在公司股份持有人名册上登记的权利。

4. 根据哈萨克斯坦共和国法律规定的方式和条件对法院判决强制发行的授权股份进行国家登记。

5. 禁止将通过配售有限授权股份和强制发行授权股份的收益，用于偿还公司逾期债务以外的其他用途。

如果公司限制性和强制性股份配售所获得的收益金额，超过了逾期债务的金额，则将差额计入公司收入。

6. 配股价格和偿还公司逾期债务所需的股份数量，由国家机关与公司达成协议。根据国家机关的倡议，配股价格也可以由评估人员根据哈萨克斯坦共和国法律确定。

评估人员确定股票发行价格的，由公司承担评估费用。

7. 根据哈萨克斯坦共和国税法，如果偿还由于限制处置授权股份和强制发行授权股份所收到的款项而拖欠款项或者自国家在公司股份持有人登记系统中，将申报有限责任公司股份和强制发行授权股份的所有权，登记为国家所有权之时起，将公司逾期债务视为已经偿还。

第五章　公司管理

第 33 条　公司机构〔2〕

1. 公司机构包括：

1）最高机构——股东大会（如果全部有表决权股份属于一名股东，即该股东为最高机构）；

〔1〕 第 32 条经哈萨克斯坦共和国 2003 年 11 月 29 日第 500 号法律（自 2004 年 1 月 1 日起生效）、2004 年 12 月 13 日第 11 号法律（自 2005 年 1 月 1 日起生效）、2005 年 7 月 8 日第 72 号法律修订（生效程序见第 2 条）。

〔2〕 第 33 条经哈萨克斯坦共和国 2005 年 7 月 8 日第 72 号法律（生效程序见第 2 条）、2007 年 2 月 19 日第 230 号法律（生效程序见第 2 条）、2009 年 2 月 13 日第 135 号法律（生效程序见第 3 条）、2011 年 12 月 28 日第 524-Ⅳ号法律（自首次正式公布之日起 10 日后生效）、2014 年 3 月 7 日第 177-Ⅴ号法律修订（自首次正式公布之日起 10 日后生效）。

2）理事机构——董事会；

3）执行机构——一个合议机构或者执行该机构职能的人员，其名称由公司章程规定；

4）本法、哈萨克斯坦共和国其他法律或者公司章程所规定的其他机构。

2. 经哈萨克斯坦共和国2005年8月7日第72号法律删除。

2-1. 如果股份公司被宣布破产或者采用重整程序，并根据哈萨克斯坦共和国企业重整和破产法规定的程序，任命了破产经理或者临时重整经理，则所有管理权分别移交给破产经理或者临时重整经理。

3. 以前曾担任公务员的自然人，由于其公职而有权控制和监督公司活动，自该权力终止之日起，10%有表决权股份归属于国家或者国家控股管理。

4. 经哈萨克斯坦共和国2007年2月19日第230号法律删除。

第34条　国家参股公司的管理特点〔1〕

哈萨克斯坦共和国国有资产法规定，由国家参与授权资本来管理公司。

第34-1条　商品、工程和服务采购的特点〔2〕

1. 除国家财富基金、国家控股公司、国有公司和组织外，由国家机关进行管理的商品、工程和服务采购，包括发出担保令，其中直接或者间接持有50%以上有表决权股份(法定资本中参与权益)，国有控股间接持有的股份，均按照关于国家财产的立法行使哈萨克斯坦共和国的国家所有权。

2. 经哈萨克斯坦共和国2015年10月27日第365-Ⅴ号法律删除（自首次正式公布之日起10日后生效）。

3. 本条第1款指定的人员，为了监督国内工业发展，在国家对工业和创新活动的支持领域中，以规定的形式和时限，向授权机关提供有关商品、工程和服务采购中关于本地内容的信息。

第35条　股东大会〔3〕

1. 股东大会分为年度会议和临时会议。

公司应当每年召开一次年度股东大会。股东大会是不定期的。

第一次股东大会，应当在国家核准发行法定股本和形成股东名册后2个月内召开。

公司董事会在第一次股东大会上选举产生。

2. 在股东大会上：

1）核准公司年度财务报告；

---

〔1〕 第34条经哈萨克斯坦共和国2011年3月1日第414-Ⅳ号法律修订（自首次正式公布之日起生效）。

〔2〕 第34-1条经哈萨克斯坦共和国2009年12月29日第233-Ⅳ号法律增补（生效程序见第2条）、2012年1月9日第535-Ⅳ号法律（自首次正式公布之日起10日后生效）、2011年12月28日第524-Ⅳ号法律（自首次正式公布之日起10日后生效）、2012年2月1日第551-Ⅳ号法律（自首次正式公布之日起10日后生效）、2015年10月27日第365-Ⅴ号法律（自首次正式公布之日起10日后生效）、2018年5月24日第156-Ⅵ号法律（自首次正式公布之日起10日后生效）、2018年12月26日第202-Ⅵ号法律（自2020年1月1日起生效）。

〔3〕 第35条经哈萨克斯坦共和国2005年7月8日第72号法律（生效程序见第2条）、2007年2月19日第230号法律（生效程序见第2条）、2011年12月28日第524-Ⅳ号法律修订（自首次正式公布之日起10日后生效）。

2）确定上个财政年度公司净收入的分配程序，以及每个普通股的股利；

3）研究股东针对公司及其高级管理人员的行为提起诉讼的情况及其结果。

董事会主席向股东告知，关于董事会成员和执行机构人员的薪酬数额及其构成。

股东大会有权审议股东大会职权范围内的其他事项。

3. 股东大会应当在每个财政年度结束后5个月内召开。

如果在报告期内无法完成公司审计，应当将指定期限延长3个月。

4. 在全部有表决权股份属于一名股东的公司中，不召开股东大会。本法或者公司章程授予股东大会职权的相应决定，由该股东以书面形式单独作出，前提是该决定不侵犯和限制优先股认证的权利。

5. 如果在本条第4款规定情形下，持有全部有表决权股份的唯一股东、个人或者法人，则由本法、公司章程决定授予股东大会的权限，应当属于机构雇员、高级管理人员，或者有权根据哈萨克斯坦共和国法律、法人章程作出此决定的法人。

第36条　股东大会的权限〔1〕

1. 股东大会的权限，包括如下：

1）对公司章程进行修订和增补，或者批准新版本；

1-1）批准公司治理准则，以及依据公司章程修订和增补该准则；

国有控股公司（国家财富基金除外），根据公司治理准则范本，批准本公司治理准则；

2）公司自愿重整或者清算；

3）决定增加公司法定股本的数量，或者变更公司已发行申报股的类型；

3-1）确定公司证券转换的条件、程序及其变更；

3-2）决定发行可转换为普通股的证券；

3-3）决定将一种类型已发行股份转换成另一种类型股份，并确定转换的条件、方式和程序；

4）确定计票委员会的人数组成和任期、选举成员、提前终止其职权；

5）确定董事会成员的人数组成和任期、选举成员、提前终止职权，以及履职董事会成员的薪酬金额和期限；

6）确定审计机构；

7）核准年度财务报告；

8）核准一个财务报告年度公司净收入的分配程序，通过支付普通股股利的决定，核准公司普通股的股利；

9）作出关于不支付普通股股利的决定；

---

〔1〕第36条经哈萨克斯坦共和国2005年7月8日第72号法律（生效程序见第2条）、2007年2月19日第230号法律（生效程序见第2条）、2008年10月23日第72-Ⅳ号法律（生效程序见第2条）、2009年2月13日第135号法律（生效程序见第3条）、2011年3月1日第414-Ⅳ号法律（自首次正式公布之日起生效）、2011年12月28日第524-Ⅳ号法律（自首次正式公布之日起10日后生效）、2012年2月1日第551-Ⅳ号法律（自首次正式公布之日起10日后生效）、2014年12月29日第269-Ⅴ号法律（自2015年1月1日起生效）、2015年4月22日第308-Ⅴ号法律（自首次正式公布之日起10日后生效）、2016年3月29日第479-Ⅴ号法律（自首次正式公布之日起21日后生效）、2017年2月27日第49-Ⅵ号法律（自首次正式公布之日起10日后生效）、2018年5月24日第156-Ⅵ号法律（自首次正式公布之日起10日后生效）、2018年7月2日第166-Ⅵ号法律修订（自2019年1月1日起生效）。

9-1）作出关于公司股票自愿退市的决定；

10）决定公司是否参与其他法人的设立或者业务，或者通过转让（接受）公司全部25%以上资产，退出其他法人的股东成员；

11）（经哈萨克斯坦共和国2005年7月8日第72号法律删除）；

12）（经哈萨克斯坦共和国2005年7月8日第72号法律删除）；

13）确定召开股东大会的通知形式；

14）批准变更方法（如果设立大会未批准，则股东大会可以批准），以决定公司根据本法在无组织市场上回购股票时的价值；

15）批准股东大会议程；

16）如果公司章程未明确，则规定向股东提供公司业务活动信息的程序；

17）引入和取消“黄金股”；

17-1）公司作出决定完成一项重大交易，即公司通过该重大交易（可以）取得或者处分的资产价值，占股份公司在作出决定之日账面价值总额的50%以上。关于交易的结果，其总账面价值的50%以上的资产，可以被收购或者处置；

18）本法或者公司章程赋予股东大会专有决定权的其他事项。

1-1. 哈萨克斯坦共和国国有资产法规定了国家控股唯一股东的权限。

2. 本条第1款规定，股东大会关于第1-1项、第2项、第3项和第14项中规定问题的决定，应当由公司有表决权股份的合格多数通过，并且在因投资私有化基金转换而成立的公司中，应当由出席会议有表决权股份的多数同意。

除本法或者公司章程另有规定，股东大会关于其他问题的决定，由参加表决的公司有表决权股份总数的简单多数通过。

股东大会就下列事项作出决定，第3-3项关于将一种类型已发行股份换成另一种类型股份，本条第1款配售总数三分之二以上（减去回购）优先股。

3. 属于股东大会决定事项的专属权限不得转让，公司其他机构、高级管理人员和雇员的权限不得转让，本法或者哈萨克斯坦共和国其他法律另有规定的除外。

4. 除章程另有规定，股东大会有权取消公司其他机构有关公司内部活动的任何决定。

第37条　召开股东大会的程序[1]

1. 股东年会由董事会召集。

2. 根据股东倡议召开临时股东会议（特别股东会议）：

1）董事会；

2）大股东。

自愿清算过程中的临时股东会议，可以由清算委员会召集、筹备和召开。

哈萨克斯坦共和国法律规定强制召开临时股东会议的情况。

3. 股东大会的筹备和召开，包括如下：

1）执行机构；

2）与公司签订协议的中央证券存管机关；

[1] 第37条经哈萨克斯坦共和国2018年7月2日第166-Ⅵ号法律修订（自2019年1月1日起生效）。

3）由董事会决定；

4）公司清算委员会。

4. 除本法规定情形外，召集、筹备和召开股东大会的费用，应当由公司承担。

5. 股东大会可以根据任何利害关系人提起的诉求，依据法院判决召集和召开，以防止公司机构违反本法规定的股东大会召开程序。

如果公司法人未遵守其召开临时股东会议的要求，则可以依据法院判决，由公司大股东进行召集和召开。

第 38 条　大股东提议召集和召开临时股东会议的特点[1]

1. 通过向公司执行机构所在地发送相应书面通知，将大股东召开临时股东会议的要求提交给董事会，其中应当包含会议议程。

2. 董事会无权更改议程上的议题，也无权更改大股东提议要求召开临时股东会议的程序。

根据要求召开临时股东会议时，董事会有权酌情补充问题，以补充股东大会的议程。

3. 大股东提出召开临时股东会议的要求时，则应当包含要求召开该会议股东的姓名（名称），并注明其所持股份的数量和类型。

召开临时股东会议的要求，由要求召集临时股东会议的人署名。

4. 董事会应当在收到该要求之日起 10 个工作日内作出决定，并且不迟于该决定作出之日起 3 个工作日内，向召集要求人发送决定或者拒绝召开临时股东会议的信息。

5. 在下列情况下，公司董事会可应大股东要求作出拒绝召开临时股东会议的决定：

1）未遵循本法规定的召开临时股东会议要求的程序；

2）提议列入临时股东会议议程的问题，不符合哈萨克斯坦共和国法律的要求。

对公司董事会拒绝召开临时股东会议的决定，可以向法院提出异议。

6. 如果在本法规定期限内，董事会未根据要求召开临时股东会议时，则召集要求人有权向法院提起诉讼，要求强制公司召开临时股东会议。

第 39 条　有权参加股东大会的股东名单[2]

1. 有权参加股东大会并表决的股东名单，应当由中央证券存管机关根据公司股东名册系统中的数据编制。该清单编制日期不得早于召开股东大会的决定日期。

列入股东名单的信息，由授权机关确定。

2. 拟定有权参加股东大会并表决的股东名册后，如果该名册中的股东放弃有表决权股份，则参加股东大会的权利应当移交给新股东，并同时提交确认股份所有权的文件。

第 40 条　股东大会的日期、时间和地点[3]

1. 股东大会的日期和时间，应当以使有权参加大会的人数最多的方式确定。

---

〔1〕 第 38 条列入哈萨克斯坦共和国 2008 年 7 月 5 日第 58-Ⅳ号法律（生效程序见第 2 条）。

〔2〕 第 39 条经哈萨克斯坦共和国 2005 年 7 月 8 日第 72 号法律（生效程序见第 2 条）、2018 年 7 月 2 日第 166-Ⅵ号法律修订（自 2019 年 1 月 1 日起生效）。

〔3〕 第 40 条经哈萨克斯坦共和国 2018 年 7 月 2 日第 166-Ⅵ号法律修订（自 2019 年 1 月 1 日起生效）。

股东大会应当在执行机构所在地召开，但是由缺席表决通过决定的股东大会除外。

2. 参加者注册的时间和会议开始时间，应当为公司计票委员会提供足够时间，计算与会人数并确定是否符合法定人数。

3. 公司股东有权使用公司内部文件规定的通信方式，亲自远程参加召开的股东大会。

第 41 条　召开股东大会的信息〔1〕

1. 应当在不迟于 30 日内，将召开股东大会的信息通知股东（"黄金股"所有者），并且在缺席或者混合表决的情况下，于股东大会召开 45 日前，使用邮政通知一位或者多位股东。

在金融公司召开股东大会的情况下，议程应当包括哈萨克斯坦共和国法律的要求，增加公司授权股份数量，以遵守审慎规定和其他规范及限制，应授权机关的要求，股东（"黄金股"所有者）应当在不迟于 10 个工作日内，通知即将召开股东大会、如果在缺席或者混合表决的情况下，于股东大会召开 15 个工作日前，使用邮政通知一位或者多位股东。

2. 股东大会的通知，应当用哈萨克语和俄语在网络财务报告上发布或者发送。如果公司股东人数不超过 50 名，则应当以书面形式进行通知。

股东大会的书面通知，应当以书面或者电子形式发送给股东。

3. 公司股东大会的通知，应以亲自或者混合表决的方式作出，其决定应当包括：

1）公司执行机构的全名和住所；

2）召开公司股东大会的发起人信息；

3）公司股东大会的日期、时间、地点，会议参加者登记开始时间以及如未召开第一次会议，则再次召开会议的日期和时间；

4）有权参加股东大会的股东名单编制日期；

5）公司股东大会的议程；

6）使公司股东熟悉股东大会议程资料的程序；

7）召开股东大会的程序；

8）缺席表决程序；

9）经哈萨克斯坦共和国 2018 年 7 月 2 日第 166-Ⅵ号法律删除（自 2019 年 1 月 1 日起生效）；

10）根据哈萨克斯坦共和国法律规定，召开公司股东大会。

4. 在混合表决的情况下，除本条第 3 款规定的信息之外，公司股东大会应通知指定投票的最终提交日期。

除提供的信息外，在公司股东大会通知混合表决时，本条第 3 款规定了提供选票的最后日期。

5. 公司股东大会的通知以缺席表决方式作出决定，必须包含下列信息：

---

〔1〕 第 41 条经哈萨克斯坦共和国 2005 年 7 月 8 日第 72 号法律（生效程序见第 2 条）、2007 年 2 月 19 日第 230 号法律（生效程序见第 2 条）、2011 年 12 月 28 日第 524-Ⅳ号法律（自首次正式公布之日起 10 日后生效）、2016 年 3 月 29 日第 479-Ⅴ号法律（自首次正式公布之日起 21 日后生效）、2018 年 7 月 2 日第 166-Ⅵ号法律修订（自 2019 年 1 月 1 日起生效）。

1）公司执行机构的全名和住所；
2）召开公司股东大会的发起人信息；
3）有权参加公司股东大会的股东名单编制日；
4）提供缺席表决结果计票的开始和结束日期；
5）缺席表决结果的计算日期；
6）公司股东大会的议程；
7）使公司股东熟悉股东大会议程资料的程序；
8）表决程序；
9）根据哈萨克斯坦共和国法律规定，召开公司股东大会。

6. 少数股东有权向中央证券存管机关提出申请，与其他股东一起就股东大会议程上所列事项作出决定。

少数股东的申请程序和中央证券存管机关向其他股东发布信息的程序由中央证券存管机关制定的规则规定。

第 42 条　重新召开的股东大会

1. 不得早于原（无法召开的）股东大会召开后第二天，重新召开股东大会。

2. 应当在无法召开的股东大会的同一地点，重新召开股东大会。

3. 重新召开股东大会的议程，应当与无法召开的股东大会议程相同。

第 43 条　股东大会议程[1]

1. 股东大会议程由董事会制定，并应当包含待详尽讨论的具体问题清单。

2. 在亲自召开的股东大会开幕式上，董事会应当报告其收到的关于更改议程的建议。

3. 以出席会议有表决权股份总数的多数，批准通过股东大会议程。

4. 亲自召开的股东大会议程，可包括：

1）持有 5%以上有表决权股份的股东或者董事会，提议增补股份，条件是在股东大会召开 15 日前将增补信息通知给公司股东；

2）如果大多数股东（或者其代表）参加股东大会，并合计持有公司不少于 95%有表决权股份，则可以进行变更或者增补。

5. 亲自召开的股东大会议程可以补充一个问题，如果至少三分之二的优先股（减去回购）投票赞成，可以限制持有优先股股东的股票权利。

6. 股东大会以缺席或者混合表决方式作出决定时，股东大会的议程不得更改和补充。

7. 股东大会无权审议未列入议程的事项并就此作出决定。

8. 禁止在议程上使用容易引起广泛理解的语言，包括“其他”和类似修订。

第 44 条　股东大会议程资料[2]

1. 股东大会议程上有关议题的资料，应当包含必要的信息，以便就这些议题作出明

---

〔1〕 第 43 条列入哈萨克斯坦共和国 2018 年 7 月 2 日第 166-Ⅵ号法律（自 2019 年 1 月 1 日起生效）。

〔2〕 第 44 条经哈萨克斯坦共和国 2007 年 2 月 19 日第 230 号法律（生效程序见第 2 条）、2011 年 2 月 10 日第 406-Ⅳ号法律（自首次正式公布之日起 10 日后生效）、2011 年 12 月 28 日第 524-Ⅳ号法律（自首次正式公布之日起 10 日后生效）、2018 年 7 月 2 日第 166-Ⅵ号法律修订（自首次正式公布之日起 10 日后生效）。

智决定。

2. 有关公司机构选举的材料，应当包含拟议候选人如下信息：

1）姓、名，也可以选择中间名；

2）教育信息；

2-1）公司隶属关系的信息；

3）过去 3 年中有关工作地点和职位的信息；

4）其他能够确认候选人资格、工作经验的信息。

在将公司董事会选举问题（选举新的董事会成员）列入股东大会议程时，在相关材料中应注明，所推举的董事会成员候选人是哪位股东的代表，或是否是公司独立董事的候选人。如果董事会成员候选人是本法第 54 条第 2 款第 3 项所指的股东或自然人，则这些信息连同股东在股东名单形成之日所持有公司有表决权股份的比例数据均应在该材料中说明。

3. 股东大会议程上的资料，包括：

1）公司年度财务报告；

2）年度财务审计报告；

3）董事会关于上一财政年度公司净利润的分配程序，以及本公司每股普通股股利数额的建议；

3-1）有关股东对公司和高级管理人员的行为提出诉讼的信息及其审议结果；

3-2）经哈萨克斯坦共和国 2018 年 7 月 2 日第 166-Ⅵ号法律删除（自首次正式公布之日起 10 日后生效）；

4）股东大会发起人酌情决定的其他文件。

4. 股东大会议程上有关议题的资料，应当在公司执行机构所在地备妥，以便在会议召开前 10 日内供股东审查。如果股东要求，则应当在接收请求之起 3 个工作日内寄送。除章程另有规定，否则复印和交付文件的费用应由股东承担。

第 45 条　股东大会法定人数[1]

1. 在股东大会提交全部选票之日，或者在以缺席投票方式召开股东大会的选票提交期限届满之日，完成会议注册后，有权审议议程事项并作出决定。在有权参加投票的股东名单中，共占选票股份 50%以上。

2. 重新召开的股东大会代替无法召开的股东大会，有权在下列情况下审议议程上的问题并对其作出决定：

1）遵守召开股东大会的程序，由于未达到法定人数而没有召开；

2）在注册结束时，持有总计 40%以上有表决权股份的股东（或者其代表）已注册参加，其中包括缺席的有表决权的股东。

拥有 1 万名以上股东的公司，章程中可以规定召开较小规模的股东大会，即法定人数不少于公司 15%有表决权股份。

3. 因投资私有化基金重组和重新注册而设立的公司中，股东大会多次召开，如果与

---

〔1〕 第 45 条经哈萨克斯坦共和国 2005 年 7 月 8 日第 72 号法律（生效程序见第 2 条）、2018 年 7 月 2 日第 166-Ⅵ号法律修订（自 2019 年 1 月 1 日起生效）。

会者中有表决权股份的注册股东不少于500名，则有权审议议题并就议程事项作出决定。

4. 在发送股东缺席投票的情况下，在确定法定人数和汇总投票结果时，应当考虑公司在股东大会注册时，所指示和接收之投票代表的投票。

如果在股东大会上采取缺席表决方式，没有达到法定人数，则不会重新召开股东大会。

第46条　计票委员会〔1〕

1. 该公司股东人数在100名以上，计票委员会应当在公司股东大会上产生。

在股东少于100人的公司中，计票委员会的职能由股东大会秘书执行。第一次股东大会上计票委员会的职能，由中央证券存管机关执行。

根据股东大会的决定，计票委员会的职能可以分配给中央证券存管机关。

2. 至少由3人组成。计票委员会不得包括公司合议机构的成员，也不得包括单独执行公司执行机构职能的人员。

如在股东大会期间遇有计票委员会成员缺席，允许在股东大会期间补选计票委员会成员。

3. 点算佣金：

1）核实参加股东大会人员的全权证书；

2）对股东大会参加者进行登记，并向其提供有关股东大会议程上有关事项的资料；

3）确定缺席收到选票的有效性，并计算有效选票的数量和每个议程事项上的票数；

4）确定包括整个会议期间股东大会的法定人数，并宣布是否符合法定人数规定；

5）在股东大会上阐明股东权利的落实情况；

6）对股东大会审议事项进行表决，并汇总表决结果；

7）就在股东大会上表决结果起草协议；

8）将投票结果和协议在公司存档。

4. 计票委员会应当确保，在股东大会投票中所含信息的机密性。

第47条　参加股东大会的代表〔2〕

1. 股东有权亲自或者委托代表参加股东大会，并就审议事项进行表决。

公司执行机构的成员，无权在股东大会上担任股东代表。

公司员工无权在股东大会上担任股东代表，除非代表授权书载有就议程全部事项表决的明确指示。

2. 根据哈萨克斯坦共和国法律或者合同而有权代表股东行使代理权或者代表其利益的权利人，无须参加股东大会并就所讨论事项进行表决的授权书。

第48条　召开股东大会的程序〔3〕

1. 召开股东大会的程序，应当依照本法、公司章程和其他规范公司内部活动的文件

〔1〕 第46条经哈萨克斯坦共和国2011年12月28日第524-Ⅳ号法律（自首次正式公布之日起10日后生效）、2018年7月2日第166-Ⅵ号法律修订（自2019年1月1日起生效）。

〔2〕 第47条列入哈萨克斯坦共和国2011年12月28日第524-Ⅳ号法律（自首次正式公布之日起10日后生效）。

〔3〕 第48条列入哈萨克斯坦共和国2018年7月2日第166-Ⅵ号法律（自2019年1月1日起生效）；经哈萨克斯坦共和国2018年7月2日第166-Ⅵ号法律修订（自2019年1月1日起生效）。

的规定，或者直接由股东大会决定。

2. 在股东大会开幕前，对到达的股东（股东代表）进行登记。股东代表应当出示授权书，以确认其有权参加股东大会并进行表决。

在确定以混合表决方式通过股东大会的法定人数时，应当考虑缺席投票股东（股东代表）的票数。

出席股东大会的股东（股东代表），应当注册登记。

未注册的股东（股东代表），在确定法定人数时不予考虑，并且无权参加投票。

优先股股东有权亲自召开股东大会，并参与所考虑问题的讨论。

除公司章程另有规定，或者亲自召开的股东大会决定，否则其他人员可以不经邀请出席。此类人员在股东大会上的发言权，由公司章程或者股东大会决定来确定。

2-1. 如果先前已发送表决票的股东，到达参加混合表决的股东大会并在会上投票，则在确定股东大会的法定人数和对议程事项计票时，不得考虑其先前已发送的投票。

3. 股东大会在法定时间开幕。

除所有股东（股东代表）均已注册，得到通知并且同意更改会议开始时间，否则召开股东大会不得早于宣布时间。

4. 由股东大会选举主席（主席团）和秘书。

股东大会决定投票的形式——公开或者秘密（通过投票）。除公司章程另有规定，否则在对主席（主席团）和股东大会秘书进行投票选举时，每位股东都有一票表决权，并且决定由在席股东的简单多数通过。

执行机构的成员不得主持股东大会，除非在席所有股东均为执行机构成员。

5. 在股东大会上，主席有权结束讨论，将辩论动议付诸表决，并可以更改表决方式。

主席无权干涉有权参加审议事项讨论人员的发言，除非该发言违反股东大会规则，或者正值该事项辩论结束时。

6. 股东大会有权决定工作中断和延长工作期限，包括将股东大会议程审议事项推迟到第二天。

7. 只有在审议了议程全部事项并就其作出决定后，股东大会才能宣布闭幕。

8. 股东大会秘书，负责在股东大会记录中反映信息的完整性和准确性。

第 49 条　股东大会以缺席表决方式进行决策[1]

1. 股东大会的决定，可以缺席表决通过。缺席表决股东可以与出席股东一起进行表决（混合表决），也可以不召开股东大会进行表决。

2. 公司章程可以禁止以缺席表决方式，通过股东大会议程全部或者个别问题的决定。

3. 进行缺席投票时，应当将单一形式的投票发送（分发）给股东名单上的人员。

本公司不得有选择地向个别股东发送选票，来影响股东大会投票结果。

---

[1] 第 49 条经哈萨克斯坦共和国 2005 年 7 月 8 日第 72 号法律（生效程序见第 2 条）、2007 年 2 月 19 日第 230 号法律（生效程序见第 2 条）、2011 年 12 月 28 日第 524-Ⅳ号法律（自首次正式公布之日起 10 日后生效）、2014 年 12 月 29 日第 269-Ⅴ号法律（自 2015 年 1 月 1 日起生效）、2018 年 5 月 24 日第 156-Ⅵ号法律（自首次正式公布之日起 10 日后生效）、2018 年 7 月 2 日第 166-Ⅵ号法律修订（生效程序见第 2 条）。

4. 应当向股东名单中全部人员发送表决票：

1）使用邮政通信时——不迟于股东大会召开前45日；

2）以电子方式发送通知，或者将其发布在网络财务报告上，不迟于股东大会召开前30日。

在拥有100名以上股东的公司中进行缺席投票时，该公司应当在财务报告存管者的网络资源上，发布关于在股东大会上缺席投票的选票以及股东大会通知。

5. 缺席选票应当包括：

1）公司执行机构的全名和住所；

2）有关会议召集人的信息；

3）提交缺席投票的最后日期；

4）股东大会闭幕日；

5）股东大会议程；

6）如果股东大会的议程中，包含有关董事会成员选举的问题，则载明拟选举候选人的姓名；

7）表决议题的修订；

8）以"赞成""反对""弃权"表示的、股东大会议程上每个事项的表决方案；

9）解释每个议程事项的投票程序（填写选票）。

6. 缺席选票应当由个人股东（个人股东代表）签名，并附有该人身份证明资料的信息。

股东（股东代表）缺席投票，应当由其高级管理人员（法人股东代表）签署。

如果股东代表签署缺席选票，则缺席选票附有一份授权书或者其他确认股东代表授权的文件。

未经股东签名的投票——无论个人或者股东首领，还是法人或者股东代表，个人或者股东代表，均视为无效。

在计算投票时，要考虑股东（股东代表）遵循规定的投票程序，并且仅标记一种投票选项可能的问题。

7. 如果股东大会议程中存在关于董事会成员选举的问题，则缺席选票应当包含用于指示个别候选人所投票数的表述。

7-1. 如果在股东大会上以缺席投票方式，在指定计票日期之前收到所有股东填妥的选票，则允许在更早日期计票，并在投票结果的协议中有所反映。

8. 经哈萨克斯坦共和国2018年7月2日第166-Ⅵ号法律删除（自2019年1月1日起生效）。

第50条　股东大会的表决

1. 除下列情况外，在股东大会上以"一股一票"的原则进行表决：

1）在哈萨克斯坦共和国法律规定情形下，限制提供给股东的股份最高表决权；

2）在董事会成员选举中的累计投票；

3）赋予每个人在股东大会上的表决权，对股东大会程序问题进行表决。

2. 在累计投票的情况下，股东可以将股份票数全额投票给一位董事会候选人，也可以由他在几位董事会候选人中分配。得票最多的候选人被确认为当选为董事会成员。

3. 如果以秘密方式亲自召开股东大会表决，则应当就以秘密方式进行表决的每个问题起草表决票（以下称为面对面无记名投票方式）。在此情形下，面对面无记名投票，选票应当包含：

1）问题表述或者其在议程上的序号法律；

2）对问题投票选项以用“赞成”“反对”“弃权”等字样表示，或者每位候选人对公司机构的投票选项；

3）股东拥有的票数。

4. 除股东本人已表示愿意签署该选票，包括出于向公司提出根据本法要求回购其股份的目的，该股东本人不签署亲自参加面对面无记名投票的选票。

在计算面对面无记名投票的选票时，应当考虑投票人遵循规定的投票程序问题，并且仅标记可能的一项投票选项。

第 51 条　表决结果协议书〔1〕

1. 计票委员会根据投票结果起草并签署投票结果协议书。

2. 如果股东对付诸表决事项有异议，则公司计票委员会应当在协议书中作出适当记述。

3. 在草拟并签署投票结果协议书后，将在拟定协议书基础上将完成的当面、秘密和缺席投票的选票（包括被视为无效的选票）与协议书一起储存在公司中。

4. 表决结果协议书应当附在股东大会会议记录上。

5. 表决结果应当在召开股东大会时宣布。

6. 股东大会的表决结果或者缺席表决的结果，在股东大会的截止日期，用哈萨克语和俄语按公司章程规定方式在财务报告托管者的互联网上（如有）发布，以引起股东的关注。

第 52 条　股东大会记录〔2〕

1. 股东大会记录，应当在会议结束后 3 个工作日内起草并签署。

2. 股东大会记录应当注明：

1）公司执行机构的全名和住所；

2）股东大会的日期、时间和地点；

3）出席股东大会股东的有表决权股份数量信息；

4）股东大会的法定人数；

5）股东大会议程；

〔1〕 第 51 条经哈萨克斯坦共和国 2005 年 7 月 8 日第 72 号法律（生效程序见第 2 条）、2007 年 2 月 19 日第 230 号法律（生效程序见第 2 条）、2011 年 12 月 28 日第 524-Ⅳ号法律（自首次正式公布之日起 10 日后生效）、2018 年 7 月 2 日第 166-Ⅵ号法律修订（自 2019 年 1 月 1 日起生效）。

〔2〕 第 52 条经哈萨克斯坦共和国 2005 年 7 月 8 日第 72 号法律（生效程序见第 2 条）、2007 年 2 月 19 日第 230 号法律（生效程序见第 2 条）、2011 年 12 月 28 日第 524-Ⅳ号法律（自首次正式公布之日起 10 日后生效）、2018 年 7 月 2 日第 166-Ⅵ号法律修订（自 2019 年 1 月 1 日起生效）。

6）股东大会表决程序；

7）主席（主席团）和股东大会秘书；

8）参加股东大会人员的讲话材料；

9）股东大会对每个议程事项进行表决的总票数；

10）付诸表决的议题、表决结果；

11）股东大会通过的决议。

如果股东大会审议公司董事会选举事项（选举新的董事会成员），则股东大会记录应当注明：哪名股东当选董事会成员，哪名当选董事会成员是独立董事。

3. 股东参加的股东大会，应当签署会议记录：

1）主席（主席团）和股东大会秘书；

2）如果存在，包括计票委员会成员；

3）经哈萨克斯坦共和国 2018 年 7 月 2 日第 166-Ⅵ号法律删除（自 2019 年 1 月 1 日起生效）。

3-1）缺席表决召开的股东大会记录，应当由计票委员会成员签署（如果不需要选举计票委员会，则由股东大会秘书签署）。

4. 如果本条第 3 款和第 3-1 款中特定之人不同意协议书内容，则其有权通过提交拒绝理由的书面解释拒签，并附加在协议书上。

5. 股东大会协议书、表决结果协议书、股东大会参与权和表决权的授权书，协议书签署以及拒签理由的书面解释，一并制作。这些文件应当由执行机构保存，并随时提供给股东审查。应股东要求，向其发送股东大会记录的副本。

第 53 条　董事会[1]

1. 董事会负责公司的一般管理，但是处理本法或者公司章程赋予股东大会专有权的事项除外。

2. 除本法或者公司章程另有规定，下列事项属于董事会的专有权限：

1）在哈萨克斯坦共和国法律规定情形下，确定公司业务活动的优先领域、公司发展战略，或者批准公司发展计划；

2）决定召开股东大会和临时股东会议；

3）决定股份配售（出售），包括已配售（出售）的股份数量、授权股份数量、配售（出售）方式和价格，但是本法第 18 条第 1 款、第 2 款和第 3 款规定除外；

4）决定回购公司已发行股份或者其他证券，及其回购价格；

5）初步核准公司年度财务报告；

---

〔1〕 第 52 条经哈萨克斯坦共和国 2005 年 7 月 8 日第 72 号法律（生效程序见第 2 条）、2007 年 2 月 19 日第 230 号法律（生效程序见第 2 条）、2008 年 10 月 23 日第 72-Ⅳ号法律（生效程序见第 2 条）、2009 年 2 月 13 日第 135 号法律（生效程序见第 3 条）、2011 年 2 月 10 日第 406-Ⅳ号法律（自首次正式公布之日起 10 日后生效）、2011 年 3 月 1 日第 414-Ⅳ号法律（自首次正式公布之日起生效）、2011 年 12 月 28 日第 524-Ⅳ号法律（自首次正式公布之日起 10 日后生效）、2012 年 2 月 1 日第 551-Ⅳ号法律（自首次正式公布之日起 10 日后生效）、2017 年 2 月 27 日第 49-Ⅵ号法律（自首次正式公布之日起 10 日后生效）、2018 年 5 月 24 日第 156-Ⅵ号法律修订（自首次正式公布之日起 10 日后生效）。

5-1）批准董事会专门委员会条例；

6）经哈萨克斯坦共和国 2007 年 2 月 19 日第 230 号法律删除；

7）规定公司证券和衍生证券的发行条件、发行决策；

8）确定执行机构成员的数量和任期，选举高级管理人员和成员（仅履行执行机构职能的人员），以及提前终止其职权；

9）确定执行机构高级管理人员和成员（仅履行执行机构职能的人员）职务工资的多少、薪酬和奖金条件。

10）确定内部审计服务人员的数量和任期，任命高级管理人和成员，以及提前终止其职权，确定内部审计服务程序、雇员薪酬、奖金规模和条件；

10-1）任命董事会秘书，确定任期，提早终止其职权，确定董事会秘书的正式薪酬和条件；

11）确定为公司进行财务审计报告服务的付款额，以及为公司股份或者主要交易对象，作处分资产市场价值评估的评估师；

12）经哈萨克斯坦共和国 2005 年 8 月 7 日第 72 号法律删除；

13）除执行机构为组织公司业务活动而采用的文件以外，批准公司内部活动的规范文件，包括规定拍卖和认购公司证券的条件、程序的内部文件；

14）通过关于设立和关闭公司分支机构以及代表处的决定，并批准有关规定；

15）关于公司收购或转让其他法人 10%以上股份（法定权益资本）的决定；

15-1）对与法人股东（参加者）权限有关的活动作出决定，此法人 10%以上股份（法定资本中的参与权益）属于公司；

16）公司债务增加达到其自有资本 10%以上；

17）经哈萨克斯坦共和国法律 2011 年 12 月 28 日第 524-Ⅳ号法律删除（自首次正式公布之日起 10 日后生效）；

18）确定有关公司或者其构成国家、商业或者其他受法律保护秘密的活动信息；

19）公司进行重大关联交易的决定，但是由股东大会根据本条第 17-1 款、第 36 条第 1 款和第 73 条第 3-1 款作出的重大交易决定除外；

20）本法或者公司章程规定的、与股东大会专有权限无关的其他事项。

3. 问题清单由本条第 2 款规定，不得移交给执行机构决定。

3-1. 哈萨克斯坦共和国国有资产法规定国有控股公司的董事会职权范围。

4. 董事会无权根据公司章程在执行机构权限范围内作出决定，也无权作出与股东大会决定相抵触的决定。

5. 董事会作出的决定，应当与“黄金股”所有者就建立否决权问题达成协议。

6. 董事会应当：

1）监督并尽可能消除高级管理人员和股东之间潜在利益冲突，包括滥用公司财产和恶意进行关联交易；

2）监督公司治理实践的有效性。

第 53-1 条　董事会专门委员会[1]

1. 应当在公司中设立董事会专门委员会，研究最重要的问题并向董事会提出建议。

2. 董事会专门委员会研究以下问题：

1）战略规划；

2）人员及报酬；

3）内部审计；

4）社会问题；

5）公司内部文件规定的其他事项。

对本款第 1 项所列问题，可以归于董事会一个或者多个专门委员会的研究权限，但是由董事会专门委员会单独研究的内部审计问题除外。

3. 董事会专门委员会，由董事会成员和具有在特定委员会中工作所需专业知识的专家组成。

董事会专门委员会，由董事会成员领导，职能包括审议本条第 2 款第 1 项和第 4 项规定的问题。董事会专门委员会主任（主席）为独立董事。

执行机构高级管理人员，不得担任董事会专门委员会主席。

内部审计委员会，应当仅由董事会成员组成。

4. 董事会各专门委员会的组成、运作程序、数目和成员数量，由董事会批准的公司内部文件规定。

第 54 条　董事会的组成[2]

1. 只有自然人可以担任董事会成员。

董事会成员无权将本法或者公司章程赋予的职责转移他人。

2. 董事会成员选自：

1）个人股东；

2）建议（推荐）选举董事会股东代表的人员；

3）非公司股东的个人，没有被提议（推荐）选举为股东代表的董事会成员。

3. 董事会成员的选举，应当由股东以选票的累积投票方式进行，但是一名董事会成员候选人占一席的情况除外。累积投票应当包括以下各项：

1）董事会成员候选人名单；

2）股东拥有的票数；

3）股东对董事会候选人的投票数。

禁止在选票中添加“反对”和“弃权”投票选项，来进行累积投票。股东有权为一

---

〔1〕 第 53-1 条经哈萨克斯坦共和国 2007 年 2 月 19 日第 230 号法律增补（生效程序见第 2 条）；列入哈萨克斯坦共和国 2013 年 6 月 21 日第 106-Ⅴ号法律（自首次正式公布之日起 10 日后生效）；经哈萨克斯坦共和国 2017 年 2 月 27 日第 49-Ⅵ号法律（自首次正式公布之日起 10 日后生效）、2019 年 4 月 2 日第 241-Ⅵ号法律修订（自首次正式公布之日起 10 日后生效）。

〔2〕 第 54 条列入哈萨克斯坦共和国 2011 年 12 月 28 日第 524-Ⅳ号法律（自首次正式公布之日起 10 日后生效）；经哈萨克斯坦共和国 2013 年 7 月 4 日第 130-Ⅴ号法律（自首次正式公布之日起 10 日后生效）、2019 年 4 月 3 日第 243-Ⅵ号法律修订（自首次正式公布之日起 10 日后生效）。

名候选人全额投票，或者在几名候选人中分散投票。票数最高的候选人，当选为董事会成员。如果两名以上候选人获得的票数相等，则应当通过向股东提交累积投票数来表明获得了相同票数，从而进行额外的累积投票。

4. 除执行机构高级管理人员外，其他成员不得当选为董事会成员。行政机关负责人，不得当选为董事会主席。

5. 董事会成员人数不得少于3人。董事会中至少应有30%成员为独立董事。

6. 当选董事会成员的要求由哈萨克斯坦共和国法律和公司章程规定。

7. 经济特区选举管理公司独立董事的具体情形，由哈萨克斯坦共和国经济特区和工业园区法规定。

第55条　董事会成员的任期〔1〕

1. 除哈萨克斯坦共和国法律或公司章程另有规定，可以无限次连任董事会成员。

2. 董事会任期由股东大会决定，在股东大会选举新董事会之时届满。

3. 股东大会有权提前终止所有或者个别董事会成员的权利。

该董事会成员的权利，应当自股东大会通过关于提前终止其权力的决定之日起终止。

4. 董事会成员主动提前终止权利，根据董事会书面通知进行。

该董事会成员的权利，在收到董事会通知后即告无效，除非通知中注明提前终止董事会成员资格的日期。

5. 在董事会成员任期提前终止的情况下，新董事会成员的选举，通过在股东大会上进行累积投票进行，而新当选董事会成员的权利，在董事会任期届满时到期。

第56条　董事会主席

1. 除公司章程另有规定，否则董事会主席应当通过无记名投票，从董事会成员中以多数选出。

除公司章程另有规定，董事会有权随时重选董事长。

2. 董事会主席，组织董事会的工作，召开会议，并履行公司章程规定的其他职能。

3. 在董事会主席缺席情况下，其职责由一名董事会成员根据董事会的决定执行。

第57条　召集董事会会议〔2〕

1. 董事会会议应董事长或者执行机构的提议，或者应以下要求召开：

1）任何董事会成员；

2）公司内部审计服务；

3）公司的审计机构；

4）大股东。

2. 召集董事会会议的请求，应当通过发送适当的书面信息（包括拟议的董事会会议议程），提交董事会主席。

---

〔1〕 第55条经哈萨克斯坦共和国2005年7月8日第72号法律（生效程序见第2条）、2015年11月24日第422-Ⅴ号法律（自2016年1月1日起生效）、2018年7月2日第166-Ⅵ号法律修订（自首次正式公布之日起10日后生效）。

〔2〕 第57条列入哈萨克斯坦共和国2011年2月10日第406-Ⅳ号法律（自首次正式公布之日起10日后生效）。

董事会主席拒绝召开会议的，发起人有权向执行机构提出此项要求，并且其应当召开董事会会议。

除公司章程另有规定，董事会会议应当在收到召集请求之日起 10 日之内，由董事会主席或者执行机构召集。

董事会会议，应提出特定要求之人的提议而召开。

3. 发给董事会成员召开董事会会议通知的程序，由董事会决定；如果发给“黄金股”所有者，则由公司章程决定。

4. 除公司章程另有规定，议程事项材料必须至少在会议召开 7 日之前提交给董事会成员。

研究一项重大关联交易的决定，有关信息应当包括：交易各方的信息、交易方式和条件、所涉各方参与权益性质和金额、本法第 69 条相关规定情况下，还包括报告鉴定人。

5. 董事会成员无法参加董事会会议的，应当事前通知执行机构。

第 58 条　董事会会议[1]

1. 召开董事会会议的法定人数，由公司章程决定，但是不得少于董事会成员的半数。

如果董事会成员不足章程规定的法定人数，则董事会应当召开临时股东会议，选举新的董事会成员。董事会其他成员，仅有权决定召开这种临时股东会议。

2. 每位董事会成员都有一票表决权。

除本法或公司章程另有规定，董事会的决定，由出席会议的董事会成员，以简单多数票作出。

公司章程可以规定，在票数相等情况下，董事会主席或者董事会会议主持人的投票具有决定性作用。

3. 董事会有权决定召开非公开会议，其中只有董事会成员可以参加。

4. 公司章程或者内部文件可以规定，董事会就审议问题可以缺席投票作出决定，以及相应程序。

如果在适当时候收到选票达到法定人数，则缺席选票的决定应当被视为已通过。

董事会缺席投票的决定，应当以书面形式，并由董事会秘书和董事长签署。

自决定执行之日起 20 日内，应当将其连同所附选票副本发送给董事会成员，并以此为依据作出决定。

5. 董事会在现场会议上通过的决定，应当录入协议书。该协议书应当由会议主持人和董事会秘书，在会议召开之日起 7 日内起草并签署。

1）公司执行机构的全名和住所；

2）会议的日期、时间和地点；

3）参加会议人员的信息；

---

[1] 第 58 条经哈萨克斯坦共和国 2005 年 7 月 8 日第 72 号法律（生效程序见第 2 条）、2007 年 2 月 19 日第 230 号法律（生效程序见第 2 条）、2008 年 7 月 5 日第 58-Ⅳ号法律（生效程序见第 2 条）、2011 年 2 月 10 日第 406-Ⅳ号法律（自首次正式公布之日起 10 日后生效）、2011 年 12 月 28 日第 524-Ⅳ号法律（自首次正式公布之日起 10 日后生效）、2014 年 12 月 29 日第 269-Ⅴ号法律（自 2015 年 1 月 1 日起生效）、2018 年 5 月 24 日第 156-Ⅵ号法律（自首次正式公布之日起 10 日后生效）、2018 年 7 月 2 日第 166-Ⅵ号法律（自首次正式公布之日起 10 日后生效）、2019 年 12 月 27 日第 290-Ⅵ号法律修订（自首次正式公布之日起 10 日后生效）。

4）会议议程；

5）付诸表决的事项，反映董事会各成员对议程各项议题的表决结果；

6）作出的决定；

7）由董事会决定的其他信息。

6. 董事会会议记录和缺席表决通过的董事会决定，应当由公司保存。

应董事会成员要求，董事会秘书应当向其提供董事会会议记录、缺席表决的决定、由公司授权雇员签名的会议记录和决定证明，以供查看或者摘录。

7. 公司董事会成员，未参加董事会会议，或者投票反对公司董事会违反本法和公司章程规定程序作出决定，有权在法庭上提出异议。

8. 股东有权在法庭上，对违反本法和公司章程要求通过的公司董事会决定提出异议，如果该决定侵犯了公司或者股东的合法权益。

第59条　执行机构〔1〕

1. 日常业务管理由执行机构负责。执行机构可以是单人或者集体。

就公司业务中的任何问题，如果本法、哈萨克斯坦共和国其他法律、公司章程对其他机构和高级管理人员的权限未予规定，执行机构均有权作出决定。

执行机构有权就本法、哈萨克斯坦共和国其他法律和公司章程不包括的公司活动的任何问题作出决定。

公司集体执行机构的决定，以议定书形式作出。议定书应当由出席会议的执行机构的所有成员签署，载明提交表决的问题，并反映执行机构每个成员在各问题上的表决结果。

公司执行机构成员不得将表决权转让他人，包括本公司执行机构的其他成员。

执行机构应当执行股东大会和董事会的决定。

执行机构就建立否决权问题的决定，应当经“黄金股”持有者同意。

如果公司证明当事人在交易完成时知道这种限制，则公司有权对执行机构违反公司限制规定进行的交易有效性提出异议。

2. 集体执行机构的成员，可以是公司股东和非股东的雇员。

执行机构的成员只有在董事会同意的情况下，才有权在其他组织工作。

执行机构高级管理人员或者仅行使执行机构职能人员，无权担任其他法人的上述职务。

执行机构成员的职能、权利和义务，由本法、哈萨克斯坦共和国其他法律、公司章程，以及特定人员与公司签订的劳动合同规定。由董事会主席、股东大会或董事会授权的人员，代表公司与执行机构高级管理人员签订劳动合同。与执行机构其他成员的雇佣合同，由执行机构高级管理人员签署。

第60条　行政机构高级管理人员的权力〔2〕

行政机构高级管理人员：

---

〔1〕 第59条经哈萨克斯坦共和国2007年2月19日第230号法律（生效程序见第2条）、2007年5月15日第253号法律、2008年7月5日第58-Ⅳ号法律（生效程序见第2条）、2011年2月10日第406-Ⅳ号法律修订（自首次正式公布之日起10日后生效）。

〔2〕 第60条经哈萨克斯坦共和国2005年7月8日第72号法律修订（生效程序见第2条）。

1）组织执行股东大会和董事会决议；

2）在无授权书的情况下代表公司处理与第三方的关系；

3）签发代表本公司与第三方关系的授权书；

4）除本法规定情形以外，聘用、调动和解雇公司员工，对其实施奖励和纪律处分，根据公司员工时间表将员工职务工资和个人津贴的数额定为工资，确定公司员工的奖金数额，但公司执行机构和内部审计部门人员除外；

5）在缺席情况下，将其职责分配给执行机构的一名成员；

6）在执行机构成员之间分配职责以及权责范围；

7）履行公司章程、股东大会和董事会决定所规定的其他职能。

第 61 条　内部审计部门〔1〕

1. 为了控制公司的财务和经济活动，可以建立内部审计部门。

2. 内部审计部门员工不得当选为董事会和执行机构成员。

3. 内部审计部门员工直接向董事会报告工作。

第 62 条　公司高级管理人员的活动原则〔2〕

1. 公司高级管理人员：

1）使用最能反映公司和股东利益的方法，诚实信用地履职；

2）不得违反公司章程、股东大会和董事会决定，或者出于个人目的，或者与关联方交易恶意使用公司资产；

3）必须确保财务会计报告会计结算和财务核算系统的完整性，包括进行独立审计；

4）根据哈萨克斯坦共和国法律要求，控制公司业务披露和信息提供；

5）除公司内部文件另有规定，应当保守公司业务活动信息的秘密，包括自公司终止雇佣关系之日起的 3 年内。

2. 公司董事会成员应当：

1）在了解和透明的基础上，根据哈萨克斯坦共和国法律、公司章程和内部文件规定，为公司及其股东的利益开展活动；

2）公正对待全体股东，对公司事务作出客观独立的判断。

第 63 条　公司高级管理人员的责任〔3〕

1. 公司高级管理人员，应当根据哈萨克斯坦共和国法律规定，对其作为或者不作为而对公司和股东造成的损害、公司遭受的损失来承担责任，包括但不限于由于以下原因：

---

〔1〕 第 61 条经哈萨克斯坦共和国 2005 年 7 月 8 日第 72 号法律（生效程序见第 2 条）、2015 年 4 月 22 日第 308-Ⅴ号法律（自首次正式公布之日起 10 日后生效）、2018 年 7 月 2 日第 166-Ⅵ号法律修订（自首次正式公布之日起 10 日后生效）。

〔2〕 第 62 条经哈萨克斯坦共和国 2007 年 2 月 19 日第 230 号法律（生效程序见第 2 条）、2011 年 2 月 10 日第 406-Ⅳ号法律（自首次正式公布之日起 10 日后生效）、2012 年 2 月 1 日第 551-Ⅳ号法律修订（自首次正式公布之日起 10 日后生效）。

〔3〕 第 63 条列入 2011 年 2 月 10 日第 406-Ⅳ号法律（自首次正式公布之日起 10 日后生效）；经哈萨克斯坦共和国 2014 年 7 月 4 日第 233-Ⅴ号法律（自 2015 年 1 月 1 日起生效）、2017 年 2 月 27 日第 49-Ⅵ号法律（自首次正式公布之日起 10 日后生效）、2019 年 4 月 2 日第 241-Ⅵ号法律修订（自首次正式公布之日起 10 日后生效）。

1）提供误导性信息，或者故意提供虚假信息；

2）违反本法规定的程序提供信息；

3）建议或者作出重大关联交易的决定，这些交易由于其恶意作为或者不作为而给公司造成损失，包括出于以下目的：与公司达成交易后，其或者其关联方获得的利益。

在本法或者公司章程规定情形下，股东大会决定完成一项重大关联交易的决定，并不免除提议缔结交易之高级管理人员的责任，其恶意作为或者在其所属公司机构会议上不作为，为其或者其附属公司获利而使公司遭受损失。

1-1. 公司根据股东大会或者持有（合计持有）5%以上有表决权股份股东的决定，有权代表公司自身利益向法院提起诉讼，要求高级管理人员对损害承担赔偿责任，要求其对公司拥有权益，并取得或者处分公司账面总值10%以上的资产进行赔偿，包括高级管理人员或者分支机构获得利益。前提是证明在决定完成交易时，该资产价值与哈萨克斯坦共和国评估法规定评估人员所确定的市场价格明显不符。

2. 如果高级管理人员确实恶意作为或不作为，公司有权根据股东大会、单独或者合计持有5%以上有表决权股份股东的决定，以自己的名义向法院起诉，要求高级管理人员就进行重大关联交易的建议决定，向公司赔偿因此造成的损失，高级管理人员及其关联方应向公司返还获取的利益。

公司有权根据股东大会、单独或者合计持有公司5%以上有表决权股份股东的决定，以自己的名义向法院提起诉讼，向公司高级管理人员或者第三方对公司要求，赔偿与第三方交易而给公司造成的全部损失。如果高级管理人员在与第三方结束或者执行协议交易的行为，违反了哈萨克斯坦共和国法律、公司章程或者劳动合同。在此情形下，特定第三方和公司高级管理人员，将作为公司的共同债务人向公司赔偿损失。在此情况下，特定第三人和公司高级管理人员，应作为公司的共同债务人，对公司损失进行赔偿。

在向司法机关提出申请之前，单独或者合计持有公司5%以上有表决权股份的股东，应当向公司董事会主席提议，在董事会会议上提出问题，要求高级管理人员向公司赔偿造成的损失，要求高级管理人员、其关联方人员返还因作出或者建议作出重大关联交易决定而获得的利益。

董事会主席应当在收到本条第3款所述诉求之日起10日内，亲自召开董事会会议。

对单独或者合计持有5%以上有表决权股份的股东请求，董事会应该作出决定，并在会议之日起3日内通知信息。如果收到董事会特别决定或者在本条规定期限内未收到决定，单独或者合计持有5%以上有表决权股份的股东，有权确认股东就此问题向董事长提出请求的文件，代表自己向法院提起索赔诉讼，以维护公司利益。

3. 除与交易利益相关的、建议决定交易并给公司造成损失的高级管理人员以外，对公司法人通过对公司或者股东造成损失的决定，公司其他高级管理人员如果投票反对，或者基于正当理由没有参加投票，则免除责任。

4. 该公司的高级管理人员，承认在经济领域犯有侵犯财产犯罪或者损害商业和其他组织的权益，并根据哈萨克斯坦共和国刑事诉讼法第1章第35条第3款、第4款、第9款、第10款、第12款和第36条免于承担刑事责任，按照法律规定方式在犯罪记录作废、撤销或者免除刑事责任之日起5年内，不能担任公司高级管理人员以及出席股东大会股东代表的职责。

5. 如果财务报告扭曲了公司财务状况，签署本公司财务报告的高级管理人员，应对因此而遭受重大损害的第三方承担责任。

5-1. 本条第2款和第3款的规定，适用于因本条第1-1款规定的交易而对公司造成损害的情况。

6. 就本文宗旨而言，定义如下：

出于恶意，即违反本法确立的公司高级管理人员活动原则，作出决定或者建议作出结论，不符合公司利益进行重大关联交易，从而给公司造成了损失，承担一般业务风险；

不作为，即公司高级管理人员在进行重大关联交易中弃权，或者没有正当理由而未参加投票，其结果是给公司带来了普通商业风险所没有涵盖的损失。

第六章　公司的关联方

第64条　公司的关联方[1]

1. 公司的关联方为：

1）大股东；

2）除独立董事外，本款第1项、第3项和第8项所规定自然人的近亲属、配偶、配偶的近亲属；

3）除独立董事外，本款第1项、第4项、第5项、第6项、第6-1项、第7项、第8项、第9项和第10项所述的公司高级管理人员或者法人；

4）由公司大股东或者高级管理人员控制的法人；

5）法人是大股东或者有权获得资产的适当份额，该法人与公司大股东或者高级管理人员有关联；

6）法人是大股东或者有权获得资产的适当份额，该法人与本公司有关联；

6-1）与本款第6项所指法人有关的法人，是大股东或者有权获得资产的适当份额；

7）与公司共同受第三方控制的法人；

8）通过协议与公司有关联的法人，根据该协议有权对公司决定作出决策；

9）单独持有或者与关联方合计持有、使用、处置10%以上有表决权股份（组织参与股份）的股东，或者本款第1项、第4项、第5项、第6项、第6-1项、第7项、第8项和第10项中所指的法人；

10）根据哈萨克斯坦共和国法律是关联方之其他法人。

1-1. 自然人的关联方是：

1）近亲属、配偶、配偶的近亲属；

2）法人，其大股东（主要成员）或者高级管理人员是本款第1项所指一个或者多个自然人；

3）由本款第1项所指一个或者多个自然人所控制的法人；

---

〔1〕 第64条经哈萨克斯坦共和国2005年7月8日第72号法律（生效程序见第2条）、2007年2月19日第230号法律（生效程序见第2条）、2008年10月23日第72-Ⅳ号法律（生效程序见第2条）、2011年12月28日第524-Ⅳ号法律（自首次正式公布之日起10日后生效）、2018年7月2日第166-Ⅵ号法律修订（自首次正式公布之日起10日后生效）。

4）与本款第2项、第3项所指法人有关的法人，其是大股东（主要成员）或者有权获得资产的适当份额；

5）本款第2项、第3项和第4项所指法人的高级管理人员。

2. 该公司或者其他法人作出决定的能力，在于对公司或者其他法人的控制。

3. 本条规定不适用于非营利组织和信贷部门。

以下不属于关联方：

1）非营利组织或者信贷部门的大股东（主要成员）；

2）无民事行为能力人和限制行为能力人。

第65条 经哈萨克斯坦共和国2005年7月8日第72号法律删除（生效程序见第2条）。

第66条　关联交易的特点〔1〕

1. 本法及其哈萨克斯坦共和国其他法律，规定公司在关联方参与下的交易特点。

2. 公司不遵守本法和哈萨克斯坦共和国其他法律规定，进行涉及其关联方的交易程序，法院根据任何利害关系人的诉讼，可以宣布该交易无效。

3. 故意违反交易程序要求，而在本法规定关联方的参与下完成交易的人，无权要求承认该交易无效，如果该要求是出于谋利动机或者逃避责任的意图。

第67条　关于公司关联方的信息披露〔2〕

1. 有关公司关联方的信息，不构成受法律保护的国家、商业或者其他秘密。

2. 公司应当根据关联方提供的或者中央证券存管机关的信息，保存关联方的记录（仅针对按照授权机构规定程序为大股东的人）。

公司股东和高级管理人员提供关联方信息的程序，由章程规定。

3. 作为公司关联方的自然人和法人，应当自关联关系产生之日起7日内，向公司提交关于自己关联方的信息。

4. 经哈萨克斯坦共和国2015年11月24日第422-Ⅴ号法律删除（自2016年1月1日起生效）。

第七章　与公司有关的特殊条件交易〔3〕

第68条　重大交易〔4〕

1. 确认重大交易：

1）一项或者多项相互关联的交易，公司由此取得或者处分（可以取得或者处分的）

〔1〕 第66条经哈萨克斯坦共和国2005年7月8日第72号法律修订（生效程序见第2条）。

〔2〕 第67条经哈萨克斯坦共和国2005年7月8日第72号法律（生效程序见第2条）、2015年11月24日第422-Ⅴ号法律（自2016年1月1日起生效）、2018年7月2日第166-Ⅵ号法律修订（自2019年1月1日起生效）。

〔3〕 第七章经哈萨克斯坦共和国2011年2月10日第406-Ⅳ号法律修订（自首次正式公布起10日后生效）。

〔4〕 第68条经哈萨克斯坦共和国2005年7月8日第72号法律（生效程序见第2条）、2012年7月5日第30-Ⅴ号法律修订（自首次正式公布之日起10日后生效）。

资产，其价值占公司资产账面价值总额25%以上；

2）一项或者多项相互关联的交易，公司由此可以回购所配售的证券或者出售所购回的公司证券，其数额为同类证券总数25%以上；

3）公司章程确认为重大交易的其他交易。

2. 以下被认为是相互关联：

1）取得或者处分同一资产，由同一个或者多个关联方完成数笔交易；

2）以一项或者多项相互关联的协议来执行的交易；

3）章程或者股东大会决定确认为相互关联的其他交易。

第69条　交易资产的价值[1]

1. 决定取得或者处分公司10%以上资产，应当由评估人员根据哈萨克斯坦共和国关于评估活动的法律，考虑到该资产的市场价值确定。

如果此类交易标的是货币、在一级证券市场上发行或者托管的有价证券、资产和法人债权，则不需要进行评估。

2. 如果要确定的资产，是在有组织的证券市场上流通的证券，则应当根据该证券交易价格或者证券供求价格，来确定其市场价值。如果要确定的资产是公司股份，则根据公司自有资本规模、公司发展前景，以及确定者认为重要的其他因素，来确定其市场价值。

3. 经哈萨克斯坦共和国2018年7月2日第166-Ⅵ号法律删除（自首次正式公布之日起10日后生效）。

第70条　公司完成重大交易[2]

1. 公司完成重大交易的决定由董事会作出，但是交易决定由股东大会根据本法第36条第17-1款和第73条第3-1款作出的除外。

为了通知债务人、公众和股东，公司应当在决定完成一项重大交易之日起3个工作日内，用哈萨克语和俄语在网络财务报告上发布交易信息。

2. 公司章程可以规定重大交易的清单，其决定由股东大会通过以及实现程序。

3. 对于公司根据本法或者公司章程规定方式进行重大交易的决定，股东如果不同意，则有权要求公司依照本法规定方式回购其股份。

---

〔1〕 第69条经哈萨克斯坦共和国2011年2月10日第406-Ⅳ号法律（自首次正式公布之日起10日后生效）、2015年4月22日第308-Ⅴ号法律（自首次正式公布之日起10日后生效）、2017年2月27日第49-Ⅵ号法律（自首次正式公布之日起10日后生效）、2018年7月2日第166-Ⅵ号法律修订（自首次正式公布之日起10日后生效）。

〔2〕 第70条列入哈萨克斯坦共和国2005年7月8日第72号法律（生效程序见第2条）；经哈萨克斯坦共和国2014年12月29日第269-Ⅴ号法律（自2015年1月1日起生效）、2016年3月29日第479-Ⅴ号法律（自首次正式公布之日起21日后生效）、2017年2月27日第49-Ⅵ号法律（自首次正式公布之日起10日后生效）、2018年5月24日第156-Ⅵ号法律（自首次正式公布之日起10日后生效）、2018年7月2日第166-Ⅵ号法律修订（自2019年1月1日起生效）。

第71条　公司交易的利害关系[1]

1. 对本公司交易有利害关系的主体（以下简称利害关系人），被认定为本公司的关联方，如果这些主体：

1）是交易一方，或者以代表或者中介身份参与交易；

2）是法人的关联方，该法人以代表或者中介身份参与交易。

2. 公司实施以下交易，没有利害关系：

1）股东购买股票或者其他证券的交易，以及公司回购其已发行股份的交易；

2）该交易承诺不披露包含银行、商业或者受法律保护的秘密信息；

3）根据本法进行的公司重整；

4）与关联方进行公司交易，根据哈萨克斯坦共和国银行和银行业务法，被哈萨克斯坦共和国国有银行、银行部门、组成机构，以及50%以上有表决权（法定资本股份）的法人实施公共采购，其属于哈萨克斯坦共和国国有银行或者受其信托管理并与之关联的法人；

5）公司与其关联方缔结协议的标准形式由哈萨克斯坦共和国法律规定。

第72条　公司交易中的利害关系信息[2]

本法第71条第1款所指的主体，按照公司章程规定的程序，应当提请董事会注意以下信息：

1）他们是交易当事方，或者在3个工作日内以代表、中介身份参加交易；

2）与之关联的法人，包括其单独或者合计持有10%以上有表决权的股份（份额、股金），以及在其中机构任职的法人；

3）他们已知进行或者即将进行的交易，在该交易中可以将他们确定为利害关系人。

第73条　进行利害关系人交易的程序要求[3]

1. 公司决定进行利害关系人交易，应当以董事会无利害关系成员的简单多数作出，该交易类型条件经董事会批准的除外。

2. 在以下情形下，公司决定进行利害关系人交易，由股东大会以无利害关系人的多数票作出决定：

1）公司董事会全体成员均为利害关系人；

2）由于缺乏作出决定所需的票数，董事会无法通过此交易决定。

3. 如果公司董事会全体成员和普通股股东均为利害关系人，或者由于缺乏作出决定

---

[1] 第71条经哈萨克斯坦共和国2005年7月8日第72号法律（生效程序见第2条）、2011年12月28日第524-Ⅳ号法律（自首次正式公布之日起10日后生效）、2018年7月2日第166-Ⅵ号法律修订（自首次正式公布之日起10日后生效）。

[2] 第72条经哈萨克斯坦共和国2005年7月8日第72号法律（生效程序见第2条）、2011年12月28日第524-Ⅳ号法律（自首次正式公布之日起10日后生效）、2014年12月29日第269-Ⅴ号法律（自2015年1月1日起生效）、2018年7月2日第166-Ⅵ号法律修订（自首次正式公布之日起10日后生效）。

[3] 第73条经哈萨克斯坦共和国2005年7月8日第72号法律（生效程序见第2条）、2015年11月24日第422-Ⅴ号法律（自2016年1月1日起生效）、2018年5月24日第156-Ⅵ号法律（自首次正式公布之日起10日后生效）、2018年7月2日第166-Ⅵ号法律（自首次正式公布之日起10日后生效）、2019年4月2日第241-Ⅵ号法律修订（自首次正式公布之日起10日后生效）。

所需的表决票数，股东大会在此情况下以本公司有表决权股份总数的简单多数，决定进行利害关系人交易。

同时，为股东大会提供作出明智决定所需的信息（以及附件）。

如果本公司董事会全体成员均为利害关系人，或者由于缺乏作出决定所需的表决票数，则由本公司的唯一股东或持有全部有表决权股份的股东作出决定。

3-1. 重大的利害关系人交易决定，由股东大会以有表决权股份总数的简单多数作出。

4. 经哈萨克斯坦共和国 2018 年 7 月 2 日第 166-Ⅵ号法律删除（自首次正式公布之日起 10 日后生效）。

第 74 条　公司订立具有特殊条件交易的后果〔1〕

1. 在进行重大交易、利害关系人交易，以及违反哈萨克斯坦共和国法律规定要求的其他交易时，如果不遵守本法规定要求，可能导致该交易在有关人员诉讼时，根据哈萨克斯坦共和国法定方式和理由，在司法程序中被确认为无效。

利害关系人交易，如果取得或处分公司资产账面总值 10%以上，由此高级管理人员或者其关联方人员获得利益，并且公司因此受到损失，则经单独或者合计持有公司表决权 5%以上股份的股东起诉，可以被宣告无效。根据是在决定进行该交易时，所取得或处分的资产价值，与评估人员根据哈萨克斯坦共和国评估活动法所确定的市场价值明显不符。

2. 违反本法规定、高级管理人员活动原则，故意进行利害关系人交易的主体，应当向公司承担赔偿责任。如果交易是由多人进行的，则对公司承担连带责任。

3. 故意违反本法和公司章程进行重大交易的主体，如果出于谋利动机或者逃避责任，无权要求宣告交易无效。

3-1. 在进行重大交易或者利害关系人交易时，不遵守本法规定程序或者条件，应承担哈萨克斯坦共和国法律规定的责任。

4. 本章第 70 条和第 73 条规定，不适用于根据哈萨克斯坦共和国国家福利基金法，确定属于国家控股集团组织之间达成特殊条件的交易。

第八章　公司财务审计报告

第 75 条　公司财务报告〔2〕

1. 经哈萨克斯坦共和国 2007 年 2 月 28 日第 235 号法律删除。

2. 公司财会报告的规定，由哈萨克斯坦共和国关于财会报告的法律以及国际财务报告准则制定。

---

〔1〕 第 74 条经哈萨克斯坦共和国 2009 年 2 月 13 日第 135 号法律（生效程序见第 3 条）、2011 年 2 月 10 日第 406-Ⅳ号法律（自首次正式公布之日起 10 日后生效）、2014 年 12 月 29 日第 269-Ⅴ号法律（自 2015 年 1 月 1 日起生效）、2017 年 2 月 27 日第 49-Ⅵ号法律（自首次正式公布之日起 10 日后生效）、2018 年 7 月 2 日第 166-Ⅵ号法律（自首次正式公布之日起 10 日后生效）、2019 年 4 月 2 日第 241-Ⅵ号法律修订（自首次正式公布之日起 10 日后生效）。

〔2〕 第 75 条经哈萨克斯坦共和国 2007 年 2 月 28 日第 235 号法律（生效程序见第 2 条）、2012 年 7 月 5 日第 30-Ⅴ号法律修订（自首次正式公布之日起 10 日后生效）。

第 76 条　公司年度财务报告〔1〕

1. 执行机构每年向股东大会提交上年度财务报告，根据哈萨克斯坦共和国审计法进行审计，以供讨论和核准。除财务报告外，执行机构还应向股东大会提交审计报告。

2. 经哈萨克斯坦共和国 2007 年 2 月 28 日第 235 号法律删除。

3. 年度财务报告在年度股东大会召开之日前 30 日内，经董事会事先核准。

公司年度财务报告，在股东年会上进行最终核准。

4. 公司应当每年在网络财务报告上公布合并的年度财务报告，并在没有子公司的情况下，应当按照授权机关规定方式，发布未合并的年度财务报告和审计报告。

有关重大交易或者利害关系人交易的信息，根据国际财务报告准则，应当在年度财务报告的解释性附注中披露，根据要求提请股东和投资者注意，并依照本法和哈萨克斯坦共和国证券市场法规定，将有关取得或者处分公司 10%以上资产的信息通知给股东和投资者，该信息还应当包括交易方、交易方式和条件、所涉及股份的性质和金额，以及其他相关信息。

第 77 条　经哈萨克斯坦共和国 2005 年 7 月 8 日第 72 号法律删除（生效程序见第 2 条）。

第 78 条　公司审计〔2〕

1. 公司应当对年度财务报告进行审计，但是被法院确认为破产的公司、被授权机关剥夺许可证的银行、保险（再保险）机构，以及在强制清算程序中的组织除外。

2. 审计可以由董事会、执行机构主动进行，由公司承担费用，也可以根据大股东要求进行，费用由其承担，大股东有权指定审计公司。在根据大股东要求进行审计的情形下，公司有义务提供审计机构要求的全部必要文件和材料。

3. 如果公司执行机构逃避审计，审计可以经任何利害关系人起诉，由法院进行判决。

第九章　公司信息公开与公司文件

第 79 条　公司信息公开〔3〕

公司应当依照哈萨克斯坦共和国证券市场法和授权监管机关规定的方式，在财务报告保管机构和证券交易所信息网站上公开财务报告。

---

〔1〕 第 76 条经哈萨克斯坦共和国 2005 年 7 月 8 日第 72 号法律（生效程序见第 2 条）、2007 年 2 月 28 日第 235 号法律（生效程序见第 2 条）、2009 年 7 月 11 日第 185-Ⅳ号法律（自 2009 年 8 月 30 日起生效）、2011 年 2 月 10 日第 406-Ⅳ号法律（自首次正式公布之日起 10 日后生效）、2012 年 7 月 5 日第 30-Ⅴ号法律（自首次正式公布之日起 10 日后生效）、2014 年 12 月 29 日第 269-Ⅴ号法律（自 2015 年 1 月 1 日起生效）、2018 年 7 月 2 日第 166-Ⅵ号法律修订（自 2019 年 1 月 1 日起生效）。

〔2〕 第 78 条经哈萨克斯坦共和国 2005 年 7 月 8 日第 72 号法律（生效程序见第 2 条）、2018 年 7 月 2 日 168-Ⅵ号法律修订（自首次正式公布之日起 10 日后生效）。

〔3〕 第 79 条列入哈萨克斯坦共和国 2018 年 7 月 2 日第 166-Ⅵ号法律（自 2019 年 1 月 1 日起生效）。

第80条　公司文件[1]

1. 与业务有关的公司文件，在整个业务期间都应当由公司存储在公司执行机构所在地或者章程规定的其他地方。

下列文件应该存储：

1）公司章程、对公司章程的修改和增补；

2）设立大会的会议记录；

3）公司章程、唯一发起人的决定，及其修改和增补；

4）根据哈萨克斯坦共和国2012年12月24日第60-Ⅴ号法律删除（自首次正式公布之日起10日后生效）；

5）根据哈萨克斯坦共和国2010年3月19日第258-Ⅳ号法律删除；

6）允许公司从事某些类型的活动，或者执行某些行动（操作）；

7）在资产负债表上确认公司对资产权利的文件；

8）发行公司有价证券的说明书；

9）向授权机关提交确认公司发行、在国家机关注册、注销证券的文件，以及公司发行和回购结果的核准报告；

10）公司关联方和代表的规定；

11）股东大会会议记录、表决结果和投票记录（包括无效投票），股东大会议程上有关事项的材料；

12）提交召开股东大会的股东名单；

13）董事会会议记录（缺席会议的决定）和公告（包括宣布选票无效的公告），关于根据本法影响股东权利的董事会议程事项的材料，发行非国有公司证券的章程和招股说明书；

14）执行机构的会议记录（决定）；

15）如有，还包括公司治理准则。

2. 包括公司财务报告在内的其他文件，应当依照哈萨克斯坦共和国法定期限存储。

3. 根据股东要求，公司应当以公司章程规定的方式，不迟于公司收到该要求之日起10日内，向其提供本法规定的文件副本，同时可对提供构成受法律保护的正式、商业或其他秘密的信息施加限制。

提供文件副本的费用由公司确定，不得超过制作文件副本和与向股东交付文件相关的费用。

那些涉及公司证券发行、配售和转换问题的文件，其中包含构成受法律保护的国家、商业或者其他秘密的信息，应股东要求向其提供。

---

[1] 第80条经哈萨克斯坦共和国2007年2月19日第230号法律（生效程序见第2条）、2010年3月19日第258-Ⅳ号法律、2011年2月10日第406-Ⅳ号法律（自首次正式公布之日起10日后生效）、2012年12月24日第60-Ⅴ号法律（自首次正式公布之日起10日后生效）、2014年5月16日第203-Ⅴ号法律（自首次正式公布之日起6个月后生效）、2018年7月2日第166-Ⅵ号法律修订（自首次正式公布之日起10日后生效）。

第十章　公司的重组和清算

第 81 条　公司的重组〔1〕

1. 公司重组（合并、兼并、新设分立、存续分立、改制），根据哈萨克斯坦共和国民法典进行，同时考虑到哈萨克斯坦共和国法律所规定的特点。

2. 当公司通过新设分立或者存续分立进行重组时，重组公司的债权人有权要求提前清偿公司债务并赔偿损失。

3. 如果重组情形下公司停止运营，则根据哈萨克斯坦共和国法律，其股票将被取消发行。

第 82 条　公司合并〔2〕

1. 公司合并，是指在合并协议的基础上，根据两家以上公司的转让行为，将所有财产、权利和义务转让给新设公司，并终止原有公司活动。

2. 合并新设公司的法定资本，等于重组公司股本总和减去一个重组公司在另一个重组公司的投资。

3. 新设公司的股份，应当按以下顺序在重组公司股东中分配：

1）在每个重组公司股东之间，分配的公司法定股份数量，根据这些公司股本比例确定；

2）根据本款第 1 项确定的、各重组公司股东之间分配的股份数量，按照股份数量比例分配给各重组公司股东。

其在重组公司中股份数量，等于已发行股份减去回购股份的数量。

3-1. 在母子公司合并情况下，母公司持有 100%已发行股份，新设公司股份在母公司股东之间进行分配。

4. 各重组公司的董事会，将以合并形式进行重组，由于合并而产生股份发行的国家登记及其配售程序等问题，提交股东大会进行审议。

5. 关于合并的决定，是在重组公司的股东大会上，以每个单独公司的合格多数票作出。股东大会的决定包含以下规定：

1）批准合并协议，其中包含有关重组公司的名称、位置、配股程序以及合并其他条款的信息；

2）关于因合并产生股票发行的国家注册。

6. 合并协议应当由重组公司的全体股东签署。

转让协议由重组公司执行机构负责人和总会计师签署。

7. 重组公司应当向其所有债权人发送关于重组的书面通知，并用哈萨克语和俄语在

---

〔1〕　第 81 条经哈萨克斯坦共和国 2005 年 7 月 8 日第 72 号法律修订（生效程序见第 2 条）。

〔2〕　第 82 条列入哈萨克斯坦共和国 2005 年 7 月 8 日第 72 号法律（生效程序见第 2 条）；经哈萨克斯坦共和国 2011 年 12 月 28 日第 524-Ⅳ号法律（自首次正式公布之日起生效）、2014 年 12 月 29 日第 269-Ⅴ号法律（自 2015 年 1 月 1 日起生效）、2018 年 5 月 24 日第 156-Ⅵ号法律（自首次正式公布之日起生效）、2018 年 7 月 2 日第 166-Ⅵ号法律修订（自 2019 年 1 月 1 日起生效）。

网络财务报告上发布相关公告。通知中附转让协议。

第83条　公司兼并[1]

1. 一个公司兼并另一公司，被兼并公司的业务终止，并根据兼并协议和转让法，将被兼并公司的全部财产、权利和义务转让给另一公司。

实施兼并的公司，根据本条第2款规定的被兼并公司股票售价与兼并公司股票售价的比例，通过向被兼并公司股东配售自己的股票，来获得被兼并公司的股份。

收购被兼并公司全部股份后应注销，并将被兼并公司的资产、权利和义务，按照重组公司执行机构负责人和首席会计师签署的转让文件，转让给兼并公司。

2. 被兼并公司股票销售价格，根据该公司自有资本与其流通股数量（公司回购股份除外）的比例确定。

兼并公司股票价格，根据该公司股本与配售股票（公司回购股份除外）数量的比例确定。

持有子公司100%发行股份的母公司，股东大会（唯一股东）有权决定兼并子公司，但不增加法定股本。

3. 被兼并公司的董事会，将公司被兼并重组、发行股份程序、期限和价格等问题，提交股东大会审议。

兼并公司的董事会，将公司兼并重组、发行股份程序、期限和价格等问题，提交股东大会审议。

4. 关于兼并的决定，由兼并和被兼并公司的股东联席大会，以每个公司有表决权股份总数的合格多数通过。

参加股东联席大会的决定，应当包含以下信息：参与兼并各公司的名称、住所、被兼并公司股票销售价格、兼并公司股票价格、兼并程序和其他条件。

兼并协议应当由重组公司的执行机构负责人签署。

5. 被兼并公司和兼并公司，应当向所有债权人发送兼并重组的书面通知，用哈萨克语和俄语将有关公告刊载在网络财务报告上。通知上附有转让书及其兼并公司名称、位置等信息。

向债权人发出书面通知并附转让书的要求，不适用于以兼并形式进行银行重组。以兼并形式进行银行重组的信息，其中一个进行了重组，应该使用哈萨克语和俄语，在网络财务报告上公布，说明时间、地点和程序，使债权人熟悉转让书。

6. 以兼并形式进行银行重组，不适用本条关于被兼并公司股份出售价格和兼并公司股份配售价格的规定（包括公司机构对该价格的确定、核准和确认），不适用自愿以兼并形式进行银行重组。

7. 本条中关于被兼并公司股票销售价格和兼并公司股份配售价格的规定（包括收购兼并公司股份的规定），不适用被持有100%发行股份的子公司加入母公司的情形。

---

〔1〕 第83条列入哈萨克斯坦共和国2005年7月8日第72号法律（生效程序见第2条）；经哈萨克斯坦共和国2014年3月19日第179-Ⅴ号法律（自首次正式公布之日起生效）、2014年12月29日第269-Ⅴ号法律（自2015年1月1日起生效）、2017年2月27日第49-Ⅵ号法律（自首次正式公布之日起10日后生效）、2018年5月24日第156-Ⅵ号法律（自首次正式公布之日起10日后生效）、2018年7月2日第166-Ⅵ号法律修订（生效程序见第2条）。

第 84 条　公司新设分立[1]

1. 公司的新设分立是指终止公司业务活动，将其所有财产、权利和义务转让给新设公司。在此情况下，被分立公司的权利和义务按照分立资产负债表转移给新设公司。

股份公司因公司新设分立而产生的法定资本，等于重组公司的权益。

2. 公司重组后的所有股东，均为新设分立各公司的股东。

由于新设分立而形成的公司股份，在这些股东中发行，重组公司股份数量与股东持有的重组公司股份数量成正比。

3. 重组公司的董事会，应当将以新设分立形式进行重组、分立程序和条件、核准分立资产负债表等问题，提交股东大会审议。

4. 重组公司的股东大会，对重组分立形式、分立程序和条件、核准分立资产负债表等问题作出决定。

5. 公司应当在股东大会通过新设分立决定之日起 2 个月内，向全体债权人发送有关新设分立的书面通知，并用哈萨克语和俄语将相应公告发布在网络财务报告上。通知附有分立资产负债表。

第 85 条　公司存续分立[2]

1. 存续分立公司，是公司设立一个或者多个公司，并将重组公司的部分资产、权利和义务，根据分立资产负债表转移给他们，而不会终止业务。

分配重组公司的法定资本时，不得减少。

重组公司采取措施，在司法部门或“为民政府”电子政务中进行存续分立登记。

2. 重组公司，就是存续分立公司的唯一发起人。

存续分立公司的法定资本额，等于重组公司根据资产负债表，并且符合本法第 11 条规定要求，转让给分立公司的资产与负债的差额。

3. 经哈萨克斯坦共和国 2011 年 12 月 28 日第 524-Ⅳ号法律删除（自首次正式公布之日起 10 日后生效）。

4. 重组公司的董事会，将以存续分立形式进行重组，分立公司的股份配售价格、分立程序和条件、核准分立资产负债表等问题，提交股东大会审议。

5. 重组公司的股东大会，对以存续分立形式进行重组，分立公司的股份配售价格、分立程序和条件、核准分立资产负债表等问题，作出决定。

6. 股东大会决定分立之日起 2 个月内，公司应当向所有债权人发送以存续分立形式重组的书面通知，并将相应的公告用哈萨克语和俄语刊载在网络财务报告上。通知附有分立资产负债表，以及每个分立公司的名称和住所信息。

---

〔1〕 第 84 条列入哈萨克斯坦共和国 2005 年 7 月 8 日第 72 号法律（生效程序见第 2 条）；经哈萨克斯坦共和国 2010 年 7 月 2 日第 166-Ⅵ号法律修订（自 2019 年 1 月 1 日起生效）。

〔2〕 第 85 条列入哈萨克斯坦共和国 2005 年 7 月 8 日第 72 号法律（生效程序见第 2 条）；经哈萨克斯坦共和国 2018 年 7 月 2 日第 166-Ⅵ号法律（自 2019 年 1 月 1 日起生效）、2019 年 4 月 2 日第 241-Ⅴ号法律修订（自 2019 年 7 月 1 日起生效）。

第 86 条　公司改制[1]

1. 公司（除以股份公司法律形式成立的非营利组织以外）有权改制为合伙企业或生产合作社，根据转让法获得改制公司的所有权利和义务。

根据哈萨克斯坦共和国关于“纳扎尔巴耶夫大学”，“纳扎尔巴耶夫智力学校”和“纳扎尔巴耶夫基金会”地位的法律，公司有权改制为自治性教育组织，以及根据哈萨克斯坦共和国“关于创新技术园集群”法律，改制为自治性集群基金会。

改制公司的董事会，应当将公司改制、改制程序和条件、确定合伙企业或生产合作社成员股份的程序等问题，提交股东大会审议。合伙企业或生产合作社成员股份，根据这些成员在改制公司里所持有股份数量与公司发行（不包括回购）股份总数的比例确定。

合伙企业或生产合作社的法定资本额，等于重组公司根据符合哈萨克斯坦共和国法律规定的转让协议，转让给其的资产负债之间的差额。

2. 改制公司的董事会，应当将公司的改制、程序和条件、确定合伙企业成员或者生产合作社成员股份的程序，提交股东大会审议。商业合伙企业参与者或者生产合作社成员的份额，根据该参与者在公司中持有的股份数量与股份总数（不包括购回）的比例确定。

商业合伙企业或者生产合作社的法定资本规模，等于重组公司根据符合哈萨克斯坦共和国法律规定的转让协议转让给其的资产与负债之差额。

3. 改制公司的股东大会，对公司的改制、程序和条件、确定合伙企业成员或者生产合作社成员股份的程序，作出决定。

4. 依照哈萨克斯坦共和国法律，在转型期间新设法人的参加者，应当在联席会议上，对核准组成文件和选举机构作出决定。

5. 自中央证券存管机关取消发行股份之日起，制定股东名单中的人员，成为从股份制公司改制为新法人的参与者。

第 87 条　不遵守法院关于强制重组决定的后果

1. 经法院判决进行新设分立、存续分立而强制重组的公司机构，未在判决规定期限内进行重组的，法院应当指定符合资格条件的受托人，并指示其进行新设分立、存续分立的强制重组。

2. 自受托人任命之日起，根据本法第 84 条、第 85 条规定的重组条件，董事会、股东大会的决定权移交受托人。

3. 代表本公司行事的受托人，应编制分立资产负债表，并将其连同经股东大会批准的、因新设分立、存续分立而成立公司的组成文件，一起提交法院审理。重组新设公司的国家注册，根据法院判决进行。

---

〔1〕 第 86 条经哈萨克斯坦共和国 2005 年 7 月 8 日第 72 号法律（生效程序见第 2 条）、2007 年 2 月 19 日第 230 号法律（生效程序见第 2 条）、2011 年 1 月 19 日第 395-Ⅳ号法律（自首次正式公布之日起 10 日后生效）、2011 年 12 月 28 日第 524-Ⅳ号法律（自首次正式公布之日起 10 日后生效）、2014 年 6 月 10 日第 208-Ⅴ号法律（自首次正式公布之日起 10 日后生效）、2018 年 7 月 2 日第 166-Ⅵ号法律修订（自 2019 年 1 月 1 日起生效）。

第 88 条　公司清算[1]

1. 关于公司自愿清算的决定，由股东大会作出，股东大会根据哈萨克斯坦共和国法律规定与债权人协议确定清算程序，并在其控制下进行清算。

2. 在哈萨克斯坦共和国法定情形下，公司应当由法院强制进行清算。

除哈萨克斯坦共和国法律另有规定，利害关系人可以向法院提出公司清算的请求。

3. 清算委员会的任命，由法院进行判决或者股东大会就公司清算作出决定。

清算委员会有权在清算期间管理公司并执行行动，行动清单由哈萨克斯坦共和国法律规定。

对于自愿清算的，清算委员会应当按照股东大会决定，包括公司债权人代表、大股东代表以及其他人员。

4. 公司清算程序和满足债权人债权的顺序，受哈萨克斯坦共和国法律管辖。

5. 当公司被清算后，包括已发行股份在内的申报股份，将根据哈萨克斯坦共和国法律规定方式予以注销。

第 89 条　清算公司资产在股东之间的分配[2]

1. 清算公司清偿债权后的剩余资产，由清算委员会按照下列顺序向股东分配：

1）第一轮——根据本法回购的股份付款；

2）第二轮——支付优先股的应计和未付股利；

3）第三轮——支付普通股的应计和未付股利；

4）经哈萨克斯坦共和国 2005 年 7 月 8 日第 72 号法律删除；

5）经哈萨克斯坦共和国 2005 年 7 月 8 日第 72 号法律删除；

剩余资产，按持有股份数量比例分配给所有股东。

2. 在完全满足上列要求之后，再考虑满足本法第 13 条第 2 款每个队列的要求。

如果被清算公司资产，不足以支付优先股应计但是未付的股利、补偿价值，则该资产将按所持股份数量比例在此类股东中全部分配。

第十一章　最终条款和过渡条款

第 90 条　过渡条款[3]

1. 本法生效前设立的公司，应当自本法生效之日起 3 年内，根据哈萨克斯坦共和国预算法规定的有关财政年度每月计算指标，依照本法第 10 条规定对其组成文件进行适当修改、对公司进行重组或者清算。

2. 如果未遵守本条第 1 款的规定要求，被授权机关有权向法院提出关于公司强制清算或者以改组形式进行重组的声明。

3. 在本法生效前独立组建、维持和保存股东名册的公司，应当自本法生效之日起 3 个

---

〔1〕 第 88 条经哈萨克斯坦共和国 2005 年 7 月 8 日第 72 号法律修订（生效程序见第 2 条）。

〔2〕 第 89 条经哈萨克斯坦共和国 2005 年 7 月 8 日第 72 号法律修订（生效程序见第 2 条）。

〔3〕 第 90 条经哈萨克斯坦共和国 2005 年 7 月 8 日第 72 号法律修订（生效程序见第 2 条）。

月内就选择公司登记处作出决定，并向其提交构成公司股东名册系统的文件。

第 91 条　本法的生效规定

1. 本法自正式公布之日起生效。

2. 1998 年 7 月 10 日颁布的哈萨克斯坦共和国境内股份公司法声明无效（哈萨克斯坦共和国议会公报：1998 年，第 17—18 号法律，第 223 条；1999 年，第 20 号法律，第 727 条；2001 年，第 24 号法律，第 1072 条；2002 年，第 23 号法律，第 321 条；2002 年，第 10 号法律，第 102 条）。

哈萨克斯坦共和国总统

哈萨克斯坦共和国经济特区和工业园区法

2019年4月3日哈萨克斯坦共和国第242-VI号法律

第一章　总　则

第 1 条　本法使用的基本概念[1]

本法使用下列基本概念：

1）特别委员会——负责审议经济特区管理公司和潜在参与者申请的常设委员会，将此类清单未规定的活动或不符合经济特区创建目标的活动纳入其优先活动清单；

2）经济特区——是哈萨克斯坦共和国领土的一部分，有明确的边界，在经济特区内运行特殊法律制度以开展优先类型活动；

3）经济特区的管理公司——根据本法和哈萨克斯坦共和国创新技术园区法，为确保经济特区运作而创建或确定的法人实体；

4）经济特区的参与者——在经济特区境内开展优先业务且纳入经济特区参与者统一登记册的法人实体。其中：

允许“创新科技园”经济特区的参与者在该经济特区以外的地区开展优先活动；

其边界完全或部分与欧亚经济联盟海关边界重合的经济特区的参与者，可以作为个体经营者在前述特定经济特区内开展优先活动；

5）优先活动——由授权机构确定、受经济特区特殊法律制度约束的活动；

6）“一个窗口”原则——在经济特区和工业园区内提供的公共服务和其他服务的形式，旨在最大限度地减少申请人参与收集和准备的文件，并限制其与提供公共服务和其他服务的主体直接接触；

7）单一的技术流程——在一种优先活动框架内进行的生产流程中，所完成的技术上相互关联和连续的行为（工作）的总和。单一技术流程框架下活动形式的总和是优先活动类型的组成部分，并与之形成一个整体；

7-1）特殊工业园区——私人工业园区的一种，在该工业园区境内直接采用国际建筑标准和规则，以及由自然人和（或）非国有法人实体制定的国际区域标准和外国标准；

7-2）特殊工业园区的管理公司——由特殊工业园区土地所有者创建或确定的用以确保特殊工业园区运作的法人实体；

8）项目——旨在为经济特区的潜在参与者、申请人或参与者开展优先活动，以及特殊工业园区的潜在参与者、申请人或参与者开展经营活动，创造现代高生产力、有竞争力的产业和服务提供的一系列措施；

9）工业园区——按照哈萨克斯坦共和国法律规定的方式，为个体经营者提供工程和通信基础设施，以及安置和经营商业设施的区域，包括在工业、农工综合体、旅游业、运输物流、废物管理等领域；

10）工业园区管理公司——根据本法为保证工业园区的运作而创建和确定的法人实体；

11）工业园区的参与者——按照哈萨克斯坦共和国法律规定的方式，在工业园区内从

---

[1] 第 1 条经哈萨克斯坦共和国 2021 年 4 月 1 日第 26-Ⅶ号法律修订（自首次正式公布之日起 10 日后生效）。

事安置和运营商业设施的个体经营者和法人实体，工业园区管理公司与上述实体签署从事活动的合同；

12）基础设施对象——包括在经济特区或工业园区的生产设施和（或）热力和电力传输、供水供气、污水处理、交通运输、通信服务和其他设施的设施；

13）辅助性活动——为经济特区参与者的活动提供服务所必需的活动，由非经济特区参与者在其区域上进行；

14）从事辅助活动的人——依据本法从事辅助性活动的不属于特区参与者的个体经营者和法人实体；

15）活动实施合同——在一个或多个经济特区或工业园区参与者之间签署的合同，该合同规定了在经济特区或工业园区实施活动的条件、制度规定、权利、义务和责任；

16）区域协调委员会——由州、共和国级城市、首都的领导人或其副手领导的，履行本法规定的职能和哈萨克斯坦共和国法律规定的其他职能的咨询议事机构；

17）申请人——向经济特区管理公司提交实施优先或辅助活动申请，或向工业园区管理公司提交作为工业园区参与者开展经营活动申请的人士；

18）专家委员会——根据本法，负责审查创建、延期和取消经济特区运行，以及创建、延期和取消共和国级别工业园区的可行性的常设咨询议事机构；

19）授权机构——在经济特区和工业园区的创建、运行和取消领域进行国家监管的中央执行机构。

第2条　哈萨克斯坦共和国经济特区和工业园区法

1. 哈萨克斯坦共和国经济特区和工业园区法以哈萨克斯坦共和国宪法为基础，由本法和哈萨克斯坦共和国的其他法律法规构成。

2. 如果哈萨克斯坦共和国批准的国际条约规定了本法以外的规定，则采用国际条约的规定。

第3条　本法的适用范围

本法适用于国家和地方执法机构，以及作为在哈萨克斯坦共和国境内建立、运作和取消经济特区和工业园区而产生的社会关系主体的个人和法人实体。

第4条　国家对经济特区和工业园区的调节原则

1. 国家对哈萨克斯坦共和国经济特区和工业园区的调节基于利益平衡、公平、透明和促进生产的原则。

2. 哈萨克斯坦共和国关于经济特区和工业园区的立法不得与本法规定的原则相抵触。

第5条　利益平衡原则

该法规定了哈萨克斯坦共和国境内的经济特区和工业园区在建立、运作和取消中产生的所有社会关系主体的利益平衡。

本法所称利益平衡是指当事人的权利义务相称，且当事人在实现自身合法利益时拥有平等机会的法律关系状态。

第 6 条　公平原则

公平原则是指在遵守活动实施要求的前提下，为经济特区和工业园区的潜在参与者提供在此区域内开展活动的平等机会。

第 7 条　透明原则

透明原则是指确保在经济特区和工业园区建立中以及经济特区和工业园区参与者开展活动时，保证透明、开放和公开程序，允许新的参与者在区内开展活动。

第 8 条　促进生产原则

促进生产原则是指在不违反哈萨克斯坦共和国批准的国际条约范围内，为国内商品制造商以及国内工程和服务供应商提供支持。

第 9 条　创建经济特区和工业园区的目的

1. 创建经济特区是为加快发展现代高生产力、有竞争力的产业，形成全新的高质量的服务，吸引投资，在经济部门和地区推行新技术，以及提高居民就业水平。

2. 其全部或部分边界与欧亚经济联盟海关边界部分重合的经济特区，其创建目的是发展边贸和毗邻地区经济，发展哈萨克斯坦边境地区的交通基础设施、旅游和文化交流。

3. 建立工业园区的目的是为发展区域经营活动提供基础设施保障。

第二章　政府、中央国家机构和地方执行机构的权限

第 10 条　哈萨克斯坦共和国政府的权限

哈萨克斯坦共和国政府的权限包括：

1）制定在经济特区和工业园区建立、运作领域国家政策的主要方向；

2）作出以下决定：

关于创建经济特区的决定，包括确定其目标、批准其章程和目标指标；

关于延长经济特区运行期限并规定延期条件的决定；

关于取消经济特区的决定；

关于创建或确定国家经济特区或工业园区管理公司的决定；

3）确定统一协调中心；

4）确定地区协调委员会的示范功能；

5）确定经济特区参与者实施项目的筛选程序，可按照国际、地区和外国标准进行；

6）履行宪法、本法、哈萨克斯坦共和国其他法律和哈萨克斯坦共和国总统法令赋予的其他职能。

第 11 条　授权机构的权限

授权机构的权限包括：

1）实施经济特区和工业园区建立和运作领域的国家政策；

2）对国家机构和经济特区和工业园区管理公司在经济特区和工业园区建立、运行和

取消方面的活动进行跨部门协调；

3）与中央负责国家计划的授权机构和负责确保税收和其他预算义务支付的授权国家机构达成一致，制定和批准经济特区范围内的优先活动清单；

4）协调有关建立、延长运行期限或取消国家级别工业园区的决定；

5）制定和批准下列示范合同和格式：

建立经济特区和工业园区的国有土地的临时有偿使用（租赁）示范合同；

建立经济特区和工业园区的国有土地临时二次使用（转租）示范合同；

建立经济特区和工业园区的私有土地临时有偿使用（租赁）示范合同；

建立经济特区和工业园区的私有土地临时二次使用（转租）的示范合同；

有关开展活动的示范合同；

经济特区、国家和地区工业园区管理公司履行职能的示范合同；

经济特区和工业园区参与者注册申请和填表形式；

经济特区和工业园区的参与者未能履行协议规定的义务的文件形式；

6）制定和批准国家和地区工业园区的示范章程；

7）批准对建立经济特区和工业园区构想的要求；

8）设立专门委员会并批准相关章程；

9）设立专家委员会并批准其相关章程；

10）向哈萨克斯坦共和国政府提交关于建立、延长运作期限或取消经济特区的建议；

11）制定并批准经济特区和工业园区管理公司提交报告的规则；

12）制定并批准颁发经济特区参与者注册登记证书的规则；

13）按照经济特区和工业园区活动效率评估方法对经济特区活动效率进行评估；

14）制定并批准经济特区参与者统一登记制度；

15）每年向哈萨克斯坦共和国总统办公厅和哈萨克斯坦共和国政府提交有关经济特区和工业园区活动结果的分析信息；

16）制定并批准工业园区统一登记规则；

17）制定并批准项目筛选的规则和标准；

18）制定并批准竞争选拔经济特区和国家工业园区管理公司管理人员的规则，以及对这些人员的资格要求；

19）经中央国家规划授权机构同意，制定并批准评估经济特区和工业园区活动效率的方法；

20）制定并批准小型工业园区的建立和运作规则；

21）制定并批准允许开展辅助性活动人员的文件清单；

22）与非国有法人实体参与的经济特区管理公司签订应当履行经济特区管理公司职能的协议；

23）与非国有法人实体参与的经济特区或工业园区的管理公司就国家工业园区的管理公司应当履行职能签署协议；

24）由经济特区或工业园区的管理公司制定和批准经济特区或工业园区参与者之间的土地分配规则；

25）履行本法、哈萨克斯坦共和国其他法律、哈萨克斯坦共和国总统令和政府令所规定的其他职能。

第 12 条　中央国家规划授权机构的职权

中央国家规划授权机构的职权包括：

1）在其职权范围内实施在经济特区和工业园区的建立和运行方面的国家政策；

2）在其职权范围内，参与哈萨克斯坦共和国规范经济特区和工业园区活动的监管性法律文件草案的制定和协调；

3）对经济特区和工业园区活动效率的评估方法进行协调；

4）协调适用经济特区特殊法律制度的优先活动类型清单；

5）参加专门委员会的工作；

6）履行本法、哈萨克斯坦共和国其他法律、哈萨克斯坦共和国总统令和政府法令规定的其他职能。

第 13 条　负责管理税收和其他预算义务的国家授权机构的权限

负责管理税收和其他预算义务的国家授权机构的权限包括：

1）在其职权范围内，实现在经济特区和工业园区建立和运行领域的国家政策；

2）在其职权范围内，参与制定和协调哈萨克斯坦共和国规范经济特区和工业园区活动的监管性法律草案；

3）协调适用经济特区特殊法律制度的优先活动类型清单；

4）参加专门委员会的工作；

5）履行本法、哈萨克斯坦共和国其他法律、哈萨克斯坦共和国总统令和政府法令规定的其他职能。

第 14 条　州、共和国级城市、首都等地方执行机构的权限〔1〕

州、共和国级城市、首都等地方执行机构的权限包括：

1）在其职权范围内实现经济特区和工业园区功能领域的国家政策；

2）经授权机构同意，决定建立、延长运行期限或取消国家级别的工业园区；

3）决定建立、延长运营期限或取消地区级的工业园区及小型工业园区；

4）就建立私营工业园区构想进行协调；

4-1）就建立具有特殊工业园区地位的工业园区构想进行协调；

4-2）作出取消特殊工业园区地位的决定；

5）成立区域协调委员会，其中至少有 50% 的经营实体代表参加；

6）根据国家或地区级工业园区的示范章程，批准关于国家或地区级工业园区的章程；

7）对创建工业园区的项目进行审查，包括创建工业园区的构想，以及确保对正在创建的工业园区基础设施建设的设计概算进行全面的部门外审查；

8）制定工业园区发展规划草案；

9）确定工业园区管理公司；

〔1〕 第 14 条经哈萨克斯坦共和国 2021 年 1 月 2 日第 399-Ⅵ号法律（自 2020 年 10 月 1 日起生效）、2021 年 4 月 1 日第 26-Ⅶ号修订（自首次正式公布之日起 10 日后生效）。

10）按照哈萨克斯坦共和国土地法典规定的程序提供用于安置经济特区和工业园区的土地，并根据国有土地临时有偿使用（租赁）的示范合同，与经济特区和工业园区的管理公司签订经济特区和工业园区所在地段的国有土地临时有偿使用合同（租赁）；

11）吸引经济特区和工业园区的潜在参与者；

12）与经济特区或工业园区的管理公司就地区级工业园区管理公司应当履行职能签署协议；

13）对经济特区或工业园区参与者对开展活动合同的履行情况进行监测，以及对监测数据进行分析；

13-1）与经济特区参与者签署用于建设经济特区的国有土地临时有偿使用（租赁）协议，由于经济特区管理公司临时土地使用权的异化，将有利于同时作为私人合作伙伴的经济特区参与者，其中包括需根据本法要求，将建成的公私合营设施转为国有；

14）履行哈萨克斯坦共和国立法赋予地方执行机构、有利于地方国家管理的其他职能。

第三章　经济特区的设立、运行和取消

第 15 条　经济特区设立程序

1. 建立经济特区的提案由中央或地方执行机构、有意愿建立经济特区的法人实体提交给授权机构，并提出建立经济特区的构想。

2. 自提交建立经济特区的提案之日起 5 个工作日内，授权机构审查该构想是否符合创建经济特区和工业园区构想的要求。授权机构根据构想审查结果，在 3 个工作日内向申请人发出提案材料提交专家委员会审议的通知，或者因构想不符合规定要求而予以退回。

专家委员会应在不迟于提交创建经济特区提案之日起 20 个工作日内准备好意见。

3. 专家委员会在下列情况下发表否定意见：

1）建立经济特区缺少经济可行性；

2）建立经济特区的提案与国家经济政策的优先方向不一致；

3）创建经济特区的提案与环境保护领域的要求不符；

4）需要保护人民的生命和健康、特别保护的自然区域、历史和文化遗产对象遭受破坏和损坏的威胁，并确保国家的国家安全。

4. 在专家委员会发表肯定意见后，由授权机构制定哈萨克斯坦共和国政府关于建立经济特区的决议草案，提交哈萨克斯坦共和国政府审议，并附专家委员会的意见。

如果专家委员会持有否定意见，授权机构应：

1）在专家委员会作出结论之日起 5 个工作日内，退回建立经济特区的提案，并说明退回原因；

2）向哈萨克斯坦共和国政府提交哈萨克斯坦共和国政府关于建立经济特区的决议草案，并附专家委员会的意见。

第 16 条　经济特区边界和（或）领土面积的变更程序[1]

1. 中央或地方执行机构、有意愿改变经济特区边界和（或）领土面积的法人实体需向授权机构提交以上变更提案，并附上变更经济特区领土边界和（或）领土面积的理由(财务和经济核算)。

该提案可以由多个法人实体联合提交。

2. 变更经济特区边界和（或）领土面积的提案的合理性问题，由授权机构在提案提交之日起 15 个工作日内审议。

在以下情况下，授权机构可拒绝改变经济特区边界和（或）领土面积的提案：

1）变更经济特区边界和（或）领土面积的提案与国家经济政策的重点不一致；

2）变更经济特区边界和（或）领土面积的提案与环境保护领域的要求不一致；

3）需要保护人民的生命和健康、特别保护的自然区域、历史和文化遗产对象遭受破坏和损坏的威胁，以确保国家安全；

4）变更经济特区边界和（或）领土面积的提案毫无根据；

5）属于经济特区特殊法律制度所在领土上的土地、基础设施或该经济特区参与者用于开展活动的土地。

经济特区边界和（或）领土面积变更提案被驳回，不构成以后提出经济特区变更边界和（或）领土面积变更提案的障碍。

3. 变更经济特区边界和（或）领土面积的初步决定由授权机构与该地区、共和国级城市、首都的相关地方执行机构协调达成一致。

4. 在本条第 3 款规定的决定通过后 20 个工作日内，授权机构向哈萨克斯坦共和国政府提交变更经济特区边界和（或）领土面积的建议。

变更经济特区边界和（或）领土面积的决定由哈萨克斯坦共和国政府作出。

4-1. 公私合营标的物连同经济特区边界内的地块的转让，不作为变更经济特区边界和（或）领土面积的依据。

位于经济特区边界内地块上的公私伙伴关系项目，仍留在经济特区领土之上。

5. 出让经济特区面积减少时腾出的地块，按照哈萨克斯坦共和国土地法典规定的程序确定土地类别。

第 17 条　经济特区运行的条件[2]

1. 经济特区的创建期限最长为 25 年，供其参与者开展由标准化领域授权机构批准、与经济特区总分类中特定部分相对应的优先类型的活动。

根据哈萨克斯坦共和国政府的决定，本款第 1 段规定的经济特区的运营期限可以延长。

对于根据哈萨克斯坦共和国企业经营法典第 295-2 条签订投资协议的经济特区参与者，按照哈萨克斯坦共和国预算法规定，需提供至少 1500 万倍于月度计算指标的投资额，

[1] 第 16 条经哈萨克斯坦共和国 2021 年 1 月 2 日第 399-Ⅵ号法律修订（自 2020 年 10 月 1 日起生效）。

[2] 第 17 条经哈萨克斯坦共和国 2021 年 1 月 2 日第 399-Ⅵ号法律修订（生效程序见第 2 条）。

自相关财政年度的 1 月 1 日起生效，经济特区特殊法律制度运行期限，经济特区参与者的权利和义务得以在投资协议有效期内保留。

2. 根据哈萨克斯坦共和国土地法典，经济特区可在国有土地或在尚未提供土地使用、或在因国家需要从土地所有者和土地使用者手中强行征收的土地上建设。

在公民和（或）非国家法人实体的私有土地上也可建立经济特区。

3. 根据哈萨克斯坦共和国土地法，用于实施优先活动、基础设施建设以及实施辅助活动，设立经济特区的国有土地，在经济特区创建期间，由经济特区管理公司提供临时有偿使用（租赁）。

在以下情况下，管理公司将转让国有土地：

1）根据活动实施协议，经济特区的参与者无偿开展优先活动；

2）在有偿基础上从事辅助活动的人员。

拟实施辅助类活动的经济特区领土总面积不得超过经济特区领土总面积的 10%。

同时，由经济特区的管理公司为经济特区参与者提供地块划分。

根据活动实施协议，经济特区管理公司有义务保留一部分地块，按确定的阶段提供给经济特区参与者实施项目。在这一情况下，以这种方式保留的地块，未经签订特定协议的经济特区参与者同意，管理公司不得转让他人或以其他方式让与，但该参与者未能履行分阶段实施该项目义务的情况除外。

根据哈萨克斯坦共和国法律，全部或部分由预算资金在国有临时有偿使用（租赁）的土地上建设基础设施，可以转让给管理公司进行物业出租（租赁）、委托管理以及补充注册资本。

管理公司可以向在经济特区从事辅助性活动的人和（或）参与者出租或转租在二次使用的国有土地上、全部或部分由预算资金建造基础设施。

3-1. 经济特区的管理公司将临时有偿土地使用权转让给经济特区参与者的，以根据公私合作协议的条款转让给国家合作伙伴，在转让的情况下构建公私合营设施，归国家所有。本条规定的出让临时有偿土地使用权是终止正在设立经济特区的国有地块土地二次使用（转租）合同的依据。

4. 设立经济特区的区域必须配备基础设施，其费用由预算资金和（或）哈萨克斯坦共和国法律未禁止的其他来源支付。

用预算资金建设或改造基础设施的拨款程序由哈萨克斯坦共和国预算法规定。

经济特区的参与者或从事辅助活动的人员有权在其转租的土地上自费建设其所需的基础设施。

5. 用于实施优先和（或）辅助活动而设立经济特区的私有土地，其所有者可以按照临时使用私有土地建设经济特区合同将其转让给管理公司临时使用（出租）。

根据建设经济特区的私有土地临时二次使用合同，管理公司有权将创建经济特区的私有土地转让给用于实施优先和（或）辅助活动的经济特区参与者或从事辅助性活动的人员临时二次使用。

根据创建经济特区或工业园区的私有土地临时有偿使用（租赁）和临时二次使用（转租）的示范合同，用于建立经济特区的私有土地临时有偿使用（租赁）合同和建立经济特区的私有土地临时二次使用（转租）合同签订期限不得超过此类经济特区的建立期限。

按照本法规定，土地所有人有权作为经济特区的参与者或者是从事辅助活动的人员在经济特区境内开展活动。在这种情况下，将不与地块所有者签订在私有土地上建立经济特区的临时使用（租赁）合同。

6. 本条第 2 款、第 3 款、第 4 款的规定不适用于本法生效前建立的经济特区所在的私有地块。

7. 在经济特区境内，在提供国家及其他服务时，实行“一个窗口”原则，能够保证：

1）及时、优质地提供国家和其他服务；

2）提供有关所提供的国家和其他服务的信息帮助。

8. 根据哈萨克斯坦共和国法律，由国家公司—公民政府在经济特区内按照“一个窗口”原则提供公共服务。

按照“一个窗口”原则提供的其他服务，可由经济特区管理公司进行。

9. 经济特区参与者或从事辅助活动的人员，应在所指定的期限内，在经济特区内建设开展活动所必需的设施并使其运行，合同中的义务条件有：

1）关于活动的实施；

2）管理公司与经济特区参与者或从事辅助性活动的人员签订有关临时有偿使用土地（租赁）和土地二次使用（转租）用于建立经济特区的国有土地合同；

3）由地块所有人与经济特区参与者或开展辅助活动的人员签署用于建设经济特区或工业园区的私人土地的临时有偿使用（租赁）和临时二次使用（转租）合同。

第 18 条　对以经济特区参与者身份开展活动申请的审议程序[1]

1. 根据本条，经济特区参与者的活动根据活动实施协议进行，为签署协议，申请人需向经济特区管理公司提交参与活动申请。

2. 申请人不包括：

1）地下资源使用者；

2）生产应税商品的组织，哈萨克斯坦共和国税收法典第 462 条第 6 款“关于税收和其他必须向预算缴纳的款项”规定的生产、组装（装配）应税商品的组织除外；

3）适用特殊税收制度的组织和个体经营者；

4）适用投资税收优惠的组织——在 2009 年 1 月 1 日之前未完成与授权国家投资机构签订的合同；

5）根据哈萨克斯坦共和国投资法，正在完成（已完成）优先投资项目和战略投资项目的组织；

6）从事博彩业的组织。在这一情况下，对于其边界与欧亚经济联盟海关边界完全或部分重合的经济特区，申请者不包括外国自然人和法人实体。

3. 若本条第 4 款未有其他规定，作为经济特区参与者开展活动的申请，应附以下纸质和（或）电子版文件：

1）经授权机构批准的申请人履历表；

2）法人的国家注册（再注册）证明；

---

〔1〕 第 18 条经哈萨克斯坦共和国 2021 年 1 月 2 日第 399-Ⅵ号法律修订（自首次正式公布之日起 10 日后生效）。

3）申请人第一负责人身份证复印件；

4）法人章程复印件；

5）法人实体最高机构关于在经济特区内开展活动决定的复印件；

6）由申请人的第一负责人、其副手或总会计师（会计师）签名的最新财务报告复印件；

7）符合授权机构规定要求的项目可行性研究报告（经济技术合理性）。

在提交作为信息通信和创新技术产业的经济特区参与者开展活动时，需附上项目可行性说明；

8）服务银行关于申请人银行账户中资金流动记录和信贷局的贷款报告；

9）注册地国家税收机关出具的关于是否存在拖欠税款和其他预算义务的证明。

如果提交文件时的法人实体不是哈萨克斯坦共和国居民，也未注册为哈萨克斯坦共和国纳税人，则需向国家税务机关提交在该国没有注册为纳税人的证明复印件。

外国法人提交本款第一部分第 2 项、第 4 项、第 5 项规定的合法文件、贸易登记簿的合法记录或其他合法文件，证明外国法人是根据外国法律成立的法人实体，以及翻译为哈萨克语和俄语的公证证明。

4. 其边界完全或部分与欧亚经济联盟海关边界重叠的经济特区参与者开展活动的申请，需附以下纸质和（或）电子版文件：

1）对于个体经营者：按授权机构批准格式的申请人履历表；

注册为个体经营者的申请人个人身份证明文件复印件；

注册地国家税收机关出具的关于是否存在拖欠税款和其他预算义务的证明；

2）对于法人实体：

按授权机构批准的格式提交的申请人履历表；

法人国家注册（重新注册）证明；

申请人第一负责人身份证明复印件；

章程复印件；

法人实体最高机构关于在经济特区内开展活动决定的复印件；

截至最后报告日的财务报表副本，由法人实体的第一负责人——申请人或接替他的人以及总会计师（会计师）签署；

由法人申请人的第一负责人、其副手或总会计师（会计师）签名的最新财务报告复印件；

注册地国家税务机关出具的关于是否存在拖欠税款和其他预算义务的证明。

5. 在申请人提交作为经济特区参与者开展活动申请时，经济特区管理公司应：

1）在申请注册日志中对以经济特区参与者身份开展活动的申请进行注册，并于提交当日在统一协调中心的互联网上发布；

2）检查所提交文件的完整性。

6. 经济特区管理公司按照项目筛选规则和标准审查作为经济特区参与者开展活动的申请。

7. 所申请的活动类型，其中包括在统一技术流程框架下的活动类型与设立经济特区的目的、活动的优先类型、申请人的项目筛选标准和所提交的文件不符合本条款第 3 项或第 4 项规定的要求时，经济特区管理公司可拒绝与申请人签署开展活动的合同。

经济特区管理公司应将拒绝就实施活动达成协议的决定及其理由以书面形式发送给申请人，并在经济特区参与者提交开展活动申请 10 个工作日内，将其发布在统一协调中心的网站上。

8. 所申请的活动，包括在统一技术流程框架内的活动类型，设立经济特区的目标、优先活动类型、申请人项目筛选标准和所提交的文件，符合本条款第 3 项或第 4 项规定的要求，经济特区管理公司将在经济特区参与者提交开展活动申请的 10 个工作日内签署活动实施协议。

9. 经济特区管理公司最迟于签订活动实施协议后的下一个工作日，将活动实施协议复印件发至统一协调中心和国家税务机关，并在统一协调中心的网站上发布有关签署实施活动合同的信息。

10. 统一协调中心在收到活动实施合同复印件后 5 个工作日内，将申请人信息录入经济特区参与人统一登记册，并发放确认经济特区参与者登记的证明。

自经济特区参与者信息录入统一登记册之日起，申请人即被认定为经济特区参与者，相关信息由统一协调中心通知经济特区管理公司。申请人进入经济特区参与者统一登记册的信息在统一协调中心的互联网上发布。

11. 在获得经济特区参与者注册证明后，经济特区参与者有权按照哈萨克斯坦共和国税法规定的程序，在经济特区内开展优先活动时享受税收优惠。

12. 国家税收机关在收到开展活动合同复印件后，按照哈萨克斯坦共和国法律规定的方式对经济特区参与者进行会计核算。

13. 活动执行协议的终止：

1）经济特区取消时；

2）活动实施协议期满或提前终止；

3）本法、哈萨克斯坦共和国的民法或有关活动实施的协议规定的其他情况。

经济特区管理公司最迟自活动实施协议终止之日起 5 个工作日内将活动实施协议终止通知国家税务机关。

本款的规定不适用于其边界完全或部分与欧亚经济联盟的海关边界重合的经济特区参与者。

第 19 条　将活动类型列入经济特区内优先活动类型清单的程序

1. 经济特区的潜在参与者或经济特区的管理公司有权向授权机构申请将活动类型列入优先活动类型清单。

将某类活动列入优先活动清单的申请由授权机构在收到此类申请之日起 5 个工作日内提交特别委员会审议。

特别委员会在哈萨克斯坦共和国立法和特别委员会条例规定的权限内开展活动。

2. 特别委员会由具有投票权的代表组成：

1）被授权机构（主席）；

2）税收政策领域的授权机构；

3）创业授权机构；

4）负责管理税收和其他预算义务的国家授权机构；

5）负责国家规划的中央授权机构；

6）负责预算规划的中央授权机构；

7）哈萨克斯坦共和国全国企业家联合会。

可吸收其他没有投票权的利益相关者参与特别委员会的工作。

所有有表决权成员参加的特别委员会会议视为具有全权。

3. 将优先活动类型清单中未规定的活动种类列入优先活动类型清单的决定，应由特别委员会以多数票表决通过。在票数相等的情况下，主席的投票具有决定性。

4. 基于特别委员会的积极决定：

1）授权机构批准将补充类型的活动列入优先活动类型清单；

2）经济特区管理公司与申请人签订活动实施协议。

第 20 条　撤销经济特区参与者地位的程序

1. 经济特区参与者不遵守本法第 18 条第 14 款规定的要求，与该参与者的活动实施协议按本法、哈萨克斯坦共和国民事法律和活动实施协议规定的程序终止。

2. 经济特区管理公司在经济特区参与者违反活动实施协议确定的必要条件的情况下，发起终止活动实施协议动议。如果经济特区的参与者不履行其义务，将构成经济特区或工业园区参与者不履行活动实施协议确定的义务的行为。

经济特区管理公司在不超过 60 日内，将其未能履行活动实施协议确定的义务及必须消除违规行为的情况通知经济特区参与者。

如果经济特区参与者未能采取措施消除这些违规行为，经济特区管理公司在终止合同前至少 10 个工作日内，将终止执行土地二次使用（转租）合同或将临时二次使用（转租）地块合同通知经济特区参与者。

3. 经济特区管理公司自合同终止之日起 2 个工作日内，将此通知经济特区参与者、国家税收机构、统一协调中心，以及地方共和国级城市、首都的执行机构。

第 21 条　对有意愿在经济特区内从事辅助性活动人员的要求

1. 辅助性活动根据经济特区管理公司与在经济特区内从事辅助性活动的人员签订的活动实施协议进行。

2. 申请在经济特区内从事辅助性活动的人员，必须符合以下条件：

1）作为哈萨克斯坦的商品、工程、服务生产商；

2）必须按照哈萨克斯坦共和国法律规定的程序注册为个体经营者或法人实体。

3. 符合本条第 2 款规定、希望从事辅助活动的人员，应当向经济特区管理公司提出准许从事辅助活动的申请。根据从事辅助性活动准入人员的文件清单，需附有纸质和（或）电子版申请书。

第 22 条　允许从事辅助活动的理由和程序

1. 经济特区管理公司在收到作为从事辅助性活动人员的准入申请后：

1）检查所提交的文件与准入人员开展辅助性活动的文件清单是否相符；

2）将从事辅助类型活动的人员的准入申请在注册簿注册。申请从事辅助类型活动人员提交准入申请之日为其注册日期。

2. 提交的文件与开展辅助活动人员准入文件清单相符时，经济特区管理公司自申请登记之日起 3 个工作日内，签订活动实施协议，并将此信息通知该区的国家税务机关。

3. 希望在经济特区内从事辅助性活动的人员，为获得该权利，也可与经济特区参与者签订合同，并与经济特区的管理公司就完成某些类型的工作和服务达成协议。

4. 所提交的文件与准予开展辅助活动人员的文件清单不符时，经济特区管理公司将在该申请注册之日起 3 个工作日退回从事辅助活动人员的准入申请。退回从事辅助性活动的准入申请并不剥夺该人在消除不足后再次申请的权利。

第 23 条　在经济特区内提供公共服务

向经济特区提供电力、热力、燃气、水和公共服务的供应商，必须保证其他消费者能够得到相类似的服务。

第 24 条　经济特区的撤销

1. 经济特区设立期限届满，经济特区即告撤销。

2. 经济特区撤销后，在经济特区境内拥有地块二次使用（转租）权的经济特区参与者，有权按照哈萨克斯坦共和国土地法规定的程序和理由购买这些地区，同时考虑到为位于哈萨克斯坦共和国边境地区和边境地带的地块提供的限制购买。

在这一情况下，该经济特区的领土获得了具有国家级工业园区的地位，其管理公司获得了工业园区管理公司的地位，该经济特区参与者和开展辅助活动的个人，获得工业园区参与者的地位。

第 25 条　经济特区参与权的转让

1. 本条款所称经济特区参与权，是指注册为经济特区参与者并录入经济特区参与者统一登记册，在经济特区从事优先活动的法人的权利。

2. 具有经济特区参与权的法人与具有相同权利的法人合并时，按照本条款规定的程序重新登记经济特区参与权。

具有经济特区参与权的法人实体与其他法人实体合并时，则依照本法第 18 条第 3 款或第 4 款，合并后新成立的法人实体需要重新注册。

3. 具有经济特区参与权的一类法人转为另一类法人时，须依照本条规定的程序，对新成立的法人实体进行重新登记，但是因法人变更而新产生的法人实体在经济特区从事哈萨克斯坦共和国法律禁止的某些活动除外。

4. 具有经济特区参与权的法人实体与另一法人实体合并时，经济特区参与权需依照本法第 18 条第 3 款、第 4 款的规定，重新注册给由于合并新产生的法人。

具有经济特区参与权的法人与具有相同权利的法人合并时，需依照本条款规定的程序重新登记经济特区参与权。

5. 当一个或多个法人离开具有经济特区参与权的法人实体时，依照本法第 18 条第 3 款、第 4 款规定，并经重组法人同意，经济特区参与权重新注册给新成立的法人实体。

6. 具有经济特区参与权的法人实体进行分立时，依照本法第 18 条第 3 款、第 4 款规定，并经重组法人同意，经济特区参与权应重新注册给由于分立而新产生的法人实体。

7. 本条第2款第一部分、第3款、第4款第二部分规定的经济特区参与权的重新登记，应基于新成立的法人实体向经济特区管理公司提出申请，并附上确认重组的文件进行。

本条规定的其他情况下，若符合本法规定的要求，允许重新登记经济特区参与权。

第四章　工业园区的建立和运行

第26条　工业园区的类型

工业园区分为国有和私有两类。国有工业园区细分为以下类型：

1）国家级工业园区；

2）地区级工业园区；

3）小型工业园区。

第27条　工业园区设立原则[1]

1. 除非本条第2款另有规定，地区级工业园区是全部或部分由地方预算拨款运行的工业园区。

2. 国家级工业园区：

1）全部或部分由国家预算拨款运行的工业园区；

2）依照本法第24条规定，工业园区的地位在撤消经济特区后获得。

3. 依照本条第1款或第2款规定，地方执行机构应于工业园区创建之日起20个工作日内，向统一协调中心通报此信息。

4. 私人工业园区是由个人或非国有法人实体以自有资金、私人投资、贷款建立的工业园区。

建设（改造）特别工业园区的内部工程基础设施（公用工程）项目的融资来自特别工业园区的土地所有者（多个所有者）的自有资金、私人投资和贷款。

对私人工业园区外基础设施项目建设（重建）的融资拨款，依照哈萨克斯坦共和国政府规定的程序进行。

在这种情况下，个人或非国有法人实体——私人工业园区的所有者，须在工业园区建立之日起20个工作日内，将此通报统一协调中心。

5. 小型工业园区的建立和运作依照小型工业园区的建立和运作规则进行。

同时，小型工业园区应安置在从事开发性生产和其他大楼的区域内，这些大楼依照哈萨克斯坦法律转交给中小经营主体。

6. 依照哈萨克斯坦共和国法律，可以吸引私人投资建立国家级和地区级的工业园区。

7. 工业园区内与利用其地位有关的所有交易，在将工业园区纳入工业园区统一登记册后有效。

8. 基于工业园区管理公司与工业园区参与者之间达成的活动实施协议，允许参与者在工业园区内开展活动。

---

［1］ 第27条经哈萨克斯坦共和国2021年4月1日第26-Ⅶ号法律修订（自首次正式公布之日起10日后生效）。

此类协议以有关活动实施标准协议为基础制定。工业园区的所有参与者，无论其类型如何，都按其条件保证所签署协议的稳定性。

活动实施协议的示范格式规定了所有类型的工业园区的强制条件和不变条件，这些条件在各方同意时可以改变。

第 28 条　国家级工业园区的创建程序

1. 由州、共和国级城市、首都的地方执行机构向授权机构提交建立国家级工业园区的提案，并附上技术—经济依据和构想。

2. 自提交创建国家级工业园区的提案之日起 5 个工作日内，授权机构审查建立国家级工业园区的构想是否符合建立经济特区和工业园区构想的要求。根据构想审查结果，授权机构在 3 个工作日内通知地方执行机构，告知将构想提交专家委员会审议，或以构想不符合规定要求为由发出合理拒绝通知。

专家委员会在提交创建国家级工业园区提案之日起 20 个工作日内准备好意见。

3. 在专家委员会提交肯定结论的情况下，授权机构在提交结论后 5 个工作日内提出书面意见，同意建立国家级工业园区。

该书面意见是州、共和国级城市、首都的地方执行机构决定建立国家级工业园区的基础。

4. 在专家委员会提交否定结论的情况下，授权机构退回建立国家级工业园区的建议。

专家委员会在下列情况下提出否定意见：

1）创建国家级工业园区缺少经济合理性；

2）关于建立国家级工业园区的提案与国家政策优先方向不符；

3）提案不符合环保领域的要求；

4）需要保护人类生命和健康、特别自然保护区、历史和文化遗产对象以及国家安全遭受破坏和损坏的威胁，确保国家安全。

主管机构在专家提交结论之日起 3 个工作日内，以本款第 2 段规定的依据合理拒绝，并以书面形式将其发送给州、共和国级城市、首都的地方执行机构。

否定创建国家级工业园区的提案并不妨碍后续再次提交同一提案。

5. 发出建立国家级工业园区的决定后，州、共和国级城市、首都的地方执行机构在所提议建立国家级工业园区的地点，或在国家级工业园区管理公司按照哈萨克斯坦共和国土地法典规定的程序提供的地块建设工业园区。

6. 有关地方执行机构在提供用于设立国家级工业园区的地块之日起 10 个工作日内将此事通知统一协调中心。

7. 本条的要求不适用于以本法第 24 条规定的方式创建国家级工业园区的情况。

第 29 条　地区级工业园区的建立程序

1. 建立地区级工业园区的决定由州、共和国级城市、首都的地方执行机构作出。在相关地方执行机构通过决定的同时，应制定创建地区级工业园区构想，并将其发布在地方执行机构的互联网上。

2. 创建地区级工业园区构想应包含以下内容：

1）创建工业园区的目的；

2）工业园区项目筛选标准清单；

3）对环境影响的评估；

4）预期的财务、经济和社会后果；

5）工业园区布局；

6）构想提出的措施是否符合国家计划系统文件的数据；

7）计算实现每个部分措施融资额及实现直接和最终结果的可能性；

8）工业园区及其基础设施发展规划草案。

3. 地方执行机构关于建立地区级工业园区的决定草案，必须提交相关行政区域单位的公共理事会审查。

4. 作出建立地区级工业园区的决定后，由州、共和国级城市、首都的地方执行机构在拟建工业园区所在地、或由工业园区管理公司依照哈萨克斯坦共和国土地法典规定的程序确定的地块上建立工业园区。

5. 有关地方执行机构在提供用于设立地区级工业园区的土地之日起 10 个工作日内，将此信息通知统一协调中心。

第 30 条　私营工业园区的建立程序[1]

1. 私营工业园区由作为以下资产所有人的自然人和非国有法人实体建立：

1）拥有具有私营工业园区地位的地块；

2）这些地块上的基础设施是在其区域上开展经营活动所必需的。

2. 私营工业园区的所有者必须与该地区、共和国级城市、首都的地方执行机构就创建私营工业园区构想达成一致，包括：

1）创建工业园区的目的；

2）对环境影响评估；

3）工业园区拟建区位图。

除了本条款第一部分规定的要求外，创建特殊工业园区构想还包括：

特别工业园区的招商引资计划，包括项目实施阶段和期限安排；

在吸引具有根据国际质量管理体系标准建立和开发工业园区经验的非国有法人实体的情况下，与潜在的管理公司达成的意向协议；

特殊工业园区参与相应地区的社会经济发展。

3. 州、共和国级城市和首都的地方执行机构，自收到建立私营工业园区构想之日起 10 日内，审查该构想是否符合发展相应建设区的总体规划和哈萨克斯坦共和国环保立法的要求。

4. 在与州、共和国级城市和首都的地方执行机构就建立私营工业园区构想达成一致后，私营工业园区的所有者必须注册，或按有限合伙人或股份公司的形式确定法人实体，以履行工业园区管理公司职能。

5. 私营工业园区所有者自私营工业园区管理公司注册起的 20 个工作日内，将此信息

---

〔1〕 第 30 条经哈萨克斯坦共和国 2021 年 4 月 1 日第 26-Ⅶ号法律修订（自首次正式公布之日起 10 日后生效）。

通知统一协调中心。

6. 依照本法第 27 条第 8 款的规定，私营工业园区管理公司必须与工业园区参与者签订活动实施协议。

第 31 条　工业园区领土边界和（或）领土面积变更的程序

1. 变更工业园区领土边界和（或）领土面积的提案：

1）国家级工业园区——由州、共和国级城市、首都的地方执行机构向授权机构提交；

2）地区级工业园区——由有意变更工业园区边界和领土面积的自然人和法人实体向相应的州、共和国级城市、首都的地方执行机构提交。

在地块业权文件登记后，州、共和国级城市和首都的地方执行机构将所做的更改通知统一协调中心。

2. 变更私营工业园区的领土边界和（或）领土面积由其所有者根据哈萨克斯坦共和国土地法典实施。土地业权文件登记后，私营工业园区的所有者将所做的更改通知统一协调中心。

3. 变更工业园区的领土边界和（或）领土面积的提案内容应包括：

1）拟变更的构想，包括财务和经济核算依据；

2）对环境影响的评估。

4. 应在上交提案之日起 20 个工作日内审议变更国家级和地区级工业园区的领土边界和（或）领土面积的合理性问题。在此期限届满时，向此类提案的发起人发送有关更改工业园区领土边界和（或）领土面积提案的审议结果的意见。

5. 如果州、共和国级城市和首都的地方执行机构批准国家级和地区级工业园区变更领土边界和（或）领土面积，依据哈萨克斯坦共和国土地法典，需对工业园区所在地进行注册。

6. 改变私营工业园区的领土边界和（或）领土面积的决定由其所有者作出。

第 32 条　驳回变更工业园区领土边界和（或）领土面积提案的理由

1. 在下列情况下，变更国家级和地区级工业园区的领土边界和（或）领土面积的提案可能会被驳回：

1）变更工业园区领土边界和（或）领土面积的提案与国家经济政策的优先方向不符；

2）变更工业园区领土边界和（或）领土面积的提案与环保领域的要求不符；

3）需要保护人民的生命和健康、特别保护的自然区域、历史和文化遗产对象以及国家安全遭受破坏和损坏的威胁；

4）变更工业园区的领土边界和（或）领土面积的提案毫无根据。

2. 在下列情况下，当私营工业园区的领土边界和（或）领土面积变更时，地方执行机构可以拒绝签发土地的业权文件：

1）变更工业园区的领土边界和（或）领土面积的提案不符合环境保护领域的要求；

2）需要保护人民生命和健康、特别保护的自然区域、历史和文化遗产对象以及国家安全遭受破坏和损坏的威胁；

3）缺少确认申请发起人有关土地产权存在的证明，计划在该土地实行私营工业园区的地位；

4）在变更私营工业园区领土边界和（或）领土面积时，未能得到计划在其领土设立私有工业园区的土地所有者（土地使用者）同意。

3. 变更工业园区领土边界和（或）领土面积的提案被驳回，不妨碍后续再次提出变更工业园区界线和（或）面积提案。

第 33 条　工业园区的运作条件[1]

1. 在国有土地上建立的国家级和地区级工业园区运作期限不少于 20 年，而不是按照哈萨克斯坦共和国土地法典规定的土地使用。

2. 本条第 1 款规定的工业园区的运作期限，可由地方执行机构决定延长。

3. 依据哈萨克斯坦共和国土地法典，设立工业园区的国有土地，在工业园区建立期限内提供给工业园区管理公司临时有偿使用。

依据本法，管理公司在实施活动协议基础上，将土地转给国家级或地区级工业园区的参与者。

在这种情况下，提供给工业园区参与者的地块的划分由工业园区管理公司实施。不允许有选择性地划分。

用于建设私营工业园区地块的临时使用（租赁）权，按土地所有者确定的期限提供给私营工业园区管理公司。

向私营工业园区参与者提供的土地使用期限，在参与者与工业园区管理公司签署的临时二次使用（转租）用于建立工业园区的私有土地合同中确定。

根据活动实施协议，管理公司应当按照确定的阶段，为工业园区参与者储备部分土地地块。同时，未经签署上述协议的工业园区参与者同意，管理公司不得将以这种方式储备的土地地块，转让他人或以其他方式转让，但该参与者未能履行分阶段实施项目义务的情况除外。

4. 转为临时有偿使用（租赁）的国有土地上全部或部分由预算资金建设的基础设施，可转让给工业园区管理公司进行物业租赁（转租）、委托管理，以及依据哈萨克斯坦共和国法律补充为注册资本。

工业园区的管理公司可以将全部或部分由预算资金在国有土地上建设、按照委托管理或物业租赁协议规定的条件转为临时使用的基础设施项目，以物业租赁或转租给工业园区参与者。

5. 建设国家级和地区级工业园区的土地必须由预算资金和（或）哈萨克斯坦共和国法律未禁止的其他经费来源配备基础设施。

使用预算资金建设和改造基础设施项目的拨款程序，依据哈萨克斯坦共和国预算法进行。

工业园区参与者有权在转让给他们土地上自费建设必需的基础设施。建设此类设施须经工业园区管理公司同意方可进行。

6. 建立私营工业园区的私有地块，由其所有者根据地块临时使用（租赁）协议将其转让给管理公司临时使用（租赁）或免费临时使用建立工业园区，而管理公司根据二次使

[1] 第 33 条经哈萨克斯坦共和国 2021 年 4 月 1 日第 26-Ⅶ号法律修订（自首次正式公布之日起 10 日后生效）。

用（转租）协议将用于建设工业园区的私有土地给工业园区参与者。

根据本法的要求，地块所有者有权作为管理公司的注册人和（或）私有工业园区的参与者在私营工业园区内开展活动。在这种情况下，不需与地块所有者签订临时使用（租赁）用于创建私营工业园区的私有土地的合同。

如果特别工业园区的土地所有者是具有按照国际质量管理体系标准创建和开发工业园区经验的非国有法人实体，则该所有者有权将自己视为特别工业园区的管理公司。

特别工业园区地块所有者有权在特别工业园区参与者草案规定的所有项目投入使用后，向特别工业园区参与者出售土地。

7. 本条第 6 款的规定不适用本法生效前已设立的私营工业园区参与者的私有土地。

8. 在工业园区内提供国家和其他服务时，实行“一个窗口”原则，确保：

1）及时、优质地提供国家服务和其他服务；

2）提供有关所提供国家服务和其他服务的信息帮助。

9. 根据哈萨克斯坦共和国法律，在国家级和地区级工业园区内，由“为民政府”按照“一个窗口”原则提供公共服务。其他按“一个窗口”原则提供的服务，可由相应工业园区管理公司进行。

10. 工业园区管理公司有权开展以下活动：电力供应、给排水、供热、供气、向特别工业园区参与者提供电信服务。

特别工业园区管理公司的活动必须按照国际质量管理体系标准进行。

第 33-1 条　特别工业园区的运营[1]

1. 除本法规定的条件外，特别工业园区的运营条件还包括：

1）特别工业园区的土地所有者有权将自己视为特别工业园区的管理公司；

2）特别工业园区管理公司可以是特别工业园区可分割土地的所有者。

在这一情况下，根据哈萨克斯坦共和国的法律，特别工业园区管理公司可根据自己的考察自行决定通过出售、转让、物业出租（租赁）、委托管理以及补充注册资本的方式向特殊工业园区提供土地。

2. 在出售土地时，在建设项目运营前将其转给特别工业园区参与者用于物业租赁，但不得抵押或转租给第三方，并在建设项目投入运营后获得该土地专有权。

特别工业园区的土地出售给特别工业园区的参与者，只有在遵守活动实施协议和土地买卖合同的条件，享有对被出售土地优先购买权的情况下才能进行。

3. 当特别工业园区参与者多次违反按活动实施协议和哈萨克斯坦公民法典规定的条件和程序，在特别工业园区实施项目的期限，特别工业园区管理公司有权终止特别工业园区参与者的活动实施协议。

根据活动实施协议，管理公司应当按照协议确定的阶段，保留部分地块，用于在特别工业园区参与者的项目。在这一情况下，以这种方式保留的土地，未经签订上述协议的特别工业园区参与者同意，管理公司不得转让给他人或以其他方式让与，除非该参与者未能妥善履行项目分阶段实施的义务。

---

〔1〕 第 33-1 条经哈萨克斯坦共和国 2021 年 4 月 1 日第 26-Ⅶ号法律增补（自首次正式公布之日起 10 日后生效）。

4. 特别工业园区参与者独立保证特别工业园区内部工程基础设施（工程通信）项目的融资、建设、运营和维护。

5. 特别工业园区管理公司在取得的许可证和执照的基础上，按照哈萨克斯坦共和国法律规定的程序履行其他职能，包括供电、供水、污水处理、供气、向特别工业园区参与者提供通信服务。

6. 管理公司监督参与者在特别工业园区内的活动。特别工业园区活动和运营规则和程序由特别工业园区管理公司确定和批准，对特别工业园区的参与者具有强制性。

7. 本法规定的标准文件格式不适用于特别工业园区。

8. 特别工业园区参与者独立保证非国有消防部门在特别工业园区内的活动组织。

9. 在特别工业园区境内，禁止进行以下活动：

1）不符合环保要求和劳动安全条件的；

2）武器和弹药（弹药筒）的生产和贸易；

3）核材料和电离辐射源的生产和贸易；

4）水泥、水泥熟料、煤、石灰和石膏制品的生产；

5）化学品的加工、分解、焚烧、气化、处理，所有类型废料的最终和（或）临时地下储存和（或）掩埋；

6）安置石油加工厂，核电站，核装置，辐射源，用于储存、处置和处理核燃料、放射性物质和废料，以及其他放射性废料的站点和装置。

10. 在特别工业园区内设计和建造设施时，从事设计、建造和安装工作的承包商必须遵守哈萨克斯坦共和国民防立法规定的消防和工业安全要求。

11. 在特别工业园区内设计和建造设施时，从事设计、建造和安装工作的承包商必须遵守哈萨克斯坦共和国环境法规定的环境安全要求。根据哈萨克斯坦共和国环境法律进行环境评估。

12. 在特别工业园区内运营的管理公司不得超过一家。

第 34 条　作为国家级或地区级工业园区参与者开展活动

1. 国家级或地区级工业园区参与者根据活动实施协议开展活动，按照经济特区和工业园区项目筛选规则和标准，为签署协议，申请人需向国家级或地区级工业园区的管理公司提交申请。

2. 国家级或地区级工业园区的管理公司与潜在参与者签订活动实施协议，但须经相关区域协调委员会决定允许这些人员进入工业园区。

3. 活动实施协议的终止：

1）活动实施协议期满或提前终止；

2）本法规定、哈萨克斯坦共和国民事法律或活动实施协议规定的其他情况。

4. 国家级或地区级工业园区的管理公司在工业园区参与者违反活动实施协议确定的基本条件时，将终止活动实施协议。如查明工业园区参与者未能履行其义务，则构成经济特区或工业园区参与者未能履行活动实施协议确定的义务的行为。

国家级或地区级工业园区的管理公司就未能履行活动实施协议确定的义务，以及必须在不超过 60 个日历日内消除违规行为通知工业园区参与者。

如工业园区参与者未采取措施消除上述违规行为，工业园区管理公司在终止执行协议前至少10个工作日通知工业园区参与者，终止活动实施协议和（或）临时二次使用（转租）地块的协议。

5. 国家级或地区级工业园区的参与者有权按照哈萨克斯坦共和国土地法典规定的程序和理由赎回土地所有权。

第35条　国家级或地区级工业园区的撤销

1. 国家级或地区级工业园区应在该工业园区创建期限届满时撤销。

国家级或地区级工业园区的运行期限由州、共和国级城市和首都的地方执行机构有关建立工业园区的相关决定规定。

2. 撤销国家级或地区级工业园区后，此类工业园区的参与者有权依照哈萨克斯坦共和国土地法典规定的程序和理由回购土地，但要考虑为提供位于哈萨克斯坦共和国边境区和边境带的土地规定的限制。

如果国家级或地区级工业园区的参与者在撤销国家级或地区级工业园区时未能完成房地产项目和（或）相关建筑物（结构）的建造，则经当地执行机构授权可临时有偿使用土地（租赁），期限不超过3年。

3. 自国家级或地区级工业园区被撤销起，与该工业园区参与者签订的活动实施协议终止。根据哈萨克斯坦共和国民事法律，被撤销的工业园区管理公司亦应撤销。

第35-1条　特别工业园区地位的撤销[1]

1. 特别工业园区地位的撤销按照以下决定进行：

1）地方执行机构；

2）特别工业园区的所有者。

2. 在下列情况下，撤销特别工业园区地位的决定由地方执行机构作出：

1）保护人民生命和健康，保护环境，保障国家安全和国防能力；

2）特别工业园区的所有者未履行建立特别工业园区构想规定的义务。

3. 被撤销特别工业园区地位的私营工业园区，可继续按照本法的一般原则运作。

第五章　统一协调中心

第36条　统一协调中心

1. 统一协调中心是协调经济特区和工业园区活动的法人实体。

2. 统一协调中心的任务是发展、促进和增加经济特区和工业园区的投资吸引力。

3. 为了哈萨克斯坦共和国经济特区和工业园区的有效和稳定发展，统一协调中心有权吸引和使用哈萨克斯坦共和国法律未禁止的资金来源。

4. 在其活动中，统一协调中心对授权机构负责。

统一协调中心的领导由授权机构任免。

---

〔1〕 第35-1条经哈萨克斯坦共和国2021年4月1日第26-Ⅶ号法律增补（自首次正式公布之日起10日后生效）。

第 37 条　统一协调中心的权限

统一协调中心的权限包括：

1）与国家机构、管理公司的参与者（股东）、经济特区和工业园区的管理公司、经济特区和工业园区的参与者就经济特区和工业园区参与者的注册、经济特区和工业园区的融资和基础设施发展进行合作；

2）向授权机构提交完善哈萨克斯坦共和国经济特区和工业园区法的建议；

3）对国有经济特区和工业园区管理公司注册资本（股）的股份进行委托管理；

4）对经济特区参与者进行统一登记；

5）发放经济特区参与者注册的证明；

6）对工业园区进行统一登记；

7）监督经济特区和工业园区内活动实施协议条件的履行情况；

8）监测经济特区和工业园区的基础设施状况；

9）监测经济特区或工业园区管理公司为实现发展战略提出的专项指标实现情况；

10）为经济特区和工业园区的发展和推进提供服务，包括：

在经济特区和工业园区管理公司中制定和实施管理模式、内部业务流程和公司文件；

制定经济特区和工业园区发展战略的建议（提案）、经济特区项目筛选标准、经济特区和工业园区管理公司的融资规划、制定经济特区和工业园区的融资计划（预算编制和合并）；

经济特区和工业园区管理公司员工的培训；

为经济特区和工业园区管理公司制定经济特区和工业园区的营销策略进行市场分析和咨询；

进行专项营销；

进行项目分析；

确保国内经济特区和工业园区在国际市场上的推广；

为经济特区和工业园区潜在参与者的活动提供信息支持；

协助吸引潜在投资者进入经济特区和工业园区；

11）协助实现授权机构战略文件的目标指标。

第六章　经济特区的管理

第 38 条　经济特区管理公司的设立

1. 哈萨克斯坦共和国政府关于建立经济特区的法令生效后，哈萨克斯坦共和国政府或州、共和国级城市和首都的地方执行机构，应作出决定以股份公司或有限责任合伙企业的组织形式，创建和（或）参与创建经济特区管理公司。

2. 在创建经济特区时，管理公司的创始人可以是：

1）哈萨克斯坦共和国政府；

2）州、共和国级城市和首都的地方执行机构。

管理公司也可以在非国有法人实体（包括外国法人实体）的参与下创建，这些法人实体具有在其他国家或哈萨克斯坦共和国管理经济特区的经验，但需考虑哈萨克斯坦共和国股份公司法律规定的特点。

在这种情况下，国家在所创建的管理公司中必须拥有不超过管理公司法定资本（有表决权的股份）26%的股份。

向非国有法人实体（包括外国法人实体）出售股份公司或有限责任合伙企业法定资本中的国有股份，按哈萨克斯坦共和国国有资产法第105条规定的程序进行。

国有管理公司参与法定注册资本中的份额（表决权股份）可以转给统一协调中心委托管理。

3. 非国有法人（包括外国法人），可被指定为经济特区管理公司，条件是国家在管理公司中拥有不超过法定资本26%的股份。

将由哈萨克斯坦共和国政府确定的管理公司注册资本（股份）份额转给国家，应按照哈萨克斯坦共和国国有资产法规定的方式进行。

4. 授权机构应与非国有法人实体参与的经济特区管理公司就经济特区管理公司适当履行职能达成协议。

5. 如果此类管理公司未能履行合同规定的义务适当履行职能，根据哈萨克斯坦共和国民法典，授权机构有权终止合同。

6. 经济特区管理公司注册人决定，一家管理公司可以管理多个经济特区。

7. 经济特区管理公司可同时管理工业园区。

8. 创始人第一次会议（签署注册协议，提出唯一创始人的决定）必须在不迟于哈萨克斯坦政府作出国家参与创建管理公司决定之日起30日内召开。

9. 依照哈萨克斯坦共和国关于法人实体的国家注册和分支机构和代表处核查登记法规定的程序，经济特区管理公司在经济特区创建地登记注册。

10. 管理公司董事会（监事会）中的股东（参与者）从全国企业家联合国会推荐的人选中选举独立经理人（监事会成员），根据职务，该成员领导负责管理公司战略规划问题的经理委员会（为监事会主席），以及从统一协调中心推荐的人选中选出的独立经理人（为监事会成员）。

11. 授权机构与经济特区管理公司签署协议，在协议框架下，后者履行经济特区管理公司职能，并应实现关键指标。

12. 经济特区管理公司自成立或决定之日起2个月内，经授权机构同意，批准为期3年的经济特区发展战略，包括年度目标指标。

考虑到经济特区发展的动态，该战略应每3年重新审批一次。

后续参与的经济特区管理公司应按照先前批准的经济特区发展战略开展活动。

第39条　经济特区管理公司的功能[1]

经济特区管理公司的功能包括：

1）与国家机构就经济特区运营进行合作；

2）提供临时有偿用地（租赁）、二次用地（转租）、临时使用（租赁）或临时二次使

[1] 第39条经哈萨克斯坦共和国2021年1月2日法律第399-Ⅵ号修订（自2020年10月1日起生效）。

用（转租）的土地，物业出租（租赁）或转租，以及提供基础设施给优先开展活动的经济特区参与者和开展辅助性活动的人员；

2-1）转让土地临时有偿使用权给经济特区的参与者，在将公私合作伙伴关系在建项目转为国家所有时，该参与者是公私合作协议下的私人合作伙伴；

3）活动实施协议的签署和终止；

4）根据经济特区参与者的年度报告，按授权机构确定的程序向授权机构和统一协调中心提交经济特区的活动报告；

5）吸引经济特区的潜在参与者；

6）为基础设施项目建设和经济特区其他类型活动的实施吸引投资；

7）按照批准的可行性研究，在未转让给经济特区参与者的地块上进行基础设施建设；

8）按照“一个窗口”的原则，为“为民政府”运营安排接待场地；

9）监督活动实施合同条件的履行情况；

10）开展创建经济特区新兴产业的市场调研；

11）落实经济特区发展促进措施；

12）为经济特区的潜在参与者、申请人、经济特区参与者提供信息支持，包括组织经济特区潜在参与者、申请人、经济特区参与者与国家机构、私营企业家协会代表的会议；

13）为经济特区实施产业创新和投资项目吸引投资；

14）按照“一个窗口”原则与经济特区的潜在参与者、申请者、经济特区参与者进行互动和合作，并在该原则实施的框架内，在接受公共服务时与政府机构互动中及在接受其他服务时与其他组织互动中代表经济特区参与者的利益；

15）提供公用事业、物流和配套服务；

16）参与公私合作伙伴关系项目；

17）为制定商业计划、可行性研究、设计估价和其他项目文件提供服务；

18）在经济特区境内进行建筑安装工作，并向经济特区参与者提供此类服务；

19）实施经济特区内的整治工作；

20）向经济特区参与者提供咨询和营销服务；

21）在经济特区内进行的基础设施项目和商业设施的建筑、城市规划和建设活动领域，提供技术监督和工程服务；

22）不违反哈萨克斯坦共和国法律规定的其他职能。

第 40 条　经济特区管理公司管理人员的筛选

1. 在哈萨克斯坦共和国政府或地方执行机构设立经济特区管理公司时，经济特区管理公司领导人将根据授权机构和相关国家机构、统一协调中心共同进行的竞选结果任命，任命将在哈萨克斯坦共和国政府通过建立经济特区的决定之日起 60 日内进行。

2. 竞标委员会的肯定性决定是与通过竞标选拔的人员签订劳动合同的基础。

如果竞标委员会作出肯定决定，统一协调中心自总结招标结果之日起 10 日内，向管理公司董事会会议提交任命通过竞争选拔的人员担任管理公司领导人职位的提案。

管理公司董事会（由唯一参与者或参与者大会决定）决定与通过竞争性选拔的人员签订劳动合同，合同中应包含其活动的关键绩效指标。

3. 活动的关键绩效指标未达标是与经济特区管理公司领导人终止劳动关系的依据。

4. 管理公司首任领导人未达到关键绩效指标时，由授权机构提出解除劳动合同的议案，提请董事会审议。

如果董事会未采取适当措施终止与该管理公司的劳动合同，经济特区管理公司适当履行职责的合同将被终止。

第 41 条　经济特区参与者的权利和义务

1. 经济特区的参与者享有以下权利：

1）享受哈萨克斯坦共和国法律规定的法律保护、税收和其他福利保障；

2）按照哈萨克斯坦共和国土地法典和本法规定的程序，获得土地并建设基础设施，以开展优先活动；

3）在活动实施协议中确定包含在单一技术过程中并与创建经济特区和优先活动目标相关的活动类型；

4）吸引从事辅助性活动的人员参与开展优先活动；

5）规定辅助性活动；

6）享有哈萨克斯坦共和国法律规定的其他权利。

2. 经济特区的参与者应承担以下义务：

1）向经济特区管理公司提交年度活动报告；

2）自愿并妥善履行哈萨克斯坦共和国法律和活动实施协议规定的义务。

第 42 条　对经济特区内活动实施协议条款履行情况的监督

对活动实施协议条款的履行情况进行监督：

经济特区的管理公司在协议执行框架内，根据原始文件以及经济特区参与者的年度报告执行情况进行；

州、共和国级城市、首都的地方执行机构和统一协调中心根据经济特区管理公司以报告形式提供的信息和依据本法由经济特区参与者提供的信息进行。

第 43 条　经济特区管理公司的活动融资

管理公司活动通过以下渠道融资：

1）管理公司向经济特区参与者提供服务的报酬；

2）专项债务融资；

3）物业出租（租赁）和转租基础设施、地块以及其他财产的收入；

4）作为补充注册资本的出资；

5）预算资金；

6）其他哈萨克斯坦共和国法律未禁止的管理公司活动收入。

本条第 1 段第 5 款仅适用于法定资本（股份）百分之百属于国家所有的经济特区管理公司。

第七章　工业园区管理

第 44 条　工业园区管理公司的设立

1. 地方执行机构关于设立国家工业园区的决定生效后，地方执行机构必须作出设立和（或）参与设立工业园区管理公司的决定。除私营工业园区管理公司外，以股份公司或有限责任合伙企业的法律形式成立工业园区管理公司。

2. 工业园区管理公司的创始人可以是：

1）哈萨克斯坦共和国政府—国家级工业园区的管理公司；

2）州、共和国级城市和首都的地方执行机构—国家级或地区工业园区的管理公司；

3）根据本法的私营工业园区的所有者。

3. 国家级或地区级工业园区的管理公司也可以在非国家法人的参与下建立，包括具有在其他国家或哈萨克斯坦共和国拥有管理工业园区经验的外国法人，需要考虑哈萨克斯坦共和国股份公司法规定的特点。

在这一情况下，国家在所创建的管理公司中必须拥有不超过管理公司注册资本（有表决权的股份）26%的股份。

向非国有法人实体（包括外国法人实体）出售股份公司的国有股份或有限责任合伙企业的注册资本股份的程序，依照哈萨克斯坦共和国国有资产法第 105 条规定的程序进行。

参与管理公司注册资本（有表决权的股份）的国有股份，可转给统一协调中心委托管理。

4. 非国有法人（包括外国法人实体）可被指定为工业园区的管理公司，条件是国家在该管理公司中应拥有不超过注册资本（股份）26%的股份。

由哈萨克斯坦共和国政府确定的管理公司注册资本（股份）转给国家，需按哈萨克斯坦共和国国有资产法规定的程序进行。

5. 工业园区管理公司按照哈萨克斯坦共和国法人实体国家登记及分支机构和代表处登记法规定的程序，在工业园区所在地注册。

6. 根据工业园区管理公司创始人的决定，允许一家管理公司运作多个工业园区。

7. 国家级和地区级工业园区管理公司管理人员的选拔，由州、共和国级城市和首都的地方执行机构进行。

在这一情况下，国家级工业园区管理公司的管理人员将与授权机构协商选拔。

8. 工业园区管理公司自成立或确定之日起 2 个月内，批准国家级或地区级工业园区为期 3 年的发展战略，其中包括年度专项指标。

考虑国家级或地区级工业园区的发展动态，该战略应每 3 年获得重新批准。

国家级工业园区应与授权机构协调，地区级工业园区发展战略与地方执行机构协调。

后续参加的工业园区管理公司，按照之前批准的发展战略开展活动。

9. 国家级工业园区管理公司的第一负责人未能达到关键绩效指标时，授权机构提交终止劳动合同的议案供董事会审议。

如董事会未采取适当措施终止与该管理公司的劳动合同，则工业园区管理公司履职合同将被终止。

10. 地区级工业园区管理公司首任负责人未达到关键绩效指标时，地方执行机构提交解除劳动合同的议案供董事会审议。

董事会未采取适当措施终止与该管理公司的劳动合同，则工业园区管理公司履职合同将被终止。

第 45 条　工业园区管理公司的职能[1]

工业园区管理公司的职能包括：

1）与政府机构就工业园区的运营进行合作；

2）向工业园区参与者提供地块和物业出租（租赁），或将基础设施转租；

3）签署和终止活动实施协议；

4）以工业园区参与者的季度报告为基础，按授权机构确定的程序向授权机构和统一协调中心提交工业园区活动结果；

5）吸引工业园区的潜在参与者；

6）吸引投资用于建设工业园区的基础设施项目和实施其他类型的活动；

7）在未转让给工业园区参与者的地块上，按批准的设计和概算文件建设基础设施；

8）为按照“一个窗口”的原则运营的“为民政府”国家公司和其他为工业园区参与者提供服务的组织安排接待场所；

9）监测活动实施协议条件履行情况；

10）针对工业园区新兴产业开展市场调研；

11）采取措施发展和推进工业园区；

12）为工业园区的潜在参与者、申请人、工业园区参与者提供信息支持，包括组织工业园区潜在参与者、申请人、工业园区参与者与国家机构代表、私营企业实体协会见面；

13）吸引投资实现产业创新和工业园区投资项目；

14）按照“一个窗口”原则，与工业园区潜在参与者、申请人、工业园区参与者进行互动和合作；

15）提供公用事业、物流和配套服务；

16）参与公私伙伴关系合作项目；

17）为制订商业计划、经济技术可研、设计、核算和其他项目文件提供服务；

18）在工业园区内实施建筑和安装工作，并向工业园区参与者提供此类服务；

19）开展工业园区版图的完善和维护工作；

20）向工业园区参与者提供咨询和营销服务；

21）对在建筑、城市规划和基础设施建设领域和工业园区内开启的经营活动进行技术监督并提供工程服务；

22）在实施“一个窗口”原则框架内，代表工业园区参与者的利益，包括在接受政府服务时与政府机构互动，在接受其他服务时与其他组织互动；

22-1）根据相关委派，对拟在特别工业园区内的建设项目的设计文件进行全面的部门外审查；

---

〔1〕 第 45 条经哈萨克斯坦共和国 2021 年 4 月 1 日第 26-Ⅶ号法律修订（自首次正式公布之日起 10 日后生效）。

22-2）对特别工业园区内所有项目每一阶段的实施情况进行监测；

22-3）当违反特别工业园区开展活动和运营的规则和程序时（这些规则和程序由管理公司批准，参与者有义务遵守），在哈萨克斯坦共和国现行立法框架内，对特别工业园区的参与者采取适当措施；

23）不违反哈萨克斯坦共和国法律的其他职能。

第 46 条　工业园区参与者的权利和义务

1. 工业园区参与者享有以下权利：

1）享受哈萨克斯坦共和国法律规定的法律保护担保；

2）按照哈萨克斯坦共和国土地法典和本法规定的程序在工业园区内获得土地，建设基础设施以开展其活动；

3）享有哈萨克斯坦共和国法律规定的其他权利。

2. 工业园区参与者应承担以下义务：

1）向工业园区管理公司提交年度活动报告；

2）自愿并妥善履行哈萨克斯坦共和国法律和活动实施协议规定的义务。

第 47 条　对在工业园区内开展活动的合同条款执行情况进行监督

对活动实施协议条款执行情况进行监督：

工业园区的管理公司以工业园区参与者的初始文件和年度报告为基础，在执行活动实施协议的框架内进行监督；

依据本法，州、共和国级城市和首都的地方执行机构与统一协调中心一起，根据工业园区管理公司在报告中提供的信息和这些工业园区参与者的信息进行监督。

第 48 条　工业园区管理公司的活动融资

工业园区管理公司活动的融资来源为：

1）管理公司向工业园区参与者提供服务的报酬；

2）专项债务融资；

3）资产出租（租赁）和基础设施、地块转租及其他资产获得的收入；

4）作为补充注册资本的出资；

5）预算资金；

6）哈萨克斯坦共和国法律未禁止的来自工业园区管理公司活动的其他收入。

本条第一部分第 4 款、第 5 款仅适用于其注册资本（股份）百分之百属于国家所有的工业园区管理公司。

第 49 条　工业园区管理公司的清算

关于工业园区管理公司自愿清算的决定由参与者（股东）大会作出，根据哈萨克斯坦共和国法律，由股东大会与贷款人协商确定清算流程，并在其监督下进行。

第八章　经济特区的特别法律制度及经济特区和工业园区的运行条件

第 50 条　经济特区的特别法律制度

在经济特区内发挥作用的是特别的法律制度，对经济特区参与者而言，是符合本法、哈萨克斯坦共和国税法、海关法、土地法及居民就业法的经济特区运行条件的总和。

第 51 条　经济特区参与者和管理公司、工业园区管理公司的税收

根据哈萨克斯坦共和国税法，经济特区参与者和管理公司、工业园区管理公司享有税收优惠。

第 52 条　经济特区的海关调节

1. 在经济特区内或其一部分领土内，实行自由关税区海关程序。实行自由关税区海关程序的经济特区的边界，根据哈萨克斯坦共和国政府关于建立经济特区的决议确定。

2. 自由关税区的海关程序根据欧亚经济联盟海关法规和（或）哈萨克斯坦共和国的海关法实施。

3. 经济特区领土是欧亚经济联盟关税区的一部分。

4. 采用自由关税区海关程序的经济特区，是海关监管区。

实行自由关税区海关程序的经济特区内的海关监管，由国家税务机构根据欧亚经济联盟海关法和（或）哈萨克斯坦海关法进行。

第 53 条　实行自由关税区海关手续的商品

进口到经济特区内适用自由关税区海关手续的商品，按照自由关税区海关程序和欧亚经济联盟及（或）哈萨克斯坦海关法律确定的程序和条件存放，并被视为在欧亚经济联盟关税区之外、应收取关税、税收及非关税调节的商品。

第 54 条　吸引外国劳动力在经济特区或工业园区工作

根据哈萨克斯坦共和国居民就业法进行吸引外国劳动力在经济特区或工业园区工作。

第 55 条　对经济特区和工业园区参与者法律保护的担保

1. 经济特区和工业园区参与者的法律保护，受哈萨克斯坦共和国宪法、本法和哈萨克斯坦共和国的其他法律法规，以及哈萨克斯坦共和国批准的国际条约保障。

2. 强制剥夺经济特区和工业园区参与者的财产（国有化、征用）用以满足国家需要，只在哈萨克斯坦共和国法律规定的程序和特殊情况下方能允许。

3. 依照哈萨克斯坦共和国税法，经济特区和工业园区的参与者有权自行酌定使用税后和其他义务性预算缴费后的收入。

第 56 条　经济特区和工业园区内的公私合作[1]

经济特区和工业园区的公私合作根据本法和哈萨克斯坦共和国公私合作法进行。

---

〔1〕 第 56 条列入哈萨克斯坦共和国 2021 年 1 月 2 日第 399-Ⅵ号法律（自首次正式公布之日起 10 日后生效）。

第九章 最终和过渡性条款

第 57 条 违反哈萨克斯坦共和国经济特区和工业园区法的责任

违反哈萨克斯坦共和国经济特区和工业园区法将承担哈萨克斯坦共和国法律规定的责任。

第 58 条 过渡性条款

1. 在本法生效前设立的经济特区，在哈萨克斯坦共和国政府作出决定之前，其地位保持不变。对于信息通信技术和创新技术产业的经济特区参与者，2028 年 1 月 1 日之前在经济特区内开展活动的要求将不构成以下活动的强制条件：

1）从事数据库和硬件的设计、开发、实施和生产，软件（包括试验品）的设计、开发、实施和生产；

2）使用服务器信息通信设备以电子形式存储和处理信息的服务（数据中心服务）；

3）在信息和通信技术领域开展创建和实施项目所进行的研发工作。

2. 由州、共和国级城市、首都的地方执行机构决定建立的工业园区在本法生效前仍保留其地位。同时，决定建立此类工业园区的地方执行机构必须在本法生效后 30 个工作日内，依据本法第 27 条第 1 款、第 2 款规定的标准，作出该工业园区类型的决定。

在按照本条第一部分规定的程序确定工业园区类型后，实际履行工业园区管理公司职能的法人实体将获得国家级或地区级工业园区管理公司的地位。

在此类工业园区内安置和开发经营活动设施的个体经营者和法人实体，根据与本条款第二部分规定的法人实体签订协议，获得国家级或地区级工业园区参与者的地位。

3. 管理公司与本条第 2 款规定的工业园区参与者签订的协议，规定在工业园区内开展活动的条件、各方的权利、义务和责任，具有活动实施协议的地位，并在其到期之前一直有效。下一步签订有关活动实施协议按本法规定的程序进行。

4. 自本法生效之日起，在该经济特区创建前与霍尔果斯“国际边境合作中心”股份公司签订协议，以开展直接用于经济特区（其海关边界完全或部分与欧亚经济联盟海关边界部分重叠）的项目建设活动的人员，被视为经济特区的参与者。

根据哈萨克斯坦共和国法律的要求，本条第一部分指定的人员，自本法生效之日起 6 个月内，必须从事与其海关边界完全或部分与欧亚经济联盟海关边界部分重叠的经济特区参与者要求相符的活动。

5. 本法生效前签订实施活动协议的经济特区参与者，保留其作为经济特区参与者地位并在活动实施协议到期前开展活动，但不得超过本法生效之前相关文件规定的经济特区有效期。

第 59 条 本法生效程序

1. 本法自首次正式公布之日起 10 日后生效。

2. 哈萨克斯坦共和国 2011 年 7 月 21 日“哈萨克斯坦共和国经济特区法”失效（哈萨克斯坦共和国议会公报：2011 年，第 15 号，第 119 条；2012 年，第 2 号，第 14 条；第 21-22 号，第 124 条；2013 年，第 3 号，第 19 条；第 15 号，第 81 条；第 21-22 号，

第114条；2014年，第11号，第63条；第19-Ⅰ号、第19-Ⅱ号，第96条；第21号，第122条；第23号，第143条；2015年，第19-Ⅰ号，第99条；第20-Ⅳ号，第113条；第20-Ⅶ号，第117条；第22-Ⅱ号，第145条；第22-Ⅴ号，第156条、第158条；2017年，第14号，第51条；第22-Ⅲ号，第109条；第23-Ⅲ号，第111条；2018年，第10号，第32条）。

哈萨克斯坦共和国总统　卡西姆基马尔特·克梅列维奇·托卡耶夫

哈萨克斯坦共和国外汇调节和外汇管制法

2018年7月2日哈萨克斯坦共和国第167-VI 3 P K号法律

第一章　总　则

第1条　本法使用的基本概念和术语

1. 本法中使用下列基本概念：

1）兑换点：以哈萨克斯坦共和国国家银行或负责调节、监管和监督金融市场和金融组织的许可证或哈萨克斯坦共和国法律为基础，由授权机构和有权在哈萨克斯坦共和国从事现金外汇业务的授权银行建立用于进行现金外汇兑换业务的特殊设备场所；

2）外汇价值：

外币；

面值以外币表示的有价证券和支付凭证；

由哈萨克斯坦共和国非常住居民发行的无面值证券；

精炼金条；

在哈萨克斯坦共和国常住居民与非常住居民之间以及哈萨克斯坦共和国非常住居民之间进行交易，以及将其从哈萨克斯坦共和国运出（汇出）或运进（汇入）到哈萨克斯坦共和国的本国货币、以本国货币计价的有价证券和支付凭证；

由哈萨克斯坦共和国常住居民发行的无面值有价证券，适用于哈萨克斯坦共和国常住居民与非常住居民之间、哈萨克斯坦共和国非常住居民之间的业务，以及将其从哈萨克斯坦共和国运出或运进到哈萨克斯坦共和国；

3）外汇业务：

与外汇的所有权和其他权利的转换有关的业务，以及使用外汇作为支付手段；

向哈萨克斯坦共和国运进、寄入和汇入，以及从哈萨克斯坦共和国运出、寄出和汇出外汇；

将外汇转为信托管理；

以提供中介服务合同为基础转移外汇；

4）外汇合同：协议、注册文件，包括对其修改和（或）补充，以及其他以此为基础和（或）为执行该合同进行外汇业务的文件；

5）账号：由哈萨克斯坦共和国国家银行或授权银行分配给外汇合同或外国银行账户的识别码，用于确保外汇交易的核算和报告；

6）进口：哈萨克斯坦共和国非常住居民向哈萨克斯坦共和国常住居民转让货物，哈萨克斯坦共和国非常住居民向哈萨克斯坦共和国常住居民部分转让知识产权、所完成的作品的专有权、服务提供，以及由哈萨克斯坦共和国非常住居民向哈萨克斯坦常住居民转让财产用于租赁；

7）精炼金条：根据哈萨克斯坦共和国贵金属和宝石法，与投资黄金相关的以计量和标准金条形式精炼和制造的黄金；

8）授权银行：在哈萨克斯坦共和国设立的开展特定类型银行业务的银行和机构（授权机构除外），以及在哈萨克斯坦共和国（包括受客户委托）开展外汇业务的外国银行分行；

9）授权机构：根据哈萨克斯坦共和国国家银行的许可，专门通过兑换点经营外币现金兑换业务的哈萨克斯坦共和国的非银行金融机构；

10）国家货币：

哈萨克斯坦共和国国家银行纸币和硬币形式的货币符号，在哈萨克斯坦共和国境内流通的法定支付手段，以及可撤回或退出流通，但以兑换流通中的货币为限；

以哈萨克斯坦共和国货币单位存入银行账户的资金；

11）外币：流通中的纸币和硬币，在外国（国家集团）领土上是法定支付手段，可撤回或退出流通，但以兑换流通中的货币为限；

以外国（国家集团）货币单位和国际货币或记账单位存入银行账户的资金；

12）外国银行：根据外国法律设立的银行和其他金融机构，并根据其注册所在国的法律在哈萨克斯坦共和国境外开展银行业务；

13）出口：哈萨克斯坦共和国常住居民向哈萨克斯坦共和国非常住居民转让货物，哈萨克斯坦共和国常住居民向哈萨克斯坦共和国非常住居民部分转让知识产权、所完成作品专有权提供服务，哈萨克斯坦共和国常住居民向哈萨克斯坦共和国非常住居民转让财产的活动。

2. 本法中使用下列基本术语进行外汇交易分类：

1）参与资本：

参与注册资本、参与法人、简单合伙人、财团资产，包括以股份、份额参与权、出资和（或）参与者投票权的形式；

参与注册资本以外的法人实体的资本；

2）资本流动业务：在哈萨克斯坦共和国常住居民和哈萨克斯坦共和国非常住居民之间进行的与所有权和其他货币价值权利转移相关的业务，规定：

金融贷款；

参与资本；

有价证券、份额参与权和衍生金融工具业务；

获得不动产所有权，但等同或哈萨克斯坦共和国法律规定涉及的动产除外；

获得对知识产权对象的全部专有权；

为履行共同活动参与者的义务，以及以委托管理、信托方式转移货币和其他财产；将货币和金融工具转给受客户委托进行外汇交易的证券市场的专业参与者，以核算和保管属于客户的资金；

无偿转移金钱和其他外汇；

3）金融贷款：

贷款，但因出口或进口的预付款、延期付款和分期付款而产生的义务除外；

为保证债务人履行义务而转移的款项；

为商品（工程、服务）的供应商和接收方（卖方和买方）的货币债权转让提供融资；

第三方为购买商品（工程、服务）和其他交易提供融资，以及由第三方履行债务人对债权人的义务，从而导致履行义务的人发生将资金和其他财产返还给提供此类资金和（或）进行此类融资的人；

融资租赁、可后续赎回的不动产租赁，但哈萨克斯坦共和国法律规定涉及的动产租赁除外；

4）外国金融组织：根据外国法律设立的外国银行和其他金融机构，并根据其注册所在国的法律开展经营活动以提供金融服务；

5）外国非金融组织：依据外国法律在哈萨克斯坦共和国境外设立的法人和其他非法人组织，但外国金融组织除外。

本法所称与进出口货物和服务有关的外汇业务是：

哈萨克斯坦共和国常住居民购买和赎回哈萨克斯坦共和国非常住居民发行的电子货币的业务；哈萨克斯坦共和国非常住居民购买和赎回哈萨克斯坦共和国常住居民发行的电子货币的交易。

3. 本法及货币调节和货币管制领域的其他法律文件规定的哈萨克斯坦共和国常住居民（以下简称常住居民）为：

哈萨克斯坦共和国公民，但根据外国法律授权永久居住在外国的哈萨克斯坦共和国公民除外；

持有哈萨克斯坦共和国永久居留许可而永久居住在哈萨克斯坦共和国的外国人和无国籍人士；

根据哈萨克斯坦共和国法律设立、位于哈萨克斯坦共和国的法人实体（国际组织除外）及其分支机构（代表处）；

关于其设立的国际协议已确定其为哈萨克斯坦共和国常住居民的位于哈萨克斯坦共和国的国际组织；

哈萨克斯坦共和国的外国机构；

根据哈萨克斯坦共和国法律，有权在哈萨克斯坦共和国境内从事银行和（或）保险活动的外国金融机构的分支机构；

依照哈萨克斯坦共和国税收和其他预算义务支付法典（税法典）（以下简称税法），外国非金融组织的分支机构（代表处）是此类外国非金融组织在哈萨克斯坦共和国的常设机构，但根据本条第 4 款被认定为哈萨克斯坦共和国非常住居民的外国非金融组织的分支机构（代表处）除外。

4. 本法及货币调节和货币管制领域的其他法律文件规定的哈萨克斯坦共和国非常住居民（以下简称非常住居民）包括：

不属于本条第 3 款规定的常住居民的自然人；

根据外国法律在哈萨克斯坦共和国境外设立的从事的活动不会导致其根据税法设立非常住居民常设机构的法人和非法人组织，及其在哈萨克斯坦共和国的分支机构（代表处），从事的活动不会导致根据税法设立非常住居民常设机构；

按照哈萨克斯坦共和国外汇法律，外国非金融组织的分支机构（代表处）的非常住公民身份由以哈萨克斯坦共和国名义与外国组织签订的协议规定的条款确定，并在该法生效之前生效；

国际组织，但是国际条约对其设立另有规定的除外；

外国的外交代表和其他官方代表。

依照哈萨克斯坦共和国外汇法律，以哈萨克斯坦共和国名义与外国组织签订的协议条款确定非常住居民身份的外国非金融组织的分支机构（代表处）的名单，由哈萨克斯坦共和国政府文件规定。

5. 本法中使用但未定义的概念和术语，适用其在哈萨克斯坦共和国法律中的含义。

第 2 条　本法适用范围

本法在哈萨克斯坦共和国境内有效，适用于在哈萨克斯坦共和国境内进行外汇交易的常住居民和非常住居民。

在哈萨克斯坦共和国境外，本法适用于常住居民。

对于在根据哈萨克斯坦共和国关于金融市场和金融组织的国家调节、管制和监督法引入的特殊调节制度框架内开展活动的授权组织和其他法人实体，本法的规范和根据本法采用的外汇调节机构法律文件规范，在特殊调节制度规定的范围内适用。

第 3 条　哈萨克斯坦共和国外汇法律

1. 哈萨克斯坦共和国外汇法律以哈萨克斯坦共和国宪法为基础，由本法、哈萨克斯坦共和国其他法律、哈萨克斯坦共和国总统令以及外汇调节机构和监管机构根据哈萨克斯坦共和国法律规定颁发的标准法律文件构成。

2. 哈萨克斯坦共和国国际条约的规范直接适用于本法第 2 条规定的关系，但根据哈萨克斯坦共和国国际条约规定颁发的规范性法律文件规定的情况除外。

如果哈萨克斯坦共和国批准的国际条约规定了本法规定以外的规则，则采用国际条约的规则。

第 4 条　外汇调节监管的目标和任务

1. 外汇调节的目标是促进哈萨克斯坦共和国实现经济可持续增长和发展国际合作的国家政策，促进确保国际收支稳定、国内外汇市场平稳和哈萨克斯坦共和国的经济安全。

外汇调节的任务是：

1）规定哈萨克斯坦共和国外汇流通的程序；

2）促进哈萨克斯坦共和国进一步融入世界经济；

3）保证有关哈萨克斯坦共和国外汇交易、国际金融资产和负债的信息。

2. 货币管制的目的是确保常住居民和非常住居民在进行货币交易时遵守哈萨克斯坦共和国的外汇法规。

货币监管的任务是：

1）确定所进行的外汇交易符合哈萨克斯坦共和国的外汇法律；

2）检查外汇交易的付款和（或）汇款的合理性以及具备为此交易所需的文件；

3）检查外汇交易会计核算和报告的完整性、及时性和客观性。

第二章　外汇调节

第 5 条　外汇调节机构

1. 哈萨克斯坦共和国主要外汇调节机构是哈萨克斯坦共和国国家银行。

2. 哈萨克斯坦共和国政府和国家机构在其职权范围内进行外汇调节。

3. 哈萨克斯坦共和国政府和国家银行依据本法在其职权范围内颁发对常住居民和非常住居民具有约束力的规范性法律文件。

由国家机构制定的关于外汇调节文件附则草案须经哈萨克斯坦共和国国家银行同意。

4. 哈萨克斯坦国家银行作为主要外汇调节机构，有权批准：

1）在哈萨克斯坦共和国进行外汇交易的规则；

2）在哈萨克斯坦共和国进行外币现金兑换业务的规则；

3）哈萨克斯坦共和国进出口外汇监管实施规则；

4）哈萨克斯坦共和国外汇交易监管规则；

5）在哈萨克斯坦共和国开展活动的外国非金融组织的分支机构（代表处）提交信息的规则；

6）哈萨克斯坦共和国国内外汇市场供求来源监测规则。

5. 哈萨克斯坦共和国国家银行和财政部与常住居民或非常住居民开展各种类型的货币交易并不受限制。

6. 外汇交易的会计和报告形式，以及提交程序和条件，由哈萨克斯坦共和国国家银行根据其权限与授权的国家机构达成一致。

第 6 条　常住居民和非常住居民的外汇业务

1. 禁止常住居民之间在哈萨克斯坦共和国境内进行外汇交易，但以下情况除外：

1）其参与方之一是哈萨克斯坦共和国国家银行、哈萨克斯坦共和国财政部以及哈萨克斯坦共和国驻外机构进行的交易；

2）其参与方之一是常住居民，根据哈萨克斯坦共和国法律或在本法生效前由哈萨克斯坦共和国总统文件赋予与非常住居民进行外汇交易的权利；

3）与银行业务相关的外汇交易以及授权银行和授权组织有权根据哈萨克斯坦共和国国家银行、负责金融市场和金融组织调节监管和监督的授权机构颁发的许可证，或哈萨克斯坦共和国其他法律进行的其他业务；

4）为进行外汇交易而支付的银行服务费用；

5）与购买、出售、支付报酬和（或）赎回外币面值的有价证券相关的交易；

6）佣金代理人与委托人之间的交易，由佣金代理人提供与非常住居民签订和执行进出口合同相关的服务，包括向委托人返还外汇的业务；

7）以本国货币购买和（或）销售精炼金条的交易；

8）作为履行货币义务的外币汇票的划转；

9）与在免税商店销售商品以及在国际运输途中向旅客销售商品和提供服务的结算有关的业务；

10）外国组织分支机构（代表处）之间的交易；

11）支付自然人在哈萨克斯坦共和国境外商务旅行的相关费用的交易，包括招待费用，以及支付与哈萨克斯坦共和国境外商务旅行有关的未用预付款的交易；

12）自然人向自然人以及其法定活动旨在实施慈善事业的法人实体无偿汇兑货币或无偿汇出外汇；

13）自然人为其他自然人提供的银行存款；

14）受客户委托从事外汇交易的证券市场专业参与者之间的交易，以及自然人与法人实体之间，在执行和终止提供经纪服务的合同框架内进行的，与从账户转移资金和金融工具，以进行货币和金融工具的核算、保管和存储有关的业务；

15）在税法典规定的情况下，与支付税款和其他预算支付义务有关的交易；

16）接收方以矿产国名义进行的交易，根据税法典，由地下资源使用者履行与运输、储存和销售矿产有关的税收义务而转移给接收方；

17）自然人为在经济特区内制定并执行的商品、工程和服务交易支付的款项，该经济特区的边界完全或部分与欧亚经济联盟的海关边界一致。

2. 常住居民与非常住居民之间的以本币和（或）外币进行的外汇交易。

3. 根据哈萨克斯坦共和国的货币法律，非常住民有权在其位于哈萨克斯坦共和国的分支机构（代表处）进行任何货币交易的自由收款和汇兑。

4. 根据哈萨克斯坦共和国外汇法律，非常住居民有权从常住居民处自由收取和汇出从存款、有价证券、借款和其他外汇交易中得的股息、报酬和其他收入。

5. 根据哈萨克斯坦共和国外汇法律，在哈萨克斯坦共和国境内的非常住居民之间进行的外汇交易不受限制。

6. 在阿斯塔纳国际金融中心境内进行与提供金融和专业服务有关的外汇交易的条件和程序，由阿斯塔纳国际金融中心与哈萨克斯坦共和国国家银行达成的文件确定。

7. 本法未对常住居民与非常住居民之间进行外汇交易规定要求的，根据哈萨克斯坦共和国外汇立法该交易不受限制。

8. 在遵守欧亚经济联盟和（或）哈萨克斯坦共和国海关法律规定的情况下，常住居民和非常住居民将外汇运入或运出哈萨克斯坦共和国将不受限制。

第 7 条　常住居民和非常住居民外汇交易中的付款和（或）汇款

1. 常住居民和非常住居民进行外汇交易中的付款和（或）汇款，按哈萨克斯坦共和国外汇立法规定的程序，通过授权银行的银行账户进行。

以下业务无须开设和（或）使用授权银行的银行账户进行：

1）自然人的付款和（或）汇款，以及在哈萨克斯坦共和国境内以本币进行的付款和（或）汇款；

2）本条第 4 款规定情况下的自然人汇款；

3）在免税店销售商品的结算，以及国际运输途中向旅客销售商品和提供服务的结算；

4）自然人在授权银行以及授权组织兑换点进行的本币和外币现金交易；

5）法人实体和外国组织的分支机构（代表处）支付给员工的工资；

6）支付自然人在哈萨克斯坦共和国境外出差的相关费用的业务，包括招待费，以及支付与哈萨克斯坦共和国境外出差相关的未用预付款的业务；

7）在对国际交通开放的机场、港口和边境口岸，自然人与非常住居民法人实体之间在海关监管下进行活动的付款；

8）非常住居民与常住居民之间为在哈萨克斯坦共和国境内的机场和海港为外国船舶提供服务而支付的付款，以及非常住居民为国际航班的空中航行服务、机场活动和海港服务而支付的付款；

9）在哈萨克斯坦共和国境内开展活动的常住居民和非常住居民之间，在哈萨克斯坦共和国关于支付和支付系统法律规定的金额范围内以本币进行的付款；

10）通过签发（转让）支票、汇票进行的付款；

11）授权银行和授权组织之间为进行外币现金兑换业务而进行的外币现金买卖业务；

12）自然人为在经济特区内缔结和履行的交易中的货物、工程和服务付款，该经济特区的边界与欧亚经济联盟的关税边界完全或部分一致；

13）哈萨克斯坦共和国常住居民、驻外机构在哈萨克斯坦共和国境外进行的外汇业务的付款和（或）汇款；

14）按照本法规定的情况和程序，通过常住居民在外国银行开立的账户，与非常住居民进行的交易的付款和（或）汇款，以及通过外国银行授权银行的代理账户进行的付款和（或）转账；

15）在哈萨克斯坦共和国从事外汇交易规则规定的情况下，从非常住居民在外国银行的账户中转出资金，汇入履行常住居民义务的账户。

2. 外国法人机构和外国组织的分支机构（代表处）在哈萨克斯坦共和国境内（其边界完全或部分与欧亚经济联盟海关完全或部分重叠的经济特区除外）进行货币交易时收到的现金外币，必须记入授权银行的银行账户。

常住居民和非常住居民在授权银行的银行账户上进行与提取、存入和使用现金外币相关的业务的程序，由在哈萨克斯坦共和国开展外汇业务的规则规定。

3. 为资本流动业务付款和（或）汇款，以及外汇合同项下的付款和（或）汇款，依照本法规定需要取得账号的，只能通过银行账户进行。

4. 自然人有权在哈萨克斯坦共和国国家银行规定的金额内，在不开设和（或）使用授权银行账户的情况下，进行以下外汇汇款交易：

1）在哈萨克斯坦共和国境内、自哈萨克斯坦共和国和向哈萨克斯坦共和国的无偿汇款；

2）在哈萨克斯坦共和国境内、自哈萨克斯坦共和国和向哈萨克斯坦共和国的汇款，用于支付罚款、税款和其他有利于国家的义务付款；

3）其他自哈萨克斯坦共和国和对哈萨克斯坦共和国的资金汇兑，与自然人从事经营活动和外汇合同业务无关，根据本法规定必须获取账号。

自然人在未开设和（或）使用授权银行的银行账户的情况下进行汇款的程序，包括未开设和（或）使用银行账户的转账金额的限额（临界值），由在哈萨克斯坦共和国开展外汇业务的规则规定。

第 8 条　常住居民和非常住居民账户

1. 参照本法第 16 条的规定，常住居民可在外国银行开户而不受限制。

2. 哈萨克斯坦共和国境内的常住居民和非常住居民可以不受限制地在授权银行开立本币和（或）外币银行账户。

3. 非常住居民有权将本币和（或）外币从其在哈萨克斯坦共和国境外的账户自由转入其在授权银行的账户，以及从其在授权银行的银行账户转至哈萨克斯坦共和国境外的授权银行的账户。

第 9 条　用于出口或进口的本币和（或）外币的汇回要求

1. 用于出口或进口汇回的本币和（或）外币记入授权银行的银行账户：

1）以本币和（或）外币表示的出口收益；

2）在非常住居民未履行或未完全履行义务的情况下，常住居民为非常住居民进行进口结算而汇兑的本国货币和（或）外币。

2. 常住居民（外国组织的分支机构和代表处除外）应确保在进出口外汇协议规定的期限内将本国和（或）外币汇回。

常住居民（外国组织的分支机构和代表处除外）履行汇回要求的期限（以下简称汇款期限），按照哈萨克斯坦共和国进出口外汇监管实施规则规定的程序，根据进出口当事人履行义务的条件确定。

受汇回要求约束的进出口外汇合同的条款应规定非常住居民履行其义务的期限。承办进出口外汇合同的授权银行有权要求常住居民明确汇款期限。

需要汇回并记入外国银行账户的本币和（或）外币，应在汇款期限届满前转入常住居民（外国组织的分支机构和代表处除外）在授权银行的账户。

3. 在下列情况下，汇回要求被视为部分或全部满足：

1）将本币和（或）外币记入常住居民在外国银行的账户，旨在根据从非常住居民处获得金融贷款的条件来担保常住居民的债务，或确保常住居民在国外开设的分支机构（代表处）的活动；

2）常住居民在哈萨克斯坦共和国境外举办的展览、体育、文化和其他类似活动中收到的外币用于支付举办活动期间的费用；

3）将外币收入记入常住居民运输组织的外国银行账户，用于支付与使用外国领土内港口及其他收费、与维护这些运输组织在哈萨克斯坦共和国境外的车辆和服务乘客有关的费用，以及保证此类运输组织在哈萨克斯坦共和国境外分支机构（代表处）活动的费用；

4）通过抵销进出口外汇合同项下的反索赔，终止非常住居民的债务；

5）终止非常住居民的债务，将常住居民与非常住居民之间初始债务替换为相同人之间的另一项债务，提供不同的履行主体或方式；

6）在保险合同项下因非常住居民不履行义务而发生保险事故时收到保险赔付金。

4. 如果常住居民向另一常住居民转让对非常住居民的索赔权，则在规定期限内确保将出口或进口汇回的相应义务转给接受索赔权的常住居民。

根据适用汇回要求的进出口外汇合同，常住居民不得将其对另一非常住居民的索赔权无偿转让给非常住居民。

5. 哈萨克斯坦共和国国家银行与其他外汇监管机构和协会一起，对部分进出口外汇合同项下的资金流动和其他义务的履行情况进行监测，以监管常住居民履行汇回义务（外国组织的分支机构和代表处除外）。

出于监管目的，为进出口外汇合同提供服务的授权银行为其分配一个账号，以在向外汇监管当局提交有关进出口外汇合同报告时会注明该账号。

6. 获取进出口外汇合同的账号、监管资金流动和其他履行此类合同义务的程序，包括提交报告的形式和期限，提交确认发生、履行和终止义务和（或）影响本币和（或）外币汇回文件的期限和条件，以及包括出口或进口外汇合同金额限额的条件和标准，在具备以上条件的情况下，进出口外汇合同对履行汇回要求进行监管，汇回要求的例外情况由哈萨克斯坦共和国进出口外汇监管实施规则规定。

第三章　国内外汇市场

第10条　外汇的购买和（或）出售

1. 根据本法，哈萨克斯坦共和国国内外汇市场是指与在哈萨克斯坦共和国境内进行外汇买卖有关的常住居民和非常住居民之间的一系列关系。

2. 根据对金融市场和金融组织进行调节、监管和监督授权机构颁发的许可证或哈萨克斯坦共和国法律进行外币兑换业务的授权银行，有权在哈萨克斯坦共和国和国境外出售和（或）购买外币。

3. 外国组织的法人和分支机构（代表处）（授权银行除外）通过哈萨克斯坦共和国授权银行的银行账户、按哈萨克斯坦共和国外汇交易规则规定的程序进行非现金外汇买卖。

授权组织有权根据与其签订的合同，与授权银行进行外汇现钞交易，以用于其活动。

4. 在哈萨克斯坦共和国境内的自然人买卖外币现钞以换取其他外币现钞或本币现钞的活动，只能通过兑换点进行。

5. 哈萨克斯坦共和国国家银行对哈萨克斯坦共和国国内外汇市场的供求来源和所得外汇的用途进行监管。

授权银行应向哈萨克斯坦共和国国家银行提交哈萨克斯坦共和国国内外汇市场的供求来源和所获外汇的用途等信息。

授权银行提供哈萨克斯坦共和国国内外汇市场供求来源和所获外汇的用途信息的程序，包括提交报告的形式和时间，由哈萨克斯坦共和国国内外汇市场供求来源监管规则规定。

6. 哈萨克斯坦共和国国家银行对常住居民法人实体（授权银行除外）规定以下要求：确认在哈萨克斯坦共和国国内外汇市场购买本币的目的以及用于所述目的的情况。

7. 在哈萨克斯坦共和国国内外汇市场购买和（或）出售非现金外币的程序，常住居民法人实体（授权银行除外）适用在哈萨克斯坦共和国国内外汇市场上用本币购买外汇及其使用目的的要求，以及当超过购买限额时，将适用哈萨克斯坦共和国外汇交易规则规定的要求。

第11条　经营外币现钞兑换业务的组织

1. 在哈萨克斯坦共和国经营外币现钞兑换业务，包括购买和（或）出售外币现钞、兑换成其他外币现钞或本币现钞，根据哈萨克斯坦共和国国家银行、负责金融市场和金融组织调节、监管和监督的授权机构颁发的许可证，或根据哈萨克斯坦共和国法律，由有权从事外币现钞业务的授权机构或授权银行进行。

2. 在兑换点买卖外币现钞的程序，用外币现钞购买或兑换为另一种外币现钞或本币现钞的汇率，由哈萨克斯坦共和国外币现钞兑换业务经营细则规定。

3. 哈萨克斯坦共和国国家银行有权规定通过兑换点进行的外币现钞兑换成本币现钞交易汇率的偏差边界。外币种类和相应的利率偏差边界由哈萨克斯坦共和国国家银行规定。

第 12 条　对从事外币现钞兑换业务的要求

1. 有权根据金融市场和金融组织调节、监管和监督机构颁发的许可证或哈萨克斯坦共和国法律开展外币现钞兑换业务的授权机构，须将有关兑换点活动开始或终止的信息通知给哈萨克斯坦共和国国家银行。

授权机构在不迟于兑换点开始营业之日发出兑换点活动开始的通知。哈萨克斯坦共和国国家银行自通知之日起 3 个工作日内向授权机构确认收到通知。

2. 授权机构根据哈萨克斯坦共和国国家银行颁发的外币现钞兑换业务许可证及其附件开展业务，该附件由授权机构向每个兑换点发放。

授权机构有权通过其兑换点进行买卖哈萨克斯坦共和国国家银行发行的精炼金条业务。

授权机构不得参与其他法人实体的注册资本。

3. 对授权机构的资格要求，包括对注册人（参与者）的要求：披露其对被授权机构的注册资本形成的出资来源，对注册资本形成的组织形式、额度和形成程序、规模和程序的要求，以及兑换点的地点、设备和人员。

4. 从授权机构获得哈萨克斯坦共和国国家银行颁发的用于安置兑换点的地点，必须取得哈萨克斯坦国家银行颁发的用于外币现钞兑换业务的许可证及其附件。

为了获得许可证和（或）附件，除哈萨克斯坦共和国许可和通知法规定的文件外，授权机构应向哈萨克斯坦共和国国家银行提交有关在哈萨克斯坦共和国国家银行开立外币账户的证明。

按照哈萨克斯坦共和国进行外币现钞兑换业务规则规定的条件和方式提交文件。

5. 发放外币现钞兑换业务许可证（含附件）或拒发许可证（含附件），需在授权机构提交本法和哈萨克斯坦共和国许可和通知法规定的所有文件和信息之日起 20 个工作日内办理。

按照本法和哈萨克斯坦共和国许可和通知法的规定，签发有效许可证的附件、重新签发许可证和（或）许可证附件或拒绝签发此类文件，应在授权机构提交所有文件和信息之日起 10 个工作日内进行。

如果拒绝颁发、重新签发许可证和（或）附件，应向申请人提供合理的答复。

6. 拒绝签发、重新签发许可证和（或）附件的理由是：

1）未能提交本法和哈萨克斯坦共和国许可和通知法规定的文件和（或）信息；

2）申请人和（或）所提交的文件和（或）信息不符合本法和哈萨克斯坦共和国许可和通知法规定的要求。

7. 授权机构的许可程序，包括对授权机构的资质要求，授权银行关于开始或终止外汇业务活动的通知，开展外币现钞兑换业务活动的要求、条件，在兑换点进行买卖哈萨克斯坦共和国国家银行发行的精炼金条的交易程序，以及授权银行和授权机构提交报告的形式和期限由哈萨克斯坦共和国外币现钞兑换业务实施规则规定。

第四章　外汇交易监管和外汇交易及外国银行账户信息的提交

第 13 条　外汇交易监管

1. 哈萨克斯坦共和国国家银行通过接收来自常住居民——外汇交易参与者、进行付款和（或）汇款的授权银行以及外国银行账户的外汇交易信息进行外汇交易监管。

为对外汇交易进行监管，哈萨克斯坦共和国国家银行有权：

1）对外汇合同进行会计登记，以此为依据和（或）为执行该合同进行资本流动业务（以下简称资本流动外汇合同），并接收根据合同进行的外汇交易信息，以及与其有关的对非常住居民的债权和对非常住居民的债务；

2）接收有关已进行外汇交易的通知，包括有关外汇交易的付款和（或）汇款信息；

3）接收常住居民（外国组织的分支机构或代表处除外）在外国银行开立账户的通知，并对该账户进行银行和会计登记；

4）定期接收在哈萨克斯坦共和国运营的外国非金融组织分支机构（代表处）的信息。

2. 为组织和监管外汇交易，在本法规定的情况下，哈萨克斯坦共和国国家银行或授权银行给外汇合同、根据合同和（或）为执行合同进行外汇交易的、常住居民在外国银行的账户（银行和外国组织的分支机构——代表处除外）分配会计账号。哈萨克斯坦共和国国家银行为资本流动外汇合同、常住居民（银行和外国组织的分支机构或代表处除外）在外国银行的账户，以及进出口外汇合同分配会计账号，并通过此类账户进行结算。授权银行为进出口外汇合同分配会计账号，通过授权银行的账户进行结算。

如果资本流动外汇合同规定进出口和结算是通过在授权银行的银行账户进行，则由常住居民（授权银行和外国组织的分支机构或代表处除外）向授权银行申请此类外汇合同的会计账号。

3. 在为外汇合同分配会计账号时，哈萨克斯坦共和国国家银行或授权银行有权要求常住居民——外汇合同参与者在所提交的合同副本中补充以下信息：

1）外汇合同各方信息，包括身份资料、注册国、外汇合同一方参与外汇合同另一方资本的情况；

2）交易信息，包括外汇合同的内容及金额、外汇合同的币种及结算方式、外汇合同义务的履行完成日期；

3）有关交易结算账户信息；

4）参与者对外汇合同的变更和（或）补充，以及外汇合同参与者的其他与所进行交易有关的文件。

第 14 条　资本流动外汇合同的会计登记

1. 进行资本流动外汇合同的会计登记旨在为本合同分配会计账号，并随后由常住居民-资本流动外汇合同的参与者向哈萨克斯坦共和国国家银行提供信息和使用会计账号的报告。

会计注册要求适用于资本流动外汇合同，其参与者是常住居民（授权银行和外国组织的分支机构或代表处除外）。

2. 作为资本流动外汇合同当事方的常住居民（授权银行和外国组织的分支机构或代表处除外），向哈萨克斯坦共和国国家银行提出申请，在其任何一方开始履行该外汇合同义务之前，给资本流动外汇合同分配会计账号。

如果常住居民在履行资本流动外汇合同义务之前，从非常住居民处转让财产给常住居民（资金转入），则需在将财产转让给常住居民支配和（或）将收到的资金存入常住居民在授权银行的银行账户之前，申请资本流动外汇合同会计账号。

如果经过修改和（或）补充，资本流动外汇合同符合会计登记的标准和条件，则资本流动外汇合同的会计账号分配在双方开始履行修改和（或）补充后的资本流动外汇合同义务之前进行（在将财产转给常住居民支配和收到资金之前，如果在对资本流动外汇合同进行修改和（或）补充之后进行，则非常住居民开始履行义务）。

根据需要进行会计登记的资本流动外汇合同，只有在已有会计账号的情况下，才能通过授权银行的银行账户进行付款和（或）汇款。

3. 为办理资本流动外汇协议会计登记，常住居民（授权银行和外国组织分支机构或代表处除外）应向哈萨克斯坦共和国国家银行提交下列文件：

1）注明常住居民身份证号码的申请，自然人需附上身份证复印件；

2）资本流动外汇合同以及涉及资本流动外汇合同义务的变更和（或）补充内容的副本。

哈萨克斯坦共和国国家银行有权要求了解这些文件的原件，以及在所提交的文件中有与进行资本流动交易和（或）有关的其他文件和（或）信息。

外文文件需翻译成哈萨克语或俄语后提交哈萨克斯坦共和国国家银行。

在常住居民提交本项规定的所有文件和信息之日起5个工作日内向资本流动外汇合同分配账号。

4. 会计登记要求不适用于涉及哈萨克斯坦共和国国家银行、哈萨克斯坦共和国财政部的资本流动外汇合同。

5. 常住居民（授权银行和外国组织的分支机构或代表处除外）接收资本流动外汇合同账号的程序及提交确认合同义务发生、履行和终止文件期限、监管资金流动和其他履行资本流动外汇合同义务的程序，包括授权银行和作为此类合同参与方的常住居民提交报告的形式和期限、条件和标准，内含资本流动外汇合同金额的门槛值，在具备以上信息的情况下，此类合同应进行会计登记，会计登记程序的例外情况由哈萨克斯坦共和国外汇交易监管规则规定。

6. 本条要求不适用于阿斯塔纳国际金融中心作为参与方在其区域内进行的外汇交易。

第15条　已完成外汇交易的通知

1. 已完成的外汇交易通知，包括受客户委托，由授权银行以报告形式发送给哈萨克斯坦共和国国家银行。

2. 授权银行应根据付款和（或）汇款过程中收到的信息，通知已完成的金额等于或超过门槛值的外汇交易。

为了进行付款和（或）划转金额等于或超过门槛值的外汇业务，常住居民或非常住居民客户需向授权银行提交以下信息：

1）若这些数据与付款单据中的规定不一致，则应提交付款单据发送方和接收方的注册国；

2）公司内部资金转移的标志（用于法人实体与其下属部门或一个法人实体的下属部门之间开展的业务）；

3）进行付款和（或）汇款的外汇交易代码。

如果客户是常住居民，则需额外提供有关外汇合同的以下信息，以此为基础和（或）为履行合同进行外汇交易的付款和（或）汇款：

1）若付款人和收款人与付款文件不符，则应提交外汇合同项下有关汇款人和收款人的信息；

2）若汇款人和收款人与付款文件不符，则应提交外汇合同项下有关汇款人和收款人的注册国；

3）外汇合同明细及其会计账号（如有）。

本款规定的外汇交易的付款和（或）资金划转信息，由客户提交给授权银行，或由授权银行根据客户提供的单证和（或）信息独立列示。作为外汇监管代理人的授权银行确保本款规定的外汇交易代码和所提供的其他信息的正确性。

本款规定的需要通知的外汇交易付款和（或）划转资金的门槛值、外汇交易代码和提交信息的程序由哈萨克斯坦共和国外汇交易规则规定。

3. 授权银行对已完成外汇交易的通知程序，包括提交报告的形式和期限，由哈萨克斯坦共和国外汇交易监管规则规定。

受阿斯塔纳国际金融中心参与者委托，进行外汇交易的授权银行提交信息清单的要求和程序，由阿斯塔纳国际金融中心与哈萨克斯坦共和国国家银行协调后的文件规定。

4. 哈萨克斯坦国家银行为了确定外汇交易完成情况，有权向外汇监管机构或常住居民汇款人，或常住居民收款人，索要包括资金付款和（或）划转通知在内的外汇合同副本，基于和（或）为履行该合同进行的此类资金付款和（或）划转，以及有关此类外汇合同的其他信息。

5. 本条要求不适用于阿斯塔纳国际金融中心作为参与方在其区域内进行的外汇交易。

第 16 条　有关外国银行账户的通知

1. 利用在外国银行开立的账户进行交易之前，常住法人（银行和外国组织的分支机构或代表处除外）通过向哈萨克斯坦共和国国家银行申请账户的会计账号，通知哈萨克斯坦共和国国家银行上述开户事宜。

常住法人实体（银行和外国组织的分支机构或代表处除外）利用在外国银行开立的账户向哈萨克斯坦共和国国家银行提交交易信息，并注明账号。

为向外国银行账户分配账号，常住法人实体（银行和外国组织的分支机构或代表处除外）需提交注明企业识别号的申请和注明账户明细的外国银行身份证明副本。

在已分配账号的外国银行变更明细资料或关闭账户时，常住法人实体（银行和外国组织的分支机构或代表处除外）应在规定的期限内将此信息通知哈萨克斯坦共和国国家银行。

2. 常住自然人不必向哈萨克斯坦共和国国家银行通报在外国银行的账户信息。有关自然人从其在外国银行的自有账户（到他们自己的账户）上汇款的信息由进行此类汇款的授权银行通知。

3. 常住法人（银行和外国组织的分支机构或代表处除外）为在外国银行开立的账户申请账号，关于其变更明细资料或关闭账户的程序，包括提交该账户资金流动报告的形式和期限，授权银行提交自然人汇款情况报告的程序，由哈萨克斯坦共和国外汇交易监管规则规定。

4. 本条要求不适用于阿斯塔纳国际金融中心的参与者。

第 17 条　提供用于监管外汇交易的信息

1. 在哈萨克斯坦共和国经营 1 年以上的外国非金融机构的分支机构（代表处），需以报告的形式向哈萨克斯坦共和国国家银行提供与常住居民和非常住居民的交易信息，包括应哈萨克斯坦共和国国家银行的要求提交信息。

外国非金融组织分支机构（代表处）提交信息的程序，包括提交报告的形式和期限，以及外国非金融组织分支机构（代表处）开展的活动类型均要求提交报告，以上要求由在哈萨克斯坦共和国开展活动的外国非金融组织的分支机构（代表处）提供信息规则规定。

2. 阿斯塔纳国际金融中心与哈萨克斯坦共和国国家银行达成一致的文件规定，要求阿斯塔纳国际金融中心参与者提供有关正在进行的外汇交易的信息，以及阿斯塔纳国际金融中心和哈萨克斯坦国家银行机构之间信息互动的程序。

第五章　外汇监管

第 18 条　外汇监管的机构、代理和主体

1. 哈萨克斯坦共和国的外汇监管由哈萨克斯坦共和国政府、哈萨克斯坦共和国国家银行以及其他货币监管机构和代理机构根据本法和哈萨克斯坦共和国法律进行。

2. 哈萨克斯坦共和国的货币监管机构由哈萨克斯坦共和国国家银行和其他符合哈萨克斯坦共和国法律设立的国家机构组成。

货币监管代理机构是指受客户委托进行外汇交易的授权银行、授权机构以及证券市场的专业参与者。

3. 哈萨克斯坦共和国的外汇监管，包括常住居民进行外汇交易的金融机构，以及在哈萨克斯坦共和国境内进行外汇交易的非常住居民（以下简称外汇监管对象）。

针对金融机构的外汇监管由哈萨克斯坦共和国国家银行实施。针对其他个人的外汇监管由哈萨克斯坦共和国国家银行与其他外汇监管机构在其职权范围内共同实施。

4. 哈萨克斯坦国家银行与其他外汇监管机构相互合作，协调外汇监管代理机构与其他外汇监管机构的信息互动。

第 19 条　外汇监管机构和代理机构的权限

1. 外汇监管机构和代理机构在其权限范围内对哈萨克斯坦共和国常住居民和非常住居民进行的外汇交易进行监管，确保这些交易符合哈萨克斯坦共和国外汇法律。

2. 外汇监管机构有权决定提交外汇交易报告的程序，索要与进行外汇交易行为有关的文件和（或）信息，要求消除已发现的违规行为，并采取哈萨克斯坦共和国法律规定的

其他措施，这些措施对哈萨克斯坦共和国的所有常住居民和非常住居民都是强制性的。

3. 外汇监管代理机构负有以下义务：

1）在进行交易时，包括受客户委托，对遵守哈萨克斯坦共和国外汇法律要求的情况进行监管；

2）保证外汇交易会计核算和报告的完整性和客观性；

3）依据哈萨克斯坦共和国法律规定的权限，向哈萨克斯坦共和国国家银行，以及哈萨克斯坦共和国其他外汇监管机构和执法机构报告其客户违反哈萨克斯坦共和国外汇法律的事实；

4）按照哈萨克斯坦共和国外汇法律规定的程序，向外汇监管机构提供有关其参与的外汇交易信息。

4. 根据哈萨克斯坦共和国的法律，外汇监管机构和代理机构在行使职权时，应保守他们所知悉的受法律保护的商业、银行和其他秘密，包括根据哈萨克斯坦共和国外汇法律以电子形式提交的信息，但根据哈萨克斯坦共和国法律向进行金融市场和金融组织调节、监管和监督的授权机构提供信息的情况除外。

5. 只有在常住居民和非常住居民提供哈萨克斯坦共和国外汇法律所要求的文件和信息的前提下，授权银行才能为其进行的外汇交易付款和（或）汇款。

6. 为确保遵守哈萨克斯坦共和国外汇法律的要求，根据本法，外汇监管机构有权要求常住居民和非常住居民在进行货币交易时：

1）对于自然人，提供身份证明文件；

2）对于外国人和无国籍人士，提供在哈萨克斯坦共和国拥有永久居留权的证明文件（如有）；

3）对于法人实体和非法人实体组织，提供注册文件和其他文件，包括识别该实体参与者的文件；

4）外汇合同或其副本，包括在本法规定的情况下所分配会计账号上的标记；

5）在本法规定的情况下的许可证；

6）确认履行或以此为根据履行外汇合同义务的文件和（或）信息；

7）本法第 15 条规定的外汇交易付款和（或）汇款信息。

授权银行有权要求审查外汇合同的原件和本款要求的其他文件，以及将外文文件翻译成哈萨克语或俄语。

7. 外汇监管代理机构无权要求提交与所进行的外汇交易无关的文件。

8. 如果自然人未能提交哈萨克斯坦共和国外汇法律要求的文件，而提交不准确的文件，或未能采取哈萨克斯坦共和国外汇法律规定的行动，授权银行有权拒绝为其进行外汇交易付款和（或）汇款。

第 20 条　外汇监管形式

1. 根据哈萨克斯坦共和国法律，外汇监管机构以检查和其他监管形式对外汇监管对象进行外汇监管。

2. 针对金融机构，以风险程度评估、外汇监管机构不定期检查等形式进行监管。对于进行外汇交易的其他常住居民，以及在哈萨克斯坦共和国境内进行外汇交易的非常住居民，在其进行外汇交易付款和（或）汇款时，实施外汇监管、外汇监管机构的非定期检查和其他监管形式。

3. 外汇监管机构通过以下途径进行的其他监管形式：

1）检查授权机构兑换点场所和设备是否符合资质要求；

2）向外汇监管代理机构发出强制履行令，以实施必需的外汇监管；

3）分析外汇监管机构要求的与进行外汇交易有关的信息、报告和文件，以及从外汇监管代理机构收到的关于客户可能违反哈萨克斯坦共和国外汇法律要求的信息，根据哈萨克斯坦共和国外汇法律要求提交的其他信息（报告）。

4. 实施另一种监管形式的流程包括：

1）在国家银行颁发外币现钞兑换业务许可证和（或）附件之前，在许可监管范围内，对用于授权组织兑换点的场地和设备进行访问和检查，以确保其符合专业要求。访问和检查在收到法人实体要求获得哈萨克斯坦共和国国家银行的外币现钞兑换业务许可证及其附件的申请基础上进行。在决定向法人实体颁发或拒绝颁发哈萨克斯坦共和国国家银行外币现钞兑换业务许可证及其附件时，需考虑检查的结果；

2）以书面请求的形式向外汇监管代理机构发送委托，并指出委托的实质和执行委托的期限。外汇监管代理在该委托指定的形式和期限内，通过提交所请求的信息和（或）文件来执行外汇监管机构的书面委托；

3）外汇监管机构对根据哈萨克斯坦共和国外汇法律或应外汇监管机构要求提交的信息、报告和文件进行分析，以符合哈萨克斯坦共和国外汇法律的要求，包括收到的信息、报告、文件的及时性、完整性和可靠性。

第 21 条　对某些外汇交易进行付款和（或）资金划转的要求

1. 常住居民（授权银行和外国组织的分支机构或代表处除外）进行的可能导致资金从哈萨克斯坦共和国流出的某些外汇交易的付款和汇款，只能在作为汇款人或收款人的常住居民提交允许授权银行向外汇监管机构传输有关该付款和汇款信息的情况下，由授权银行进行。

本款指出的许可证可以任何方式颁发。允许在外汇合同框架内就外汇交易的所有付款和（或）汇款提交一份许可证，并在此基础上进行外汇交易，该交易可能旨在从哈萨克斯坦共和国转出资金。

2. 可用于从哈萨克斯坦共和国转出资金的外汇交易包括：

1）规定由非常住居民向常住居民（授权银行除外）提供资金的金融借款，但是外汇合同条款规定从非常住居民处接收资金划转至常住居民在授权银行的账户的除外；

2）规定由常住居民（授权银行除外）向非常住居民提出要求返还资金的金融借款，但是相关外汇合同条款规定将从非常住居民处接收的资金划转到常住居民在授权银行的账户的除外；

3）规定由常住居民向作为非关联人的非常住居民提供期限超过 720 天的金融借款，且不支付使用金融借款标的物的报酬；

4）出口业务，如果相关外汇合同的条款规定，非常住居民履行出口支付义务的期限自常住居民履行义务之日起超过 720 天；

5）为进口支付的交易，如果相关外汇合同条款规定，在非常住居民不履行其进口义务的情况下，非常住居民履行退还款项（预付款或全额预付款）义务的期限自常住居民履行义务之日起超过720天。

本款第1项所指的情况不包括在贸易或伊斯兰金融交易框架内产生的金融借款，以及非常住居民与其在哈萨克斯坦共和国设立的分支机构（代表处）进行的交易，在哈外国组织分支机构之间的交易。

就本条款而言，常住居民的关联人包括：

1）拥有常住法人实体股份公司10%以上有表决权股份（10%以上参股人表决权）的个人；

2）拥有股份公司10%以上表决权股份（10%以上参股人表决权）的个人；

3）与该常住居民共同受第三方控制的个人。

第22条　有限影响措施、监管应对和制裁措施

1. 在发现外汇监管主体违反哈萨克斯坦共和国外汇法律时，外汇监管机构有权采取哈萨克斯坦共和国法律规定的有限影响措施、监管应对和制裁措施。

2. 如果哈萨克斯坦共和国国家银行发现违反哈萨克斯坦共和国外汇法律的，适用以下规定：

1）根据哈萨克斯坦共和国行政违法法典的行政处罚，以及消除与授权银行有关的已查明违规行为的要求；

2）根据哈萨克斯坦共和国行政违法法典的行政处罚，根据哈萨克斯坦共和国哈萨克斯坦共和国银行和银行活动法的规定，以及哈萨克斯坦共和国关于授权组织的其他法律，采取监管应对和制裁措施；

3）以书面形式通知消除已查明违规行为的有限影响措施，以及根据哈萨克斯坦共和国行政违法法典，对本款第1项、第2项中未指定的其他常住居民和在哈萨克斯坦共和国境内从事外汇业务的非常住居民给予行政处罚。

3. 对于本条第2款第3项中指定的主体，哈萨克斯坦共和国国家银行关于消除已查明违规行为的书面通知必须执行。

未能执行哈萨克斯坦共和国国家银行关于消除已查明的违规行为的书面通知是进行监管的理由，包括与其他外汇监管机构在其职权范围内进行共同监管。

第23条　常住居民和非常住居民的权利和义务

1. 在哈萨克斯坦共和国境内进行外汇交易的常住居民和非常住居民享有以下权利：

1）了解外汇监管机构进行的监管结果；

2）按照哈萨克斯坦共和国法律规定的程序，对外汇监管机构和代理机构的行为提起诉讼；

3）行使哈萨克斯坦共和国法律规定的其他权利。

2. 在哈萨克斯坦共和国境内进行外汇交易的常住居民和非常住居民承担以下义务：

1）为履行本法和哈萨克斯坦共和国外汇法律规定的要求，向外汇调节、外汇监管机构及外汇监管代理机构提交相关外汇交易的报告、信息和文件；

2）在外汇监管机构的书面请求或哈萨克斯坦共和国国家银行的法律文件规定的期限内，向外汇监管机构和代理机构提供与外汇交易有关的信息和所要求的文件；

3）向外汇监管当局说明其监管过程和其他监管形式及其结果；

4）登记外汇交易记录并准备报告，保证在哈萨克斯坦共和国法律规定的期限内保存报告；

5）遵守外汇监管机构关于消除已查明的违规行为的要求（指令、指示、通知）；

6）在检查期间保证外汇监管机构能够进入其场所、获得文件和自动化数据库的权限。

第六章　特别外汇制度

第 24 条　特别外汇制度

1. 在国际收支稳定、国内外汇市场平稳和哈萨克斯坦共和国经济安全受到严重威胁的情况下，如其他经济政策措施无法解决问题，则实行特别外汇制度。

特别外汇制度是进行外汇交易的特殊制度，它规定了一套外汇调节措施，旨在创造条件以消除对哈萨克斯坦共和国经济安全和金融体系稳定的威胁，并允许对常住居民和非常住居民进行与使用外汇有关的交易实行某些外汇限制。

根据哈萨克斯坦共和国国家银行和相关授权机构的联合提案，以哈萨克斯坦共和国政府文件方式实行特别外汇制度。

在特别外汇制度框架下实行的外汇限制是临时性措施，具有非歧视性，随着导致其建立的情况消除而予以取消。

在特别外汇制度框架下可引入的限制包括：

1）要求按外汇交易金额的百分比，在指定期限内以不支付报酬的存款存入哈萨克斯坦共和国授权银行或国家银行；

2）需要获得哈萨克斯坦共和国国家银行进行外汇交易的特别许可；

3）要求常住居民强制出售所得外汇；

4）限制使用外国银行账户，规定外汇收益返还期限，限制外汇交易的结算金额、数量和币种。

哈萨克斯坦共和国政府根据哈萨克斯坦共和国国家银行和相关授权机构的联合提案，可以实施其他临时外汇限制。

2. 特别外汇制度的要求不得限制常住居民履行对非常住居民的义务（该义务由于非常住居民履行在特别外汇制度实施前与常住居民的外汇合同而产生），以及非常住居民从存款和有价证券中获得的股息、报酬和其他收入的划转。

3. 哈萨克斯坦共和国政府关于实行特别外汇制度的法案规定的许可和通知不受哈萨克斯坦共和国许可和通知法的约束。

4. 哈萨克斯坦共和国政府关于实行特别外汇制度的法案包含：

1）将采取的措施清单和进行与外汇有关的交易的临时限制；

2）履行特别外汇制度要求的程序，包括发放特别许可证的条件；

3）特别外汇制度的实施时间和有效期限。

5. 特别外汇制度的施行期限不得超过 1 年。

特别外汇制度实施期限届满后，该制度被视为取消。

根据哈萨克斯坦共和国国家银行和有关授权机构的联合提案，哈萨克斯坦共和国政府有权在本款规定的期限内延长特别外汇制度的有效期，或通过发布相关文件提前完全或部分取消特别外汇制度。

6. 在特别外汇制度有效期内，常住居民和非常住居民均有义务遵守哈萨克斯坦共和国政府关于实行特别外汇制度法案规定的要求。

第七章　最终条款

第 25 条　违反哈萨克斯坦共和国外汇法律应承担的责任

违反哈萨克斯坦共和国的外汇法律将承担哈萨克斯坦共和国法律规定的责任。

第 26 条　本法生效程序

1. 本法自 2019 年 7 月 1 日起生效，但第 1 条第 3 款第 7 段自 2020 年 12 月 16 日起生效。

2. 以下法条失效：哈萨克斯坦共和国 2005 年 6 月 13 日外汇调节和外汇监管法（哈萨克斯坦共和国议会公报：2005 年，第 11 期，第 38 页；2007 年，第 3 期，第 20 页；2008 年，第 23 期，第 114 页；2009 年，第 13—14 期，第 63 页；2010 年，第 15 期，第 71 页；2012 年，第 1 期，第 6 页；第 13 期，第 91 页；第 21—22 期，第 124 页；2014 年，第 10 期，第 52 页；第 21 期，第 122 页；第 23 期，第 143 页；2015 年，第 22-Ⅰ期，第 140 页；第 22-Ⅵ期，第 159 页；2016 年，第 12 期，第 87 页；2017 年，第 14 期，第 51 页；第 23-Ⅲ期，第 111 页）。

哈萨克斯坦共和国总统　努尔苏丹·阿比舍维奇·纳扎尔巴耶夫

后 记

中亚国家法律翻译是西北师范大学中亚研究院积极主动服务国家“一带一路”倡议的重要成果。法律文本翻译要求严密、完整和精准，需要各方付出细致而艰辛的努力。“中亚国家法律文本翻译丛书”由西北师范大学副校长、中亚研究院院长、中国历史研究院田澍工作室首席专家田澍教授总体策划和主编。《哈萨克斯坦常用法律》为该丛书的第二卷。西北师范大学法学院李玉璧教授，西北师范大学中亚研究院办公室主任、历史文化学院马玉凤副教授具体负责丛书出版的联系与沟通工作。西北师范大学中亚研究院学术院长、中国社会科学院俄罗斯东欧中亚研究所李建民研究员，北京市政协社会和法制委员会办公室夏颖主任承担了本卷的翻译工作。译稿由李建民研究员进行统一校对。中国政法大学出版社对本丛书的出版十分重视，策划编辑牛洁颖女士一丝不苟，严谨认真，确保了出版质量。谨对各位的辛勤工作表示诚挚的感谢！

西北师范大学中亚研究院

2023 年 7 年 15 日